北京知岸律师事务所
BEI JING ZHI AN LAW FIRM

北京知岸律师事务所著作权理论与实务丛书

著作权限制制度体系研究

COPYRIGHT

单体禹　宋振东　著

法律出版社
LAW PRESS·CHINA
北京

图书在版编目（CIP）数据

著作权限制制度体系研究 / 单体禹，宋振东著. 北京：法律出版社，2024. -- (著作权原理与实务 / 单体禹主编). -- ISBN 978 - 7 - 5197 - 9247 - 3

Ⅰ. D923.414

中国国家版本馆 CIP 数据核字第 2024UW8170 号

著作权限制制度体系研究
ZHUZUOQUAN XIANZHI ZHIDU TIXI YANJIU

单体禹　宋振东 著

策划编辑 蒋　橙
责任编辑 蒋　橙
装帧设计 李　瞻

出版发行 法律出版社
编辑统筹 法律应用出版分社
责任校对 王　丰　晁明慧
责任印制 刘晓伟
经　　销 新华书店

开本 787 毫米×1092 毫米　1/16
印张 42.75　　**字数** 760 千
版本 2024 年 9 月第 1 版
印次 2024 年 9 月第 1 次印刷
印刷 三河市兴达印务有限公司

地址：北京市丰台区莲花池西里 7 号(100073)
网址：www.lawpress.com.cn
投稿邮箱：info@lawpress.com.cn
举报盗版邮箱：jbwq@lawpress.com.cn

销售电话：010 - 83938349
客服电话：010 - 83938350
咨询电话：010 - 63939796

书号：ISBN 978 - 7 - 5197 - 9247 - 3
定价：188.00 元

凡购买本社图书，如有印装错误，我社负责退换。电话：010 - 83938349

从书总序

依照联合国教育、科学及文化组织(以下简称联合国教科文组织)的定义,文化产业就是按照工业标准,生产、再生产、储存以及分配文化产品和服务的一系列活动。作为以生产和提供精神产品为主要活动、以满足人们的文化需要作为目的的一项重要产业,文化产业肩负双重功能:一方面旨在服务于一国经济的发展,为经济增长和就业做贡献;另一方面传播本国文化价值观、保护民族文化,以维护本民族文化利益。在知识经济时代,文化产业的发展离不开现代著作权法律制度的支撑。根据《世界银行报告》发布的全球各国 GDP 数据,世界各国文化产业总值占 GDP 总量的比重不等,文化产业占比高的国家中,美国是 31% 左右,日本是 20% 左右,欧洲各国平均在 10% ~15% ,韩国高于 15% 。美国和日本的 GDP 结构中,文化产业的占比分别高达 31% 和 20% ,足见美国和日本文化产业实力和竞争力之强大。美国和日本等国文化产业的发展和瞩目成就,与其既十分完善而又极其复杂的现代著作权法律制度存在很大关联。2023 年,我国文化产业总值占 GDP 总值的 10. 27% 。中国的文化产业发展水平亟须提升。中国只有顺应当今时代潮流,顺势发展知识产权法律制度,大力提高知识产权保护水平,才能繁荣中国文化产业,才能大力提升文化产业的 GDP 占比。相反,如果知识产权法律制度停滞不前,甚至形同虚设,可有可无,那只能是自毁长城,自甘落后。天下潮流,浩浩汤汤;顺之者昌,逆之者亡。

"知识产权"一词从英语 intellectual property 或者 intellectual property rights 翻译过来,意思是指人的智力创造成果在法律上的单位权利,而这种权利基本上是一种财产权,所以称为知识财产或者知识(财)产权。在欧洲大陆上较早的语言中,"知识产权"一词是用来指文字、艺术、音乐作品法律上的权利,后来人们才把这个词也用来指包括工业产权(专利、商标等权利)在内的一些权利。在《巴黎公约》的常设秘书机构(国际局)和《伯尔尼公约》的常设秘书机构于 1893 年合并为一个机构时,在其名称中加进了"知识产权"一词,称为"保护知识产权联合国际局"(法语缩写为 BIRPI),可以说明知识产权分为两部分,一部分是著作权,另一部分是工业产权。

根据《建立世界知识产权组织公约》(1967)第 2 条"定义"第 8 款规定,"知识产权"包括有关下列项目的权利:(1)文字、艺术和科学作品,(2)表演艺术家的表演以及唱片和广播节目,(3)人类一切活动领域内的发明,(4)科学发现,(5)工业品外观设计,(6)商标、服务标记以及商业名称和标志,(7)制止不正当竞争,(8)在工业、科学、文字或艺术领域内由于智力活动而产生的一切其他权利。第1项权利指著作权,第2项权利指邻接权。第8项权利应当将植物新品种权、集成电路布图设计权等包括在内。“知识产权”用来指人们在工业、科技、文字和艺术领域的智力活动所产生的成果权利的总称,包括著作权和邻接权、专利权、商标权、实用新型权、工业品外观设计权等。

北京知岸律师事务所是一家以知识产权为核心的律师事务所。北京知岸律师事务所始终坚持研究与实务并重,秉承“专注、卓越、勤勉、诚信”的执业理念,竭诚为客户量身定制全方位、多层次、高效综合的法律服务。对知识产权的普及、传播与运用是北京知岸律师事务所的使命。“北京知岸律师事务所著作权理论与实务丛书”是北京知岸律师事务所在多年研究成果的基础上策划出版的第一套丛书,是知识产权领域中著作权细分板块的系列图书。

从1709年英国的《安娜法》开始,著作权成文法迄今为止已经有300多年的历史了。在著作权法的发展过程中,形成了以英国、美国等国家为代表的版权体系和以德国、法国等国家为代表的作者权体系。同为作者权体系国家,德国著作权法的理论基础为一元论(著作人身权和财产权同为著作权大树的树根,不可分离),法国等国家著作权法的理论基础则为二元论(人身权和财产权可分离)。随着著作权国际保护的需求发展,首先产生了众多的双边协议,但由于不同国家著作权法的规定存在很大不同,签订双边协议需要经过多年的谈判,甚至需要修改国内著作权法,因而满足不了国际著作权保护的要求。在此情况下,逐步产生了著作权国际条约,首先产生的国际条约是《伯尔尼公约》,后续比较重要的著作权国际条约有TRIPs和WCT、WPPT。著作权国际条约在很大程度上突破了商标和专利的地域性限制,从而为著作权提供了真正的国际保护。而且著作权国际条约要求加入国必须履行最低保护义务,从而为著作权法的国际协调划定了标准和底线。由于国际条约和国内法相互影响、相互促进,而且伴随着技术的发展,著作权权能也在逐步扩张,上述因素使得国际和各国著作权立法内容及技术更趋科学性和合理性。中国著作权法的立法始于1910年的《大清著作权律》,比英国晚了整整200年。中华人民共和国成立后,于1990年颁布了第一部《著作权法》,此后又经过3次修正,此间吸收了著作权国际立法和各国立法的有益经验,使得中国著作权立法处于世界领先地位。

“北京知岸律师事务所著作权理论与实务丛书”计划在3~5年内,相继出版“著作权理论与实务”的客体卷、主体卷、人身权卷、财产权卷、邻接权卷、利用卷、限制卷、保护卷、集体管理卷、计算机软件卷等系列著作。首先推出的是《著作权限制制度体系研究》和《著作权限制典型案例精析》两本书。接下来我们将陆续推出《著作权理论与实务》(财产权卷)、《著作权理论与实务》(邻接权卷)和《著作权理论与实务》(计算机软件卷),前两卷书是丛书的重中之重,著作财产权与权利人联系最为紧密,是整个著作权体系的核心和重点,著作权权能的扩张与技术发展密切相关,其历史沉淀也最为丰富。

《著作权理论与实务》(客体卷)包含以下内容,第一,“客体范围界定:著作权法保护的对象”主要论述著作权作品的定义构成、著作权作品的客体指向(思想表达)、著作权作品的独创性(实质条件)、著作权作品的可再现性(形式要件)。第二,“原始作品的规范形式”,对文字作品、口述作品、音乐作品、戏剧作品、曲艺作品、舞蹈作品、杂技艺术作品、美术作品、实用艺术作品、建筑作品、摄影作品、视听作品、图形作品、模型作品、计算机软件等作品的不同类型或种类的内涵、外延、特征、独创性等进行历史法学和比较法学的研究,结合国内外典型案例,以理论与实物相结合、国际与国内相结合、普及与提高相结合的视角,重点阐述著作权客体方面的疑难与困惑。第三,“二次作品的规范形式”主要围绕演绎作品和汇编作品在内的二次作品的内涵、外延、特征、独创性等进行阐述。第四,“客体范围类型:文学、艺术和科学作品”主要论述著作权客体类型的立法体例、我国著作权法上的作品类型。第五,“非规范客体形式:特殊作品”主要论述民间文学艺术表达、计算机软件、实用艺术作品、数据库、体育赛事节目、人工智能生成作品等。第六,“客体排除领域:非作品‘表达’与非作品‘保护’”主要论述非作品形态的“表达”、不受保护的“作品”等。

《著作权理论与实务》(主体卷)主要包含以下内容,第一,“著作权归属的主体范畴:概念与分类”主要论述原始主体与继受主体、本国主体与外国主体。主要阐明作者、作者权人、著作权主体、著作权取得、著作权归属等概念的区别与联系。第二,“第一著作权人:自然人作者与拟制作者”主要论述作者的主体资格、自然人作者、法人作者、作者的推定和证明等。第三,“特殊作品著作权归属:创作主体与权利主体”主要论述演绎作品的权利归属和行使、合作作品的权利归属和行使、汇编作品的权利归属和行使、视听作品的权利归属和行使、职务作品的权利归属和行使、委托作品的权利归属和行使、美术与摄影作品的权利归属和行使、匿名作品的权利归属和行使。

《著作权理论与实务》(人格权卷)主要包含以下内容,第一,“著作权的‘一体两权’

结构”即著作权主体或曰著作权内容,包括著作人格权和著作财产权两部分,“一体两权”是大陆法系的重要观点,中国采纳了这一观点。第二,“著作人格权总论”论述了著作人格权的概念、理论基础、法律特征、立法变革、归属保护等内容。第三,“保护著作人格权的国际公约”重点论述保护著作人格权的第一个国际公约《伯尔尼公约》。第四,“著作人身权分论”重点论述著作人格权,也被称为作者的精神权利的具体权项,即发表权、署名权(或曰作者身份权)、修改权、保护作品完整权、作品收回权、作品接触权等国内外立法例以及实务中的疑难问题。第五,“邻接人身权”论述著作邻接权中唯一的表演者权的精神权利保护问题,国际条约有明确规定,国外和国内立法例都有规定。

《著作权理论与实务》(财产权卷)主要包含以下内容,第一,“版权体系和著作权体系”二者关于著作权权利体系构成的制度理念颇有差异。版权体系来源于“Copyright主义”,著作权体系来源于“作者权利主义”,但二者实际上有着共同的理论基础。第二,“著作财产权概述”主要阐述著作财产权的称谓概念、产生规则、法律特征、性质、法定性与扩张问题等。第三,“著作财产权体系的构成与分类”主要论述著作财产权体系可以从不同方面进行分类,有学者将著作财产权分为复制权、演绎权、传播权;有的学者将著作财产权分为作品使用权、对价获得权与售价分享权。本卷重点论述保护著作权的国际条约,主要包括《伯尔尼公约》、《世界版权公约》、TRIPs、WCT、WPPT 等对著作财产权保护的规定。第四,“欧盟对著作财产权保护的指令”主要论述欧盟对著作财产权进行保护的几个指令,即《信息社会版权指令》等。第五,“典型国家关于著作财产权的立法例”运用比较法学的研究方法重点论述法国、德国、日本、中国等国家的立法例和英国、美国、加拿大、澳大利亚等国家的立法例。第六,“著作财产权分论”对作者的经济权利进行分门别类的论述,分别论述复制权、发行权、出租权、展览权(展出权)、表演权(包括朗诵权)、放映权、广播权(播放权)、信息网络传播权、演绎权、摄制权、改编权、翻译权、汇编权、追续权等概念、性质、特征、立法例、典型案例等诸内容。

《著作权理论与实务》(邻接权卷)主要包含以下内容,第一,“邻接权概述:与著作权相关的权利”主要论述邻接权的概念的内涵和外延、邻接权与著作权的联系与区别、邻接权制度的产生与发展。第二,“邻接权保护的国际公约”重点阐述保护邻接权的几个国际条约,如《罗马公约》、《录音制品公约》、《卫星公约》、TRIPs、WPPT、《北京条约》等。第三,“出版者权:板式设计专用权的保护”主要论述出版者权的概念、主体与客体、出版者权的内容、出版单位的权利和义务、出版者权的国际和国内立法例。第四,“表演者权:艺术表演权利的保护”主要包括表演者权的主体与客体、取得与性质、“一体两权”、保护期限；表演者权的国际和国内立法例；表演者权的内容——表演者人格权和表演者财产权以及表演者的义务等。第五，“录制者权：录音录像制品权利的保护”主要论述录制者权的概念、主体、客体和义务；录制者权的国际和国内立法例；录制者权的具体内容，即复制权、发行权、出租权、信息网络传播权、针对机械表演获得报酬权、录音制品的广播权；录制者权与其他权利的关系等。第六，“广播组织权：广播节目信号权利的保护”主要论述广播组织权的概念、主体、客体和保护期限；广播组织权的国际和国内立法例；广播组织权的具体权利内容包括同时转播权、录制复制权、向公众传播权、获得报酬权等；广播组织与相关主体的权利义务；广播组织义务及广播组织权面临的新课题等。第七，简要介绍邻接权的保护期限和邻接权限制。

《著作权理论与实务》（利用卷）主要包含以下内容，首先，“论述著作权的利用对象：作品抑或权利”主要区别作品与作品载体、作品利用与作品权利利用。其次，“著作权转让：著作财产权的继受取得”主要论述著作权转让制度的立法释义、著作权全部转让的问题分析、著作权转让合同的登记等内容。再次，“著作权许可使用：著作财产权的权项分离”主要阐述许可使用与其他权利利用的区别、许可使用合同的基本分类、专有许可与非专有许可的适用、著作权许可使用合同的指导原则与主要条款等内容。最后，“著作权抵押：债的担保中的‘权利质’”主要论述著作权质押的意义和特征、著作权质押合同的成立要件和生效要件、权利出质期间的著作权行使等内容。

《著作权限制制度体系研究》主要包含以下内容：其一，“著作权和邻接权限制总论”主要论述著作权限制的概念称谓、必要性与法理基础等，著作权限制制度体系构成分析，著作权和邻接权权能限制概述。其二，“著作权和邻接权时间限制”主要论述著作权和邻接权保护期限概述，典型国家著作权保护期限延长史、著作人身权的保护期限、一般作品著作财产权的保护期限、特殊作品著作财产权的保护期限以及邻接权的保护期限等。其三，“著作人身权和邻接人身权权能限制——精神权利限制”主要论述著作人身权限制总述、著作人身权限制分述、邻接人身权限制：表演者精神权利的限制和例外等。其四，“著作财产权和邻接财产权权能限制之一：合理使用”主要论述合理使用：自由而无偿使用、合理使用的国际规定与中国借鉴、合理使用制度两种判断标准的对比分析、个人使用、适当引用、新闻报道使用、转载转播使用、演讲使用、教学科研使用、公务使用、图书馆使用、免费表演使用、公共场所陈列作品使用、少数民族使用、阅读障碍者使用、计算机软件使用、滑稽模仿以及邻接财产权合理使用的国际借鉴与中国实践。其五，“著作财产权和邻接财产权权能限制之二：法定许可使用”主要论述法定许可使用:依法许可而支付报酬的使用、法定许可使用制度的国际借鉴、编写出版教科书、报刊转载或摘编、制作课件实施远程教育、网络传播信息扶助贫困、制作录音制品、广播电台电视台播放作品、广播电台电视台播放录音制品、表演者营业性演出法定许可等。其六,“著作财产权和邻接财产权权能限制之三:强制许可使用”主要论述强制许可使用:特别准许而支付报酬的使用、国际条约关于著作权强制许可制度的规定、相关国家关于著作财产权强制许可的规定、中国著作权强制许可制度的构建刍议、孤儿作品的强制许可问题等。

《著作权限制典型案例精析》主要包含以下内容,第一,“著作权保护期限”通过案例分别探讨了署名权、修改权、保护作品完整权的保护期不受限制,国内作品著作权保护期限。第二,“合理使用”主要从个人使用、适当引用、新闻报道使用、转载转播使用、演讲使用、教学科研使用、公务使用、图书馆使用、免费表演使用、公共场所陈列作品使用、少数民族使用、阅读障碍者使用、计算机软件使用等方面进行案例分析。第三,“法定许可”分别对编写出版教科书发行许可、报刊转载摘编法定许可、制作录音制品法定许可、广播组织播放作品法定许可、网络扶贫法定许可等进行案例分析。第四,“默示许可”案例分析。第五,“发行权穷竭”案例分析。全书共选择“著作权保护期限”“合理使用”“法定许可”“默示许可”“发行权穷竭”等各种情况的经典案例近100个。所有案例均采取“以案说法”的形式按照裁判要旨、关键词、当事人、案件事实、原告诉请、裁判结果、裁判理由、案件解析、知岸延伸等进行精当分析。

《著作权理论与实务》(保护卷)主要包含以下内容,第一,“侵权行为的基本范畴:概念解读与特征分析”主要论述著作权侵权行为的概念、著作权侵权行为的特征等。第二,“侵权行为的基本类型:直接侵权和间接侵权”分别论述直接侵权行为和间接侵权行为。第三,“典型间接侵权:网络服务提供者的侵权责任”主要论述网络服务提供者的特殊责任主体地位、网络服务提供者的过错责任及其认定、网络服务提供者的侵权责任形式。第四,“特别保护制度:技术措施和权利管理信息的保护”主要论述技术措施的保护、权利管理信息的保护。第五,“侵权行为的认定规则:‘实质相似+接触’”主要论述“实质相似+接触”规则的基本含义、“实质相似+接触”规则的适用方法、“实质相似+接触”规则的司法审查。第六,“侵权责任的归责原则:从过错责任到过错推定责任”主要论述归责原则的基本含义、著作权侵权责任的归责原则、无过错责任原则的适用问题、过错推定责任原则的适用问题。第七,“侵权行为的法律责任:民事责任、行政责任与刑事责任”主要论述相应民事责任、行政责任、刑事责任。

《著作权理论与实务》(集体管理卷)主要包含以下内容,首先,"著作权集体管理制度:集中化管理与'一揽子'许可"主要论述著作权集体管理的概念和特征、著作权集体管理制度的产生与发展、著作权集体管理制度的功能和作用等内容。其次,"著作权集体管理组织:结构类型与运作方式"主要论述"一揽子"许可协议、权利结算中心、商业化"集体管理"等内容。再次,"中国著作权集体管理:组织架构与运行模式"主要论述著作权集体管理组织的构成、著作权集体管理组织的设立、著作权集体管理组织的职能等内容。最后,"著作权集体管理中的问题:国际动向与中国应对"主要论述著作权人与著作权集体管理组织、会员制集体管理与延伸性集体管理、权利集体管理与权利集中许可、单一管理组织与多元管理组织、集体管理行为与反垄断审查。

《著作权理论和实务》(计算机软件卷)计算机软件属于我国《著作权法》规定的作品形式之一,但因计算机软件实用性的特点,使得其又有别于其他类型作品。本书以案例解析为主,从以下几个方面对与计算机软件相关的侵权模式和特点进行归纳总结:第一,计算机软件独创性的认定;第二,计算机软件著作权归属问题(尤其是外包产品);第三,计算机软件利用问题(拆封许可、点击许可等);第四,侵权证据保全问题;第五,对计算机软件实质性相似的认定,主要涉及源代码同一性鉴定、无法获取源代码时的其他侵权认定方法(目标程序比对、运行界面比对、参数比对等);第六,反向工程侵权认定;第七,故意避开或者破坏著作权人为保护其软件著作权而采取的技术措施的认定;第八,故意删除或者改变软件权利管理电子信息的认定;第九,权利限制(发行权穷竭、默示许可等);第十,商业秘密保护和专利保护等其他疑难或前沿问题。

"北京知岸律师事务所著作权理论与实务丛书"采用历史法学和比较法学的写作方法,首先研究国际条约,既研究同一国际条约的演变过程,又研究不同条约之间的演进关系;进而研究不同法系国家之间的立法异同之处,亦研究同一法系内部采不同理论(如"一元论"和"二元论")的国家的立法区别;最后研究中国《著作权法》理论与实务的历史变迁。其中理论研究是手段,解决问题是根本目的。

"北京知岸律师事务所著作权理论与实务丛书"体现了北京知岸律师事务所律师对著作权领域的认知和理解,本丛书具有以下特点:

第一,坚持国际条约与立法条文相结合。中国著作权立法中的许多条文直接来源于国际条约,对条文的解释也不能背离国际条约。学习国际条约,对于理解和解释中国《著作权法》十分重要。解说《著作权法》的规则,结合它们在国际条约中的渊源和背景,才能更深刻地理解相关法律条文。

第二，坚持典型案例与立法原意相结合。“寓理于案”。《著作权法》中许多规则相当复杂，但是法律条文相对简单和原则。通过研究实务中的诸多案例，不仅可以了解立法原意以及法官运用的分析、推理和法律解释方法，而且还可以发现隐藏在法律条文背后的诸多问题，从而对法律规则产生更为深入的理解，并掌握其适用方法。本书选择的实务案例，既有典型性和代表性，又有易读性和趣味性。

第三，坚持公理通说与疑难争议相结合。著作权争议和疑难问题所在皆是。实务判例中相互抵牾、二审推翻一审、难以自圆其说者不乏所见。有正反两种意见，有三四种意见并存。公理与通说同在，疑难与争议并存。以《著作权法》为骨干，以《伯尔尼公约》为背景，以《实施条例》为骨肉，叙述公理常识和通说，解读争议问题和疑难问题。

第四，坚持普及提高与溯源察势相结合。普及著作权法相关知识，提高公众认知水平。追溯著作权源头，明察著作权演进趋势。将针对广大人民群众对于著作权知识的普及与提高，和追溯著作权法的国际源头、国内判例与觉察著作权法演进大势结合起来。

第五，坚持长远持续性和当前长久性相结合。既立足于《著作权法》(2020)，比较中华人民共和国成立以来四个版本之异同，而且追溯到《大清著作权律》和中华民国《著作权法》；还详参国际条约、欧盟相关著作权指令，试图为完善和修改现行《著作权法》提出自己的建议。既着眼当前现行法剖析案例，又着眼长远走势分析，把分析当前实务案例与长远理论探讨结合起来。

第六，坚持法学理论与法律实务相结合。既熟稔于知识产权的实务与案例，举重若轻，信手拈来，抓住本质，从细微毫厘之处见真章；又沉浸于知识产权的理论与历史，探寻历史，纵横比较，寻找本源，探索法理，从历史比较之中觅根源，把理论与实务密切地结合起来。

第七，坚持法学理论提高与法律知识普及相结合。既能采用历史法学与比较法学的视角，对知识产权理论进行深入研究，并灵活地运用到具体案例和法律实务中；又能照顾普通大众学习熟悉知识产权的社会现实，通过实务和案例向人民大众进行宣传和普及，通过案例说法，将法学理论提高和法律知识普及结合起来。

“北京知岸律师事务所著作权理论与实务丛书”并不着眼于创设新理论，只是通过对目前各种不同观点和案例资料的收集和整理，运用比较法学和历史法学的方法，进行比较、借鉴，进行梳理，深入研究。试图通过横向和纵向的反复交叉，得出相对科学的结论，在此过程中难免会对各国著作权立法技术进行价值评估，也自然会对我国著作权法今后的修订提出建议。

对于北京知岸律师事务所而言，这既是一个学习过程，也是一个研究过程。这样更有利于北京知岸律师事务所学习《著作权法》、理解《著作权法》、运用《著作权法》。了解中国《著作权法》的国际渊源，借鉴世界重要国家的《著作权法》；了解《著作权法》的沿革，探究司法实务的变化。通过整理与研究，提高北京知岸律师事务所的业务能力和法律素养。做到洋为中用、古为今用，百花齐放、百家争鸣。既能睁眼看世界，又能踏实做事情。

“北京知岸律师事务所著作权理论与实务丛书”将陆续问世。丛书坚持理论与实务相结合、普及与提高相结合、当前与长远相结合，借鉴国际公约，比较外国法律，立足中国实际，提取案件精髓，理顺法律沿革，紧跟法律动向，进行深度剖析，为客户提供参考，为读者提供指引。著作权领域浩瀚无边，博大精深，而编者水平和能力毕竟有很大局限，我们衷心希望读者们能够对本丛书提出宝贵的意见和建议，以便编者在今后的修订中进行完善。敬请广大读者、学者、专家提出宝贵意见和建议。

北京知岸律师事务所

2024 年 9 月

序

2008 年 6 月 5 日，国务院印发《国家知识产权战略纲要》，知识产权从传统私权上升为国家战略。2021 年 9 月 22 日，新华社受命对外发布中共中央、国务院印发的《知识产权强国建设纲要（2021—2035 年）》提出，全面提升知识产权创造、运用、保护、管理和服务水平，充分发挥知识产权制度在社会主义现代化建设中的重要作用。知识产权全链条保护能够系统保护科技创新和文化创意成果，进而推动经济社会高质量发展。

一、本书的理论意义和实践意义

（一）理论意义

第一，有利于新时代《著作权法》第二次的修订和完善。完整的著作权限制制度体系是《著作权法》不可缺少的重要一环，本书对著作权限制制度的研究，旨在为《著作权法》的不断完善和修改提供自己的一孔之见。

第二，有利于中国特色社会主义法制体系建设。著作权限制是《著作权法》必不可少的重要组成部分，《著作权法》是知识产权法的重要组成部分，知识产权法是中国特色社会主义法制体系的极其重要的关键一环。著作权限制体系的研究有利于推进中国特色社会主义法制体系建设。

第三，有利于加快“知识产权强国建设”。建设知识产权强国是建设社会主义现代化强国的重要组成部分，为社会主义现代化强国建设提供有力支撑。

（二）实践意义

第一，有利于促进科技创新和高质量发展。《著作权法》聚焦于服务高水平科技自立自强和现代化产业体系自主可控，推动知识产权与产业发展深度融合，促进知识产权高效转化利用，提高知识产权保护的法治化水平，推动知识产权工作百尺竿头更进一步。

第二，有利于中国特色社会主义法治体系建设。中国特色社会主义法治体系包括完备的法律规范体系、高效的法治实施体系、严密的法治监督体系、有力的法治保障体系和完善的党内法规体系。著作权限制体系的研究有利于促进中国特色社会主义法治建设。

第三，有利于中国特色社会主义文化繁荣发展。《著作权法》一方面赋予著作者专有权利，另一方面限制其著作专有权。在著作权环境下保持各主体的利益平衡，这有利于促进中国特色社会主义文化事业和文化产业的繁荣发展，对构建"知识强国"有巨大推动作用。

二、本书的重要内容

《著作权理论与实务》(限制卷·理论)包括"著作权和邻接权限制总论""著作权和邻接权时间限制""著作人身权和邻接人身权权能限制——精神权利限制""著作财产权和邻接财产权权能限制之一:合理使用""著作财产权和邻接财产权权能限制之二:法定许可使用""著作财产权和邻接财产权权能限制之三:强制许可使用"六篇。

第一篇"著作权和邻接权限制总论"，主要包括"著作权限制的必要性和法理基础""著作权限制制度体系构成分析""著作权和邻接权权能限制概述"三章。

第二篇"著作权和邻接权时间限制"，主要包括"著作权和邻接权保护期限概述""典型国家著作权保护期限延长史""著作人身权的保护期限""一般作品著作财产权的保护期限""特殊作品著作财产权的保护期限""邻接权时间限制:邻接权保护期限"六章。

第三篇"著作人身权和邻接人身权权能限制——精神权利限制"，主要包括"著作人身权限制总述""著作人身权限制分述""邻接人身权限制:表演者精神权利的限制和例外"三章。

第四篇"著作权财产权和邻接财产权权能限制——合理使用"，主要包括"合理使用:自由而无偿使用""合理使用的国际立法与中国借鉴""合理使用制度两种判断标准的对比分析""合理使用之个人使用""合理使用之适当引用""合理使用之新闻报道使用""合理使用之转载、转播使用""合理使用之演讲使用""合理使用之教学科研使用""合理使用之公务使用""合理使用之图书馆使用""合理使用之免费表演""合理使用之公共场所陈列作品使用""合理使用之少数民族使用""合理使用之阅读障碍者使用""合理使用其他情形之计算机软件使用""合理使用其他情形之滑稽模仿""邻接财产权合理使用:国际借鉴与中国实践"等十八章。

第五篇"著作财产权和邻接财产权权能限制——法定许可使用"，主要包括"法定许可使用:依法许可而支付报酬的使用""法定许可使用制度的国际借鉴""著作财产权法定许可之编写出版教科书""著作财产权法定许可之报刊转载或摘编""著作财产定许可之制作课件实施远程教育""著作财产权法定许可之网络传播信息扶助贫困""邻接财产权法定许可之制作录音制品”“邻接财产权法定许可之广播电台、电视台播放作品”“邻接财产权法定许可之广播电台、电视台播放录音制品”“邻接财产权法定许可之表演者营业性演出法定许可”十章。

第六篇“著作财产权和邻接财产权权能限制——强制许可使用”，主要包括“强制许可使用：特别准许而支付报酬的使用”“国际条约关于著作权强制许可制度的规定”“相关国家关于著作权强制许可的规定”“中国著作财产权强制许可制度的构建刍议”“著作财产权强制许可之孤儿作品的强制许可问题”五章。

三、本书所取得的创新成果

第一，运用系统观念提出了较为全面的著作权限制制度体系。明确提出著作权限制制度体系由保护国家利益的国家收购体系、为保护社会利益的公共秩序保留体系、著作权行使次数限制的权利穷竭体系、著作权人诉讼时间效力限制体系、著作权保护客体范围限制体系、著作权存在空间效力限制体系、著作权存在期间效力限制体系和著作权权能行使效力限制体系八个体系构成。

第二，提出了著作权存在期间效力限制由“保护期间”“起算日”“起算方法”三部分组成。著作权保护期间由国际公约和各国著作权法具体规定。起算日包括“死亡起算主义”和“发表起算主义”两种计算方法。起算方法包括“当日主义”“当年主义”“年底主义”“翌年主义”四种计算方法。将著作权保护期限具体分为著作人身权的保护期限、著作财产权的保护期限、邻接人身权的保护期限和邻接财产权的保护期限等方面。

第三，概括地提出了著作权权能行使效力限制制度体系主要涉及合理使用制度体系、法定许可使用制度体系、强制许可使用制度体系等三大权能限制制度体系。合理使用是自由而无偿的使用；法定许可是依法许可而支付报酬的使用；强制许可是特别准许而支付报酬的使用。

四、本书的主要研究特色

第一，引用材料较为丰富。本书文献阅读量比较大，引用材料较为丰富，收集占有材料充分，引文和注释准确翔实。

第二，综合分析能力较强。本书对国内国际的著作权和邻接权，包括精神权利和经济权利的限制与例外进行了综合性分析。

第三，学术动态跟踪及时。对著作权相关领域的国内外学术动态有相当了解，参考了当前学术界研究的重要信息和学术动态，准备工作做得比较到位。

第四，著作创新有根有据。对著作权限制制度体系、对著作权时间限制、对著作权权能限制等的体系性概括，是站在前人的肩膀上，进行了整合和完善，使之更加体系化。

第五，知识储备相对较丰富。本书设计内容比较广泛，既包括国际条约，又包括各国立法例；既包括理论探讨，又包括案例分析。需要广泛地阅读和采集。

第六，研究难度相对较大。著作权限制有英美法系和大陆法系的分野，有一元论和二元论的区别，各国规定有繁有简，各国立法修正频繁，法条表述时有变动。

第七，制图做表颇有新意。本书几乎在每一章都有表格呈现，既有对比表，又有归纳总结表；既有分类表，又有关系表，提纲挈领，精彩纷呈。

第八，严格遵循学术规范。本书整体构架符合学术规范，观点正确，中心突出，结构合理，体系完备，层次分明，思路清晰，逻辑严密，表述清楚，行文流畅，论证充分，语言通顺，列举详细认真，能够自圆其说。

五、本课题进一步的研究方向

第一，进一步升华和完善著作权和邻接权限制制度体系。目前已经初步建立了著作权限制制度体系，包括国家收购体系、公共秩序保留体系、权利穷竭体系、诉讼时效体系、客体限制体系、空间限制体系、时间限制体系、权能限制体系八大体系。对每个体系的国内外立法例进行分析归纳和比较借鉴，是一个繁杂且花费大量精力的事情，需要相关研究者再接再厉。

第二，权能限制体系是著作权限制体系的重要组成部分。权能限制体系又包括合理使用体系、法定许可体系、强制许可体系三大体系。全面系统地、分门别类地研究世界各国版权法或著作权法的相关内容，细化到对每个条款进行对比分析、总结提炼，分析归纳出其优点缺点。为《著作权法》将来的修订、为“一带一路”沿线国家的著作权纠纷实务提供理论依据和国际借鉴。

第三，把著作权限制的理论与相关案例结合起来。理论指导实务，对大量的实务进行提炼、概括和总结以丰富著作权限制理论，这是发展理论的重要途径之一。著作权限制相关案例多如牛毛，丰富繁杂，分析综合和消化吸收需要一定的时间，这需要更大的精力。北京知岸律师事务所全体同人编撰的《著作权理论与实务》(限制卷·案例)一书与《著作权理论与实务》(限制卷·理论)正可谓《著作权理论与实务》(限制卷)的姊妹篇。

北京知岸律师事务所

2023年12月22日

本书表格汇总

第一篇　著作权和邻接权限制总论

第二篇　著作权和邻接权时间限制

第三篇　著作人身权和邻接人身权权能限制——精神权利限制

第四篇　著作财产权和邻接财产权权能限制之一：合理使用

第五篇　著作财产权和邻接财产权权能限制之二：法定许可使用

第六篇　著作财产权和邻接财产权权能限制之三：强制许可使用

目录

第一篇 | 著作权和邻接权限制总论

第一章 著作权限制的必要性与法理基础

第一节 著作权限制概念与称谓

一、著作权限制的概念

在知识产权法律体系中,著作权法可以说是法律关系最为复杂、法律内容最为丰富、法律变动最为频繁的一部法律。[①]

平衡是现代著作权法的基本精神。[②] 著作权限制是维护著作权人利益与公共利益平衡的制度设计。在整个知识产权法领域,权利限制也是维系知识产权人利益与公共利益平衡价值构造的基本内核。适当地限制既能够保障对创作、传播作品的激励,又能满足公众对作品的合理需求。法律对于作品著作权和作品本身之间作出的区分可以得出这样的结论:著作权不过是一种垄断权,其目的不仅是为作者带来利益,也必须考虑和保障作品使用者的利益。若著作权限制过少,著作权人对作品的专有权就会加强,从而危及公众对作品的正常接近,损害作品使用者的利益。反之,若著作权限制过于严格,则会使著作权人对作品的基本利益得不到保障,从而影响其创作积极性,最终不利于实现著作权法的文化政策目标。著作权限制需要找到一个合适的限制标准和程度,以实现作品创作者、传播者和使用者三者之间的利益平衡。著作权限制是为了在著作权人利益、利用该作品的企业利益与广大公众利益尤其是在教育、研究和获得信息利益之间保持公正或合理的平衡所必要的。

---

① 参见吴汉东:《著作权法第三次修改的背景、体例和重点》,载《法商研究》2012 年第 4 期。

② 参见吴汉东:《著作权合理使用制度研究》,中国政法大学出版社 2005 年版,第 14 页。

郑成思教授指出,"权利限制",就其本质讲,指的是有的行为本来应属侵犯了版权人的权利,但由于法律把这部分行为作为侵权的"例外",从而不再属于侵权。① 吴汉东教授等认为,著作权限制是对著作权人行使著作权的限制性规定。著作权限制,通常是指对著作权人专有权利行使的限制,其功能在于通过对著作权的适当限制,平衡创作者、传播者和使用者的利益,确保公众能接触和使用作品,以促进整个社会科学文化事业的进步。② 李明德教授认为,权利的限制与例外是指,在法律规定的某些特定情形下,权利人不得行使其版权,或者虽然由其他人行使了应当由版权人行使的权利也不属于侵权。③ 权利的限制与例外,或者对于作品或者邻接权客体的合理使用,一直是版权法中的核心问题。如何规定权利的限制与例外,如何认定合理使用,既涉及权利人利益,又涉及社会公众利益。如果权利的限制与例外过于广泛,就会损害作者或者权利人的利益。如果权利的限制与例外过于狭窄,又会损害社会公众的利益,妨碍社会公众合理使用作品或者邻接权客体。④

二、著作权限制的称谓

各国著作权法授予作者的"专有权利"都不是绝对的垄断权利,也不是没有时间限制的永恒权利。为了不使这些"专有权利"变成公众获得知识和整个社会教育、科学和文化发展的障碍,各国著作权法在不同历史时期,对授予作者的"专有权利"(主要是获得金钱和其他物质报酬的经济权利),都要做一些限制。日本、法国、德国以及美国等国在立法中多将其表述为"对著作权的限制"或"专有权利的限制",英国相关立法却称之为"有关版权作品允许实施之行为"。

由于各国历史变革、社会制度、文化传统和经济发展水平的不同,对这种"专有权利"的限制程度也有所不同。在世界上大多数国家或地区中,文学、科学和艺术作品被当作一种特殊商品,著作权被认为是一种财产权、一种垄断权。在"私有财产神圣不可侵犯"思想的指导下,这些国家法律对著作权限制相对较少。而在苏联、匈牙利、罗马尼亚、南斯拉夫及其他一些东欧国家或地区中,文学、科学和艺术作品被看成个人劳动和社会劳动相结合的智力成果,著作权被作为智力劳动者的一种权利来加以保护。在个

① 参见郑成思:《版权法》,中国人民大学出版社 1997 年版,第 249 页。

② 参见吴汉东等:《西方诸国著作权制度研究》,中国政法大学出版社 1998 年版,第 176 页。

③ 参见李明德:《美国知识产权法》,法律出版社 2003 年版,第 250 页。

④ 参见李明德等:《欧盟知识产权法》,法律出版社 2010 年版,第 292 页。

人利益与社会利益协调一致、个人利益服从社会利益原则指导下,这些国家或地区的法律对著作权的限制就相对较多。

(一)美国等国家的"合理使用"(fair use 或 fair dealing)与"版权保护的例外"

虽然各国均规定了对著作权的限制和例外,但在名称和立法体例上有很大区别。《美国版权法》第 107 条"专有权的限制:合理使用"将既不需要经过版权人许可,也不需要向其支付报酬的使用作品行为称为"合理使用"。对享有著作权作品的"合理使用",包括"为了批评、评论、新闻报道、教学(包括用于课堂的多件复制品)、学术或研究之目的而使用版权作品的,包括制作复制品、录音制品或以该条规定的其他方法使用作品,系合理使用,不视为侵犯版权的行为",但并没有详尽地一一列举构成"合理使用"的具体情形,只是规定了法官在判断他人实施一种受"专有权利"控制的行为是否构成"合理使用"时应考虑的四个因素:"(甲)使用的目的与特性,包括使用是否具有商业性质,或是否为了营利的教学目的;(乙)版权作品的性质;(丙)所使用的部分的质与量与作为整体的版权作品的关系;(丁)使用对版权作品之潜在市场或价值所产生的影响。"①所谓"使用",是指复制和其他使用。美国国会授权法院自行适用诸如第 107 条这样的模糊条文,为的是通过这种方式将某些立法的权力交到法官手上。这一做法不足为奇,因为美国法律传统本就是以普通法系为基础,即以法官造法为主。

《美国版权法》的独特设计把合理使用之外的其他限制性规定全部称为版权保护的例外(exemptions from copyright)。美国版权学者 Seltzer 从 1976 年《美国版权法》的 *Committee Reports on Section* 107,*Fair Use* 中总结出 33 种版权保护的例外,这些版权保护的例外不仅包括了其他国家版权法中的法定许可内容,而且还规定了强制许可使用。②《美国版权法》还规定了一系列无须经版权人许可,但需要向其支付报酬的情形,称为"法定许可"(statutory license)。

在一定范围内使用作品而不经著作权人同意亦不向其支付报酬的情形,在英美法系国家多被称为"合理使用"。《美国版权法》第 107 条即为"合理使用",以作为对专有权利的一种限制。《加拿大版权法》第 29 条"研究、个人学习等"、第 29.1 条"批评或者评论"、第 29.2 条"新闻报道"将基于私人学习、研究、评论、新闻报道的目的而使用他人

① 《十二国著作权法》,《十二国著作权法》翻译组译,清华大学出版社 2011 年版,第 731 页。
② 参见李祖明:《互联网上的版权保护限制》,经济日报出版社 2003 年版,第 141 页。

的作品概称为“合理使用”①。英国在司法判例中通称为“合理使用”，但在其版权法第三章将合理使用与法定许可等其他的情形概称为“涉及版权作品允许实施的行为”。世界知识产权组织和联合国教育、科学及文化组织（以下简称联合国教科文组织）协助制定的《突尼斯版权示范法》显然受《美国版权法》影响，采用了“合理使用”的说法。②

2007 年，以色列颁布了一部新的版权法案，其中吸收了美国关于合理使用的理论。以色列跟随新加坡、菲律宾，修改了相关法律，以便使之更加靠近美国模式。③

（二）大陆法系国家的“权利的例外与限制”

大陆法系国家在其立法文件中一般不直接采用“合理使用”的用语，多将其包括在“著作权的限制”名目之中。《意大利著作权法》曾将该类行为称之为“自由使用”，2003 年改为“例外与限制”。④ 1966 年《葡萄牙著作权法》也采用了“自由使用”的名义。⑤

大陆法系国家的著作权立法中并没有“合理使用”和“法定许可”的称谓，而是将所有不需要经过著作权人许可的使用作品行为归入“权利的例外和限制”条款。大陆法系国家的著作权法往往会非常详细地、清楚地罗列出对于版权专有权利的例外及限制情况。那些被列举出来的例外状况，也经常会包含用作私人非商业目的的使用许可，以及其他各类为了引用、诙谐改编、新闻报道或教学研究而使用的许可。如比利时、法国、意大利、西班牙、瑞典和瑞士这些国家，都遵从了这一做法。

这些条款对各种例外情形作出了非常具体、全面地列举，但往往缺乏一项判定特定行为是否属于“例外和限制”的一般原则。法官难以运用自由裁量权在著作权法规定的情形之外认定受“专有权利”控制的行为不构成侵权。大陆法系国家的立法也没有用单独条款对“法定许可”另行加以规定，只是在“权利的例外和限制”条款中规定某些行为虽然无须著作权人许可，但应当向著作权人支付报酬。《德国著作权法》第一部分“著作权”第六节“对著作权的限制”明确定义了详细的例外情况，⑥但是同时又采用了“自由利用”理论，供法官在断案时更加灵活地应用。在这些国家里，法官极少或者几乎从来

① 参见《加拿大版权法》，易建雄译，知识产权出版社 2017 年版，第 45 页。

② 参见吴汉东等：《西方诸国著作权制度研究》，中国政法大学出版社 1998 年版，第 180 页。

③ 参见［美］朱莉·E. 科恩等：《全球信息经济下的美国版权法》（下），王迁、侍孝祥、贺炯译，商务印书馆 2016 年版，第 846 页。

④ 参见《十二国著作权法》，《十二国著作权法》翻译组译，清华大学出版社 2011 年版，第 296 页。

⑤ 参见吴汉东等：《西方诸国著作权制度研究》，中国政法大学出版社 1998 年版，第 180 页。

⑥ 参见《十二国著作权法》，《十二国著作权法》翻译组译，清华大学出版社 2011 年版，第 160～169 页。

没有想过抛开既有条文所列举的种种限制,进而自己定夺那些没有被事先预想好且明确列入法条的其他类似的使用行为是否也应该属于法定限制之列。

《巴西著作权法》第三编“著作权”第四章“对著作权的限制”第46~48条遵循大陆法系国家的相关立法模式,在法条里详细规定了各种例外及法定限制情形。[①] 阿根廷并没有正式承认合理使用理论,但是他们的法官偶尔会酌情赦免一些特殊的使用行为以及其他被法条明确排斥的行为,此外的其他情形则被详细地列入法条中。在日本,为了平衡作者所享有的专有权与公共利益,他们也是将限制的情形写入法律条文,并且其中至少有一种限制提及“合理行为”。日本还修改了《著作权法》,列举了一些互联网上使用版权作品的行为,并规定这些行为不需要获得版权人的许可。这些条文自2010年1月起开始生效。[②]

(三)英美法系国家的“公平行为”

英国、加拿大等其他英美法系国家的版权法在这方面接近大陆法系国家立法模式,只是将“限制和例外”称为“公平行为”,同时又以判例法确定的原则作为法官个案审理的补充。《英国版权法》也规定允许在特殊情况下可以不经著作权人许可而无偿使用被著作权保护的作品的规定。《英国版权法》第一编“版权”第三章“涉及版权作品的允许实施的行为”第29条“研究和个人学习”第1款规定,“为非商业性目的之研究对文字、戏剧、音乐和艺术作品所进行的合理使用,在附有充分声明的情况下不侵犯作品之任何著作权”[③]。1911年,英国议会通过引入“公平交易”这一概念,将这些限制中的某些内容写入法典。这些限制包括以教育为目的使用版权作品,或是为了评论,用于私人的学习、研究,新闻评论以及公开地再次引用而使用版权作品的行为。1956年及1988年《英国版权法》继续遵循这些例外。英国公平交易概念要远比美国合理使用理论狭隘得多。[④]

加拿大也在公平交易理论前提下,将对于版权人专有权限制的情形写入法典。在《国际版权法与实践》这一前沿著作中,作者这样评价道:“在加拿大,通常会对公平交易

---

① 参见《十二国著作权法》,《十二国著作权法》翻译组译,清华大学出版社2011年版,第14~15页。

② 参见[美]朱莉·E.科恩等:《全球信息经济下的美国版权法》(下),王迁、侍孝祥、贺炯译,商务印书馆2016年版,第846页。

③ 《十二国著作权法》,《十二国著作权法》翻译组译,清华大学出版社2011年版,第582页。

④ 参见[美]朱莉·E.科恩等:《全球信息经济下的美国版权法》(下),王迁、侍孝祥、贺炯译,商务印书馆2016年版,第845页。

理论做出狭义的解释，这不同于美国的合理使用原则。在加拿大，仅仅只有一小列很有限的使用目的才能被视为有效抗辩，通常他们都不会被扩大解释。”①

（四）中国的“权利的限制”即“合理使用”与“法定许可”

《著作权法》限制“专有权利”的立法模式接近大陆法系国家，因为《著作权法》并未规定判定特定行为是否属于“例外和限制”的一般原则。虽然学界习惯于将《著作权法》（2020）第二章“著作权”第四节“权利的限制”第24条规定的13项“权利的限制”称为“合理使用”，但实际上并不合适。中国立法模式与大陆法系也并非完全相同，因为《著作权法》对“法定许可”进行了单独规定。《著作权法》（2020）对“专有权利”的限制就分为了两类：一类是“合理使用”，另一类是“法定许可”。

限制例外与合理使用虽然称谓不同，但实质相同。限制例外与合理使用就是一枚硬币的两面，限制例外是对于创作者（著作权）、传播者（邻接权）而言；合理使用是对于使用者而言。版权体系和著作权体系关于著作权限制的称谓如表1－1－1所示。

表1－1－1　版权体系和著作权体系关于著作权限制的称谓一览

<table>
<tr><th rowspan="2">体系</th><th rowspan="2">国家</th><th colspan="2">限权</th><th>免责</th></tr>
<tr><th>创作者（著作权）</th><th>传播者（邻接权）</th><th>使用者</th></tr>
<tr><td rowspan="4">版权体系</td><td rowspan="2">英国</td><td></td><td></td><td>合理使用</td></tr>
<tr><td></td><td></td><td>“涉及版权作品的允许实施的行为”（第三章）</td></tr>
<tr><td>美国</td><td>“专有权的限制：图书馆和档案馆的复制”（第108条）
“专有权的限制：特定复制品或录音制品转让的效力”（第109条）
“专有权的限制：计算机程序”（第117条）
“建筑作品专有权的限制”（第120条）
“专有权的限制：为盲人或其他残疾人的复制”（第121条）</td><td>“专有权的限制：转播”（第111条）
“专有权的限制：短时录音制品”（第112条）
“专有权的限制：为私人家庭收视的转播”（第119条）
“专有权的限制：卫星传送人在本地市场内的转播”（第122条）</td><td>“专有权的限制：合理使用”（第107条）
“专有权的限制：某些表演或展出的免责”（第110条）</td></tr>
<tr><td>俄罗斯</td><td></td><td></td><td>自由使用（第1273～1280条）</td></tr>
</table>

① ［美］朱莉·E. 科恩等：《全球信息经济下的美国版权法》（下），王迁、侍孝祥、贺炯译，商务印书馆2016年版，第846页。

续表

<table>
<tr><th rowspan="2">体系</th><th rowspan="2">国家</th><th colspan="2">限权</th><th>免责</th></tr>
<tr><th>创作者(著作权)</th><th>传播者(邻接权)</th><th>使用者</th></tr>
<tr><td rowspan="9">著作权体系</td><td rowspan="2">法国</td><td>限制</td><td>限制</td><td>(侵权)例外</td></tr>
<tr><td>“作者不得禁止”</td><td></td><td></td></tr>
<tr><td>德国</td><td>“对著作权的限制”(第六节)</td><td>“限制规定的实施”(第95条b)</td><td></td></tr>
<tr><td>印度</td><td colspan="2">“某些不构成侵害著作权的行为”(第52条)</td><td></td></tr>
<tr><td>意大利</td><td colspan="2">“例外和限制”(第五章,2003年4月9日之后)</td><td>“自由使用”(第五章,2003年4月9日之前)</td></tr>
<tr><td>日本</td><td>“著作权的限制”(第五小节)</td><td>“著作邻接权的限制”(第102条)</td><td></td></tr>
<tr><td>南非</td><td colspan="2">“一般例外”(第12～19B条)</td><td></td></tr>
<tr><td>韩国</td><td>“著作财产权的限制”(第二分节)
“作品的法定许可使用”(第五节)
“计算机程序著作财产权的限制”(第101条之3)</td><td>“邻接权的限制”(第87条)
“对数据库制作者权利的限制”(第94条)
“网络服务提供商法律责任的限制”(第六章)</td><td></td></tr>
</table>

第二节 著作权限制必要性分析

著作权限制或出于实际需要或经济上理由,或出于总体利益或基本权利和自由的要求。德国雷炳德教授将著作权限制分为三类,即因个人使用目的的限制、为文化经济而进行的限制和为公共利益而进行的限制。① 荷兰胡根霍尔茨教授在《数字环境下版权的未来》报告中将著作权限制也分为三种类型,即“促进基本自由”之限制、“公共利益”之限制、“市场失灵”之限制。这三种区别法很有代表性,他界定了可以说明对版权独占

① 参见[德]M. 雷炳德:《著作权法》,张恩民译,法律出版社2005年版,第298页。

性予以限制的三种类型解释:(1)有些例外通过版权来表达对保证某些自由(如言论自由)的关切;(2)有些例外是出于公共利益(如图书馆和公共教育)的需要;(3)有些例外被引入版权的立法中,以对作者的市场损失进行补偿,即补偿作者因不能有效地控制市场和阻止某些使用的损失。① 杨源哲、杨振洪概括为保护基本权利导致的限制、版权贸易与规范竞争产生的限制、分享与传播知识需要的限制、市场失效引起的限制四类。②

一、著作权限制有利于基本人权实现

人人享有全面参与文化生活、分享科学进步及其产生的福利的权利,此种权利是一项基本人权。为促进这一基本人权的实现而对著作权进行限制构成了权利限制的重要理由。属于这一类权利限制的条款包括:个人使用、分析评论使用、新闻报道使用、教学科研使用、为滑稽模仿目的的使用、为残疾人利益而使用、编写出版教科书法定许可。这些权利限制从制度上保证了公民文化教育权的实现途径,并从法律上完整地体现了文化教育领域基本人权的内容。

著作权的保护期限、思想/表达二分法、权利用尽原则,也体现了基本人权对著作权的限制。有限的保护期限是版权法最具有重要意义的限制性规定。③ 保护期限使著作权专有性被限定在一定时间内,过了保护期限的作品即进入公有领域,可为任何人自由无偿地使用。思想/表达二分法是著作权法的金科玉律。基于思想/表达二分法,著作权划分了文化产品领域公有和私有的界限,法律既鼓励和保护作品的创作,又让思想借助于独创性表达自由流通和传播。权利穷竭原则划定了著作权人控制其作品的传播利用的界限。当作品的合法复制件售出之后,著作权人不得再控制该复制件的使用,合法持有人可以对该复制件行使物的财产权。正是在权利穷竭原则的护佑下,图书馆、档案馆和博物馆等公益性事业,才能履行科学文化和服务公众的职能。

由人权的普遍性、目的性所决定,凡是与基本人权有关的著作权限制,无论社会如何变化和科技如何进步,都应当对其给予保留,以使社会公众的基本权利得以实现。

---

① 参见[荷]胡根霍尔茨:《数字环境下版权的未来》,克吕韦国际法律出版社 1996 年版,第 94 页。转引自[法]安娜·勒帕热:《数字环境下版权例外和限制概况》,刘板盛译,载《版权公报》2003 年第 1 期。

② 参见杨源哲、杨振洪:《著作权法理论新探索》(下册),法律出版社 2022 年版,第 86 ~87 页。

③ 参见[德]M. 雷炳德:《著作权法》,张恩民译,法律出版社 2005 年版,第 347 页。

二、著作权限制有利于公共利益需要

公共利益范畴广阔，执行公务、保护弱者权益、落实文化政策都有助于维护公共利益。

从版权制度缘起看，维护公共利益从一开始就是立法者所追求的目标。现代版权法肇始于英国《安妮法》。《安妮法》至少有两个历史功绩，一是将作为垄断工具和审查手段的出版商特权转变为鼓励知识和消除垄断的贸易规则。版权不再是出版商对特定图书的永久性垄断，而只能持续一段有限时间。二是设立了文学作品的公共领域，"公共领域"是指法律未赋予权利的领域。公共领域是相对于版权作品的表达，包括保护期届满的作品、不具备创造性的事实、材料以及思想、观念、方法。贸易规则和公共领域的创建，确立了版权与其所服务的公共利益的分水岭。以功利主义为理论基础的《美国版权法》更直接地表明版权是为服务于公共利益而存在。世界上唯一一部含有知识产权条款的《美国宪法》，其"版权和专利条款"规定版权的目的是"保障作者在有限期限内对其作品享有专有权利，以促进科学和实用技术的发展"。1790 年美国第一部版权法的保护对象是地图、图表和书籍。1909 年制定第二部版权法时强调，"国会根据宪法条款制定版权法并非以保护作者对其作品所享有的自然权利为基础，而是基于服务公共福利和促进科学和文学进步的目的"。

在制度构成上，权利的限制制度是公共利益在版权上的直接体现。任何权利按照其社会属性，都是相对的，即任何权利都不是绝对的和不受限制的。权利的相对性意味着权利的行使必须符合法律设置权利的宗旨，具有目的上的合法性，不能背离权利的目的、功能和社会使命。[①] 知识产权制度的终极目标是促进科学和文化进步，以实现人的素质的全面发展和增进社会福祉。促进公共利益和版权保护两个方面，不可避免地处于矛盾之中：一方面，版权法赋予作者控制作品的使用和传播的专有权；另一方面，著作权法尽可能地保证知识的获取和传播。如何有效地平衡这两个互为矛盾的方面，关系到著作权是否能够实现其立法宗旨和完成其社会使命。权利的限制和例外正是版权实现利益平衡的重要机制。版权法通过赋予作者专有权建立了一种利益激励机制；通过权利限制制度建立了以公共利益为目标的利益平衡机制，两者的结合构成了完整的权利制度体系。

---

① 参见[法]路易・若斯兰：《权利相对论》，王伯琦译，中国法制出版社 2006 年版，第 250 页。

在规范层面上，基于公共利益的限制条款包括：教育和研究机构的使用、新闻报道使用、图书馆保存复制、免费表演、公务使用、通过网络向农村传播特定作品等。著作权法对于图书馆等公共服务机构、广播电视台等文化传播媒介、盲人和少数民族、“三农”等，均设定了相应限制条款，体现了民事权利保护中的公共利益原则。公共教育和科学研究是实现公共利益和促进社会民主必不可少的工具，它们所提供的产品是具有外部效应的公共产品。为了保证从事教育、学术和研究活动所需要的信息、思想和理论资源，必须从公共政策上给予支持，允许有关机构自由使用作品，免去其获得许可和支付费用的义务。在作品传播领域，代表使用者并符合经济社会发展目标的公共利益需要借助图书馆才能实现。图书馆是作品的主要购买者和收藏加工者，并向用户提供浏览借阅等各种服务。图书馆的社会使命使其充当了保证作者和出版商获取经济利益和使公众合理获取作品的中介。基于公共利益的版权限制必须为图书馆等公益事业提供必要的“特权”。①

为了满足社会公众不断增长的获取知识、信息的需求，促进国民科学文化素质的提高，关于公共利益的权利限制应当和著作权的扩张相匹配，随着著作权的扩大而扩大，从而实现著作权人和社会公众利益的动态平衡。

三、著作权限制有利于消除市场失灵

市场失灵是指在某些情况下仅仅依靠市场调节不能实现资源最优配置。著作权法要解决的市场失灵有两种，第一，由于成本过高而无法控制的行为，例如个人使用。在现实生活中，出于个人学习、娱乐目的而使用作品的情况是大量且分散进行的，作者与每个使用者以及使用者与每个作者签订使用许可的交易成本远远大于从许可证获得的收入，从成本—收益分析来看，要制止个人使用不具有经济合理性。因此，个人使用被视为著作权保护的例外，但可通过设立著作权补偿金的方式弥补权利人损失。第二，由于著作权产业形成的垄断势力而导致市场无效率。著作权法为防止市场垄断而采取的解决方式是著作权强制许可，即无论著作权人是否同意，只要是使用者履行了法律规定的要件，即可使用著作权人的作品。这种权利限制的基本理念是：免去使用人与著作权人的交易环节，由中介机构对某些权利使用者或者是使用作品的产品收取一定费用，将

---

① 参见张今：《版权法中私人复制问题研究：从印刷机到互联网》，中国政法大学出版社 2009 年版，第 96～101 页。

这笔费用作为给付著作权人的经济补偿。解决市场失灵的限制性条款旨在防止市场垄断势力的产生以及保障在交易成本过高的情况下著作权的行使。

市场失灵来源于作品的公共产品特性和交易成本过高。随着传播技术的发展和新的版权交易模式的出现,版权交易的成本将会逐步降低。数字技术具有控制作品被获取和使用的功能,权利人能够通过数字权利管理系统监控作品的使用并获取报酬。为消除市场失灵的限制条款,有可能变动甚至部分地失去存在的必要。① 随着传播技术的进步和著作权市场的培育,市场失灵是可以克服或消除的。因交易成本过高而设立的某些权利限制条款有可能松动或者失去存在的必要。

著作权限制的正当性。冯晓青指出,著作权限制的正当性可以从法律经济学、利益平衡、著作权限制的有限保护与增进民主文化原则、社会学等层面加以分析。这些分析涉及公平与效益价值、著作权法的公共利益目标、作品创作的社会性与继承性、独创性与公有领域等方面。通过剖析著作权限制的正当性,有利于深刻认识著作权法的价值构造和立法宗旨。②

著作权限制可以理解为著作权人享有之专有权利的例外。著作权限制具有充分的正当性:从法理学视野看,它是基于公平正义和权利义务一致的考虑;从著作权法的价值构造视野看,是基于实现著作权立法宗旨的考虑;从经济学视野看,则是基于交易成本与市场的考虑。从著作权制度的价值构造看,在著作权法中存在权利保护和权利限制的内在协调机制。著作权限制是实现著作权人利益与公共利益平衡的基本制度安排,成为平衡著作权人利益和社会公众利益的砝码。③

第三节 著作权限制的法理基础

著作权法的基本功能之一,在于调整权利人行使"专有权利"与促进知识信息传播、

① 参见张今:《著作权法》,北京大学出版社 2018 年版,第 165 ~167 页。

② 参见冯晓青:《试论著作权限制之正当性》,载《湘潭大学学报(哲学社会科学版)》2007 年第 3 期。

③ 参见冯晓青:《论著作权限制的合理性及其在著作权制度价值构造中的意义》,载《湖南社会科学》2011 年第 5 期。

利用之间的矛盾,协调文学艺术和科学作品创作者、投资者、传播者、使用者和消费者各方主体利益关系。就法律规范而言,这些直接关系着著作权的保护与限制。著作权法对“专有权利”进行充分保护并对其设定必要限制,体现了法律对涉及著作财产利益问题的认识并加以协调,即对社会关系的各种客观利益现象进行有目的、有方向地调控,以促进利益的形成和发展。权利限制是著作权法的专门制度,它以“利益平衡”作为自己的理论基础,对私权与公益、本权与他权等进行利益关系调整和权利配置。

一、著作权限制必须是在既定权利基础上的限制

由于著作权权利以权利客体使用方式的控制为内容,著作权权利限制制度是针对著作权权利束中的每一个权利内容进行限制。为了促进信息与知识的传播以及反对权利导致的垄断,著作权限制制度都是针对著作权权利束中的每一个权利。《伯尔尼公约》第 9 条、第 11 条分别限制复制权和广播权。《美国版权法》第 108 条限制复制权、第 109 条限制发行权、第 110 条限制表演权和展示权。中国《著作权法》(2020)第 24 条所规定的合理使用制度中,免费表演限制作者表演权、课堂教学复制限制复制权、少数民族语言翻译与盲文翻译限制翻译权、义务教育与教育规划教材汇编限制汇编权等的类似规定可以在大多数国家的著作权法中找到。①

二、著作权限制以“利益平衡”为理论基础

研究著作权限制,应以权利的利益评价为起点。利益是权利的基本要求,它既是权利的基础和根本内容,又是权利的目标指向,是人们构建该项法律制度所要达到的目的。在著作权法律关系中,通常会涉及多种主体利益,可以分为作者利益和社会利益;又可分为作品创作者利益、作品传播者利益与作品使用者利益;还可分为作者利益,出版者、销售者和作品其他使用者利益,最终消费者(一般公众)利益以及社会利益。著作权法的效益目标就是实现利益平衡并达到利益最大化。利益平衡是民法精神的要求,它要求当事人之间、权利与义务主体之间、个人与社会之间的利益应当符合公平的价值理念。著作权法所强调的利益平衡精神主要通过权利配置和权利限制规则来实现。

① 参见刘铁光:《录音制品二次使用的法律问题研究》,厦门大学出版社 2011 年版,第 166 页。

三、著作权法对各方主体利益关系的权利配置

著作权法对各方主体利益关系的调整,涉及对知识资源的社会分配,这在法律上表现为权利配置,即设定著作权法与其他主体的权利、义务关系。各类主体的相互利益关系,在权利配置上表现为两个方面,第一,本权与他权。作者和其他著作权人的权利为本权,是依法对知识财产得以全面支配的权利;其他主体如传播者、使用者的权利为他权,是根据法律规定或者著作权人的意思而对他人作品进行有限支配或者利用的权利。根据利益平衡原则,本权与他权关系表现为:主体之间公平相待,交换应有偿互利,但合理使用除外;财产利益合理分享,在法定范围内应当兼顾各方当事人利益,这具体表现为创作者、传播者、使用者多方主体之间的利益协调。第二,私权与公益。出于公共利益目标,对著作权人的专有权利进行必要限制,以保证公众合理利用作品。利用他人作品或基于表现自由目的,或基于公共教育需求,或基于社会文化生活必要。这些都是正当的、合理的,其本身都是国际人权公约规定的公共利益。

四、权利配置与权利限制相辅相成

在著作权法中,权利配置与权利限制相联系而存在。权利配置本身即体现出对著作权限制的立法立场,而权利限制的法律取向又表现在各种权利的制度安排中。著作权具有独占性和有限性的"二律背反"特点,即著作权人对知识财产是"独占的",但这种独占又受到限制。这与信息产权设定的"经济学悖论"有惊人相似性。法经济学家认为:"没有合理的垄断就不会有足够的信息生成出来,但是有了合法的垄断又不会有太多的信息被使用。"解决"二律背反"和"经济学悖论"的法律途径,就是在保护著作权的基础上对该项权利实行必要限制。为了体现这一理念,著作权法创设了"公共领域保留"原则。将知识形态资源划分为"专有领域"和"公共领域",前者是权利人控制他人使用而行使独占权利所及的范围;后者是非权利人因限制前述独占权利而得以自由使用的空间。英国《安妮法》作为世界上第一部版权法,即构建了一个"文化艺术公共领域"(the public domain for literature),其要义是:规定著作权保护期限(以对抗出版商永久著作权主张,保证作品在一定期限后得自由使用);规定著作权人在印刷、出版和发行方面享有有限权利(著作权人对作品再次利用时权利穷竭)。美国宪法的"知识产权条款"通过授予作者和发明者对他们的创造物的有限专有权,以促进科学和文学艺术进步。其规定的"公共领域保留"(the preservation of the public domain),将创作者的专有

权利限制在一定时间和范围内。宪法条款隐含的“接触权”(the right of access)政策,还赋予非权利人在一定条件下使用他人智力创作物的权利。在精神生产领域,任何作品的创作无一不是来自对已有作品的借鉴和利用,因此对这种智力成果不能给予无限制的独占权利,以阻碍他人进行新创作。这种“公共领域”或“公共领域保留”的著作权政策符合民法对价原则。

五、实现保护创作者合法权益与促进知识信息广泛传播的二元价值目标

现代著作权的宗旨在于保护创作者的合法权益,促进知识信息的广泛传播。这种二元价值目标,是以权利保障的激励机制为基础,以利益平衡的调节机制为手段来实现的。著作权与思想、信息、知识的表达和传播有密切关系。在保障创作者私人权益的同时,必须考虑促进知识传播和推动社会文明进步的公共目标。正如有位美国学者所言,著作权法涉及社会的、政治的、经济的、教育的和艺术的各个方面,它不能仅专注于作者权利的保护,而应顾及广大使用者的利益。著作权的上述平衡目标以及协调功能,深刻地体现在其制度规范之中。①

第四节 著作权的限制与反限制

国外绝大多数国家的著作权法都明确规定了对著作权的限制。

什么是作品的正常利用?例如,文学作品和中小学教科书等的正常利用都是通过将作品印刷成册后向公众销售。因此,缔约国不能以强制许可的办法使他人加以复制,即使向著作权人支付了报酬,也是不允许的。② 有些作品在特定情况下允许复制,虽然与作品的正常利用不相冲突,例如为个人和家庭使用,或者为司法和行政目的使用,但是复制无论多少,对作者总会造成一些损失。因此,《伯尔尼公约》规定的原则是,这种损害不能是不合理的。这意味着不能大量复制,尤其是复制品不能销售,借以谋利,这

① 参见吴汉东:《知识产权法》,法律出版社 2021 年版,第 232 ~234 页。

② 参见《伯尔尼公约》第 9 条第 9.7 段的说明。

两个条件必须同时满足,缺一不可,这两个条件都有相当的伸缩性。《伯尔尼公约》对于哪些作品在特殊情况下允许可以不经许可而使用,也很难一一具体规定。《伯尔尼公约》所反映的精神是使作者的权利、利用作品的企业的利益和广大公众的利益尤其是教育、研究和获得信息的利益之间保持平衡。然而,在实践中,各国解释和立法很难完全一致。一般说来,发展中国家允许不经许可而使用的范围比发达国家可能要广一些,条件也可能要宽一些。

在现代,学校、机关、团体、科研机构、公司等使用复印机复印资料已经非常普遍,家庭中使用录音机或录像机进行录音或录像也已相当普遍。著作权法中关于对著作权的限制实际上已经很难执行。一方面,出版商们担心大规模复制会影响作品的销售。另一方面,著作权法学家们则认为著作权法不能阻碍现代信息技术的使用和推广。如何平衡这两方面的利益,已经成为一个世界性问题。

对于著作私权化的过度扩张问题,包括发达国家在内的许多国家的学者表示了密切关注甚至是批评态度。澳大利亚学者彼得·达沃豪斯(Peter Drahos)认为,知识产权的过强保护会带来信息垄断。他主张工具主义的知识产权理念,反对将财产权概念导入知识产权领域,并以此为指导对知识产权进行限制,以恢复私人利益与公共利益之间的平衡关系。美国学者亨利·G. 米切尔(Henry G. Mitchell)也认为,与自然界存在生态系统一样,在知识领域也存在类似的生态系统,知识的共有是维持该生态系统的前提,知识的过分产权化就如同对自然资源的过多掠夺,它们会使已有的生态系统遭到破坏。因此要遏制知识私有趋势,逐步扩大知识共有空间,以维持知识生态系统的良好运转。

上述思潮的出现伴随着人们寻求利益平衡的诸多实践,最有代表性的是"GNU 许可"与"知识共享许可"。GNU 是"GNUs NOT Unix"的缩写,由 Richard Stallman 在 1983 年发起成立,其目标是"重现当年软件界合作互助的团结精神",开发出可以自由使用的操作系统软件和其他应用软件。在 GNU 许可下,一旦人们获得某个软件,就可享有复制及与他人分享软件的自由,通过接触原代码修改软件自由、发行改进版权软件的自由。

"知识共享许可"则是"知识共享组织"所主张的一种著作权许可方式。该组织由詹姆斯·博伊尔(James Boyle)等人于 2001 年创立,其宗旨是在著作权人与作品使用人之间架设一座沟通桥梁,从而实现人们的知识共享心愿。在"知识共享许可"协议中,著作权人授权许可他人使用其作品,而被许可人必须接受著作权人在许可中所设定的限制。知识共享许可有多种方式,著作权人可以择一而用,并通过自己的网站或者专门提供知识共享许可平台的网站来发布其作品,包括书籍、网络日志、照片、影片、影像片、歌曲以及其他音频或视频制品等。

邻接权的权利人可以许可他人行使本应由其享有的各类邻接权,但是被许可人在使用该作品、表演、录音录像制品和广播节目时,还必须要征得与之相关的其他权利人的许可,并且要向其他权利人支付报酬。具体包括:(1)表演者权的被许可人以法律允许的方式使用作品时,还应该取得著作权人的许可;(2)音像制作者权的被许可人复制、发行、通过信息网络向公众传播录音录像制品的,还应征得著作权人、表演者许可;(3)广播组织权的被许可人以法律允许的方式使用作品、表演和录音录像制品的,还应取得著作权人、表演者和录音制作者的许可。① 这是对邻接权限制进行反限制的一个典型例子。

总之,著作权权能的限制与反限制问题,在国际层面上并没有达成完全共识。在规范冲突中探求一致,在利益对立中寻求平衡,以建立合理有效的著作权国际保护秩序,这是当代著作权制度发展与变革的重要目标。

① 参见梅术文:《著作权法:原理、规范和实例》,知识产权出版社2014年版,第210~211页。

第二章　著作权限制制度体系构成分析

崔国斌在《著作权法：原理与案例》一书第十一章“著作权限制”分为“合理使用”“法定许可”“强制许可”“保护期限”四节。德国雷炳德在《著作权法》第五编“著作权的限制”第三十二章“限制的类型与法律解释的基本原则”第一节“限制类型”中总结了德国著作权限制的四种类型，即法定许可、豁免（即合理使用）、对作品保护期的限制和强制许可。[①]

第一节 国家收购为保护国家利益

“国家收购”主要是苏联和某些东欧国家限制著作权的措施，是指为了国家利益，在必要时候，国家可以收购正在使用中的作品著作权。如苏联为保护本国利益，将果戈里、普希金等名家的优秀作品收归国有，延长作品的著作权保护期。《苏联和各加盟共和国民事立法纲要》第 106 条规定：“依照各加盟共和国规定的程序，国家可以向作者或其继承人征购尚在出版、公演或以其他形式使用作品的著作权。”在这种情况下，联邦政府还可以不经作者同意使用这类作品。《乌拉圭版权法》第 41 条规定：国家或地方政府均可以从公共利益出发，征用某些作品的版权。不过，像乌拉圭这种规定对版权采取国家征用的情况，即使在发展中国家也是较少见的。

《意大利著作权法》第三编“共同规则”第二章“使用权的转让”第一节“一般规则”第 112 条规定：“因国家利益的需要，作者的权利可以被征用，但是作者在有生之年享有的作品发表权除外。”在作者有生之年，除作品的发表权外，国家主管机关为国家利益可

① 参见［德］M. 雷炳德：《著作权法》，张恩民译，法律出版社 2005 年版，第 295 ~296 页。

以征收作者的著作权。第113条规定:"对作者权利的征用要以共和国总统令的方式进行,该总统令是在内阁总理与公共教育部部长共同协商并听取国务院意见后提出的建议的基础上作出的。征用补偿金额由上述征用令或者补充法令作出规定。征用令对权利继受人和持有被征用权利所载实物的第三人具有约束力。"第114条规定:"对因国家利益征用著作权的征用令不服的,可向国务院的行政诉讼机关提出复议;对补偿金额有争议的,由司法机关管辖。"[①]第113条规定了征收程序。作者权利的征用须由公共文化部会同国民教育部咨询国务院后,发布敕令授权。该敕令具体规定了对被征收人的补偿措施。征用敕令对权利继承人和占有行使权利所需实物的第三人具有效力。这些规定在实践中从未适用过,国家征用著作权的权利不能扩及于任何其他政府部门。[②]

根据中国《著作权法》的规定,国家只能依《著作权法》的规定取得著作权,不能"收购"作品的著作权。这体现了《著作权法》对作者权益的充分保护。

第二节 公共秩序保留为社会利益

公共秩序保留也称公共利益保留,是指著作权人行使著作权不得违反社会公共秩序或利益。这是各国著作权法和有关国际公约普遍确认的原则。一般规定,低级下流、欺骗公众、诽谤他人、蔑视法律的作品,是违反公共秩序的作品,不得出版、发行或以其他方式传播。[③]

英文中的public policy或法文中的order public被译为"公共秩序"。我国一般采用"社会公共利益"的表达方式。为了社会公共利益,而由国家或国家授权的机关,不经作者或其他版权人的许可而使用有关版权的做法,在许多国家的版权法中都有明文规定,这也是对版权的一种限制。作出这种规定的国家有发展中国家,也有发达国家。关于公共秩序保留的规定都是针对版权的后继所有人,而不是针对作者规定的。有些国家

---

① 《十二国著作权法》,《十二国著作权法》翻译组译,清华大学出版社2011年版,第317页。

② 参见吴汉东等:《西方诸国著作权制度研究》,中国政法大学出版社1998年版,第415页。

③ 参见冯晓青主编:《知识产权法》(第3版),中国政法大学出版社2015年版,第148页。

关于公共秩序保留的规定,是与强制许可制度联系在一起的。

“公共秩序保留”原则在《伯尔尼公约》第17条得到了明确认可。《伯尔尼公约》第17条规定,各成员国主管当局在认为有必行使其权利时,可以通过法律或条例行使权利,以批准、控制或禁止任何作品的流通、表演或展览。这一规定表明,作者及作品的后继权利人只有在不违背社会公共利益的前提下,才能行使其权利。世界知识产权组织在对该条进行解释时指出:任何作者都只能在不违背(其本国或其权利主张国)公共秩序前提下,才能行使其版权;文化领域的版权保护制度与公约各成员国实行的作品发行审查制度不相矛盾,各国政府均有权按照本国其他法律准许或禁止任何作品的传播、展出或表演。该组织同时又指出:“准许”任何作品的传播,并不意味着各政府有权滥发强制许可证,[①]即任何作者都不得在违背公共秩序的前提下行使其著作权,各国政府有权按照本国其他区法律准许或禁止任何作品的传播、表演和展出,而这与成员国实行的作品发行审查制度并不矛盾。

公共秩序保留是指著作权人行使权利时不得损害社会公共利益或秩序。可以从认识著作权法与公共利益保护的关系方面加以理解。著作权法中存在广泛的公共利益,该法也是最终促进公共利益的重要手段。从这个意义上看,可以根据公共利益来定义以及研究著作权法及其相关政策问题。著作权法具有促进公共利益的目标,对著作权的过度保护会对著作权法所要实现的公共利益产生损害。著作权本身也涉及重要的公共利益问题,公共利益在著作权法研究中具有重要地位,甚至可以公共利益为核心来指导著作权法的概念性框架。事实上,考察世界上第一部著作权法《安妮法》的诞生即可以找到著作权法中公共利益的起源。从19世纪末著作权法保护进入国际化阶段以来,与著作权有关的国际条约也引进了公共利益原则。1996年世界知识产权组织关于著作权会议的一个重要成果是,确认了维护作者权利和“更大的公共利益”,正如反映在《伯尔尼公约》中的对作者权利的保护与教育、研究和对信息的接近的目标之平衡。著作权法保护公共利益的立法意旨甚至在司法实践中也被充分地体现出来。例如,美国最高法院在United States v. Paramount Pictures,Inc.案中指出:与专利法一样,著作权法对权利所有人的报酬相对于公共利益来说是作为第二位考虑的。[②]

很多国家规定,为了社会公共利益,不经作者或其他著作权人的同意,国家或国家

---

① 参见郑成思:《版权法》,中国人民大学出版社1997年版,第260页。

② 参见冯晓青:《知识产权法利益平衡理论》,中国政法大学出版社2006年版,第315页。

授权的机关可以行使作品的著作权。比如说，某位大科学家去世后，其继承人一直不愿发表其手稿，而这对国家科学事业的发展很不利，国家或国家授权的机关就可以限制权利人的发表权，将手稿发表。有的国家的著作权法对这一限制即有明确规定。例如，《保加利亚版权法》第23条作出进一步规定：只要对公共利益有重大影响，法院即有权（在版权人禁止使用的情况下）判决许可使用任何已发表的作品。这条规定不仅对作者的继承人有效，对作者本人也有效。[①]《匈牙利版权法》第24条规定：如果作者的版权继承人无理禁止进一步使用已经发表的作品，则在不违反版权国际公约的前提下，法院可以从公共利益出发，判决使用该作品，但使用者应向版权人付酬。《加拿大版权法》第13条规定：如果作为作者继承人的版权所有人拒绝再次出版有关作品，或者拒绝公演该作品，政府主管部门有权从公共利益出发颁发版权或者表演权强制许可证。《埃及版权法》第23条规定：如果作者的继承人拒绝正常行使有关版权，则埃及教育部长有权从公共利益出发代其行使（但要从开罗一审法院院长处取得代为行使的执行令）。

1988年后以成文版权法形式保护精神权利的英国，也专门为隐私权对版权的限制作出规定；1990年后有限承认精神权利的美国，也专门规定艺术品作者精神权利的行使，在特殊情况下应受到他人有形财产权的限制。在许多大陆法系国家的版权法中，均普遍规定了对作者精神权利的限制，又规定了版权与其他一些民事权利的关系。1992年《法国知识产权法典》"版权篇"（1995年修订文本）第121－3条规定：如果作者去世后，其行使版权的代理人明显滥用或不行使已发表的作品的版权，则民事法院有权采取适当措施禁止其滥用权利，并使作品的版权被恰当使用。《西班牙版权法》（1987、1996）也从不同角度作出了与法国相似的规定。该法第40条指出：如果作者自然死亡或被宣告死亡，其有权行使作品发表权的继承人不发表该作品的行为违背宪法，那么在国家主管部门、地方团体、公共文化机构或其他利害关系人的请求下，法院可下达命令（令其发表）。[②]

从多数国家的规定来看，公共秩序保留适用于著作权的后继所有人，该所有人在大多数情况下又是作者的继承人，但也有个别国家认为也适用于作者本人，如上述保加利亚的规定即是如此。

我国《著作权法》有一条对著作权总的限制，即《著作权法》（2020）第4条规定："著

① 参见郑成思：《版权法》，中国人民大学出版社1997年版，第259页。

② 参见郑成思：《版权法》，中国人民大学出版社1997年版，第260页。

作权人和与著作权有关的权利人行使权利,不得违反宪法和法律,不得损害公共利益。国家对作品的出版、传播依法进行监督管理。"这一条是为了公共利益而对著作权进行的总的限制、针对所有的著作权人。为了我国文化、科学事业的发展与繁荣,促进社会主义物质文明和精神文明建设,我国法律历来禁止反动、淫秽作品的传播。我国设有相应的国家机关对作品的出版、传播依法进行监督管理。对于违反我国《宪法》和法律、损害公共利益的违禁作品,《著作权法》不提供保护;对于那些未经监督管理程序而出版发行或传播的作品,法律并未否定其著作权,但权利人只能制止盗版不能依法积极行使自己的权利。①

这一款看似是重复民法中的有关规定,却又是一条必要的限制。现行法律对于"公共秩序保留"的具体情况未作规定,这可随着著作权实践而完善。中国《著作权法》中,对作者精神权利的限制并未具体规定,对版权与其他一些民事权利的关系仅在第 7 条中一语带过。第 4 条就显得非常重要。例如,在行使自己署假名的权利时,不得恶意在公众中制造混淆,在行使自己创作的肖像画、人体画的版权时,可能受到他人肖像权、隐私权的限制等,这些实质上都包含在《著作权法》第 4 条规定的范围中了。

第三节 著作权权限行使次数限制

一、权利穷竭:只能第一次行使不能多次行使

为了维护文化消费品市场的自由流动,确保"二手货"市场交易正常进行,著作权人只能控制发行权的第一次行使,即一旦著作权人已经行使过发行权,该项权利就会穷竭。这一原则被称为"权利穷竭"、"权利耗尽"或"首次销售"原则,这也是对著作权进行限制的一种途径。除了发行权穷竭,还规定了其他权利的穷竭。

权利穷竭不仅适用于著作财产权领域,而且适用于著作人格权领域。著作财产权领域的权利穷竭是指权利人行使一次即告用尽不能再次行使。② 著作财产权穷竭的目

① 参见李明德、管育鹰、唐广良:《〈著作权法〉专家建议稿说明》,法律出版社 2012 年版,第 270 页。

② 参见郑成思:《版权法》,中国人民大学出版社 1997 年版,第 257 页。

的是处理商品自由贸易与著作权专有性之间的矛盾。关于著作人格权的穷竭，郑成思指出：在版权转让过程中，为了避免精神权利对著作权利用产生限制而在合同中约定了权利使用条件，著作权人在合同约定范围内一次性行使精神权利，这也构成相关精神权利的穷竭。[①] 其实，著作人格权的穷竭与限制所指相同。无论是著作财产权还是著作人格权，权利穷竭实际上是平衡作品控制权与载体所有权的著作权失权设计。

（一）发行权穷竭的概念

所谓权利穷竭，指的是权利人行使一次即告用尽了有关权利，不能再次行使。这一原则，严格地讲仅适用于经济权利中的发行权。[②] 权利穷竭，也称发行权一次用尽或首次销售原则，即当作品原件或者复制件经著作权人同意进入市场后，著作权人无权控制作品的进一步销售。[③]

著作权穷竭，也叫著作权用尽，指著作权的某项权利如发行权一经行使即告结束，不得再次行使。这种对著作权的限制是基于物权行使的正当性，即所有权人从正当发行渠道获得合法作品复制件时已经支付了合理的对价，要求同一批复制件的每一次合法转移都要获得著作权人许可不符合公平原则和交易习惯。著作权穷竭制度严格地将仅适用于销售方式的发行权，即作品的复制件经合法发行进入流通领域后，著作权人就无权控制该复制件的进一步流转，作品的复制件持有者的转售行为均无须获得著作权人的再授权。[④]

版权权利穷竭原则，又称首次销售原则，其基本含义是：如果作品原件或复制件的首次发行已经征得版权人的许可，版权人对该原件或复制件的发行权则行使完毕，第三人进一步处分该原件或复制件的所有权，无须征得版权人的许可。[⑤]

发行权的权利穷竭，也称为发行权一次用尽或首次销售原则，是指当作品原件或复制件经过著作权人同意永久性进入市场后，著作权人无权再控制作品的销售或者赠与。换言之，作品载体的首次销售或赠与由著作权人控制，二次销售不能由著作权人控制。美国学者认为，由于复制权和演绎权为版权所有者可以得到的所有或大多数利益提供了保证，并成为公开发行的基础，因此，发行权与其说是赋予版权所有者的一种专用权，

---

① 参见郑成思：《版权法》，中国人民大学出版社 1997 年版，第 305 页。

② 参见郑成思：《版权法》，中国人民大学出版社 1990 年版，第 272 页。

③ 参见冯晓青：《著作权法》，法律出版社 2010 年版，第 178 页。

④ 参见李明德、管育鹰、唐广良：《〈著作权法〉专家建议稿说明》，法律出版社 2012 年版，第 270 页。

⑤ 参见刘春田：《知识产权法》（第 5 版），中国人民大学出版社 2014 年版。

不如说是一种限制。在这一个意义上,这种限制就是“首次销售原则”①。

发行权一次用尽,又叫第一次销售理论(the doctrine of first sale),是指版权所有人自己发行,或者许可他人发行作品的复制件或者录音制品以后,合法获得了该复制件或者录音制品的人,可以进一步销售、转让或者处理相关的复制件或者录音制品,版权所有人不得干预。发行权一次用尽,意味着版权所有人通过自己提供,或者许可他人提供作品的复制件或者录音制品,已经获得了必要利益,因而无权干预相关复制件或者录音制品的进一步销售、转让或者处置。发行权一次用尽的精神实质,也反映在专利法和商标法之中。②

在著作权领域,作品复制件经合法发行进入流通后,著作权人就无权控制该复制件的进一步流转了。作品有形载体持有者的转售、出租、出借等行为均无须获得著作权人授权。这就是所谓的“权利穷竭”(exhaustion of rights)原则,也称“发行权一次用尽”、“首卖”(first sale)原则。适用权利穷竭原则的一个前提是知识产权产品已进入流通领域。库存是尚未进入流通领域;而退货是进入流通领域后返还原主,亦未成功进入流通领域。故销售库存、退货的行为不适用权利穷竭原则。

美国学者派特森认为,著作权是控制作品首次销售的权利,而不包括作品二次销售的权利。也就是法律允许著作权人控制对著作权的使用,但这一控制不涉及作品本身的使用。③ 欧盟委员会则认为,包含作品的载体与其他商品在本质上一样,其流通应遵循商品的自由流通原则。根据该原则,著作权人对其作品复制品的控制受到严格限制,如作品复制品的购买者可以自由地出租、销售、展示其享有所有权的复制品而无须经过著作权人同意,即对复制品的自由转让行为不受著作权人控制。著作权的权利穷竭表明,购买著作权作品的复制品然后销售或使用,不会构成著作权侵权。这样既大大有利于附载作品的有形商品贸易的自由流转,也促进了对信息的公共接近。④

权利穷竭原则意味着一旦作品原件或是复印件经权利人同意而进入市场后,对于该作品作为商品的进一步销售,著作权人均无权控制。该原则之目的在于消除著作权的专有性对商品流通所产生的消极影响。

---

① [美]阿瑟·R.米勒、迈克尔·H.戴维斯:《知识产权法概要》,周林等译,中国社会科学出版社 1998 年版,第 215 页。

② 参见李明德:《美国知识产权法》,法律出版社 2014 年版,第 326 页。

③ L. Ray Patterson,Stanley W. Lindberg,The Nature,of Copyright:A Law of Users' right,the University of Georgia,1991,Sathens & London,at 187.

④ 参见冯晓青:《知识产权法利益平衡理论》,中国政法大学出版社 2006 年版,第 565 ~566 页。

权利穷竭原则在美国被称为“首次销售理论”(the first-sale doctrine),美国学者派特森认为,著作权是控制著作权作品首次销售的权利,而未包括作品的二次销售的权利,或者说是法律允许著作权人控制对著作权的使用,但这种控制并未延及对作品本身的使用。

常见的权利穷竭是发行权穷竭。在著作权法中,对有著作权的商品的自由流通规定得最明确、也最有代表性的国家是德国。在《联邦德国著作权法》(1965)第17条第2项规定了为进一步销售的“专用权穷竭”①。《德国著作权法》(2003)第17条第2项规定了在欧盟范围内的发行权穷竭,但保留了出租行为。依照出租权,著作权人依然能够从出租人的行为中获得报酬,这是为了与音像制品或者电影作品的出租权相协调。这两类作品的发行权并不影响出租权。《英国版权法》第18条A规定,向公众公开发行的控制权不及于先前已流通的作品复制品的任何再次发行、销售、出租或出借,或者对此类作品的再次进口到联合王国或者其他欧洲经济区国家。《美国版权法》第109条规定,合法制作的特定复制品或录音制品的所有人,或者该所有人授权之任何人,有权不经版权所有人许可而出售该复制品或录音制品,或以其他方式处置其占有。

按照《美国版权法》第109条的表达:凡合法制成的作品复制件或录音制品的所有人,或该所有人授权的任何人,无须经著作权人的同意,即有权出售或以其他方式处置该复制件或录音制品的占有权。《英国版权法》第18条“公开发行之侵犯”明确规定,“对于任何类型的作品,向公众公开发行作品复制品均是版权所禁止的行为。”②公开发行作品复制件是著作权所禁止的行为,但是任何其后对此种复制件的批发、销售、出租、出借或进口,均属专有权利行使的例外这是关于权利穷竭的规定。法国、意大利、日本等国家的著作权法未涉及这一问题。③

销售权穷竭原则在各国著作权法中的体现并不相同。《美国版权法》规定了“权利穷竭”原则,该原则主要指经济权利穷竭,指权利人行使一次即用尽了有关权利,不能再次行使。严格地讲,该权利仅仅适用于经济权利中的发行权。《美国版权法》第109条“专有权的限制:特定复制品或录音制品转让的效力”规定:(1)任何合法制作或复制的作品的合法所有人,都有权不经作品版权人许可,而出售归他所有的那份作品或复制品,或做其他处置。(2)任何合法制作或复制的文学、戏剧、音乐或美术作品的合法所有

① 郑成思:《私权、知识产权与物权的权利限制》,载《法学》2004年第9期。

② 《十二国著作权法》,《十二国著作权法》翻译组译,清华大学出版社2011年版,第577页。

③ 参见吴汉东等:《西方诸国著作权制度研究》,中国政法大学出版社1998年版,第202~203页。

人，均有权不经作品版权人同意而直接或间接在该物品放置处，公开展示该物品，即作品的展示权，将随着它的出售或转让而穷竭，[①]著作权作品所包含的某一特定副本或唱片的所有者可出售或处理该副本或唱片。换言之，当版权人将某一版权作品复制件或录音制品转移后，版权作品复制件或录音作品所有人对其所有的作品复制件或录音制品进行销售或其他任何方式的处置，而无须经过版权人同意。

《德国著作权法》第一部分“著作权”第四节“权利的内容”第三小节“各项使用权”第17条“发行权”第2款规定：“著作原件或者复制件经另一欧洲联盟成员国或者欧洲经济区协议缔约国的权利人许可，以让与方式发行的，除出租外，得再次发行。”[②]换言之，一旦作品的原本或复制品，经有权在本法律适用的地域内销售该物品之人同意，通过转让所有人的方式进入流通领域，则该物品的进一步销售被法律所认可。[③]

《俄罗斯联邦民法典》（著作权部分）第四部分第七编“智力活动成果和个性化表现方法的权利”第七十章“著作权”第1272条“已发表作品的原件或者复制件的发行”规定：“合理发表的作品原件或复制件通过销售或者其他转让方式在俄罗斯联邦境内进入民事流转范围的，准许不经权利人同意和不向其支付报酬而进一步发行作品原件或复制件，本法典第1293条规定的情形除外。”[④]

美国学者对权利穷竭或者“首次销售理论”的看法使其划分了著作权使用与作品使用的界限，[⑤]可以进一步认为是著作权与承载著作权载体的界限，因为再次销售并没有增损著作权，著作权并没有作为生产要素融入载体所有权转移的过程，所以这种界限是清晰的。按照郑成思对英国录音制品法定许可的看法，法定许可限制了作者对表演与录制的控制权，其只能有收益的权利，这是“有很大保留”的专有权穷竭。[⑥] 这实际上表明著作权的权利穷竭是指对著作权的绝对控制性的消解。这恰恰符合权利穷竭便利自由贸易的初衷，因为只要著作权人不再绝对控制作品的有形贸易，自由贸易的初衷就能实现。由于权利穷竭只与有形的商品贸易相联系，在一定程度上可以认为权利穷竭是协调著作权与物权关系的制度设计。

---

① 参见曾彤：《中美知识产权保护比较研究》，天地出版社2000年版，第77~78页。

② 《十二国著作权法》，《十二国著作权法》翻译组译，清华大学出版社2011年版，第150页。

③ 参见梅术文：《著作权法：原理、规范和实例》，知识产权出版社2014年版，第280页；王坤、王展：《著作权法体系化研究》，中国政法大学出版社2018年版，第106页。

④ 《十二国著作权法》，《十二国著作权法》翻译组译，清华大学出版社2011年版，第439页。

⑤ 参见吴汉东等：《知识产权基本问题研究（分论）》，中国人民大学出版社2009年版，第161页。

⑥ 参见郑成思：《私权、知识产权与物权的权利限制》，载《法学》2004年第9期。

（二）发行权权利穷竭的功能

发行权权利穷竭原则具有三个方面的功能，(1)它是促进有形商品自由贸易的重要制度保障。如果著作权人能够多次控制作品的发行行为，将会导致作品载体的每一次流通都必须征得作者同意，不仅会增加商品流通成本，而且在作者不同意的情况下就只有中断市场交易，从而会造成市场的分割。发行权权利穷竭原则适用的前提必须是合法原件或复制件，侵权出版物不适用发行权穷竭。[①] (2)它是保障所有人利益的必要途径。在作品之上往往存在作品的载体。在通常情形下，作品载体的所有权人控制该物品的占有、使用、受益和处分，而作品的著作权人则控制对作品的复制、发行、传播和演绎。在所有权人和著作权人控制的行为中具有交叉和冲突的情形，集中表现为作品载体的发行。为了协调所有人和著作权人的利益，发行权穷竭原则有效地达致一种微妙的平衡。当事人对自己提出的事实主张有责任提供证据予以证明，主张发行权穷竭的一方应当承担举证责任。[②] (3)它也是保障消费者利益的法律举措。消费者进行文化消费的基本途径是通过获取作品载体的方式，在阅读、欣赏的基础上满足个人的精神需求。消费者接近作品的方式可以多样化，包括一次市场、二次市场、赠与、交换等多种形式，如果著作权人可以控制作品的二次销售，消费者接触信息的多元化将受到著作权人私权的审查，这无异于侵害了消费自由。[③]

（三）其他著作财产权的穷竭

版权成文法上的权利穷竭不仅限于发行权的用尽，还包括其他专有权的用尽。许多规定发行权穷竭的国家，其版权法也同样规定了其他著作财产权的穷竭。例如，建筑物的所有人可以不经建筑作品的版权人同意，自己或授权他人对建筑物进行重建（复制）、改动或毁坏。主要立法例有《美国版权法》第 120 条、《英国版权法》第 65 条、《印度著作权法》第 52(1)x 条等。《美国版权法》第一章"版权客体及范围"第 120 条"建筑作品专有权的限制"规定："(a)允许的美术表现形式——体现建筑作品的建筑物位于通常可看到的公共场所的，作品的版权不包括禁止制作、发行或者公开展出作品的图

---

① 参见河南省焦作市中级人民法院民事判决书，(2018)豫 08 民初 116 号；河南省高级人民法院民事判决书，(2018)豫民终 1803 号。

② 参见广东省广州市越秀区人民法院民事判决书，(2015)穗越法知民初字第 841 号；广东省广州知识产权法院民事判决书，(2016)粤 73 民终 1045 号。

③ 参见梅术文：《著作权法：原理、规范和实例》，知识产权出版社 2014 年版，第 281 页。

画、油画、照片或其他美术表现形式。(b)建筑物的改动或毁坏——虽有第106条之二的规定,体现建筑作品的建筑物的所有人可以不经建筑作品的作者或版权人同意而改动或者授权他人改动建筑物,毁坏或者授权他人毁坏建筑物。"[①]《英国版权法》第一编"版权"第三章"涉及版权作品的允许实施的行为"之"杂项规定:文字、戏剧、音乐和艺术作品"部分第65条"建筑物之重建"规定:"任何为重建建筑物之目的而实施的行为皆不构成对如下版权之侵犯——(a)原建筑物的版权,或者(b)任何用于指导建造经版权所有人许可建造的建筑物的草图或规划的版权。"[②]《印度著作权法》第十一章"对著作权的侵害"第52条"某些不构成侵害著作权的行为"第1款第x项规定:"根据最初建造某建筑物或构筑物时所采用的建筑图样或设计图,重新建造该建筑或构筑物;只要最初的建造经该图样或设计图的著作权所有人同意或许可。"[③]

又如,计算机软件合法复制件的所有人可以对作品进行复制、修改或者为兼容目的进行反编译。主要立法例有《美国版权法》第117条、《法国知识产权法典》第L.122-6条,《德国著作权法》第69条之d,《意大利著作权法》第64条第3附条、第4附条,《印度著作权法》第52(1)aa-ad条等。[④]

《法国知识产权法典》第二卷"著作权之邻接权"第一章"通则"第L.211-6条规定:"受邻接权保护录制的一件或数件实物,经权利人或权利继受人准许,一旦在欧盟或欧洲经济区某个成员国境内进行第一次销售,该录制的实物在欧盟和欧洲经济区成员国内的销售将不再被禁止。"[⑤]

《德国著作权法》第一部分"著作权"第八节"计算机程序的特殊规定"第69条d"应当取得许可的行为之例外"第1款规定:"除合同另有特别约定,如果第69条c第1项和第2项所述行为对于任何程序复制件的合法使用人按照约定利用计算机程序,包括改错是必要的,则无须取得权利人许可。"第2款规定:"如果备份对于以后使用是必要的,合同不得禁止程序的合法使用人制作备份。"第3款规定:"程序复制件的合法使用人,为了了解作为程序成分的基础之思想和原则,得不经权利人许可,有权对程序进行装载、显示、运行、传输或者储存,以观察、检查或者测试程序的性能。"[⑥]

---

① 《十二国著作权法》,《十二国著作权法》翻译组译,清华大学出版社2011年版,第780页。
② 《十二国著作权法》,《十二国著作权法》翻译组译,清华大学出版社2011年版,第603页。
③ 《十二国著作权法》,《十二国著作权法》翻译组译,清华大学出版社2011年版,第251页。
④ 参见梁志文:《变革中的版权制度研究》,法律出版社2018年版,第252页。
⑤ 《十二国著作权法》,《十二国著作权法》翻译组译,清华大学出版社2011年版,第92页。
⑥ 《十二国著作权法》,《十二国著作权法》翻译组译,清华大学出版社2011年版,第170~171页。

《意大利著作权法》第一编“著作权的一般规定”第四章“对部分作品的经济使用权的特别规定”第六节“计算机软件”第64条第3附条第1款规定:“如无相反约定,第64条第2附条第1项和第2项规定的操作是计算机软件合法购买者依据其使用目的所必需的,则包括纠错行为在内的上述操作无须得到权利人的许可。”第2款规定:“不得约定禁止计算机软件复制件的使用权人为了使用的需要而复制软件。”第3款规定:“计算机软件复制件的使用权人在没有权利人许可的情况下,合法使用者为了确定作为软件的任何要素基础的思想和原理,在上传、显示、执行、传输或者储存软件的操作中可以研究、学习、试验软件的功能。违反本款及本条第2款的约定无效。”①第64条第4附条第1款规定:“以修正自主创作的计算机软件的代码形式为目的,为了获得同其他计算机软件兼容所必需的信息而复制该代码并根据第64条第2附条第1项和第2项的规定转换形式时,只要符合下列条件的,无须获得权利人的许可:(1)上述操作是由专利权人或者其他有权使用计算机软件复制件的人实施的,或者是由为此目的而被许可的人实施的;(2)前项规定的主体不易快速获得必要的操作兼容信息的;(3)前述操作限于操作兼容所必需的源程序范围内。”第2款规定:“在以下操作中获得的信息不适用于本条第1项的规定:(1)非出于对自主创作的软件进行兼容的目的的;(2)向第三人传播的信息,但是,为实现与自主创作的软件兼容的目的除外;(3)为了开发、生产或者销售在表达形式上与计算机软件本质相似的软件,或者其他侵害著作权的行为。”②

《印度著作权法》(1957)第十一章“对著作权的侵害”第52条“某些不构成侵害著作权的行为”第1款“下列行为不构成对著作权的侵害”第aa项规定:“计算机程序的合法复制品所有人使用该复制品对该计算机程序进行复制或适应性修改——(ⅰ)以利用该计算机程序所提供的功能;或(ⅱ)仅为利用计算机程序所提供的功能而制作备份复制品,仅作为防止其丢失、损害或毁坏的暂时保护手段。”第ab项规定:“计算机程序的合法复制品所有人实施任何必要行为,以获取为实现某独立设计的计算机程序与其他计算机程序之间的互操作性所必需的信息,只要此种信息无法以其他方式轻易获取。”第ac项规定:“对计算机程序的功能进行评价、研究或测试,以确定突出该程序的任何要素的构想和原理,只要实施此种行为系利用该计算机程序的功能所必需。”第ad项规定:“为商业性个人使用目的,使用个人获得的合法复制品对计算机程序进行复制或适

① 《十二国著作权法》,《十二国著作权法》翻译组译,清华大学出版社2011年版,第294页。

② 《十二国著作权法》,《十二国著作权法》翻译组译,清华大学出版社2011年版,第295页。

应性修改。”①

中国《著作权法》并无发行权穷竭的规定，却有其他权利穷竭的明确规定。例如，《计算机软件保护条例》第16条保护计算机合法复制件所有人对作品予以使用的利益，包括：为正常运行软件所进行的必要复制行为；为防止软件被偶然删除或系统崩溃而进行备份的行为；为与硬件、操作系统和其他软件相兼容而进行对软件进行修改的行为，这些修改行为既包括将软件进行语言转换的行为，也包括对该软件功能或源代码进行增减的行为；对已发行合法复制件的转售行为，其前提是上述备份件、修改版均已经连同原件一起转让。

对于美术作品和摄影作品而言，除了销售权的穷竭以外，还包括展览权。《美国版权法》第109条第2项规定：任何合法制作或复制的文学、戏剧、音乐或美术作品的合法所有人，均有权不经作品著作权人同意而直接或间接在该物品放置之处，公开展示该物品。比如，我国《著作权法》第20条规定：美术等作品原件所有权的转移，不视为作品著作权的转移，但是美术作品原件的展览权由原件所有人享有。第20条明确规定了美术作品原件所有人有权行使展览权，也就是说，美术作品的版权人在转让美术作品原件之后，其对该原件所享有的展览权就已经穷竭。因此，博物馆、图书馆以及其他美术作品复制件所有者进行展览的行为无须取得权利人的授权。版权法上复制件所有人所享有的特权就不仅局限于转售作品载体这一范围。②

综上所述，权利穷竭原则的适用均突破了首次销售原则对发行权的限制，扩张到复制权、修改权、展览权等专有权的限制。与首次销售原则相比，它们也具有一些共同特点。首先，它们都是作品合法复制件所有者所享有的特权。使用者获取的作品载体是通过合法途径由版权人提供的作品原件或复制件；权利人通过控制向公众提供作品载体来获取足够的利润回报，从而实现版权法激励创新的立法政策。其次，作品使用行为的合法性建立在所有权、消费者地位或创新者的合理预期利益之上。对作品载体的转售等法律处分、销毁等事实处分行为属于所有权行使的重要内容；基于购买者生活之需而对建筑作品根据实用目的予以改建，或者对软件予以修改、备份，是消费者自主的重要体现；为生产经营目的而对购买的软件作出一定修改以适应其经营所需，则符合用户创新的基本要求。③

---

① 《十二国著作权法》，《十二国著作权法》翻译组译，清华大学出版社2011年版，第248页。
② 参见梁志文：《变革中的版权制度研究》，法律出版社2018年版，第253页。
③ 参见梁志文：《变革中的版权制度研究》，法律出版社2018年版，第254页。

二、权利穷竭的本质和正当性

(一)权利穷竭的本质

权利穷竭制度实际上牵涉到作品和作品载体之间的关系,这种关系也可以说是著作和著作物之间的关系。作品是一种知识,具有知识形式和知识内容,分别为符号形式和符号信息。但作品必须依附于一定载体上,作品自身无法独立存在。比如,依附于纸张、计算机硬盘、声音、人体、石头等。很多情况下,著作物所有权和著作权往往属于不同主体。这就需要处理著作权人和著作物所有权人之间的关系。总的处理原则是:著作权限制了所有权的行使;但在特殊情况下,所有权的行使不受著作权限制。依据所有权理论,著作物所有人可以处分著作物,包括销售著作物,但销售著作物属于著作权的发行权能,销售行为无异于侵犯著作权,这就对所有权的行使构成了限制。这种对著作物所有权的限制阻碍了著作物流转,不利于思想文化的传播,不仅是对物权人经济自由的限制,也无助于著作权法立法目的的实现。这种情况下,就需要设置一定条件,解除对著作物所有权的限制。作品的复制件经合法发行进入流通后,就解除了对该复制件所有权的限制。

所谓著作权穷竭其实只是一种特定情形下对所有权限制的解除制度。著作权本身并没有穷竭,依然存在。主要原因在于:著作权的对象是有形无体的作品,而所有权的对象是作品载体,也就是著作物。著作权在著作物有效期间,一致存续于作品上。所谓著作权穷竭只是一个不准确的经验性说法,没有上升到一定理论高度,不能厘清著作权人和著作物所有权人之间的关系,没有看到著作权和著作物所有权的对象是不同的,著作权在其有效期间无法穷竭。如果通过网络传播作品,就不存在对所有权的限制,也就无所谓“权利穷竭”。比如,当网站的经营者将作品置于其网络服务器上,或当其他用户将作品上载至这些服务器时,其他感兴趣的用户就可发出下载指令,由网络服务器将该作品传送至用户的计算机中。这种情况下,作品的载体是计算机硬盘,网络传播,作品的载体(计算机硬盘)没有产生移转,因而就不存在对著作物所有权的限制了。

若所有权人出售了著作物,捡到著作物的人都能够成为著作权的合法的所有者,而这些著作物并非盗版物。著作物所有权人可以自由地处分著作物,并不受著作权人的限制。[①]

---

① 参见王坤、王展:《著作权法体系化研究》,中国政法大学出版社2018年版,第107~108页。

(二)权利穷竭的正当性

根据权利穷竭原则,任何人在合法地获得作品原件或者复制件后,可以进一步以销售、转卖、转借等方式处置该作品,不受著作权人的限制。换言之,当著作权人行使其发行权后,不得阻止该作品复制品的进一步发行。发行权的穷竭体现了著作权保护与体现著作权的有形商品贸易、著作权与物权的平衡,是促进商品自由流通所必需的,否则如作品发行后仍然受著作权人的控制,负载作品的有形商品流通将遇到极大障碍,而这将反过来影响著作权人经济利益的实现。

发行权的穷竭还可以从物权优先权的角度来认识。根据物权法理论,物权人有权排除他人对于他行使物上权利的干涉。[①] 就作品复制件这一物质载体的发行来说,该物质载体的销售行为的实质是物权所有人行使所有权的处分权,这种处分权可以对抗著作权人的著作权,以保障该物质载体在市场上的流通。发行权的穷竭对公众也是有利的,因为它也同时保障了公众及时获得所需要的作品。从本质上说,发行权的穷竭对著作权人也是有利的,因为作者或其他著作权人实现作品经济利益和精神利益在相当大程度上建立在附载著作权的物质载体的流通的基础上。

三、发行权权利穷竭的适用条件与法律适用

(一)发行权权利穷竭的适用条件

发行权权利穷竭只是在满足一定条件下才发生,具体包括以下要求,(1)权利穷竭原则所使用的权利仅限于发行权。权利穷竭只是针对售卖、赠与等处置版权作品复制件的发行权,而非复制权、传播权或者演绎权等其他权利。例如,通过电视广播和信息网络提供某一电影节目,不发生权利穷竭问题。(2)在规定出租权情形下,出租权构成权利穷竭限制。根据我国《著作权法》(2020)规定,电影作品和以类似摄制电影的方法创作的作品、计算机软件的著作权人和录音制品制作者享有出租权。这就意味着作品原件或者复制件的所有权人不得出租这类作品,否则就构成对著作权的侵犯。(3)权利穷竭一般存在地域上的要求。发行权会在国内市场范围内发生穷竭;但是,对于它是否会导致国外市场发行的作品出现权利穷竭,则存在不同的立法体例,这就是平行进口问题。平行进口是未经进口国著作权人许可的第三人,从第三国合法购进作品原件或者

---

① 参见钱明星:《物权法原理》,北京大学出版社 1994 年版,第 12 页。

复制件进口到本国的行为。凡允许平行进口者,遵循的就是发行权的国际穷竭原则;凡不允许平行进口者,遵循的就是发行权的国内穷竭原则。有关国际公约未对平行进口问题作出规定。美国、意大利等国家将发行权的范围延展到进口行为,从而达到允许平行进口的目的。俄罗斯在法律中明确规定了“进口权”,从而达到禁止平行进口的目的。我国法律对于著作权国内穷竭和国际穷竭的问题立场不明。① (4)发行权穷竭不适用于信息网络传播领域。在当前我国著作权立法背景下,将发行权穷竭原则引入网络传播领域尚存在障碍,且即便将之引入,其至少亦应满足“原件或复制件所有权转让”和“转让方向他人网络传输数字化作品文件后应删除其存储的该文件”两个限定条件,否则将导致复制件数量不受控制,严重损害权利人的利益。②

(二)发行权权利穷竭的法律使用

在法国、德国、美国等发达资本主义国家,包括著作权在内的知识产权的体现物是作为一种由产权所有人独家占有的商品。为了协调知识产权与商品自由流通的矛盾,一些国家专门制定了权利穷竭原则。如《美国版权法》第109条规定,凡合法制成的作品复制件或者录音制品的所有人,或者该所有人授权的任何人,无须经著作权人的同意,即有权出售或者以其他方式处置该复制件或者录音制品的占有权。这就是说,一旦权利人同意出售自己的作品,则在此后任何人以任何方式在法律规定的范围内销售该作品,权利人无权干涉。《奥地利著作权法》进一步规定:如果作者同意在某一特定领域销售其作品,那么他对进一步销售的专有权仅仅在该领域内消失。由此可见,该原则与专利法中的使用、销售权的限制相类似。这种原则也只适用于著作权人自己或许可他人销售的那一部分作品及复制品。如果未经作者同意而销售发行,作者仍然享有在市场上流通的控制权。我国过去发行权一般归属于作者之外的出版社、新华书店等单位,《著作权法》则将其列入著作财产权之一,没有对这种权利作出限制。可以有限地适用该原则,即著作权人行使发行权后(包括自己发行和授权发行),对作品的进一步销售如在权利人指定的发行范围内,权利人无权再过问,这有利于作品的传播与使用。

---

① 参见梅术文:《著作权法:原理、规范和实例》,知识产权出版社2014年版,第281~282页。

② 参见北京市西城区人民法院民事判决书,(2019)京0102民初643号;北京知识产权法院民事判决书,(2019)京73民终3786号。

四、对发行权权利穷竭的限制

（一）出租权的限制

著作权穷竭以物权与著作权的利益平衡为目标，是否穷竭取决于自由贸易政策以及商品交易态势的评估。出租权实际上就是在“作品出租大有取代作品出售之趋势，以至危及著作权人的财产利益”时，反思发行权穷竭而重建的新权利，是对权利穷竭的突破。出租权的存在意味着商品自由贸易变成了有限制的商品贸易。虽然著作权人所出让的是具有作品内容的商品的所有权，商品所有权人因而有权转移使用权，但是使用收益要在著作权人与所有权人之间分配。因为出租行为已经是一种明确的利用著作权进行经营收益的行为，是新的商业经营模式。由于不是所有的商品都存在使用权贸易，出租权一般限制在特定范围内，我国即规定了录音录像制品、电影作品和以类似摄制电影的方法创作的作品及计算机软件的出租权。①

发行权穷竭本身也受到一定限制。除了只适用于合法复制品以外，对特定作品而言，还受到出租权限制。例如，电影作品和以类似摄制电影的方法创作的作品、计算机软件和录音制品的合法复制件所有人，不得擅自出租。这在 TRIPs 和我国《著作权法》（2020）中都有明文规定。

权利穷竭原则适用于作品的再次出售、散发或其他方式的使用。是否包括作品的出租，各国尚有不同看法。出租业在兴办之初与权利穷竭原则并不冲突，但随着电子传播技术的发展，作品出租大有取代作品出售之趋势，以致危机著作权人的财产利益，从而引起各国立法者对权利穷竭原则的反思与审视。1984 年，联合国教科文组织公布了两条建议性原则及其补充意见，供各国在修订关于录制品的专门法律时参考。其主要内容是：“著作权人不仅对原作品享有著作权，而且对被录制的音像制品中所含有自己的作品亦享有著作权。”这表明著作权人始终有权决定是否允许他人出租这种含有自己作品的录制品。“如果录制品不含享有著作权的原作，那么第一录制者即对该录制品享有邻接权。”这表明邻接权人有权禁止他人转录、复制以至出租其录制品。上述权利应由代表著作权人或音像制作者的特定组织代为行使。② 联合国教科文组织的立法建议的主旨在于确认出租权，维持作品创作者与传播者的利益平衡，对社会采用传播技术而

---

① 参见付继存：《著作权法的价值构造研究》，知识产权出版社 2019 年版，第 210 ~211 页。

② 参见郑成思：《信息、新型技术与知识产权》，中国人民大学出版社 1986 年版，第 97 ~98 页。

给著作权人造成的损害进行补偿。[1]

纵览各国著作权法,关于出租权的立法模式主要有两种,一种将出租视为作品发行的一种方式,出租权包含在发行权之中。例如,《美国版权法》第106条对发行权作了如下解释:“通过出售或所有权转移的其他方式,或通过出租或出借,向公众发行有著作权作品的复制件或录音制品。”该条所规定的发行权涵盖了出租权。另一种将出租视为独立的作品使用方式,因而出租权与发行权各自分列。例如,《德国著作权法》第27条规定了“复制物的出租或出借”的权利,而第17条又规定了传播权,主要指发行权。两项权利互不相涉。[2]

出租权的出现,在某种程度上削弱了权利穷竭原则,即在录制品范围内,对著作权限制原则进行了反限制。有学者将这一现象看作“著作权对于所有权限制作用的扩大”。理由是:由于科技的发达,使得著作权所包含的权利和利用的形态大幅增加,相对地对作品所附着之有体物之所有权的权能或作用加以重大的限制,[3]即由于著作权内涵的增加,在著作权与作品原件或其复制件的所有权发生冲突时,所有权的作用受到著作权的重重限制,出租权的设定即属于这一情形。从立法者原意来说,建立出租权制度在于从经济上给予著作权人补偿,以求社会之公正,并非当然是著作权效力的无限制扩充。

事实上,著作权法在设定这一新型权能时,就已经为它规定了某种限制。这主要表现在两个方面,一是适用范围的限制。出租权主要限于法律特别规定的作品类型,未延及所有作品类型。TRIPs要求各缔约方承认出租权,但将其限定在计算机软件、摄影作品(以上为著作权作品)及音像制品(属于邻接权保护对象)的范围之内。二是法定许可使用的限制。出租权与著作权的其他权能一样,应准予适用法定许可使用制度。《英国版权法》第66条规定:“国务大臣可以命令的形式规定,在命令所指定的情况下,只要支付合理的版税或商定的或在违约情况下由版权仲裁庭裁定的其他费用,向公众出租录音、影片或计算机程序之复制应被视为版权所有人许可实施之行为。”出租人可依国务大臣的命令出租作品而不必取得著作权人的授权,但应向其支付合理的报酬。[4]

---

① 参见吴汉东等:《西方诸国著作权制度研究》,中国政法大学出版社1998年版,第203页。

② 参见吴汉东等:《西方诸国著作权制度研究》,中国政法大学出版社1998年版,第203页。

③ 参见杨崇森:《著作权法论丛》,华欣文化事业中心1983年版,第270页。

④ 参见吴汉东等:《西方诸国著作权制度研究》,中国政法大学出版社1998年版,第204页。

我国《著作权法》自2001年修正之后，新增加了著作权人的出租权，即与此趋势相吻合。

（二）作品复制品平行进口的限制

权利穷竭的地域性与平行进口相联系。在国外销售的具有作品内容的商品是否可以在国内进一步销售就是权利穷竭是否具有地域性的问题。权利穷竭的地域性是自由贸易与划分市场格局的博弈结果，也体现了运用权利穷竭原则促进自由贸易的初衷。

发行权穷竭还遇到了作品复制品平行进口的挑战。所谓平行进口，是指未经进口国著作权人许可的第三者，从第三国合法购进作品复制品出口到著作权人所在国的行为。有关国际公约为对平行进口问题作出同意规定，各国根据其自身情况对此采取了不尽一致的态度。在有些国家，其著作权法赋予著作权人禁止来自其他国家作品复制件流入本国的权利，即禁止平行进口。我国《著作权法》则对此问题没有明确规定。2008年第三次修改《专利法》时则允许专利产品的平行进口行为。在著作权领域，我国立法也应当允许平行进口行为。

（三）公共借阅权和延续权的限制

在规定了公共借阅权或延续权的国家，发行权的穷竭还分别受到这两种权利的限制。

追续权也是在艺术品拍卖市场繁荣的背景下，反思发行权穷竭而重建的新权利。由于艺术作品随作者声誉以及市场认可的增值，艺术品的再次转移必然包含新价值的产生，在著作权人与所有权人之间进行利益分配体现了朴素正义。虽然这两类权利并不完全限制发行权限制，但是对其产生重要影响，反映了物权人与著作权人的动态博弈。

第四节
著作权诉讼时间效力限制

诉讼时效，由于可以在侵权人被指控侵权时作为辩护依据，也被许多较权威的理论著作列为一项权利限制，但如果某版权人针对某特定侵权行为提起的要求民事救济的活动,已经过了民事诉讼法所规定的时效,那么他就这件特定侵权行为而言,已经得不到诉讼保护了,但这绝不是说该权利人针对任何其他侵权行为而主张权利时,都得不到诉讼保护。有一种理论认为:对某个侵权活动的"过时诉讼",会使版权人针对一切侵权而可以请求救济的权利,都丧失了法律保护,只剩下一个"版权"的壳子。事实并非如此。我国的使用人切不可依照这种理论而自由使用那些被推定丧失(而实际并未丧失)法律保护的外国作品。从法理上讲,版权如同专利权与商标权一样,被称为"things in action"。有人译为"无形准动产",这是意译;更多的人译为"诉讼中的物(权)",这些财产权正是在侵权诉讼中体现自己的存在。①

《伯尔尼公约》在第5条第2款中,把诉讼时效这种权利限制,留给"权利主张地"所在国自己去定。《伯尔尼公约》第5条"保证的权利"第2款"在起源国之外"规定:享有和行使这些权利不需要履行任何手续,也不论作品起源国是否存在保护。因此,除本条款外,保护的程度以及为保护作者权利而向其提供的补救方法完全由被要求给予保护的国家的法律规定。②

《德国著作权法》(2009)第四部分"著作权与有关的保护权的共同规定"第二节"各种侵权"第102条"时效"规定:"对于侵害著作权或者本法保护的其他权利之一提出的要求的时效,准用民法典第一编第五节的规定。义务人因侵害权利人得利的,准用民法典第852条规定。"③《德国民法典》(2020)第二编"债务关系法"第八章"各种债务关系"第二十七节"侵权行为"第852条"消灭时效完成后的返还请求权"规定:"赔偿义务人已以侵权行为使受害人蒙受损失而自己取得利益的,在因侵权行为而发生的损害的赔偿请求权完成消灭时效后,赔偿义务人同样依关于返还不当得利的规定负有返还义务。该项请求权自发生时起,经过10年而完成消灭时效;无论发生于何时,它自侵害行为实施或其他引起损害的时间发生时起,经过30年而完成消灭时效。"④

在我国,侵犯版权诉讼的时效是两年。2002年10月,最高人民法院《关于审理著作权民事纠纷案件使用法律若干问题的解释》第28条规定:"侵犯著作权的诉讼时效为两年,自著作权人知道或应当知道侵权行为之日起计算。权利人超过两年起诉的,如果侵权行为在起诉时仍在持续,在该著作权保护期内,人民法院应当判决被告停止

① 参见郑成思:《版权法》,中国人民大学出版社1990年版,第250页。

② 参见张大伟主编,王智丽、杨丽娟编:《世界版权条约》,东方出版中心2019年版,第36页。

③ 《十二国著作权法》,《十二国著作权法》翻译组译,清华大学出版社2011年版,第183页。

④ 陈卫佐译注:《德国民法典》(第5版),法律出版社2020年版,第388页。

侵权行为；侵权损害赔偿数额应当自权利人向人民法院起诉之日起向前推两年计算。"①

而在许多发达国家，这个时间更长一些，往往5～6年。这个时效一般从被侵权人得知或应当得知有关侵权行为之日算起，但按照我国法律规定，不论被侵权人何时知道有关侵权行为，如果权利被侵害之日起超过20年，法院也将不再保护。

第五节　著作权保护客体范围限制

一、受保护的客体

著作权保护客体范围限制是指著作权所保护的客体的范围由法律所确认并加以保护。②《伯尔尼公约》(1971)第2条"受到保护的作品"第1款"文学和艺术作品"规定："文学和艺术作品"一词包括文学、科学和艺术领域内的一切成果，不论其表现形式或方式如何，诸如书籍、小册子和其他文字作品；讲课、演讲、讲道和其他同类性质作品；戏剧或音乐戏剧作品；舞蹈艺术作品和哑剧；配词或未配词的乐曲；电影作品和以类似摄制电影的方法表现的作品；图画、油画、建筑、雕塑、雕刻和版画作品；摄影作品和以类似摄影的方法表现的作品；实用艺术作品；与地理、地形、建筑或科学有关的插图、地图、设计图、草图和立体作品。第3款"衍生作品"规定：翻译、改编、乐曲改编以及对文学或艺术作品的其他变动应得到与原作同等的保护，但不得损害原作的版权。第5款"汇编"规定：文学或艺术作品的汇编，诸如百科全书和选集，凡由于对材料的选择和编排而构成智力创作的，应得到相应的、但不损害汇编内每一作品的版权的保护。第6款"保护的义务；保护的收益"规定：本条所提到的作品在本同盟所有成员国内享受保护。此种保护系为作者及其权利继承人的利益而行使。

《世界版权公约》(1971)第1条规定："缔约各国承允对文学、科学、艺术作品——

① 参见吴高盛主编：《〈中华人民共和国著作权法〉释义及实用指南》，中国民主法制出版社2015年版，第429～430页。

② 参见孙昊亮：《网络环境下著作权的边界问题研究》，法律出版社2017年版，第198页。

包括文字、音乐、戏剧和电影作品，以及绘画、雕刻和雕塑——的作者及其他版权所有者的权利，提供充分有效的保护。"《关于为盲人、视力障碍者或其他印刷品阅读障碍者获得已出版作品提供便利的马拉喀什条约》（以下简称《马拉喀什条约》）第2条"定义"第1款规定，在本条约中："作品"是指《伯尔尼公约》（1971）第2条第1款所指的文学和艺术作品，形式为文字、符号和（或）相关图示，不论是已出版的作品，还是以其他方式通过任何媒介公开提供的作品。关于第2条第1项的议定声明："各方达成共识，为本条约的目的，该定义包括有声形式的此种作品，例如有声读物。"

我国著作权法也规定了受著作权法保护的作品。《著作权法》（2020）第3条规定："本法所称的作品，是指文学、艺术和科学领域内具有独创性并能以一定形式表现的智力成果，包括：（一）文字作品；（二）口述作品；（三）音乐、戏剧、曲艺、舞蹈、杂技艺术作品；（四）美术、建筑作品；（五）摄影作品；（六）视听作品；（七）工程设计图、产品设计图、地图、示意图等图形作品和模型作品；（八）计算机软件；（九）符合作品特征的其他智力成果。"

二、不受保护的客体

《伯尔尼公约》（1886）第2条"受到保护的作品"第2款"可能的必要的保护"规定："本同盟各成员国得通过国内立法规定所有作品或任何特定种类的作品如果未以某种物质形式固定下来便不受保护。"第8款"新闻"规定："本公约的保护不适用于日常新闻或纯属报刊消息性质的社会新闻。"第2条之2"某些作品保护的可能局限"第1款规定，"政治演说和诉讼过程中发表的言论是否全部或部分地排除于上条提供的保护之外，属于本同盟各成员国国内立法的范围"，即本同盟成员有权立法规定把政治演讲和诉讼过程中发表的言论部分或全部排除在保护之外。TRIPs第9条第2款规定："版权的保护应该及于表达方式，但不及于思想、程序、操作方法或数学概念本身。"WCT（1996）第2条"版权保护的范围"规定："版权保护延及表达，而不延及思想、过程、操作方法或数学概念本身。"

《美国版权法》第一章"版权客体及范围"第102条"版权客体：一般规定"（b）款规定："在任何情况下，对作者独创作品的版权保护，不得扩大到思想、程序、方法、系统、运算方式、概念、原理或发现，无论作品以何种形式对其加以描述、解释、说明或者体现。"①美国版权办公室在1976年《美国版权法》之前发布了特定材料不具备版权性质的规则，

① 《十二国著作权法》，《十二国著作权法》翻译组译，清华大学出版社2011年版，第723页。

对于规定的特定材料拒绝予以版权登记。包括单词和诸如名字、标题与口号的短语；常见符号或图案；有关印刷装饰的简单变化，如字母或颜色的变化；成分或内容的简单列举；全部由属于公共财产的信息组成的不具备原创性的作品，比如体育赛事进程表、从公文或者其他公共资源中提取的列表或表格、字体等。①

《巴西著作权法》(1998)第二编“智力作品”第一章“受保护的作品”第8条规定：“在本法中，下列事项不受著作权保护：Ⅰ．思想、标准化程序、系统、方法或数学方程或概念等；Ⅱ．用于智力活动、游戏、商业活动的表格、计划或规则；Ⅲ．用于填写各种科学或非科学信息的空白表格及其使用说明书；Ⅳ．国际条约或公约、法律、法令、法规、司法判决以及其他官方文件的文本；Ⅴ．诸如日历、日记簿、登记簿所包含的通用信息；Ⅵ．单独的姓名或名称；Ⅶ．对作品所包含的思想进行的工商业利用。”②

《埃及知识产权保护法》(2002)第141条第1款规定：“著作权保护不包括纯粹的思想、程序、方法、操作手段、概念、原理、探测发现以及数据；即使其被表达、描述、说明或者包含在某一作品中。”第2款规定：“著作权保护不包括：第一，官方文件，不论为原文或者译文，包括法律、法规、决定、国际协定、司法判决、仲裁判决、行政或者司法当局的裁判。第二，具备纯粹新闻信息特征的时事新闻。”第3款规定：“但是，前述新闻如果在编排顺序、呈现方式上存在创新性或者任何其他经由个人加工而合乎保护条件的，则应当受到保护。”③

《德国著作权法》(1965)第一部分“著作权”第二节“著作”第5条“官方著作”第1款规定：“法律、法令、官方公告和通告，以及判决和官方撰写的判决要旨不受著作权保护。”④

《俄罗斯联邦民法典》著作权部分(2006)第四部分第七编“智力活动成果和个性化表现方法的权利”第七十章“著作权”第1259条“著作权客体”第5款规定：“著作权不适用于思想、概念、原则、方法、程序、体系、技术和组织及其他任务的解决方案、发现、事实、程序设计语言。”第6款规定：“不属于著作权客体的有：(一)国家机关和市政机构、地方自治机关的官方文件，包括法律、其他法规、法院判决书、其他具有立法、行政及司法性质的资料、国际组织的官方文件及其正式译文；(二)国家象征和标志(旗帜、徽章、

① 参见翟真：《新闻作品版权研究》，知识产权出版社2015年版，第147页。
② 《十二国著作权法》，《十二国著作权法》翻译组译，清华大学出版社2011年版，第9页。
③ 《十二国著作权法》，《十二国著作权法》翻译组译，清华大学出版社2011年版，第37页。
④ 《十二国著作权法》，《十二国著作权法》翻译组译，清华大学出版社2011年版，第147页。

勋章、钞票之类)及市政机构的象征和标志;(三)没有具体作者的民间创作作品(民间文学);(四)关于事件和事实的纯新闻性质的报道(今日新闻报道、电视节目、运输车辆时刻表等方面的新闻报道)。”①

《韩国著作权法》(2009)第二章“作者的权利”第一节“作品”第7条“不受保护的作品”规定:“本法不保护下列作品:1.宪法、法律、条约、法令、市政条例和市政规则;2.由国家或地方政府发布的通知、公告、说明书以及其他类似文件;3.判决、决定、命令、法院裁决,以及由行政复议程序或其他类似程序作出的裁决和决定;4.国家或地方政府就第1项至第3项所制作的编辑物或者翻译物;5.单纯传播简单事实的时事新闻报道。”②

我国《著作权法》(2020)规定了不受著作权法保护的作品。其第5条规定:“本法不适用于:(一)法律、法规,国家机关的决议、决定、命令和其他具有立法、行政、司法性质的文件,及其官方正式译文;(二)单纯事实消息;(三)历法、通用数表、通用表格和公式。”《计算机软件保护条例》(2013)第6条规定:“本条例对软件著作权的保护不延及开发软件所用的思想、处理过程、操作方法或者数学思想等。”

总而言之,国际公约和世界主要国家版权法所排除的内容主要包括:思想、程序、方法、系统、运算方式、方程等数学法则,概念、原理、发现或事实,商业操作方法或程序,实用表格及其说明书、日历、登记簿等通用信息;法律法规文件、公告等官方文本;关于事件和事实的纯新闻性质的报道;对作品所包含的思想进行的工商业利用等。③

三、由各成员国自行规定保护与否的客体

《伯尔尼公约》第2条“受到保护的作品”第4款“官方文件”规定:本同盟各成员国对立法、行政或司法性质的官方文件以及这些文件的正式译本的保护由其国内立法确定。第7款“应用艺术和工业设计”规定,在遵守本公约第7条第4款之规定的前提下,本同盟各成员国得通过国内立法规定其法律在何种程度上适用于实用艺术作品以及工业品平面和立体设计,以及此种作品和平面与立体设计受保护的条件。在起源国仅仅作为平面与立体设计受到保护的作品,在本同盟其他成员国只享受该国给予平面和立体设计的那种专门保护;但如在该国并不给予这种专门保护,则这些作品将作为艺术作

① 《十二国著作权法》,《十二国著作权法》翻译组译,清华大学出版社2011年版,第433页。
② 《十二国著作权法》,《十二国著作权法》翻译组译,清华大学出版社2011年版,第512页。
③ 参见翟真:《新闻作品版权研究》,知识产权出版社2015年版,第148页。

品得到保护。[①]

《伯尔尼公约》第2条之二"某些作品保护的可能局限"第1款"某些演说"规定:政治演说和诉讼过程中发表的言论是否全部或部分地被排除于上条提供的保护之外,属于本同盟各成员国国内立法的范围。第2款"授课、演说的某些用途"规定:公开发表的讲课、演说或其他同类性质的作品,如为新闻报道的目的,在什么条件下可由报刊登载,进行广播或向公众传播,以及以第11条之二第1款的方式公开传播,也属于本同盟各成员国国内立法的范围。第3款"汇编这些作品的权利"规定:然而,作者享有将本条第1款、第2款提到的作品进行汇编的专有权利。[②]

《伯尔尼公约》和TRIPs、WCT受保护作品对照如表1-2-1所示。

表1-2-1 《伯尔尼公约》和TRIPs、WCT受保护作品对照

作品	《伯尔尼公约》	留给国内法的缺漏和模糊之处	TRIPs(第9条第1款的遵守条款除外)	WCT(第1条第4款的遵守条款除外)
受保护作品——文学和艺术作品	第2条第1款	理论上没有:第2条第1款涵盖"文学、科学和艺术领域内的一切成果,不论其表现形式或方式如何",但关于什么构成这样一种"成果",以及要求具有多高原创性水平,尚有模糊之处。成员国实际上始终不愿保护未在第2条第1款中明确列举的作品,结果导致特别在计算机程序和数据库保护方面,缺少确定性和一致性		
对文学和艺术作品的示例性列举	第2条第1款	其中每一类作品受保护所需要具有的原创性水平		
派生作品(翻译、改编、乐曲改编及文学或艺术作品的其他变动)	第2条第3款	这些作品"得到与原作同等的保护",而不得损害基础作品的版权,但并未阐明原创性标准;这里"原作"可指"依其自身资格存在的作品"		

① 参见张大伟主编,王智丽、杨丽娟编:《世界版权条约》,东方出版中心2019年版,第34、35页。

② 参见张大伟主编,王智丽、杨丽娟编:《世界版权条约》,东方出版中心2019年版,第35页。

续表

作品	《伯尔尼公约》	留给国内法的缺漏和模糊之处	TRIPs(第9条第1款的遵守条款除外)	WCT(第1条第4款的遵守条款除外)
作品或数据的汇编	第2条第5款:因对其内容的选择或编排而构成"智力创作"的文学或艺术作品的汇编	第2条第5款限于"作品"的汇编;数据的汇编即使被涵盖,也属于第2条第1款概括规定的"文学和艺术作品"的范畴;"智力创作"的原创性标准	第10条第2款(因对其内容选择或编排而构成"智力创作"的数据汇编)	第5条(数据汇编;与TRIPs第10条第2款相同)
计算机程序	第2条第1款中"不论……表现形式或方式如何"的文学或艺术作品的范围应很广,足以涵盖不论是源代码还是目标代码形式的计算机程序,但计算机程序未在第2条第1款中列举	计算机程序是否属于文学或艺术作品;原创性标准	第10条第1款(不论是源代码还是目标代码形式的计算机程序,均作为"文学作品"受保护)	第4条(计算机程序作为文学作品受保护,不论其表达方式或形式如何)议定声明提醒,TRIPs第9条第2款和WCT第2条对思想、工序、操作方法或数学概念的保护
被排除客体——日常新闻;报刊消息性质的社会新闻	第2条第8款强制性排除	"权威解释"消除了在哪些情形构成"日常新闻"方面的模糊之处:它被理解为是指消息而非新闻报道(后者可能被确认为文学作品)		
思想、工序、操作方法或数学概念	可以认为隐含在第2条第8款中,以及第2条第1款的"表现"概念和第2条第5款的"智力创作"概念中		第9条第2款强制性排除	第2条强制性排除
官方立法、行政和司法文件及其正式译本	第2条之二第1款准许成员国自行确定给予的保护(默示:准许成员国排除保护)	哪些文件构成"官方"文件		

续表

作品	《伯尔尼公约》	留给国内法的缺漏和模糊之处	TRIPs(第9条第1款的遵守条款除外)	WCT(第1条第4款的遵守条款除外)
为固定的作品	第2条第2款准许成员国排除保护	如何理解“固定下来”;“固定下来”与“临时”的区别		
实用艺术作品	第2条第7款准许成员国仅实行平面和立体设计的非版权保护制度,从而排除版权保护			

资料来源:[澳]山姆·里基森、[美]简·金斯伯格:《国际版权与邻接权——伯尔尼公约及公约以外的发展》(上卷),郭寿康等译,中国人民大学出版社2016年版,第451~453页。

第六节
著作权存在空间效力限制

版权地域性是指,版权是依据某一个国家或地区的法律而产生,因而也就只在该国家或地区范围内有效并受到保护。一旦超出该国家或地区的范围,有关权利就不再有效,就不再受该国家或地区法律的保护。①

知识产权对象是各种符号化了的知识,这些知识可以无限制地为多人同时使用。对他国知识产权的保护意味着对本国使用者的限制,增加本国使用者或公众的成本。就著作权而言,如果承认他国作者的著作权,则该作品在本国内的翻译、出版都需要经过授权,缴纳版税,从而提高书籍的销售价格。对于包括著作权在内的各种知识产权而言,权利的地域性尤为明显。如果没有特别的协议或公约规定,在一国取得的著作权仅仅在该国范围内有效,不能在他国获得著作权。著作权同其他知识产权一样,其空间效力并非无限,而是要受到地域限制,其效力只限于授权的本土范围内。随着知识产权制度的现代化、一体化发展,知识产权的严格地域性受到挑战。著作权的地域性在很大程

① 参见张丽娜主编:《WTO与中国知识产权法律制度研究》,中国民主法制出版社2006年版,第151页。

度上已经被突破,主要体现为以下几个方面。

一、知识产权国际条约的两大原则,使各国著作权立法出现趋同化表征

著作权的地域性,是指“任何国家的著作权法在本国领土以外均无效力这一法律事实”①。对著作权地域性特征的影响,首先来自知识产权国际条约确立的两大原则:一是最低保护标准原则,使各国知识产权保护在客体范围、权项内容、保护措施等方面必须满足国际公约规定的最低标准,从而使各国著作权立法出现趋同化表征;二是国民待遇原则,强调各缔约方之间必须给予对方国民以平等待遇,这一原则使一国授予的著作权在其他国家发生域外效力成为可能,这是对地域性限制的重要补充和协调。上述两大原则普遍适用于知识产权诸领域,其中当然包括著作权。

二、著作权“权利自动取得原则”,基本突破了地域性限制

著作权地域性限制的削弱,还来自著作权国际公约“权利自动取得原则”的影响。在立法制上,著作权取得方式有“注册取得”与“自动取得”之分,也称作“有手续主义”和“无手续主义”。“注册取得”是指以登记注册作为取得著作权的条件,作品只有登记注册后方能产生著作权。英美法系国家和少数大陆法系国家采取这一制度。“自动取得”是指作者因进行了创作而自动取得作品的著作权,不需要履行其他任何手续。大陆法系国家多采用这一方式。由于著作权国际保护制度的推动,著作权获得条件由“有手续主义”向“无手续主义”转变。“无手续主义”的优点在于,作品一经创作完成即可及时获得保护,可以有效制止侵权行为,其保护水平较高;但在发生著作权纠纷时,未经登记的作品取证困难,这反而凸显了“有手续主义”的好处。因此许多国家在规定权利自动取得时,一般通过自愿进行作品登记作为补充。

各国通过双边或多边条约承诺在一个缔约国境内产生的作品同样受到其他缔约国家著作权法的保护。著作权取得突破了地域性限制,根本上就是由于著作权自动取得的特点所决定。著作权取得不需要进行登记,如果在一国取得的著作权不能在他国获得著作权,即存在在他国为他人随意侵犯的可能性,而作者缺少必要的救济途径,这就需要通过各种双边或多边条约承认在一国自动取得著作权的作品同样能够

① 世界知识产权组织编:《著作权与邻接权法律术语汇编(中英法对照)》,刘波林译,北京大学出版社 2007 年版,第 248 页。

在其他缔约国内自动取得著作权,从而使著作权取得突破了地域性限制。《伯尔尼公约》率先规定了“权利自动取得原则”,即“作者为本条约任何缔约国的国民,其作品不论是否已经出版,都受到保护”;作者“享有和行使这些权利不需要履行任何手续,也不论作品起源国是否存在保护”。与专利权、商标权不同,著作权是一种“自动取得”的民事权利,《著作权法实施条例》(2013)第6条规定,“著作权自作品创作完成之日起产生”[①]。随着经济全球化和著作权保护一体化的推进,任一作者在任一缔约国创作的作品,可以在全球近200个缔约国自动取得保护,且保护水平达到“一致性标准”的要求。

三、在著作权内容上,地域性也受到了极大削弱

主要体现在:相关公约确立了著作权保护方面的一些基本标准。《伯尔尼公约》确定了作品的基本范围是“文学艺术作品”,包括文学、科学和艺术领域内的一切作品,如图书、讲课、演讲、讲道、戏剧、哑剧、舞蹈、乐曲、电影作品、图画、建筑、雕塑、摄影作品,实用艺术品,地理学、解剖学、建筑学或科学方面的图表、图示及立体作品等。在基本权能方面,公约既保护精神权利,又保护经济权利。关于精神权利,它只规定了作者的署名权和修改权,而没有规定发表权。关于经济权利,公约规定了翻译权、复制权、公演权、广播权、朗诵权、改编权、录制权和电影权。公约还有关于“追续权”的规定,但并非最低保护要求,各成员国可以自行决定是否采用。这些举措实际上都是在一定程度上削弱了著作权内容上的地域性。

在著作权公约“自动保护原则”与知识产权“最低保护标准原则”、“国民待遇原则”的共同作用下,著作权地域性限制已影响式微。尽管在著作权取得上基本突破地域性限制,在著作权内容上的地域性也被削弱,但各国著作权制度的差异性还将长期存在,作品范围、著作权具体权能、保护期限等问题,仍然由各个国家自己决定。在可以预见的未来,著作权的地域性特点还会继续存在。

---

① 吴高盛主编:《〈中华人民共和国著作权法〉释义及实用指南》,中国民主法制出版社2015年版,第372页。

第七节 著作权存在期间效力限制

版权的时间性,是指版权具有一定的保护期限,有关的权利仅存在于法律的保护期限之内。保护期限一到,有关的版权不再有效,原来受保护的作品也不随之进入共有领域,成为人人可以利用的财产。[①] 著作权存在期间效力限制,即著作权的时间限制、著作权期限、著作权保护期,是著作权受法律保护具有法律效力的时间界限或有效期限,是著作权人对其作品享有专有权的法定期间。著作权包括著作人身权(作者精神权利)和著作财产权(作者经济权利),著作权保护期也分为著作人身权保护期和著作财产权保护期。

一、关于著作财产权的保护期限

著作权的权利内容由两部分组成,即精神权利和经济权利。各国著作权法和《伯尔尼公约》、《世界版权公约》就著作财产权的保护期作了明文规定。英美法系国家偏重于对作者经济权利的保护;大陆法系国家更加重视对作者精神权利的保护,强调在保护作者精神权利的同时,也对作者经济权利加以保护。

著作财产权的保护期限又分为一般作品的著作财产权保护期和特殊作品的著作财产权保护期两类。一般作品的著作财产权保护期主要指自然人作品的著作权保护期、法人作品和职务作品的著作财产权保护期。特殊作品的著作财产权保护期包括匿名、假名等作者身份不明作品、遗作、摄影作品、实用艺术作品、视听作品、计算机软件、唱片和广播影视节目、合作作品、连续发表的作品等著作财产权保护期。

二、关于著作人身权的保护期限

各国对于精神权利方面的分歧较大。各国在著作权人身权保护期上长期存在差异,主要是因为著作权存在大陆法系和英美法系的区别。国际版权法律规则中对于精神权利的统一内容较为有限。由于著作人身权和著作财产权的性质不同,国际公约和各国著作权法对著作人身权保护期限的规定也不尽相同。大陆法系国家强调对作者精

① 参见张丽娜主编:《WTO与中国知识产权法律制度研究》,中国民主法制出版社2006年版,第150页。

神权利的保护，认为这是作者应当享有的自然权利，强调精神权利是作品体现作者独特人格印记的特征；大多数大陆法系国家强调保护作者的人身权，因而规定作者人身权的保护期是无限制的、永久的。英美法系国家更加强调对经济权利的保护，忽略对精神权利的保护，甚至认为精神权利的行使会阻碍经济权利的实现；英美法系国家和少数大陆法系国家规定著作人身权保护也有期限，或为延长至作者死亡后一段时间，或与著作财产权保护期相同。

大陆法系国家普遍认为著作权是作者人格的体现，当然要对作者的精神权利给予保护。在大陆法系国家内部，关于著作人身权和著作财产权是否可以分割，又存在“一元论”和“二元论”两种观点，这就导致了法国和德国在著作权法中对作者精神权利和作者经济权利的保护期限上存在分歧。

以德国为代表的国家坚持“一元论”，认为著作权是著作人身权和著作财产权不能加以分割的有机结合体，即作者精神权利和经济权利不可分割。在权利保护上应该采取相同对待方式，在权利保护期限上两者没有差别，应当按照同一标准去对待。故德国对于作者权利的保护期限，无论是精神权利还是经济权利都是作者死后 70 年。

以法国为代表的国家坚持“二元论”，认为著作权可以分割，具有相互独立的著作人身权和著作财产权，即作者精神权利和作者经济权利相互独立、可以分割。既然可分，在著作权保护上就可以采取不同对待方式，在著作权保护期限上也就自然不同。故法国对作者经济权利的保护期限是作者死后 70 年；对作者精神权利的保护期限不受时间限制，可由后继者不断地继承下去。著作人身权原则上只能由作者本人享有；作者死后，则通过其作品的存在而体现，它可以独立于著作财产权而存在。著作人身权保护期不受著作财产权保护期影响。

三、关于邻接权的保护期限

邻接权也称作相邻权。邻接权也有人身权和财产权之分，即可分为精神权利和经济权利。邻接人身权即精神权利；邻接财产权即经济权利。邻接人身权只规定了表演者人身权，即表演者署名权和表演者保护作品完整权。

领接财产权的保护期限包括传统邻接财产权的保护期限和其他邻接财产权的保护期限。传统邻接财产权的保护期限一般是指表演者权的保护期限、录音者权的保护期限、广播组织权的保护期限。其他邻接财产权的保护期限包括出版者权的保护期限、对特定版本邻接权的保护期限、对照片邻接权的保护期限、对无独创性数据库邻接权的保护期限等。

四、著作权保护期限的计算方法

关于著作权保护期限的起算点,立法例上有“死亡起算主义”和“发表起算主义”两种计算方法。“死亡起算主义”,即作者终生享有著作权加死亡后若干年。死亡起算多从其死亡之年年末或翌年年初开始计算。“发表起算主义”,即自作品出版、登记、发行、公开表演之年年末或翌年年初起保护著作权若干年。中国著作权的保护期兼采两种计算方法,对于一般作品,又分为自然人作品和法人作品和职务作品两类:前者多适用“死亡起算主义”,后者多适用“发表起算主义”;对于特殊作品,多适用“发表起算主义”。

关于著作权保护期的起算计算方法,立法例也有“当日主义”“当年主义”“年底主义”“翌年主义”等几种起算方式。“当日主义”从事件发生的当日起算;“当年主义”从事件发生的当年年初(1 月1 日)算;“年底主义”从事件发生的当年年底(12 月31 日)起算;“翌年主义”从事件发生的翌年年初(1 月1 日)起算。这里“事件发生”包括“作者死亡”和“作品出版、登记、发行、公开表演”两种情形。中国著作权保护期的起算点采用“年底主义”,一般截止到“事件发生”后50 年的12 月31 日。

著作权时间限制体系“两仪四象三玄”体系如表1 –2 –2 所示。

表1 –2 –2　著作权时间限制体系“两仪四象三玄”一览

<table>
<tr><th>两仪分类</th><th>四象分类</th><th>保护期间</th><th>起算点</th><th>起算方法</th></tr>
<tr><td rowspan="2">著作权保护期限</td><td>著作人身权保护期限</td><td rowspan="4">绝对永久保护主义
相对永久保护主义
终生有限保护主义
等同有限保护主义</td><td rowspan="4">死亡起算主义
发表起算主义</td><td rowspan="4">当日主义
当年主义
年底主义
翌年主义</td></tr>
<tr><td>著作财产权保护期限</td></tr>
<tr><td rowspan="2">邻接权保护期限</td><td>邻接人身权保护期限</td></tr>
<tr><td>邻接财产权保护期限</td></tr>
</table>

第八节 著作权权能行使效力限制

著作权的权能限制,又称“著作权例外”,是对“专有权利”内容和权利效力范围的限制。在著作权立法中,权能限制主要涉及合理使用、法定许可使用、强制许可使用、法定免费使用等。关于上述情形的规定,美国法、日本法、德国法多表述为“对著作权的限制”或是“专有权利的限制”;英国法则称为“有关版权作品允许实施之行为”。我国《著作权法》(2020)以“权利的限制”为名,采取列举主义方法规定了著作权权能限制的各种情形。在我国法律语境下,根据适用对象的权利不同,权能限制可以分为“著作权限制”和“相邻权限制”,立法文件关于著作权限制的规定,适用于对出版者、表演者、录音录像制作者、广播电台、电视台权利的限制。依权利人声明排除的“但书”条款为标准,权利限制还分为相对性著作权限制和绝对性著作权限制。① 相对性著作权限制是指著作权人可以通过声明排除法律规定的著作权限制,绝对性著作权限制是著作权人不可以通过声明排除法律规定的著作权限制。

著作权权能限制主要分为两种情况:一类是允许自由和免费使用;另一类是必须支付报酬。后一类限制就是非自愿许可(法定许可和强制许可)。在传统著作权法中,对著作权限制的情况依据作品性质和使用方法主要分为三种:(1)不支付报酬可自由使用的情况;(2)支付补偿费后可自由使用的情况;(3)要求取得作者的使用许可,但就报酬不能达成协议,经裁决确定一个报酬数额,支付报酬后可自由使用的情况。在我国著作权理论中,第一种情况称为“合理使用”,第二种情况叫“法定许可”,第三种情况是“强制许可”。

一、合理使用:自由而无偿的使用

在一定情况下使用作品,可以不经著作权人同意,不向其支付报酬。为了使公众比较方便地得到作品,促进知识传播,有必要对著作权所有者行使权利作适当限制。各国著作权法都规定,在一定条件下,为了个人学习或从事科学研究的目的,为了系统教学活动、学术研究、新闻报道、执行公务、宗教或慈善性质的活动等社会公众利益,可以不经作者或其他著作权人同意,也不必向其支付报酬(但要注明作者姓名、作品名称及其出处)而使用受著作权保护的作品的例外情况。例如,在《俄罗斯联邦民法典》(1964)第四编“著作权”第492条“不经作者同意,不付作者酬金而使用作品”中,就规定了可以不经作者同意,不向其支付报酬,使用受著作权保护的作品的八种情况。② 美国、英国、德国、日本等国的著作权法,以及许多发展中国家的著作权法,对此也

① 参见何怀文:《中国著作权法:判例综述与规范解释》,北京大学出版社2016年版,第684页。

② 参见《中外版权法规汇编》编写组编:《中外版权法规汇编》,北京师范大学出版社1993年版,第461~462页。

作了详细规定。美国、英国等把这种无须作者或其他著作权人同意,也不必向其支付报酬,便可使用受著作权保护作品的例外情况,称之为“合理使用”或合理处理。我国《著作权法》(2020)第24条第1款规定的13种合理使用情形,大部分是为绝对性权利限制;仅有两项即第24条第1款第4项规定的新闻媒体转载已发表的时事性文章、第5项规定新闻媒体“刊登”或者“播放”公众集会上的讲话,含有作者声明排除的“但书”条款,属于相对性权利限制。

二、法定许可:依法许可而支付报酬的使用

在规定条件下使用作品,可以不经著作权人同意,但要向著作权人付酬。除了“合理使用”外,许多国家(包括我国在内)的著作权法还规定,在某些情况下,为了简化取得使用作品的授权手续,或者为了克服某些著作权人不愿授权的困难,或为了节省时间,更快地传播作品,在尊重作者人身权前提下,采用“法定许可”和“强制许可”两种非自愿许可的授权办法,使用他人已经发表的作品;但采用这两种非自愿许可使用他人已发表的作品,均须按法定的付酬标准或国际惯例向作者或其他著作权人支付报酬。

与合理使用不同,法定许可中主要是相对性权利限制,少数规定是绝对性权利限制条款。如《著作权法》(2020)第45条规定,“将录音制品用于有线或者无线公开传播,或者通过传送声音的技术设备向公众公开播送的,应当向录音制作者支付报酬”。第46条第2款规定,“广播电台、电视台播放他人已发表的作品,可以不经著作权人许可,但应当按照规定支付报酬”。一般而言,绝对性权利限制,是典型的著作权限制;“但书”条款的声明排除,使得著作权限制本身受到限制,即成为相对性权利限制。

三、强制许可:特别准许而支付报酬的使用

在特定条件下,由著作权主管机关根据情况,将对已发表的作品行使特殊使用的权利,授予申请获得此项权利的使用人著作权的限制制度。强制许可使用制度产生之初,仅适用于对音乐作品录音唱片之情形,后渐次延至其他领域。在立法例上,1909年《美国版权法》率先以成文法形式作了规定。后逐渐从英美法系国家扩展至大陆法系国家,现已成为多数国家著作权法的通行制度。各国法所规定的强制许可使用的适用范围和使用条件不尽相同。《伯尔尼公约》(1971)和《世界版权公约》都对强制许可使用制度予以确认,并形成对发展中国家使用作品的“优惠”条款。著作权国际公约对强制许可证优惠条款作了严格限制。我国《著作权法》(2020)没有规定强制许可使用,但是由于

中国已加入《伯尔尼公约》和《世界版权公约》，这两个著作权国际公约规定了翻译和复制的强制许可制度，故两个公约中有关强制许可的规定中国也可以适用。

第九节 著作权限制制度体系构建

著作权是作者因创作作品而享有的权利，出于对作者智力劳动的尊重，法律应当永久保护著作权；但考虑到作品的传播有利于科学文化事业的发展和社会进步，法律应当对著作权进行一定限制。法律赋予作者以著作权，其目的是给予作者以创新动力，创造出更多更好的作品，促进科技文化繁荣发展；但是授予著作权的同时也增大了社会公众进行创作的成本，其典型体现之一就是由于版税的存在提高了书籍价格，妨碍了书籍传播，阻碍了科技文化的繁荣发展。著作权的存在也限制了他人对作品的进一步利用，比如，限制了他人对作品的进一步改编、改写。

著作权法需要采取必要措施克服著作权的消极后果，这种措施主要包括两种：一是限权，即从国家利益、社会利益、权利穷竭、诉讼时效、客体范围、时间效力、法域空间对著作权进行限制；二是免责，即在特定情形下免除侵犯著作权的法律责任，主要包括合理使用、法定许可、强制许可等情形。赋予著作权的目的在于提供创作动力，促进科技文化进步；免责和限权的目的在于降低他人创作成本，促进科技文化进步。著作权制度就是要在赋权和限权、追责和免责之间寻求一种平衡，以期最大限度地促进科技文化进步。

著作权权利限制是著作权法的重要制度构成。从广义上讲，著作权限制制度包括保护国家利益限制（国家收购）、保护社会利益限制（公共秩序保留）、权利行使次数限制（权利穷竭）、作者诉讼时间限制（诉讼时效）、保护客体范围限制（客体性）、权利存在空间效力限制（地域性）、权利存续期间效力限制（时间性）和权能行使效力限制（权能性）；简言之，包括国家收购、公共秩序保留、权利穷竭、诉讼时效、客体限制、地域限制、时间限制、权能限制等基本制度。从狭义上讲，著作权限制专指著作权权能行使效力限制，即对著作财产权的行使进行限制，尤其对专有权利内容进行限制；具言之，包括合理使用、法定许可使用、强制许可使用、法定免费使用等。著作权权能限制至少包括以下两类：一类是允许自由和免费使用（如合理利用、法定免费使用）；另一类是必须支付报酬的使用

（如法定许可使用和强制许可使用）。广义的著作权限制制度构成如表1－2－3所示。

表1－2－3　著作权（广义）八大限制制度构成

<table>
<tr><th colspan="3">限制全称</th><th>限制核心</th><th>限制简称</th><th>限制简明解释</th></tr>
<tr><td rowspan="11">著作权限制</td><td rowspan="7">限权</td><td>保护国家利益限制</td><td>国家利益国家收购</td><td>国家收购</td><td>为国家利益进行的国家收购</td></tr>
<tr><td>保护社会利益限制</td><td>社会利益公共保留</td><td>公共秩序保留</td><td>为社会利益的公共秩序保留</td></tr>
<tr><td>权限行使次数限制</td><td>只有一次行使权限</td><td>权利穷竭</td><td>只能一次行使不能多次行使</td></tr>
<tr><td>作者诉讼时间限制</td><td>只在一定时间诉讼</td><td>诉讼时效</td><td>诉讼时效之外无权提起诉讼</td></tr>
<tr><td>保护客体范围限制</td><td>著作权客体范围限制</td><td>客体限制</td><td>客体范围由法律确认并保护</td></tr>
<tr><td>存在期间效力限制</td><td>著作权存在期间限制</td><td>时间限制</td><td>保护期限内保护作品专有权</td></tr>
<tr><td>存在空间效力限制</td><td>著作权保护法域限制</td><td>地域限制</td><td>保护法域内保护作品专有权</td></tr>
<tr><td rowspan="4">免责</td><td rowspan="4">权能行使效力限制（权能限制）</td><td rowspan="2">允许自由和免费使用</td><td>合理使用</td><td>自由而无偿使用</td></tr>
<tr><td>法定免费使用</td><td>依法许可而免费无偿使用</td></tr>
<tr><td rowspan="2">必须支付报酬的使用</td><td>法定许可使用</td><td>依法许可而支付报酬的使用</td></tr>
<tr><td>强制许可使用</td><td>特别准许而支付报酬的使用</td></tr>
</table>

著作权限制制度体系的构成包括为保护国家利益而进行的国家收购、为保护社会利益而规定的公共秩序保留、著作权行使次数限制的权利穷竭、著作权人诉讼时间限制、著作权保护客体范围限制、著作权存在空间效力限制、著作权存在期间效力限制和著作权权能行使效力限制八个体系构成。国家收购是为了保护国家利益而进行的收购。公共秩序保留是为了保护社会公共利益而进行的公共秩序保留。权利穷竭是对著作权行使次数所进行的限制。诉讼时效是作者或者著作权人诉讼时间的效力限制。著作权保护客体范围限制由国际法和国内法具体规定，《伯尔尼公约》（1971）规定了受保护的客体，也规定了不受保护的客体，还规定了由各成员国自行规定保护与否的客体。著作权存在的空间效力限制在很大程度上已经被突破，知识产权国际条约的两大原则，使各国著作权立法出现趋同化表征；著作权“权利自动取得原则”，基本突破了地域性限制；在著作权内容上，地域性也受到了极大削弱。著作权存在的期间效力限制一般分为著作权的保护期限和邻接权的保护期限。著作权的保护期限又分为著作财产权的保护期限和著作人身权的保护期限。邻接权的保护期限也分为邻接财产权的保护期限和邻接人身权的保护期限。著作权权能行使效力限制体系包括合理使用（自由而无偿的使用）、法定许可（依法许可而支付报酬的使用）、强制许可（特别准许而支付报酬的使用）。

广义的著作权可以分为狭义的著作权和邻接权。著作权分为著作人身权和著作财产权两个方面，同理，邻接权也分为邻接财产权和邻接人身权两个方面。著作财产权就是作者的经济权利，著作人身权就是作者的精神权利；邻接财产权就是传播者的经济权利，邻接人身权就是传播者的精神权利。又因为著作权限制体系由国家收购、公共秩序保留、权利穷竭、诉讼时效、客体限制、空间限制、时间限制和权能限制八个方面构成，因此著作权限制制度体系构成分析如表 1－2－4 所示。

表 1－2－4　著作权（广义）限制制度体系构成分析

分类		著作权（广义）			
二分法		著作权（狭义）		邻接权	
四分法		著作财产权	著作人身权	邻接财产权	邻接人身权
		作者的经济权利	作者的精神权利	传播者的经济权利	传播者的精神权利
著作权八大限制体系	国家收购体系	著作财产权 国家收购	著作人身权 国家收购	邻接财产权 国家收购	邻接人身权 国家收购
	公共秩序保留体系	著作财产权 公共秩序保留	著作人身权 公共秩序保留	邻接财产权 公共秩序保留	邻接人身权 公共秩序保留
	权利穷竭体系	著作财产权 权利穷竭	著作人身权 权利穷竭	邻接财产权 权利穷竭	邻接人身权 权利穷竭
	诉讼时效体系	著作财产权 诉讼时效	著作人身权 诉讼时效	邻接财产权 诉讼时效	邻接人身权 诉讼时效
	客体限制体系	著作财产权 客体限制	著作人身权 客体限制	邻接财产权 客体限制	邻接人身权 客体限制
	空间限制体系	著作财产权 空间限制	著作人身权 空间限制	邻接财产权 空间限制	邻接人身权 空间限制
	时间限制体系	著作财产权 时间限制	著作人身权 时间限制	邻接财产权 时间限制	邻接人身权 空间限制
	权能限制体系	著作财产权 权能限制	著作人身权 权能限制	邻接财产权 权能限制	邻接人身权 空间限制
权能限制三大体系	合理使用体系	著作财产权 合理使用	著作人身权 合理使用	邻接财产权 合理使用	邻接人身权 合理使用
	法定许可体系	著作财产权 法定许可	著作人身权 法定许可	邻接财产权 法定许可	邻接人身权 法定许可
	强制许可体系	著作财产权 强制许可	著作人身权 强制许可	邻接财产权 强制许可	邻接人身权 强制许可

第三章　著作权和邻接权权能限制概述

著作权领域存在各种使用作品的情形，它们分属于法律和事实的各种类别。依照民法理论对作品使用行为进行分类，对进一步探讨许可使用、法定许可、强制许可、合理使用、侵权行为等相关制度的联系与区别大有裨益。如何对法律事实行为进行清晰地分类？按照表意性标准，将行为分为表意行为和非表意行为。表意行为即民事行为，非表意行为即事实行为。按照合法性标准，则将行为分为合法行为和非法行为。

若先采用表意性标准，则法律事实行为分为表意行为（民事行为）和非表意行为（事实行为）。若再采用合法性标准，则表意行为（民事行为）分为合法的表意行为（民事法律行为）和非法的表意行为（无效的民事行为）；非表意行为（事实行为）分为合法的非表意行为（合法的事实行为）与非法的非表意行为（非法的事实行为），如表1－3－1所示。

表1－3－1　法律事实行为“表意合法分类法”（先表意性，后合法性）

<table>
<tr><th>表意性标准</th><th colspan="2">合法性标准</th><th>使用作品情形</th><th>性质</th></tr>
<tr><td rowspan="4">表意行为
（民事行为）</td><td>非法的表意行为</td><td>无效的民事行为</td><td>无效许可使用</td><td>非法行为</td></tr>
<tr><td rowspan="2">准合法的表意行为</td><td rowspan="2">准民事法律行为</td><td>法定许可使用</td><td rowspan="4">合法行为</td></tr>
<tr><td>强制许可使用</td></tr>
<tr><td>合法的表意行为</td><td>民事法律行为</td><td>授权/许可使用</td></tr>
<tr><td rowspan="2">非表意行为
（事实行为）</td><td>合法的非表意行为</td><td>合法事实行为</td><td>合理使用</td></tr>
<tr><td>非法的非表意行为</td><td>非法事实行为</td><td>侵权行为</td><td>非法行为</td></tr>
</table>

若先采用合法性标准，则法律事实行为分为合法行为与非法行为。若再按照表意性标准，则合法行为分为合法的表意行为（合法的民事行为）和合法的非表意行为（合法的事实行为）；非法行为分为非法的表意行为（非法的民事行为）和非法的非表意行为（非法的事实行为），如表1－3－2所示。

表 1–3–2　法律事实行为“合法表意分类法”（先合法性，后表意性）

<table>
<tr><th>合法性标准</th><th colspan="2">表意性标准</th><th>使用作品情形</th><th>性质</th></tr>
<tr><td rowspan="4">合法行为</td><td>合法的非表意行为</td><td>合法的事实行为</td><td>合理使用</td><td>非表意行为</td></tr>
<tr><td rowspan="3">合法的表意行为</td><td>合法的民事行为</td><td>授权/许可使用</td><td rowspan="4">表意行为</td></tr>
<tr><td rowspan="2">准民事法律行为</td><td>强制许可使用</td></tr>
<tr><td>法定许可使用</td></tr>
<tr><td rowspan="2">非法行为</td><td>非法的表意行为</td><td>非法的民事行为</td><td>无效许可使用</td></tr>
<tr><td>非法的非表意行为</td><td>非法的事实行为</td><td>侵权行为</td><td>非表意行为</td></tr>
</table>

采用合理性标准和表意性标准，可将民事行为和事实行为划分为四种标准类型。对应著作财产权的使用，分类如表 1–3–3 所示。

表 1–3–3　法律事实行为“综合分类法”（兼采合法性和表意性）

合法性标准	表意行为（民事行为）	非表意行为（事实行为）
合法行为	合法的表意行为（合法的民事行为） ——许可使用 准合法的表意行为（准民事法律行为） ——强制许可使用 ——法定许可使用	合法的非表意行为（合法的事实行为） ——合理使用
非法行为	非法的表意行为（非法的民事行为） ——无效许可使用	非法的非表意行为（非法的事实行为） ——侵权行为

第一节
国际公约著作财产权权能限制制度

著作权国际公约关于著作权权能限制的规定，主要针对自由使用和强制许可。国际公约也规定并允许缔约国在本国法律中对著作权人行使著作权在某些情况下作限制性规定。

一、国际公约中的自由使用制度

自由使用（正当使用）制度经历了从特别规定到概括式规定，从复制权到所有权利的发展过程。《伯尔尼公约》是关于版权保护第一项国际公约,它规定了某些情形下对版权行使的限制。这些限制散列于《伯尔尼公约》的不同条款中,如第2条之二、第9条第2款、第10条、第10条之二、第11条之二及第13条等。这些条款分别对客体、权利使用等情形设定了限制条款,共同构成对版权行使的限制与例外。与TRIPs相比,《伯尔尼公约》(1886)在形式上是一种初级阶段的混合限制与例外。

《伯尔尼公约》(1886)除了在第9条做了与TRIPs第13条相同的原则性规定之外,还至少明文规定了下列几种具体的权利限制:(1)从一部合法公之于众的作品中摘出引文,包括以报刊提要形式引用报纸期刊上的文章,并注明了出处;(2)以出版物、广播或录音录像形式为教学解说而使用作品,并注明了出处;(3)通过报刊、广播,复制已在报刊上发表的有关经济、政治或宗教的时事文章,或具有同样性质的已经广播过的作品(只要原发表时未声明保留),并注明了出处;(4)用摄影、电影、广播或其他报道时事新闻的传播方式,在报道中使用无法避免的有关作品;(5)对于已经由作者授权录制的音乐作品的再次录制;(6)对"翻译权"保护的10年保留;(7)专门对发展中国家做出的有关强制许可的规定。[①]《伯尔尼公约》中的限制和例外图表(见表1-3-4)总结了《伯尔尼公约》中有关对作者权利的限制与例外的不同条款的效力。[②]

表1-3-4 《伯尔尼公约》中的限制和例外

来源	客体	正当性理由	限制、例外或强制许可	强制性或选择性	权利	条件
第2条第4款	官方文件(LW)	提供信息	限制	选择性	所有权利	无
第2条第8款	日常新闻和报刊消息(LW)	提供信息	限制	强制性	所有权利	无
第2条之二第1款	政治演说和诉讼言论(LW)	提供信息	限制	选择性	所有权利	无
第2条之二第2款	公开讲课等(LW)	提供信息	例外	选择性	复制权、广播权	提供信息目的
第9条第2款	一般(所有作品)	一般	例外、强制许可	选择性	复制权	三步检验法

① 参见郑成思:《WTO知识产权协议逐条讲解》,中国方正出版社2001年版,第54页。

② 参见[澳]山姆·里基森、[美]简·金斯伯格:《国际版权与邻接权——伯尔尼公约及公约以外的发展》,郭寿康等译,中国人民大学出版社2016年版,第753~754页。

续表

来源	客体	正当性理由	限制、例外或强制许可	强制性或选择性	权利	条件
第 10 条第 1 款	引文(所有作品)	提供信息	例外、强制许可	强制性	所有权利	1. 合理使用 2. 目的正当
第 10 条第 2 款	教学解说(所有作品)	教育	例外、强制许可	选择性	复制权、广播权	1. 解说 2. 合理使用
第 10 条之二第 1 款	报纸等发表的文章、已经广播的作品(LW*)	提供信息	例外	选择性	复制权、广播权	1. 未予保留 2. 说明出处
第 10 条之二第 2 款	报道时事新闻(所有作品)	提供信息	例外	选择性	摄影、电影作品的广播权	提供信息目的
第 11 条之二第 2 款	广播(所有作品)	公众获取信息	强制许可	选择性	广播权	1. 支付合理报酬 2. 尊重精神权利
第 11 条之二第 3 款	临时录制(音乐和歌词)	提供便利、存档	例外、强制许可	选择性	复制权	1. 必须是"临时"的 2. 特殊文献性质(档案)
第 13 条第 1 款	录制音乐和歌词	新产业	强制许可	选择性	复制权	1. 已被录制 2. 支付合理报酬
第 14 条之二第 2 款(b)项	电影作品——合作作者(部分作品)	提供便利	例外	选择性	复制权、广播权、公开表演权	没有相反约定
第 17 条	审查(所有作品)	国家权力	限制	选择性	所有权利	必须为了审查目的,而非其他
成员国间的默示/附属协定	琐细保留	法律不过问琐事原则	例外	选择性	公开表演权、广播权、公开朗诵权	法律不过问琐事原则
成员国间的默示/附属协定	翻译	必要性	例外	选择性	复制权、公开表演权、公开朗诵权、广播权(不包括第 11 条之二和第 13 条)	根据第 2 条之二、第 9 条第 2 款、第 10 条和第 10 条之二可适用
成员国间的默示/附属协定	反垄断控制(所有作品)	国家权力	限制	选择性	所有权利	必须为了反垄断的目的,而非其他

* 缩略语,文学作品。

受保护作品的例外。《伯尔尼公约》明确将某些特定类型的作品排除在受保护范围之外,主要包括立法、行政、司法性质的公文及其译文、日常新闻及纯属报刊消息性质的社会新闻。这些例外主要规定在《伯尔尼公约》第2条第4款及第8款。《伯尔尼公约》第2条之二还规定,成员国的立法可以将政治演讲和诉讼过程中的演讲排除在保护范围之外。与前两个条款的规定不同,《伯尔尼公约》第2条之二的排除保护主要与口述作品的保护有关,允许各成员国规定口述作品的保护范围,特别是允许对政治演讲和法官及律师在诉讼中的演讲进行全部或部分排除。这一规定在1928年罗马修订会议上被纳入,而后并未修改,其合理性是基于信息自由,作者有将作品汇编进行出版的专有权。对于其他公开发表的演讲、演说或同类性质的作品,缔约国立法可以规定在特定条件下,以提供信息目的进行刊登、广播及向公众传播,使公众能够方便地获取信息并参与评价。①

对经济权利的使用例外。《伯尔尼公约》规定了特定情形下对作品经济权利的使用为法律许可的合理利用,这种使用主要出于对非经济性的公共利益的优先考量。《伯尔尼公约》第10条第1款和第2款规定,缔约国可以规定,出于教学目的,可以通过出版、广播或录音录像等方式使用文学艺术作品,只要在该目的的正当需要范围内,就符合合理使用要求。《伯尔尼公约》第10条之二规定,允许通过报刊、广播或对公众有线传播,复制发表在报纸、期刊上讨论经济、政治或宗教的时事性文章,或具有同样性质的已广播作品,但以对这种复制、广播或有线传播并未明确予以保留的为限。《伯尔尼公约》第11条之二第3款允许法律批准具有特殊文献性质的录制品由国家档案馆保存。②《伯尔尼公约》第10条"使用作品的有限自由"规定了引用、教学示例使用、报刊和广播电视节目中文章的使用、为时事报道而使用,这些正当使用构成了权利限制的基本内容。

二、"三步检验法"的确立与发展

《伯尔尼公约》早期的几个文本虽含有权利限制的特别规定,但尚未有权利限制的一般规定。直到1967年《伯尔尼公约》才出现权利限制的概括性规定,即第9条"复制的权利"第2款"可能的例外"规定:"本联盟成员国法律有权允许在某些特殊情况下复

① 参见徐红菊:《国际知识产权法学:条文释义、理论与案例》,知识产权出版社2021年版,第175页。

② 参见徐红菊:《国际知识产权法学:条文释义、理论与案例》,知识产权出版社2021年版,第176页。

制上述作品，只要这种复制不致损害作品的正常使用也不致无故危害作者的合法利益。”①这一规定指出了正当使用应当符合三个法定条件，即通常所称的合理使用“三步检验法”（three-step-test），但因《伯尔尼公约》第9条“复制的权利”第1款“总论”规定，“受本公约保护的文学艺术作品的作者，享有批准以任何方式和采取任何形式复制这些作品的专有权。”②《伯尔尼公约》仅仅允许对复制权进行限制，这些限制应当限于“在某些特殊情况下”，而且应当“与作品的正常利用不相冲突，也不致不合理地损害作者的利益”。“三步检验法”仅仅用于复制权的检验。

TRIPs再次明确了“三步检验法”。TRIPs第13条“限制与例外”规定，“各成员对专有权做出的任何限制或例外规定仅限于某些特殊情况，且与作品的正常利用不相冲突，也不得无理损害权利持有人的合法权益。”③TRIPs中的权利限制不再限于复制权，而是扩大到所有的著作权权能。“三步检验法”被扩大而适用于对著作权的各种专有权限制。

WCT和WPPT两个最新的著作权条约也都包括了权利限制和例外。WCT第10条“限制与例外”第1款规定：“缔约各方在某些不与作品的正常利用相抵触、也不无理地损害作者合法利益的特殊情况下，可在其国内立法中对依本条约授予文学和艺术作品作者的权利规定限制或例外。”第2款规定：“缔约各方在适用《伯尔尼公约》时，应将对该公约所规定权利的任何限制或例外限于某些不与作品的正常利用相抵触，也不无理地损害作者合法利益的特殊情况。”④缔约国在适用《伯尔尼公约》时，应将对该公约所规定权利的任何限制或例外限于某些特殊情况，不与作品的正常利用相抵触、而且也不是不合理地损害作者合法利益，并且可以根据同样原则，对该版权条约授予文字和艺术作品的权利规定限制或例外。条文规定和议定声明确认，各国在某些不与作品的正常使用相抵触，也不是无理由地损害作者合法权利的特殊情况下，可以将限制和例外延及数字环境中，也可以为数字环境自行规定适合的限制和例外，⑤但不论是将已有的限制和例外延及数字环境或在此环境中设立新的限制或例外，都要符合“三步检验法”。“三步检验法”是国际公约为各国立法提供的、权利限制制度应当遵循的基本准则。各

---

① 张大伟主编，王智丽、杨丽娟编：《世界版权条约》，东方出版中心2019年版，第39页。

② 张大伟主编，王智丽、杨丽娟编：《世界版权条约》，东方出版中心2019年版，第39页。

③ 张丽娜主编：《WTO与中国知识产权法律制度研究》，中国民主法制出版社2006年版，第294页。

④ 张大伟主编，王智丽、杨丽娟编：《世界版权条约》，东方出版中心2019年版，第405页。

⑤ 参见WCT第10条及议定声明(9)，WPPT第16条及其议定声明(14)、(15)。

国可以按照自己的法律体系和立法模式维持或规定任何限制和例外,只要这种限制和例外能够通过“三步检验法”的检验。

三、国际公约中的强制许可使用制度

《伯尔尼公约》共有两个条款规定了强制许可使用,涉及广播权和录制权。《伯尔尼公约》第11条之二“广播和相关权利”第2款“责任许可”规定了对广播权的强制许可,该条款规定,行使前项所指的权利的条件由本联盟成员国的法律规定,但这些条件的效力严格限于对此作出规定的国家。在任何情况下,这些条件均不应有损于作者的精神权利,也不应有损于作者获得合理报酬的权利,该报酬在没有协议的情况下应由主管当局规定,①即成员国可以通过国内立法对作者的广播权规定限制条件,但是该条件不得损害作者的精神权利,也不得损害作者获得公平报酬的权利。

《伯尔尼公约》第13条“音乐作品及歌词录音的权利的可能限定”第1款“责任许可”规定了对已被授权的音乐作品录制权的强制许可。该条款规定,本联盟每一成员国可就其本国情况,对音乐作品作者及允许其歌词与音乐作品一道录音的歌词作者授权对上述音乐作品以及有歌词的音乐作品进行录音的专有权利规定保留及条件;但这类保留及条件之效力严格限于对此作出规定的国家,而且在任何情况下均不得损害作者获得在没有协议情况下由主管当局规定的合理报酬的权利,②即成员国可以通过国内立法规定,使用他人已经合法录制为录音制品的音乐作品再次制作录音制品,可以不经作者许可,但应当支付报酬。设立强制许可的目的是降低交易成本,即简化作品使用时的著作权许可谈判签约手续,以及防止大公司对音乐市场的垄断。《伯尔尼公约》强制许可的规定并非国际义务,而是由成员国根据本国国情作出立法选择。③《伯尔尼公约》、TRIPs和WCT等主要国际版权条约“限制与例外”比较如表1-3-5所示。

---

① 参见张大伟主编,王智丽、杨丽娟编:《世界版权条约》,东方出版中心2019年版,第41页。

② 参见张大伟主编,王智丽、杨丽娟编:《世界版权条约》,东方出版中心2019年版,第42页。

③ 参见张今:《著作权法》,北京大学出版社2018年版,第167~168页。

表 1－3－5　主要国际版权条约"限制和例外"比较

《伯尔尼公约》 （1971 年巴黎文本）	TRIPs	WCT
·为提供信息目的对公共演讲的某些使用：第 2 条之二第 2 款 ·复制：第 9 条第 2 款 ·引用：第 10 条第 1 款 ·为教学进行解说：第 10 条第 2 款 ·为报道时事性文章而附带使用作品：第 10 条之二第 2 款 ·短暂复制：第 11 条之二第 3 款第 2 分句、第 3 分句 ·强制许可：广播（第 11 条之二第 2 款）和（第二次以及更多次）机械录制（第 13 条） ·默示例外和限制（细琐性质以及涉外翻译权）	·限制和例外同《伯尔尼公约》：第 9 条第 1 款第 1 句（遵守条款）及其提及的《伯尔尼公约》相关条款；包括默示例外和限制 ·加上：将"三步检验法"附加适用于《伯尔尼公约》项下权利，以及单独适用于 TRIPs 项下权利（出租权）（第 13 条）	·限制和例外同《伯尔尼公约》：第 1 条第 4 款第 1 句（遵守条款）及其提及的《伯尔尼公约》相关条款；包括默示例外和限制 ·加上：将"三步检验法"附加适用于《伯尔尼公约》项下权利：第 10 条第 2 款（包括议定声明），以及单独适用于 WCT 项下权利（第 10 条第 1 款）

资料来源：［德］西尔克·冯·莱温斯基：《国际版权法律与政策》，万勇译，知识产权出版社 2017 年版，第 492 页。

第二节　国际公约邻接财产权权能限制制度

一、《伯尔尼公约》邻接权的例外与限制

《伯尔尼公约》第 9 条第 2 款规定，本同盟成员国法律得允许在某些特殊情况下复制上述作品，只要这种复制不损害作品的正常使用也不致无故侵害作者的合法权益。该条款是著作权和邻接权领域中最重要的原则性条款。该条款限制了缔约国国内立法中例外条款的范围。如果国内立法中规定了特殊使用的例外条款，那么，该条款必须符合"三步检验法"的要求：第一，限制或者例外只能在特定的情况下适用；第二，在限制与例外情况下对作品的使用不能与作品的正常使用发生冲突；第三，限制与例外不能无故侵害作者的合法权利。《伯尔尼公约》第 9 条第 2 款虽然只涉及了复制权的限制与例外的规定，但是，该条款中确立的"三步检验法"成为著作权法以及邻接权法中对权利人的权利规定限制与例外时，必须遵守的基本原则。

《伯尔尼公约》第 10 条具体规定了对作品自由使用的主要方式，包括引用、为教育

目的的使用。第10条之二规定了对作品自由使用可能存在的其他方式，包括通过报刊、广播向公众传播已发表的关于经济、政治或宗教方面的时事性文章，以及在实施报道中对可看到或者听到的作品的使用。涉及对表演者权利的限制与例外的规定时，《罗马公约》、TRIPs以及WPPT都深受《伯尔尼公约》上述条款的影响。①

二、《罗马公约》(1961)关于邻接权的例外与限制

《罗马公约》关于邻接权的限制，主要规定在第15条和第19条中。

《罗马公约》第16条第1款(a)规定，缔约国在任何时候都可以通过一个适当的通知，排除或限制上述规定的执行。《罗马公约》第15条规定了对邻接权的权利限制。其第1款是特别限制条款，规定了使用邻接权保护的演出、唱片制品即广播节目时，可以不经权利所有人同意、也无须付酬的四种权利限制。《罗马条约》第15条"允许的例外"第1款"具体限制"规定，"任何缔约国可以依其国内法律与规章，在涉及下列情况时，对本公约规定的保护作出例外规定：(甲)私人使用；(乙)在时事报道中少量使用；(丙)某广播组织为了自己的广播节目利用自己的设备暂时录制；(丁)仅用于教学和科学研究之目的"②，即使用邻接权所保护的演出、唱片及广播节目，可以不经权利所有人同意也无须付酬的四种特殊情况。其中最后一方面例外规定尤为符合发展中国家的利益。

上述条款中虽然没有规定"三步检验法"的内容，但是，任何一项限制与例外都体现了"三步检验法"的原则。以私人使用为例，首先，私人使用是一种特定的使用情况，也就是对表演既不公开也不以营利为目的的使用，比如在私人宴会中，主人通过播放购买来的CD渲染气氛；其次，私人使用并没有与表演的正常使用发生冲突，在家中通过播放CD欣赏表演者的表演显然属于对表演的正常使用；最后，私人使用并没有侵害表演者的合法权益，CD中的演唱者或者演奏者的利益不会因为私人宴会中对该CD的播放而遭受到任何损害。

《罗马公约》还允许成员国自行以国内立法规定颁发强制许可证的条件，以防止邻接权所有人滥用自己的专有权，但颁发强制许可证不得与公约的基本原则相冲突。《罗马公约》第15条"允许的例外"第2款"与版权同等的保护"规定："尽管有本条第一款，

---

① 参见原晓爽：《表演者权利研究》，法律出版社2010年版，第193～194页。

② 张大伟主编，王智丽、杨丽娟编：《世界版权条约》，东方出版中心2019年版，第233页。

任何缔约国对于表演者、录音制品制作者和广播组织的保护，可以在其国内法律与规章中做出像它在国内法律和规章中做出的对文学和艺术作品的版权保护的同样的限制。但是，只有在不违背本公约的范围内才能颁发强迫许可证。”①各成员国可以比照其国内法对版权保护的限制来规定对邻接权的限制；但关于强制许可，只有在“不违背本公约的范围内”才能授予。

该公约第 2 款的规定使得限制与例外的内容不限于第 1 款规定的四种情况，如果国内法中对著作权规定了除第 1 款中规定的情况外的其他例外情况，那么这些例外情况同样适用于表演者权利等邻接权，这样的规定避免了邻接权人享有的权利范围优于作者。不过第 2 款最后一句强调了强制许可使用必须在公约允许的范围内。② 除《罗马公约》明确规定的各种例外，任何缔约国还可以在与版权保护的限制相应的方面，规定对表演者、录音制品制作者和广播组织的权利保护的限制，但它们之间有一个重要区别：对邻接权的强制许可，只有在与《罗马公约》相一致的条件下才能授予。

考虑到电影业在电影作品专有使用方面的利益，《罗马公约》第 19 条“表演者对于录像的权利”规定，“不管本公约有什么规定，一旦表演者同意将其表演录像或录音录像，第 7 条就不再适用”③，即一旦表演者同意将其表演以影像录制或视听录制的方式固定下来，他就不能根据《罗马公约》要求与其表演有关的进一步的权利。

三、《录音制品公约》关于邻接权的限制与例外

1971 年 10 月，在日内瓦签订了《录音制品公约》，这是邻接权领域的公约。公约的目的是保护录音制品制作者，禁止已被公认为侵权或盗录的损害行为。

《录音制品公约》允许根据对作者保护的限制，对录音制品制作者的保护作出同样的限制。该公约还允许为录音制品的复制颁发强制许可，其条件是复制的目的只是用于教学或科学研究，复制品只限于在复制国家内部使用，并应向录音制品制作者支付合理报酬。④

---

① 张大伟主编，王智丽、杨丽娟编：《世界版权条约》，东方出版中心 2019 年版，第 233 页。

② 参见原晓爽：《表演者权利研究》，法律出版社 2010 年版，第 194 ~195 页。

③ 张大伟主编，王智丽、杨丽娟编：《世界版权条约》，东方出版中心 2019 年版，第 235 页。

④ 参见世界知识产权组织编著：《知识产权纵横谈》，张寅虎等译，世界知识出版社 1992 年版，第 250、252 页。

四、《卫星公约》(1974)关于邻接权的限制与例外

1974年5月21日,联合国教科文组织和世界知识产权组织在布鲁塞尔共同举办了外交会议,会议签订了《卫星公约》。《卫星公约》规定了广播组织之间或类似组织与有线传播者之间传输载有节目的卫星信号的保护问题。

《卫星公约》第4条规定:"任何缔约国都不得被要求实行第二条第一款提到的措施,如果发射信号不是提供给他的某一播送者在其领土上播送的信号中:(1)载有发射信号所载的由时事报道所组成的节目的短小片段,但是仅限于这种片段系以提供情况为目的的合理范围内,或者(2)作为引用,载有发射信号所载节目的短小片段,只要这种引用符合正当的做法并且因其系以提供情况为目的而证明是合理的,或者(3)如果上述领土是一个根据联合国大会的惯例被认为是发展中国家的领土,载有发射信号所载节目,只要这种播送已纯系出于教学(包括成人教育范围内的教学)或科学研究的目的。"该公约所规定的限制主要包括:在时事报道中使用、合理引用即出于教学或科研目的而使用的三种情形,比《罗马公约》规定的合理使用情形要少。[①]

五、TRIPs(1994)关于邻接权的例外与限制

TRIPs第13条规定涉及的是"作品",并不包括表演者、录音作品(唱片)制作者和广播组织。关于邻接权的保留和限制,TRIPs第14条第6款规定,本协议的缔约方可以在《罗马公约》所允许的范围内对该条第1~3款所授予的权利规定条件、限制、例外和保留。然而,《伯尔尼公约》(1971)第18条的规定也应该适用于表演者和录音制品制作者对录音制品享有的权利,[②]即如果表演者和录音制品制作者对录音制品享有的权利因作品的保护期已满而在被要求给予保护的国家进入公有领域,那么表演者和录音制品制作者就把不再对此作品享有邻接权。[③]

根据TRIPs第14条第6项之规定,在《罗马公约》项下的任何条件、限制、例外和保留均可能适用于WTO成员国,其中包括在《罗马公约》第7条和第13条中所列举之"条件"(可以适用《罗马公约》第15条规定的"限制与例外");《罗马公约》第16条规定的"保留"(有关《罗马公约》第12条中如果为商业目的发行的录音制品直接用于播放

---

① 参见胡开忠、陈娜、相靖:《广播组织权保护研究》,华中科技大学出版社2011年版,第53页。

② 参见胡开忠、陈娜、相靖:《广播组织权保护研究》,华中科技大学出版社2011年版,第53页。

③ 参见张丽娜主编:《WTO与中国知识产权法律制度研究》,中国民主法制出版社2006年版,第57页。

或者向公众传播,使用者应该向表演者或录音制作者或分别向两者支付一笔合理报酬;成员国可以根据该公约第 16 条声明不执行第 12 条的规定)。对于 TRIPs 第 14 条第 1 款,也可以依据《罗马公约》第 7 条第 1 款进行限制。[①]

TRIPs 第 13 条重申了《伯尔尼公约》的"三步检验法"并将其从复制权扩大到所有著作权专有权,该条具体规定,全体成员均应将专有权的限制与例外局限于一定的特例中,该特例应不与作品的正当利益冲突,也不应不合理地损害权利持有人的合法利益。[②]由于 TRIPs 第 14 条第 1 款并没有将表演者的权利上升为专有权利,因对于第 14 条第 1 款所规定的表演者权利的限制与例外难以适用第 13 条的规定。不过,第 14 条第 6 款专门规定了对表演者、录音制品制作者等邻接权人的权利限制。依据 TRIPs 第 14 条第 4 款及第 11 条的规定,表演者所享有的出租权是专有权利,对该权利的限制与例外应当使用第 13 条规定的"三步检验法"。[③]

依据 TRIPs 的规定,成员没有义务将《罗马公约》的规定适用于表演者、录音制品制作者和广播组织:TRIPs 第 3 条第 1 款只要求成员适用 TRIPs 本身规定的权利。这些权利规定在第 14 条第 1 款至第 5 款中:这些权利内容与《罗马公约》规定相同,但在有些方面又超出了《罗马公约》规定的范围。

有关这些权利的例外与限制的事宜,TRIPs 有两个地方作了规定,它们都与《罗马公约》的要求相关:(1)第 3 条第 1 款。该条规定的是国民待遇,它明确指出:国民待遇"在遵守……《罗马公约》……规定的例外的前提下"给予。此处涉及的是《罗马公约》第 15 条。(2)第 14 条第 6 款。该条款也涉及例外事宜,其规定如下:"任何成员可就第 1 款、第 2 款、第 3 款授予的权利,在《罗马公约》允许的限度内,规定条件、限制、例外和保留……"上述规定似乎并没有对第 3 条第 1 款规定的一般义务增加任何内容,但需要注意的是第 15 条第 2 款对强制许可施加的限制。因此,成员只能在《罗马公约》第 15 条第 1 款、第 2 款所列举的类型范围内规定限制和例外。

TRIPs 第 14 条第 6 款第二句规定,将 TRIPs 适用于表演者和录音制品制作者对录音制品享有的权利时,应比照适用《伯尔尼公约》第 18 条的规定。该条款没有提及 TRIPs 第 14 条第 3 款对广播和广播组织的保护。它没有像 WPPT 第 5 条对表演者的精

---

① 参见张乃根主编:《与贸易有关的知识产权协定》,北京大学出版社 2018 年版,第 121 ~122 页。

② TRIPs 第 13 条规定,各成员方应将对独占权的限制和例外规定限于某些特殊情况,而不影响作品的正常利用,也没有不合理妨碍权利所有者的合法利益。

③ 参见原晓爽:《表演者权利研究》,法律出版社 2010 年版,第 195 页。

神权利所作的那样,允许对某些权利作出保留。①

六、WPPT(1996)关于邻接权的限制与例外

WPPT 第 16 条是限制与例外条款:(1)缔约各方在其国内立法中,可在对表演者和录音制品制作者的保护方面规定与其国内立法中对文学和艺术作品的版权保护所规定的相同种类的限制和例外。(2)缔约各方应将本公约所规定的对权利的任何限制或例外限于某些不与录音制品的正常利用相抵触、也不无理地损害表演者或录音制品制作者合法利益的特殊情况。

第 1 款规定重复了《罗马公约》第 15 条第 2 款的主要原则;第 2 款规定重申了《伯尔尼公约》第 9 条第 2 款"三步检验法",强调了在适用限制与例外条款而使用受保护的表演或者录音制品时,不能损害表演或者录音制品的正常使用也不能无故侵害表演者或者录音制品制作者的合法利益。WPPT 对上述公约的重要发展在于,将可接受的对表演者权利的限制与例外延伸到了数字环境中,也就是说缔约国可以制定与数字网络环境相关的新的限制与例外。②

七、《北京条约》(2012)关于邻接权的限制与例外

《北京条约》(2012)第 13 条"限制与例外"第 1 款规定:"缔约各方可以在其国内立法中,对给予表演者的保护规定与其国内立法给予文学和艺术作品的版权保护相同种类的限制或例外。"其第 2 款规定:"缔约各方应使本条约中所规定权利的任何限制或例外仅限于某些不与表演的正常利用相抵触、也不致不合理地损害表演者合法利益的特殊情况。"

关于第 13 条的议定声明规定:关于 WCT 第 10 条(涉及限制与例外)的议定声明,亦可比照适用于本条约的第 13 条(涉及限制和例外)。

对主要国际邻接权条约规定的"限制和例外"的比较如表 1-3-6 所示。

---

① 参见[澳]山姆·里基森、[美]简·金斯伯格:《国际版权与邻接权——伯尔尼公约及公约以外的发展》,郭寿康等译,中国人民大学出版社 2016 年版,第 1092 页。

② 参见原晓爽:《表演者权利研究》,法律出版社 2010 年版,第 195~196 页。

表 1－3－6　主要国际邻接权条约“限制和例外”比较

《罗马公约》(1961)	TRIPs(1994)	WPPT(1996)
·四种情形(私人使用,在时事报道中少量引用,暂时录制,教学和研究):第 15 条第 1 款 ·加上:与国内版权法作相同限制(第 15 条第 2 款)	·同《罗马公约》:在第 14 条第 6 款第 1 句提及	·与国内版权法作相同限制:第 16 条第 1 款(与《罗马公约》第 15 条第 2 款类似) ·此外:“三步检验法”(第 16 条第 2 款)

资料来源:[德]西尔克·冯·莱温斯基:《国际版权法律与政策》,万勇译,知识产权出版社 2017 年版,第 492 页。

第三节　两种类型的著作权权能限制制度

世界各主要国家著作权权能限制的立法大致可以分为两种类型,一种是《美国版权法》采用的“开放式”,另一种是欧洲作者权体系采用的“封闭式”。

一、“开放式”著作权权能限制制度

《美国版权法》的权利限制采用“开放式”。一方面,《美国版权法》在第 107 条规定了“合理使用”,作为判断在法定的专有权限制以外的使用行为是否可以豁免的一组检验标准。从立法结构上看,第 107 条“合理使用”分为几个部分:第一,确认合理使用是非侵权行为,立法语言为“合理使用——不属于侵犯版权”;第二,列举了几种符合立法根据的使用行为,立法语言为“诸如批评、评论、新闻报道、教学、学术和研究”;第三,提出了合理使用的检测标准,即“使用的目的和性质、版权作品的性质、被使用作品的数量和实质性、对被使用作品的经济影响”四个要素。合理使用是对专有权限制的补充,其功能在于权衡各种各样互相对抗的利益,这些利益难以确定,不能通过立法予以规定,只能留待司法个案裁决。正是有了第 107 条“合理使用”与专有权限制互相补充、相辅相成,使美国权利限制制度呈现为“开放式”,并由此形成了美国特有的合理使用制度。

另一方面,《美国版权法》在第 108 条至第 122 条规定了各种权利的限制或例外,内容较为繁杂。有自由使用,如关于图书馆和档案馆复制的例外(第 108 条);

关于临时复制的例外(第112条);计算机软件的合法购买者为了备份的复制,为了使用的方便而修改的例外(第117条);广播组织为了节目播放而进行的临时性复制(第118条);为了施工而对建筑作品进行的必要改变(第120条);为了盲人或残疾人进行的特殊形式的复制(第121条)。关于表演权和展览权,也规定了一系列例外,诸如为了教学活动、为了宗教活动、为了慈善而表演和展览作品等(第110条)。有些权利的例外与限制,甚至非常琐碎。例如,对享有版权的录音制品的家庭复制,在政府部门组织的农林产品集市上播放音乐作品,销售录音制品的商店为了促销而播放被录制的音乐作品等。[①] 关于权利的限制和例外,《美国版权法》规定了三种法定许可(statutory licenses),即有线电视转播的法定许可(第111条)、非商业性广播的法定许可(第118条)和卫星转播的法定许可(第119条),以及一种强制许可(compulsory licenses),即制作和销售录音制品的强制许可(第115条)。还曾经规定自动点唱机的法定许可(1976~1993,第116条)。[②] 1976年的《美国版权法》明确规定了发行权一次用尽原则(第109条第1款);1984年,规定了录音作品版权所有人的出租权(第109条第2款);1990年,将出租权延伸到了计算机软件(第109条第2款)。这些限制和例外都含有具体而详尽的使用作品的条件。

《美国版权法》的独特设计把合理使用之外的其他限制性规定全部称为版权保护的例外(exemptions from copyright)。[③] 合理使用主要体现在《美国版权法》第107节及对侵权责任的例外规定上。美国版权学者Seltzer从1976年《美国版权法》的*Committee Reports on Section* 107,*Fair Use*中总结出33种版权保护的例外,这些版权保护的例外不仅包括了其他国家版权法中的法定许可的内容,而且还规定了强制许可使用。[④]

二、"封闭式"著作权权能限制制度

在欧洲大多数国家立法中,权利的限制被表述为"对著作权的限制"。在这一制度框架内有正当使用、法定许可、强制许可等著作权权能限制。法律尽可能地列举构成限制和例外的具体行为,每一种例外行为都附有严格而具体的使用条件;在解释上只能采

---

① 参见李明德:《美国知识产权法》,法律出版社2014年版,第323~324页。

② 参见李明德:《美国知识产权法》,法律出版社2014年版,第330页。

③ 关于合理使用与版权保护的例外的区别,不但美国版权法没有回答(美国学者甚至认为这是美国版权法第107条对合理使用的设计中三个严重失误之一),就是学者们也难以分析清楚,以至于众议院委员会关于第107条合理使用的报告认为对合理使用与版权保护的例外作出区分并不重要,也不具有意义。

④ 参见李祖明:《互联网上的版权保护与限制》,经济日报出版社2003年版,第141页。

用狭义解释,法律没有规定的情形不能纳入权利的限制和例外。正当使用也称为豁免行为①、不视为侵权的行为,系指在一定范围内使用作品不经著作权人同意,也无须支付报酬。非自愿许可也称为法定许可或强制许可。法定许可是法律授权符合条件者以特定方式使用作品而不必经过著作权人许可,但需要向著作权人支付报酬。强制许可是较法定许可弱一些的权利限制,强制许可并非不经作者许可,而是作者有义务与使用者签订合同,否则使用者就可以通过行政或司法机构获得使用作品的许可。

为了消除各成员国国内法中权利限制与例外方面的差异对欧洲内部市场正常运转的"直接的消极影响",《欧盟信息社会版权指令》(2001)第5条在考虑各成员国不同的法律传统的基础上,为各成员国立法提供了21种限制复制权和向公众传播权的立法范例,这21种限制和例外是穷竭性的。除了第5条第1款所规定的"暂时复制"属于义务性规范外,其他20种均为任意性规范,各成员国可以自由选择适用。②

《欧盟信息社会版权指令》(2001)第5条总共列举了21项权利的限制与例外。其中第一项涉及网络传输过程中的暂时复制,属于强制性免责规定,成员国应当予以规定。其他的20项限制与例外,又可以分为两类。一类仅仅涉及复制权,共有5项。另一类既涉及复制权,又涉及向公众传播权和向公众提供权,共有15项。

第一类是仅仅涉及复制权的限制与例外。根据该指令第5条第2款,针对指令第2条所规定的复制权,成员国可以规定以下5种限制或者例外,(1)使用复印技术或者其他类似程序在纸张或其他介质上复制作品,但其前提条件是有关的权利人获得了合理补偿。但是,这一例外不涉及乐谱的复制。(2)自然人(不包括法人)为了个人使用和其他没有直接或间接商业目的而进行的复制,其前提条件也是相关的权利人获得了合理补偿。这主要是指对听觉、视觉制品和视听制品的复制,而且不仅涉及以有形物为介质的复制,还涉及数字化复制。(3)公共图书馆、教育机构、博物馆和档案馆所从事的某些复制行为,其前提条件是没有直接的或间接的经济性或商业性利益。(4)广播组织为了自己播放节目的目的,通过自己的广播设施对作品所制作的暂时录音制品。依据文献例外的规则,也可以将这些录音制品作为文献保存。(5)一些非商业性的社会机构例如医院、监狱所从事的对于广播节目的复制,其前提也是权利人获得了合理报酬。③

① 参见[德]M. 雷炳德:《著作权法》,张恩民译,法律出版社2005年版,第296页。
② 参见王清:《著作权限制制度比较研究》,人民出版社2007年版,第23页。
③ 参见李明德等:《欧盟知识产权法》,法律出版社2010年版,第295页。

第二类是有关复制权、向公众传播权(包括向公众提供权)共同适用的例外与限制。根据“指令”第5条第3款的规定,针对本指令第2条和第3条所规定的复制权、向公众传播权和向公众提供权,成员国可以规定以下15种权利的限制与例外:(1)为了教学演示和科学研究而使用作品或者邻接权客体,但应当指明作品来源,包括作者姓名,除非不可能指明来源。而且,相关使用应当符合非商业目的。(2)为了残疾人福利目的而使用作品或者邻接权客体。而且,相关的使用是直接针对残疾人的,具有非商业性特征,与某种特定残疾需求相对应。(3)为了进行新闻报道,对已经发表的有关时事经济、政治和宗教的文章、广播稿及其他受保护客体进行复制、向公众传播或向公众提供,除非作者明确表示保留权利,但应指明来源和作者姓名。(4)为了批评或评论引用已经合法发表的作品或其他受保护客体,应当指明来源和作者姓名。(5)为了公共安全,或者为了行政、立法和司法程序的正常进行,或者为了报道行政、立法和司法程序,使用作品或者邻接权客体。(6)为了进行报道使用政治演讲,以及使用公开讲课或者类似作品或者邻接权客体的片段,但应当指明来源和作者姓名。(7)在宗教仪式上或官方庆典活动上使用作品或者邻接权客体。(8)使用永久性地设置于公共场所的作品,例如建筑作品或雕塑作品。(9)为了推介相关展览和销售活动,在广告中使用公开展览或者销售的艺术作品,但不包括其他商业性使用。(10)在其他材料中偶然含有某一作品或者邻接权客体。(11)为了讽刺、滑稽模仿或者戏仿,使用相关作品或者邻接权客体。(12)与展示设备或者修理设备相关的使用。(13)为了重建相关建筑物,使用以建筑形式体现的艺术作品,或者建筑物草图或者图纸。(14)为了研究或个人学习,通过设在图书馆、教育机构、博物馆和档案馆的终端,向公众中的个人传播或提供其收藏的作品和其他受保护客体。(15)在其他某些不太重要的情形下使用作品或者邻接权客体,但前提条件是这些限制与例外已经存在于成员国法律之中,而且仅仅适用于模拟(非数字化)使用,也没有影响共同体之内商业和服务的自由流动,没有损害本条所规定的其他限制和例外。①

除了“暂时复制”是为适应网络环境下“复制”概念的变化而新增的限制外,其他20种均是欧盟15个成员国著作权法中现有的限制与例外规范的综合。这种包容性的综合其实是一种利益妥协的产物,各成员国自然不希望本国既有的权利限制规范被排除在指令所允许的范围之外。指令所确立的供选择的20种限制规范在一定程度上反映

① 参见李明德等:《欧盟知识产权法》,法律出版社2010年版,第296~297页。

了当时欧盟 15 个成员国著作权法中著作权限制制度的现状。①

根据 WIPO 总干事对在 2003 年 4 月前已经批准并实施 WCT、WPPT 的 39 个国家的著作权法的评论。该 39 国著作权法所规定的限制著作权行使条款涉及以下 21 种使用类型：个人或私人使用；教育使用；图书馆、档案馆使用；广播者临时录制；编辑文集和制作某些数据库；为合法行为附带使用计算机程序；政府使用；在法庭审判程序和议会立法程序中的使用；科学研究使用；与报道公共事务和时事新闻相关的使用；反编译计算机程序语言；计算机暂时复制；通过有线电视系统或宾馆闭路电视系统的二次播放；为检测设备而复制；为时间转换而复制；合理使用；公开展览；以绘画方式对建成的建筑物及其结构的复制；为宗教目的的使用；残疾人使用；录音制品的复制及其非自愿许可。②

《德国著作权法》第一部分"著作权"专设第六节"对著作权的限制"，从第 44 条 a 到第 63 条，具体而明确地规定了十几种限制和例外情形以及适用条件。③ 凡法律列举的行为才是特例，可以受到豁免，而这些规定应当做狭义解释，甚至不允许类推。《日本著作权法》第二章"作者的权利"第三节"权力的内容"专设第五小节"著作权的限制"，第 30 条到第 50 条列举了近 20 种权利限制和例外情形，并规定了详细的适用条件，以及各种适用行为应遵守的义务：表明出处，注明作者的姓名以及各种适用情形都不得损害作者的人格权。④《法国著作权法》没有单独规定"著作权的限制"，而是在作者精神权利和财产权利之后规定了"作品发表后，作者不得禁止"的 9 种行为，包括：私人复制和表演、分析及简短引用、报刊摘要、新闻报道、滑稽模仿等，并规定了这些例外必须遵守的条件，如明确指出作者姓名和出处。

作者权体系的"封闭式"权利限制制度具有以下特点，第一，权利的限制及适用条件有具体而明确的规定，每一种例外仅适用于条文所指的特定情况，但没有关于限制和例外的一般性规定。第二，法定许可和自由免费使用之间可以相互转化。《德国著作权法》中的"报酬请求权"，法国和日本的"个人复制报酬"，都是从自由使用转化而来的法定许可，也称为著作权补偿金。第三，法定许可制度为作者保留了最低限度的报酬请求权，这种制度存在的原因是这些国家有着成熟而发达的著作权集体管理组织，能够有效

① 参见王清：《著作权限制制度比较研究》，人民出版社 2007 年版，第 24 ~25 页。

② 参见王清：《著作权限制制度比较研究》，人民出版社 2007 年版，第 25 页。

③ 参见《十二国著作权法》，《十二国著作权法》翻译组译，清华大学出版社 2011 年版，第 160 ~169 页。

④ 参见《十二国著作权法》，《十二国著作权法》翻译组译，清华大学出版社 2011 年版，第 376 ~389 页。

地发放使用许可和保障作者获得报酬。

三、中国著作权权能限制制度的做法

我国著作权法采用了作者权体系的做法,不管是正当使用还是法定许可都由法律明确地加以列举,法律没有规定的使用行为概不属于权利的限制或例外。正当使用规定在《著作权法》(2020)第24条,该条列出了个人使用、介绍评论与新闻报道引用、教学科研使用、执行公务使用、图书馆等机构保存复制等12种无须征得权利人许可并免于支付报酬的具体使用情形。《著作权法实施条例》(2013)第21条对上述自由免费使用规定了一个前提条件,“不得影响该作品的正常使用,也不得不合理地损害著作权人的合法权益”[①]。中国的法定许可分别规定在《著作权法》4个条文和《信息网络传播权保护条例》(2013)两个条文中。[②]

第四节 著作权权能限制的法律变革趋势

对著作权权能进行限制,是现代各国著作权法的普遍规则,而当代法律发展的趋势是国际社会对这种权利限制进行了严格的反限制。TRIPs(1994)没有重复《伯尔尼公约》关于合理使用等制度的有关规定,只是重申和强调了专有权利限制和例外的严格条件,即三种限制或例外:(1)应限于某些特殊情况;(2)应不与作品的正常利用相冲突;(3)不应不合理地损害权利持有人的合法利益。WCT(1996)更是将限制合理使用的原则推及网络空间。上述公约规定十分严格,但也比较笼统,对于何种限制或例外为合理,何种限制或例外不被允许,各缔约国有不同解释。概言之,发达国家力主对印刷作品、电子作品以至数字作品的合理使用实行严格限制,而发展中国家则较多地考虑使公众通过网络技术获得更多信息。著作权权能限制制度的法律变革主要表现在以下几个方面。

---

① 吴高盛主编:《〈中华人民共和国著作权法〉释义及实用指南》,中国民主法制出版社2015年版,第374页。

② 参见张今:《著作权法》,北京大学出版社2018年版,第168~169页。

一、合理使用制度适用受到限制

发达国家积极采取措施以遏制合理使用规则的滥用，它们修改或限制了原有的合理使用规范，甚至取消了某些领域的合理使用。例如，1972 年颁布的《荷兰复印法》，删除了“某些为私人使用而自由复制”的条款；1985 年修订的《德国著作权法》，规定复制一本书或者一份期刊，如果几近全部复制，只要不是抄写下来的，始终须先征得权利人的同意。奥地利、法国、匈牙利、葡萄牙、俄罗斯等国也先后修改了本国的著作权法，对限制合理使用作了类似规定。

随着合理使用的立法改革，各国加强了对复制权的保护与救济，其中主要是征收复制版税与录制版税。所谓征收复制版税，是指由一定的机构向从事复印的单位和个人征收版税。在美国、荷兰、瑞典等国，有专门的机构向复印者收取使用费。所谓征收录制版税，是指由一定的机构向从事录制的单位和个人征收版税。在德国，对于私人使用或以其他自用为目的的复制，著作权人有权向上述设备和音像载体的制造商主张报酬。该规定也适用于从事商业进口或再进口设备和音像载体的经销商。尽管目前各国在规范合理使用制度上的做法上存在一定缺陷，未能充分满足著作权人的要求，但限制合理使用、建立版税征收制度已成为发达国家著作权立法的一个趋势。

二、法定许可使用范围有所扩大

在新技术革命冲击下，传统合理使用中的某些类型也转变为法定许可使用。自 20 世纪 70 年代以来，德国、英国、瑞典、荷兰、澳大利亚等国，创立了一种公共借阅权，即规定图书馆中出租有著作权的图书时，应当向作者支付借阅版税。至于个人复制与家庭录音，不少发达国家对此也采用了版税制。关于录音版税，德国、奥地利、瑞典等国的规定不仅适用于录音、录像设备，而且延及音像空白载体；征收对象除录制设备及其空白载体的制造商外，还包括进口上述录制设备及其空白载体的经销商；版税受益人则为全体权利人，包括作者及其他著作权人、表演者、音像制作者以及广播组织。关于复制版税，日本、英国、法国、德国、意大利等国都规定，出于个人使用目的的复制他人作品，应向著作权人支付法定的报酬。上述新版税的征收，已在部分复制、录制领域内，使合理使用变成一种法定许可使用。

三、法定免费使用制度予以取消

所谓法定免费使用,是指法律允许特定机构非营利性地使用他人作品,可以不经权利人许可,不向其支付报酬的一种制度。实行法定免费使用制度的主要是原东欧公有制国家。这些国家的著作权法规定,凡是以广播、电视等途径传播已经发表的作品,均无须取得权利人许可,也不必向其支付报酬。法定免费使用实际在上述国家构成合理使用的内容,但其他多数国家未作出这种规定。著作权国际公约的最新文本暗示这种使用是不合理的。由于 1971 年修订的《世界版权公约》最终杜绝了法定免费使用制度,因而其成员国自此不再可能采用这种作品使用方式,或是只能对本国国民的作品实行免费使用制。

四、强制许可使用条件受到约束

《伯尔尼公约》和《世界版权公约》严格规定了发放强制许可证的基本条件:如果某成员国依照联合国大会确认的惯例被视为发展中国家,而该国又是两公约的成员国,那么该国就有利用翻译和复制许可证制度的权利,且这些国家必须是“由于其经济情况及社会或文化需要,自认为不能在当前作出安排以确保对此公约文本规定的全部权利进行保护”的国家。根据公约有关规定,为了翻译权或复制权所有者的利益,发放许可证时,应付给上述版权所有者一笔公平合理的报酬,各成员国应制定条例,保证将报酬传递给著作权人。按照著作权国际公约,发展中国家可以以所谓优惠条款获得翻译权和复制权的强制许可证,但是,由于申请周期长且手续复杂,加之以“国际可兑换”货币的支付要求,发展中国家实际上难以享受这种“优惠”待遇。

五、权利穷竭制度面临重大变革

权利穷竭制度消除了著作权独占性对于作品自由传播所产生的负面影响,促进了贸易发展,但是,权利穷竭制度的滥用,也可能给权利人的利益带来损害。为了弥补这一缺憾,有关国家在著作权法中规定了出版权。联合国教科文组织于 1984 年公布了两条建设性原则及补充意见,供各国在修订关于录制品的专门法律时参考,其主要内容是:著作权人不仅对其原作作品享有著作权,而且对被录制的音像制品中所含有的自己的作品亦享有著作权。这表明著作权人始终有权决定是否允许他人出租这种含有自己作品的录制品,如果录制品不含有著作权的原作,那么第一录制者即对该录制品享有相邻权。这表明相邻权人有权禁止他人转录、复制以至出租其录制品。上述权利应由代表著作权人或者音像制作者的特定组织代为行使。[①] 联合国教科文组织的建议的主旨在于确认出租权,维护作品创作者与传播者之间的利益平衡,对社会采用传播技术而造成著作权人的损害进行补偿。出租权的出现,从某种程度上削弱了权利穷竭原则的效力,即对著作权限制进行了反限制。[②]

第五节 中国著作权权能限制立法及分类

一、中国著作权权能限制的立法规定

著作权人以外的任何人使用受著作权保护的作品时,按照著作权的性质,应当取得著作权人的许可,并向他们支付使用费。为了顾及公众和社会的利益,著作权法对著作权的行使规定了限制,即在某些规定的情况下使用受著作权保护的作品时,可以不需要得到著作权人的许可,也不认为是侵犯了著作权。著作权法保护著作权和相关权,除非明文限制,否则不应减损其保护范围。《著作权法》(2020)对著作权和相关权的限制可以分为两类。

一种是合理使用,即使用人的个人使用,用途是正当的、必要的,使用数量不多,对著作权人只有轻微的损害,那么使用作品时可以不需要获得著作权人的许可,也不需要向著作权人支付费用,只要使用时按照规定说明作者姓名和作者名称,即可以认为不侵犯作者的著作权。这种使用在性质上属于一般所说的合理使用,《著作权法》(2020)将其规定在第 24 条第 1 款中,共有 13 项,但在条文的措辞中没有采用"合理使用"的字眼。关于合理使用的规定除了《著作权法》(2020)第 24 条,还有《信息网络传播权保护条例》(2013)第 6 条和第 7 条,以及《计算机软件保护条例》(2013)第 16 条等。

另一种是法定许可,也称为非自愿许可,即所述的使用行为本来是应当于事前取得作者的许可,但由于种种原因取得许可实际上有困难。所以法律规定,使用人可以不经

① 参见郑成思:《信息、新型技术与知识产权》,中国人民大学出版社 1986 年版,第 97 ~98 页。

② 参见吴汉东:《知识产权法》,法律出版社 2021 年版,第 237 ~240 页。

著作权人许可而使用有关作品，即好像著作权法已经给予了许可一样，但使用人使用后应当按照规定向著作权人支付报酬，即可以认为该行为没有侵犯著作权。这种使用，即法定许可使用。关于法定许可的规定参见《著作权法》(2020)第25条、第35条第2款、第42条第2款、第46条第2款、第45条，以及《信息网络传播权保护条例》(2013)第8条和第9条。

这两类权利限制的共同点在于，作品使用人不必经过著作权人许可；二者不同之处在于，合理使用不需要向著作权人支付报酬，而法定许可需要。由于这些权利限制对著作权和相关权都适用，在此主要讨论著作权限制。为讨论和行文方便，下文中“著作权限制”和“著作权例外”意义相同；“相关权限制”和“相关权例外”亦可互换使用，法律含义相同。

依照著作权人可否通过声明排除，著作权限制又可以分为相对性权利限制和绝对性权利限制。相对性权利限制是指著作权人可以通过声明排除法律规定的著作权限制；而在绝对性权利限制下，著作权人不可以通过声明排除法律规定的限制。

中国著作权法中，合理使用主要是绝对性的，但有两项是相对性的，即《著作权法》(2020)第24条第1款第4项和第5项。如该条第4项规定：“报纸、期刊、广播电台、电视台等媒体刊登或者播放其他报纸、期刊、广播电台、电视台等媒体已经发表的关于政治、经济、宗教问题的时事性文章，但著作权人声明不许刊登、播放的除外。”第5项规定：“报纸、期刊、广播电台、电视台等媒体刊登或者播放在公众集会上发表的讲话，但作者声明不许刊登、播放的除外。”

与合理使用不同，法定许可主要是相对性的，而只有两项是绝对性的，即《著作权法》(2020)第46条第2款和第45条。如第46条第2款规定：“广播电台、电视台播放他人已发表的作品，可以不经著作权人许可，但应当按照规定支付报酬。”第45条规定：“将录音制品用于有线或者无线公开传播，或者通过传送声音的技术设备向公众公开播送的，应当向录音制作者支付报酬。”通常而言，绝对性权利限制的规范构成简单，对著作权的限制明显；而相对性权利限制的规范构成复杂，对著作权的限制相对缓和。

二、中国著作权权能限制制度的分类

关于合理使用《著作权法》(2020)第24条规定的著作权限制合理使用的13种具体方式，《信息网络传播权保护条例》(2013)第6条和第7条，以及《计算机软件保护条例》(2013)第16条。按照每种方式的要旨，中国著作权和邻接权权能限制大致可以分为五类,如表1－3－7所示。①

表1－3－7　中国著作权和邻接权权能限制分类一览

分类	具体条款	《著作权法》(2020)	《信息网络传播权保护条例》(2013)	《计算机软件保护条例》
为了避免过度妨碍他人行动自由作出的限制	个人使用	第24条第1款第1项		
	适当引用	第24条第1款第2项	第6条第1项	
	免费表演	第24条第1款第9项		
	公共场所陈列作品使用	第24条第1款第10项		
	学习研究软件思想原理			第17条
	表达方式有限的软件相似			第29条
出于人道主义和特殊民族政策作出的限制	少数民族使用	第24条第1款第11项	第6条第5项	
	阅读障碍者使用	第24条第1款第12项	第6条第6项	
	网络扶助贫困法定许可		第9条	
调整作品所有权人和著作权人利益关系作出限制	软件装载			第16条第1款
	软件备份			第16条第2款
	软件修改			第16条第3款
	发行权一次用尽规则			
出于公益目的作出的限制	新闻报道使用	第24条第1款第3项	第6条第2项	
	时事文章转载转播使用	第24条第1款第4项	第6条第7项	
	公开演说的报道	第24条第1款第5项	第6条第8项	
	课堂教学复制	第24条第1款第6项	第6条第3项	
	执行公务的利用	第24条第1款第7项	第6条第4项	
	图书馆等的复制	第24条第1款第8项	第7条	
	编写出版教科书法定许可	第25条		
	制作课件实施远程教育法定许可		第8条	
	邻接权合理使用	第24条第2款		

① 参见李扬:《著作权法基本原理》,知识产权出版社2019年版,第228~229页。

续表

分类	具体条款	《著作权法》(2020)	《信息网络传播权保护条例》(2013)	《计算机软件保护条例》
为了促进作品利用作出的限制	报刊转载摘编法定许可	第 35 条第 2 款		
	制作录音制品的法定许可	第 42 条第 2 款		
	广播机构播放作品法定许可	第 46 条第 2 款		
	播放录音制品法定许可	第 45 条		
其他	其他情形	第 24 条第 1 款第 13 项		

第二篇 | 著作权和邻接权时间限制

第一章 著作权和邻接权保护期限概述

第一节 著作权和邻接权保护期限概念与特点

一、著作权保护期限的概念与分类

在著作权领域,保护期是指作品的著作权被法律确认的期间(著作权期间)。著作权保护期限是著作权具有法律效力的法定期限。保护期届满通常意味着著作权失效,但一些著作权法通过制定特别规则,规定了精神权利永久存在,以在享用的经济权利终止后维护与作品有关的文化利益。多数国家,一般保护期长达作者终生加死后若干年——大多为50年,在其他一些国家或多于或少于50年——通常自作者死亡之年后的首个日历年的年初起计算。在大多数国家,电影作品、隐名或以化名出版的作品、出自合作作者身份的作品的保护期,均由特别规则加以确定;在很多国家,所有或某些种类的摄影作品和实用艺术作品被给予较短保护期间。在某些特殊情况下,保护期一般分别自首次出版、发表或作品完成之年起计算。大多数国家对于邻接权保护期的规定均短于著作权;它通常自进行表演或对表演进行固定之年,或自录音制品制成或出版之年,或自广播电视节目进行播放之年起计算。①

著作权人享有的权利包括人身权和财产权,著作权的保护期分为著作人身权的保护期和著作财产权的保护期。大多数国家著作权法的规定对著作人身权的保护没有时间限制,这种权利由作者终生享有,作者亡故后,由其法定继承人或著作权管理机构保

① 参见世界知识产权组织编:《著作权与邻接权法律术语汇编(中英法对照)》,刘波林译,北京大学出版社2007年版,第247页。

护其不受侵犯。著作财产权则不同，由于著作权的客体是文化艺术科学作品，它是社会文化财富的组成部分，它的使用和传播对人类社会发展具有巨大作用，为了有利于人类文化财富的积累和社会的发展，对作者享有的这种权利要作一定限制。世界各国的著作权法对著作财产权的保护都规定了一定期限，期限届满后，作者或其他著作权人就丧失了这一权利，作品就成为人类的共同财富，归全社会所享有，任何人均可自由使用。

二、规定著作权保护期限的两种相反的主张

在理论上，存在支持规定保护期限与反对规定保护期限的两种主张。支持者认为，首先，作者完成作品需要从人类已有的文化中汲取营养，将其作品在将来纳入人类的共同财产范围也是理所当然。其次，超过一定时间后，几乎无法寻找到所有的继承人，也几乎无法取得他们的授权来使用作品。最后，当权利永久化后，社会公众会支付更大代价，对发展中国家将产生特别不利影响：权利永久化只有利于继承人，不能激发创造力；它会使作品难于流通，这不符合社会公众享有文化的迫切要求。

反对者认为，剥夺对作品的长期使用权是不公正的，因为作者费尽心血完成的作品往往是其唯一财产；当权利保护期届满，无偿使用作品只有利于利用作品的企业家和商人，而不利于公众，因为使用进入公有领域的作品并不意味着图书、音乐作品的录音、演出的门票一定会降价。[①] 著作权法所调整的利益涉及作品的创作者、传播者与使用者之间的利益。三者利益必须保持平衡，才能既促进作品创作，又促进社会文化发展。对作品规定适当保护期限限制，正是利益平衡机制的要求，也是作者个人私权与社会公众基本人权之间的利益平衡。

三、著作权保护期限的特点

著作财产权具有法定保护期限，而除发表权以外的著作人身权，各国规定不一致。若受到永久保护，则不存在期限问题。著作权保护期限具有以下特点。

（一）著作权保护期限是对著作权进行限制的一种方式

著作权保护期限是指在著作权有效保护期内，作品的著作权受法律保护，著作权人可以充分行使自己的权利。保护期一旦届满，著作权人将丧失作品的著作权，该作品便

① 参见［西］德利娅·利普希克：《著作权与邻接权》，联合国教科文组织译，中国对外翻译出版公司2000年版，第192页。

进入了公共领域,成为社会公共财富,任何人都可以不经许可、不付报酬地自由使用。关于著作权保护期的规定,既要有利于对著作权人利益的有效保护,又要有利于作品的传播利用和科学文化事业的发展。著作权同其他知识产权一样,不是没有时间限制的永恒权利。对著作权规定一定保护期即是限制的一种。对著作权进行限制是实现创作者和使用者利益平衡的必要途径,也是因循著作权哲学基础,激励创新并实现文化繁荣的必由之路。著作权保护期限就是对权利人专有权利在时间节点上的重要限定。只有在法定时间内,权利人才可以控制复制、传播和演绎行为,并通过授权许可的方式获得精神利益和财产利益。超过了这一期限,著作权人将丧失作品的专有控制权,任何人都可以不经许可、不付报酬地自由使用。

（二）著作权保护期限由各国立法具体规定

关于著作权的保护期限,各国一般根据其本国经济和文化发展的情况确定。目前世界上多数国家著作权法有关保护期限的规定多发源于英国和法国著作权的规定,多数国家都规定了时间限制。除了少数国家在某一个历史时期采用永久性保护原则外,如荷兰、葡萄牙、危地马拉和墨西哥都曾经在历史上规定过永久保护制度,但不久又放弃了。① 现今大多数国家在本国法中有著作权保护期限的法律规范,在具体规范模式上,有两种代表性做法,(1)“不变期限 + 续期”的模式。例如,《安妮法》(1709)规定,版权保护期限为 14 年,期限届满后可以根据情况续展 14 年。《美国版权法》(1790)效仿了该模式。(2)“作者生前 + 死后一定年限”的模式。第一个采用作者死后 50 年期限的法律是 1847 年的西班牙法律;随后是 1866 年 3 月 22 日的比利时法律和 1866 年 7 月 14 日的法国法律。② 这一模式因为照顾了作者本人及其继承人利益,因此被认为符合著作权期限设计的法理,受到许多国家立法的采用。

（三）著作权保护期限具有国际化统一化趋势

从国际著作权保护角度看,1886 年《伯尔尼公约》最初文本并未规定著作权的最短保护期限,只是要求享有权利的期限在其他国家不得超过该作品起源国给予的保护期限。在 1908 年公约修订会议上,基于国民待遇和成员国著作权法规定的著作权保护期限不一的考虑,规定著作权保护期限为作者终生加死后 50 年,但允许成员国规定的期

① 荷兰、葡萄牙、危地马拉和墨西哥都曾经有过永久保护的规定。参见[西]德利娅·利普希克:《著作权与邻接权》,中国对外翻译出版公司 2000 年版,第 191 页。

② 参见[西]德利娅·利普希克:《著作权与邻接权》,中国对外翻译出版公司 2000 年版,第 192 页。

限短于这一期限。1908 年柏林文本采用的是“作者终生加其死后 50 年”的基本保护期限,这反映了著作权保护工作最为完善的国家的演变情况;这些国家逐步延长了作品专用权期限,但是这一期限并未被作为最短期限;如果国内法规定了更短的保护期限,则应该按此期限执行。1948 年布鲁塞尔修订会议才将公约规定的著作权保护时间确定为公约的最低要求。1948 年布鲁塞尔文本采纳了作者死后 50 年这一最短保护期限的一般原则,但允许为某些特殊类型的作品规定不同期限。1971 年巴黎修订文本确认的斯德哥尔摩修订本中,保留了作者死后 50 年的最短期限。① 由于大多数国家和地区参加了该公约,特别是 TRIPs 要求成员国遵循该公约的实体条文,当代著作权保护期限具有统一化趋向。《伯尔尼公约》对于著作权保护期限的国际一体化发挥了重要作用。TRIPs 第 12 条“保护期”规定,除摄影作品或实用艺术作品外,如果某作品的保护期并非按自然人有生之年计算,则保护期不得少于经许可而出版之年年终起 50 年,如果作品自完成起 50 年内未被许可出版,则保护期应不少于作品完成之年年终起 50 年②,即除摄影作品或实用艺术作品外,只要一作品的保护期限不以自然人的生命为基础计算,则该期限自作品经授权出版的日历年年底计算起不得少于 50 年(出版起算主义;年底主义),或如果该作品在创作后 50 年内未经授权出版,则为自作品完成的日历年年底起计算的 50 年(完成起算主义;年底主义)。如此这般,著作权保护期限不少于作者生前加上死后 50 年的规定,几乎成为国际上公认的国际标准。

(四)著作权保护期限具有不断延长的趋势

从著作权发展历程来看,很多国家的著作权保护期限被多次更改,趋势是保护期越来越长。现代著作权立法规定的保护期普遍长于早期立法规定的保护期,著作权保护期具有扩张趋势。苏联 1925 年颁布的第一部《著作权法》规定著作权保护期为自作品完成之日起 25 年;1928 年《著作权法》规定为“作者有生之年加死后 15 年”;1973 年《著作权法》规定为“作者有生之年加死后 25 年”;俄罗斯联邦现行《著作权法》规定为“作者有生之年加死后 50 年”,与《伯尔尼公约》的规定一致。《普鲁士著作权法》(1837)授予作者终生加死后 30 年的保护期;1934 年,德国给予作者终生加死后 50 年的保护期;1965 年,德国将著作权保护期限延长至作者有生之年加上死后 70 年。欧盟于 1993 年通过了《协调著作权和某些邻接权保护期的指令》,将欧盟成员国的著作权保护期延长

① 参见[西]德利娅·利普希克:《著作权与邻接权》,中国对外翻译出版公司 2000 年版,第 196 ~197 页。

② 参见张丽娜主编:《WTO 与中国知识产权法律制度研究》,中国民主法制出版社 2006 年版,第 293 ~294 页。

到作者死后70年,这一期限现适用于欧盟各国。美国保护期限与欧盟保持一致。《美国版权法》(1976)规定,自然人著作权期限为作者生前加死后50年,公司或法人著作权为作品出版后75年或创作完成后的100年。美国《索尼博纳版权期限延长法案》(CTEA)规定,自然人著作权期限为作者生前加死后70年,公司或法人著作权为作品出版后95年或创作完成后的120年。以美国为代表的西方国家,还在利用双边贸易协定、区域性条约等国际体制,将本国的标准推行到其他国家,著作权保护期限在国际社会扩张的趋势日益明显。① 著作权保护期的延长,是各国著作权法政策变异的结果。如美国延长著作权保护期,有增加作品在欧洲市场竞争力的考虑。随着历史进步,各国立法对著作权人的保护日益加强,著作财产权的保护期限逐步延长,这反映了法律随着社会变迁对著作权人利益的充分照顾。

第二节 著作权和邻接权保护期限的决定因素

保护期长短与一国发展程度并无直接关联,中南美洲若干国家的保护期反较西欧国家长,如巴拿马、哥伦比亚等国为作者死后80年。著作权存续期间的长短取决于以下因素。②

一、取决于资本利益需要

先是出版业,后来是电影业、电视业、动画行业等文化产业资本利益的需要。如果著作权制度是保护作者的利益,那么著作权存续于作者的生命期间就可以了,但自著作权制度产生以来,著作权的保护期限越来越长,往往延续到作者死后多少年,这对作者而言毫无意义。自然人作者著作权存续期间不延长,单位作者著作权也难以延长。著作权保护期限不断延长,多为文化产业中资本力量推动的结果,以期最大限度地实现资本利益。

---

① 参见梅术文:《著作权法:原理、规范和实例》,知识产权出版社2014年版,第194~196页。

② 参见王坤、王展:《著作权法体系化研究》,中国政法大学出版社2018年版,第103~105页。

二、取决于对象创造性程度

创造性程度高的作品，受到保护的期限就越长。利用技术含量越多的作品，受保护的期限往往越短。《伯尔尼公约》第7条规定：电影类作品，自首次发表或制作完成起50年；摄影、应用美术作品，至少自创作完成起，不少于50年。《德国著作权法》(1985)规定，摄影、电影、录音、录影等自出版或播送或制作完成之日起50年，其中播送节目为25年。《英国版权法》规定，摄影以及软件自创作完成时起算，录音或电影自创作完成或首次发表起算。上述作品中技术性含量较高，个人创造性程度较低，因此保护时间上有别于绘画以及其他文艺创作。著作权保护期长，对于他人的创作不会产生任何不利的影响。因为各个作者都是独自创作的，只要自己的作品具有独创性，即使与他人在先作品类似，也能获得著作权保护。对于利用作品的一般人，如读者、观赏者等，则需要分担一些给予作者的报酬。真正能利用那样长的保护期的有价值作品，为数毕竟不多；绝大多数作品在作者生存期间就很可能已经从市场上消失了。

三、取决于著作权主体性质

同一件作品如果是单位作者创作的，由于单位在理论上可以无限期地存续，起算时间往往自首次发表或创作完成之日开始，如果是自然人创作则从其死后开始计算。这主要是由单位和自然人性质决定的。自然人作品著作权的存续期间比单位作者著作权存续时间要长。中国《著作权法》(2020)第23条规定，自然人的电影作品和以类似摄制电影的方法创作的作品、摄影作品，其著作财产权的保护期为50年，截止于作品首次发表后第50年的12月31日；但作品自创作完成后50年内未发表的，《著作权法》不再保护。自然人的其他作品，包括电影作品和以类似摄制电影的方法创作的作品中的剧本、音乐等可以单独使用的作品，其著作财产权保护期为作者终生及其死亡后50年，截止于作者死亡后第50年的12月31日；如果作者是自然人合作作品，截止于最后死亡的作者死亡后第50年的12月31日。《著作权法》(2020)第23条第2款规定，法人或者非法人组织作品的著作财产权保护期为50年，截止于作品首次发表后第50年的12月31日，但作品自创作完成后50年内未发表的，著作权法不再保护。在发表之前，单位作品的著作权仍然受到法律保护。单位作品著作权最短的保护期限为50年，最长的为99年。自然人作品著作权保护期限可达百年以上。

四、取决于社会生活变迁速度

著作权保护期是50年（作者死后50年或作品完成后50年），这跟自然人的代际年龄差距有关。随着医药卫生事业发展，平均生命延长，生命间距加宽，一般定为25年，两代正好是50年。《伯尔尼公约》第7条规定著作财产权的最低期限应为作者有生之年加死后50年。大部分西欧国家以及美国等国采用这一规定。该类期限规定的理由是考虑到作者终生和作者子女平均寿命的相加时间。《世界版权公约》将著作财产权的保护期限规定为作者终生加死后25年，一些发展中国家及少数东欧国家采用这一规定。在作者有生之年对作品给予保护，是为了维护作者的生活需要；在作者死后若干年对作品给予保护是为了使作者的继承人受益。期间规定长一些，有利于鼓励作者的创作积极性，但是选择作者死亡后50年并非偶然。为了鼓励作者的创作积极性，除了作者一生以外，应当加上足以使其继承人从作者作品获得利益的期间。所以保护应当包括作者和他的直接后裔的平均一生时间。以作者智力创作的文学和艺术财富，为了社会或丰富社会文化遗产的利益，应当不受妨碍地予以传播。所以也不能听任作者后裔利用作者作品的专有权而不加以适当的节制。《伯尔尼公约》规定50年的保护期是在作者权利和广大公众利益尤其是教育、研究和信息获得的利益之间作了公平处理。

五、取决于作者及其继承人存活期限

我国《著作权法》（2020）第23条规定，对于自然人作者而言，著作权存续期间为作者死后50年。对于普通作品的著作财产权的保护期限，多数国家的著作权法规定的期限都是作者终生加上死后50年，但也有些国家如古巴、印度尼西亚、肯尼亚规定的是死后25年，约旦、伊朗规定的是死后30年，巴西、委内瑞拉规定的是死后60年，德国、比利时规定的是死后70年。之所以规定这么长的保护期限，主要考虑到了作者及其继承人的存活期限。从最近几年的保护趋势来看，一般的保护期限都有所延长，其目的是适应人的平均寿命逐渐延长的趋势，同时也是因为保护期限延长后著作权的价值就会提高。人们通常认为，保护期限应当涵盖作者死后两代人的生命周期，如不延长保护期限周期，作者的直系亲属可能得不到作品中的经济收益。例如，《巴西著作权法》第21条规定，如果作者的父母、子女或配偶的寿命长于作者死后的保护期限，他们将终生享有权利。

六、取决于著作权保护的作品性质

对于一般作品中的自然人作品和法人作品，其著作权保护期限有不同的规定。对于特殊作品中匿名、假名等身份不明的作品、遗作、摄影作品和实用艺术作品、视听作品、计算机软件、连续发表的作品等，各国都有不同的规定。中国《著作权法实施条例》(2013)第18条规定，“作者身份不明的作品，其著作权法第十条第一款第五项至第十七项规定的权利的保护期截止于作品首次发表后第50年的12月31日。作者身份确定后，适用著作权法第二十一条的规定”①，即著作权法对作者身份不明的作品的著作财产权的保护期限截止于作品首次发表后第50年的12月31日。

第三节 著作权和邻接权保护期起算日计算方法

一、著作权保护期限的计算方法

(一)保护期间：具体由法律(国际法或国内法)规定

(二)起算日：死亡起算主义与发表起算主义

著作权保护期从什么时候起开始计算，许多国家由著作权法确定，但也有一些国家由民法、刑法或程序法确定。著作权保护期间在立法例上有两种计算方法，一是“死亡起算主义”，即著作权的保护期间为作者终生享有著作权加死亡后若干年限。由于作者是著作权的主要享受者，因而世界上大多数国家都将一般作品的著作财产权保护期按“作者有生之年加死后若干年”的方法计算。这就是所谓“死亡起算主义”，其死亡起算日期并非作者死亡的确切日期，一般是其死亡之年年底(12月31日)或翌年年初(1月1日)。

二是“发表起算主义”，即不问作者存亡状况，著作权自作品登记或首次出版、发行、

① 吴高盛主编：《〈中华人民共和国著作权法〉释义及实用指南》，中国民主法制出版社2015年版，第374页。

公开表演计算保护期,即在作品发表之年年末或者翌年年初起的若干年限内受法律保护,与作者生存与否无关。对于以作品的首次出版、登记、发行或演出计算保护期的,其保护期一般从作品的首次出版、登记、发行或演出之年的年底(12 月31 日)或翌年年初(1 月1 日)起算。[①]

对于数人合作的作品,作者死后保护期的计算,《伯尔尼公约》及阿根廷、加拿大、丹麦、英国、德国、印度、巴拿马、肯尼亚、坦桑尼亚等大多数国家,以数人中最后死亡的作者的死亡日期来计算,但澳大利亚、尼泊尔、缅甸、塞浦路斯等少数国家,却以最先死亡的作者的死亡日期来计算。

《德国著作权法》第65 条"共同著作人,电影著作"第1 款规定:"著作权属于数名共同著作人(第8 条)的,自共同著作人中最后死亡者死亡起七十年后归于消灭。"[②]德国合作作品的著作财产权保护期为70 年;起算日采取死亡起算主义(最后死亡者)。

《加拿大版权法》第一章"作品的版权和精神权利""版权期限"部分第9 条"合作作品情形"第1 款规定:"除第6.2 条(匿名合作作品和假名合作作品)规定以外,合作作品的版权存续期限由最后死亡的作者终生、该作者死亡之日历年的剩余时间以及其后50 年组成;本法所指自作者死亡之日历年结束起算的特定年限届满之后的期间应被解释为自最后死亡的作者死亡之日历年结束起算的相同年限届满之后的期间。"[③]加拿大合作作品的著作财产权保护期为50 年;起算日采用死亡起算主义(最后死亡的作者)。

我国著作权法保护期间兼采死亡起算主义与发表起算主义两种立法例。中国著作权保护期间兼采两种计算方法:一般作品又分为自然人作品、法人作品与职务作品;前者适用"死亡起算主义",后者适用"发表起算主义";特殊作品多适用"发表起算主义"。具体而言,对权利主体是自然人(摄影作品除外)的,著作财产权和发表权保护期采用"死亡起算主义"(第23 条第1 款);对权利主体是法人的,这类作品和部分特殊作品的著作财产权和发表权采用"发表起算主义"(第23 条第2 款、第3 款)。根据《著作权法》(2020)第23 条规定,自然人作品的著作财产权的保护期起算日,原则上采死亡起算主义;法人作品的著作财产权,原则上采发表起算主义,但又规定了一项特例,对视听作品和摄影作品,无论其归属于自然人还是法人,其财产权利的保护期均采发表起算主

① 参见《知识产权法学》编写组编:《知识产权法学》,高等教育出版社2019 年版,第65 ~66 页;吴汉东:《知识产权法》,法律出版社2021 年版,第235 页。

② 《十二国著作权法》,《十二国著作权法》翻译组译,清华大学出版社2011 年版,第169 页。

③ 《加拿大版权法》,易建雄译,知识产权出版社2017 年版,第17 页。

义,即保护期截止到作品首次发表后的第 50 年的 12 月 31 日。[①]

(三)起算方式:当年主义、当日主义、年底主义和翌年主义

著作财产权的保护期间,原则上为作者死后 50 年或者作品发表后 50 年。作者的死亡、作品的发表的起算日该如何确定?无论是"死亡起算主义"还是"发表起算主义",其起算日一般并非事件发生(死亡或发表)的确切日期,而是采用"当年主义"、"年底主义"和"翌年主义"三种方式;如果从事件发生(死亡或发表)的确切日期开始计算,我们称之为"当日主义"。

以"死亡起算主义"为例。从世界各国规定来看,以作者有生之年加死后若干年计算的,其死后保护期的计算,主要有以下几种计算方法,第一,当年主义。从作者死亡之年年初(1 月1 日)起算,如苏联、保加利亚、俄罗斯、菲律宾等少数国家。第二,年底主义。从作者死亡之年年底(12 月31 日)起计算,如法国、奥地利、匈牙利、新西兰、肯尼亚、秘鲁等国。第三,翌年主义。从作者死亡的翌年的 1 月 1 日起计算,如日本、意大利、中国等。第四,当日主义。从作者死亡之年的确切日期起算,如白俄罗斯。以第四种方法计算,在很多情况下难以准确地确定著作权有效期的终期,为便于计算,大多国家不采用这一计算方法。

《日本著作权法》第二章"作者的权利"第四节"保护期限"第 57 条"保护期限的计算方法"规定:"在第 51 条(保护期限的一般规定)第 2 款、第 52 条(匿名或者假名作品的保护期限)第 1 款、第 53 条(以团体名义发表的作品的保护期限)第 1 款或者第 54 条(电影作品的保护期限)第 1 款的情况下,关于作者死亡后 50 年、作品发表后 50 年、创作后 50 年、发表后 70 年或者创作后 70 年的结束期间的计算,都从作者死亡之日或者作品发表或者创作之日的第二年开始计算。"[②]起算日采用死亡起算主义或发表起算主义或创作起算主义;计算方法采用翌年主义。

《韩国著作权法》第二章"作者的权利"第四节"作者财产权"第三分节"著作财产权的期限"第 44 条"保护期的起算日"规定:"此分节所规定的著作财产权的保护期限,从作者死亡或者创作、发表作品的第二年开始计算。"[③]韩国著作财产权保护期的起算日采用死亡起算主义或创作起算主义或发表起算主义;起算方式采用翌年主义。

---

① 参见《知识产权法学》编写组编:《知识产权法学》,高等教育出版社 2019 年版,第 66 页。

② 《十二国著作权法》,《十二国著作权法》翻译组译,清华大学出版社 2011 年版,第 391 页。

③ 《十二国著作权法》,《十二国著作权法》翻译组译,清华大学出版社 2011 年版,第 520 页。

《意大利著作权法》第一编“著作权的一般规定”第三章“著作权的内容和期限”第三节“作品的经济使用权期限”第32条第3附条规定:“本节规定的各种情形的经济使用权的期限,自作者死亡或者法律规定的其他事件发生之年的次年1月1日起算。”[①]意大利的起算方法采用翌年主义。

《伯尔尼公约》采用翌年主义。《伯尔尼公约》第7条“保护期限”第5项“计算起始日期”规定,作者死后的保护期和以上第2项、第3项、第4项所规定的期限从其死亡或上述各项提及事件发生之时开始,但这种期限应从死亡或所述时间发生之后次年的1月1日开始计算。[②] 应从作者死亡日或者所述事件发生之日起算;但为简便起见,这种期限从作者死亡后或者所述事件发生后次年的1月1日起计算(翌年主义)。显然,在极特殊情况下(如作者于1月2日死亡),这一规定可能使保护期延长1年;但从实际操作方面考虑,采用统一的起算日还是比刻板地按不同特定日期计算更可取。这种计算方法在学理上被称为翌年主义。《日本著作权法》第57条也做了同样规定。

TRIPs采用年底主义,但TRIPs第12条“保护期”规定,除摄影作品和实用艺术品之外,如果一作品的保护期限不以自然人的寿命为基础计算,则该期限自作品准予出版的那一公历年年底起不得少于50年(出版起算主义;年底主义);如果作品在创作后50年内未授权出版,则自创作的那一公历年年底起不得少于50年(创作起算主义;年底主义)。显然,TRIPs采用的是年底主义。从字面看来,两个公约的计算方式不同,但仔细推敲,如果《伯尔尼公约》也采用公元纪年,两公约最多差1天。

我国著作权起算日采用翌年主义。我国著作权法对于保护期的计算方法没有明确规定,但有学者认为我国采用的是翌年主义。采用死亡起算主义计算保护期间的作品,例如,鲁迅于1936年死亡,其作品的著作财产权从1937年1月1日起计算,存续至1987年的12月31日。采用发表起算主义计算保护期的作品,例如,某法人于1983年9月创作了一作品,该作品于1984年10月发表,该作品著作财产权的保护期从1985年1月1日起计算,存续至2035年的12月31日。

二、邻接权保护期限的计算方法

邻接权保护期间采用发表起算主义。中国邻接权中版式权的保护期为10年,表演

---

① 《十二国著作权法》,《十二国著作权法》翻译组译,清华大学出版社2011年版,第288页。

② 参见张大伟主编,王智丽、杨丽娟编:《世界版权条约》,东方出版中心2019年版,第38页。

者权(财产内容)、录制者权和广播组织权的保护期为50年;截止于首次出版、表演、首次录制、首次播放后第10年或第50年的12月31日。显然,邻接权的保护期间采用的是发表起算主义。

邻接权起算日采用年底主义。《罗马公约指南》14.5规定,对于录音制品和已录制的表演,从制作录音制品的当年年底起计算;对于未录制的表演和广播电视节目,分别从表演或者播放的当年年底起计算。显然,《罗马公约》采用年底主义。《录音制品公约》4.2规定,对于录音制品的保护期从首次发行的当年年底开始计算,其不同于《罗马公约》的理由被认为是,首次发行比首次制作容易确定,但它采纳的同样是年底主义。TRIPs第14条"对表演者、录音制品制作者及广播组织的保护"第5款规定,依照本协议而使表演者及录音制品制作者享有的保护期至少应当自有关的固定或表演发生之年年终延续到第50年年终。而本条第3款所提供的保护期则应自有关广播被播出之年年终起至少20年。[①] TRIPs对表演者、唱片制作者和广播组织的保护期,从表演、录制或者广播发生的那一公历年年底开始计算,同样采纳年底主义。由于我国加入了《录音制品公约》(1971)和TRIPs,因此,对表演者权(财产内容)、录音制作者权、广播组织权的保护期采用年底主义应当没有疑义,即从表演、首次录音、首次广播发生的那一年年底开始计算;但是,这些公约都没有对版式权和录像制作者权加以规定,为图适法的一致,也应当采用年底主义,即从首次出版、首次录像发生的那一年年底开始计算。[②] 邻接权的起算点或者起算日采用的是年底主义。

第四节 著作权和邻接权保护期限的对等原则

关于著作权保护期限的对等原则,也称互惠主义。要实行著作权保护期的对等原则,首先就要进行保护期的比较。保护期比较,即对被请求保护国与作品来源国立法规定的著作权保护期间进行比较,以便在这两个国家共同适用较短期限的做法。缔约国

① 参见张丽娜主编:《WTO与中国知识产权法律制度研究》,中国民主法制出版社2006年版,第294页。
② 参见李雨峰:《中国著作权法:原理与材料》,华中科技大学出版社2014年版,第122页。

适用保护期的比较规则，符合国际著作法有关规定。①

一、国际公约关于著作权保护期对等原则的规定

《伯尔尼公约》第7条“保护期限”第8项“适用的法律；术语的对比”规定，无论如何，期限将由被要求给予保护的国家的法律加以规定；但是，除该国家的法律另有规定者外，这种期限不得超过作品起源国规定的期限，②即除非被请求保护国的立法另有规定，被请求保护国给予的保护期限不必长于作品来源国规定的期限。根据《世界版权公约》第4条第4款(a)，任何国家均无义务使本国提供保护期的期限长于作者系其国民的国家或就已出版作品而言——作品在其境内首次出版的国家就相应种类的作品规定的期限。

一个国家的著作权法，只适用于本国公民创作的作品或在其境内首次发表的外国公民的作品。要使本国国民的作品在国外得到著作权保护，必须通过签订双边协定或参加国际著作权公约才能实现。一般来说，对外国公民作品，应当给予与本国公民作品同等的保护；但是，由于各国著作权立法不同，保护期限长短不一，在相互保护时存在不确定应适用哪一国家的保护期限的问题。

《世界版权公约》第4条第4款第1项规定：“任何缔约国对某一作品给予的保护期限，均不长于有关缔约国(如果是未出版的作品，则指作家所属的缔约国；如果是已出版的作品，则指首先出版作品的缔约国)的法律对该作品所属的同类作品规定的保护期限。”如果某缔约国对某一类作品规定的保护期限比本国同类作品的保护期限短，则可按对方期限(不按本国期限)给予保护，反之亦然。对于缔约国公民之间的著作权保护，其期限应该相等。两国之间签订双边著作权协定，也可以规定一个双方同意的保护期，例如，自作品发表之日起保护25年或50年。

二、欧盟关于著作权保护期对等原则的规定

《伯尔尼公约》虽然规定了国民待遇原则，但又规定了这个原则的三个例外，即版权保护期上的例外，实用艺术作品保护上的例外，以及加入公约时是否给予追溯保护的例外。就其中的版权保护期而言，如果甲成员国提供了高于作者有生之年加死后50年的

① 参见世界知识产权组织编：《著作权与邻接权法律术语汇编(中英法对照)》，刘波林译，北京大学出版社2007年版，第46页。

② 参见张大伟主编，王智丽、杨丽娟编：《世界版权条约》，东方出版中心2019年版，第39页。

保护，乙成员国仅提供了作者有生之年加50年的保护，则甲成员国对于来源于乙成员国的作品，仅仅提供乙成员国规定的作者有生之年加50年的保护，而不提供本国法律规定的高于作者有生之年加50年的保护。在版权保护期上实行互惠原则而非国民待遇原则，是为了鼓励成员国提供更长的保护期限。因为那些来源于版权保护期较短的成员国的作品，在保护期限较长的成员国中只能获得来源国规定的保护期限，而不能获得较长的保护期限。这样，版权保护期限较短的成员国，为了让起源于本国的作品在其他成员国获得较长的保护期限，就不得不增加版权的保护期限，使之与其他国家的版权保护期限一致，甚至提供更长的保护期限。

欧共体《版权与邻接权保护期指令》规定版权的保护期限为作者的有生之年加70年，不仅高于《伯尔尼公约》规定的版权保护期限，而且高于很多国家规定的版权保护期限。同样是为了鼓励第三国规定更长的版权保护期限，该指令第7条也规定了对于第三国的互惠待遇原则。根据规定，来源于第三国的作品，其作者又不是欧共体成员国的国民，则相关保护期限为作品来源国的保护期限。这与《伯尔尼公约》在版权保护期上采取互惠原则的宗旨相同。在《伯尔尼公约》成员国中，确实又有个别国家规定了超过作者有生之年加70年的保护期限，如巴西的规定是作者有生之年加80年。如果欧共体成员国依互惠的原则提供超过作者有生之年加70年的保护，同样会造成版权保护期限上的不同，影响版权产品的自由流动。所以，该指令第7条又规定，对于来自第三国的作品，不得提供超过第1条规定的版权保护期限，如作者的有生之年加70年。①

在邻接权保护上，《版权与邻接权保护期指令》也规定了同样的互惠原则。首先，《罗马公约》仅规定了表演者权、录音制品制作者权和广播组织权，而没有规定制片者权和出版者权。与此相应，很多国家都没有对制片者权和出版者权提供保护。版权法体系的一些国家如美国，甚至没有提供对于广播组织权的保护。这样，为了鼓励第三国保护更多的邻接权，该指令第7条第2款首先规定，本指令规定的所有的邻接权保护期限，也应当适用于第三国的邻接权，但前提条件是该第三国也规定了同样的邻接权保护。如果某一第三国没有提供对于制片者权和出版者权的保护，则欧共体成员国对于这个国家的国民，也不提供制片者权和出版者权的保护。这一互惠规定是为了鼓励第三国保护广播组织权、制片者权和出版者权。

其次，根据《罗马公约》第14条的规定，表演者权、录音制品制作者权和广播组织权

① 参见李明德等:《欧盟知识产权法》，法律出版社2010年版，第258~259页。

的保护期限，至少应当达到 20 年。至少 20 年的保护期限自表演活动发生、录音制品固定和广播节目发射的当年年底起算。与此相应，很多国家对于邻接权的保护期限，也是 20 年。《版权与邻接权保护期限指令》规定表演者权、录音制品制作者权、广播组织权的保护期限为 50 年，不仅高于《罗马公约》规定的邻接权保护期限，而且高于很多国家规定的邻接权保护期限。为了鼓励其他国家规定更长的邻接权保护期限，《版权与邻接权保护期指令》第 7 条第 2 款规定，在邻接权所有人是第三国国民的情形下，成员国给予的邻接权保护期限，不得超过第三国给予其国民的邻接权保护期限。这是针对第三国规定的邻接权保护期限低于 50 年的情形，但如果第三国规定的邻接权保护期限长于 50 年，则成员国只能提供 50 年的保护期。否则，不同的邻接权保护期限，同样会影响版权产品在共同体市场上的自由流动。

在欧共体发布《版权与邻接权保护期指令》以前，个别成员国可能依据与第三国缔结的双边协议，提供了高于指令规定的版权和邻接权保护期限。对于这种情形，该指令第 7 条第 3 款做出了规定。根据规定，在有关版权和邻接权保护期限的国际协议缔结之前，相关的成员国可以继续维持这种较高的保护期限。这就意味着，相关的成员国应当积极与第三国缔结相应的协议，将邻接权的保护期限缩短为 50 年。[①]

三、中国关于著作权保护期限对等原则的规定

对于外国人作品著作权的保护期限，我国著作权法未予以明确，但在 1992 年实施，于 2020 年修订的《实施国际著作权条约的规定》中有部分规定。同时，国际条约和比较法提供了一些参考。

外国作品可以得到中国著作权法的保护。《实施国际著作权条约的规定》（2020）第 4 条规定："本规定所称外国作品，包括：（一）作者或者作者之一，其他著作权人或者著作权人之一是国际著作权条约成员国的国民或者在该条约的成员国有经常居所的居民的作品；（二）作者不是国际著作权条约成员国的国民或者在该条约的成员国有经常居所的居民，但是在该条约的成员国首次或者同时发表的作品；（三）外商投资企业按照合同约定是著作权人或者著作权人之一的，其委托他人创作的作品"其保护期限原则上适用我国著作权法的规定，但根据《伯尔尼公约》，如果该作品在其起源国受到较短期限的保护，可以其起源国的保护期为准。具体包括以下几方面内容。

---

① 参见李明德等《欧盟知识产权法》，法律出版社 2010 年版，第 259 ~260 页。

外国人，无论其所属国或者经常居住地是否参加了《伯尔尼公约》或者与中国签订了有关保护著作权的协议，如果其作品首次在中国出版或者在中国与非《伯尔尼公约》的成员国同时出版，这时，中国是来源国，作者的国籍或者惯常居所不起任何作用。该作品的保护期适用中国著作权法的规定。

外国人，无论其所属国或者经常居住地是否参加了《伯尔尼公约》或者与中国签订了有关保护著作权的协议，如果其作品首次在中国和《伯尔尼公约》的其他成员国同时出版，这时，保护期较短的国家为来源国，保护期限适用较短的国家的著作权法。如果两个国家保护期相同，它们均可被认为是来源国，[①]但在保护期上便没有区别。

《伯尔尼公约》成员国国民的作品如果未曾出版或者首次在非成员国出版，这时，首次出版地不再起作用，该成员国就成了起源国。如果该成员国的保护期短于中国，则可以适用该成员国著作权法规定；如果该成员国的保护期长于中国，则适用中国著作权法；如果两国的著作权法保护期限相同，在适用上便没有区别。

事实上，上述有关中国著作权法规定的保护期与起源国保护期的比较没有太大意义。按照《伯尔尼公约》第7条的规定，一般作品的保护期均为作者终生或者自发表之日起50年，这是公约的最低标准，没有给成员国留下缩短的余地，而我国著作权法也是遵循最低标准。唯一有价值的是摄影作品，我国著作权法规定保护50年，而公约规定的是25年。这时，对于外国人的摄影作品来说，如果某成员国是来源国，而且其保护期短于中国，才有适用该外国法的意义。

根据《伯尔尼公约》第18条第1款的规定，在《伯尔尼公约》对我国生效之日尚未因保护期满而在其起源国进入公有领域的外国作品，按照我国法律规定的保护期保护到期满为止。

我国对本国作者的实用艺术品未加保护，但《伯尔尼公约》规定，实用艺术品是必保护对象，我国必须承担相应的国际义务。为此，《实施国际著作权条约的规定》第6条规定，“对外国实用艺术作品的保护期，为自该作品完成起二十五年”[②]，即对外国实用艺术品加以保护，其保护期为25年，自该作品完成起计算。

---

① 参见郑成思：《版权公约、版权保护与版权贸易》，中国人民大学出版社1992年版，第34页。

② 吴高盛主编：《〈中华人民共和国著作权法〉释义及实用指南》，中国民主法制出版社2015年版，第377页。

第二章　典型国家著作权保护期限延长史

除了著作人身权(作者精神权利)不受时间限制,除了英国牛津、剑桥等6所大学的某些教科书具有永久著作权外;几乎所有国家的著作权法都规定,已发表的作品,其著作权(指财产权或经济权)均受时间限制,并且规定了具体的保护期限。

第一节 英国版权保护期限延长史

对著作财产权规定一定的时间限制是历史产物。书籍出版商在封建社会时期从王室那里所获得的出版特权都有期限限制,这种制度后来直接影响到法律规定。1476年,印刷技术由柯克顿引进英国,出版者为了继续拓展业务,势必防止翻印,遂向英国皇室申请特许权,向皇室缴纳一定费用,为期7年。英国学者认为这一情形系由当时习惯法规定学徒之最长契约期间限制而来。侵犯特许权者,依专利法受罚。由于专利期间得以延展,著作权法亦得以延展。1556年,英国法院颁布印刷工会章程,赋予会员对特定著作的永久重制权,此时并无著作权存在,只有特许权。

自16世纪中叶以来,英国采用活字印刷术,英王室多次授予出版商印刷图书特许令(包括1662年颁布的《出版许可法》),出版商公会不仅作为市场主体身份出现,还代表英王室行使行政处罚权(有权审查、没收、销毁违禁图书)。出版商的权利具有永久性,可以世代相传。在出版商公会里不包含作者,出版商通常会一次性买断作者的印刷和发行权,作者只享有手稿的物权,后期图书发行利益再大也与作者无关。随着英国1688年光荣革命的成功,1689年英国议会通过了限制王权的《权利法案》,英国由君主制国家变为君主立宪制国家,国家权力由君主转移到议会。1695年,《出版许可法》失效,这标志着出版商印刷出版特许权的终结,印刷保护出现权利真空,盗版泛滥。出版商们不甘于自己的权利被剥夺,他们借口维护图书市场秩序,借口维护作者权利,向议会递交请愿书,希望议会恢复出版许可制度。与此同时,作者权利的呼声在英国也与日高涨。

1709 年《安妮法》最终被通过,成为英国历史上第一部版权法,被认为是世界上第一部近代版权法。为了鼓励创作,为补偿作者因从事智力创作所费心血的投入,《安妮法》(1709)规定作者对其所写书籍的印刷和发行享有专有权,使其能据此获得经济利益。1710 年 4 月 10 日为该法生效日。对于生效日前已出版作品,一律保护 21 年,自法律生效日计算,但不再续展。《安妮法》(1709)对 1710 年 4 月 10 日之后出版的书籍,给予作者 14 年的印制图书专有权利保护期,从首次出版之日起算;14 年保护期届满后,如果作者仍然存活于世,则延长续展保护期 14 年,前后共为 28 年。即"14 年 +14 年"。[①]到期后,该作品可以自由使用。《安妮法》采取的是"二元制保护期"结构,即"最初期限(14 年) + 续展期限(14 年)"。后来的北美联邦著作权法也采取了该模式。

《安妮法》在历史上第一次从法律上确认了作者对于自己作品印刷出版的支配权,版权不再是由王室赐予的特权。由于《安妮法》明确规定了图书出版期限,书商和印刷商因此丧失了印刷出版的垄断特权。版权保护期限届满后,作品进入公有领域,任何人都可以自由使用。《安妮法》为版权的专有领域和公有领域划清了界限,在版权立法史上具有划时代意义。此后数 10 年,试图重新掌控出版垄断的出版商开始寻求普通法上的永久性权利,因此在 18 世纪英国出现了两大著名案例即米勒与泰勒案和唐纳森与贝克特案(均围绕苏格兰诗人詹姆斯·汤姆森的诗集《四季》)。其中米勒诉泰勒案,普通法中的自然权利战胜了《安妮法》中对作品出版期限的规定,宣告了作者和书商可以享有作品垄断权。而唐纳森与贝克特案,王室法庭在第一次做出判决时,采用了米勒与泰勒案的结论,向唐纳森发布禁令;而唐纳森认为根据《安妮法》,他有权出版《四季》,于是向上议院提出诉讼。上议院最终以 22∶11 的票数支持了唐纳森,反对了永久出版权的存在。

对于《安妮法》中的"14 年 +14 年"的保护期限,作者们并不满意。由于作者在版权中的主体地位日渐巩固,他们首先要求延长保护期。1814 年的《雕刻艺术著作权法》

---

① 14 年仅仅是一个笼统的说法。严格地说,《安妮法》规定,1710 年 4 月 10 日为节点,已经印刷的图书保护期限最长不得超过 21 年;尚未印刷的图书保护期限为 14 年,自首次出版之日起计算;14 年届满之后,作者仍然健在,期限可再延长 14 年。参见金海军:《知识产权私权论》,中国人民大学出版社 2004 年版,第 214 ~225 页。附录一"英国 1710 年《安妮女王法》(译者译本以及英文文本、影印件)"。

(sculpture copyright ACT)对《安妮法》确定的保护期进行修改,它不再将两个14年分开,而是直接授予作品28年的保护期。1814年,英国议会通过了新《版权法》,将版权保护期改为作品发表后28年,或作者有生之年,以两者中较长的一个为准,即在28年届满时,如作者仍健在,该期限延长至作者死亡时为止。其中将版权保护期调整为作者有生之年是一个巨大突破,因为《安妮法》中的"14年+14年"的保护期限,将导致很多作者在生前即丧失版权。

1837年,身兼律师、议员、剧作家多重身份的托马斯·努恩·塔尔福德(Thomas Noon Talfourd)开始推动版权法修正活动,积极提出版权保护期从28年延长至60年期限的议案。该议案在议会顺利通过,但不久后国王逝世,议会解散,最终该议案不了了之。此后塔尔福德每年都坚持向议会提交关于新著作权法的议案,他认为版权保护期应当延长到60年。1839年,为支持延长保护期限,华兹华斯组织了请愿活动,在请愿书上签名的包括华兹华斯、狄更斯、布朗宁、阿诺德等知名作家。

经过长时间辩论,议会决定再次延长版权保护期。1842年英国议会终于通过了版权法的修改法案,最后通过一个折中期限:改为作者死亡后再加7年,或者为42年,以较长期限为准。它规定,将著作权保护期延长到作者死后是可以接受的,但保护时间不是塔尔福德建议的60年,而是作者死后7年,即规定保护期为作者有生之年加死后7年或作品发表后的42年,以较长者优先适用。这是英国在《伯尔尼公约》规定统一的著作权保护期以前的情况。这里采用了另外确定保护期的模式,即"作者终生+死后固定期限"。将版权保护期调整为"有生之年加死后7年"是一个巨大突破,这意味着作者的继承人在作者死后可以继续享有版权,获得收益。

1875年英国建立了皇家委员会以探讨与"本国、殖民地与国际著作权"有关问题,该委员会建议遵从德国做法,将著作权保护期确定为作者终生加死后30年。英国政府还没有来得及讨论委员会的建议,国际上就通过了保护文学艺术作品的《伯尔尼公约》,1887年英国批准了该公约。

1908年,《伯尔尼公约》通过了柏林文本,将版权最低保护期确定为"作者终生加死后50年"。英国作为缔约国必须履行条约义务。1909年,英国成立了一个新委员会,以讨论英国版权法与《伯尔尼公约》的协调问题;最终于1911年,英国通过了一般版权法。1911年《英国版权法》将版权保护期延长至"作者有生之年加死后50年",达到了公约规定的最低版权保护期限,并对照片和唱片提供了50年的保护期。1956年《英国版权法》的版权保护期限延续了1911年的规定。

1988 年英国颁布了《英国版权法》(后来经过多次修正),作品的保护期限是作者死亡当年年末起算的第 50 年年末,法案还新增了精神权利(为批准《伯尔尼公约》巴黎议定本),精神权利的保护期限均与版权存续期间相同(与《德国著作权法》相同),制止虚假冒名权(持续到作者死亡后 20 年)除外。

1993 年 10 月,欧共体理事会通过了《版权与邻接权保护期指令》①,要求成员国在 1995 年 7 月 1 日以前通过国内立法贯彻执行。指令主要规定,成员国应当对版权提供作者有生之年加 70 年的保护(对邻接权提供 50 年的保护),这对英国产生了较大影响。1996 年,英国修订了国内法,规定 1996 年 1 月 1 日之后,将文学、戏剧、音乐、艺术作品的财产权保护期延长到作者死后 70 年,对唱片的保护期仍然是 50 年。现行《英国版权法》即提供了"作者有生之年加 70 年"的保护。

英国版权法从《安妮法》到 1814 年、1842 年、1911 年、1956 年、1988 年等多部立法,英国作者版权的保护期变得越来越长,而英国国内作者需求、国际立法环境(欧盟指令、《伯尔尼公约》等)对保护期延长起到了根本促动作用。1710 年《英国版权法》规定,当时已经出版的图书,版权保护期为 21 年;以后出版的图书,版权保护期为 28 年;1842 年《英国版权法》规定,版权保护期为作者有生之年加死后 7 年,或作品出版后 42 年;1911 年《英国版权法》将版权保护期延长至"作者有生之年加死后 50 年";1996 年以后,根据欧盟关于协调版权保护期指令,英国版权保护期改为作者有生之年加死后 70 年。

第二节 美国版权保护期限延长史

受英国《安妮法》(1709)的影响,美国 1790 年颁布了第一部《美国版权法》。其中规定,作者享有作品自出版之日起 14 年的初次期限;14 年之后,如作者健在,可申请 14 年的续展期,即"14 年 + 14 年"。② 1790 年,第一部《美国版权法》也采用了"二元保护

① 一说《协调著作权和某些相关权保护期的指令》。

② 参见[西]德利娅·利普希克:《著作权与邻接权》,中国对外翻译出版公司 2000 年版,第 18 页。

期”,一为最初的14年,二为可以续展的14年。按此法律,这一可续展的保护期适用于之后创作的作品。如果作者在第一个保护期内去世,则其作品进入公共领域;如果在第一个14年经过之后,作者仍然存活于世,并且提出了申请,则给予另一个14年的保护。《美国版权法》(1790)给作品提供的保护期与《安妮法》(1709)一样,最长也是28年。

1831年对该法进行修订,初次期限延长至28年,再加14年的续展期,即“28年+14年”。1831年版权法保留了1790年“二元保护期”结构,但将第一个保护期由14年延长到28年,而第二个可以续展的保护期仍为14年。版权最长保护期延长到42年。延长该保护期的目的在于,把美国作者与其他国家作者置于同样平等地位。同时,最初期限与续展期限的二元结构,允许那些没有利润的作品进入公共领域,这样既有利于作者,也便利了公众。

1909年的《美国版权法》,初次期限28年保持不变,续展期由14年延长至28年,即“28年+28年”。一部作品最长保护期延长为56年。这一延长并没有满足作者们的要求,相反他们中有人指出,著作权保护期应当采取某些国家的做法,即应当确定为作者终生加死后50年。上述双保护期系统(一个原始保护期外加一个独立续展期)的好处在于,作者(尤其是在发表作品时知名度不高的作者)可以在续展期对已经形成市场价值的作品获得二次议价权。双保护期系统的缺点在于,原始保护期的最后一年必须申请续展,否则版权终止;很多著名作品如电影作品《风云人物》《卖花女》等就因此丧失版权。另外可能出现的一个情况是,最长56年的保护期使得同一作者的不同作品保护期限不同,有些作品在作者生前即丧失版权,更谈不上延及身后了。

随着复制技术发展,1909年版权法已经不能适应时代需要。1976年,美国国会对版权法进行了大幅度修改,废除了二元保护结构,将作品保护期界定为作者终生加死后50年。

1976年《美国版权法》(1978年1月1日实施)规定,1978年1月1日之后作品的保护期限是作者“有生之年加死后50年”。1978年1月1日之前的作品,保护期在56年基础上再延长19年共计75年,即从出版之日起保护75年,或者从创作之日起保护100年,以较短者为准。同时,对匿名作品、雇佣作品等给予75年(从出版之日起计算)或者100年(从创作之日起计算)的保护,以较短者为限。[①] 1976年《美国版权法》取消了之

① 1976年版权法将期限延长至作者终生加死后50年或75年;匿名作品或法人作品则自创作完成之日起100年。参见[美]罗伯特·P. 墨杰斯、彼特·S. 迈乃尔、马克·A. 莱姆利、托马斯·M. 乔德著:《新技术时代的知识产权法》,齐筠等译,中国政法大学出版社2003年版,第338页。

前版权法规定的独立续展期,但增加了第203条("终止作者授权的转让和许可"条款),即作者版权的转让和许可自授权之日起35年后的5年内任何时候都可终止,回归作者。此条款仅针对雇佣作品以外的作品;同时,作者不能自行放弃;事先书面通知受让人即生效。版权终止后,作者可以重新转让或授权许可,从而再次实现其经济利益。"权利终止"条款可以使被时间证明有价值作品的作者获得二次议价权,如果作品已经得到市场检验,版权终止可以使作者于再进行转让或许可时获得合理的市场价格,对作者而言是相对公平的。

1989年,美国加入《伯尔尼公约》,因此开始进行精神权利保护立法。1990年,美国通过了《视觉艺术家权利法》,来保护视觉艺术作品作者的精神权利,相关规定已纳入《美国版权法》第106条。保护作者的署名权及保护作品完整权,期限是作者终生,不可转让,但可以书面明示放弃。

1998年10月27日,美国总统签署了国会通过的《索尼博纳版权期限延长法案》。[①]按照该法,1978年1月1日之后创作的作品,其保护期将作者有生之年加死后50年再延长20年,即保护期为"作者终生加死后70年",与欧盟取得一致。匿名作品或者雇佣作品的保护期为95年(自出版之日起)或者120年(自创作之日起);对那些没有超过续展保护期的作品,从最初获得权利保护之日起给予95年的保护。

首部含有"米老鼠"角色的电影《汽船威利号》于1928年获得版权,将于2003年进入公有领域,所以迪士尼(Disney)公司的代表在国会听证时大力支持该法案,该法案因此被称为米老鼠保护法案。在CTEA通过之后,2002年,埃里克·埃尔德雷德发起了一起合宪性异议诉讼。埃尔德雷德维护着一家致力于提供公有领域文字作品的网站,CTEA的通过意味着埃尔德雷德将必须为这些进入公有领域的作品多等待20年。埃尔德雷德发起诉讼,声称CTEA违反了宪法第一修正案与宪法知识产权条款关于独创性与"在一定期限内"的要求。美国最高法院认为,宪法明确赋予国会制定版权法的权力,这其中就包括决定版权的保护期限,而且在上述修正案中保护期限无论多长在理论上都属于"有限的时间",所以该法案并没有违反宪法。

美国1790年的第一部版权法规定,版权保护期为"14年+14年",最长为28年;1831年将版权保护期修改为"28年+14年",最长42年;1909年版权法规定,版权保护

---

① 该法案规定,一般作品的保护期限为作者终生加死后70年;雇佣作品的保护期限由发表后75年或创作完成后100年(以先届满者为准),延长至发表后75年或创作完成后120年(以先届满者为准)。参见[美]威廉·M.兰德斯、[美]理查德·A.波斯纳:《知识产权法的经济结构》,金海军译,北京大学出版社2005年版,第270页。

期为“28 年 +28 年”，最长为 56 年。都是采用“二元保护期”模式。1976 年版权法将版权保护期修改为“作者有生之年加死后 50 年”；1998 年又改为“作者有生之年加死后 70 年”，与欧盟国家一致。

第三节
法国著作权保护期延长史

法国著作权法最早起源于法国大革命之后的《1791 年表演权法》和《1793 年复制权法》。在《知识产权法典》出台前，法国著作权领域主要适用的法律文件是 1957 年的《保护文学和艺术作品所有权法》，以及 1985 年的《作者、表演者、录音录像制作者及视听传播企业权法》；1992 年 7 月 1 日，《法国知识产权法典》（法律部分）颁布后，主要适用该法典中的第一部分，即“文学和艺术产权”。

《1791 年表演权法》是法国第一个著作权法。该法仅有 5 个条款，它授予作者就表演享有的专有权利，规定没有作者的书面授权，他人不能再法国表演在世作者的戏剧作品。保护期为“作者终生加死后 5 年”。1793 年 7 月，法国通过了保护复制权的《1793 年复制权法》，复制权针对各种各样著述的作者、音乐作品编曲人、画家等。其保护期限为“作者终生加死后 10 年”。《1793 年复制权法》将保护范围扩至文学、音乐和艺术作品的复制权，使作者终生拥有发行和销售上述作品的特权，该特权在其死后 7 年内转归继承人享有。

《保护文学和艺术作品所有权法》颁布于 1957 年 3 月 11 日，该法的颁布标志着法国著作权立法现代化的彻底实现。根据该法规定，作品的创作事实被规定为著作权保护的共同标准，意即所有的作品，不论其形式、体裁、价值和用途如何，均受保护。作品名称也被划定为著作权的独立客体。在著作权主体方面，著作权只属于创作作品的人，包括那些为了履行作品创作合同通过完成本职工作或执行承包合同进行创作的人。该法稍作修改后也适用于法国的海外领地和海外各省。

《作者、表演者、录音录像制作者及视听传播企业权法》颁布于 1985 年 7 月 8 日。该法将软件纳入著作权保护范畴并增加了对邻接权的保护，尤其是大量增加了包括邻接权在内的集体管理方面的内容。

《法国知识产权法典》包括法律、法规两大部分。法律部分颁布于 1992 年 7 月 1 日，是在法国当时已有的 23 个与知识产权有关的单行立法基础上整理汇编而成的；法规部分颁布于 1995 年 4 月 10 日，是在法国当时已有的知识产权行政法规的基础上整理汇编而成的。《法国知识产权法典》（法规部分）的颁布，使知识产权法完全与民法典分立，为世界知识产权的法典化奠定了基础。《法国知识产权法典》内容齐全，是法国知识产权的百科全书。该法典的制定，体现了崭新的立法模式，成为大陆法系国家乃至于世界各国知识产权法建设的典范。

《法国知识产权法典》（法律部分）中的"文学和艺术产权"，包括 3 件，名称依此仍为"著作权""著作权之邻接权""关于著作权、邻接权及数据库制作者的通则"。2009 年 10 月 28 日颁布的《文学和艺术产权》修订版共 8 编、27 章、233 条。其中，前两卷的基本框架分别来源于 1957 年、1985 年的上述法律；第三卷包括普遍适用于前两卷的一般性规定、1998 年的《数据库制作者法》、2006 年的《信息社会中的著作权与相邻权法》以及 2009 年 9 月终获通过的《促进互联网创作保护及传播法》（以下简称《HADOPI 法案》）等。

《信息社会中的著作权与相邻权法》源于 1996 年 12 月 20 日的《世界知识产权组织版权公约》，该法主要特色有：改革公务员著作权制度、追续权与设立使用作品的控制权，完善著作权的限制制度等。此次改革几乎涉及著作权所有领域，有些改革与著作权本身并无直接关系（如版本备案改革等），有些改革甚至与"信息社会"毫无关联（如公务员的著作权制度改革、追续权改革等）。这无疑是《知识产权法典》出台以来法国知识产权领域里所进行的最重大的变革。

《HADOPI 法案》借鉴棒球赛场罚则，在著作权立法中率先引入"三振出局"规定，将侵权盗版责任延伸到终端用户。根据该法案，法国设立互联网作品传播及权利保护高级公署（HADOPI），该公署权利保护委员会有权向非法下载盗版作品的互联网用户发出警告信，可通知网络服务提供商将相应用户断网两个月到一年，并可对其处以最高 30 万欧元的罚金。由于网络侵权盗版是全球治理难题，该法案在审议过程中就引发了广泛关注，出台后更是引发韩国、英国、新西兰等多个国家和地区的效仿。

综观法国著作权立法史，一方面，法国相关立法坚持民事权利本位理念，注重对著作权的严格保护、平等保护——早在 18 世纪 90 年代初期即将文学和艺术产权奉为"最神圣的所有权"；另一方面，国际化程度越来越高，随着欧洲内部市场建设的不断深化，法国著作权立法越来越渗透欧盟色彩。

《1793 年复制权法》将保护期间由死后 5 年增加到死后 10 年；在 1810 年 2 月 5 日

《1810年法令》增加到20年，1866年7月14日法中增加到死后50年，一直到1957年3月11日《保护文学和艺术作品所有权法》的颁布。在1985年7月3日《作者、表演者、录音录像制作者及视听传播企业权法》中，法国立法机构将保护期间延长到作者死后70年，但只适用于音乐作品。继1993年10月29日欧共体《协调著作权和某些相关保护期的指令》后，在1997年3月27日实施法中，法国立法机构将所有作品延长至作者死后70年。[①]

第四节 德国著作权保护期延长史

德国历史上第一部近代著作权法被认为是1794年普鲁士的著作权法。[②] 1837年6月11日关于科学艺术作品财产权保护的普鲁士法是德国第一部建立在作者基础上的现代著作权法，它保护的对象是科学和艺术作品。围绕着该法的保护期，曾发生了激烈争论，出版商们希望继续维护他们之前的印刷特权，因此呼吁尽量长地保护著作权。而立法者则以英国和法国为楷模，认为著作权的保护期应当是有限的。结果，1837年《普鲁士著作权法》确定的著作财产权保护期限为作者终生加死后30年。

1860年，《德国著作权法》（巴伐利亚公国的著作权法）规定保护期为作者有生之年加死后10年，即"作者终生加死后10年"。

1870年6月11日，北德意志联邦政府制定了《关于文学作品、插图、音乐作曲及戏剧作品著作权法》，该法在1871年新建立的德国适用。该法对作品延续了作者终生加死后30年的一般保护期间。1841年德国联邦大会对其进行了延展，适用于德国联邦的所有其他地域，主要是为了保证将歌德和席勒的作品保护到1876年。[③]

《伯尔尼公约》柏林文本和罗马文本的通过对德国著作权法起到很大促进作用。为了与《伯尔尼公约》一致，德国对原来的著作权法进行了修改。1934年12月13日《延

① 参见［英］埃斯特尔·德克雷主编：《欧盟版权法之未来》，徐红菊译，知识产权出版社2016年版，第111页。

② 参见陈杰：《论著作权的正当性》，知识产权出版社2016年版，第174页。

③ 参见［英］埃斯特尔·德克雷主编：《欧盟版权法之未来》，徐红菊译，知识产权出版社2016年版，第119页。

长著作权保护期间法》,将作品保护期延长为"作者终生加死后 50 年"。该法在 1934 年 12 月 20 日正式生效。1956 年著作权法规定为作者有生之年加死后 50 年。

1965 年德国著作权法又向前迈进了一大步。1965 年 9 月 9 日制定的《德国著作权与邻接权法》中,作品的一般保护期间最终被延展至 70 年,即"作者终生加死后 70 年"。

综上,1837 年德国著作财产权的保护期限为作者有生之年加上死后 30 年,1934 年延长为作者有生之年加上死后 50 年,1965 年又延长为作者有生之年加上死后 70 年。1990 年德国再次修订著作权法,除保持原有一般作品保护期限不变外,将科学版本及遗作版的保护期限由原来规定的 10 年延长为 25 年,从而使德国成为世界上对著作财产权保护期限最长的国家之一。

英国、美国、法国、德国著作权保护期延长对比如表 2-2-1 所示。

表 2-2-1 英国、美国、法国、德国著作权保护期延长对比

年份	英国版权法	美国版权法	法国著作权法	德国著作权法
1709	14 年 +14 年			
1790		14 年 +14 年		
1791			作者终生 + 死后 5 年	
1793			作者终生 + 死后 10 年	
1810			作者终生 + 死后 20 年	
1814	28 年 PK 作者终生			
1831		28 年 +14 年		
1837				作者终生 + 死后 30 年
1842	作者终生 PK42 年			
1844			作者终生 + 死后 30 年	
1860				作者终生 + 死后 10 年
1866			作者终生 + 死后 50 年	
1908	《伯尔尼公约》:作者终生 + 死后 50 年			
1909		28 年 +28 年		
1911	作者终生 + 死后 50 年			
1934				作者终生 + 死后 50 年
1965				作者终生 + 死后 70 年

续表

年份	英国版权法	美国版权法	法国著作权法	德国著作权法
1976		作者终生 + 死后 50 年		
1985			作者终生 + 死后 70 年(音乐作品)	
1993	欧共体《协调著作权和某些相关保护期的指令》:作者终生 + 死后 70 或 50 年			
1996	作者终生 + 死后 70 年(文学、戏剧、音乐作品)			
1997			作者终生 + 死后 70 年(所有作品)	
1998		作者终生 + 死后 70 年		

第五节 中国著作权保护期延长史

中国 1949 年以前的著作权法规定的保护期为作者有生之年加死后 30 年,或作品首次出版(或创作完成)之后 30 年。1990 年公布的《著作权法》,以 50 年取代了上述的 30 年。

中国著作权法历经清朝、北洋政府、中华民国、中华人民共和国的历史变迁,至今已有 100 多年的历史。1910 年《大清著作权律》将著作权期限限定为"作者终生加死后 30 年",自注册之日起计算。1915 年《北洋政府著作权法》及 1928 年、1944 年《著作权法》延续了这一期限的规定。至 1990 年《著作权法》,方延长至"作者终生加死后 50 年"。

清政府于 1910 年颁布《大清著作权律》,这是中国第一部关于著作权的法律(但整整落后英国《安妮法》200 年),其中第 5 条规定,"著作权归著作者终身有之;又著作者身故,得由其承继人继续至三十年"。第 11 条规定,"凡著作权均以注册日起算年限"。作者终生加死后 30 年仅仅是一般规定,合作作品、照片作品等作品的著作权期限另有规定,如第10条规定,“照片之著作权,得专有至10年”[①]。

北洋政府于1915年颁布《北洋政府著作权法》,其中第4条规定,“著作权归著作人终身有之。著作人死亡后,并得由其继承人继续享有三十年”[②]。第9条规定,“照片之著作权,得专有十年”。中华民国于1928年颁布《中华民国著作权法》,其中第4条规定,“著作权归著作人终身有之,并得于著作人亡故后,由承继人继续享有三十年,但别有规定者,不在此限”[③]。第9条规定,“照片得由著作权人享有著作权十年”。1944年修正的《中华民国著作权法》第4条内容不变,第9条增加发音片一项内容,即“照片、发音片得由著作权人享有著作权十年”[④]。发音片也就是今天的视听作品。

中华人民共和国成立后,文化部于1984年颁布了《图书、期刊版权保护试行条例》,第5条首次对著作权进行了著作人身权和著作财产权的细分,其中第1项至第4项为著作人身权:第1项为署名权,第2项为保护作品完整权,第3项为修改权,第4项为收回权。第5项至第6项为著作财产权:第5项为各种形式的使用权,第6项为获得报酬权。该条例第11条规定了著作权保护期限,作者的精神权利为作者终生享有,作者死后由其合法继承人或文化部出版事业管理局进行保护;规定作者的著作财产权为作者终生及死亡后30年;照片的权利为首次发表后30年等。

1990年,我国制定了《著作权法》,这是新中国第一部著作权法。其第10条延续了《图书、期刊版权保护试行条例》著作人身权和著作财产权的划分,著作人身权去掉收回权,增加发表权;著作财产权将使用权和获得报酬权合并为一项。第20条规定了作者的署名权、修改权、保护作品完整权的保护期不受限制。第21条规定了作品的发表权、使用权和获得报酬权的保护期为作者终生及其死亡后50年。电影、电视、录像和摄影作品的保护期为50年,截止于作品首次发表后第50年的12月31日,但作品自创作完成后50年内未发表的,不再保护。

我国1990年《著作权法》于2001年、2010年、2020年又先后进行了3次修正,2001年修正的《著作权法》,将著作财产权细化为复制权、发行权、出租权、展览权、表演权、放映权、广播权、信息网络传播权、摄制权、改编权、翻译权、汇编权、应当由著作权人享有的其他权利。将“电影、电视、录像”修改为“电影作品和以类似摄制电影的方法创作的

① 周林、李明山主编:《中国版权史研究文献》,中国方正出版社1999年版,第90页。
② 周林、李明山主编:《中国版权史研究文献》,中国方正出版社1999年版,第136页。
③ 周林、李明山主编:《中国版权史研究文献》,中国方正出版社1999年版,第225页。
④ 周林、李明山主编:《中国版权史研究文献》,中国方正出版社1999年版,第252页。

作品”。2010 年修正的《著作权法》延续了 2001 年修正的《著作权法》的上述内容。

2020 年修正的《著作权法》,将“电影作品和以类似摄制电影的方法创作的作品”修改为“视听作品”,其保护期的截止日由“作品首次发表后第 50 年的 12 月 31 日”修改为“作品创作完成后第 50 年的 12 月 31 日”。将摄影作品的保护期调整为作者终生及其死亡后 50 年。1990 年《著作权法》规定摄影作品的保护期限是首次发表后第 50 年的 12 月 31 日,但 2020 年修正的《著作权法》将摄影作品的保护期限调整为作者终生及其死亡后 50 年。这是两种完全不同的保护方法,后者的保护期限大大延长了。按照第一种方法,作品自创作完成后 50 年内未发表的以及作品自创作完成后 50 年内发表但超过 50 年的,均不能受到保护。

中国不同时期著作权保护期立法对比如表 2－2－2 所示。

表 2－2－2　中国不同时期著作权保护期立法对比

名称	著作权	著作人身权	著作财产权	摄影作品	视听作品
1910 年《大清著作权律》	作者终生及其死亡后 30 年			专有至 10 年(照片)	
1915 年《北洋政府著作权法》	同上			专有 10 年(照片)	
1928 年《中华民国著作权法》	同上			由著作权人享有著作权 10 年(照片)	
1944 年修正《中华民国著作权法》	同上			由著作权人享有著作权 10 年(照片)	由著作权人享有著作权 10 年(发音片)。作者终生及其死亡后 30 年(电影片)
1984 年《图书、期刊版权保护试行条例》		包括署名权、保护作品完整权、修改权、收回权。作者终生享有,作者死后继续进行保护	包括各种形式的使用权和获得报酬权。保护期为作者终生及死亡后 30 年	首次发表后 30 年(照片)	

续表

名称	著作权	著作人身权	著作财产权	摄影作品	视听作品
1990 年《著作权法》		包括署名权、修改权、保护作品完整权、发表权。前 3 项保护期不受限制	包括使用权和获得报酬权。上述权利和发表权的保护期为作者终生及其死亡后 50 年	保护期截止于作品首次发表后第 50 年的 12 月 31 日(摄影作品)	保护期截止于作品首次发表后第 50 年的 12 月 31 日(电影、电视、录像)
2001 年修正		同上	包括 12 项具体权利及兜底条款。上述权利和发表权的保护期同上	同上	保护期截止于作品首次发表后第 50 年的 12 月 31 日(电影作品和以类似摄制电影的方法创作的作品)
2010 年修正		同上	同上	同上	同上
2020 年修正		同上	同上	保护期为作者终生及其死亡后 50 年(摄影作品)	保护期截至作品创作完成后第 50 年的 12 月 31 日(视听作品)

中华人民共和国成立前的著作权法只是规定了笼统的著作权(作品需要注册登记),不区别人身权利和财产权利,二者保护期只能是作者终生及其死亡后 30 年。新中国成立后从 1984 年文化部《图书、期刊版权保护试行条例》开始就已经划分人身权利和财产权利,其中署名权、修改权、保护作品完整权、收回权 4 项人身权利的保护期不受限制;发表权和财产权保护期为作者终生及其死亡后 30 年。《著作权法》(1990)及其后续 3 个修正版本,人身权利增加发表权,去掉收回权,其中署名权、修改权、保护作品完整权 3 项人身权利的保护期不受限制;发表权和著作财产权的保护期为作者终生及其死亡后 50 年。《著作权法》(2020)根据权利类型、作品类型、权利人身份的不同为作品设置不同的保护期限。

摄影作品作为一种较为特殊的作品(借助于器械),历经坎坷,其保护期限由 10 年、首次发表后 30 年、首次发表后 50 年、最终提高到作者终生及其死后 50 年,保护期限大大延长,顺应了广大摄影作者的呼声和要求,体现了对摄影作者的尊重,也使得摄影作品与其他作品能够享受同等保护待遇,体现了社会公平正义。《著作权法》(2020)将视听作品的保护期由"作品首次发表后第五十年的 12 月 31 日"修改为"作品创作完成后第50年的12月31日”,大部分的视听作品的保护期将因此而缩短。由于欧盟成员国、美国、日本等国纷纷将著作财产权保护期限调整为作者终生加死亡后70年,随着我国综合国力的进一步增强,再加上与世界上主流国家接轨的要求,我国著作财产权保护期限延及作者死后70年是大势所趋。

第三章　著作人身权的保护期限

人身权也称精神权利，财产权也称经济权利。著作人身权就是作者的精神权利，著作财产权就是作者的经济权利。

第一节
《伯尔尼公约》对著作人身权保护期的规定

《伯尔尼公约》认为对作者的精神权利和经济权利可以分开处理，经济权利转让后，作者仍可主张其精神权利，并且精神权利的保护期可以比经济权利的保护期更长。在符合这个要求的情况下，允许有各种不同规定。《伯尔尼公约》要求，精神权利的保护期至少要与经济权利的保护期相等；也可以提供无限期保护，即至少在作者死后 50 年；或者在作者死后更长时间里，作者的精神权利依然存在并受到公约保护。① 由于各国立法传统不同，对著作权的认识不同，在著作人身权保护期方面的规定也各具特色。

关于著作人身权保护期限问题，《伯尔尼公约》第 6 条之二“名誉权”第 1 款“著作权；反对某些更改和其他损害行为权”规定：“不受作者经济权利的影响，甚至在上述经济权利转让之后，作者仍保有要求其作品作者身份的权利，并有权反对对其作品的任何有损其声誉的歪曲、割裂或其他更改，或其他损害行为。”②精神权利不受作者经济权利影响；甚至在经济权利转让后，精神权利也依然存在；在作者死亡后，至少在经济权利保护期内，仍应受到保护。

《伯尔尼公约》第 6 条之二“名誉权”第 2 款“在作者去世后”规定：“根据以上第 1 款给予作者的权利，在其死后应至少保留到作者经济权利期满为止，并由被要求给予保

---

① 参见王利民主编：《境外影视作品版权二元保护论》，法律出版社 2012 年版，第 99 页。

② 张大伟主编，王智丽、杨丽娟编：《世界版权条约》，东方出版中心 2019 年版，第 37～38 页。

护的国家本国法所授权的人或机构行使之。但在批准或加入本公约文本时其法律中未包括有保证在作者死后保护以上第一款承认的全部权利的各国，有权规定对这些权利中的某些权利在作者死后不予保留。”[①]《伯尔尼公约》虽然要求成员国对作者死后的著作人身权的保护至少应达到作者著作财产权期满为止，但又允许在批准或加入该公约文本时，其法律中未包括有保证在作者死后保护以上全部权利的国家规定对上述某些权利在作者死后不予保留，即关于作者死后的人身权保护期，该公约未作强行要求，而留由各成员国决定。

《伯尔尼公约》对精神权利保护期间规定了最低标准，要求成员国在作者去世后，至少在经济权利保护期间要同样保护精神权利。这就意味着精神权利的保护期间至少等同于经济权利的保护期间，并且不排除成员国根据本国立法给予更长时间的保护，如永久保护。在作者去世后，作者精神权利的维护主体根据被请求保护国的立法确定。《伯尔尼公约》第 6 条之二“名誉权”第 3 款“补求方法”规定，“为保障本条所承认的权利而采取的补救方法由被要求给予保护的国家的法律规定”[②]，即对于在精神权利保护期间，侵害精神权利的救济方法，可以由成员国法律加以确定。

WPPT 对于表演者精神权利保护期间要求至少与经济权利保护期间一致，缔约国也可以作出长于经济权利保护期间的规定。

第二节 著作人身权保护期限的类型分析

冯晓青认为，保护著作人身权的国家对著作人身权保护期的规定有三种立法例，一是实行“永久保护主义”，即著作人身权是永久性的权利。二是实行“有限保护主义”，即规定著作人身权保护期和著作财产权保护期相同，或者在著作财产权保护期届满后再延长一定的时间。三是永久保护主义和有限保护主义的混合，即规定一部分著作人

① 张大伟主编，王智丽、杨丽娟编：《世界版权条约》，东方出版中心 2019 年版，第 38 页。
② 张大伟主编，王智丽、杨丽娟编：《世界版权条约》，东方出版中心 2019 年版，第 38 页。

身权保护期采取永久保护主义,另一部分著作人身权保护期采取有限保护主义。[①]

关于著作人身权的保护期限问题,各国从不同的立法思想出发,作出了不同规定。概括起来,主要分为"永久保护主义"和"有限保护主义"两种类型。"永久保护主义"又分为两种:一种是"绝对永久保护主义",即认为著作人身权是永久性权利,无保护期限限制,如法国。另一种是"相对永久保护主义",即认为著作人身权永远受保护,但只在著作财产权有效期内由作者及继承人(或指定人)行使,著作财产权保护期满后由国家行使,如葡萄牙。"有限保护主义"也分为两种情况:一种是"终生有限保护主义",即认为著作人身权的保护期为作者有生之年,或在作者死亡之后延长一定的时间,如美国。另一种是"等同有限保护主义",即认为著作人身权与著作财产权的保护期相同,或者在著作财产权终止后再延长一定的时间,如德国、英国、加拿大等。著作人身权保护期限"两仪四象"分类法如表2-3-1所示。

表2-3-1　著作人身权保护期限"两仪四象"分类法

两仪	四象	特征描述	国家
永久保护主义	绝对永久保护主义	著作人身权是永久性权利,无保护期限制	法国
	相对永久保护主义	著作人身权永远受保护,但只在著作财产权有效期内由作者及继承人(或指定人)行使,著作财产权保护期满后由国家行使	葡萄牙
有限保护主义	终生有限保护主义	著作人身权的保护期为作者有生之年,或者在作者死亡后延长一定的时间	美国
	等同有限保护主义	著作人身权与著作财产权的保护期相同,或者在著作财产权终止后再延长一定的时间	德国、英国、加拿大

第三节
大陆法系国家关于著作人身权保护期的规定

起源于欧洲大陆的作者权法体系,以创作作品的作者为核心,进而规定了作者应当

① 参见冯晓青主编:《知识产权法》(第3版),中国政法大学出版社2015年版,第103页。

享有的精神权利和经济权利。作者权法不仅规定了作者经济权利的保护期限，而且规定了作者精神权利的保护期限。大陆法系国家认为对著作人身权的保护应当是永久的、不受限制的或者保护期间至少等同于著作财产权的保护期。大陆法系各国从其不同的立法思想出发，作出了不同规定。概括起来，主要有以下几种类型。

一、采用“等同有限保护主义”

对著作人身权与著作财产权规定的保护期相同。这类国家对作者人身权和著作财产权的保护期不加区别，如德国、卢森堡等少数大陆法系国家。在作者精神权利保护方面，德国属于“一元论”国家。按照“一元论”，作者精神权利和经济权利属于一个不可分割的统一体。作者精神权利保护期限与经济权利保护期限是一致的。例如，按照《德国著作权法》，精神权利和经济权利的保护期都是作者有生之年加死后 70 年，或者在合作作品的情况下为最后一位作者死后加 70 年。如果在作者死亡后发生了侵犯作者精神权利的事情，在其死亡后 70 年内，由其继承人进行主张和维护。在作者死亡 70 年之后，如发生侵犯作者署名权和保护作品完整权的（这时已经不存在发表权问题），则由国家文化部门干预和纠正。国家文化部门干预和纠正的，不仅涉及受著作权法保护的作品，还涉及不受著作权法保护的作品，如著作权法产生以前的作品。[①]《德国著作权法》的理论基础是“一元论”，因而著作财产权和著作人身权同时产生，同时消灭，终止于作者死后 70 年。由于著作财产权的保护期限为作者终生加死后 70 年，所以著作人身权的保护也受到时间限制。《德国著作权法》第一部分“著作权”第七节“著作权保护期”第 64 条“一般规定”规定：“著作人死亡七十年后著作权归于消灭。”[②]著作人身权的一部分与著作财产权的保护期相同，均为作者有生之年加死后 70 年，其他部分则没有时限。

二、采用“绝对永久保护主义”

认为著作人身权是永久性权利，无保护期限限制。这种观点的代表国家是法国。法国著作权理论是“二元论”，著作财产权保护期为作者死后加 70 年，著作人身权则被视为一种永久的权利，永远受到保护。《法国知识产权法典》第二编“作者权利”第一章

---

① 参见李明德、闫文军：《日本知识产权法》，法律出版社 2020 年版，第 136 页。

② 《十二国著作权法》，《十二国著作权法》翻译组译，清华大学出版社 2011 年版，第 169 页。

"精神权利"第 L. 121 - 1 条规定,"作者对自己的姓名、作者身份及作品享有受尊重的权利。该权利系于作者人身。该权利永远存在、不可剥夺且不因时效而丧失。该权利因作者死亡可转移至其继承人。第三人可依遗嘱的规定行使该权利"①。换言之,在作者精神权利保护方面,法国属于"二元论"国家。按照"二元论",精神权利与经济权利相互分离,因而精神权利的保护期限与经济权利保护期限不同。按照法国法,经济权利保护期限为作者有生之年加 70 年,或者在合作作品的情况下为最后一位作者死后加 70 年,等等。至于精神权利保护,则没有时间限制,应当一直延续下去。在作者死后,一旦发生了侵犯作者精神权利的事情,可以由作者的后代主张权利,维护其祖先利益。②

俄罗斯、意大利、埃及、土耳其、阿尔巴尼亚等大陆法系国家也都规定著作人身权的保护期是无限的。《俄罗斯联邦民法典》(著作权部分)第 1267 条"作者死后作者身份、作者署名和作品不可侵犯性的保护"第 1 款明确规定:"作者身份、作者署名和作品不可侵犯性永久受到保护。"③《意大利著作权法》第一编"著作权的一般规定"第三章"著作权的内容和期限"第二节"旨在保护作者人格的作品权利保护——作者人格权"第 23 条规定,作者死亡后,本法第 20 条规定的权利无期限地由其配偶、子女行使;没有配偶、子女的,由其父母和其他直系尊亲属和卑亲属行使;没有上述尊亲属和卑亲属的,由其兄弟姐妹或者兄弟姐妹的卑亲属行使。在涉及公共利益时,文化遗产部部长在听取主管行业协会的意见后,亦可以行使上述权利。④《埃及知识产权保护法(著作权部分)》第 143 条规定,作者及其继承人对作品享有永久性的著作人身权,该权利不发生取得时效或者转让。该等权利包括,第一,首次将作品公之于众的权利。第二,主张作者身份的权利。第三,反对任何被作者认为属于歪曲或者篡改作品之修改的权利。⑤

关于作者精神权利的保护期限,日本显然是采纳了法国"二元论"做法。《日本著作权法》第 59 条"作者人格权的人身专属性"规定:"作者人格权专属于作者,不得转让。"第 60 条"作者死亡后人格利益的保护"规定,向公众提供或者提示作品的人,即使在该作品的作者死亡后,也应该像作者在世一样,不得从事损害作者人格权的行为;但是,按照该行为的性质和程度、社会环境的变化以及其他因素,认为该行为不会违背作者的意

① 《十二国著作权法》,《十二国著作权法》翻译组译,清华大学出版社 2011 年版,第 66 ~67 页。
② 参见李明德、闫文军:《日本知识产权法》,法律出版社 2020 年版,第 136 页。
③ 《十二国著作权法》,《十二国著作权法》翻译组译,清华大学出版社 2011 年版,第 437 页。
④ 参见《十二国著作权法》,《十二国著作权法》翻译组译,清华大学出版社 2011 年版,第 285 ~286 页。
⑤ 参见《十二国著作权法》,《十二国著作权法》翻译组译,清华大学出版社 2011 年版,第 37 ~38 页。

志时，不在此限，[1]即作者的著作人格权或者精神权利，应当永久获得保护。作者死亡后，将其作品提供给公众的人负有的义务应与该作者在世时一样，不得有侵犯其人格权的行为。只是由于生活经济情况的变化，将作品提供给公众的人在不损害作者意愿的情况下不认为是侵害其人格权。

三、采用“相对永久保护主义”

著作人身权永远受保护，但只在著作财产权的有效期内由作者及继承人（或指定人）行使；在著作财产权保护期满后由国家行使。例如《葡萄牙著作权法》第 57 条规定，著作人身权只有在著作财产权有效期内才能由作者或继承人（指定人）行使；著作财产权保护期届满后由国家行使。

无论是按照“一元论”做法，还是按照“二元论”做法，在作者死后 50 年之内，还是应当由作者的继承人或者权利的受让人出面，维护作者的精神权利。

第四节 英美法系国家关于著作人身权保护期的规定

英美法系的版权法体系以作品利用为核心，侧重于对作者经济权利的保护，很少规定关于作者精神权利的保护。英美法系版权法通常很少涉及作者精神权利保护期限问题。在英美法系国家，对作者的著作人身权多在民法、反不正当竞争法、保护名誉和隐私等法律中予以确认和保护，而在著作权法中很少规定。这些国家偏重于智力作品的“个人财产性”。即使在著作权法中规定了著作人身权的国家，也认为这一权利具有保护期限，其法律通常对人身权利也规定保护期限，或规定人身权利随作者死亡而终止，或规定人身权保护期延长到作者死亡后的一段时间。

一、采用“终生有限保护主义”

规定作者的精神权利为作者有生之年，或者在作者死亡后再延长一段时间。有国

① 参见《十二国著作权法》，《十二国著作权法》翻译组译，清华大学出版社 2011 年版，第 391 页。

家规定，著作人身权随作者死亡而灭失，即认为著作人身权的保护期为作者有生之年或者在作者死亡之后再适当延长一定的时间。例如，《英国版权法》（1988）第一编“版权”第四章“精神权利”之“补充条款”第86条“权利期限”第2款规定，“第84条所赋予的权利（制止虚假署名权）持续至该人死亡后20年”[①]，即英国只有制止虚假署名权这一项精神权利“持续至该人死亡后20年”，系采用的“终生有限保护主义”，权利人“死亡后”再延续20年。

美国在1990年《视觉艺术家权利法》中将作者的身份权和保护作品完整权的保护期限定为作者有生之年，即采用了“终生有限保护主义”。《美国版权法》第一章“版权客体及范围”第106条之二“某些作者的署名权及保护作品完整权”第4款“权利的期限”第1款规定，“就《视觉艺术家权利法》第610条（a）款所规定的生效日或之后创作的视觉艺术作品而言，（a）款赋予的权利（署名权及保护作品完整权）的期限为作者终生”[②]，即美国法律对在生效日或之后创作的视觉艺术作品，其署名权及保护作品完整权的保护期限采用“终生有限保护主义”，为“作者终生”。《美国版权法》第一章“版权客体及范围”第106条之二“某些作者的署名权及保护作品完整权”第4款“权利的期限”第3款规定，“涉及由两名或两名以上的作者共同完成的合作作品时，（a）款赋予的权利的期限为最后一位活着的作者终生”[③]，即美国合作作品的署名权及保护作品完整权的保护期限采用“终生有限保护主义”，为“最后一位活着的作者终生”。

二、采用“等同有限保护主义”

对作者的精神权利和经济权利规定的保护期限相同，即规定著作人身权的保护期与著作财产权的保护期相同，或者在著作财产权终止后再延长一定时间。如《英国版权法》（1988）第一编“版权”第四章“精神权利”之“补充条款”第86条“权利期限”第1款规定，“第77条所赋予的权利（标明作者或导演身份权），第80条所赋予的权利（反对对作品贬损处理的权利）和第85条所赋予的权利（某些照片和影片的隐私权）在版权存续期间有效”[④]，即英国法律规定的表明作者或导演身份权、反对对作品贬损处理的权利、某些照片和影片的隐私权三项精神权利的保护期限与经济权利的保护期限相同，即采

① 《十二国著作权法》，《十二国著作权法》翻译组译，清华大学出版社2011年版，第616页。
② 《十二国著作权法》，《十二国著作权法》翻译组译，清华大学出版社2011年版，第730页。
③ 《十二国著作权法》，《十二国著作权法》翻译组译，清华大学出版社2011年版，第730页。
④ 《十二国著作权法》，《十二国著作权法》翻译组译，清华大学出版社2011年版，第616页。

用“等同有限保护主义”。

《美国版权法》第一章“版权客体及范围”第106条之二“某些作者的署名权及保护作品完整权”第4款“权利的期限”第2款规定，“就《视觉艺术家权利法》第610条(a)款规定的生效日之前创作的视觉艺术作品而言，(a)款所赋予的权利(署名权及保护作品完整权)应与第106条所赋予的权利(版权作品的专有权)并存，且同时终止，但在该生效日该作品的所有权已由作者转让的除外”①，即美国法律对在生效日之前创作的视觉艺术作品的署名权和保护作品完整权采用的是“等同有限保护主义”。因其署名权及保护作品完整权与版权作品的专有权“并存，且同时终止”。

《加拿大版权法》第一章“作品的版权和精神权利”“精神权利”部分第14条“期限”第1款规定：“作品精神权利的存续期限与作品版权的期限相同。”②加拿大明确规定了作品精神权利的保护期限和作品版权的保护期限相同，即采用“等同有限保护主义”。关于版权期限的一般原则和具体条款对于精神权利和经济权利的规定都是同一个期限，作者的精神权利期限就为作者的有生之年加死后50年。③

尽管各国在著作权能否永久得到保护的问题上存在较大分歧，但是已有相当多的国家在其法律中规定著作人身权可在作者死后仍得到保护。这一规定与传统民事理论存在较大差异。在传统民事理论中，人身权只与人本身相连，该权利在人死后很难有所依附。而在著作权制度中，著作人身权与作者及作品存在一定联系，即使作者去世，作品仍然存在，人们对作品所作的改动会对死者的名誉产生一定影响。郑成思在论述著作人身权时指出：承认精神权利，目的是保护作者在作品中表达的其个人思想。从这个意义上看，作品就被人格化了，它成为人们所看得见(或听得见)的、作者的心灵或作者的精神。④ 那么在作者去世后，作者在作品中反映的思想仍然存在，而对这种思想的保护，对于社会仍然具有一定意义。如果听凭著作人身权与作者同存亡，则会对继承人及近亲属造成精神痛苦，同时会使人认为可在作者死后对作品予以篡改。刘得宽也认为：“著作人格权随着著作人的死亡而消灭时，会影响著作物之完全无伤性的维持，故非妥当。”⑤为了维护社会公共利益及作者的声誉，坚持著作人身权在作者死后可受到一定程

---

① 《十二国著作权法》，《十二国著作权法》翻译组译，清华大学出版社2011年版，第730页。

② 《加拿大版权法》，易建雄译，知识产权出版社2017年版，第20页。

③ 参见杨士虎编译：《加拿大版权法概要》，甘肃人民出版社2012年版，第131页。

④ 郑成思：《版权法》，中国人民大学出版社1990年版，第141页。

⑤ 刘得宽：《民法诸问题与新展望》，台北，三民书局1980年版，第301页。

度保护具有其积极意义。对作者人身权的保护期确实不好加以限制，因为有少数作品具有不可磨灭的永久价值，即使规定一个很长保护期限，也不一定合适。

第五节 中国关于著作人身权保护期的法律规定

中国承认作者精神权利和财产权利的划分。我国采取的是法国"二元论"体系，在对作者权利的保护上，对著作人身权的保护没有期限限制。《著作权法》(2020)第22条规定："作者的署名权、修改权、保护作品完整权的保护期不受限制。"出于发表权在促进文化、艺术和科技交流等方面的特殊意义，《著作权法》(2020)第23条特别规定，自然人的作品，其发表权保护期为作者终生及其死亡后50年，截止于作者死亡后第50年的12月31日。可以看出发表权在著作权保护中的特殊性。

中国实行的是永久保护主义与有限保护主义的混合模式。《著作权法》(2020)第22条规定，作者的署名权、修改权、保护作品完整权的保护期不受限制，这是绝对永久保护主义；该法第23条规定，发表权的著作权保护期与著作财产权相同，这是等同有限保护主义。中国《著作权法》四个版本关于著作人身权保护期立法对比如表2-3-2所示。

表2-3-2 《著作权法》四个版本关于著作人身权保护期立法对比

	《著作权法》(1990)	《著作权法》(2001)	《著作权法》(2010)	《著作权法》(2020)
署名权等	第20条：作者的署名权、修改权、保护作品完整权的保护期不受限制。 (永久保护主义)	第20条：作者的署名权、修改权、保护作品完整权的保护期不受限制。 (永久保护主义)	第20条：作者的署名权、修改权、保护作品完整权的保护期不受限制。 (永久保护主义)	第22条：作者的署名权、修改权、保护作品完整权的保护期不受限制。 (永久保护主义)

续表

	《著作权法》(1990)	《著作权法》(2001)	《著作权法》(2010)	《著作权法》(2020)
发表权	第 21 条第 1 款:公民的作品,其发表权、使用权和获得报酬权的保护期为作者终生及其死亡后五十年,截止于作者死亡后第五十年的 12 月 31 日;如果是合作作品,截止于最后死亡的作者死亡后的第五十年的 12 月 31 日。 (等同有限保护主义、死亡起算主义)	第 21 条第 1 款:公民的作品,其发表权、**本法第十条第一款第五项至第十七项规定的权利**的保护期为作者终生及其死亡后五十年,截止于作者死亡后第五十年的 12 月 31 日;如果是合作作品,截止于最后死亡的作者死亡后第五十年的 12 月 31 日。 (等同有限保护主义、死亡起算主义)	第 21 条第 1 款:公民的作品,其发表权、本法第十条第一款第五项至第十七项规定的权利的保护期为作者终生及其死亡后五十年,截止于作者死亡后第五十年的 12 月 31 日;如果是合作作品,截止于最后死亡的作者死亡后第五十年的 12 月 31 日。 (等同有限保护主义、死亡起算主义)	第 23 条第 1 款:**自然人**的作品,其发表权、本法第十条第一款第五项至第十七项规定的权利的保护期为作者终生及其死亡后五十年,截止于作者死亡后第五十年的 12 月 31 日;如果是合作作品,截止于最后死亡的作者死亡后第五十年的 12 月 31 日。 (等同有限保护主义、死亡起算主义)

一、署名权、修改权、保护作品完整权的保护期限

我国《著作权法》四个版本对著作人身权保护期的规定和《德国著作权法》第 34 条的规定相类似。《著作权法》(2020)第 22 条对著作人身权的保护期作了规定,即作者的署名权、修改权、保护作品完整权与作者的人身联系最为紧密,即使在作者死亡后,他人也不得侵犯。《著作权法》(2020)第 22 条规定:"作者的署名权、修改权、保护作品完整权的保护期不受限制。"作者生存期间,署名权、修改权、保护作品完整权由其自行保护。作者人身权中的署名权、修改权和保护作品完整权的保护期不受限制,法律对这三项权利的保护是永久的。① 即使在作品财产权保护期届满后,他人亦不得随意更改作品署名和作者姓名、擅自修改作品或歪曲篡改作品、破坏作品完整性等。只要作品的价值仍保留在社会上人们的记忆中,上述三种作者的人身权利就仍需要保护,不受限制。除发表权外,对作者人身权的保护没有时间限制。

这并不是说,作者死亡或消灭之后还享有这三项精神权利。民事主体能够享有民事权利的前提是民事权利能力,而民事权利能力因其死亡而消灭。法律如此规定的目的在于保护作者在死亡或消灭后的人格利益,这是基于国家公益目的的考虑,而非作者固有的著作权中的精神权利仍然存在。法律上既然存在著作人身权在作者死后仍可以

① 参见杭州铁路运输法院民事判决书,(2017)浙 8601 民初 1749 号。

受到保护的规定,那么该权利如何行使?从实践来看,该权利通常由作者的继承人、受遗赠人或国家来进行保护。关于作者精神权利的继承问题,《著作权法实施条例》(2013)第15条规定,“作者死亡后,其著作权中的署名权、修改权和保护作品完整权由作者的继承人或者受遗赠人保护。著作权无人继承又无人受遗赠的,其署名权、修改权和保护作品完整权由著作权行政管理部门保护”①。这实际上是肯定了著作人身权可在死后得到法律保护,但继承人、受遗赠人和著作权行政管理部门只能消极行使上述权利,即只能制止他人的不法行为,而不能积极行使这些权利。

《著作权法》(2020)第21条第2款规定:“著作权属于法人或者非法人组织的,法人或者非法人组织变更、终止后,其本法第十条第一款第五项至第十七项规定的权利在本法规定的保护期内,由承受其权利义务的法人或者非法人组织享有;没有承受其权利义务的法人或者非法人组织的,由国家享有。”法人或者非法人组织的署名权、修改权和保护作品完整权也没有时间限制,当法人或者非法人组织变更、终止时,这三项精神权利由承受其权利义务的法人或者非法人组织保护,没有承受其权利义务的法人或者非法人组织的,由国家进行保护。作为作者的法人或者非法人组织,在其变更或终止后,也可依《著作权法》(2020)的规定,由承受其权利义务的法人或非法人组织负责保护这几项权利。

二、发表权的保护期限

发表权与财产权紧密相连,我国著作权法把发表权的保护期与著作财产权的保护期作了同样规定。至于发表权,因与作品财产权的行使关系密切,《著作权法》(2020)第23条规定发表权的保护期与著作财产权的保护期相同,是作者终生加死亡后50年,截止于作者死亡后第50年的12月31日。因发表权是著作财产权的前提,往往与复制权、录制权、展览权等相联系,作品的发表也往往会给作者或其继承人带来经济利益。促使作品及早发表,可以实现作品的传播和利用,满足社会公众的精神文化需求。故对发表权予以时间限制是必要的。如果没有发表权的期限性,很多作品尤其是未发表作品的财产权期限将成为空谈。

《著作权法》(2020)第23条第1款规定,自然人的作品,其发表权的保护期为作者终生加死后50年,截止于作者死亡后的第50年的12月31日(第23条第1款)。《著作权法实施条例》(2013)第17条专门规定了发表权的继承问题,即“作者生前未发表的

① 吴高盛主编:《〈中华人民共和国著作权法〉释义及实用指南》,中国民主法制出版社2015年版,第373页。

作品,如果作者未明确表示不发表,作者死亡后50年内,其发表权可由继承人或者受遗赠人行使;没有继承人又无人受遗赠的,由作品原件的所有人行使。”①

《著作权法》(2020)第23条第2款规定,法人或非法人组织的作品、著作权(署名权除外)由法人或者非法人组织享有的职务作品,以及电影作品、以类似摄制电影的方法创作的作品和摄影作品,其发表权的保护期为50年,截止于作品首次发表后第50年的12月31日,但作品自创作完成后50年内未发表的,著作权法不再保护(第23条第2款、第3款)。法人或非法人组织发生变更、终止时,其著作人身权由承受其权利义务的法人或非法人组织进行保护;没有承受其权利义务的法人或非法人组织的,著作人身权则应由国家主管部门保护其不受侵犯。

法人或者非法人组织的作品、著作权(署名权除外)由法人或者非法人组织享有的职务作品、电影作品和以类似摄制电影的方法创作的作品以及摄影作品的发表权的保护期限采发表起算主义。这就产生了一个悖论:发表权是一次性权利,一旦行使即不复存在,何来保护50年?该悖论的产生是立法技术造成的,对该规定的理解应着重于后一部分,即上述作品在50年内未发表的,权利人丧失发表权。这些作品发表权的保护期从创作完成之日起算。②

三、我国台湾地区“著作权法”关于人身权利的规定

著作人格权是专属于创作人(作者)本身的权利,无法让与或继承;但是,这并不表示著作人格权在创作人死后就不受保护。依据我国台湾地区所谓“著作权法”第18条的规定,著作人死亡或消灭者,关于其著作人格权之保护,视同生存或存续,任何人不得侵害,但依利用行为之性质及程度、社会之变动或其他情事可认为不违反该著作人之意思者,不构成侵害。也就是说,著作人格权的保护,并没有一定期间的限制,在著作人死亡或消灭后,可以由配偶、子女、父母、孙子女、兄弟姐妹、祖父母对著作人格权侵害行为提出民事损害赔偿的请求。③

---

① 吴高盛主编:《〈中华人民共和国著作权法〉释义及实用指南》,中国民主法制出版社2015年版,第374页。

② 参见张玉敏主编:《知识产权法学》,法律出版社2002年版,第126页。转引自李雨峰、王迁、刘有东:《著作权法》,厦门出版社2006年版,第106页。

③ 参见彭辉:《知识产权制度比较研究》,法律出版社2015年版,第254~255页。

第六节 东盟各国关于著作人身权保护期的规定

对于著作人身权的保护期限,《伯尔尼公约》未作强制要求,而是留给各成员国自行决定。东盟各国版权法对著作人身权保护期的规定差异较大。东盟各国关于著作人身权保护期立法对比如表 2－3－3 所示。①

表 2－3－3 东盟各国关于著作人身权保护期立法对比

东盟各国	关于著作人身权保护期的具体规定	保护期类型	版权法条目
菲律宾	精神权利在作者终生和死后 50 年内持续有效	等同有限保护主义	《菲律宾知识产权法典》第 198 条
新加坡	作者终生加上死后 70 年	等同有限保护主义	
马来西亚	不受期限限制	绝对永久保护主义	《马来西亚版权法》第 25 条
印度尼西亚	署名权不受限制; 修改权和保护作品完整权为作者终生加死后 50 年	绝对永久保护主义 等同有限保护主义	《印度尼西亚版权法》第 24 条
泰国	与作品的财产权的保护期限一致	等同有限保护主义	《泰国版权法》第 18 条
文莱	禁止在非其创作的作品上或歪曲版本上使用其名字的权利(虚假表示)的保护期为作者终生加上死后 20 年; 署名权、保护作者完整权及对特定的照片和胶片保密的权利的保护期与作品的财产权保护期限一致	终生有限保护主义 等同有限保护主义	《文莱版权法》第 89 条
越南	署名权、保护作品完整权的保护不受期限限制; 发表权的保护期为作者终生加死后 50 年	绝对永久保护主义 等同有限保护主义	《越南知识产权法》第 27 条
柬埔寨	不受期限限制	绝对永久保护主义	《柬埔寨版权和邻接法》第 20 条

① 参见冯寿波:《中国－东盟自由贸易区版权法比较研究》,气象出版社 2014 年版,第 102 页。

第四章　一般作品著作财产权的保护期限

所谓著作权保护期限，一般多指著作财产权保护期限。各国著作权法在规定对著作权保护的同时，无不基于社会公共利益的立场，对著作财产权的保护给予了一定的期限限制。著作财产权也叫经济权利，即与经济利益有关的权利，也就是作者或者其他著作权人享有的利用作品获得经济利益的权利。著作权无论是人身权利还是财产权利都具有排他性，是具有一定垄断性质的权利，在经济活动中无论是政府还是经济活动的参与者本身都是排斥垄断的。通过对于具有垄断性质的著作权给予一定的保护期限，既可以防止垄断的膨胀，也可以鼓励创作者或者其他权利人创作和传播作品的积极性，最终促进整个社会发展。

崔国斌在《著作权法原理与案例》一书第十一章第四节"保护期限"一般规定中分别论述了著作人身权和著作财产权的保护期限。著作人身权对署名权、修改权、保护作品完整权与发表权进行了分别论述。著作财产权的保护期限则分为自然人作品及合作作品，法人作品、职务作品以及电影作品分别论述。对于邻接权则分别论述了版权设计权、表演者权、录音录像制作者权、广播组织权的保护期限。[①]

第一节
国际公约关于著作财产权保护期的一般规定

一、《伯尔尼公约》(1971)

1886 年 9 月 9 日在瑞士伯尔尼制定了《伯尔尼公约》。《伯尔尼公约》是版权领域最古老的国际公约。该公约的第一次重要修订是 1908 年在柏林进行的。此后的修订

① 参见崔国斌：《著作权法：原理与案例》，北京大学出版社 2014 年版，第 646 ~650 页。

依次是:1928 年在罗马,1948 年在布鲁塞尔,1967 年在斯德哥尔摩和 1971 年在巴黎。

1886 年《伯尔尼公约》原始文本并未规定著作财产权最短保护期限。为了避免各国在保护期限上的不一致所造成的不平等现象,1886 年文本第 2 条第 2 款末尾规定,享有权利的期限"在其他国家不得超过该作品起源国给予的保护期限"。根据对等保护原则、国民待遇原则,在保护期方面,仅在两种法律协议一致的情况下才适用。在 1908 年柏林修订会议上,因为考虑到缔约国国民在其他缔约国可以要求得到的利益是与该国国民一样的待遇,而不能要求保护的对等,如果在保护期问题上没有统一规定,可能导致保护的不平等,[①]因此需要规定一个统一的著作权保护期。由于当时有些国家(如法国)本国法已经规定保护期为作者终生加死亡后 50 年,于是决定将这个保护期定为《伯尔尼公约》的著作权保护期,但在条文措辞上仍允许缔约国可以有短于这个期限的规定。《伯尔尼公约》柏林文本反映了著作权保护工作最完善国家的立法情况。并规定著作财产权保护期限为作者终生加上死后 50 年。至 1948 年布鲁塞尔修订会议时,《伯尔尼公约》才将这个期限定为最低要求,只允许超过,不允许缩短。

《伯尔尼公约》为经济权利的保护期间确立了基本的原则性要求,在各缔约国日后立法中基本得到遵循。《伯尔尼公约》对经济权利的保护期间区分了不同类型,主要体现在《伯尔尼公约》第 7 条。根据《伯尔尼公约》第 7 条的规定,经济权利归属于自然人作者的保护期限,通常为作者的有生之年加 50 年。各公约成员国对一般作品的财产权保护期为作者有生之年及其死后 50 年;对电影作品的保护期为作品公之于众后的 50 年或者作品完成后的 50 年;对摄影作品和实用艺术作品规定的保护期应不低于作品完成后的 25 年。

《伯尔尼公约》第 7 条"保护期限"第 1 款"总论"规定,"本公约给予保护的期限为作者有生之年及其死后五十年内"[②],即对于一般作品,《伯尔尼公约》规定的保护期间是作者有生之年及其死后 50 年。版权保护期在此已被作为原则,以作者有生之年及其死后 50 年为最低标准。《伯尔尼公约》第 7 条"保护期限"第 6 款"更长期限"规定:"本同盟成员国有权给予比前述各款规定更长的保护期。"[③]该期间是缔约国作品保护的最低义务要求,缔约国可以在此基础之上增加版权保护期间,如欧盟有些国家规定作品保

① 当时英国的规定是作者终生加死亡后 7 年,而欧陆某些国家的规定是作者终生加死亡后 50 年。英国作品在欧陆某些国家可享受很长时期的保护,而欧陆某些国家的作品在英国只能享受短期的保护,这是不公平的。

② 张大伟主编,王智丽、杨丽娟编:《世界版权条约》,东方出版中心 2019 年版,第 38 页。

③ 张大伟主编,王智丽、杨丽娟编:《世界版权条约》,东方出版中心 2019 年版,第 38 页。

护期间为作者有生之年以及死后 70 年。

《伯尔尼公约》针对三种情况作了不以作者有生之年为起点的规定：电影作品，“在作者同意之下自作品公之于众后五十年期满，如自作品完成后五十年尚未公之于众，则自作品完成后五十年期满”（第 7 条第 2 款）；“不具名作品和假名作品，本公约给予的保护期自其合法公之于众之日起五十年内有效”（第 7 条第 3 款）；“摄影作品和作为艺术作品保护的实用艺术作品的保护期限由本同盟各成员国的法律规定；但这一期限不应少于自该作品完成之后算起的二十五年”（第 7 条第 4 款）。[①]

在计算方式上，一般作品的著作财产权保护期是从作者死亡之年计算的。《伯尔尼公约》第 7 条“保护期限”第 5 款“计算起始日期”规定，“作者死后的保护期和以上第二、三、四款所规定的期限从其死亡或上述各款提及事件发生之时开始，但这种期限应从死亡或所述事件发生之后次年的一月一日开始计算”[②]。一般作品的保护期是从作者死亡之年开始（死亡起算主义），即从死亡事件发生之后次年的 1 月 1 日开始计算（翌年主义）。大多数西方国家的著作权法接受了这一建议。

《伯尔尼公约》第 7 条是公约的基石之一，并在国际上为调和作者的权利继受人享有的权利和公众利益提供了一个折中方案。为方便和统一起见，第 7 条第 5 款规定各种保护期一律从作者死亡或启动保护期的事件（提供给公众或创作产生）发生的第 2 年 1 月 1 日起开始计算（起算方式采用翌年主义）。采用统一的起算日肯定要比刻板地按照不同的特定日期计算更加便捷。公约规定的保护期只是最低标准，任何成员国都可以超出这一限度。

二、《世界版权公约》（1952）

1952 年 9 月 6 日在日内瓦通过《世界版权公约》，1955 年 9 月 19 日开始生效。《世界版权公约》规定的一般作品保护期限为作者有生之年加上死后 25 年。其目的是促使保护期限短于作者死后 50 年的国家批准该公约。

《世界版权公约》（1952）保护期规定了一个强制性的最短保护期，即作者有生之年加死后 25 年，或根据具体情况，自作品首次出版之后 25 年，或从作品出版前登记之日算起 25 年。对于摄影作品和实用美术作品做了例外规定，如果这些作品在缔约国的立

---

① 参见张大伟主编，王智丽、杨丽娟编：《世界版权条约》，东方出版中心 2019 年版，第 38 页。

② 张大伟主编，王智丽、杨丽娟编：《世界版权条约》，东方出版中心 2019 年版，第 38 页。

法中受保护，其保护期限不得少于 10 年。

三、TRIPs（1994）

1993 年通过的 TRIPs 要求 WTO 成员遵守《伯尔尼公约》的实体性规定，其中包括经济权利的保护期。

TRIPs 第 12 条“保护期”规定，除摄影作品或实用艺术作品外，只要作品的保护期限不以自然人的寿命为基础计算，该期限自作品经授权发表的日历年年底计算不少于 50 年，或者如果该作品自创作后 50 年内未授权发表，为创作完成的日历年年底起算的 50 年，[①]即除摄影作品或实用艺术作品外，如果作品的保护期并非按自然人有生之年计算，则保护期不得少于经许可而出版之年年终起 50 年（出版起算主义；年底主义）。如果作品自完成起 50 年未被许可出版，则保护期应不少于作品完成之年年终起 50 年（完成起算主义；年底主义），这与国际发展趋势相吻合。

对于并不以自然人寿命为基础的情况，特别是对于英美法系国家普遍承认的法人作者。作品在创作完成后 50 年内未授权出版的，则其保护期为自作品完成[②]的日历年年底起算的 50 年。[③]

根据《伯尔尼公约》第 7 条第 2 款、第 3 款的规定，对于电影作品、不具名作品和假名作品，保护期限自作品在作者同意下公映后 50 年期满，或自其合法向公众发表之日起 50 年期满。由于不构成出版上的向公众发表，因此 TRIPs 事实上推后了不以自然人的寿命为计算基础的保护期间起算时点，构成“伯尔尼递增”因素。[④]

所以现在各国将自然人一般作品的著作权（指伯尔尼公约所称的经济权利）保护期多定为作者终生加死亡后 50 年。有些国家的保护期甚至更长，例如法国和德国规定为作者终生加死亡后 70 年。[⑤]

对《伯尔尼公约》、TRIPs 和 WCT 等主要国际版权条约关于著作权保护期限的比较[⑥]如表 2－4－1 所示。

---

① 参见孔祥俊、武建英、刘泽宇：《WTO 规则与中国知识产权法》，清华大学出版社 2006 年版，第 41 页。

② 参见世界知识产权组织国际局：《国际版权保护》（1982 年 5 月），载翟一我、陈绍宽编：《版权讲座——国际版权纵横谈》，东方出版社 1991 年版，第 273 页。

③ 参见张乃根主编：《与贸易有关的知识产权协定》，北京大学出版社 2018 年版，第 120 页。

④ 参见张乃根主编：《与贸易有关的知识产权协定》，北京大学出版社 2018 年版，第 120 页。

⑤ 参见《法国知识产权法典》第 L. 123－1 条；《德国著作权》第 64 条（1）。

⑥ 参见［德］西尔克・冯・莱温斯基：《国际版权法律与政策》，万勇译，知识产权出版社 2017 年版，第 492 页。

表 2-4-1　主要国际版权条约关于著作权保护期限比较

《伯尔尼公约》（1971 年巴黎文本）	TRIPs（1994）	WCT（1996）
（1）一般期限为作者终生及死亡后 50 年：第 7 条第 1 款 （2）电影作品、不具名作品和笔名作品、摄影作品和使用艺术作品、合作作品的特殊保护期限：第 7 条第 2～4 款，第 7 条之二 （3）精神权利：第 6 条之二第 2 款	（1）同《伯尔尼公约》：第 9 条第 1 款第 1 句（遵守条款）及其提到的相关条款，精神权利除外（第 2 句） （2）非以自然人的生命为基础计算的特殊保护期（主要是法人作品）：第 12 条	（1）同《伯尔尼公约》：第 1 条第 4 款（遵守条款）及其提到的《伯尔尼公约》相关条款 （2）摄影作品的保护期限被同化为一般保护期限：第 9 条

第二节　各国著作财产权保护期的立法例及其特点

一、欧盟关于著作财产权保护期的规定

1993 年 10 月，欧共体理事会通过了《版权与邻接权保护期指令》，要求成员国在 1995 年 7 月 1 日之前通过国内立法贯彻执行。该指令主要规定，成员国应当对版权提供作者有生之年加 70 年的保护，对邻接权提供 50 年的保护。指令对于版权保护期和邻接权保护期的计算方式，也做了统一规定。指令发布之后，欧共体理事会于 2001 年 4 月通过的《信息社会版权指令》，又对录音制品的保护期做了修改。欧共体理事会于 2006 年 12 月重新发布了《版权与邻接权保护期指令》。

在版权保护期方面，指令主要是在作者有生之年加 70 年的基础上，针对各种不同的作品规定了以 70 年为计算基点的版权保护期。例如，根据该指令第 1 条，文学艺术作品作者所享有的权利，其保护期为作者的有生之年加 70 年。又如，合作作品为作者有生之年加死后 70 年保护期，是按照最后一位作者死亡时间计算死后 70 年期间。①

特别强调两点，第一，根据该指令第 1 条，这里所说的文学艺术作品，是指《伯尔尼

① 参见李明德等：《欧盟知识产权法》，法律出版社 2010 年版，第 250 页。

公约》第2条意义上的文学艺术作品。只要是《伯尔尼公约》第2条意义上的文学艺术作品,成员国都应当提供作者有生之年加70年的保护。根据《伯尔尼公约》第2条第1款,“文学艺术作品”是指文学、科学和艺术领域内的一切作品,而不论其表达形式或方式如何。在此基础上,《伯尔尼公约》列举了一些可以受到保护的作品,诸如图书、小册子和其他文字作品;讲课、讲演、布道和其他同类性质的作品;戏剧或戏剧音乐作品、舞蹈作品、哑剧作品;配词或未配词的乐曲;电影作品及使用与拍摄电影类似方法创作的作品;使用艺术作品;文字或插图说明、地图、设计图、草图,以及立体造型作品。伯尔尼公约在列举上述作品时,使用了“诸如”字样,因而是非穷尽的。一旦出现了新的作品种类,仍然可以纳入受保护范围。

第二,作者有生之年加70年的保护期限,与作品何时发表无关。就某一个特定作者来说,如果相关作品在作者20岁左右创作完成,则有关保护期间有可能达到150年或者更长(取决于该作者在多大岁数上死亡),但如果相关作品在作者去世之前刚刚创作完成,则有关保护期间可能只有70年多一点。与“死亡起算主义”不同,采用“发表起算主义”的集体作品或者法人作品,其保护期限与作品发表时间密切相关。根据规定,这类作品的保护期限为作品公开发表后的70年,或者作品完成后的70年。①

二、各国著作财产权保护期的立法例

从保护期长短看,作者权利终生受到保护;作者死后保护期最短为25年,最长为99年,绝大多数国家则为50年,这与多数国家加入了《伯尔尼公约》、适用公约规定有关。据统计,现在世界上版权保护期限规定为作者有生之年加死后50年或50年以上的国家占85%。大多数国家的著作权法规定,著作权的保护期限为作者有生之年加死后若干年,即“死亡起算主义”;也有少数国家规定自作品出版、登记、公开表演、发行之日起若干年,即“发表起算主义”。

著作财产权保护期限一般是作者终生加死后若干年,从作者去世之年的第二年年初或去世之日算起(阿根廷,萨尔瓦多)。绝大多数国家采取了作者死后50年的一般期限,如:沙特阿拉伯、阿根廷、澳大利亚、孟加拉国、巴巴多斯、玻利维亚、保加利亚、喀麦隆、加拿大、刚果、哥斯达黎加、智利、中国、丹麦、埃及、萨尔瓦多、厄瓜多尔、美国、芬兰、

① 参见李明德等:《欧盟知识产权法》,法律出版社2010年版,第250~251页。

加蓬、希腊、危地马拉、洪都拉斯、匈牙利、印度、爱尔兰、冰岛、意大利、日本、莱索托、黎巴嫩、列支敦士登、卢森堡、马来西亚、马拉维、马里、摩洛哥、毛里求斯、摩纳哥、挪威、新西兰、巴基斯坦、巴拿马、荷兰、巴拉圭、秘鲁、菲律宾、葡萄牙、英国、塞内加尔、斯里兰卡、瑞典、捷克斯洛伐克、泰国、突尼斯、土耳其、南斯拉夫。[①] 第一个采用作者死后 50 年期限的法律是 1847 年的西班牙法律（第 2 条）；随后是 1866 年 3 月 22 日的比利时法律（第 2 条）和 1866 年 7 月 14 日的法国法律。

也有国家规定的期限少于 50 年。如：25 年：阿尔及利亚、古巴、海地、印度尼西亚、阿拉伯利比亚民众国、肯尼亚、利比里亚、马耳他、波兰；30 年：约旦、伊朗、尼加拉瓜（戏剧产权）；40 年：乌拉圭（该国的人们认为在批准伯尔尼公约后，保护期限已经增加到公约规定的 50 年）。[②]

也有国家规定的期限多于 50 年。如：60 年：巴西、西班牙、委内瑞拉；70 年：德国、奥地利、比利时、法国以及以色列；75 年：墨西哥；80 年：哥伦比亚、几内亚；99 年：科特迪瓦。[③] 事实上，不少国家或者地区的著作权法规定的保护期都超过了 50 年，如欧盟成员国[④]（如德国、法国等）的著作权法和英国、美国的版权法规定的著作权保护期为作者有生之年及其死后 70 年。

在 1966 年以前，《德国著作权法》所提供的经济权利的保护期限为作者有生之年加 50 年。自 1966 开始生效的修正案，则将经济权利的保护期限延伸为作者有生之年加 70 年。1993 年欧盟颁布的《版权与邻接权保护期指令》，以德国做法为基准，要求成员国将经济权利的保护期限统一延长为作者有生之年加 70 年。美国 1999 年通过的《版权保护期延长法》，将版权保护期延长为作者有生之年加 70 年。[⑤]

《俄罗斯联邦民法典》（著作权部分）（2006）第四部分第七编“智力活动成果和个性化表现方法的权利”第七十章“著作权”第 1281 条“作品专有权的保护期”第 1 款规定：“作品专有权的保护期为作者终生及自作者死亡之年的下一年 1 月 1 日起算的 70

① 参见［西］德利娅·利普希克：《著作权与邻接权》，中国对外翻译出版公司 2000 年版，第 192 页注释 2。
② 参见［西］德利娅·利普希克：《著作权与邻接权》，中国对外翻译出版公司 2000 年版，第 192 页注释 3。
③ 参见［西］德利娅·利普希克：《著作权与邻接权》，中国对外翻译出版公司 2000 年版，第 192 页注释 4。
④ 欧盟是一个政治和经济共同体的会员国，其总部设在比利时首都布鲁塞尔。截至 2023 年，欧盟共有 27 个成员国。分别是：法国、德国、意大利、荷兰、比利时、卢森堡、丹麦、爱尔兰、希腊、葡萄牙、西班牙、奥地利、瑞典、芬兰、马耳他、塞浦路斯、波兰、匈牙利、捷克、斯洛伐克、斯洛文尼亚、爱沙尼亚、拉脱维亚、立陶宛、罗马尼亚、保加利亚、克罗地亚。原成员国英国已经脱离欧盟。
⑤ 参见李明德、闫文军：《日本知识产权法》，法律出版社 2020 年版，第 162 页。

年。”[①]俄罗斯一般作品著作财产权保护期为70年;起算日采用死亡起算主义。

《意大利著作权法》第一编“著作权的一般规定”第三章“著作权的内容和期限”第三节“作品的经济使用权期限”第25条规定,作品的经济使用权限为作者终生及其死亡后70年,截止于第70年的年底。[②] 意大利一般作品著作财产权的保护期为70年,起算日采用死亡起算主义。

《印度著作权法》(1957)第五章“著作权期限”第22条“已发表的文学、戏剧、音乐和美术作品的著作权期限”规定:“除下文中另有规定以外,已发表的文学、戏剧、音乐和美术作品(不包括摄影作品)在作者有生之年即自作者死亡之年下一个日历年初起的六十年内享有著作权。说明——就合作作品而言,本条中提到的作者应理解为最后死亡的作者。”[③]印度一般作品著作财产权保护期为60年;起算日采用死亡起算主义;起算方式为翌年主义。

《韩国著作权法》第二章“作者的权利”第四节“作者财产权”第三分节“著作财产权的期限”第39条“保护期的原则”第1款规定:“除本分节另有规定,著作财产权期限为作者终生及死后五十年。但是,作品自作者死后四十年但没有超过五十年发表的,则保护期限为自作品发表后的十年。”第2款规定:“合作作品的著作财产权期限为最后一位作者死后的五十年。”[④]韩国一般作品著作财产权的保护期间为50年;起算日采用死亡起算主义。

《突尼斯版权示范法》(1976)规定,经济权利的保护期延伸到作者死后50年。这一规定同样适用于电影作品、无线电传播作品或视听作品,只是其期限自制作日或公开发表日起算。摄影作品或应用艺术作品,自制作日起,为10~25年。[⑤]

《埃及知识产权保护法》第三编“著作权和邻接权”第160条规定:“本法所规定的财产权保护期限,为作者终生加上作者死亡后起算的五十年。”[⑥]埃及一般作品著作财产权的保护期间为50年;起算日采用死亡起算主义。

《南非版权法》第一章“原创作品的版权”第三节“因国籍、定居地或居住地取得的版权和版权的期限”第2款a项规定:除照片之外的文学、音乐或者美术作品,版权保护

① 《十二国著作权法》,《十二国著作权法》翻译组译,清华大学出版社2011年版,第442页。
② 参见《十二国著作权法》,《十二国著作权法》翻译组译,清华大学出版社2011年版,第286页。
③ 《十二国著作权法》,《十二国著作权法》翻译组译,清华大学出版社2011年版,第232页。
④ 《十二国著作权法》,《十二国著作权法》翻译组译,清华大学出版社2011年版,第519页。
⑤ 参见世界知识产权组织编著:《知识产权纵横谈》,张寅虎等译,世界知识出版社1992年版,第267页。
⑥ 《十二国著作权法》,《十二国著作权法》翻译组译,清华大学出版社2011年版,第41页。

期为作者终生及其死亡之年末起算的50年；如果作者生前就上述作品或其改编有如下行为尚未完成，即(ⅰ)出版；(ⅱ)在公开场合表演；(ⅲ)以出售的方式向公众提供复制品；(ⅳ)广播；版权保护期在自上述行为之首次完成之年末起算的50年中继续有效。[①] 南非一般作品的版权保护期为50年；起算日采用死亡起算主义；起算方式为年底主义。南非遗作的版权保护期为50年；起算日采用出版起算主义或表演起算主义或提供起算主义或广播起算主义；起算方式采用年底主义。

三、各国著作财产权保护期的特点

各个国家根据本国经济和文化发展的状况，决定其著作权（财产权）保护的范围和期限。从著作权立法史来看，通常早期的著作权立法保护期较短，20世纪后的保护期较长；发展中国家保护期较短，发达国家保护期较长；一般的文学、艺术和科学作品保护期较长，摄影、使用美术作品、录音录像作品和电影作品的保护期较短。[②] 从著作立法的历史来看，著作权保护期限的确定，主要有如下三个特点。

（1）早期的著作权立法保护期较短；而20世纪后的著作权立法保护期较长。例如，1790年《美国版权法》规定保护期为作品出版后14年，如果14年期满，作者尚未去世，可以顺延14年；而1909年《美国版权法》规定为作品出版后28年，期满之前1年提出申请，可以顺延28年。1860年《德国著作权法》（巴伐利亚公国的著作权法）规定保护期为作者有生之年加死后10年；而1956年《德国著作权法》规定为作者有生之年加死后50年。

（2）苏联和波兰等一些东欧国家、新独立的发展中国家著作权保护期较短；而发达资本主义国家著作权保护期较长。例如，1925年《苏联著作权法》规定为作者有生之年加死后15年；1964年《苏俄民法典》规定为作者有生之年加死后25年。波兰、肯尼亚、坦桑尼亚、赞比亚、马拉维、尼日利亚、加纳、古巴等国家的著作权法规定保护期均为作者有生之年加死后25年。美国与欧盟以及少数国家采用著作人之生存期间及其死亡后70年的保护期间，但《伯尔尼公约》第7条第1项仍只要求保护至著作人的有生之年及其死亡后50年。

（3）一般的文学、科学和艺术作品保护期较长；而摄影、实用美术作品、录音录像和

① 参见《十二国著作权法》，《十二国著作权法》翻译组译，清华大学出版社2011年版，第475页。

② 参见沈仁干、钟颖科：《著作权概论》（修订本），商务印书馆2003年版，第105页。

电影作品保护期较短。例如,《罗马尼亚版权法》规定,一般的文学、科学和艺术作品,保护期为作者有生之年加死后50年;而单张的摄影作品自出版之日起保护期为5年,照片集自出版之日起保护期为10年。①

从各国对著作权保护期一般规定看:自然人的著作权保护期比其他权利人著作权的保护期要长;一般的文学艺术作品著作权保护期比视听作品、摄影作品、实用美术作品等的著作权保护期要长;对著作人身权和财产权的保护期予以分别规定,两者相互独立。②

第三节 东盟地区一般作品财产权保护期的立法例

《新加坡版权法》第28条规定,文学、戏剧、音乐作品或艺术作品而非照片中的版权期限为作品作者死亡的日历年起70年。本条第3款规定,在文学、戏剧或音乐作品的作者死亡之前,如果(1)作品尚未出版;(2)作品尚未公开表演;(3)作品尚未被广播;(4)作品尚未被包括在有限节目中;(5)作品的录音尚未被向公众提供或公开,以供销售。那么,作品中的版权应当继续存在,直到该作品首次被出版、公开表演或广播、被包括在有限节目中或作品的录音被首次向公众提供或公开以供销售的日历年到期后的70年,而不管上述情形中哪一个情形最早发生。第5款规定,在雕刻作品作者死亡之前,如果该作品尚未出版,则作品的版权应当继续存在,直到该作品首次出版的日历年后的70年。第6款规定,照片中的版权应当继续存在,直到该照片被首次发表的日历年之后的70年。《新加坡版权法》第29条规定了无名或匿名作品的版权期间:(1)根据第2款规定,如果文学、戏剧或音乐作品或艺术作品的首次发表是无名或匿名的,那么,第28条就不适用;但是,作品中存在的版权应当继续存在,直到该作品首次发表的日历年之后的70年。(2)如果在第1款规定的到期日之前的任何时间,作品作者的身份已普遍

① 参见沈仁干、钟颖科:《著作权法概论》(修订本),商务印书馆2003年版,第105页。

② 参见冯晓青主编:《知识产权法》(第3版),中国政法大学出版社2015年版,第103页。

为人所知或能够通过合理查询而确定,那么,第1款并不适用于与作品相关的情形。[①]

《马来西亚版权法》第17条规定了"文学、音乐或艺术作品版权期限":(1)除本法另有不同规定,作品版权期限应为作者一生加上其死后50年(死亡起算主义);(2)如果作品在作者死亡之前尚未出版,版权期限持续至从该作品首次发表之年的下一年起的50年期满为止(发表起算主义)。第18条规定了已发表版本的版权期间:已发表版本的版权期间为其首次发表年之次日历年开始计算的50年期间(发表起算主义;翌年主义)。

《菲律宾知识产权法典》第四编"版权法"第16章"保护期"有3个条文规定了作品保护期。第213条"保护期"(共6款)第1款规定,"根据第213条第2款(若是共有作品,则其经济权利的期限为最后作者有生之年加其去世后50年届满)、第213条第5款(若是摄影作品,从其发表之日起50年有效;若其未发表,则从创作完成之日起五十年有效)的规定,第172条(文学和艺术作品)、第173条(衍生作品)提及的版权作品的保护期限是其有生之年加上去世后50年。该规则亦适用于遗作"[②],即在作者一生及其死后50年中其作品应受到保护(死亡起算主义)。本规则也适用于作者死后出版的作品(发表起算主义)。第214条"保护期之计算"规定了保护期间计算问题:"在作者死亡后的保护期是从作者死亡之日起或是发表之日起计算,但是期限一般从作者死亡或从作品发表后的第二年的一月一日起算。"[③]前条规定的作者死亡后的保护期应从其死亡日期(死亡起算主义)或发表日期(发表起算主义)计算,但应一直将上述日期视为在相关事件之后那一年的1月的第一天(翌年主义)。

《泰国版权法》第四部分规定了版权保护期。第19条规定,根据第21条、第22条规定,本法规定的版权存在于作者一生及其死后50年(死亡起算主义)。第24条规定,第19~23条中的发表是版权保护期的开始,指的是经版权所有人的同意而发表作品(发表起算主义)。第25条规定,如果在一年中间版权保护期届满,且该到期日并非该年度最后日历日,或者并不清楚准确的到期日;那么,保护期持续到该日历年度最后一天。第26条规定,在版权保护期届满之后发表版权作品,不应使该作品版权再次产生。

《印度尼西亚版权法》第三章第29~34条规定了版权的有效性问题。第29条规定,作品版权保护期为作者终生及其死后50年(死亡起算主义);第29.2条规定了合作

---

① 参见冯寿波:《中国-东盟自由贸易区版权法比较研究》,气象出版社2014年版,第97页。

② 《菲律宾知识产权法典》,杨涛、杨斌译,知识产权出版社2014年版,第92页。

③ 《菲律宾知识产权法典》,杨涛、杨斌译,知识产权出版社2014年版,第92~93页。

作品的保护期，与《泰国版权法》第 19 条规定相同。《印度尼西亚版权法》第 33 条规定：第 24.1 条中规定的作者权利保护期应无任何时间限制；第 24.2 条和第 24.3 条中规定的作者权利保护期应为所涉作品版权等期间，除非提及并改变作者的姓名或笔名。第 34 条规定：如果不损害作者所享有的从作品产生日期起计算的版权保护期权利，对享有 50 年保护期以及作者终生和死后 50 年的作品保护期的计算应从该作品发表后的次年 1 月 1 日起计算，或从作品已为公众所知或作者死亡后的次年 1 月 1 日起算（翌年主义）。①

《越南知识产权法》第 27 条第 2 款、第 3 款规定了版权保护期，“（2）本款第 1 项没有规定的作品的保护期应为作者的一生及其死后 50 年（死亡起算主义）。（3）本款第 1 项、第 2 项中规定的保护期应在版权保护期到期的那一年的 12 月 31 日 24 点到期（年底主义）”。《柬埔寨版权和邻接权法》第 5 节规定了“经济权利的保护期间”，共有两条。第 30 条规定，经济权利的保护从作品产生的日期开始。该保护涵盖作者一生及其去世后 50 年整（死亡起算主义）。《老挝知识产权法》第 6 部分规定了版权和邻接权的保护期。第 93.1 条规定了版权的保护期：版权的保护期始于作品产生的日期，并存续于作者终生加上自作品上提及的作者死亡起算的 50 年（死亡起算主义）。第 93.3 条规定了国际版权的保护期：对于老挝为其当事国的国际条约或老挝共同参与签署的协定，版权保护期应遵照该国际条约或协定的规定。《文莱版权法》第 14.1 条规定：文学、戏剧、音乐或艺术作品的版权自作者死亡之年末起 50 年年末到期（死亡起算主义；年底主义）。②

第四节 我国一般作品著作财产权保护期的规定

著作财产权保护期限应该规定多长时间较为恰当？既要从更好地保护作者的正当权益，调动作者创作积极性，开发我国智力资源，促进我国科学文化发展出发；又要从我国与国际版权保护水平相协调，促进对外文化科学技术交流出发；还要考虑到我们是发

① 参见冯寿波：《中国－东盟自由贸易区版权法比较研究》，气象出版社 2014 年版，第 98 页。
② 参见冯寿波：《中国－东盟自由贸易区版权法比较研究》，气象出版社 2014 年版，第 98 页。

展中国家，考虑到国际版权公约中对发展中国家的有关规定。根据世界上大多数国家的版权立法和我国当前实际情况，50 年的保护期既有利于鼓励作者从事创作，鼓励作者家属支持作者创作，又适应了我国对外文化交流；既不影响我国优秀作品获得应有的保护，又不影响我们翻译出版外国作品，是比较适宜的。中国《著作权法》的四个版本关于一般作品著作财产权保护期限规定对比如表 2－4－2 所示。

表 2－4－2　《著作权法》四个版本关于一般作品著作财产权保护期规定对比

序号	《著作权法》(1990)	《著作权法》(2001)	《著作权法》(2010)	《著作权法》(2020)
1	第 21 条第 1 款：公民的作品，其发表权、使用权和获得报酬权的保护期为作者终生及其死亡后五十年，截止于作者死亡后第五十年的 12 月 31 日；如果是合作作品，截止于最后死亡的作者死亡后的第五十年的 12 月 31 日 (死亡起算主义)	第 21 条第 1 款：公民的作品，其发表权、**本法第十条第一款第(五)项至第(十七)项规定的权利**的保护期为作者终生及其死亡后五十年，截止于作者死亡后第五十年的 12 月 31 日；如果是合作作品，截止于最后死亡的作者死亡后第五十年的 12 月 31 日 (死亡起算主义)	第 21 条第 1 款：公民的作品，其发表权、本法第十条第一款第(五)项至第(十七)项规定的权利的保护期为作者终生及其死亡后五十年，截止于作者死亡后第五十年的 12 月 31 日；如果是合作作品，截止于最后死亡的作者死亡后第五十年的 12 月 31 日 (死亡起算主义)	第 23 条第 1 款：**自然人**的作品，其发表权、本法第十条第一款第五项至第十七项规定的权利的保护期为作者终生及其死亡后五十年，截止于作者死亡后第五十年的 12 月 31 日；如果是合作作品，截止于最后死亡的作者死亡后第五十年的 12 月 31 日 (死亡起算主义)
2	第 21 条第 2 款：法人或者非法人单位的作品、著作权(署名权除外)由法人或者非法人单位享有的职务作品，其发表权、使用权和获得报酬权的保护期为五十年，截止于作品首次发表后第五十年的 12 月 31 日，但作品自创作完成后五十年内未发表的，本法不再保护 (发表起算主义)	第 21 条第 2 款：法人或者**其他组织**的作品、著作权(署名权除外)由法人或者**其他组织**享有的职务作品，其发表权、**本法第十条第一款第(五)项至第(十七)项规定的权利**的保护期为五十年，截止于作品首次发表后第五十年的 12 月 31 日，但作品自创作完成后五十年内未发表的，本法不再保护 (发表起算主义)	第 21 条第 2 款：法人或者其他组织的作品、著作权(署名权除外)由法人或者其他组织享有的职务作品，其发表权、本法第十条第一款第(五)项至第(十七)项规定的权利的保护期为五十年，截止于作品首次发表后第五十年的 12 月 31 日，但作品自创作完成后五十年内未发表的，本法不再保护 (发表起算主义)	第 23 条第 2 款：法人或者**非法人**组织的作品、著作权(署名权除外)由法人或者**非法人**组织享有的职务作品，其发表权的保护期为五十年，截止于作品创作完成后第五十年的 12 月 31 日；本法第十条第一款第五项至第十七项规定的权利的保护期为五十年，截止于作品首次发表后第五十年的 12 月 31 日，但作品自创作完成后五十年内未发表的，本法不再保护 (发表起算主义)

一、自然人作品的著作财产权保护期

绝大多数国家著作权法均规定,自然人作品的著作财产权保护期为作者有生之年加死后若干年。《伯尔尼公约》规定最低保护期限为作者有生之年加死后50年;《世界版权公约》规定最低保护期限为作者有生之年加死后25年。以上述公约为基准,各国关于著作权保护期的规定趋向一致,且期限有延长之势。我国在制定著作权法时,参照《伯尔尼公约》要求的最低标准,规定了作者有生之年加死后50年的著作财产权保护期。

各国法律一般规定,合作作品著作财产权的保护期,以作品产生或首次发表起算,至最后一位作者死后若干年。合作作者以最后死亡的合作作者为基准确定合作作品的保护期,能够较充分保护最后死亡作者的权利,这也是国际惯例。《著作权法》(2020)第23条第1款也做了类似规定,即合作作品的著作财产权的保护期,截止于最后死亡作者死亡后第50年第12月31日。合作作者之一死亡后,其对合作作品享有的著作财产权无人继承又无人受遗赠的,由其他合作者享有。

《著作权法》(2020)第23条第1款规定,“自然人的作品,其发表权、本法第十条第一款第五项至第十七项规定的权利的保护期为作者终生及其死亡后五十年,截止于作者死亡后第五十年的12月31日;如果是合作作品,截止于最后死亡的作者死亡后第五十年的12月31日”,即自然人的作品(摄影作品除外),其著作财产权的保护期原则上采用死亡起算主义,即为作者终生及其死后50年,截止于作者死亡后第50年第12月31日;如果是合作作品,保护期限截止于最后死亡的作者死亡后第50年第12月31日。作者死亡后,其保护期从作者死亡后次年的1月1日起开始计算。该保护期限是固定的,与作品是否发表及何时发表无任何关系。作品的复制权、发行权等著作财产权在法定期限内受保护。

二、法人作品和职务作品的著作财产权保护期

对于法人或非法人组织的作品,大多数国家规定作品保护期为50年,但也有一些国家规定的保护期少于50年,甚至只有10年。《著作权法》(2020)第23条第2款规定,“法人或者非法人组织的作品、著作权(署名权除外)由法人或者非法人组织享有的职务作品,其发表权的保护期为五十年,截止于作品创作完成后第五十年的12月31日;本法第十条第一款第五项至第十七项规定的权利的保护期为五十年,截止于作品首

次发表后第五十年的12月31日,但作品自创作完成后五十年内未发表的,本法不再保护”,即法人或者非法人组织的作品、著作权(署名权除外)由法人或者非法人组织享有的职务作品,其著作财产权的保护期限原则上采发表起算主义,即著作财产权的保护期为50年,截止于作品首次发表后第50年的12月31日;但作品自创作完成后50年内未发表的,《著作权法》则不再保护。

《著作权法》的规定与《伯尔尼公约》的规定类似,著作财产权的保护期为作者终生加上死后50年。我国著作权法对著作财产给予50年的保护期满足了《伯尔尼公约》和TRIPs的要求。这两个公约规定,成员国或者地区对著作财产权必须给予最低50年的保护,但并不禁止成员国或者地区给予超过50年的保护期。

上述关于著作权保护期的规定,是指对一般的文学、科学和艺术作品保护期的规定,普通作品作者的发表权和著作财产权的保护期为作者终生及死后50年。

三、我国台湾地区所谓“著作权法”关于著作财产权保护期的规定

我国台湾地区所谓“著作权法”(2010)第三章“著作人及著作权”第四节“著作财产权”之二“著作财产权之存续期间”第30条规定,“著作财产权,除本‘法’另有规定外,存续于著作人之生存期间及其死亡后50年”,“著作于著作人死亡后四十年至五十年间首次发表者,著作财产权之期间,自公开发表时起存续十年”[①],即著作财产权存续于著作人之生存期间及其死亡后50年。著作财产权虽然存续于著作人的有生之年及其死后50年,但若著作完成后始终未发表,直到在著作人死亡后40年至50年才首次公开发表者,这就可能刚对外公开获得利用,保护期间就将届满,为使其仍有相当时间可享有著作财产权之保护,于是特别规定从公开发表时起存续10年。[②]

第31条规定:“共同著作之著作财产权,存续至最后死亡之作著作人死亡后50年。”[③]

第33条规定:“法人为著作人之著作,其著作财产权存续至其著作公开发表后五十年。但著作在创作完成时起算五十年内未公开发表者,其著作财产权存续至创作完成时起五十年。”[④]

---

① 本书汇编组编:《中国百年著作权法律集成》,中国人民大学出版社2010年版,第306页。
② 参见彭辉:《知识产权制度比较研究》,法律出版社2015年版,第255页。
③ 本书汇编组编:《中国百年著作权法律集成》,中国人民大学出版社2010年版,第306页。
④ 本书汇编组编:《中国百年著作权法律集成》,中国人民大学出版社2010年版,第306页。

四、我国香港特区《版权条例》(2023)关于著作财产权保护期的规定

香港特区《版权条例》(2023)第Ⅱ部"版权"第Ⅰ分部"版权的存在、拥有权及期限"之"版权的期限"部分第17条"文学作品、戏剧作品、音乐作品或艺术作品的版权期限"第2款规定:如作者身份为人所知,则为"有关作者于某公历年死亡,版权在自该年年终起计的50年期间完结时届满"。第2款规定:如属作者不为人知的作品,则(a)凡作品于某公历年首次制作,其版权自该年年终起计的50年期间完结时届满,或(b)如该作品在该期间内某公历年首次向公众提供,其版权在自该年年终起计的50年期间完结时届满。第6款规定:如作品是由计算机产生而于某公历年制作的,"版权在自该年年终起计的50年期间完结时届满"。第7款规定:就合作作品而言,"如所有作者的身份均为人所知,该提述即提述他们当中最后死亡的人的死亡;如其中一名或多于一名作者的身份为人所知,但其他的一名或多于一名作者的身份不为人知,该提述即指为人所知的作者中最后死亡的人的死亡"①。

香港特区《版权条例》(2023)第Ⅱ部"版权"第Ⅰ分部"版权的存在、拥有权及期限"之"版权的期限"部分第18条"声音记录的版权期限"第2款规定:凡声音纪录于某公历年制作,该声音纪录的版权在自该年年终起计的50年期间完结时届满;如声音纪录在该期间内于某公历年发行,则该纪录的版权在自该年年终起计的50年期间完结时届满。②

五、我国澳门特区《著作权及有关权利之制度》(2012)关于著作财产权保护期的规定

澳门特区《著作权及有关权利之制度》(2012)第一编"文学及艺术之作品以及著作权"第四章"失效"第21条"一般规则"规定:"如无特别规定,著作权在作品之创作人死亡后满五十年失效,即使属死后发表或出版之作品亦然。"③

澳门特区《著作权及有关权利之制度》(2012)第一编"文学及艺术之作品以及著作权"第四章"失效"第22条"合作作品、集体作品及以他人之计算而创作之作品"规定,"一、合作作品之著作权,其整体系在最后去世之共同作者死亡后满五十年失效""三、集体作品之著作权,或作品系以某实体之计算而创作时该实体之著作权,均在作品首次发

---

① 本书汇编组编:《中国百年著作权法律集成》,中国人民大学出版社2010年版,第331~332页。
② 参见本书汇编组编:《中国百年著作权法律集成》,中国人民大学出版社2010年版,第332页。
③ 本书汇编组编:《中国百年著作权法律集成》,中国人民大学出版社2010年版,第561~562页。

表或出版后满五十年失效，但有特别规定者除外”[①]。

六、著作权原始归属：保护期分类与规定的依据

《著作权法》对保护期的规定基本是以作品著作权是否原始归属于自然人为分类依据。对于著作权原始归属于自然人的作品，给予较长保护期（作者有生之年加50年）。对于著作权原始归属于一个组织的作品，则保护较短（首次发表后50年）。这可能是考虑到自然人需要借助著作权的保护养育下一代，而一个组织则无这方面的需要。[②]

著作财产权保护期由著作权原始归属的情况决定。例如，某电影公司投资、组织电影摄制之后，将电影作品的著作权转让给了一名自然人，该电影作品的著作权保护期限不是该自然人有生之年加死后50年，而是该电影作品首次发表后的50年。同理，某画家将其画作的著作财产权转让给了某艺术馆，该美术作品的著作财产权的保护期也不会因此而缩短为美术作品首次发表后的50年。

中国著作财产权保护期保护原则归纳总结如表2－4－3所示。

表2－4－3　中国著作财产权保护期保护原则归纳总结

保护原则	著作权归属	作品的种类	保护期限	终止时间	说明
一般原则	自然人	影视作品、摄影作品除外	50年	死亡后第50年的12月31日	合作作品著作权中的发表权和财产权利的保护期，以最后死亡的自然人为计算标准
	法人或非法人组织	所有作品	50年	首次发表后第50年的12月31日	自创作完成后50年内未发表的，以后不论是否发表不再受保护
特别原则	自然人	视听作品、摄影作品	50年	首次发表后第50年的12月31日	自创作完成后50年内未发表的，以后不论是否发表不再受保护
		作者身份不明的作品，例如，假名作品、匿名作品	50年	首次发表后第50年的12月31日	在此保护期限内，作者身份确定的，分别情况适用上述

① 本书汇编组编：《中国百年著作权法律集成》，中国人民大学出版社2010年版，第562页。

② 参见王迁：《知识产权法教程》（第6版），中国人民大学出版社2019年版，第184页。

第五章　特殊作品著作财产权的保护期限

根据法律规定，下列作品的著作财产权保护期为 50 年，截止于作品首次发表后第 50 年的 12 月 31 日，但作品自创作完成后 50 年内未发表的，不再受保护：(1)视听作品；(2)摄影作品；(3)匿名作品和假名作品的保护期。其中，匿名作品和假名作品的作者身份确定后，适用一般作品著作财产权保护期限的规定。著作权法对于合作作品、职务作品、法人作品、电影作品、摄影作品等还规定了特殊的保护期，而对于特殊作品的著作权保护期，各国著作权法也有不同的规定。

第一节　法人作品

对于法人作品的保护，各国都有一个明确期限，一般都从作品发表之日或作品完成之日起计算保护期。有的规定为 50 年(如比利时、加拿大、英国、新西兰等国)，有的规定为 25 年(如肯尼亚、马拉维、赞比亚等国)，有的规定为 15 年或 10 年(如巴西、保加利亚、捷克、乌拉圭等国)。

就法人作品而言，在某些保护法人作品的国家，该作品的保护期多为自作品发表之年起若干年。《意大利著作权法》第一编“著作权的一般规定”第三章“著作权的内容和期限”第三节“作品的经济使用权期限”第 29 条规定，“依本法第 11 条规定属于国家、政党、省、城市、学术团体和其他公共文化机构或者非营利性私法团体的排他性经济使用权的期限，无论作品的发表形式，均为首次发表之日起 20 年。学术团体或者其他公共文化机构发表的通讯和备忘录，其排他性经济使用权期限减为 2 年。该期限届满后，作者本人有权自由支配其文稿”[①]，即属于国家、省、市镇或属于学术团体或其他公共文化组织，以及非营利性的私法人的著作财产权的保护期限，自作品首次发表后20年终止，不论其发表形式如何。意大利法人作品的著作财产权保护期为20年；起算日采用发表起算主义。在保护政府创作的作品的澳大利亚和加拿大，此类作品的保护期自作品首次出版或完成之日计算为50年。[②]《加拿大版权法》第一章“作品的版权和精神权利”第12条“版权属于女王陛下的情形”规定：“在不损害任何皇家权利或者特权的前提下，根据与作者的协议，经由女王陛下或者政府部门指导或者主持而编写或者出版的作品，其版权属于女王陛下的，该版权应存续至该作品首次出版之日历年的剩余时间以及其后50年。”[③]保护期间是50年；起算日为出版起算主义。

《日本著作权法》第二章“作者的权利”第四节“保护期限”第53条“以团体名义发表的作品的保护期限”第1款规定，“以法人或者其他团体名义发表的作品的著作权，存续到该作品发表后（该作品创作后50年内未发表的，自创作后50年）50年”[④]，即由法人或者非法人组织署名的作品，著作权的保护期限为发表后的50年（发表起算主义），或者创作完成后的50年（创作起算主义）。

《韩国著作权法》第二章“作者的权利”第四节“作者财产权”第三分节“著作财产权的期限”第41条“职务作品的保护期”规定：“职务作品的保护期为自发表之日起五十年。如果自创作完成之日起五十年内没有发表的，则著作财产权保护期截止作品创作之日起五十年。”[⑤]韩国职务作品的保护期为50年；起算日采用发表起算主义或创作起算主义；起算方式采用翌年主义。

《印度著作权法》（1957）第五章“著作权期限”第28条规定：“政府作品的著作权期限”规定：“就政府是原始著作权所有人的政府作品而言，该作品在自首次出版之年下一个日历年初起的六十年内享有著作权。”[⑥]印度政府作品的著作权保护期为60年；起算日采用出版起算主义；起算方式采用翌年主义。第28A条“公共事业单位的作品的著作权期限”规定：“就公共事业单位是原始著作权所有人的作品而言，该作品在此首次出版

---

① 《十二国著作权法》，《十二国著作权法》翻译组译，清华大学出版社2011年版，第287页。
② 参见吴汉东等：《西方诸国著作权制度研究》，中国政法大学出版社1998年版，第124页。
③ 《加拿大版权法》，易建雄译，知识产权出版社2017年版，第18页。
④ 《十二国著作权法》，《十二国著作权法》翻译组译，清华大学出版社2011年版，第390页。
⑤ 《十二国著作权法》，《十二国著作权法》翻译组译，清华大学出版社2011年版，第519页。
⑥ 《十二国著作权法》，《十二国著作权法》翻译组译，清华大学出版社2011年版，第234页。

之年下一个日历年初起的六十年内享有著作权。”①印度公共事业单位的作品的著作权保护期为60年;起算日采用出版起算主义;起算方式采用翌年主义。

《马来西亚版权法》第23条规定,政府、政府组织和国际机构的作品版权的计算为从该作品首次发表后的日历年开始起50年(发表起算主义)。《泰国版权法》第23条规定,依照第14条规定在雇佣、指导或控制过程中创作的作品之版权保护期应为自获得作者身份起50年;如果在该期间被发表,则为首次发表时起的50年(发表起算主义)。《印度尼西亚版权法》第30条规定,本条前两款和第29.1条规定的作品版权如果由法人所有或持有,其保护期为首次发表后50年(发表起算主义)。第31条规定,(1)由国家持有或行使的作品版权:(a)根据第10.2条,其有效期没有任何时间限制;(b)根据第11.1条和第11.3条,有效期为50年(自作品首次为公众所知起50年)。(2)根据第11.2条,由出版者行使的作品版权应为自首次发表起50年(发表起算主义)。《老挝知识产权法》第93.2条规定了版权的保护期:如果作者是组织,则保护期为自作品产生日期起的50年(产生起算主义)。如果该作品已出版,则其版权保护期应为首次出版日期起的50年(出版起算主义)。②

在我国,法人作品的保护期一般为50年。《著作权法》(2020)第二章“著作权”第二节“权利的保护期”第23条第2款规定:“法人或者非法人组织的作品、著作权(署名权除外)由法人或者非法人组织享有的职务作品,其发表权的保护期为五十年,截止于作品创作完成后第五十年的12月31日;本法第十条第一款第五项至第十七项规定的权利的保护期为五十年,截止于作品首次发表后第五十年的12月31日,但作品自创作完成后五十年内未发表的,本法不再保护。”

第二节 合作作品

合作作品是指两人以上合作完成的作品,合作作品的各合作作者年龄有长幼之别,

① 《十二国著作权法》,《十二国著作权法》翻译组译,清华大学出版社2011年版,第234页。
② 参见冯寿波:《中国－东盟自由贸易区版权法比较研究》,气象出版社2014年版,第100页。

寿命也长短不一。那么对于合作作品的保护期限，一般遵循自然人作品的保护期限标准，发表权以及其他相关的财产权利的保护期为作者终生加死亡后 50 年，以作者死亡后的 50 年为限；但 50 年的计算是以合作作者中最后死亡的作者的死亡时间为起算点。

一、《伯尔尼公约》及典型国家关于合作作品保护期的立法例

合作作品的著作权保护期，是以合作作者中最后一个去世的作者有生之年加死后若干年来计算的。为了充分、合理地保护合作作者的著作权，大多数国家规定，其保护期以合作作者中最后一个去世的作者的死亡期为起点计算。《伯尔尼公约》第 7 条之二对这一方法也予以确认。《伯尔尼公约》第 7 条之二"合作作者作品的保护期限"规定："前条的规定同样适用于版权为合作作者共有的作品，但作者死后的保护期应从最后死亡的作者死亡时算起。"[①]《伯尔尼公约》及多数国家著作权法都作了如此规定。少数国家，如澳大利亚、缅甸、尼泊尔、塞浦路斯则规定，合作作品著作权保护期从第一个死亡作者的死亡之日起算。

《俄罗斯联邦民法典》（著作权部分）（2006）第四部分第七编"智力活动成果和个性化表现方法的权利"第七十章"著作权"第 1281 条"作品专有权的保护期"第 1 款规定："合作创作的作品专有权的保护期为最后死亡作者终生及自其死亡之年的下一年 1 月 1 日起算的 70 年。"[②]俄罗斯合作作品的著作财产权保护期为 70 年；起算日为死亡起算主义；起算方式为翌年主义。

《意大利著作权法》第一编"著作权的一般规定"第三章"著作权的内容和期限"第三节"作品的经济使用权期限"第 26 条第 1 款规定：本法第 10 条所述的作品（合作作品）以及音乐剧、舞蹈、哑剧作品，合作作者的经济使用权期限以合作作者中最后死亡者的终生为限。[③] 意大利合作作品的著作财产权保护期为作者终生（合作作者中最后死亡者）。

《埃及知识产权保护法》第三编"著作权和邻接权"第 161 条规定："合作作品的作者的财产权保护期限，为作者终生加上最后一位合作作者死亡后起算的五十年。"[④]

---

① 张大伟主编，王智丽、杨丽娟编：《世界版权条约》，东方出版中心 2019 年版，第 39 页。

② 《十二国著作权法》，《十二国著作权法》翻译组译，清华大学出版社 2011 年版，第 442 页。

③ 参见《十二国著作权法》，《十二国著作权法》翻译组译，清华大学出版社 2011 年版，第 286 页。

④ 《十二国著作权法》，《十二国著作权法》翻译组译，清华大学出版社 2011 年版，第 41 页。

二、东盟地区关于合作作品保护期的立法例

《菲律宾知识产权法典》第四编“版权法”第十六章“保护期”第213条“保护期”第2款规定，“若是共有作品，则其经济权利的期限为最后作者有生之年加其去世后五十年届满”①，即对于合作作品，在最后生存作者一生及其死后50年间应当受到保护。《马来西亚版权法》第17.4条规定：“本条所指的作者在合作作品中是指最后死亡的作者。”《泰国版权法》第19条规定，对于合作作品，版权保护期为合作作者一生以及合作作者中最后生存者死后50年。如果作者或所有的合作作者在作品发表前死亡。如果作者是法人，版权从获得作者身份起50年；如果作品在该期间发表，则版权保护期为自首次发表起50年。《越南知识产权法》第27条规定：对于合作作品，保护期为合作作者中最后生存者去世后的第50年到期。《柬埔寨版权和邻接权法》第30条规定：对于合作作品，经济权利应在最后生存的作者一生及其去世后50年间受到保护。该法第31条规定：合作作品或视听作品或死后作品的保护期为自该作品首次合法发表之日历年末开始计算的75年（发表起算主义）；如果在该作品完成后的50年里未能向公众公开，则75年的保护期从该作品已向公众公开之日历年起开始计算（公开起算主义）；如果在作品完成后50年间未能向公众公开，则100年的保护期从该作品完成的日历年底开始计算（完成起算主义）。《老挝知识产权法》第93.1条规定了版权的保护期：对于合作作者来说，版权保护期应为最后生存的合作作者一生加上相关人士死亡起的50年。《文莱版权法》第14.4条规定：对于合作作者的作品——(a)应将第1款关于作者死亡的规定理解为——(ⅰ)如果已经知晓所有作者的身份，则指最后作者的死亡；(ⅱ)如果已知晓一个或一个以上作者的身份，则为作者中已经知晓身份的最后作者的死亡。(b)第2款中作者身份被知晓的规定应被理解为任何作者的身份被知晓。(c)本条并不适用于政府版权、议会版权和第172条规定的版权。②

三、中国关于合作作品保护期的立法例

著作权属于公民的合作作品，适用一般作品保护期，即作者有生之年及其亡故后若干年。这里的“作者”指最后死亡的合作作者。《著作权法》(2020)第23条参照了多数

① 《菲律宾知识产权法典》，杨涛、杨斌译，知识产权出版社2014年版，第92页。

② 参见冯寿波：《中国－东盟自由贸易区版权法比较研究》，气象出版社2014年版，第99页。

国家的共同做法，规定合作作品的保护期“截止于最后死亡的作者死亡后第 50 年的 12 月 31 日”。先死亡的合作作者对合作作品的发表权和著作财产权会超过其死亡后 50 年，只有最后一个死亡的作者这些权利的保护期才是作者终生及死后 50 年。

合作作品从创作主体来看，主要包括三类：自然人与自然人合作作品、法人或非法人组织与法人或非法人组织合作作品、自然人与法人或非法人组织合作作品。(1)自然人与自然人合作作品。其发表权与著作财产权保护期限按照国际立法通例，“截止于最后死亡的合作作者死亡后第 50 年的 12 月 31 日”。(2)法人或非法人组织与法人或非法人组织合作作品。其发表权与著作财产权保护期限，截止于作品首次发表后第 50 年的 12 月 31 日；但作品创作完成后 50 年内未发表的，不再保护。(3)自然人与法人或非法人组织合作作品。第三类最为复杂，尽管出现的频率较低，但在司法实践中依然存在。一般情况下，自然人著作权保护期为作者有生之年加死后 50 年，相较于法人或非法人组织保护期限截止于发表后 50 年，自然人保护期相对更长，故使用自然人著作权保护期限即可。特殊情况下，作品于自然人作者去世后发表，按照自然人与法人或非法人组织发表权与著作财产权保护期限的各自规定，对法人或非法人组织的著作权保护期限更长。因此，自然人与法人或非法人组织合作作品的发表权以及著作财产权的保护期不一致的，应该以相对较长期限保护。①

在我国合作作品包括共同合作作品和结合合作作品两种类型。合作作品著作权保护期特殊性主要体现在权利主体的复杂性上，(1)合作作者都是中国公民。依《著作权法》(2020)第 23 条第 1 款规定，著作权保护期终于最后去世作者去世后第 50 年的 12 月 31 日。(2)合作作者都是中国法人或者非法人组织。这种情况可以适用《著作权法》(2020)第 23 条第 2 款规定，保护期截止于作品首次发表后的第 50 年的 12 月 31 日，但作品自创作完成后 50 年内未发表的，著作权法不再保护。(3)合作作者一部分是中国公民，一部分是中国法人或者非法人组织。如该合作作品是公民与法人或者非法人组织合作创作的电影作品和以类似摄制电影的方法创作的作品，著作权保护期应适用第 23 条第 3 款规定。如该作品是上述作品之外的作品，对著作权保护期的计算，《著作权法》没有规定。一般认为作品整体的著作权保护期应适用《著作权法》(2020)第 23 条第 1 款之规定，截止于最后死亡的公民作者死亡后第 50 年的 12 月 31 日，但如果合作作品中最后死亡的公民死亡时作品仍未发表，且尚未发表的时间不足 50 年，应该适用《著

① 参见梅术文：《著作权法：原理、规范和实例》，知识产权出版社 2014 年版，第 197 页。

作权法》(2020)第23条第2款规定,保护期截止于作品首次发表后第50年的12月31日。如果是结合合作作品,则各自创作部分应分别适用著作权法的相应规定。如果作品整体先于法人或非法人组织创作部分发表,法人或者其他组织创作部分著作权保护期应从作品整体发表之日起计算。(4)合作作品中部分是中国公民,部分是外国公民。当该作品是共同合作作品时,如该作品首先在中国境内发表,或该外国公民所属国与我国签订了保护著作权的协定或共同参加了国际条约,作品著作权保护期应适用第23条第1款的规定。如不具备上述因素之一,外国公民不能成为著作权的合格主体,但作品的著作权保护期仍应适用上述规定。当该作品是结合合作作品时,中国公民创作部分适用《著作权法》(2020)第23条第1款规定,外国公民创作部分适用《著作权法》第2条第2~3款或第4款的规定。如该作品外国公民创作部分首先在中国境外出版,而该外国公民所属国与我国没有签订相互保护著作权的协定也没有共同参加国际条约,则外国公民创作部分不受著作权法保护。(5)合作作品作者中,作者都是外国公民。如合作作者处于不同国籍,作品又是首先在中国境内出版,或者其中一个能够成为我国著作权主体,则该作品受我国《著作权法》保护。①

第三节 视听作品

电影作品本身就是一种集合了各种作品形式的结合体,从权利的归属上来看,电影作品整体的著作权归于制片人享有,但是其中的不同作品,如音乐、剧本等一些作品的著作权是可以独立于电影存在的。有时可能电影作品的财产权利已经过了保护的期限,但是这些独立作品的保护期限依然存在。在使用这样一些电影当中的独立作品时不能认为该电影已经公开,或已经进入了公共领域,那么这些作品也当然进入了公共领域。

一、国际公约关于视听作品保护期的相关规定

关于电影作品保护期,《伯尔尼公约》布鲁塞尔文本(1948)规定由缔约国自行处

① 参见冯晓青:《著作权法》,法律出版社2010年版,第152~153页。

理。1967 年《伯尔尼公约》的斯德哥尔摩修订会议上,有人提出电影作品能够在相当长的时间内保持其价值,需要有与普通作品一样长的保护期。所以后来该公约规定,缔约国可以规定保护期在作者同意向公众提供后 50 年届满,如果在作品完成后 50 年内尚未向公众提供,则保护期为作品完成后 50 年届满。[①]《伯尔尼公约》第 7 条"保护期限"第 2 款"对于电影作品"规定:"但就电影作品而言,本同盟成员国有权规定保护期在作者同意下自作品公之于众后五十年期满,如自作品完成后五十年内尚未公之于众,则自作品完成后五十年期满。"[②]《伯尔尼公约》第 7 条第 2 款规定电影作品的保护期限为自作品在作者同意下公之于众后 50 年期满(提供起算主义)。如作品完成后 50 年内尚未公之于众,则自作品完成后 50 年期满(完成起算主义)。各国一般都规定了与此相同的保护期限。

由于电影作品难以以作者的生存判断节点,因此《伯尔尼公约》第 7 条第 2 款将提供于公众之日作为电影作品保护期间的起算点。在该款中使用的概念是"提供于公众"(make available to the public),并未使用"发行"一词。表明电影作品保护期间的起点不以正式发行计算,而是在它提供给公众时起算,"提供于公众"的保护起点一般要早于"发行"的起算点,但电影作品提供给公众必须得到作者的同意。如果电影作品自作品完成后 50 年内还没有提供给公众,则保护期间自作品完成后 50 年期满。

二、欧盟关于视听作品的相关规定

2006 年 12 月,欧盟理事会重新发布了《版权与邻接权保护期指令》。就电影作品而言,该指令一方面协调了成员国关于电影作者的规定,另一方面统一了电影作品的保护期限。根据该指令第 2 条,成员国应当将电影作品或者视听作品的主要导演规定为作者或作者之一。在此基础上,成员国还可以将其他人规定为合作作者。这属于协调成员国版权法有关电影秩序综合的一个特别规定。事实上,这在《出租权和出借权指令》的第 2 条已经作了规定,《版权与邻接权保护期指令》不过是对此加以重申而已。关于电影作品的保护期限,该指令规定电影作品或者视听作品的版权保护期为作者的有生之年加 70 年。根据规定,无论成员国是否将主要演员、脚本作者、对白作者和音乐作者规定为电影作品或者视听作品的作者,作者有生之年加 70 年的保护期限,都是以上述四类人员中最后一位死亡的时间计算 70 年的期间。该规定又在事实上进一步协调了成员国有关电

---

① 1971 年的巴黎修订会议的文本也一样,参见《伯尔尼公约》第 7 条第 2 款。

② 张大伟主编,王智丽、杨丽娟编:《世界版权条约》,东方出版中心 2019 年版,第 38 页。

影作者的规定,即电影的作者应当包括主要导演、脚本作者、对白作者和音乐作者。①

关于电影,《版权与邻接权保护期指令》不仅提到了电影作品,而且提到了“视听作品”。这里的“视听作品”与“电影作品”具有同等含义。因为“电影”是指摄制在一定介质上,由一系列有伴音或者无伴音的画面组成,并且借助适当装置放映或者以其他方式传播的作品。英文 motion picture 就反映了这类作品的特征,即电影是由一系列移动的画面组成的,可以有伴音,也可以没有伴音。所谓“视听作品”则是更多地强调这种作品是由“可视”的画面和“可听”的伴音所构成,仍然属于电影作品。《版权与邻接权保护期指令》第 3 条第 4 款指出:“电影一词,是指电影作品或者视听作品,或者移动图像,无论是否伴有声音。”《出租权和出借权指令》第 2 条也有类似规定:“本指令所说的电影,是指电影作品或者视听作品,或者移动图像,无论是否伴有声音。”

无论是“电影”,还是“视听”材料或者“移动图像”,如果体现了作者的精神、人格,符合原创性的标准,就可以获得版权保护。根据《版权与邻接权保护期指令》,这类作品的保护期为作者的有生之年加 70 年。由于主要导演、脚本作者、对白作者和音乐作者都是电影的作者,所以从上述四类人员中最后一位死亡的时间计算 70 年期间,但如果有关的“电影”“视听”材料或者“移动图像”不符合原创性的标准,没有体现作者的精神、人格,则属于录像制品,可以获得邻接权的保护。这叫电影制品人权。②

三、典型国家和地区关于视听作品的立法例

电影作品和以类似摄制电影的方法创作的作品(电视作品)大部分属于演绎作品,各国对电影作品规定的保护期一般都短于自然人原创作品的保护期。各国规定的保护期通常在计算方法上也不尽一致。

关于电影作品,保护期为作品出版后 60 年:委内瑞拉。保护期为作品出版后 50 年:阿根廷、澳大利亚、塞浦路斯、斐济、印度、爱尔兰、巴基斯坦。保护期为作品创作完成后 50 年:新西兰、卢旺达。作品出版后/作品创作后 50 年:南非、奥地利、贝宁、泰国。作品出版后 30 年:菲律宾。作品出版后 25 年③:前捷克斯洛伐克。作品出版后 10 年:波兰。④

《英国版权法》及《1995 年表演著作权期限及权利条例》规定:电影作品的保护期限

① 参见李明德等:《欧盟知识产权法》,法律出版社 2010 年版,第 252 页。

② 参见李明德等:《欧盟知识产权法》,法律出版社 2010 年版,第 252 页。

③ 现已改为 50 年。参见《菲律宾知识产权法典》,杨涛、杨斌译,知识产权出版社 2014 年版,第 92 页。

④ 参见[西]德利娅·利普希克:《著作权与邻接权》,中国对外翻译出版公司 2000 年版,第 194 页注释 8。

为最后一位去世者去世后 70 年，包括主要导演、剧本的作者、对白的作者或者特别为电影制作音乐的作曲家。[①]

《加拿大版权法》第一章“作品的版权和精神权利”“版权的期限”部分第 11.1 节“电影作品”规定：“除因情节的编排设计、表演形式或者剪辑组合而具有戏剧特征的电影作品以外，电影作品及其汇编作品的版权期限(a)由该电影作品或者该汇编作品首次发行之日历年的剩余时间及其后 50 年组成；或者(b)该电影作品或者该汇编作品在其创作完成之日历年结束起算的 50 年届满仍未发表的，由该电影作品或者该汇编作品创作完成之日历年的剩余时间及其后 50 年组成。”[②]电影作品及其汇编作品的著作权保护期为 50 年；起算点为发行起算主义或创作起算主义。

《德国著作权法》第三部分“关于电影的特殊规定”第一节“电影著作”第 94 条“关于电影制作人的保护”第 3 款规定：“本权利自图像制品或者音像制品出版起，或者经其许可首次公开再现先于出版的，自首次公开再现起五十年后归于消灭；但是，在此期限内未出版，或者未经其许可公开再现的，本权利自图像制品或者音像制品制作起五十年后归于消灭。”[③]德国电影保护期间为 50 年；起算日采用制作起算主义或公开起算主义或出版起算主义，取先到期者；起算方式采用年底主义。《德国著作权法》第一部分“著作权”第七节“著作权保护期”第 65 条“共同著作人，电影著作”第 2 款规定：“电影著作、以类似摄制电影的方式制作的著作的著作权自下列人员中最后死亡者死亡起七十年后归于消灭：主导演、剧本著作人、对话著作人、为相关电影著作配乐的作曲家。”[④]

1966 年以前，《德国著作权法》规定电影作品的保护期限为 50 年；1966 年开始生效的修正案将电影作品的保护期限延长为 70 年。1993 年，欧共体颁布《版权与邻接权保护期指令》以德国做法为基准，将电影作品的保护期统一延长为 70 年。美国于 1999 年通过的《版权保护期延长法》将电影作品的保护期限改为出版之后的 95 年或者完成后的 120 年，二者取其长者。[⑤]

《意大利著作权法》第一编“著作权的一般规定”第三章“著作权的内容和期限”第三节“作品的经济使用权期限”第 32 条规定：“在适用本法第 44 条规定的同时，电影作

---

① 参见柴广成、黄阳、顾立平：《中国与英国知识产权转移近况》，科学技术文献出版社 2019 年版，第 18 页。

② 《加拿大版权法》，易建雄译，知识产权出版社 2017 年版，第 18 页。

③ 《十二国著作权法》，《十二国著作权法》翻译组译，清华大学出版社 2011 年版，第 178 页。

④ 《十二国著作权法》，《十二国著作权法》翻译组译，清华大学出版社 2011 年版，第 169 页。

⑤ 参见李明德、闫文军：《日本知识产权法》，法律出版社 2020 年版，第 162 页。

品或者以类似摄制电影的方式创作的作品，其经济使用权的期限为 70 年，自下列人员中最后死亡者死亡之时起算：艺术导演、包括专门为该电影作品或者以类似设置电影的方式创作的作品进行编剧、作曲之人在内的作者。”①意大利视听作品的著作财产权保护期为 70 年；起算日为死亡起算主义。

关于电影作品的保护期限，《日本著作权法》第二章“作者的权利”第四节“保护期限”第 54 条“电影作品的保护期限”第 1 款规定，“电影作品的著作权，存续到该作品发表后（该作品创作后 70 年之内未发表的，自创作后 70 年）70 年”②，即电影作品的保护期限为发表后的 70 年（发表起算主义），或者创作完成后的 70 年（创作起算主义）。将电影的保护期限规定为 70 年，是借鉴了欧盟的做法。原来日本规定为发表后的 50 年或者完成后的 50 年。2003 年，日本参考欧盟和美国的做法，修改了《日本著作权法》第 54 条，将电影作品的保护期限修改为发表后的 70 年或者创作完成后的 70 年。该修正案于 2004 年 1 月 1 日开始生效。按照规定，修正案生效以前已经进入公有领域的电影作品，不再受到保护；修正案生效时仍然处于保护期限的电影作品，则延长为发表之后的 70 年或者完成后的 70 年。为了便于电影作品在保护期限届满之后，社会公众可以无障碍地使用，《日本著作权法》第 54 条“电影作品的保护期限”第 2 款还规定，“电影作品著作权保护期限届满而消灭时，该电影作品中利用的原作品的著作权也一同消灭。”③电影作品的著作权届满之后，纳入电影作品的其他作品的著作权，就该电影作品而言，也随着而保护期届满。按照这个规定，在剧本、音乐、美术等作品单独存在的情况下，单独存在的著作权不受电影作品著作权保护期限届满的影响。他人可以自由使用保护期限届满的电影作品，但不得自由使用独立于电影作品之外的剧本、音乐、美术等作品。④

《印度著作权法》（1957）第五章“著作权期限”第 26 条“电影作品的著作权期限”规定：“就电影而言，该作品在自发表之年下一个日历年初起的六十年内享有著作权。”⑤印度电影作品的著作权保护期限为 60 年；起算点采用发表起算主义；起算方式采用翌年主义。

《巴西著作权法》第三编“著作权”第三章“著作财产权及其保护期”第 44 条规定：

---

① 《十二国著作权法》，《十二国著作权法》翻译组译，清华大学出版社 2011 年版，第 287 页。
② 《十二国著作权法》，《十二国著作权法》翻译组译，清华大学出版社 2011 年版，第 390 页。
③ 《十二国著作权法》，《十二国著作权法》翻译组译，清华大学出版社 2011 年版，第 390 页。
④ 参见李明德、闫文军：《日本知识产权法》，法律出版社 2020 年版，第 163 页。
⑤ 《十二国著作权法》，《十二国著作权法》翻译组译，清华大学出版社 2011 年版，第 234 页。

“视听作品和摄影作品的著作财产权保护期为自作品发表后的次年 1 月 1 日起七十年。”[1]巴西法关于视听作品和摄影作品的保护期间为 70 年；起算点采用发表起算主义；起算方式采用翌年主义。

四、东盟地区关于视听作品的立法例

《马来西亚版权法》第 2 条规定了电影作品的版权：电影版权为电影首次发表之年的次年起 50 年。（发表起算主义；翌年主义）

《菲律宾知识产权法典》第四编“版权法”第十六章“保护期”第 213 条“保护期”第 6 款规定，如是视听作品，包括那些以类似摄制或制造视听作品或录音制品的方法制作的作品，保护期限从其发行之日起 50 年有效；如未发行，则从其创作完成之日起 50 年有效，[2]即对于包括以类似摄影方法或为制作视听作品的任何方法所制作的试听作品，保护期应为发表日期起的 50 年（发表起算主义）；如果未发表，则从创作完成之日起 50 年。（创作起算主义）

《印度尼西亚版权法》第 30 条规定，计算机程序、电影作品、摄影作品、数据库以及经改编的作品的保护期自首次发表起 50 年；已发表作品的排版安排方面的版权保护期为作品首次发表起的 50 年。（发表起算主义）

《越南民法典》第 739. 3 条规定，版权中的财产权应存续于知识产权法律所规定的期间。《越南知识产权法》（2006）第 27 条规定了版权保护期，（1）本法第 19 条的第 1 款、第 2 款、第 4 款规定的精神权利的保护期并无限制；（2）本法第 19. 3 条规定的精神权利和第 20 条规定的经济权利应享有如下保护期：（a）电影作品、摄影作品、实用艺术作品和匿名作品应享有从其首次发表日期起 50 年的保护期。在电影作品或戏剧作品固定后的 50 年中，如果该作品视为发表，则其保护期应从其固定之日期开始计算。（发表起算主义或固定起算主义）

《文莱版权法》第 15 条规定了录音制品和电影版权的保护期：（1）录音制品或电影版权将到期——（a）其制作之年底起 50 年年底；（b）如果作品在该期间未被公开，则自作品被公开之年底起 50 年。（2）录音制品或电影被公开，当——（a）其首次被发表、广播或被包含在有线节目服务中；（b）如果是电影或电影声规，则为电影首次公映。但是

---

① 《十二国著作权法》，《十二国著作权法》翻译组译，清华大学出版社 2011 年版，第 14 页。

② 参见《菲律宾知识产权法典》，杨涛、杨斌译，知识产权出版社 2014 年版，第 92 页。

在确定作品是否已被公开时，不应考虑任何未经授权的行为。①（公开起算主义或制作起算主义；年底主义）

五、我国《著作权法》(2020)关于视听作品的立法

对于电影作品的保护期，无论其归属于自然人还是法人，其财产权利的保护期限，均采发表起算主义，即保护期截止于作品首次发表后第 50 年的 12 月 31 日（第 23 条第 1 款、第 3 款）。原因在于，电影作品是多个作者共同参与的结果，而制片人又花费了大量的投资，为了促进电影作品的利用，电影作品的著作权归属制片人（署名权除外）（第 15 条），其保护期的起算也以发表为起点。

根据《伯尔尼公约》的精神，《著作权法》(2020)第 23 条第 3 款规定："视听作品，其发表权的保护期为五十年，截止于作品创作完成后第五十年的 12 月 31 日；本法第十条第一款第五项至第十七项规定的权利的保护期为五十年，截止于作品首次发表后第五十年的 12 月 31 日，但作品自创作完成后五十年内未发表的，本法不再保护。"这种计算方法与著作权人归法人的国家的规定大体相同。

中国《著作权法》4 个版本对于视听作品保护期立法对比如表 2－5－1 所示。

表 2－5－1 《著作权法》四个版本对于视听作品保护期立法对比

	《著作权法》(1990)	《著作权法》(2001)	《著作权法》(2010)	《著作权法》(2020)
视听作品保护期限	第 21 条第 3 款：电影、电视、录像和摄影作品的发表权、使用权和获得报酬权的保护期为五十年，截止于作品首次发表后第五十年的 12 月 31 日，但作品自创作完成后五十年内未发表的，本法不再保护 （发表起算主义）	第 21 条第 3 款：电影作品和**以类似摄制电影的方法创作的作品、摄影作品**，其发表权、**本法第十条第一款第（五）项至第（十七）项规定的权利**的保护期为五十年，截止于作品首次发表后第五十年的 12 月 31 日，但作品自创作完成后五十年内未发表的，本法不再保护 （发表起算主义）	第 21 条第 3 款：电影作品和以类似摄制电影的方法创作的作品、摄影作品，其发表权、本法第十条第一款第（五）项至第（十七）项规定的权利的保护期为五十年，截止于作品首次发表后第五十年的 12 月 31 日，但作品自创作完成后五十年内未发表的，本法不再保护 （发表起算主义）	第 23 条第 3 款：**视听作品**，其发表权的保护期为五十年，截止于**作品创作完成后**第五十年的 12 月 31 日；本法第十条第一款第五项至第十七项规定的权利的保护期为五十年，截止于作品首次发表后第五十年的 12 月 31 日，但作品自创作完成后五十年内未发表的，本法不再保护 （创作起算主义；发表起算主义）

① 参见冯寿波：《中国－东盟自由贸易区版权法比较研究》，气象出版社 2014 年版，第 99～100 页。

电影作品是一个综合性的艺术作品。其中涉及的文字脚本、主题音乐、分镜头剧本、美术设计等能够单独使用的部分，可以分别按照所述作品的保护期的规定计算保护期，该保护期不同于作为整体的电影作品的著作权保护期。

最高人民法院《关于审理著作权民事纠纷案件适用法律若干问题的解释》第10条明确规定：《著作权法》第15条第2款所指的作品，著作权人是自然人的，其保护期适用《著作权法》第21条第1款的规定；著作权人是法人或其他组织的，其保护期适用《著作权法》第21条第2款的规定。也就是说，视听作品中的剧本、音乐等可以单独使用的作品，其保护期限应先判断权利人是自然人还是法人或其他组织，然后再确定著作权保护期限。

第四节 摄影作品与实用艺术作品

一、国际公约的相关规定

《伯尔尼公约》第7条"保护期限"第4款"对于摄影作品和应用艺术作品"规定："摄影作品和作为艺术作品保护的实用艺术作品的保护期限由本同盟各成员国的法律规定；但这一期限不应少于自该作品完成之后算起的二十五年。"[①]关于摄影作品和实用艺术品的保护是《伯尔尼公约》规定的第三类特殊保护期间。对于这两类作品，《伯尔尼公约》第7条第4款将此类作品的保护期限交由各成员国自行规定，但此期限不应少于自该作品完成后算起的25年。《伯尔尼公约》提供了较一般保护期间短的保护，即自作品创作产生之日起25年。对于这两类作品的保护，在《伯尔尼公约》磋商之时已经产生争议，最终条款也是对这些差异达成妥协的一个结果。最终在WCT中，各国达成一致，提高了《伯尔尼公约》摄影作品的保护期间。

TRIPs(1994)没有改变《伯尔尼公约》关于保护期间的规定，但对于保护期间的具体计算进行了补充。TRIPs第12条"保护期"规定，除摄影作品或实用艺术品外，只要

① 张大伟主编，王智丽、杨丽娟编：《世界版权条约》，东方出版中心2019年版，第38页。

作品的保护期间不以自然人的生命为基础计算，则该期限自作品经授权出版之年年底计算即不得少于50年，或如果该作品在创作后50年内未经授权出版之年年底计算，即不得少于50年，或如果该作品在创作后50年内未经授权出版，则为自作品完成之年年底起计算的50年。

WCT(1996)关于版权保护期间规定的变化，主要体现在对摄影作品保护期间的修改。WCT延长摄影作品的保护期间，在第9条专门对摄影作品的保护期间进行了规定。WCT第9条“摄影作品的保护期间”规定：“对于摄影作品，缔约各方不得适用《伯尔尼公约》第7条第4款的规定。”WCT没有明确规定摄影作品的保护期间，而是通过规定各缔约方不得适用《伯尔尼公约》第7条第4款，对摄影作品的保护期限间接进行规定。WCT规定对《伯尔尼公约》第7条第4款不适用，含义是排除《伯尔尼公约》第7条第4款关于摄影作品的特殊规定，适用第7条关于保护期间的一般规定，也就是说，对于摄影作品保护期间应该适用《伯尔尼公约》第7条的一般性原则规定，即作者有生之年以及死后50年，提高了对于摄影作品保护期间的规定。[①]

对于照片和电影作品的保护，各国也有一个明确的期限，或从照片和电影完成之日算起，或从照片的发表、电影的发行之日算起。关于保护期的长短，各国的规定存在较大差异，有的长达50年(如印度、荷兰、英国等)，有的短到5年(如南斯拉夫)。

二、国际公约和欧盟关于摄影作品保护期的规定

关于摄影作品保护期限，《伯尔尼公约》采用最低限度保护原则。《伯尔尼公约》第7条第4款规定：联盟成员国有权以法律规定摄影作品的保护期限；但这一期限不应少于自该作品完成时算起25年。《伯尔尼公约》只规定了一个大致限度：保护期至少应当持续至该作品完成之时起25年期间届满，具体期间由各缔约国自行规定。《伯尔尼公约》第7条“保护期限”第4款“对于摄影作品和应用艺术作品”规定，“摄影作品和作为艺术作品保护的实用艺术作品的保护期限由本同盟各成员国的法律规定；但这一期限不应少于自该作品完成之后算起的二十五年”[②]，即将此类作品的保护期限交由各成员国自行规定，但此期限不应少于自该作品完成后算起的25年。WCT认为该期间太短，规定《伯尔尼公约》第7条第4款的规定不再适用。1996年由世界知识产权组织缔结的

---

① 参见徐红菊：《国际知识产权法学条文释义、理论与案例》，知识产权出版社2021年版，第152页。

② 张大伟主编，王智丽、杨丽娟编：《世界版权条约》，东方出版中心2019年版，第38页。

WCT 第 9 条已经规定,成员国不得适用《伯尔尼公约》第 7 条关于摄影作品保护期的规定。这就意味着,摄影作品的保护期限应当与其他作品的保护期限一样,都是作者的有生之年加 50 年。

《伯尔尼公约》第 7 条虽然规定版权的保护期为作者的有生之年加 50 年,但又规定成员国可以自由决定摄影作品的保护期限,保护期至少为作品完成后的 25 年。这表明,《伯尔尼公约》成员国对于摄影作品版权保护期的规定不尽一致。在《版权与邻接权保护期指令》颁布以前,欧共体成员国对于摄影作品保护期的规定也存在着较大差异。该指令第 6 条对于摄影作品的保护期限进行了统一,即当摄影作品在符合原创性要求的时候,可以获得作者有生之年加 70 年的保护。欧共体《版权与邻接权保护期指令》所规定的保护期限比《伯尔尼公约》更长,为作者的有生之年加 70 年。

在有关摄影是否构成作品方面,还涉及版权法体系和著作权法体系的不同标准。版权法体系有关作品(包括摄影作品)的原创性要求较低,只要是源于作者就可以构成作品。依据著作权法体系的标准,有关作品(包括摄影作品)不仅应当来自作者,而且应当体现作者的精神状态或者人格印迹。《版权与邻接权保护期指令》对摄影作品的构成要件作了一个折中规定。根据该指令第 6 条,具有"原创性"的摄影作品,应当适用指令第 1 条关于保护期的规定,如作者有生之年加 70 年的保护期限。至于其中的"原创性",仍然是指"作者自己的智力创造"。这与《计算机软件保护指令》所设定的原创性标准相同,即有关的作品不仅应当来自作者,而且应当体现作者的智力创造。《版权与邻接权保护期指令》第 6 条还特别指出,在确定摄影是否获得版权时,不应当适用除此以外的其他标准。《版权与邻接权保护期指令》的"重述 17"在提到"作者自己的智力创造"时,还特别提到了"作者的人格",即当摄影作品是由作者自己的智力创造并且反映了作者人格时,就达到了原创性标准。这是关于摄影作品原创性标准的特别之处。①

根据《版权与邻接权保护期指令》第 6 条的规定,对于那些达不到原创性标准的摄影,如一般的快照,成员国可以给予其他权利。这是一个选择性规定,成员国可以给予其他权利的保护,也可以不给予。在德国,这种不构成作品的摄影可以获得邻接权的保护,称为摄影者权。

---

① 参见李明德等:《欧盟知识产权法》,法律出版社 2010 年版,第 253 页。

三、典型国家关于摄影作品保护期的规定

摄影作品较之于其他作品更多地依赖器材，大多数国家对其著作权保护期作了特殊规定，在保护期的计算上不适用死亡起算主义，而是从作品创作完成之日或发表之日起算。

目前大多数国家著作权法规定，一般的摄影作品，保护期限为50年；但对于单纯的简单的照片，保护期较短。《意大利著作权法》第一编"著作权的一般规定"第三章"著作权的内容和期限"第三节"作品的经济使用权期限"第32条第2附条规定，"摄影作品的经济使用权期限截止于作者死亡后第70年的年底"①，即作为著作权的摄影作品的经济使用权期限为70年；起算日采用死亡起算主义。《德国著作权法》第二部分"与著作权有关的权利保护"第二节"对照片的保护"第72条"照片"第3款规定："本条第1款权利自照片出版起，或者其首次经许可的公开再现先于出版的，自首次公开再现起五十年后归于消灭；但是，照片在此期间未出版，或者未以许可方式公开再现的，自制作起五十年归于消灭。该期限按照本法第69条规定计算。"②德国对照片的保护期间为50年；起算日采用制作起算主义或公开起算主义或出版起算主义，取最先到期者；起算方式采用年底主义（第69条）。英国CDPA及1995年《表演著作权期限及权利条例》规定，照片的保护期限为摄影师终生及其去世后70年。③

《印度著作权法》（1957）第五章"著作权期限"第25条"摄影作品的著作权期限"规定："就摄影而言，该作品在自发表之年下一个日历年初起的六十年内享有著作权。"④印度摄影作品的著作财产权保护期为60年；起算日采用发表起算主义；起算方式采用翌年主义。《巴西著作权法》第三编"著作权"第三章"著作财产权及其保护期"第44条规定："视听作品和摄影作品的著作财产权保护期为自作品发表后的次年1月1日起七十年。"⑤巴西视听作品和摄影作品的保护期间为70年；起算点采用发表起算主义；起算方式采用翌年主义。

《菲律宾知识产权法典》第四编"版权法"第十六章"保护期"第213条第5款规定，

---

① 《十二国著作权法》，《十二国著作权法》翻译组译，清华大学出版社2011年版，第288页。

② 《十二国著作权法》，《十二国著作权法》翻译组译，清华大学出版社2011年版，第172页。

③ 参见柴广成、黄阳、顾立平：《中国与英国知识产权转移近况》，科学技术文献出版社2019年版，第17页。

④ 《十二国著作权法》，《十二国著作权法》翻译组译，清华大学出版社2011年版，第233页。

⑤ 《十二国著作权法》，《十二国著作权法》翻译组译，清华大学出版社2011年版，第14页。

若是摄影作品，从其发表之日起 50 年有效；若其未发表，则从创作完成之日起 50 年有效。[①] 菲律宾摄影作品的保护期为其发表后 50 年；如果尚未发表，则从其创作日期起 50 年。（发表起算主义或创作起算主义）《泰国版权法》第 21 条对摄影作品、音像制品、电影摄影作品或音频广播作品规定的保护期为从获得作者身份时起 50 年；如果在该期间作品被发表，则为从首次发表时起 50 年。（身份起算主义或发表起算主义）

关于摄影作品的保护期，作品出版后 50 年：澳大利亚、塞浦路斯、印度、巴基斯坦、英国。作品出版后 30 年：菲律宾。作品创作完成后 30 年：奥地利。作品出版后 25 年：保加利亚、芬兰。作品创作完成后 25 年：贝宁、刚果、丹麦、斯里兰卡。作品出版后 20 年：阿根廷。作品出版后 10 年：波兰。[②]

规定摄影作品的著作权保护期短于其他作品，已成为国际上的一种通行做法。也有少数国家对某些类型的摄影作品规定的保护期适用一般作品的规定。如瑞典《著作权法》第 15 条规定，一般摄影作品的保护期为作者发表之年起 25 年，但如果所拍摄的对象是科学或艺术作品，则其保护期与其他享有著作权的作品一样，适用作者终生加死后 50 年的规定。[③]

我国《著作权法》曾规定摄影作品的保护期为 50 年。我国《著作权法》的规定和日本相似：对于摄影作品，无论其归属于自然人还是法人，其财产权利的保护期限，均采发表起算主义。根据《著作权法》（2010）第 21 条第 3 款之规定，摄影作品的发表权、使用权和获得报酬权的保护期为 50 年，截止于作品首次发表后 50 年的 12 月 31 日；但作品自创作完成后 50 年未发表的，该作品不再被保护。1990 年《著作权法》规定，摄影作品著作财产权的保护期为作品首次发表后 50 年。《著作权法》（2020）规定，摄影作品著作财产权的保护期为作者终生及其死亡后 50 年。[④]

四、立法展望：区分"摄影作品"与"普通照片"

给予摄影作品以较短的保护期，则可能是受国际著作权条约的影响。《伯尔尼公约》的一些成员国对于摄影作品的艺术性持怀疑态度，因此《伯尔尼公约》只要求给予摄影作品不低于自创作完成起 25 年的保护期（第 7 条第 4 款）。WCT 规定缔约方不再适

---

① 参见《菲律宾知识产权法典》，杨涛、杨斌译，知识产权出版社 2014 年版，第 92 页。

② 参见［西］德利娅·利普希克：《著作权与邻接权》，中国对外翻译出版公司 2000 年版，第 194 页注释 7。

③ 参见冯晓青：《著作权法》，法律出版社 2010 年版，第 151 页。

④ 参见山东省济南市中级人民法院民事判决书，（2002）济民三初字第 126 号。

用该款之规定(第9条)。TRIPs第12条也只要求给予摄影作品经授权出版之日起50年的保护期。

由于各种照片的独创性差异极大,借鉴欧洲大陆法系国家的著作权法,区分“摄影作品”和“普通照片”。对于著作权原始归属于自然人的摄影作品给予作者有生之年加50年的保护期;同时创设用于保护普通照片的邻接权,给予首次发表后50年甚至更短的保护期,可能较为合理。① (《德国著作权法》第64条、第72条第2款)

五、实用艺术作品

实用艺术作品,应是艺术作品的一种,只是与其他艺术作品相比更具实用性。《伯尔尼公约》第7条第4款规定:联盟成员国有权以法律规定作为艺术品加以保护的使用美术作品的保护期限;但这一期限不应少于自该作品完成时起25年。可见在《伯尔尼公约》的规定中采用了最低保护原则,在给予各缔约国自主权的同时,也限定了最低的保护标准。也就是说各国在指定保护期限的时候,最低也要规定25年的保护期限。

《伯尔尼公约》第7条第4款规定,各成员国可以自主规定实用艺术品的保护期,但不得低于作品完成后的25年。在著作权法中保护实用艺术品的国家,一般也规定其著作权保护期与摄影作品相同。保护实用艺术品的国家要参加《伯尔尼公约》,其保护期就不应低于作品完成之后25年。因为与摄影作品一样,公约规定作为艺术作品保护的使用艺术作品的保护期限由成员国的法律规定,但这一期限不应少于自该作品完成之日算起的25年。

《埃及知识产权保护法》第三编“著作权和邻接权”第164条规定:“实用艺术作品的财产权保护期限,从首次发表之日或者首次向公众提供之日起算的二十五年终止,以较后届满者为准。”②埃及国内法中,实用艺术作品的财产权保护期间为25年;起算点采用发表起算主义或提供起算主义,取较后届满者。

《菲律宾知识产权法典》第四编“版权法”第十六章“保护期”第213条“保护期”第4款规定,“实用艺术作品从其创作完成日起25年有效”。③ (创作起算主义;当日主义)《泰国版权法》第22条关于实用艺术作品的保护期间的规定与《菲律宾知识产权法典》

① 参见王迁:《知识产权法教程》(第6版),中国人民大学出版社2019年版,第184页。

② 《十二国著作权法》,《十二国著作权法》翻译组译,清华大学出版社2011年版,第41页。

③ 《菲律宾知识产权法典》,杨涛、杨斌译,知识产权出版社2014年版,第92页。

第213.4条规定相同。[①]

1992年9月颁布的《实施国际著作权条约的规定》第6条规定，外国实用艺术作品的保护期，为该作品完成后的25年。[②] 这是与《伯尔尼公约》一致的保护期限。我国《著作权法》(2001)将实用艺术品的艺术方面纳入美术作品之中，则使用艺术品的保护期限也与其他作品的保护期限相同，都是作者的有生之年加死后50年。

我国澳门特区《著作权及有关权利之制度》(2012)第二编“受保护作品及使用”第三章“各种作品与使用”第六节“造型艺术及实用艺术之作品”第148条“失效”规定：“实用艺术作品之著作权，在作品完成后满二十五年失效。”[③]

第五节 匿名、假名等作者身份不明的作品

在实践中，有的作品不具名或者不适用真名而使用另外一个名字，称为化名，也可能是笔名。作者以匿名或者以不暴露作者身份的假名发表作品，作者身份不明。这种情况是著作权法允许的，因为在作品上是否署名以及如何署名是作者署名权的体现。由于无法确定作者是否在世，也就不能按照“作者有生之年加死后若干年”的方法计算著作权保护期。一般国家都规定著作权的保护期从作品发表之日起计算，保护期的长短与作者死后的保护期相同，也有少数国家规定保护期短于作者死后的保护期。各国一般还规定，如果真实作者在著作权有效期内披露了自己真实身份，或者他人证实了作者的真实身份，就仍应适用“作者有生之年加死后若干年”的方法计算保护期，如《意大利著作权法》第27条即有此种规定。

各国一般规定，匿名作品的保护期为自发表之日起50年。在此期间，该匿名作品著作财产权由出版者或作品原件所有者行使，一旦作者或其继承人身份确定，则适用一般的保护期限，因此，匿名作品著作权的特殊保护期在一定条件下可以回归到一般保

① 参见冯寿波：《中国－东盟自由贸易区版权法比较研究》，气象出版社2014年版，第99页。
② 参见吴高盛主编：《〈中华人民共和国著作权法〉释义及实用指南》，中国民主法制出版社2015年版，第377页。
③ 本书汇编组编：《中国百年著作权法律集成》，中国人民大学出版社2010年版，第585页。

护期。

一、国际公约的相关规定

《伯尔尼公约》第7条“保护期限”第3款“对于匿名和假名作品”规定，对于不具名作品和匿名作品，本公约给予的保护期自其合法提供于公众之日起50年内有效，但根据作者采用的假名可以毫无疑问地确定作者身份时，该保护期则为本条第1款所规定的期限。如不具名作品或假名作品的作者在上述期间内公开其身份，所适用的保护期为第1款所规定的保护期限。本同盟国成员没有义务保护有充分理由推定其作者已死去50年的不具名作品或假名作品。[①] 作者身份不明的作品，如匿名作品和假名作品，其经济权利的保护期限为作品发表后的50年，即此类作品的保护期自合法提供给公众之日起50年内有效（提供起算主义）。如果根据作者采用的假名可以毫无疑问地确认作者身份，该保护期为一般作品的保护期限（死亡起算主义）。如果匿名作品或假名作品的作者在以上期间公开身份，其保护期为一般作品的保护期（死亡起算主义）。对于有充分理由推定作者已死去50年的匿名作品或假名作品，该公约成员国无义务予以保护（进入公共领域）。此类作品因为作者不披露身份，无法以自然人真实生存时间计算保护期间。因此《伯尔尼公约》规定，如果是作者公开身份，则按照一般规定计算保护期间。如果作者没有公开身份，则对于有充分理由推定作者已死去50年的作品，缔约国可以不再保护。

二、欧共体的相关规定

2006年12月，欧盟理事会重新发布了《版权与邻接权保护期指令》。该指令指出，在匿名作品和假名作品的情形下，版权保护期为作品公开发表后的70年。如果作者的真实身份得以确认，则保护期为作者的有生之年加70年。

有关匿名作品和假名作品的保护期规定同样适用于集体作品或法人作品。根据规定，如果成员国的法律特别规定了集体作品，或者规定法人作为版权所有人，则版权保护期限为作品公开发表后的70年。如果作者的身份得以确认，则保护期为作者的有生之年加70年。又根据规定，如果有关的作品完成后一直没有公开发表，同时版权保护期的计算方式也不是以作者的死亡为准，则保护期为作品完成后的70年，这主要是指

---

① 参见张大伟主编，王智丽、杨丽娟编：《世界版权条约》，东方出版中心2019年版，第38页。

没有公开发表过的集体作品或者法人作品。[①]

三、典型国家和地区的立法例

《德国著作权法》第66条、《法国知识产权法典》第L.123-3条、《日本著作权法》第52条都有类似规定。《美国版权法》第302条则规定,匿名作品、笔名作品和雇佣作品,其保护期为自首次出版之日起75年或自创作完成之日起100年,以首先到期的期限为准,但在此期间届满前,依特定程序公开了作者身份的匿名、笔名作品除外。此类作品的保护期限从发生上述事件之后次年的1月1日开始计算。在美国,匿名作品、假名作品和笔名作品的著作权人可以通过向版权局登记的形式确认其作者身份,并据此重新计算著作权保护期限。这一规定值得中国借鉴。

对于无名氏或假名作品的版权保护期,一般国家规定从作品出版之日起计算,保护期的长短与作者死后保护期的长短相同。英国、德国、印度、日本、墨西哥、坦桑尼亚等大多数国家的法律就是这样规定的。比如《德国著作权法》第一部分"著作权"第七节"著作权保护期"第66条"匿名和假名著作"第1款规定:"匿名和假名著作的著作权自著作发表起七十年后归于消灭;著作再此期限内未发表的,自著作创作起七十年后归于消灭。"[②]1966年以前,《德国著作权法》规定身份不明作品的保护期限为50年;自1966年开始生效的修正案,作者身份不明作品的保护期延长到70年。1993年,欧盟颁布的《版权与邻接权保护期指令》以德国做法为基准,要求成员国将匿名作品、假名作品的保护期统一延长为70年。1999年美国通过的《版权保护期延长法》将匿名作品、假名作品的保护期限改为出版之后的95年或者完成后的120年,二者取其长者。[③]

《法国知识产权法典》第一部分"文学和艺术产权"第一卷"著作权"第二编"作者权利"第三章"保护期限"第L.123-3条第1款规定,"假名、匿名或集体作品的独占权保护期为作品发表之次年1月1日起七十年。发表日可以一般法律规定的任何证据方式,尤其可通过依法缴送的样本确定",即匿名、假名作品的保护期间为70年;起算点采用发表起算主义;起算方式采用翌年主义。第2款规定:"假名、匿名或集体作品如果分期发表,期限起算的时间为每一部分发表的次年1月1日。"第3款规定:"匿名或假名作品的一个或数个作者为人所知的,其独占权保护期限为L.123-3条或L.123-2条

① 参见李明德等:《欧盟知识产权法》,法律出版社2010年版,第251页。
② 《十二国著作权法》,《十二国著作权法》翻译组译,清华大学出版社2011年版,第169页。
③ 参见李明德、闫文军:《日本知识产权法》,法律出版社2020年版,第162页。

款所规定的期限。”第 4 款规定:“第一、二款的规定仅适用于创作后七十年内发表的假名、匿名或集体作品。”第 5 款规定:“但假名、匿名或集体作品如在前款所述期限期满后披露,因继承或其他名义而成为作品的所有人,出版或请人出版该作品的,自出版之次年 1 月1 日起二十五年内,可享有独占权。”①

《意大利著作权法》第一编“著作权的一般规定”第三章“著作权的内容和期限”第三节“作品的经济使用权期限”第 27 条规定,“在本法第 8 条规定之外以匿名或者笔名发表的作品的经济使用权期限,无论作品发表的形式,均为首次发表之日起的 70 年。在前款所述期限届满之前,作者本人或者本法第 23 条规定的主体或者作者授权之人依本法第 28 条规定的方式披露了作者身份的,作品的经济使用权期限按照本法第 25 条的规定计算”②,即意大利匿名或笔名作品的著作财产权保护期为 70 年;起算日采用发表起算主义或死亡起算主义(期限届满前披露作者身份)。

《俄罗斯联邦民法典》(著作权部分)(2006)第四部分第七编“智力活动成果和个性化表现方法的权利”第七十章“著作权”第 1281 条“作品专有权的保护期”第 2 款规定:“匿名或以假名发表的作品专有权保护期 70 年后届满,自该作品正当发表之年的下一年 1 月1 日起算。在上述期限内,匿名或以假名发表作品的作者披露自己身份,或者其身份不再存有疑点的,专有权的保护期则为本条第一款所规定的期限。”③俄罗斯匿名或假名作品的著作财产权保护期为 70 年;起算日采用发表起算主义或死亡起算主义;起算方式采用翌年主义。

《加拿大版权法》第一章“作品的版权和精神权利”第 6. 1 条“匿名作品和假名作品”规定:“除第 6. 2 条规定以外,作品的作者身份不明的,其版权存续期限为以下期限中较早到期者:(a)由作品首次出版之日历年的剩余时间以及其后 50 年组成的期限,(b)由作品创作完成之日历年以及其后 75 年组成的期限,但是,在该期限内作者身份已被公知的,使用第 6 条规定的期限。”④(出版起算主义或创作起算主义)第 6 条“版权的期限”规定:“除本法另有明确规定以外,版权的存续期间由作者终生、作者死亡之日历年的剩余时间以及其后 50 年组成。”(死亡起算主义)第 6. 2 条“匿名合作作品和假名合作作品”规定:合作作品的所有作者身份不明的,其版权存续期限为下列期限中较早到

① 《十二国著作权法》,《十二国著作权法》翻译组译,清华大学出版社 2011 年版,第 75 页。
② 《十二国著作权法》,《十二国著作权法》翻译组译,清华大学出版社 2011 年版,第 286 ~287 页。
③ 《十二国著作权法》,《十二国著作权法》翻译组译,清华大学出版社 2011 年版,第 442 页。
④ 《加拿大版权法》,易建雄译,知识产权出版社 2017 年版,第 15 页。

期者：(a)由作品首次出版之日历年的剩余时间以及其后 50 年组成的期限，(b)由作品创作完成之日历年以及其后 75 年组成的期限，但是，在该期限内一个以上的作者身份已被公知的，版权存续期限由最后死亡的作者终生、其死亡之日历年的剩余时间以及其后 50 年组成。[①]（出版起算主义或创作起算主义或死亡起算主义）

《日本著作权法》第二章“作者的权利”第四节“保护期限”第 52 条“匿名或者假名作品的保护期限”第 1 款规定，“匿名或者假名作品的著作权，存续到该作品发表后 50 年。但是，存续期间届满之前，确认已过作者死亡 50 年的，则该匿名或者假名作品的著作权自作者死亡后 50 年起消灭”。第 2 款规定，“由下列情形之一的，前款规定不适用。(一)众所周知假名作品上作者的假名就是该作者时。(二)在前款规定的期限内，进行了第 75 条第 1 款规定的真名登记时。(三)在前款规定的期限内，作者将其真名或者众所周知的假名作为作者名发表其作品时”[②]，即匿名或者假名作者的作品，其著作权的保护期限为作品发表后的 50 年(发表起算主义)，但如果在保护期限届满以前，作者的身份得以确认，则为作者的有生之年加 50 年(死亡起算主义)。在日本，对假名或匿名作品可以进行“实名登记”，这实际上是披露作者身份的一种方式。在下列情况下也改为死亡起算主义计算方法：一是当作者的假名具有很大的知名度时；二是作品发表 50 年内，作者以实名或著名笔名发表该作品时。

《韩国著作权法》第二章“作者的权利”第四节“作者财产权”第三分节“著作财产权的期限”第 40 条“匿名和假名作品的保护期”第 1 款规定：“除非假名被广泛知晓，匿名或假名作品的保护期为作品发表后五十年。但是，如果由正当的理由认定作者死亡已经超过五十年，则著作财产权为作者死后五十年。”[③]

《印度著作权法》(1957)第五章“著作权期限”第 23 条“匿名作品和化名作品的著作权期限”第 1 款规定：“就匿名或化名发表的文学、戏剧、音乐或美术作品(不包括摄影作品)而言，该作品在自首次出版之年下一个日历年初的六十年内享有著作权；但如果作者的身份在该期间届满之前披露，该作品在自作者死亡之年下一个日历年初起的六十年内享有著作权。”[④]印度匿名或化名作品的著作权保护期限为 60 年；起算日为出版起算主义或死亡起算主义(届满前披露)；起算方式为翌年主义。

---

① 参见《加拿大版权法》，易建雄译，知识产权出版社 2017 年版，第 16 页。
② 《十二国著作权法》，《十二国著作权法》翻译组译，清华大学出版社 2011 年版，第 389 页。
③ 《十二国著作权法》，《十二国著作权法》翻译组译，清华大学出版社 2011 年版，第 519 页。
④ 《十二国著作权法》，《十二国著作权法》翻译组译，清华大学出版社 2011 年版，第 283 页。

《巴西著作权法》第三编“著作权”第三章“著作财产权及其保护期”第43条规定：“匿名作品、假名作品的保护期为自作品首次发表后的次年1月1日起七十年。”单立款规定：“作者在本条规定的期限届满之前表明其作者身份的，作品的保护期应适用第41条及其单立款的规定。”[①]巴西法规定的匿名作品、假名作品的保护期间为70年；起算点采用发表起算主义或死亡起算主义（届满前表明作者身份的）；起算方法采用翌年主义。

《埃及知识产权保护法》第三编“著作权和邻接权”第163条规定：“匿名作品与假名作品的财产权保护期限，为首次发表之日或者首次向公众提供之日起算的五十年后终止，以较后届满者为准。该作品的作者被确定并为公众所知的，或者其身份被披露的，则保护期限适用本法第160条。”[②]埃及法规定的匿名作品与假名作品的财产权保护期间为50年；起算点采用发表起算主义或者提供起算主义；若身份被披露，则采用死亡起算主义。

《南非版权法》第一章“原创作品的版权”第三节“因国籍、定居地或居住地取得的版权和版权的期限”第3款规定：“（a）匿名或者署名为笔名的作品，其版权保护期为自该作品经版权人同意向公众公开之年末起算的五十年，或者为自合理推定作者死亡之年末起算的五十年，两者取时间较短者为版权保护期。（b）在上述（a）段所规定的版权保护期到期之前获知作者身份的情形下，版权保护期限依照之前的第（2）小节之规定计算。”[③]南非匿名或笔名作品的版权保护期为50年；起算日采用公开起算主义或死亡起算主义（取时间较短者）；起算方式为年底主义。

少数国家规定，匿名或假名作品的保护期短于作者死后的保护期，如玻利维亚规定，作者死后的保护期为30年，而此类作品的保护期为20年；萨尔瓦多规定，作者死后的保护期为50年，而此类作品的保护期为25年。

四、东盟地区关于匿名或假名作品的保护期

《马来西亚版权法》第17.3规定：如果作品匿名或假名发表，作品保护期为从首次发表或首次向公众公开或制作之年的下一个日历年开始起算的50年，以最后的日期为准。如果作者身份已知，版权期间应根据第1款规定计算。（发表起算主义；翌年主义）《泰国版权法》第20条关于匿名或假名作品保护期的规定与《马来西亚版权法》第17.3

① 《十二国著作权法》，《十二国著作权法》翻译组译，清华大学出版社2011年版，第14页。
② 《十二国著作权法》，《十二国著作权法》翻译组译，清华大学出版社2011年版，第41页。
③ 《十二国著作权法》，《十二国著作权法》翻译组译，清华大学出版社2011年版，第475~476页。

条基本相同。《菲律宾知识产权法典》第四编“版权法”第十六章“保护期”第213条“保护期”第3款规定，如该作品是匿名或化名作品，则版权保护从首次合法发表之日起五十年有效；若作者身份在期限届满前披露，则适用第213条第1款、第213条第2款的规定；如果作品未发表，则保护期从其创作完成起五十年有效，[①]即对于匿名或化名作品，版权保护期为该作品首次合法发表之日起50年（发表起算主义）。假如在该期间到期之前，作者的身份被透露或不再存疑，第213.1条和第213.2条应予以适用（死亡起算主义）。如果该作品以前尚未发表，则从创作日期起算保护50年（创作起算主义）。

《柬埔寨版权和邻接权法》第31条规定，以匿名或笔名方式发表的作品中的经济权利，在该作品经权利持有人授权后首次发表的日历年年底起75年的整个期间（发表起算主义；年底主义）；如果自作品完成时起50年内未能发表，则75年的保护期将从该作品向公众公开的日历年底开始计算（公开起算主义；年底主义）；如果在该作品完成之后50年间未能向公众公开，则将从该作品完成的日历年年末开始计算100年保护期（完成起算主义；年底主义）；在该保护期到期之前，如果作者的身份确实得以明确或确定，则适用第30条规定。《老挝知识产权法》第93.2条规定了版权的保护期：如果作者使用了假名而无法得知作者是谁，保护期应适用本条第2款第1段的规定。如果知晓使用假名作品的所有人，则保护期应适用本条第1款规定。《文莱版权法》第14.2条规定：如果并不知晓作品的作者，则版权自该作品诞生、首次向公众公开或首次发表之日起到50年年末，而不论哪一个日期在最后；如果在该期间到期之前，作者身份被查明或不再存疑，则应适用第1款的规定。为此目的，向公众公开包括——（1）对于文学、戏剧或音乐作品来说是指公开表演；被广播或被包含在有线节目服务中；（2）对于艺术作品来说是指公开展览，包括公开展示的作品在内的摄影，被包含在广播或有线节目服务中。但是，在为本条目的通常确定作品是否向公众公开时，不应考虑任何未经授权的行为。[②]

五、我国《著作权法实施条例》（2013）等的规定

《著作权法实施条例》（2013）第13条规定：“作者身份不明的作品，由作品原件的所有人行使除署名权以外的著作权。作者身份确定后，由作者或者其继承人行使著作权。”[③]我国对于作者用假名、笔名发表的作品，或匿名发表的作品，其保护期也是从发表

① 参见《菲律宾知识产权法典》，杨涛、杨斌译，知识产权出版社2014年版，第92页。

② 参见冯寿波：《中国－东盟自由贸易区版权法比较研究》，气象出版社2014年版，第101页。

③ 吴高盛主编：《〈中华人民共和国著作权法〉释义及实用指南》，中国民主法制出版社2015年版，第373页。

之日起的50年;如果在保护期内明确了作者的真实身份,该作品的保护期仍按作者终生加死亡后50年计算。

《著作权法实施条例》(2013)第18条规定:“作者身份不明的作品,其著作权法第十条第一款第五项至第十七项规定的权利的保护期截止于作品首次发表后第50年的12月31日。作者身份确定后,适用著作权法第21条的规定。”[①]作者身份不明的作品的著作权保护期从作品首次发表之日起算,保护期与作者死后保护期相同。作者身份不明的作品,著作财产权的保护期采用发表起算主义,即截止到作品首次发表后第50年的12月31日。之所以采用发表起算主义,是因为作者身份不明的作品,其作者身份无法确定,因而作者的死亡时间无法确定,采发表起算主义是不得已的选择。

作者身份一旦确定,作者是自然人的,采用死亡起算主义;适用一般自然人的著作财产权保护期规定,也即适用《著作权法》一般保护期的规定,为作者终生及作者死后50年。作者是法人或非法人组织的,采用发表起算主义;其著作权保护期仍然是作品首次发表后50年,但是在存续期届满之前,确认该著作权人死亡已过50年,则这种身份不明的作者的著作权,自确认该著作权人死亡已过50年时起即告消灭。

第六节 遗作

遗作系作者去世后遗留下来的作品,即作者生前未公开发表的作品。它是作者生前创作且死后待发表的作品。就遗作而言,为了鼓励作者的继承人或受赠人将遗作发表出来供社会利用,相当一部分国家的著作权法对遗作规定了保护期限。各国对遗作著作权保护期的规定有两种模式:一是“发表起算主义”,即规定保护期为遗作发表后若干年,如日本、英国、巴西;二是“死亡起算主义”,即规定保护期与一般作品相同,都是作者终生加死后若干年,如德国、丹麦、挪威。

多数国家著作权法规定,遗作的著作权保护期与作者生前发表作品的保护期相同,即采用“等同保护主义”。只是在起算点上有差别。其一,采用“死亡起算主义”,即规

① 吴高盛主编:《〈中华人民共和国著作权法〉释义及实用指南》,中国民主法制出版社2015年版,第374页。

定保护期始于作者去世之年。如土耳其、挪威、丹麦、阿根廷等国规定，对于作者死后发表的作品，其保护期与作者生前发表的作品的保护期相同，不问作品何时发表，保护期都从作者去世之年起计算。其二，采用“发表起算主义”，即规定保护期始于作品发表之日。如法国、加拿大、巴西、日本等国家规定，对于作者死后发表的作品，其保护期与作者生前发表的作品在作者死后的保护期相同，但保护期从作品发表之日起计算，而不是从作者去世之日起计算。

《法国知识产权法典》第一部分“文学和艺术产权”第一卷“著作权”第二编“作者权利”第三章“保护期限”第 L. 123－4 条第 1 款规定：“遗嘱独占权的保护期为第 L. 123－1 条所规定的期限。超过该期限发表的遗著的独占权保护期，为出版之次年 1 月 1 日起二十五年。”第 2 款规定：“作品在第 L. 123－1 条所规定的期间内发表的，遗著的使用权属作者的权利继受人。”第 3 款规定：“作品在该期限届满后披露的，应由因继承或其他名义成为作品所有人出版或请人出版。”第 4 款规定，遗著应独立发表，除非其构成已发表作品的一部分。只有在作者的权利继受人对已发表作品还拥有独占权时，遗著才可与同一作者的其他作品一同出版。[①] 第 L. 123－1 条第 1 款规定：作者对其作品终生享有一切形式的独占使用权及获得报酬权。第 2 款规定：“作者死亡后，该权利由其权利继受人在当年及其后七十年内享有。”[②]法国遗作的著作权保护期间为 70 年；起算日采用死亡起算主义；起算形式为翌年主义。

《俄罗斯联邦民法典》（著作权部分）（2006）第四部分第七编“智力活动成果和个性化表现方法的权利”第七十章“著作权”第 1281 条“作品专有权的保护期”第 3 款规定：“作者死亡之后所发表作品的专有权保护期为该作品发表之后的 70 年，自该作品发表之年的下一年的 1 月 1 日起算，其前提是该作品是在作者死亡后的 70 年期限以内发表的。”[③]俄罗斯遗作的著作财产权保护期为 70 年；起算日为发表起算主义；起算方式为翌年主义。

《印度著作权法》（1957）第五章“著作权期限”第 24 条“作者死亡后发表的作品的著作权期限”第 1 款规定，在作者死亡之日享有著作权的文学、戏剧、音乐作品或版刻，或在最后死亡的作者死亡之日或死亡之前享有著作权的此类合作作品，如果该作品或其改编作品在该日期之前尚未发表，则该作品在自该作品首次出版之年下一个

---

① 参见《十二国著作权法》，《十二国著作权法》翻译组译，清华大学出版社 2011 年版，第 75 页。

② 《十二国著作权法》，《十二国著作权法》翻译组译，清华大学出版社 2011 年版，第 74 页。

③ 《十二国著作权法》，《十二国著作权法》翻译组译，清华大学出版社 2011 年版，第 442～443 页。

日历年初起的60年内享有著作权；如果该作品的改编作品已在此前任何一年发表，则该作品在自该年份下一个日历年初起的60年内享有著作权。第2款规定："就本条而言，如果文学、戏剧或音乐作品，或任何此种作品的改编作品已经公开表演，或者该作品的录音已经向公众销售或已经向公众允诺销售，则该作品视为已经发表。"印度遗作的著作财产权保护期为60年；起算日采用出版起算主义或发表起算主义；起算方式采用翌年主义。

《巴西著作权法》第三编"著作权"第三章"著作财产权及其保护期"第41条规定，作者享有的著作财产权的保护期为作者终生及自死亡后的次年1月1日起七十年，且遵守民法有关继承的规定。单立款规定："本条规定的保护期适用于遗作。"①巴西遗作保护期间为70年；起算点采用死亡起算主义；起算方式采用翌年主义。

《加拿大版权法》第一章"作品的版权和精神权利"第7条"遗作的版权期限"第1款规定："根据第2款，文学、戏剧、音乐作品或者雕刻在作者死亡之日享有版权但尚未出版的，合作作品在最后死亡的作者死亡之日或临近该日期之前享有版权但尚未出版的，演说、戏剧或者音乐作品在以上日期之前已经公开表演或者通过远程通信向公众传播的，版权的后续期限由出版、公开表演或者通过远程通信向公众传播的三者中最先发生者确定，依具体情形而定为由出版、公开表演或者通过远程通信向公众传播之日历年的剩余时间以及其后50年组成。"第2款"第1款的适用"规定："第1款仅适用于所涉作品在本条生效之前即已出版、公开表演或者通过远程通信向公众传播的情形。"②加拿大对遗作规定的版权保护期间为50年，起算点为出版起算主义或表演起算主义或传播起算主义。

《南非版权法》第一章"原创作品的版权"第三节"因国籍、定居地或居住地取得的版权和版权的期限"第2款第a项规定，除照片之外的文学、音乐或者美术作品，版权保护期为作者终生及其死亡之年末起算的50年：如果作者生前就上述作品或其改编有如下行为尚未完成，即(ⅰ)出版；(ⅱ)在公开场合表演；(ⅲ)以出售的方式向公众提供复制品；(ⅳ)广播；版权保护期在自上述行为之首次完成之年末起算的50年中继续有效。③ 南非一般作品的版权保护期为50年；起算日采用死亡起算主义；起算方式为年底主义。南非遗作的版权保护期为50年；起算日采用出版起算主义或表演起算主义或提

---

① 《十二国著作权法》，《十二国著作权法》翻译组译，清华大学出版社2011年版，第13页。

② 易建雄主编：《加拿大版权法》，知识产权出版社2017年版，第16页。

③ 参见《十二国著作权法》，《十二国著作权法》翻译组译，清华大学出版社2011年版，第475页。

供起算主义或广播起算主义;起算方式采用年底主义。

少数国家也有一些例外规定。其一,将保护期分为作品发表后50年或作者去世后75年,以最短的一个为准,如新西兰等少数国家。新西兰规定,此类作品的保护期或为作者死后75年,或为作者发表后50年,以短的时间为准。其二,遗作获得著作权,要进行登记。例如,比利时规定,遗作发表后应在6个月之内进行登记,自登记之日起保护50年;发表后6个月之内不登记,则丧失著作权。其三,《意大利著作权法》第一编"著作权的一般规定"第三章"著作权的内容和期限"第三节"作品的经济使用权期限"第31条规定:"本法第85条第3附条规定情形之外的作者死亡后首次发表的作品,其排他性经济使用权期限为70年,自作者死亡之时起算。"[①]意大利遗作的保护期为70年;起算日采用发表起算主义。其四,已发表和尚未发表的作品,著作权保护期都是作者有生之年加死后70年。《德国著作权法》第71条"遗作"第1款规定:"使未出版的著作于著作权消灭后在本法使用范围内以许可方式首次出版者,或者首次公开再现者,享有使用该著作的独占权。本规定同样适用于本法使用范围内从未受过保护且著作人死亡超过七十年的未出版的著作。"第2款规定:"本权利自著作出版起,或者其首次公开再现先于出版的,自首次公开再现起二十五年后归于消灭。该期限按照本法第69条规定计算。"[②]遗作保护期间为25年;起算日采用出版起算主义或再现起算主义,取先到期者;起算方式采用年底主义(第69条)。

《著作权法》(2020)、《著作权法实施条例》(2013)没有直接规定遗作的著作权保护期,但从《著作权法》(2020)第21条及《著作权法实施条例》(2013)第22条的规定看,作者死亡后发表的遗作也是受保护的,其保护期与作者生前发表作品的保护期相同,即作者终生加死后50年。在作者死后50年内,如作者生前未明确表示不发表,其继承人或受遗赠人可以行使该作品的发表权,但若过了这一期限,继承人或受遗赠人将丧失作品的发表权与著作财产权。如果超过这一期限,遗作未发表,即进入公有领域,不再保护。

---

① 《十二国著作权法》,《十二国著作权法》翻译组译,清华大学出版社2011年版,第287页。
② 《十二国著作权法》,《十二国著作权法》翻译组译,清华大学出版社2011年版,第172页。

第七节 计算机软件

一、国际公约关于计算机软件保护期的规定

TRIPs(1994)第10条"计算机程序与数据的汇编"明确规定,无论以源代码或以目标代码表达的计算机程序,均应作为《伯尔尼公约》1971年文本所指的文字作品给予保护,①即TRIPs将计算机程序作为文字作品予以保护。1996年12月20日通过的WCT第4条"计算机程序"规定:"计算机程序作为《伯尔尼公约》第2条意义下的文学作品受到保护。此种保护适用于各计算机程序,而无论其表达方式或表达形式如何。"②WCT(1996)与TRIPs作出了同样规定。计算机软件采用版权法进行保护成为国际上的主流。

1991年,欧共体发布了协调计算机软件版权立法的"计算机软件保护指令"(1991)。根据该指令第8条,就计算机软件所享有的版权,其保护期是作者有生之年加70年,或最后一位死亡作者死后的70年。在匿名作品、假名作品,或者软件版权属于法人的情形下,版权的保护期为公开发表后的70年。指令规定的软件著作权保护期,在一开始是作者的有生之年加50年,或者发表后的50年。欧盟于1993年10月发布《版权与邻接权保护期指令》之后,"计算机软件保护指令"也做了相应修改。③

二、典型国家计算机软件保护期限的立法例

世界上有40多个国家和地区对计算机软件提供著作权保护,由于各国技术政策不同,对计算机软件提供的著作权保护范围和保护期限也很不一致。美、英、日、德等国著作权法,关于软件保护期的规定与一般作品的保护期相同。多数国家的著作权法规定的软件保护期与一般作品的保护期相同,但是《法国著作权法》第48条规定,软件保护期为自软件创作之日起25年后消灭。

《韩国著作权法》第二章"作者的权利"第四节"作者财产权"第三分节"著作财产权

① 参见张丽娜主编:《WTO与中国知识产权法律制度研究》,中国民主法制出版社2006年版,第293页。

② 张大伟主编,王智丽、杨丽娟编:《世界版权条约》,东方出版中心2019年版,第403页。

③ 参见李明德等:《欧盟知识产权法》,法律出版社2010年版,第169页。

的期限”第42条“电影作品和计算机程序的保护期”规定，不拘第39条及第40条的规定，电影作品和计算机程序的保护期限为自发表之日起50年。如果自创作之日起50年内没有发表，则著作财产权保护期截止于作品创作完成之日起50年。[①] 韩国电影作品和计算机程序的保护期为50年；起算日采用发表起算主义或创作起算主义。

《南非版权法》第一章“原创作品的版权”第三节“因国籍、定居地或居住地取得的版权和版权的期限”第2款（b）项规定：“（b）电影、照片和计算机程序，其版权保护期为自下列情形发生之年末起算的五十年：（ⅰ）作品经版权人同意向公众公开；或者（ⅱ）作品首次出版，两者之间取时间较长者为版权保护期，或者在制作作品后五十年中未发生上述情形，则版权保护期为自该作品完成之年末起算的五十年。”[②]南非电影、照片和计算机程序的版权保护期为50年；起算日采用公开起算主义或出版起算主义（取时间较长者）或完成起算主义；起算方式为年底主义。

三、《计算机软件保护条例》对计算机软件保护期限的规定

我国分别于1991年和2001年制定了两部《计算机软件保护条例》，2011年和2013年分别对2001年条例进行了修改。

《计算机软件保护条例》（1991）第15条规定，软件著作权的保护期限为25年，截止于软件首次发表后第25年的12月31日。保护期满前，软件著作权人可以向软件登记管理机构申请续展25年，但保护期最长不超过50年。软件开发者的开发者身份权的保护期不受限制。

为了与TRIPs相一致，《计算机软件保护条例》（2001）第14条对软件著作权保护条例进行了修改。该版条例规定，软件著作权自软件开发完成之日起产生。自然人的软件著作权，保护期为自然人终生及其死亡后50年，截止于自然人死亡后第50年的12月31日（死亡起算主义）；软件是合作开发的，截止于最后死亡的自然人死亡后第50年的12月31日（死亡起算主义）。法人或者其他组织的软件著作权，保护期为50年，截止于软件首次发表后第50年的12月31日（发表起算主义）；但软件自开发完成之日起50年内未发表的（完成起算主义），本条例不再保护。

《计算机软件保护条例》（2013）对享有著作权的自然人、法人或者非法人组织虽然

① 参见《十二国著作权法》，《十二国著作权法》翻译组译，清华大学出版社2011年版，第519页。
② 《十二国著作权法》，《十二国著作权法》翻译组译，清华大学出版社2011年版，第475页。

也认为其享有发表权、署名权、修改权、保护作品完整权等人身权利；但条例在保护期限上并未对人身权和财产权进行区分，这也就意味着软件著作权中的所有权利的保护期限是一致的。

《计算机软件保护条例》(2013)对计算机软件著作权保护期限的计算方法也采用了死亡起算主义和发表起算主义相结合的办法。对权利主体进行了区分，因自然人的死亡日期更易确定，故对自然人的软件著作权保护期限按照死亡起算原则进行规定；因法人或者非法人组织存续时间具有不确定性，故对法人或者非法人组织的软件著作权保护期限则按照发表原则进行规定，具体体现在《计算机软件保护条例》(2013)第14条之规定。①

我国软件著作权的保护期与一般作品相同。权利主体一般分为自然人、法人或者非法人组织两类。软件著作权的权利主体不同，其划分保护期限也不同。

（一）自然人计算机软件著作权保护期限的规定

《计算机软件保护条例》(2013)第14条"软件著作权保护期限"第1款规定："软件著作权自软件开发完成之日起产生。"其第2款规定："自然人的软件著作权，保护期为自然人终生及其死亡后50年，截止于自然人死亡后第50年的12月31日……"②该条例对自然人计算机软件著作权保护期限的规定未区分人身权和财产权。在此期间，未经软件著作权人许可，任何人不得侵犯其发表权、署名权及修改权，不得以复制、发行、出租、信息网络传播、翻译等方式使用须依法经软件著作权人同意才能适用的作品；否则就属于侵权行为(法定许可使用、合理使用等例外情况除外)。作者死亡后，其合法继承人、受遗赠人有权在法定保护期内通过法定程序要求侵权人承担相应的法律责任。

《计算机软件保护条例》(2013)对自然人的软件著作权的保护期没有规定开始日，只规定了届满日。自然人开发的软件不论是否发表，也不论在何时发表，只要软件开发完成，在开发者有生之年均享有著作权保护。开发者死亡后，其软件著作权的保护期到开发者死亡后第50年的12月31日届满。③ 自然人的软件著作权，保护期间为50年；起算点为死亡起算主义，即"截止于自然人死亡后第50年的12月31日"。

① 参见李林启、康东书、郭玲：《计算机软件著作权保护制度研究》，光明日报出版社2021年版，第132～133页。

② 邹忭、孙彦主编：《案说计算机软件保护条例》，知识产权出版社2017年版，第86页。

③ 参见李林启、康东书、郭玲：《计算机软件著作权保护制度研究》，光明日报出版社2021年版，第135页。

（二）自然人合作开发软件著作权保护期限的规定

《计算机软件保护条例》(2013)将自然人作品进一步区分为个人软件和合作开发的软件。对于自然人个人软件著作权的保护期，是开发者有生之年加死后50年，但对于合作开发的软件，开发者年龄有大有小，寿命长短有所不同，其软件著作权的保护期就不能简单适用开发者有生之年及死后50年的规定。为了更合理、更有效地全面保护合作开发者的合法权益，《计算机软件保护条例》(2013)第14条“软件著作权保护期限”第2款规定，“软件是合作开发的，截止于最后死亡的自然人死亡后第50年的12月31日”。[①] 最先死亡的合作开发软件的作者，其软件著作权保护期一般要超过其独立创作软件的保护期；只有最后一位死亡的合作作者的软件著作权的保护期，与独立软件的作者有生之年加死后50年的规定相一致。合作开发的软件比合作作者中大部分作者独立开发的软件的著作权的保护期限都要长。

《计算机软件保护条例》(2013)第10条规定，合作开发软件的著作权归属无书面合同约定或者合同未作明确约定，可以分割使用的，开发者对各自开发的部分可以单独享有著作权。根据该规定，合作作者对合作开发软件可以分割使用的部分单独行使著作权时，不适用合作作品保护期的一般规定，而应以各部分的作者的有生之年及其死后50年的方法来计算保护期。

（三）法人或者非法人组织计算机软件著作权保护期限的规定

法人或者非法人组织是没有生命的，其存续期间可长可短，没有规律性也不具有可预测性。在计算其享有的软件著作权保护期时不可能采用法人或者非法人组织的存续期加50年的规定。否则，对于同类作品，因为创作主体的不同，可能会造成受法律保护的期限差距过大的问题，无形中也会造成保护期限的扩张，不利于文化多样性的表达。

《计算机软件保护条例》(2013)第14条“软件著作权保护期限”第3款规定，“法人或者其他组织的软件著作权，保护期为50年，截止于软件首次发表后第50年的12月31日，但软件自开发完成之日起50年内未发表的，本条例不再保护”[②]。法人或者非法人组织的软件著作权，保护期间为50年。起算点有两种情况：一是发表起算主义，即“截止于软件首次发表后第50年的12月31日”；二是完成起算主义，即“软件自开发完

① 邹忭、孙彦主编：《案说计算机软件保护条例》，知识产权出版社2017年版，第86页。

② 邹忭、孙彦主编：《案说计算机软件保护条例》，知识产权出版社2017年版，第86页。

成之日起50年内未发表的,本条例不再保护”,隐含“软件自开发完成之日起50年内发表的,本条例将保护”的内容。

第八节 连续发表的作品

对于连续出版物(如一套大百科全书)的保护期,有的国家按整个作品的各个部分的出版日期分别计算,如匈牙利、哥伦比亚等国;但也有一些国家,则是按整个作品的最后一部分的出版日期计算,如丹麦、芬兰、法国、德国等国。当然,各国对连续出版物的整个出版期间是有时间规定的,如从第一部的出版到最后一部的出版不得超过10年或20年,否则不按连续出版物对待。

一、典型国家关于连续发表的作品的立法例

《德国著作权法》第一部分“著作权”第七节“著作权保护期”第67条“连载著作”规定:“内容上没有完结、以多部分(连载)形式发表的著作,在本法第66条第1款第1句规定的情况下,其保护期自发表最后一期连载起计算。”[①]第66条第1款第1句规定:“匿名和假名著作的著作权自著作发表起七十年后归于消灭。”德国连载著作保护期间为70年;起算日采用“发表最后一期连载”;起算方式采用年底主义。

《意大利著作权法》第一编“著作权的一般规定”第三章“著作权的内容和期限”第三节“作品的经济使用权期限”第30条规定:“分部或者分册陆续发表的作品,其经济适用权期限自各部分或者各册发表之年起单独计算。作者对作品的各部分或者各册分别享有收益。期刊或者报纸等定期出版的集合作品,经济使用权期限同样自各部分或者各期出版之年的年底起算。”[②]

《日本著作权法》第二章“作者的权利”第四节“保护期限”第56条“连续出版物等的发表时间”第1款规定:“第52条第1款(匿名或者假名作品)、第53条第1款(以团

① 《十二国著作权法》,《十二国著作权法》翻译组译,清华大学出版社2011年版,第169~170页。
② 《十二国著作权法》,《十二国著作权法》翻译组译,清华大学出版社2011年版,第287页。

体名义发表的作品)以及第54条第1款(电影作品)的发表时间,如果是分册、分期、分回发表的作品,则以每册、每期、每回发表的时间为准。如果是分部分逐次发表完成的作品,则以最终发表的时间为准。”①

《韩国著作权法》第二章“作者的权利”第四节“作者财产权”第三分节“著作财产权的期限”第43条“连续性刊物的发表时期”第1款规定:“如果是以卷、号、分期发表的作品,则依照第39条第1款、第40条第1款或者是第41条的规定,认定每卷、号、分期的发表时间。如果是连续性发表而形成的作品,则将最后一部分的发表日期作为其作品的最终发表日期。”第2款规定:“如果是连续性发表而形成的作品,其应连续发表的部分超过最近的一部分发表三年内还没有发表的,则根据第1款的规定,将已发表部分中最后一次的发表时间作为其发表时间。”②

关于分部分发表的作品版权的有效期,《印度尼西亚版权法》第32条规定:(1)分部分发表的作品版权的有效期应从起最后部分的发表日期起计算;(2)在确定由两卷或两卷以上组成的作品版权的有效期间时,与不在同一时间定期出版的文摘和新闻一样,每一卷或每个文摘和新闻应分别被视为一个独立的作品。③

二、中国关于连续发表作品的探索

以期、卷、辑等为单位连续发表的作品,构成了我国法上的编辑作品。该作品著作财产权的保护期适用发表起算主义,以每期、卷、辑发表的时间点为计算始点。每一部分逐次发表,但其间隔超过了3年时,就不再视为连续发表,已经发表的最后部分就作为连续发表作品的最后部分,该最后部分发表的时间点就是作品保护期的起算点(参照《日本著作权法》第56条)。④

连续发表的作品著作权的保护期如何确定?《著作权法》(2020)没有规定,究竟如何确定要看连续发表的小说的具体情况。连续发表的作品包括两种情形,一是连续发表的整体上不可分割的作品,比如连载小说。二是虽连续发表但每个部分形成了相对独立作品的连续发表作品,比如连载的图画作品“杨家将故事系列”,虽属连载,但每个故事形成了独立的一册图画,每册图画又形成整体的杨家将故事。

---

① 《十二国著作权法》,《十二国著作权法》翻译组译,清华大学出版社2011年版,第390页。

② 《十二国著作权法》,《十二国著作权法》翻译组译,清华大学出版社2011年版,第519页。

③ 参见冯寿波:《中国－东盟自由贸易区版权法比较研究》,气象出版社2014年版,第101页。

④ 参见李雨峰、王迁、刘有东编著:《著作权法》,厦门大学出版社2006年版,第107页。

如果连续发表的作品属于整体上不可分割的作品，则整体部分创作完成的时间为最后一部分创作完成的时间，因而不宜以其中单个部分发表的时间作为著作权保护期限的起算点，而应该以最后一部分发表的时间作为保护期限的起算点。在连续发表的作品属于整体上不可分割的作品的情况下，如果后一部分发表的时间和前一部分发表的时间间隔太长，比如 50 年，则可能延长整部作品的著作权保护期限。为了防止著作权人故意从事这样的行为，有必要对后一部分发表的时间和前一部分发表的时间相隔太长的著作权保护期限作出特殊处理。《日本著作权法》的立法经验可资借鉴。《日本著作权法》第 56 条“连续出版物等的发表时间”第 2 款规定，“分部分逐次发表完成的作品，最近发表的部分经过 3 年，应该继续的部分仍然没有发表的，则已经发表的最终部分视为前款规定的最终部分”①。按照每一部分逐次发表而创作完成的作品，应该继续发表的部分和前一部分相隔 3 年以上仍未发表的，则已完成作品的最后部分视为最终部分，即 3 年前发表的部分和 3 年以后继续发表的部分应该分开计算保护期限。

如果连续发表的作品属于每个部分相对独立的作品并且是在整体上可以分割的作品，则著作权的保护期限应当以每个部分单独发表的时间为起算点进行计算。在这种情况下，未经著作权人许可利用了其中某个部分是否构成侵权，要看这部分是否已经过了著作权保护期，但整部作品如果构成汇编作品，则作为整体的汇编作品的保护期应当从最后一部分发表之日起计算。②

---

① 《十二国著作权法》，《十二国著作权法》翻译组译，清华大学出版社 2011 年版，第 390 页。

② 参见李扬：《著作权法基本原理》，知识产权出版社 2019 年版，第 282～283 页。

第六章　邻接权时间限制：邻接权保护期限

邻接权保护期的起算都以行为发生的时间点作为计算的始点，从性质上看，对其采用的保护原则类似发表起算主义。

第一节 国际公约关于邻接权保护期的规定

现有的几个保护邻接权或者涉及邻接权的公约关于保护期的确定并不一致。《罗马公约》第14条规定，表演者权、录音制作者权和广播组织权等邻接权的最低保护期限为20年。保护期限的起点为受保护对象发生之年份。许多国家采用了更长的保护期限，但起始点多采用表演、录音或广播行为发生的时间。WCT第4条确定的录音制作者权的最低保护期为20年。TRIPs第14条对表演者权和录音、录像制品制作者权规定了50年的最低保护期，该期限自表演、录制固定或表演完成的日历年年底延续到第50年年终。广播组织权的最低保护期为20年，自有关广播被播放之年年终起计算。WPPT第17条第2项规定，表演者权和录音制品制作者权的最低保护期限为50年，均自受保护对象产生之年年终计算。同作者权一样，邻接权的保护期也出现了逐渐延长的趋势。①

一、《罗马公约》(1961)

1961年10月26日在罗马通过的《罗马公约》于1964年5月18日生效。该公约以寻求建立邻接权保护的国际标准为目的。《罗马公约》第14条“最低保护期限”规定：

① 参见李雨峰、王迁、刘有东编著：《著作权法》，厦门出版社2006年版，第108页。

“本公约所给予的保护期限至少应当为20年,其计算始于:(甲)对录音制品和录制在录音制品上的节目——录制年份的年底;(乙)对未被录制成录音制品的节目——表演年份的年底;(丙)对广播节目——开始广播的年份的年底。”①

《罗马公约》只是规定了最低的保护期限的起算点,成员国国内法可以在最低保护期限20年的基础上,规定不同的保护期限。对于表演者经济权利保护期限的起算点,《罗马公约》区分了已固定的表演和未固定的表演的情况,这种区分是非常有必要的。在罗马外交会议上,丹麦、芬兰等国家的代表指出,对于录音制品而言,最低保护期必须从表演被固定的时间开始计算,而不应考虑该录音制品是否被发行。因此,《罗马公约》中对于已固定的表演,强调起算点是表演被固定的年份而不是表演被发行的年份。②

《罗马公约》规定了邻接权经济权利保护的最低期间,对录音制品和录制在录音制品上的节目,为自录制之年年底起20年;对没有录制成录音制品的表演,为表演之年年底起20年;对广播节目,为开始广播之年年底起20年。《罗马公约》第14条第b项规定,为表演者提供的最低保护期限,至少应当为自表演被录制为录音制品的年份的年底算起20年,或者自表演发生的年份算起20年(如果表演未被录制)。《罗马公约》第14条第a项规定,为录音制品制作者提供的最低保护期限,至少应当为自录制之日起20年。《罗马公约》第14条第c项规定,对广播组织最短的保护期限至少应当为自开始广播的年份的年底算起20年。③《罗马公约》使用“至少”的措辞,表明规定20年保护期间是最低义务,各缔约国可以提高保护标准。④《罗马公约》之后,成员国有关邻接权保护的期间都有所提高。

二、《录音制品公约》(1971)

1971年10月在日内瓦签订的《录音制品公约》是邻接权领域的公约。缔约国缔结该公约的目的是保护录音制品制作者,禁止已被公认为侵权或盗录的损害行为。在保护期方面,《录音制品公约》所规定的最短保护期与《罗马公约》的规定是相同的:如果缔约国国内法规定了一个特别的保护期限,该保护期自声音被首次固定在录音制品之

① 张大伟主编:《世界版权条约》,东方出版中心2019年版,第233页。

② 参见原晓爽:《表演者权利研究》,法律出版社2010年版,第189页。

③ 参见[澳]山姆·里基森、[美]简·金斯伯格:《国际版权与邻接权——伯尔尼公约及公约以外的新发展》,郭寿康等译,中国人民大学出版社2016年版,第1075、1076、1077页。

④ 参见徐红菊:《国际知识产权法学:条文释义、理论与案例》,知识产权出版社2021年版,第152页。

年年底起算，或自录制品首次发行之年年底起算，不得少于 20 年。①《录音制品公约》的起算日采用的是发表起算主义，起算方式采用的是年底主义。

三、《卫星公约》（1974）

1974 年 5 月在布鲁塞尔签订的《卫星公约》也是邻接权领域的公约。该公约的目的是保护广播组织，禁止已被公认为侵权或盗录的损害行为。至于保护期限，《卫星公约》规定由缔约国国家法律规定。在任何上述措施的使用受到时间限制的国家，该保护期由其国内法确定。②

四、TRIPs（1994）

TRIPs 第 14 条第 5 款规定了邻接权的保护期限："本协定项下表演者和录音制品制作者可获得的保护期限，自该固定或表演完成的日历年年底计算，应至少持续至 50 年年末。按照第 3 款给予的保护期限，自广播播出的日历年年底计算，应至少持续 20 年。"

对于表演者和录音制品制作者，TRIPs 第 14 条第 5 款第 1 句规定，依照本协议而使表演者及录音制品制作者享有的保护期至少应当自有关的固定或表演完成之年年终延续到第 50 年年终（固定起算主义或表演起算主义；年底主义），即规定对表演者和录音制品制作者的最短保护期限是 50 年：自该录制或表演完成的日历年年底计算，应至少持续至第 50 年年末。TRIPs 基本沿用了《罗马公约》关于表演者权利的保护期限的规定，但是将保护期限延长到 50 年。相比《罗马公约》规定的 20 年，TRIPs 在最低保护期限方面给予了大幅延长。TRIPs 将表演者和录音制品制作者经济权利的保护期限延长到与著作权人经济权利的保护期限等长，这充分证明了提高表演者权利保护水平的国际发展趋势。③

对于广播组织的保护期限，TRIPs 第 14 条第 5 款规定了广播组织权的保护期限："按照第 3 款给予的保护期至少应从广播播出的日历年年终起算持续 20 年。"④这与《罗马公约》的规定是一致的。

---

① 参见世界知识产权组织编著：《知识产权纵横谈》，张寅虎等译，世界知识出版社 1992 年版，第 250、252 页。
② 参见世界知识产权组织编著：《知识产权纵横谈》，张寅虎等译，世界知识出版社 1992 年版，第 250、253 页。
③ 参见原晓爽：《表演者权利研究》，法律出版社 2010 年版，第 190 页。
④ 胡开忠、陈娜、相靖：《广播组织权保护研究》，华中科技大学出版社 2011 年版，第 56 页。

在邻接权的保护期方面,TRIPs 规定了实际比《罗马公约》更长的时间,但是对其中的广播组织权,仍旧按照《罗马公约》的原有水平来规定。

五、WPPT(1996)

WPPT(1996)延长了邻接权的保护期间。WPPT 对于表演和录音制品保护期间的计算,与《罗马条约》相比有所不同。WPPT 第 17 条"保护期"规定:"(1)依本条约授予表演者的保护期,应自表演以录音制品录制之年年终算起,至少持续到 50 年期满为止。(2)依本条约授予录音制品制作者的保护期,应自该录音制品发行之年年终算起,至少持续到 50 年期满为止;或如果录音制品自录音完成起 50 年内未被发行,则保护期应自录制完成之年年终起至少持续 50 年。"①其对于表演的规定更符合实际需要,为自表演以录音制品录制之年年终起算,至少 50 年(录制起算主义;年底主义);对于录音制品,WPPT 规定保护期间自录音制品发行之年年终起算,而非录制之年年终(发行起算主义;年底主义)。如果录制完成起 50 年内没有发行,就按照录制之年年终起算 50 年进行保护表演者权利(录制起算主义;年底主义)。

WPPT 第 17 条第 1 款规定,依本条约授予表演者的保护期,应自表演以录音制品固定之年年终算起,至少持续到 50 年期满。在表演者权利的保护期限上,WPPT 与 TRIPs 的规定是一致的,即都为 50 年。而关于保护期的起算点,WPPT 重新考虑了《罗马公约》比较宽松的措辞,并强调保护期的起算点是表演以录音制品固定之年的年终。WPPT 的规定回应了其只提供对以录音制品固定的表演的保护而不涉及对以图像或者音像制品固定的表演的保护的立法选择。《罗马公约》中规定了未被固定的表演的保护期起算点,主要原因就在于考虑到了以图像或者音像制品固定的表演的保护问题,而一旦将以图像或者音像制品固定的表演排除于受保护的表演之外,就没有必要再强调对未被固定的表演的保护了。②

WPPT 作为首次肯定表演者享有的精神权利的国际公约,其对于表演者精神权利期限的规定考虑到了各国不同的立法选择,于第 5 条第 2 款规定,表演者的精神权利在其死后应继续保留,至少到其经济权利期满为止,并应可由被要求提供保护的缔约方立法授予的个人或机构行使,但批准或加入本条约时其立法尚未规定在表演者死后保护

① 张大伟主编:《世界版权条约》,东方出版中心 2019 年版,第 396 页。
② 参见原晓爽:《表演者权利研究》,法律出版社 2010 年版,第 192 页。

表演者精神权利的国家，则可规定其中部分权利在表演者死后不再保护。①

六、《北京条约》(2012)

《北京条约》对表演者给予的保护期，与 WPPT 规定相同，也是自表演录制之年年终起算，至少持续 50 年，具体规定在第 14 条。《北京条约》第 14 条“保护期”规定：“依本条约给予表演者的保护期，应自表演录制之年年终算起，至少持续到 50 年期满为止。”但《北京条约》的保护范围要大于 WPPT，其保护的不仅是以录音制品录制的表演，而且涵盖所有以视听制品录制的表演。②

《罗马公约》、TRIPs 和 WPPT 等主要国际邻接权条约保护期限比较见表 2-6-1。

表 2-6-1　主要国际邻接权条约“保护期”比较

《罗马公约》(1961)	TRIPs(1994)	WPPT(1996)
·对所有群体：20 年 ·表演者：录制之年年终(第 14 条第 a 项)或表演之年年终(表演未被录制在录音制品中)开始计算：第 14 条第 b 项 ·录音录制之年年终开始计算：第 14 条第 a 项 ·广播组织：广播之年年终开始计算：第 14 条第 c 项	·表演者和录音制品制作者：50 年，广播组织：20 年 ·表演者、录音制品制作者：与《罗马公约》一样：录制之年年终或表演之年年终开始计算：第 14 条第 5 款第 1 句 ·广播组织：与《罗马公约》一样：广播之年年终开始计算：第 14 条第 5 款第 2 句	·表演者和录音制品制作者：50 年；广播组织未作规定 ·表演者：录制之年年终开始计算：第 17 条第 1 款 ·录音制品制作者：录制之年年终开始计算，或者，如果录音制品自录制完成起 50 年内未被出版，则保护期为录制完成之年年终 50 年：第 17 条第 2 款

资料来源：[德]西尔克·冯·莱温斯基：《国际版权法律与政策》，万勇译，知识产权出版社 2017 年版，第 497 页。

第二节　典型国家邻接权保护期的立法例

1993 年 10 月，欧共体理事会通过了《版权与邻接权保护期指令》，要求成员国在 1995 年 7 月 1 日以前通过国内立法贯彻执行。该指令主要规定，成员国应当对版权提

① 参见张大伟主编：《世界版权条约》，东方出版中心 2019 年版，第 391 页。

② 参见徐红菊：《国际知识产权法学：条文释义、理论与案例》，知识产权出版社 2021 年版，第 153 页。

供作者有生之年加70年的保护,对邻接权提供50年的保护。该指令对于版权保护期限和邻接权保护期限的计算方式,也作了统一规定。

在邻接权的保护期方面,该指令主要是在50年保护期限的基础上,针对不同的领接权客体规定了保护期限。例如,表演者权的保护期是表演活动发生后的50年。但如果固定有表演活动的录音制品,在此期间公开出版或者公开传播,则保护期为首次公开出版或者公开传播后的50年。如果既有公开出版又有公开传播,以二者之中较早发生的时间计算。又如,录音制品制作者权的保护期限为录音制品固定后的50年。如果在此期间公开出版,以公开出版为准计算50年的保护期。如果在此期间没有公开出版,而是以合法的方式传播给公众,则50年的保护期以首次公开传播为准计算。再如,广播组织权的保护期限为广播节目首次发表后的50年。①

关于录音制品,按照1993年通过的《版权与邻接权保护期指令》第3条第2款,保护期限为固定后的50年;如果在此期间公开出版或者合法传播给社会公众,则50年的保护期以首次出版或者首次传播计算,二者取其早者。而2001年的《信息社会版权指令》,则对录音制品保护期限的这一计算方法作了修改。根据《信息社会版权指令》第11条第2款的规定,录音制品制作者权的保护期限为录音制品固定后的50年。如果在此期间公开出版,以公开出版为准计算50年的保护期。如果在此期间没有公开出版,而是以合法的方式传播给公众,则50年的保护期以首次公开传播为准计算。这样,新的保护期限的计算方式,就把"以合法的方式传播给社会公众"突出了出来,而不再将之与公开出版并列。显然,这是适应网络环境中版权和邻接权保护需要的一个做法。因为,在网络传播条件下,已经固定的录音制品,可能更多地通过网络直接传播给社会公众,而不必再经过传统的出版。当然,即使在修订后的计算方法中,如果已经固定的录音制品有公开出版的情形,50年的保护期限仍然是从首次公开出版的日期计算。②

《版权与邻接权保护期指令》关于邻接权保护期限的规定,不仅协调或者统一了成员国对于邻接权的保护期限,而且协调或者统一了邻接权保护期限的计算方法。在此之前,已经对邻接权提供保护的成员国,在保护期限的计算方法上不尽相同。例如,就录音制品而言,有的成员国按照录音制品的固定计算保护期限,有的成员国按照录音制品的公开出版计算保护期限。在丹麦,保护期限按照录音制品的固定计算。在德国,对

① 参见李明德、闫文军等:《欧盟知识产权法》,法律出版社2010年版,第254页。
② 参见李明德、闫文军等:《欧盟知识产权法》,法律出版社2010年版,第254~255页。

于原有的录音制品,则是自法律颁布之日起计算。显然,这种起算方式的不同,也会在某些情况下引起不必要的纠纷,甚至影响录音制品在共同体市场上的自由流动。所以,《版权与邻接权保护期指令》在录音制品保护期限的计算方式上统一规定,录音制品的保护期限为固定后的50年;如果在此期间公开出版,为公开出版后的50年;如果在此期间没有公开出版,而是以合法的方式公开传播给社会公众,则保护期为公开传播后的50年。此外,《版权与邻接权保护期指令》对于表演活动保护期限的起算方式,对于广播节目保护期限的起算方式,也作了统一规定。①

国际上通常所说的邻接权,是指表演者权、录音制品制作者权和广播组织权。例如,保护邻接权的《罗马公约》就规定了上述三种领接权。但在欧共体范围之内,除了表演者权、录音制品制作权和广播组织权,还存在着一些其他的邻接权,如制片者权、出版者权、摄影者权。事实上,一些论著将数据库制作者的特别权利,也纳入了邻接权的范围。对于其中的制片者权(rights of producers of the first fixation of a film)和出版者权(publisher's right)的保护期限,《版权与邻接权保护期指令》也作了规定。

制片者权是指电影制品人就已经固定的电影所享有的权利。按照欧共体很多成员国的著作权法,电影作品的作者是导演、脚本作者、对白作者和音乐作者,而不包括制片人。与此相对应地,按照有些国家的著作权法,以及欧共体的相关指令,制片人就享有了一种邻接权,即制片人通过投资使得有关的电影得以拍摄和固定下来,并由此而享有了权利。当有关的电影不构成作品,如对政治事件、体育赛事、自然景观和亲朋好友聚会的日常拍摄,制片人也会因为投资和组织拍摄而获得邻接权。这种权利也被称为制片者权。根据《版权与邻接权保护期指令》第3条的规定,无论有关的电影是否构成作品,制片者所享有的邻接权的保护期限为电影首次固定后的50年。②

出版者权包括两种情形:第一种情形,一些从未发表过的作品虽然已经进入公有领域,但如果某一出版者投入力量加以编辑出版,或者以其他方式传播给社会公众,可以获得一定期限的保护。在此期间,出版者享有与作者同等的经济权利,如复制、发行、公开传播等。他人未经该出版者的许可,不得出版、传播同一作品。根据《版权与邻接权保护期指令》第4条的规定,这种权利的保护期限为相关作品首次出版或者首次传播给社会公众后的25年。这叫作对于未出版作品的保护(protection of previously unpublished works)。

① 参见李明德、闫文军等:《欧盟知识产权法》,法律出版社2010年版,第255页。

② 参见李明德、闫文军等:《欧盟知识产权法》,法律出版社2010年版,第255~256页。

第二种情形，某些作品或文本已经超过了著作权保护期或从来没有受到过著作权法的保护，但重新出版这类作品的版本又体现了某种学术性或科学性的分析，从而显著不同于以前的版本，则出版者对这类版本享有权利。在德国，这叫作“语言文献权利”（philogical right），主要涉及原有的文字、音乐作品的重构性或批评性版本。在《版权与邻接权保护期指令》中，这被称作批评性和科学研究性出版（critical and scientific publications）。根据《版权与邻接权保护期指令》第5条的规定，这种权利的保护期限为相关作品合法出版后的30年。①

关于版权和邻接权保护期限的计算起点，《版权与邻接权保护期指令》第8条也作了统一规定。根据规定，相关的保护期限自有关的事实发生后的次年的1月1日起算。例如，版权的保护期限为作者的有生之年加70年，则从作者死亡后次年的1月1日开始，计算70年的保护期限。又如，在集体作品或者作品归法人所有的情况下，作品发表或传播后的70年期限，也自作品首次发表或者首次传播发生后的次年的1月1日起计算。再如，录音制品的固定、出版、公开传播，表演活动的发生或者广播节目信号的首次发射，都是自相关事件发生后的次年1月1日起，计算50年的保护期限。②

就唱片和广播而言，根据《罗马公约》第14条和《录音制品公约》第4条的规定，最低保护期限为20年。保护期限因国家的不同而有所区别，如北欧国家和德国规定为25年；意大利和日本著作权法规定为30年；英国版权法规定为50年；美国版权法规定为75年。较低层次的保护也是存在的。有的国家规定邻接权的保护期限与摄影作品的保护期限的计算方式相同，如爱尔兰和卢森堡。③

《法国知识产权法典》第二卷“著作权之邻接权”第一章“通则”第L.211－4条第1款规定“本编财产权的有效期自下列各事件发生次年1月1日起为五十年”（翌年主义）。第2款规定：“（1）艺术表演者的表演（表演起算主义）。但是，在第1款规定期间内将固定的表演通过物质样本供公众使用或向公众传播的（提供起算主义），艺术表演者的财产权则在这些行为第一次发生后的次年1月1日起五十年后到期（翌年主义）”。“（2）录音制品制作者首次固定一段声音（固定起算主义）。但是，在第一款规定期间内将录音通过物质样本供公众使用或向公众传播的（提供起算主义），录音制品制作者的财产权则在该行为的次年1月1日起五十年后到期（翌年主义）。如果没有供公众使

---

① 参见李明德、闫文军等：《欧盟知识产权法》，法律出版社2010年版，第256页。

② 参见李明德、闫文军等：《欧盟知识产权法》，法律出版社2010年版，第256页。

③ 参见吴汉东、曹新明等：《西方诸国著作权制度研究》，中国政法大学出版社1998年版，第174页。

用,其财产权则在第一次向公众传播(传播起算主义)的次年1月1日起五十年后到期”。“(3)录像制品制作者首次固定有伴音或无伴音的一组画面(固定起算主义)。但是,在第一款规定期间内将录像通过物质样本供公众使用或向公众传播的(提供起算主义),录像制品制作者的财产权则在这些行为第一次发生后的次年1月1日起五十年后到期(翌年主义)”;“(4)视听传播企业在第L.216－1条中所指节目首次向公众传播(传播起算主义)”。[①]

《日本著作权法》第四章“著作邻接权”第六节“保护期限”第101条“表演、录音、播放或者有线播放的保护期限”第1款规定:“著作邻接权的保护期限,从下列各项规定的时间开始。(一)表演从进行了表演时。(二)录音从声音首次被固定时。(三)播放从进行了播放时。(四)有限播放从进行了有线播放时。”其第2款规定:“著作邻接权的保护期限,至下列各项规定的时间届满。(一)表演从进行了表演之日的第二年起经过50年。(二)录音从发行之日的第二年起经过50年(声音首次被固定之日开始50年内未发行时,从声音首次被固定之日的第二年起50年)。(三)播放从进行了播放之日的第二年起经过50年。(四)有线播放从进行了有线播放之日的第二年起经过50年。”[②]本条是指表演权从进行了表演之日的第二年起经过50年(表演起算主义;翌年主义)。录音制作者权从发行之日第二年起经过50年(发行起算主义;翌年主义);若声音自首次被固定之日开始50年内未发行,从声音被固定之日的第二年起经过50年(固定起算主义;翌年主义)。广播组织权从进行了(有线)播放之日的第二年起经过50年(播放起算主义;翌年主义)。

《巴西著作权法》第五编“邻接权”第五章“邻接权的保护期”第96条规定:“邻接权的保护期,应自录音制品录制完成或广播组织播送广播后的次年1月1日起七十年;在其他情况下,应自公开表演发生后的次年1月1日起七十年。”[③]巴西法规定,邻接权中表演者权、录音制品制作者权、广播组织权的保护期间为70年;起算点分别采用:表演起算主义、录制起算主义、广播起算主义;起算方式采用翌年主义。

《韩国著作权法》第三章“邻接权”第五节“邻接权的保护期”第86条“保护期”第1款规定:“邻接权(不包括精神权利,下同)的保护期限始于下列情形之一:1.如果是表演,则在表演时;2.如果是录音制品,则在声音被首次固定到录音制品上时;3.如果是广

① 《十二国著作权法》,《十二国著作权法》翻译组译,清华大学出版社2011年版,第91页。
② 《十二国著作权法》,《十二国著作权法》翻译组译,清华大学出版社2011年版,第407~408页。
③ 《十二国著作权法》,《十二国著作权法》翻译组译,清华大学出版社2011年版,第22页。

播,则在进行广播时。"第2款规定:"邻接权期限为下列日期开始后次年起的五十年:1.如果是表演,则在表演时。2.如果是录音制品,则在录音制品出版时。但是,录音制品在声音首次固定后的五十年内没有出版的,则为声音首次固定时。3.对于广播节目,则在广播节目进行广播时。"[①]韩国表演者权、录音制品制作者权、广播组织权等邻接权的保护期限为50年;起算日分别采用表演起算主义、出版起算主义、广播起算主义;起算方式采用翌年主义。

关于起算点。除了保护期限不同之外,各国规定的著作权起算点也多有不同。就录音制品制作者权和广播组织权而言,不同国家法律规定的起算点不同。《丹麦著作权法》(1960)第47条规定起算点为固定起算主义;《德国著作权法》第82条"使用权保护期"规定起算点为出版起算主义。《罗马公约》主张其保护期自事件(固定或出版)发生之年年底起算,即"固定起算主义或出版起算主义"。就表演者权而言,大多数国家法律规定其保护期限的起算点为表演发生的时间或表演被固定的时间。[②]

第三节 传统邻接权的保护期限

传统邻接权的保护期限包括表演者权的保护期限、录制者权的保护期限、广播组织者权的保护期限。

一、表演者权的保护期限

表演者权的保护期限。在相邻权保护期限中,表演者权内容最为丰富,其中的人身权利保护期限规定因著作人身权与财产权的"一元论"和"二元论"而有所不同。持"一元论"的德国法等规定,表演者的人身权利与财产权保护期限相同,规定自表演发生之年年终起算50年;而持"二元论"的法国法、日本法等规定表演者的人身权利永久受到保护,但其财产权利保护期限为表演发生之年年终后50年。

① 《十二国著作权法》,《十二国著作权法》翻译组译,清华大学出版社2011年版,第528页。

② 参见吴汉东、曹新明等:《西方诸国著作权制度研究》,中国政法大学出版社1998年版,第174~175页。

由于表演者的精神权利是由作者的精神权利演变而来,故对其保护也有两种情况,一种是给予作者精神权利以永久保护的国家也把同样的保护期限给予了表演者。例如,《法国知识产权法典》第一部分“文学和艺术产权”第二卷“著作权之邻接权”第二章“表演艺术者权利”第 L. 212 – 2 条规定,“表演者对自己的姓名、表演身份及表演享有受尊重的权利。该权利系于其人身,不可剥夺且不因时效而丧失。该权利可因保护表演及对死亡者的纪念转移至其继承人”[①]。

另一种是给予作者精神权利保护以期限限制的国家,虽然该期限不一定与作者的期限相同,如德国就没有给予表演者同作者相同的 70 年的保护期。

《德国著作权法》第二部分“与著作权有关的权利保护”第三节“对艺术表演人的保护”第 76 条“各项人身权期限”规定:“本法第 74 条和第 75 条所称各项权利自艺术表演人死亡起归于消灭;但是,艺术表演人在此期限之前死亡的,以及本法第 82 条规定的使用权期限未满的,自表演起五十年后归于消灭。该期限按照本法第 69 条规定计算。数名艺术表演人共同表演的,按照参与表演的艺术表演人中最后死亡者计算。艺术表演人死亡后,权利属于其家属(第 60 条第 2 款)。”[②]本条是指表演者的身份认可权和禁止对表演活动的损害权在表演者死后归于消灭;但是,若表演者在表演后 50 年未满即去世,上述权利从表演活动起保护 50 年。同时,该条规定表演者死后,相关权利归其亲属。

《德国著作权法》第二部分“与著作权有关的权利保护”第三节“对艺术表演人的保护”第 82 条“使用权保护期”规定:“表演录制成音像制品的,本法第 77 条和第 78 条所称艺术表演人的各项权利自音像制品出版起,或者其首次经许可的公开再现先于出版的,自首次公开再现起 50 年后归于消灭;本法第 81 条所称举办人的权利自音像制品出版起,或者其首次经许可的公开再现先于出版的,自首次公开再现起 25 年后归于消灭。但是,音像制品在此期间未出版,或者未以许可方式用于公开再现的,艺术表演人的各项权利自表演起 50 年后归于消灭;举办人的权利自表演起 25 年后归于消灭。本条第 1 句或者第 2 句的期限按照本法第 69 条规定计算。”[③]第 69 条“保护期的计算”规定:“本节之期限自决定性事件发生之年年底起开始计算。”[④]《德国著作权法》第 82 条规定了

---

① 《十二国著作权法》,《十二国著作权法》翻译组译,清华大学出版社 2011 年版,第 92 页。
② 《十二国著作权法》,《十二国著作权法》翻译组译,清华大学出版社 2011 年版,第 173 页。
③ 《十二国著作权法》,《十二国著作权法》翻译组译,清华大学出版社 2011 年版,第 174 页。
④ 《十二国著作权法》,《十二国著作权法》翻译组译,清华大学出版社 2011 年版,第 170 页。

表演者财产权的保护期:若表演行为已经被录制在音像制品上,则第77条及第78条为表演者规定的各项权利自音像制品出版起50年后消灭,举办人所享有的各项权利于25年后归于消灭(出版起算主义);若首次公开再现形式的使用早于出版行为,保护期按照首次公开再现的时间起算(公开起算主义)。若音像制品在此期间未出版或未以合法形式公开再现,自表演行为起,表演者的权利50年后消灭、举办人的权利25年后消灭(表演起算主义)。第1句或者第2句所规定的期间按照第69条的规定进行计算。① 第69条规定了著作权保护期的计算:自发生具有决定意义的事实的当年年底开始计算(年底主义)。德国立法对于表演者权利的期限规定为50年,与TRIPs规定一致,但是对于起算点,德国立法详细区分了三种情况:一是音像制品出版年;二是表演被公开再现的时间,②如果公开再现的时间早于音像制品的出版,那么此时就应当以公开再现的时间为起算点;三是表演发生的时间,适用这一条的前提是该表演既没有被制成音像制品出版,也没有被公开再现。需要强调的是,德国立法给予表演者权利的期限要比给予著作权的保护期短,著作权的保护期是70年。③

英国《1988年版权、外观设计和专利权法》第二编"表演权"第二章"经济权利"第191条"权利的期限"规定:"(1)以下规定适用于本章赋予权利的期限。(2)本章对于表演赋予的权利终止于——(a)自表演发生当年年末起算的第50年年末,或者(b)若在上述期间有关表演的录制品被发行,则为自发行当年年末起算的第50年年末。以上规定受以下条款约束。(3)为第2款之目的,录制品的'发行'是指其首次出版、公开播放或放映、向公众传播;但在判断一录音制品是否已发行时,不得考虑任何未授权的行为。(4)若表演者不是欧洲经济区的国民,则本章所赋予的有权表演权利期限依该表演者所属国(表演者为该国国民)的规定为准,只要该国所赋予的期限不超过上述第2款和第3款规定的期限。(5)若第4款适用不符合联合王国在1993年10月29日之前开始承担的国际义务,则本章授予的权利的期限将按照第2款和第3款的规定。"④表演权的保护期间为50年。起算点有两种情况:一是表演起算主义,即"自表演发生当年年末起算的第50年年末";二是发行起算主义,即"若在上述期间有关表演的录制品被发行,则为自

---

① 《德国著作权与邻接权法》第82条,载[德]M.雷炳德:《著作权法》,张恩民译,法律出版社2004年版,附录三。

② 《德国著作权法》第78条规定了表演者公开再现的权利内容,包括:向公众传播的权利、广播的权利和在表演活动以外通过屏幕、扩音器或类似设备让公众感知的权利。

③ 参见原晓爽:《表演者权利研究》,法律出版社2010年版,第191页。

④ 《十二国著作权法》,《十二国著作权法》翻译组译,清华大学出版社2011年版,第681页。

发行当年年末起算的第50年年末”。起算方式采用年底主义。《英国版权法》第191条规定了表演者权利的期限为自表演发生时起50年。第191条第2款又分别规定了表演发生之年和表演被发行之年的不同的起算点。如果表演发生后又在5年后发行，那么表演者权利期限的起算点应当是按照发行之年，而不是表演发生之年。第191条第3项解释了“发行”的含义，即首次出版、在公开场合演奏或者展示、广播包括通过有线广播都是对表演的发行；而决定表演是否已发行的因素不包括未经授权而为的行为。①

《加拿大版权法》第二章“表演者的表演、录音、通信信号的版权和表演者的表演的精神权利”的“版权的期限”部分第23条第1款“版权的期限——表演者的表演”规定：“根据本法，表演者的表演的版权存续至表演发生之日历年结束后第50年年末，但是(a)版权到期前表演已经固定在录音中的，版权存续至该表演经录音固定之日历年结束后第50年年末；(b)版权到期前录制了表演的录音制品已经发行的，版权存续至该录音制品首次发行之日历年结束后第70年年末或者该表演发生之日历年结束后第100年年末，以先到期者为准。”②(表演起算主义、固定起算主义、发行起算主义)

《意大利著作权法》第二编“与著作权行使相关权利的规定”第三章“表演者和演奏者的权利”第85条规定：“本章规定的权利期限为50年，自演奏、表演或者朗诵之日起算。如果录制其演奏、表演或者朗诵的制品在此期限内发表或者向公众传播，其权利期限为50年，自首次发表之日起算；如果先将其制品向公众传播，则自首次向公众传播其制品时起算。”③意大利表演者权的保护期限为50年；起算日采用演奏(表演、朗诵)起算主义或发表起算主义或传播起算主义。

《俄罗斯联邦民法典》(著作权部分)(2006)第四部分第七编“智力活动成果和个性化表现方法的权利”第七十一章“与著作权邻接的权利”第二节“表演权”第1318条“表演专有权的保护期，表演专有权的继承和表演转变为公共财产”第1款规定：“表演专有权的保护期为表演者的终生，但不少于五十年，自实施表演或者表演录制，或者无线电及电缆播放表演之年的下一年1月1日起计算。”④俄罗斯对表演者权的保护期为50年；起算日采用表演起算主义或录制起算主义或播放起算主义，起算方式采用翌年主义。

---

① 参见原晓爽：《表演者权利研究》，法律出版社2010年版，第191～192页。

② 《加拿大版权法》，易健雄译，知识产权出版社2017年版，第35～36页。

③ 《十二国著作权法》，《十二国著作权法》翻译组译，清华大学出版社2011年版，第307页。

④ 《十二国著作权法》，《十二国著作权法》翻译组译，清华大学出版社2011年版，第454页。

《印度著作权法》(1957)第八章"广播组织权和表演者权利"第38条"表演者权利"第2款规定:"表演者权利的期限为自该表演发生之年下一个日历年初起的五十年。"印度表演者权的保护期限为50年;起算日采用表演起算主义;起算方式采用翌年主义。

《埃及知识产权保护法》第三编"著作权和邻接权"第166条规定:"表演者根据本法第156条规定方式对其表演享有的专有财产权,保护期限为表演之日或者在必要情况下自登记之日起算的五十年。"[①]埃及法规定的对表演者权的保护期间为50年;起算日采用表演起算主义或者登记起算主义。

《马来西亚版权法》第23A条规定,现场表演者权利的受保护期间为,进行该现场表演之年后的日历年起50年。(起算日采用表演起算主义;起算方式采用翌年主义)

《菲律宾知识产权法典》第四编"版权法"第十六章"保护期"第215条"表演者、录音制品制作者以及广播组织权利保护期"第1款规定了对表演者、录音制品制作者的保护期限:"表演者和录音作品作者的权利保护期限:(a)如若表演并未录制成录制品,从表演发生之日起的年底起算五十年届满;(b)声音或是图像以及包含有表演的声音制品的保护期,则从录制行为发生之日的年底起算五十年届满。"[②]菲律宾法对于表演者和录音制品制作者的保护期限的规定为,如若表演并未录制成录制品,从该表演发生的年底起50年(起算日采用表演起算主义;起算方式采用年底主义);对于声音或是图像以及包含有表演的声音制品,从录制行为发生之日的年底起算50年(起算日采用录制起算主义;起算方式采用年底主义)。

《泰国版权法》第49条规定:第44条规定的表演者权利期间自表演发生时起日历年度最后一天起50年(起算日采用表演起算主义)。如果该表演已被录音,则表演者的权利期间为自对表演录音时起到日历年度最后一天起的50年(起算日采用录音起算主义)。第50条规定:第45条规定的表演者权利应自对表演进行录音之日历年年度最后一天起存续50年(起算方式采用年底主义)。

《印度尼西亚版权法》(2002)第50.1条第a项规定:"对表演者的保护期应为自作品被表演或被固定在录音或影声媒介后50年。"(起算日采用表演起算主义或固定起算主义)

《越南知识产权法》(2005)第34.1条规定了表演者权利的保护期:"表演者的权利

① 《十二国著作权法》,《十二国著作权法》翻译组译,清华大学出版社2011年版,第41页。

② 《菲律宾知识产权法典》,杨涛、杨斌译,知识产权出版社2014年版,第93页。

应自其表演经过固定之年的次年起50年内受到保护。”(起算日采用固定起算主义;起算方式采用翌年主义)

《柬埔寨版权和邻接权法》第53.1条规定了表演者权的保护期:对表演者的保护期应为表演被固定在唱片中的日历年后的50年,在没有进行该种固定时,为表演发生之日历年年底起的50年。(起算日采用表演起算主义或固定起算主义;起算方式采用年底主义)

《老挝知识产权法》(2008)第94条规定了邻接权的保护期:“(1)对于表演者而言,保护期应为自表演日期起到50年。……(4)对于老挝为其缔约方的国际条约或协定,领接权的保护期应与该国际条约或协定一致。”(起算日采用表演起算主义;起算方式采用当时主义)

《文莱版权法》第195条规定了表演者权的保护期:“本部分授予的涉及表演的权利从表演发生时之年底起持续存在至50年年末。”(起算日采用表演起算主义;起算方式采用年底主义)①

我国《著作权法》(1990)没有规定表演者权利的保护期限。1991年颁布的《著作权法实施条例》规定了表演者权利的保护期限,关于已被录制的表演适用著作权法第39条关于录音制品制作者的权利的保护期限,该条明确规定以录音制品的首次出版日为起算点。我国立法时,没有充分注意到区分录音制品固定时间和发行时间的重要意义。② 立法中的“固定”,必须是合法形式的固定;当发生非法的固定时,表演很可能被非法复制或者被采用其他方式非法使用,此时保护期限的起算点不是依据非法固定的时间,而应当依据表演发生的年份。即使没有发生非法固定的状况,表演也可能被他人在多次观看后进行模仿,此时表演者主张权利的时间限制就应当从表演发生之年年底起计算。我国1990年的《著作权法》最终没有规定表演者权利的保护期限,也没有涉及未被固定的表演的保护期限的问题。③

我国为加入WTO,对《著作权法》进行了修订。2001年《著作权法》完善了对表演者权利的法律保护,明确规定了表演者权利的保护期限。《著作权法》第38条第2款规定表演者经济权利的保护期为50年,截止于该表演发生后第50年的12月31日。“表

① 参见冯寿波:《中国－东盟自由贸易区版权法比较研究》,气象出版社2014年版,第116～117页。
② 参见原晓爽:《表演者权利研究》,法律出版社2010年版,第189页。
③ 参见原晓爽:《表演者权利研究》,法律出版社2010年版,第190页。

演发生”这样的表述既包括了表演被固定的情况,也包括未被固定的表演。①

我国《著作权法》(2020)第四章“与著作权有关的权利”第二节“表演”第41条规定:本法第39条第1款第1项、第2项规定的权利(表明表演者身份;保护表演形象不受歪曲)的保护期不受限制。本法第39条第1款第3项至第6项规定的权利的保护期为50年,截止于该表演发生后第50年的12月31日。表演者权包括表明表演者身份、保护表演形象不受歪曲两种人身权利。与作者的人身权利一样,对表演者这两项人身权利的保护期不受限制(第41条第1款),具有永久性。表演者权中财产权利保护期为50年,截止于该表演发生后第50年的12月31日(第41条第2款)。(起算日采用表演起算主义;起算方式采用年底主义)

我国澳门特区《著作权及有关权利之制度》(2012)第三编“著作权之相关权利”第二章“进行演绎或演出之艺术工作者”第182条“失效”规定:“艺术工作者的权利,自有关演出固定于录音制品或录像制品当年结束起计,满五十年失效。”②我国澳门特区表演者的保护期间为50年;起算点为演出起算主义。

二、录制者权的保护期限

关于录音录像制作者权的保护期限,各地著作权法规定差别较大:日本法规定录音制品保护期限自首次固定起经过20年届满;德国法规定音像载体保护期限从首次出版之年起算25年,如音像载体未出版,则从制作时起提供为期25年的保护。

关于录音制品制作者的保护期限,《英国版权法》第一编“版权”第一章“版权之存续、权属及存续期间”第13A条“录音制品的版权期限”规定:“(1)录音制品的版权期限适用于以下规定。(2)在第4款与第5款规定的情形下,版权终止于——(a)自录音制品制作完成当年年末起算的第50年年末,或者(b)若录音制品在该期间内发行,则为自首次发行当年年末起算的第50年年末。(c)若该期间内录音制品未发行但通过公开播放或传输使得公众可以获取该录音制品,则为自首次可为公众获取当年年末起算的第50年年末,但在确定录音制品是否被发行、公开播放或传输时,不考虑任何未经授权的行为。(3)若录音制品的作者不是欧洲经济区国家之国民,该存续期不超过第2款所规定的期间,版权存续期由作者之国籍国法律所确定。(4)若第4款之适用会导致或一定

① 参见原晓爽:《表演者权利研究》,法律出版社2010年版,第190~191页。

② 本书汇编组编:《中国百年著作权法律集成》,中国人民大学出版社2010年版,第591页。

程度上导致与 1993 年 10 月 29 日前大不列颠联合王国所承担的国际义务不符,则该版权期限应依第 2 款所确定。"①关于录音制品的版权期限问题,英国法规定:其保护期间为 50 年。其起算点有三种情形,一是制作起算主义,即"自录音制品制作完成当年年末起算";二是发行起算主义,即"若录音制品在该期间内发行,则为自首次发行当年年末起算";三是提供起算主义,即"若该期间内录音制品未发行但通过公开播放或传输使得公众可以获取该录音制品的,则为自首次可为公众获取当年年末起算"。其起算方式采用年底主义。

《加拿大版权法》第二章"表演者的表演、录音、通信信号的版权和表演者的表演的精神权利"的"版权的期限"部分第 23 条第 1.1 款"版权的期限——录音"规定:"根据本法,录音的版权存续至录音首次录制之日历年结束后第 50 年。但是,版权到期前录音制品已发行的,版权存续至该录音制品首次发行之日历年结束后第 70 年年末或者首次录制完成之日历年结束后第 100 年年末,以先到期者为准。"②未发行的,起算点为录制起算主义,保护期间为 50 年。已发行的,起算点若为发行起算主义,保护期间为 70 年;起算点若为录制起算主义,保护期间为 100 年。以先到期者为准。

《德国著作权法》第二部分"与著作权有关的权利保护"第四节"对录音制品制作人的保护"第 85 条"各项使用权"第 3 款规定:"本权利自录音制品出版起五十年后归于消灭。录音制品自制作起五十年内未出版,但是以许可方式用于公开再现的,本权利自公开再现起五十年后归于消灭。录音制品在此期限内未出版,或者未以许可方式用于公开再现的,本权利自录音制品制作起五十年后归于消灭。本期限按照本法第 69 条规定计算。"③对于录音制品制作者权利保护期间的计算,德国法区分了三种情况:一是出版起算主义,即"自录音制品出版起五十年后归于消灭"。二是公开起算主义,即"录音制品自制作起五十年内未出版,但是以许可方式用于公开再现的,本权利自公开再现起五十年后归于消灭"。三是制作起算主义,即"录音制品在此期限内未出版,或者未以许可方式用于公开再现的,本权利自录音制品制作起五十年后归于消灭"。起算方式采取年底主义,即"本期限按照本法第 69 条规定计算";第 69 条规定:"本节之期限自决定性事件发生之年年底起开始计算。"

《意大利著作权法》第二编"与著作权行使相关权利的规定"第一章"录音制品制作

---

① 《十二国著作权法》,《十二国著作权法》翻译组译,清华大学出版社 2011 年版,第 573 页。

② 《加拿大版权法》,易健雄译,知识产权出版社 2017 年版,第 36 页。

③ 《十二国著作权法》,《十二国著作权法》翻译组译,清华大学出版社 2011 年版,第 174 ~175 页。

者的权利”第75条规定:“本章规定的权利期限为50年,自录制时起算。但是,在此期限内录音制品根据本法第12条第3款的规定合法公开的,权利的期限为50年,自首次公开时起算。”①意大利录音制品制作者权的保护期限为50年;起算日采用录制起算主义或公开起算主义。

《俄罗斯联邦民法典》(著作权部分)(2006)第四部分第七编“智力活动成果和个性化表现方法的权利”第七十章“与著作权邻接的权利”第三节“唱片权”第1327条“唱片专有权保护期,该权利向权利继承人的转移和唱片转变为公共财产”第1款规定:“唱片专有权保护期为五十年,自唱片录制实施之年的下一年1月1日起计算。唱片于实施录制后的五十年期限内发表的,专有权保护期为五十年,自唱片发表之年的下一年1月1日起计算。”②

《马来西亚版权法》第19条规定了录音制品保护期限:录音制品版权为从其首次发表年之次年开始计算的50年(发表起算主义);或者,如果该录音制品尚未发表,则从其被固定之次年开始计算(固定起算主义)。第23B条规定获得公平报酬的权利的期间为从录音制品发表时起直到从发表年后的日历年起算的50年;如果录音制品尚未发表,则为从其被固定之时至从其后日历年起算的50年。③

《埃及知识产权保护法》第三编“著作权和邻接权”第167条规定:“录音制品的制作者根据本法第157条规定对其录音制品的使用享有的专有财产权,在本法所规定的范围内,其保护期限为自登记之日或者发表之日起算的五十年,以较后届满者为准。”④埃及法规定的录音制品制作者权的保护期间为50年;起算日采用登记起算主义或者发表起算主义较后届满者。

《南非版权法》第一章“原创作品的版权”第三节“因国籍、定居地或居住地取得的版权和版权的期限”第2款第c项规定“录音制品的版权保护期为自该制品首次出版之年末起算的五十年”。⑤ 南非对录音制品的版权保护期为50年;起算日为出版起算主义;起算方式为年底主义。

《印度尼西亚版权法》(2002)第50.1条第b项规定:“录音制作者的权利保护期应

① 《十二国著作权法》,《十二国著作权法》翻译组译,清华大学出版社2011年版,第303页。
② 《十二国著作权法》,《十二国著作权法》翻译组译,清华大学出版社2011年版,第457页。
③ 参见冯寿波:《中国－东盟自由贸易区版权法比较研究》,气象出版社2014年版,第99页。
④ 《十二国著作权法》,《十二国著作权法》翻译组译,清华大学出版社2011年版,第42页。
⑤ 参见《十二国著作权法》,《十二国著作权法》翻译组译,清华大学出版社2011年版,第475页。

为作品被固定之后的50年。”(起算日采用固定起算主义)

《越南知识产权法》(2005)第34.2条规定了制作者权利的保护期限:“录音和录像制品制作者的权利自出版之次年起50年,或自尚未出版的录音或录像制品经固定之次年的50年中应受保护。”第34.4条规定:“本条第1~3款规定的保护期应在邻接权保护期到期之年的12月31日24点到期。”(起算日采用出版起算主义或固定起算主义,起算方式采用翌年主义)

《新加坡版权法》第92条规定了唱片版权的保护期:“本部分规定的唱片中的版权应在首次制作唱片之日历年届满的70年间存续。”(起算日采用制作起算主义)第93条规定了电影版权的保护期:(1)第88.1条或第88.2条规定的电影版权应存续至该电影被发行;在电影发行之后,自该电影首次发行之日历年届满后的70年期间。(2)第88.3条规定的电影版权自其首次发现之日历年届满后的70年期间存续。(起算日采用发行起算主义或发现起算主义)

《柬埔寨版权和邻接权法》第53.2条规定:“唱片制作者的保护期应为自唱片已被出版之日历年后的50年;或者无该出版时,从固定该唱片之年底起的50年。”(起算日采用出版起算主义或固定起算主义)①

《老挝知识产权法》(2008)第94条规定了邻接权的保护期:(1)对于录像录音制作者来说,保护期应为自向公众公开该音像录音之日期起到50年。如果作品已被做广告或出版,则音像录音的保护期为自首次出版之日起50年。(2)对于老挝为其缔约方的国际条约或协定,邻接权的保护期应与该国际条约或协定一致。(起算日采用公开起算主义;起算方式采用当日主义)

我国《著作权法》(2020)第四章“与著作权有关的权利”第三节“录音录像”第44条第1款规定:“录音录像制作者对其制作的录音录像制品,享有许可他人复制、发行、出租、通过信息网络向公众传播并获得报酬的权利;权利的保护期为五十年,截止于该制品首次制作完成后第五十年的12月31日。”录音录像制作者不享有精神权利,财产性权利(许可他人复制、发行、出租、通过信息网络向公众传播并获得报酬的权利)的保护期限为50年,截止于该制品首次制作完成后第50年的12月31日。简言之,录音录像制作者权的保护期为50年,截止于该制品首次制作完成后第50年的12月31日。(起算日采用制作起算主义;起算方式采用年底主义)

---

① 参见冯寿波:《中国-东盟自由贸易区版权法比较研究》,气象出版社2014年版,第117页。

我国香港特区《版权条例》(2007)第Ⅲ部“在表演中的权利”第Ⅰ分部“权利、侵犯权利及侵犯权利的补救”第214条“权利的期限”规定:录音录像制作者权“(a)如该项表演该某公历年作出,则该权利在自该年年终起计的50年期间完结时届满;或(b)如该项表演的录制品于该段期间中另一公历年发行,则该权利在自该年年终起计的50年期间完结时届满”。[①]

我国澳门特区《著作权及有关权利之制度》(2012)第三编“著作权之相关权利”第三章“录音制品及录像制品之制作人”第188条“失效”规定:“一、录音制品制作人及录像制品制作人的权利,自有关录音制品或录像制品出版当年结束起计,满五十年失效。二、如有关录音制品或录像制品尚未出版,前款所指的期间自有关声音或影像固定当年结束起计算。”[②]我国澳门特区录音制品制作者权的保护期间为50年;起算点采用固定起算主义。

三、广播组织权的保护期限

广播组织权的保护期限。《罗马公约》和TRIPs规定,对广播节目的保护至少应当为期20年。《罗马公约》第14条规定,广播组织权的保护期限至少为20年,从开始广播的当年年底起算。TRIPs第14条第5款规定的广播组织权的保护期限与《罗马公约》相同。日本法规定为20年,法国法规定为25年。

把录音制品和广播节目(包括电视节目)作为著作权保护对象的国家,对此类作品也规定了一个明确的保护期限,唱片从首次制作或首次发行之日起计算,广播节目从首次播放之日起计算。对于保护期的长短,各国规定也很不一样,为10~50年不等,但大多数国家规定为50年(如新西兰、乌干达、英国等)或25年(如捷克、丹麦、芬兰等)。

关于广播组织权的保护期限,《印度著作权法》(1957)规定的是25年;《英国版权法》《南非版权法》《俄罗斯联邦民法典》《意大利著作权法》《日本著作权法》《韩国著作权法》规定的保护期是50年;《委内瑞拉著作权法》规定的保护期是60年。[③]

英国《1988年版权、外观设计和专利权法》及1995年《表演著作权期限及权利条例》规定:广播和有线电视节目服务的保护期限为,首次播出之后50年或者该节目包含

---

① 参见本书汇编组编:《中国百年著作权法律集成》,中国人民大学出版社2010年版,第467页。

② 本书汇编组编:《中国百年著作权法律集成》,中国人民大学出版社2010年版,第592页。

③ 参见赵双阁:《三网融合背景下中国广播组织权制度的反思与重构》,社会科学文献出版社2016年版,第216页。

在有线电视服务当中50年。录音的保护期限为,第一次出版后50年或者如果此期间未出版则计为固定之后50年。[①]《英国版权法》第14条第1款规定的广播组织权的保护期限为50年,从广播被制作或节目被收入电缆节目服务之日的该年年底起算。

关于广播组织权的保护期限,《英国版权法》第一编“版权”第一章“版权之存续、权属及存续期间”第14条“广播的版权期限”规定:“(1)广播的版权期限适用以下规定。(2)广播的版权于自广播制作完成当年年末起算的第50年年末届满,并受下列规定之约束。(3)若广播的作者非欧洲经济区国家之国民,广播的版权期限由该作品来源国法律所确定,前提是该期限不超过第(2)款规定的期间。(4)若第(3)款的使用会或在一定程度上导致与1993年10月29日之前联合王国所承担的国际义务不符,则版权期限应根据第(2)款的规定进行计算。(5)重播的广播之版权与原始广播同时终止;因此原始广播的版权期限届满后,重播的广播不再享有版权。(6)‘重播的广播’是指对在先制作的广播的重复播放。”[②]英国广播组织权的保护期间为50年,起算点采用制作起算主义,起算方式采用年底主义,即“广播的版权于自广播制作完成当年年末起算的第50年年末届满”。

《加拿大版权法》第二章“表演者的表演、录音、通信信号的版权和表演者的表演的精神权利”“版权的期限”部分第23条第1.2款“版权的期限——通信信号”规定:“根据本法,通信信号的版权存续至通信信号播放之日历年结束后第50年年末。”[③]广播组织者权保护期间为50年;起算点采用播放起算主义。

《德国著作权法》第二部分“与著作权有关的权利保护”第五节“对广播电视企业的保护”第87条“广播电视企业”第3款规定:“本权利自广播电视播放起五十年后归于消灭。本期限按照第69条计算。”[④]第69条规定,“本节之期限自决定性事件发生之年年底开始计算。”德国广播组织权的保护期间是50年;起算点采用广播起算主义;起算方式采用年底主义。《法国知识产权法典》第L. 211 -4条第4款规定,广播组织权(视听传播企业)的保护期限是,“节目首次向公众传播”次年1月1日起50年。[⑤] 法国广播组织权的保护期间为50年;起算日采用传播起算主义;起算方式采用翌年主义。《意大利

① 参见柴广成、黄阳、顾立平:《中国与英国知识产权转移近况》,科学技术文献出版社2019年版,第18页。
② 《十二国著作权法》,《十二国著作权法》翻译组译,清华大学出版社2011年版,第574~575页。
③ 《加拿大版权法》,易健雄译,知识产权出版社2017年版,第36页。
④ 《十二国著作权法》,《十二国著作权法》翻译组译,清华大学出版社2011年版,第175页。
⑤ 参见《十二国著作权法》,《十二国著作权法》翻译组译,清华大学出版社2011年版,第91页。

著作权法》第二编“与著作权行使相关权利的规定”第二章“广播电台和电视台的权利”第 79 条第 5 款规定：“本条第 1 款规定的权利期限为 50 年，自首次广播时起算。”①意大利广播组织权保护期间为 50 年；起算日采用广播起算主义。

《俄罗斯联邦民法典》(著作权部分)(2006)第四部分第七编“智力活动成果和个性化表现方法的权利”第七十一章“与著作权邻接的权利”第四节“无线电及电缆播放组织的权利”第 1331 条“广播电视节目播放专有权保护期，该权利向权利继承人的转移和广播电视节目播放转变为公共财产”第 1 款规定：“广播电视节目播放专有权的保护期为五十年，自无线电及电缆播放电视节目发生之年的下一年 1 月 1 日起计算。”②

《日本著作权法》第 101 条规定，广播组织的权利始于广播开始之日，终于第 50 年的年底。《澳大利亚版权法》第 95 条规定，电视广播和电台广播的保护期为 50 年，截止于广播制作之年起算的第 50 年的年底。《印度著作权法》第 37 条第 2 款规定的广播组织权的保护期限为 25 年，从广播节目产生之年下一个日历年初起算。德国、法国、日本、英国、澳大利亚等国规定的广播组织权的保护期限都是 50 年。③

《埃及知识产权保护法》第三编“著作权和邻接权”第 168 条规定：“广播组织的专有财产权，自广播首次播送之日起算的二十年内对该广播享有使用权。”④埃及广播组织权的保护期间为 20 年；起算点采用播送起算主义。

《南非版权法》第一章“原创作品的版权”第三节“因国籍、定居地或居住地取得的版权和版权的期限”第 2 款第 d 项规定：“广播的版权保护期为自该广播首次播放之年末起算的五十年”。南非广播的版权保护期为 50 年；起算日为播放起算主义；起算方式为年底主义。第 e 项规定：“载有节目的信号的版权保护期为自该信号被发射至卫星之年末起算的五十年。”⑤南非载有节目的信号的版权保护期为 50 年；起算日采用发射起算主义；起算方式采用年底主义。

《马来西亚版权法》第 20 条规定了广播中的版权期间：广播中的版权从该广播首次制作之年的次年开始计算 50 年。(起算日采用制作起算主义；起算方式采用翌年主义)

《菲律宾知识产权法典》第四编“版权法”第十六章“保护期”第 215 条“表演者、录

① 《十二国著作权法》，《十二国著作权法》翻译组译，清华大学出版社 2011 年版，第 305 页。
② 《十二国著作权法》，《十二国著作权法》翻译组译，清华大学出版社 2011 年版，第 458 页。
③ 参见胡开忠、陈娜、相靖：《广播组织权保护研究》，华中科技大学出版社 2011 年版，第 45、65、67、69、72、74、76 页。
④ 《十二国著作权法》，《十二国著作权法》翻译组译，清华大学出版社 2011 年版，第 42 页。
⑤ 《十二国著作权法》，《十二国著作权法》翻译组译，清华大学出版社 2011 年版，第 475 页。

音制品制作者以及广播组织权利保护期”第 2 款规定：“广播节目则从广播发生之日起二十年内有效。此扩大的期限只适用于那些旧法已赋予保护的作品。”[①]广播组织权的保护期间为 20 年；起算点为广播起算主义；起算方式为当日主义。

《印度尼西亚版权法》(2002)第 50.1 条第 c 项规定：“广播组织的保护期应为作品经首次广播后的 50 年。”(起算日采用广播起算主义)

《越南民法典》第 34.3 条规定了广播组织享有的权利保护期间：“广播组织享有的权利从广播节目制作之年之次年起的 50 年内应受保护。”(起算日采用制作起算主义；起算方式采用翌年主义)

《新加坡版权法》第 94.1 条规定了电视广播节目和声音广播节目中版权的保护期：“(1)该版权的保护期应为广播节目被制作之日历年届满后的 50 年；(2)如果电视广播节目或声音广播节目是对第 89 条所适用的先前电视广播节目或声音广播节目的重复(不论是第一次还是嗣后的重复)，……如果是在先前的广播节目制作之日历年后的 50 年期间届满之前被制作的，则其中的任何版权的保护期应在该期间届满时到期；如果是在该期间届满后制作的，则依本部分的规定，版权不应存在。”(起算日采用制作起算主义)

《柬埔寨版权和邻接权法》第 53.3 条规定：“对广播组织的广播节目的保护期应为该节目被广播之日历年底后的 50 年。”(起算日采用广播起算主义；起算方式采用年底主义)

《老挝知识产权法》(2008)第 94 条规定了邻接权的保护期：“(3)对于音像广播组织来说，保护期应为自广播节目之日起的 50 年。(4)对于老挝为其缔约方的国际条约或协定，领接权的保护期应与该国际条约或协定一致。”[②](起算日采用广播起算主义；起算方式采用当日主义)

《文莱版权法》第 16 条规定了广播和有线节目中的版权期间：(1)广播或有线节目中的版权自该广播被制作或该节目被包含在有线节目服务之年年底起至第 50 年年末到期。(2)广播或有线节目的复制品中的版权在原版广播或有线节目中的版权到期的同时而到期；因此，在原版的广播或有线节目版权到期后，经复制的广播或有线广播或被包含在有线节目中的广播不会产生任何版权。(3)在本条中，经复制的广播或有线节

① 《菲律宾知识产权法典》，杨涛、杨斌译，知识产权出版社 2014 年版，第 93 页。

② 冯寿波：《中国－东盟自由贸易区版权法比较研究》，气象出版社 2014 年版，第 117 页。

目是指对先前制作的广播或先前被包含在有线节目服务中的有线节目的复制。[①]（起算日采用制作起算主义）

我国《著作权法》(2020)第四章“与著作权有关的权利”第四节“广播电台、电视台播放”第47条第3款规定：“本条第一款规定的权利的保护期为五十年，截止于该广播、电视首次播放后第五十年的12月31日。”广播组织权即广播电台、电视台等广播组织对其广播的权利。广播组织权的保护期为50年，截止于该广播、电视首次播放后第50年的12月31日。(起算日采用播放起算主义；起算方式采用年底主义)

我国香港特区《版权条例》(2007)第Ⅱ部“版权”第Ⅰ分部“版权的存在、拥有权及期限”之“版权的期限”部分第20条“广播及有线传播节目的版权期限”规定：“于某公历年作出的广播的版权，在自该年年终起计的50年期间完结时届满；于某公历年包括在有线传播节目服务内的有线传播节目的版权，在自该年年终起计的50年期间完结时届满。”[②]

我国澳门特区《著作权及有关权利之制度》(1999)第三编“著作权之相关权利”第四章“无线电广播机构”第192条“失效”规定：“无线电广播机构之权利，于广播后满二十年失效。”[③]广播组织权的保护期间：20年；起算日：广播起算主义。

第四节 其他邻接权的保护期限

其他邻接权的保护期限包括出版者权的保护期限、特定版本邻接权的保护期限、照片的邻接权的保护期限、无独创性数据库的邻接权的保护期限等。

一、出版者权的保护期限

出版者权即为出版者所享有的对图书、期刊版式设计的权利。按现行著作权法的

① 参见冯寿波：《中国－东盟自由贸易区版权法比较研究》，气象出版社2014年版，第100页。

② 本书汇编组编：《中国百年著作权法律集成》，中国人民大学出版社2010年版，第334页。

③ 本书汇编组编：《中国百年著作权法律集成》，中国人民大学出版社2010年版，第592页。

规定，专有版权并不是法定的，而必须通过著作权人和出版者之间通过合同加以确定，因此，法律没有对专有出版权的期限作出硬性规定。出版者的版式设计专用权保护期较短。

关于版式设计权的保护期限，《英国版权法》第一编“版权”第一章“版权之存续、权属及存续期间”第15条“出版物的版式设计之版权期限”规定：“出版物的板式设计之版权终止于自该版本首次出版当年年末起算的第25年年末。”[①]英国出版者权保护期间为25年，起算点采用出版起算主义，起算方式采用年底主义。

《俄罗斯联邦民法典》（著作权部分）（2006）第四部分第七编“智力活动成果和个性化表现方法的权利”第七十一章“与著作权邻接的权利”第六节“科学、文学及艺术作品发表人的权利”第1340条“作品发表人专有权的保护期”规定：“作品发表人专有权自该作品发表之时产生，其保护期为25年，自该作品发表之年下一年1月1日起计算。”[②]俄罗斯作品发表人专有权的保护期为25年；起算日采用发表起算主义，发表方式采用翌年主义。

《南非版权法》第一章“原创作品的版权”第三节“因国籍、定居地或居住地取得的版权和版权的期限”第2款第f项规定：“已出版作品的版权保护期为自该板式首次出版之年末起算的五十年”。[③] 南非已出版作品的板式的版权保护期为50年；起算日为出版起算主义；起算方式为年底主义。

我国《著作权法》（2020）第四章“与著作权有关的权利”第一节“图书、报刊的出版”第37条第1款规定：“出版者有权许可或者禁止他人使用其出版的图书、期刊的版式设计。”第2款规定：“前款规定的权利的保护期为十年，截止于使用该版式设计的图书、期刊首次出版后第十年的12月31日。”中国出版者享有的版式设计权，其保护期为10年，截止于使用该版式设计的图书、期刊首次出版后第10年的12月31日。简言之，出版者权的保护期为10年，截止于使用该版式设计的图书、期刊首次出版后第10年的12月31日。（起算日采用出版起算主义；起算方式采用年底主义）

我国香港特区《版权条例》（2007）第Ⅱ部“版权”第Ⅰ分部“版权的存在、拥有权及期限”之“版权的期限”部分第21条“已发表版本的排印编排的版权期限”规定：“于某公历年首次发表的已发表版本的排印编排的版权，在自该年年终起计的25年期间完结

① 《十二国著作权法》，《十二国著作权法》翻译组译，清华大学出版社2011年版，第575页。
② 《十二国著作权法》，《十二国著作权法》翻译组译，清华大学出版社2011年版，第461页。
③ 参见《十二国著作权法》，《十二国著作权法》翻译组译，清华大学出版社2011年版，第475页。

时届满。”[①]

二、特定版本邻接权的保护期限

许多国家都规定了特定版本的邻接权。《西班牙著作权法》第129条规定：已不再受保护的作品的出版者享有许可复制、发行和向公众传播该版本作品的专有权利，条件是该版本可以通过字体设计、排版或其他编辑上的特征得以识别。保护期为从出版之后下一年起算的25年。《德国著作权法》第二部分“与著作权有关的权利保护”第一节“特定版本的保护”第70条“科学版本”规定：“1. 著作权不予保护的著作或者文本的版本如果体现了科学整理活动的成果并且实质上有别于至今众所周知的著作或者文本，亦准用第一部分之规定受本法保护。2. 本权利属于该版本之编撰人。3. 本权利于该版本出版25年后归于消灭。如果该版本在此期间未出版，本权利自制作起25年后归于消灭。该期限依照本法第69条规定计算。”[②]本条是指，不享有著作权的作品或文本的版本如果是科学分析成果的体现，而且与先前公知版本显著不同，则该版本的编辑者的权力可受到保护。该权利的保护期为自该版本出版之时起25年。第71条“遗作”第1款规定：“使未出版的著作于著作权消灭后在本法适用范围内以许可方式首次出版者，或者首次公开再现者，享有使用该著作的独占权。本规定同样适用于本法适用范围内从未受过保护且著作人死亡超过七十年的未出版的著作。”第3款规定：“本权利自著作出版起，或者其首次公开再现先于出版的，自首次公开再现起25年后归于消灭。该期限按照本法第69条规定计算。”[③]该条赋予出版者一项邻接权：对于先前从未出版，而且已经超过著作权保护期的作品，出版者第一次合法地出版或向公众传播之后，享有利用该作品的专有权利。该权利的保护期为首次出版或公开再现之日起算25年。

《意大利著作权法》第二编“与著作权行使相关权利的规定”第三章第二附章“与作者财产权消失后首次发表或者向公众传播的作品相关的权利”第85条第3附条规定：“1. 在不损害作者人格权的前提下，著作权的保护期限届满后，正当地首先发表或者向公众传播尚未发表作品的人，在法律规定的范围内享有本法第一编第三章第一节规定的对作品进行经济性使用的权利。2. 本条第1款规定的排他性经济性使用权的期限为

① 本书汇编组编：《中国百年著作权法律集成》，中国人民大学出版社2010年版，第334页。

② 《十二国著作权法》，《十二国著作权法》翻译组译，清华大学出版社2011年版，第171~172页。

③ 《十二国著作权法》，《十二国著作权法》翻译组译，清华大学出版社2011年版，第172页。

25 年，自首次正当发表或者向公众传播时起算。”[1]本条是指，对于已超过著作权保护期的作品，第一次合法出版或向公众传播的出版者享有 25 年的专有权利。其保护期限为 25 年；起算点为发表起算主义或者传播起算主义。第三章第三附章“与对进入公有领域的作品进行评论和学术研究的版本相关的权利”第 85 条第 4 附条规定：“1. 在不损害作者人格权利的前提下，以任何形式或者方式发表对进入公有领域的作品进行评论和学术研究的人，享有该版本排他性经济使用权。2. 当本条第 1 款规定的经济使用权人与主编之间存在合同关系时，评论和学术研究版本的主编享有署名权。3. 无论以任何形式或者方式发表，本条第 1 款规定的排他性权利的期限为 20 年，自首次正当发表时起算。”[2]本条是指，公有领域作品的评论或科学分析版本的出版者对该评论或科学分析版本享有 20 年的专有权利。其保护期限为 20 年；起算日为发表起算主义。

1996 年《英国版权与相关权条例》第 16 条规定：在未出版的文字、戏剧、音乐或艺术作品及电影版权保护期届满之后，以发行、出租、出借作品复制件，电子传输，公开表演，展览和广播方式首次出版该作品的人享有 25 年的专有权利。

上述国家规定的特定版本的邻接权与我国《著作权法》规定的版式设计权都是基于保护出版者或编辑者劳动的相同考虑，但在法律规则上仍然有很大区别：上述特定版本的邻接权只能基于出版或编辑已超过保护期的作品而产生，而我国的版式设计权无此项限制。[3]

三、照片的邻接权的保护期限

在德国、意大利和西班牙等大陆法系国家，那些在日常生活中拍摄的照片多数被认为难以反映拍摄者独特的精神、个性、艺术观念和智力创造，因此独创性不足，难以作为摄影作品受到保护。但考虑到许多照片仍然具有价值，特别是在它们被营利者使用时，如果拍摄者不能受到保护是有失公平的，因此，这些国家用邻接权对其加以保护。《德国著作权法》第二部分“与著作权有关的权利保护”第二节“对照片的保护”第 72 条“照片”第 1 款规定：“照片和制成类似照片的产品准用本法第一部分适用于摄影著作的规定，受本法保护。”第 2 款规定：“本条第 1 款权利属于照片摄制人。”第 3 款规定：“本条第 1 款权利自照片出版起，或者其首次经许可的公开再现先于出版的，自首次公开再现

① 《十二国著作权法》，《十二国著作权法》翻译组译，清华大学出版社 2011 年版，第 308 页。
② 《十二国著作权法》，《十二国著作权法》翻译组译，清华大学出版社 2011 年版，第 308 页。
③ 参见王迁：《知识产权法教程》（第 6 版），中国人民大学出版社 2019 年版，第 204 页。

起五十年后归于消灭；但是，照片在此期间未出版，或者未以许可方式公开再现的，自制作起五十年后归于消灭。该期限按照本法第69条规定计算。”①本条是指，对（不构成作品的）照片也按照摄影作品的规定加以保护，但保护期只有50年，从照片出版或合法向公众传播之日起算。如果照片50年内未被出版或合法向公众传播，则保护期为自制作者完成之日起50年。这显著低于摄影作品的保护期——作者有生之年加70年。

《意大利著作权法》第二编“与著作权行使相关权利的规定”第五章“对摄影作品的权利”第87条规定：“本章所述摄影作品是指通过摄影技术或者其他类似方法拍摄的人像、自然生活或者社会生活场景、环境、特写照片，包括平面艺术作品的摄影和电影胶卷的逐格画面。著作、文献、商业票据、物品、技术图纸及其他类似制品的照片，不属于本章所述的摄影作品。”②第92条规定：“摄影作品排他性权利的期间，自摄制完成之日起存续20年。”③这两条是指（不构成作品的）照片为通过摄影技术或类似方法拍摄的人像，自然或社会生活中的面貌或事件，包括拍摄美术作品和电影画面而形成的照片，拍摄者对照片享有20年的专有权利。意大利对照片的领接权保护期为20年；起算日采用摄制起算主义。第90条规定：“摄影作品的复制品应当载明：（1）摄制者的姓名，在第88条第1款规定的情况下，应当载明摄影者的雇主或者委托人的姓名；（2）摄制时间；（3）被摄制的平面艺术作品的作者姓名。如果摄影作品的复制品未载明上述信息，在摄影者不能证明复制者是故意的情况下，该复制不视为非法，无须支付本法第91条和第98条规定的报酬。”④本条是指，如果照片上没有说明拍摄者的姓名或委托人的姓名、拍摄年份和被拍摄的平面艺术作品的作者姓名，则除非拍摄者能够证明复制者具有恶意；否则，未经许可地复制该照片并不违法，也无须向拍摄者支付报酬。《西班牙知识产权法》第128条规定：对于不能作为摄影作品受到狭义著作权保护的普通照片，照片摄制者享有复制、发行和公开传播作品的专有权利，保护期为25年。⑤

四、无独创性数据库邻接权的保护期限

电话号码簿、法律法规数据库等许多无独创性的数据库在信息社会中发挥重要作

① 《十二国著作权法》，《十二国著作权法》翻译组译，清华大学出版社2011年版，第172页。
② 《十二国著作权法》，《十二国著作权法》翻译组译，清华大学出版社2011年版，第309页。
③ 《十二国著作权法》，《十二国著作权法》翻译组译，清华大学出版社2011年版，第310页。
④ 《十二国著作权法》，《十二国著作权法》翻译组译，清华大学出版社2011年版，第309页。
⑤ 参见王迁：《知识产权法教程》（第6版），中国人民大学出版社2019年版，第204~205页。

用,如果不对无独创性的数据库加以一定保护,会挫伤人们投资制作数据库的积极性。1996 年,欧盟通过了《数据库法律保护指令》,其规定:无论数据库是否具有独创性,只要其从数据数量或质量上反映了在获取、校验或展示数据内容方面的巨大投资,投资者有权禁止他人对数据库进行复制、发行、出租和传播。该项权利的保护期为 15 年。对此,德国、意大利等一些欧洲国家选择通过在著作权中创设一项邻接权的方法来加以实施,这就使对无独创性数据库的权利在这些国家成为著作权法意义上的邻接权。①

《数据库法律保护指令》是欧盟数据库法律保护的核心依据。各成员国有义务根据欧盟关于数据库保护的指令,修改、制定与其一致的法律。该指令规定各国应当在 1998 年 1 月 1 日起开始保护数据库。即使成员国没有修改、制定这样的法律,数据库作者也可以直接依据该指令请求成员国保护其数据库。

关于数据库的保护期限,《数据库法律保护指令》规定,如果数据库或其中一部分被认为是艺术作品,则该部分在制作者死后 70 年内将被禁止复制。对数据库制作者权的保护从该数据库完成时开始,权利自完成之年的 1 月 1 日起 15 年内有效。如果数据库在 15 年的期限届满前以任何方式被公众获得,则保护期再延长 15 年,自首次公开之年的 1 月 1 日开始。所以,最长的保护期是从完成时起 30 年。②

《俄罗斯联邦民法典》(著作权部分)(2006)第四部分第七编"智力活动成果和个性化表现方法的权利"第七十一章"与著作权邻接的权利"第五节"数据库制作者的权利"第 1335 条"数据库制作者专有权的保护期"第 1 款规定:"数据库制作者专有权于数据库制作完成之时产生,其保护期为五十年,自数据库制作之年的下一年 1 月 1 日起计算。在上述期限发表的数据库制作者专有权的保护期为五十年,自该数据库发表之年的下一年 1 月 1 日起计算……本条第一款规定的期限于数据库的每一次更新改制时重新开始计算。"③俄罗斯数据库制作者权保护期为 50 年;起算日采用制作起算主义或发表起算主义;起算方式采用翌年主义。

《韩国著作权法》第四章"数据库制作者的保护"第 95 条"保护期"第 1 款规定:"数据库保护期为数据库制作完成次年开始的五年。"第 2 款规定:"如果为了数据库的更新

① 参见王迁:《知识产权法教程》(第 6 版),中国人民大学出版社 2019 年版,第 205 页。

② 参见冯军、黄宝忠主编:《版权保护法制的完善与发展:基于欧盟经验与中国实践的视角》,社会科学文献出版社 2008 年版,第 18、19 页。

③ 《十二国著作权法》,《十二国著作权法》翻译组译,清华大学出版社 2011 年版,第 460 页。

等而投入了相当多的人力或者物力，数据库制作者对于该部分的权利开始于更新时，并持续到次年开始的五年。”[①]韩国数据库制作者的保护期限为 5 年；起算日采用完成起算主义或更新起算主义；起算方式采用翌年主义。

① 《十二国著作权法》，《十二国著作权法》翻译组译，清华大学出版社 2011 年版，第 529 页。

第三篇 著作人身权和邻接人身权权能限制——精神权利限制

第一章 著作人身权限制总述

第一节 国际公约对精神权利的规定

版权所授予的权利一般应包括经济权利和精神权利两部分。作者的精神权利是否应受到保护,是版权领域颇具争议的问题。大陆法系国家和英美法系国家对此看法截然相反。因为《伯尔尼公约》是由保护精神权利的欧洲大陆法系国家主导缔结的,所以作者的精神权利受到公约保护。因为《世界版权公约》和 TRIPs 是由不保护精神权利的美国等英美法系国家主导缔结的,所以作者的精神权利不受这两个国际条约的保护。

一、《伯尔尼公约》

《伯尔尼公约》是唯一明确提出保护精神权利的国际条约,被视为国际版权保护走向一致的阶段性成果的标志。

《伯尔尼公约》第 6 条之二"名誉权"规定了成员国保护精神权利的最低标准。第 1 款"著作者:反对某些更改和其他损害行为权"规定:"不受作者经济权利的影响,甚至在上述经济权利转让之后,作者仍保有要求其作品作者身份的权利,并有权反对对其作品的任何有损其声誉的歪曲、割裂或其他更改,或其他损害行为。"[①]本条是指,作者的精神权利是一种与作者的经济权利无关的版权权利,即使是在经济权利转让之后,作者也仍然享有其精神权利。作者的精神权利应当包括:署名权和保护作品完整权。

① 张大伟主编:《世界版权条约》,东方出版中心 2019 年版,第 35 ~36 页。

第2款“在作者去世后”规定:“根据以上第一款给予作者的权利,在其死后应至少保留到作者经济权利期满为止,并由被要求给予保护的国家本国法所授权的人或机构行使之。但在批准或加入本公约文本时其法律中未包括有保证在作者死后保护以上第一款承认的全部权利的各国,有权规定对这些权利中某些权利在作者死后不予保留。”① 本条是指,作者享有的上述权利在其死后仍旧有效,且保护期应不少于经济权利的保护期。

第3款“补救方法”规定:“为保障本条所承认的权利而采取的补救方法由被要求给予保护的国家的法律规定。”②本条是指,对于1971年之前按照其本国法律只在作者有生之年保护其精神权利的国家,可以继续实行已有的规定。

二、TRIPs(1994)

与《伯尔尼公约》相反,TRIPs(1994)第9条第1项明确规定,作者的精神权利不受该协议的保护。因而,因精神权利产生的争端也就不能诉诸WTO的争端解决机制。这一点需要我们特别注意。

国际版权法律制度对作者经济权利的保护与对作者精神权利的保护是不平衡的:经济权利是受所有版权国际条约保护的版权权利,而只有《伯尔尼公约》明确提出了对精神权利保护的最低要求;而且,即使是保护精神权利的《伯尔尼公约》,其对经济权利规定的条款与其对精神权利规定的条款也是不成比例的。造成这种状况的原因主要是:(1)精神权利本身极其复杂,对其保护的实际操作难度相当高;(2)各国版权立法传统和观念存在分歧与差异。③

三、WCT(1996)、WPPT(1996)

WCT(1996)对网络环境下精神权利的保护没有新的规定,该条约第1条第4款规定,缔约各方应遵守《伯尔尼公约》第1条至第21条和附件的规定;该条约第3条规定,缔约各方对于本条约所规定的保护应比照适用《伯尔尼公约》第2条至第6条的规定。WPPT(1996)则将精神权利的国际保护由伯尔尼公约中的作者扩展到表演者,该条约第5条规定,表演者的精神权利不依赖于表演者的经济权利,甚至在这些权利转让之后,表

① 张大伟主编:《世界版权条约》,东方出版中心2019年版,第36页。
② 张大伟主编:《世界版权条约》,东方出版中心2019年版,第36页。
③ 参见古祖雪:《国际知识产权法》,法律出版社2002年版,第201页。

演者仍应对于其现场有声表演或以录音制品录制的表演有权要求承认其系表演的表演者,除非使用表演的方式决定可省略不提其系表演者;并有权反对任何对其表演进行将有损其名声的歪曲、篡改或其他修改;在保护期上,该条规定,授予表演者的精神权利在其死后应继续保留,至少到其经济权利期满为止。为适应网络环境下版权变化而制定的 WCT 和 WPPT 仍然延续在数字技术和互联网通信技术出现之前制定的《伯尔尼公约》中的精神权利的保护条款,难以应对网络环境下精神权利所面临的挑战。①

相对于大陆法系国家合理使用仅仅是对作者经济权利的限制规定,美国可视艺术品法所保护的作者的精神权利也受美国版权法中合理使用的限制。《英国版权法》在 1988 年修订后在增加对作者精神权利保护的同时也规定了精神权利行使的一些限制。这种类似于经济权利保护和限制的规定在网络环境下可能更为可取。

对于作者而言,作品经济权利的意义在于实现作品的经济价值;精神权利的直接意义在于维护作者与其作品不可分割的人格联系。因此精神权利可以被放弃,②却不能被转让,其实现形式更多地体现在禁止性规定上。抛却经济权利和经济利益不说,如果能够尊重作者的精神权利,作者不会计较作品的广泛传播与使用。在精神权利方面,作者与作品的用户之间不存在此消彼长的利益关系,所以除了恶意侵权和对版权作品的使用实在不能顾及作者的精神权利外,一般情况下使用者也不会侵犯作者的精神权利。对于恶意侵犯精神权利的行为,作者应当主张自己的权利。对于使用方式实在不能顾及作者精神权利的情况,法律应当作出灵活处理,最好作出适当的合理使用的规定。WPPT(1996)将精神权利历史性地扩展到表演者时也注意到这种情况,即 WPPT(1996)第 5 条第 1 款规定,表演者的精神权利不依赖于表演者的经济权利,甚至在这些权利转让之后,表演者仍应对于其现场有声表演或以录音制品录制的表演有权要求承认其系表演的表演者,除非使用表演的方式决定可省略不提其系表演者。这里的例外或合理使用的规定只限于署名权。针对精神权利各项不同权利内容,法律可以做出不需适用于一切精神权利的例外或限制。③

法国对精神权利的保护最为广泛,其规定作者享有发表权、署名权、保护作品完整权和收回权。美国版权法给予可视艺术品作者的精神权利包括表明作者身份的权利(署名权)和保护作品完整的权利。1988 年《英国版权法》给予作者表明身份权利(署名

---

① 参见李祖明:《互联网上的版权保护与限制》,经济日报出版社 2003 年版,第 294 ~295 页。

② 当然,也有一些国家版权法规定精神权利不能被放弃,如采用二元论的《法国著作权法》。

③ 参见李祖明:《互联网上的版权保护与限制》,经济日报出版社 2003 年版,第 295 ~296 页。

权)和反对对作品进行歪曲、篡改等贬抑处分的权利(保护作品完整权)。我国著作权法对精神权利的规定采用大陆法系制度。我国《著作权法》(2020)第10条规定了著作权包括发表权、署名权、修改权和保护作品完整权等四项人身权(精神权利)。该法第22条规定,作者的署名权、修改权、保护作品完整权的保护期不受限制。该法还授予表演者以表明表演者身份和保护表演形象不受歪曲等两项精神权利。我国著作权法中的修改权和保护作品完整权是对同一事件从正反两方面规定的权利,都是为了保护作品不被他人歪曲、篡改。我国著作权法保护的精神权利也主要是署名权和保护作品完整权。《伯尔尼公约》要求成员国必须保护标明作者身份权和制止对作品有损其声誉的歪曲、修改的权利。WPPT(1996)规定,表演者享有要求承认其系表演者的身份和反对任何对其表演进行将有损其名声的歪曲、篡改或其他修改。从以上各国及国际公约对精神权利的规定可以看出,精神权利主要体现在署名权和保护作品完整权上。[①]

第二节 两大法系对精神权利的分野与融合

著作人身权也称作著作权的精神权利,精神权利也存在一定的限制形式。

一、两大法系对精神权利的分野

相对于经济权利而言,各国对精神权利的规定差异更大。最显著的就是大陆法系国家和英美法系国家对精神权利的规定与重视不同。大陆法系国家中重视保护作者精神权利的典型代表是法国。在天赋人权自然法思想的影响下,作品被视为作者智慧的结晶和人格的延伸,作者不但应当有权像对待财产权那样控制作品的经济权利,更应当有权维护作者人格与作品之间无法割断的精神联系。自1830年前后首次出现作者权的提法后,精神权利以至成为法国著作权法中作者的核心权利。受法国作者权思想影响的大陆法系国家有德国、意大利、西班牙、荷兰、瑞典、丹麦、葡萄牙、日本等。这些大陆法系国家在保护作者精神权利时虽然有一元论与二元论之分,但都将作者的精神权

① 参见李祖明:《互联网上的版权保护与限制》,经济日报出版社2003年版,第296~297页。

利作为其版权内容的重要组成部分。

法国著作权法将精神权利和经济权利分开进行保护，经济权利只能在一定期限内得到保护，可以与作者的人身分离进行转让或放弃，而精神权利则无法与作者的人格分离，不能放弃也不能转让，这种体系被称为二元论，意大利、西班牙、日本等国也是如此。而德国著作权法认为，著作权的各项权能是一个不可分割的整体，精神权益与经济权益在很多情况下能相互保护，精神权利与经济权利享有同样的保护期，而不是得到永恒保护，采用一元论的国家还有奥地利、匈牙利、捷克等国。

深受社会契约论影响的英美法系国家的版权立法则认为，版权只是一种特殊的社会契约，国家为了社会公益要求作者更多地创作并传播优秀作品，作为对价，国家将保证作者在一定时间内独享由作品所带来的经济权利，获取一定的经济利益。因此，英美法系国家的版权立法从一开始就将版权视为单纯的经济权利，而将作者的精神权利排除在外。①

二、两大法系对精神权利的规定的融合

大陆法系国家和英美法系国家对作者的精神权利的规定也出现了相互融合的趋势。1988 年的《英国版权法》设专章规定了作者可享有表明作者身份权、反假冒署名权、反对对作品进行歪曲、篡改等贬损处分的权利，摄影即电影作品的委托人反对将作品进行商业性分开的权利。正是因为美国对《伯尔尼公约》第 6 条之二规定的保护精神权利的最低标准表示怀疑，导致其直到 1989 年才加入《伯尔尼公约》。美国于 1990 年颁布了《可视艺术品权利法》，明确将精神权利内容引入到联邦版权法之中。另外，大陆法系国家，特别是法国著作权法给予作者精神权利过高的保护也遭到学者的批评。

就大多数普通法系国家而言，直到 20 世纪 80 年代为止，关于精神权利和经济权利性质的观点都无关紧要，因为这些国家的版权法并未明确承认精神权利。从 20 世纪 90 年代开始，美国（在 1990 年但范围非常有限）、英国（在 1988 年）、澳大利亚（在 2000 年）、新西兰（在 1994 年）和爱尔兰（在 2000 年）都采用了法定精神权利条款。见美国，《美国法典》第 17 篇第 106 条之二；英国，1988 年《版权、外观设计和专利权法》第 77 ~ 89 条；澳大利亚，2000 年《版权修改（精神权利）法》第 195A 条第 2 款；新西兰，（1994 年 12 月 15 日）《版权法》第 94 ~ 110 条；爱尔兰，2000 年《版权和相关权法》第 107 ~ 119

① 参见李祖明：《互联网上的版权保护与限制》，经济日报出版社 2003 年版，第 282 ~283 页。

条。美国版权法似乎沿用了二元论解决方法，因为它赋予视觉艺术家的精神权利在他们死亡时即告终止，见《美国法典》第十七编第106条之二(d)。①

第三节 典型国家精神权利限制的立法例

《英国版权法》(1988)第一编“版权”第四章“精神权利”之“表明作者或导演身份权”部分第79条“权利例外”规定：“(1)第77条所赋予的权利(标明作者或导演身份权)受下列例外约束。(2)该权利不适用于以下类型作品——(a)计算机程序；(b)字体设计；(c)任何由计算机生成的作品。(3)在依据第11条第(2)款(职务作品)之规定，原始版权所有人是作者或导演的雇主时，该权利不适用于任何由版权所有人实施或经其授权而实施的行为。(4)依据以下条款而不侵犯版权之行为，同样亦不侵犯作者身份权——(a)第30条(为特定目的之合理使用)，只要其与通过录制品、电影、或广播的方式报道时事新闻相关；(b)第31条(艺术作品、录音制品、电影或广播作品中偶然纳入之作品)；(c)第32条第(3)款(考试题)；(d)第45条(议会和司法程序)；(e)第46条第(1)款或第(2)款(皇室委员会和法定调查)；(f)第51条(设计文件和模型的使用)；(g)第52条(由艺术作品进行衍生之设计的使用效果)；(h)第57条或第66A条(在推定权利期限届满时所允许的行为)。(5)此权利不适用任何以报道时事新闻为目的而创作之作品。(6)为此类出版之目的而创作，或者为此类出版之目的、经作者同意提供的文字、戏剧、音乐或美术作品，由下列出版物出版时，此项权利不予适用——(a)报纸、杂志或类似期刊，或者(b)百科全书、词典、年鉴或其他参考用途的集合作品。(7)此权利不适用于——(a)存在皇室版权或议会版权之作品，或者(b)根据第168条之规定而由国际组织享有版权之作品，除非作者或导演在之前出版的作品中已经表明身份。”②

《英国版权法》(1988)第一编“版权”第四章“精神权利”之“反对对作品贬损处理的

① 参见[澳]山姆·里基森、[美]简·金斯伯格：《国际版权与邻接权——伯尔尼公约及公约以外的新发展》(上卷)，郭寿康、刘波林等译，中国人民大学出版社2016年版，第463页。

② 《十二国著作权法》，《十二国著作权法》翻译组译，清华大学出版社2011年版，第611～612页。

权利”部分第 81 条“权利例外”规定:“(1)第 80 条所赋予的权利(反对对作品贬低处理的权利)受下列规定约束。(2)该权利不适用于计算机程序或任何计算机生成的作品。(3)该权利不适用于旨在进行时事报道的作品。(4)为此类出版之目的而创作,或者为此类出版之目的、经作者同意提供的文字、戏剧、音乐或美术作品,由下列出版物出版时,此项权利不予适用——(a)报纸、杂志或类似期刊,或者(b)百科全书、词典、年鉴或其他参考用途的集合作品。在不改变已出版作品的情况下,对于此类作品在别处的任何后续使用,此项权利亦不适用。(5)根据第 57 条或第 66A 条规定不构成侵权的行为(在假定权利期限届满时所允许的行为),同样不构成对此权利的侵犯。(6)若作者或导演之身份在相关行为发生时被表明,或者之前在已出版的作品的复制品上被表明,则在存在明确的弃权声明的情况下,出于以下目的之行为不构成对此权利的侵犯——(a)避免犯罪,(b)遵守法定职责,或者(c)英国广播公司为避免其广播的节目中包含品味低下、有失体统、或有可能鼓动、刺激犯罪、或导致混乱、或伤害公众感情的内容。”①

《英国版权法》(1988)第一编“版权”第四章“精神权利”之“某些照片与影片的隐私权”部分第 85 条“某些照片与影片的隐私权”第 2 款规定:“因下列条款规定而不构成著作权侵犯的行为,同样不构成对此权利的侵犯——(a)第 31 条(艺术作品、电影或广播偶然纳入作品);(b)第 45 条(议会和司法程序);(c)第 46 条(皇室委员会和法定调查);(d)第 50 条(法定授权的行为);(e)第 57 条或第 66A 条(推定权利期限届满而允许实施的行为)。”②

《美国版权法》第一章“版权客体及范围”第 106 条之二“某些作者署名权及保护作品完整权”第 3 款“例外”规定:“(1)因时光流逝,或者材料之内在性质而导致视觉艺术作品变化的,不构成(a)款第(3)项(A)所述之歪曲、篡改或其他修改。(2)因作品的保护或公开展示(包括灯光及放置)而导致作品变化的,不构成(a)款第(3)项所称之损坏、歪曲、篡改或其他修改,但因严重过失而导致作品变化的除外。(3)作品的复制、描述或其他使用与第 101 条中“视觉艺术作品”定义中(A)目或(B)目所称之任何一项相关的,(a)款第(1)项和第(2)项所称之权利不适用于对该作品所作之任何复制、描述、描绘或其他使用。对作品所作之任何此种复制、描述、描绘,不构成(a)款第(3)项所称之损坏、歪曲、篡改或其他修改。”③

① 《十二国著作权法》,《十二国著作权法》翻译组译,清华大学出版社 2011 年版,第 613 ~614 页。
② 《十二国著作权法》,《十二国著作权法》翻译组译,清华大学出版社 2011 年版,第 615 ~616 页。
③ 《十二国著作权法》,《十二国著作权法》翻译组译,清华大学出版社 2011 年版,第 730 页。

《菲律宾知识产权法典》第四编“版权法”第十章“精神权利”第198条“精神权利之期限”第1款规定:“本章所规定的作者精神权利的期限为作者有生之年加去世后五十年,该权利不能转让亦不能许可。如指定一人或数人照管作者身后该权利的实施的,应将其姓名以书面形式向国家图书馆备案。若没有指定该人,则移交给作者任一继承人实施其权利,若无继承人,则移交给国家图书馆长官。”第2款规定:“依本条之意,‘人’应包括任何自然人、合伙、公司、协会、社团。国家图书馆长官可以规定对本条中国家图书馆所提供的服务,收取一定的合理费用。”①

《日本著作权法》对作者的人格权限制规定在第18条至第20条中。第18条规定了对作者发表权的限制。第19条规定了对作者署名权的限制。第20条规定了对作者保护作品完整权的限制。

《韩国著作权法》第二章“作者的权利”第三节“作者的精神权利”第11条“公开权”第2款规定:“如果作者根据第45条转让的作品尚未公开、根据第46条授权他人使用、根据第57条设立出版权或者根据第101条之六设立计算机程序专有出版权,那么推定作者同意对方将作品公开。”②此即韩国对公开权的限制。

《韩国著作权法》第二章“作者的权利”第三节“作者的精神权利”第113条“保护作品完整权”第2款规定:“如果没有实质性修改,作者不得反对下列情形中的修改:1. 根据第25条规定使用作品,基于学校教学目的而不可避免地对表现形式进行的有限修改;2. 对建筑物的扩建、改建或其他修改方式;3. 为了能够在其他计算机上使用,对只能在特定的计算机上使用的程序在必要限度内修改;4. 为了更有效地在特定计算机中利用程序而在必要限度内修改程序;5. 因为作品性质、使用目的和方式等,不可避免地对作品表现形式进行的有限修改。”③此即韩国对保护作品完整权的限制。

---

① 《菲律宾知识产权法典》,杨涛、杨斌译,知识产权出版社2014年版,第86页。

② 《十二国著作权法》,《十二国著作权法》翻译组译,清华大学出版社2011年版,第513页。

③ 《十二国著作权法》,《十二国著作权法》翻译组译,清华大学出版社2011年版,第513~514页。

第二章　著作人身权限制分述

第一节
对发表权的限制

发表权虽然是一项重要的著作人身权，但在许多保护著作人身权的国家却找不到确认作者发表权的规定。《伯尔尼公约》也没有规定发表权。其原因在于许多国家从便于解决著作权纠纷方面考虑，不将这种权利写进法律条文中。像日本等一些国家，虽然承认发表权，但考虑到作品的使用及类别，考虑到著作财产权的行使等问题，即(1)当作者将未发表的作品转让时，受让人有权将该作品提供给公众，即推断作者已经行使发表权；(2)作者将其未发表的美术作品或摄影作品原件转让时，受让人有权公开展出这些作品；(3)如果电影作品的著作权归电影制片人所有，将作品以行使著作权的方式提供或提示给公众，应视为作者同意发表。关于作者未发表的遗作，一般认为，为了促进作品的利用，在作者生前未明确反对发表时，可以由作者的继承人在作者死亡后50年内发表。如果没有继承人或者无人受遗赠，则发表权可由作品原件所有人行使。

《日本著作权法》第二章"作者的权利"第三节"权利的内容"第二小节"作者人格权"第18条"发表权"规定了对作者发表权的限制。该条第2款规定了3种推定同意发表的情形、第3款规定了3种视为同意发表的情形、第4款规定了5种不适用发表权的情形对作者的发表权进行了限制。

《日本著作权法》第18条"发表权"第2款规定："具备下列各项所列情形之一的，推定作者同意以各项所列行为发表其作品：(一)转让尚未发表的作品著作权时：通过行使著作权将作品提供或者提示给公众。(二)转让尚未发表的美术作品或者摄影作品原件时：通过展览美术作品或者摄影作品的原件将作品提示给公众。(三)按照第二十九条的规定电影作品的著作权归电影制作者时：通过行使著作权将该作品提供或者提示给公众。"①此即第 18 条第 2 款规定的 3 种推定同意发表的情形。这类限制是为了保障交易目的的彻底实现,因为发表权是著作权实现的基础,如果受让人获得作品而无法通过作品进行收益,受让的可预见目的就无法实现。

《日本著作权法》第 18 条"发表权"第 3 款规定:"具备下列各项所列情形之一的,视为作者同意以各项所列行为发表其作品:(一)将尚未发表的作品提供给行政机关[指《关于行政机关保有的信息公开的法律》(以下称为《行政机关信息公开法》)第二条第一款规定的行政机关。以下同]时(按照《行政机关信息公开法》第九条第一款规定在作出公开信息决定之前,作者有特别声明的除外):行政长官按照《行政机关信息公开法》向公众提供或者提示该作品。(二)将尚未发表的作品提供给独立行政法人等[指《关于独立行政法人等保有的信息公开的法律》(以下称为《独立行政法人等信息公开法》)第二条第一款规定的独立行政法人。以下同]时(按照《独立行政法人等信息公开法》第九条第一款规定作出公开决定之前,作者有特别声明的除外):独立行政法人等按照《独立行政法人等信息公开法》的规定向公众提供或者提示该作品。(三)将尚未公开发表的作品提供给地方公共团体或者地方独立行政法人时(作出公开决定之前作者有特别声明的除外):按照《信息公开条例》(指《关于请求公开地方公共团体或者地方独立行政法人保有的信息的居民等的权利条例》。以下同),地方共同团体机关或者地方独立行政法人向公众提供或者提示该作品。"②此即第 3 款规定的 3 种视为同意发表的情形。

《日本著作权法》第 18 条第 4 款规定:"具有下列情形之一时,第一款的规定不适用:(一)按照《行政机关信息公开法》第五条的规定,行政机关长官将该法第五条第一项、第二项或者第三项或者第五条第二项但书规定的信息中记录的尚未公开发表的作品向公众提供或者提示时,或者按照《行政机关信息公开法》第七条的规定,行政机关长官向公众提供或者提示尚未公开发表的作品时。(二)按照《独立行政法人等信息公开法》第五条的规定,独立行政法人将该法第五条第一项、第二项或者第三项或者第五条第二项但书规定的信息中记录的尚未公开发表的作品向公众提供或者提示时,或者按照《独立行政法人等信息公开法》第七条的规定,独立行政法人等向公众提供或者提示尚未公开发表的作品时。(三)按照《信息公开条例》(限于与《行政机关信息公开法》第

① 《十二国著作权法》,《十二国著作权法》翻译组译,清华大学出版社 2011 年版,第 371 页。
② 《十二国著作权法》,《十二国著作权法》翻译组译,清华大学出版社 2011 年版,第 371 页。

十三条第二款和第三款相当的规定。以下第五项的规定相同）的规定，地方公共团体机关或者地方独立行政机关法人向公众提供或者提示尚未公开发表的作品（限于与《行政机关信息公开法》第五条第一项、第二项或者第五条第二项但书规定的信息相当的信息中记录的作品）时。（四）按照《信息公开条例》的规定，地方公共团体机关或者独立行政法人向公众提供或者提示尚未公开发表的作品（限于与《行政机关信息公开法》第五条第一项、第三项规定的信息对应的信息中记录的作品）时。（五）按照《信息公开条例》规定的与《行政机关信息公开法》第七条规定相当的规定，地方公共团体机关或者地方独立行政法人向公众提供或者提示尚未公开发表的作品时。”①此即《日本著作权法》第18条第4项规定的5种不适用发表权的情形。

有些作品的发表还涉及其他人的人格利益和民事权益，此时发表权的行使应以尊重他人权利为前提，通常是在发表作品前需要征得第三人的许可，如肖像美术、摄影作品就会出现这种情况。对于书信的发表，要征得写信人和收信人的双重同意，否则也是侵犯发表权的行为。例如，《哈萨克斯坦民法典》第491条规定：“信函的公布须经写信人和收信人双方同意。”有些作品的内容还涉及第三人的利益，如载有某人的隐私，作品发表时还应征得第三人的同意，否则构成侵犯他人的隐私权。②

尽管发表权属于一种排他性极强的权利，但并不因此说明发表权在任何情况下都不受到任何限制。结合《日本著作权法》第18条第2款、《德国著作权法》第44条第2款，至少在下列情况下，应当推定作者同意公开发表其作品：(1)作者将尚未公开发表作品的著作财产权转让给他人，或者授权他人利用时，因著作财产权的行使或者利用而公开发表作品的。例如，同意他人将未公之于众的小说拍成电影、同意他人将未公之于众的绘画作品进行展览、同意他人将未公之于众的诗歌在诗歌大赛上进行朗诵、同意将未公之于众的雕塑放置在公共场所的，应当视为作者同意以放映、展览、朗诵等方式发表其作品。(2)作者将尚未公开发表的美术作品或者摄影作品原件或者复制件转让给他人，受让人对该原件或者复制件进行展览的。(3)视听作品著作财产权归视听作品制作者时，视同作品制作者因为行使著作财产权而公开发表视听作品的。(4)按照学术授予法撰写的硕士、博士论文，作者已经取得硕士、博士学位的。(5)除非作者有特别声明，行政机关等按照政府信息公开法公开作者作品的。(6)在职

---

① 《十二国著作权法》，《十二国著作权法》翻译组译，清华大学出版社2011年版，第371～372页。

② 参见冯晓青：《著作权法》，法律出版社2010年版，第182页。

务作品著作财产权属于单位、委托作品著作权属于委托人的情况下,单位或者委托人因为利用而公开作品的。(7)在发表权与言论自由、信息自由发生冲突时,应当优先保护言论自由、信息自由。①

第二节 对署名权的限制

对于署名权的侵权行为主要是指删(使用后不署名)、改(署他人姓名)作者的署名。由于作者署名最直接地体现了作者与其作品的联系,任何未经作者同意的对其署名的删改行为都会构成对其体现在作品中的人格的侵犯。恣意删改他人署名的行为无一例外地构成对他人精神权利的侵犯。郑成思认为,署名权的内容包括作者有权在发表了的作品上署名,以昭示自己作者的身份;还有权虽发表作品而隐匿自己作者身份,即有权署真名、笔名,或者不署名;也有权禁止未参加作品创作的人署名。②《英国版权法》规定,经合理查询无法确认作者身份的假名或匿名作品才被排除在精神权利保护之外,其原因在于无法确认作者身份,也就无法确认权利人身份,对其进行保护难以避免非作者对其主张权利。在版权管理信息中,作者一般将所在单位、联系方式和作品一起清楚地刊登出来,作者的真实身份自然不宜被假冒。即使作者在其作品中署假名,也应当将其与署真名的作品一样对待。对于匿名作品,作者不愿公开姓名(即使是假名),一般也不会将工作单位和联系方式公之于众。即使匿名作者公开了作者联系方式等其他信息,也很难确认作者的真实身份,对其精神权利不进行保护具有合理性。③

尽管署名权是作者的一项最基本的权利,也不应滥用,在有些情况下,权利的行使也可能受到一定限制。例如,某合作作者在作品出版前声称不在作品上署名,出版者尊重其意见。但书稿印刷成书后,其又要求署名。由于需要改版重印,出版者难以接受这一要求。除非作者愿意承担由此而增加的费用,否则署名权的要求难以实现。又如,有

① 参见李扬:《著作权法基本原理》,知识产权出版社 2019 年版,第 157 ~158 页。
② 参见郑成思:《版权法》,中国人民大学出版社 1997 年版,第 141 ~142 页。
③ 参见李祖明:《互联网上的版权保护与限制》,经济日报出版社 2003 年版,第 298 ~299 页。

的作品经过多次“演绎”后，难以表示出原作者姓名。在特殊情况下，有时作者须放弃署名权的行使，如在某一广告上使用的美术作品或摄影作品，只能以不署名的方式出现。在建筑作品中，许多国家将“建筑物本身”列入作品范围。由于建筑物的特殊性，建筑设计师在其设计的建筑物上署名以确认其身份的权利受到一定限制。如有的法律文件中规定了善意行使、不妨碍建筑物美观等原则。

有些国家著作权法规定，如果作者没有向作品的使用者明确声明其署名权，或没有正当理由推迟了声明时间，那么使用者的任何行为将不构成侵犯署名权。《日本著作权法》第 19 条“姓名表示权”第 3 款规定：“按照作品的使用目的和方式不存在损害作者主张创作者身份利益的危险时，只要不违反惯例，可以省略作者姓名的表示。”①这样规定的原因就在于使用作品过程中有时候难以表示作者姓名。当然，这种“省略”要有严格的条件限制。这些规定为处理署名纠纷提供了便利。这也是关于署名权的限制。其目的在于解决作品署名与囿于作品使用目的与方式无法署名的矛盾。允许作品使用惯例存在，比如建筑作品不予署名等，就是保证了这类使用的正当性。以双方合作的顺畅进行作为出发点的限制对于让作品摆脱署名权的困扰，开展正常的著作权贸易是非常有益的。

《日本著作权法》第 19 条“姓名表示权”第 4 款还规定：具备下列情形之一的，第 1 款的规定不适用：（一）按照《关于行政机关保有的信息公开的法律》《关于独立行政法人等保有的信息公开的法律》或者《信息公开条例》的规定，行政机关的长官、独立行政法人等或者地方公共团体机关或者地方独立行政法人在向公众提供或者提示作品、按照作品上已有的表示作者姓名的方式表示作者姓名时。（二）按照《行政机关信息公开法》第 6 条第 2 款的规定、《独立行政法人等信息公开法》第 6 条第 2 款的规定，或者按照《信息公开条例》规定的与《行政机关信息公开法》第 6 条第 2 款相当的规定，行政机关长官、独立行政法人等、地方公共团体机关或者地方独立行政法人向公众提供或提示作品、省略作者姓名的表示时。②

关于署名权的限制，我国《著作权法实施条例》（2013）第 19 条规定：“使用他人作品的，应当指明作者姓名、作品名称；但是，当事人另有约定或者由于作品使用方式的特性无法指明的除外。”③虽然作者可以通过在其作品上署名的方式表明其作者身份，但如果在任何情况下都严格加以贯彻，很可能会使作品的正常利用受到妨碍，在特定情形

① 《十二国著作权法》，《十二国著作权法》翻译组译，清华大学出版社 2011 年版，第 372 页。
② 《十二国著作权法》，《十二国著作权法》翻译组译，清华大学出版社 2011 年版，第 372 页。
③ 吴高盛主编：《〈中华人民共和国著作权法〉释义及实用指南》，中国民主法制出版社 2015 年版，第 374 页。

下，作者身份权应受到适当限制。结合《日本著作权法》第19条第2款、第3款的规定，作者身份权的行使，在以下情形下，应受到限制：(1)不改变作者署名的场合。在作者没有特别声明的情况下，按照作者已有的署名方式给作者署名或者不署名。由于不署名也是作者行使作者身份权的方式，在作者不署名的情况下，利用者也可以不给作者署名加以利用。(2)在不损害作者身份利益的场合。按照作品使用目的和方式，不存在损害作者利益的危险，也不违反社会使用惯例时，可以省略作者的署名。咖啡馆、商场、公园、车站等公共场所播放的音乐作品，就是省略作者署名的典型事例。比如为了不损害珍贵的雕刻作品、建筑作品的美观和价值，也通常不得不省略雕刻作品、建筑作品上的作者署名，而改用在印有说明性文字的小卡片上表明作者身份、专门制作石碑或者其他牌子表明建筑师身份等其他方式。在译者众多的翻译作品封面上，由于篇幅和美观的限制，通常也不得不采用"某某等译"的表明作者身份方式。高考试卷中，公平起见，也通常省略作为试题的作品作者署名。[①] (3)按照行政机关信息公开法使用作品时省略作者署名。

第三节 对修改权的限制

《伯尔尼公约》第6条之二没有规定修改权，《伯尔尼公约》成员国著作权法大多也并未规定修改权。修改权是我国《著作权法》的特有规定。

我国《著作权法》(2020)及《著作权法实施条例》(2013)不但规定了修改权，而且规定了具体内容及其限制。我国《著作权法》(2020)第10条第1款第3项规定："修改权，即修改或者授权他人修改作品的权利"。此即表明修改权是著作权人修改或者授权他人修改作品的权利。第36条规定："图书出版者经作者许可，可以对作品修改、删节。报社、期刊社可以对作品作文字性修改、删节。对内容的修改，应当经作者许可。"

在有些情况下，作者本人行使修改权会遇到困难。这主要是指图书出版者、报社等对作者交付的作品所进行的文字性修改。我国《著作权法》(2020)第36条对此作了规

① 参见李扬：《著作权法基本原理》，知识产权出版社2019年版，第161页。

定。实际上，作者仍然没有丧失修改权，因为他人只能在法定范围内进行修改。这种修改、删节以不改变原作的基本内容和表现形式为限。

为了便于作品的创作和传播，我国《著作权法实施条例》(2013)第10条规定："著作权人许可他人将其作品摄制成电影作品和以类似摄制电影的方法创作的作品的，视为已同意对其作品进行必要的改动，但是这种改动不得歪曲篡改原作品。"①国外也有类似规定，如《意大利著作权法》第一编"著作权的一般规定"第四章"对部分作品的经济使用权的特别规定"第三节"电影作品"第47条规定："制片人有权对其使用的作品进行必要的改动以适应电影的需要。制片人与本法第44条(原著作者、编剧者、作曲者和艺术导演表内看作电影作品的合作作者)所涉一个或者多个作者无约定的，电影作品已经进行或者准备进行的修改是否属于必要，由内阁总理提名的专家委员会依实施条例的有关规则进行裁决。该委员会的裁决为终局裁决。"②本条是指，制片人有权对电影作品中使用的作品进行必要的修改，如作者和制片人没有约定，则由内阁总理提名的专家委员会裁决这种修改是否存在必要性。以上两条均涉及摄制电影时的修改，虽然在规则设计上，意大利采取约定优先、行政裁决补充的原则，我国采取推定原则，但是两者均以电影作品制作的便利为前提认可修改权的限制，而制作便利可以进一步解释为作品传播的前提与可行性。

第四节
对保护作品完整权的限制

保护作品完整权主要是指删改除作者署名外的作品其他信息内容。《日本著作权法》(1971)明确规定了作者对发表权、署名权和同一性保持权等精神权利的行使，要受到作品本身的性质及作品使用目的和使用方式的限制，不得无限制滥用精神权利。《德国著作权法》规定，歪曲必须是损害作者关于作品的智力与人身合法权益。例如，作者明知但是允许的对作品的歪曲或者损害，并非基于一般的弃权，而是基于作者的特殊和

---

① 吴高盛主编：《〈中华人民共和国著作权法〉释义及实用指南》，中国民主法制出版社2015年版，第373页。

② 《十二国著作权法》，《十二国著作权法》翻译组译，清华大学出版社2011年版，第291页。

具体的接受,不构成对其名誉或者声望的损害。对精神权利保护最为严格的法国在1985年修订版权法时甚至为了企业使用的需要,条文中暗示音像制品以及软件制品原作者的精神权利可以转让。美国版权法对精神权利的限制适用于对经济权利的合理使用制度,即为了诸如批评、评论、新闻报道、教学、学术研究等对作品的合理使用不视为侵权。英国规定精神权利(作者身份权和保护作品完整权)的合理使用仅适用于新闻报道,而不适用于以批评、评论、研究或个人学习为目的的使用。我国《著作权法》(2020)第24条规定对作品的合理使用应当指明作者姓名或者名称、作品名称,并且不得侵犯著作权人依照署名权不受合理使用的限制。我国《著作权法》对保护作品完整权并未加任何限制,但其规定的合理使用"也不得侵犯著作权人依照著作权法所享有的其他权利"的规定中,"其他权利"当然包括作者的保护作品完整权。《伯尔尼公约》第6条之二规定是否构成对保护作品完整权的侵犯只取决于该行为是否损害作者的声誉。该公约实际作出了不损害作者的声誉的使用不构成对作者保护作品完整权的侵犯的限制性规定。①

保护作品完整权并不是绝对化的权利,在特定情况下也受到一定限制。这种情况通常出现于建筑作品、电影作品中。以建筑作品为例,当建筑师按照建筑设计图的要求创作了建筑作品后,根据建筑作品技术和审美的实际需要,有时需要进行必要的变化。这在有关国家著作权立法中即有体现。例如,《意大利著作权法》第一编"著作权的一般规定"第三章"著作权的内容和期限"第二节"旨在保护作者人格的作品权利保护。作者人格权"第20条第2款规定:"作者不得阻止在施工中对建筑作品进行必要的修改。作者亦不得阻止对已经完成的作品进行必要的修改。如果国家主管机关确认该作品具有重要的艺术性,上述修改应当委托作者本人进行研究和实施。"②本条是指,建筑作品作者不能反对因完成建筑对其进行的必要的改动,也不能阻止对已经建造完成的建筑物进行必要的改动。若国家有关机关认为建筑作品具有重要的艺术价值,那么这种改动应委托建筑作品作者进行研究和改动。

对电影作品和以类似摄制电影的方法创作的作品而言,当著作权人许可其作品被拍摄成电影作品或者类似摄制电影的方法创作的作品时,导演或者制片人往往需要根据拍摄的需要对其作品做出较大的修改、删节。如果作者不同意,将很可能影响拍摄出

---

① 参见李祖明:《互联网上的版权保护与限制》,经济日报出版社2003年版,第299~301页。

② 《十二国著作权法》,《十二国著作权法》翻译组译,清华大学出版社2011年版,第285页。

的电影作品或类似摄制电影的方法创作的作品的效果。基于此,我国《著作权法实施条例》(2013)第10条规定:“著作权人许可他人将其作品摄制成电影作品和以类似摄制电影的方法创作的作品的,视为已同意对其作品进行必要的改动,但是这种改动不得歪曲篡改原作品。”①本条是指,为适应电影创作的需要,有时需要对作品进行一些必要的改动,只要这种改动没有篡改作者原意,也没有损害作者的思想感情,这种改动也不应视为侵犯作者的保护作品完整权。国外也有类似规定。例如,《德国著作权法》第三部分“关于电影的特殊规定”第一节“电影著作”第93条“制止歪曲的保护,署名”第1款规定:“电影著作和为制作电影而利用的著作的著作权人,以及参与电影制作或者为制作电影而利用其贡献的有关的保护权人,根据本法第14条和第75条关于制作和使用电影著作的规定,只能禁止对其著作或者贡献的粗暴歪曲或者其他粗暴损害行为。他们相互间和与电影制作人之间应当互相适当考虑对方利益。”②本条是指,被电影所使用的作品的作者只能凭借保护作品完整权禁止制片人对其作品的粗暴歪曲或者其他粗暴损害行为。

保护作品完整权限制,也见于其他类型作品使用的情况。例如,《日本著作权法》规定,根据作品使用性质或适用目的、方式不得不改变作品,教材等使用作品或学校广播节目播送或者广播节目教材使用作品时,从学校教育目的出发,不得不改变作品等情况均不视为侵权。对这种权利的限制首先要考虑的是是否有害于作者主张这种权利,同时要从有利于社会公共利益的角度加以考虑,对权利的限制应作从严解释,以免损害著作权人的利益。③

《日本著作权法》第20条“保护作品完整权”第2款对保护作品完整权作了以下四个方面的限制:一是出于学校教育目的,在使用作品时对作品中的字、词不得不进行的改变和其他改变(第1项)。二是由于建筑物的增建、改建、修缮或者图案更换而进行的改变(第2项)。三是为了将特定的电子计算机不能使用的计算机程序在该计算机中得到使用,或者为了使计算机程序在电子计算机中能够发挥更好的效果,而对计算机程序进行的必要的改变(第3项)。四是其他依照作品的性质以及使用目的和使用方法不得不进行的改变(第4项)。④《日本著作权法》对保护作品完整权的限制既有列举条款,

---

① 吴高盛主编:《〈中华人民共和国著作权法〉释义及实用指南》,中国民主法制出版社2015年版,第373页。
② 《十二国著作权法》,《十二国著作权法》翻译组译,清华大学出版社2011年版,第177~178页。
③ 参见冯晓青:《著作权法》,法律出版社2010年版,第183~184页。
④ 参见《十二国著作权法》,《十二国著作权法》翻译组译,清华大学出版社2011年版,第373页。

又有概括式条款;前三项除外规定是列举的具体行为,第四项属于除外规定的一般条款。从最后一项兜底条款可以发现,这类限制是因为作品的性质以及使用目的和使用方法等方面的要求。这种做法值得借鉴。

我国《计算机软件保护条例》(2013)第16条规定,软件的合法复制品所有人为了把该软件用于实际的计算机应用环境或者改进其功能、性能,可以对计算机软件进行必要的修改,但是,除合同另有约定外,未经该软件著作权人许可,不得向任何第三方提供修改后的软件。[1]

① 参见《计算机软件保护条例》第16条。

第三章　邻接人身权限制：表演者精神权利的限制和例外

由于表演形象对于表演者而言是其人格利益的延伸，表演者保护表演形象不受歪曲的权利直接关系到表演者的声誉，因此法律对此项权利很少作出限制。而表演者表明表演者身份的权利要受到表演使用方式以及参加表演的人数等多方面的限制。

第一节　《北京条约》（2012）关于精神权利限制的规定

《北京条约》（2012）第 5 条"精神权利"第 1 款规定："不依赖于表演者的经济权利，甚至在这些权利转让之后，表演者仍应对于其现场表演或以视听录制品录制的表演有权：（i）要求承认其系表演的表演者，除非因使用表演的方式而决定可省略不提其系表演者；以及（ii）反对任何对其表演进行的将有损其声誉的歪曲、篡改或其他修改，但同时应对视听录制品的特点予以适当考虑。"其第 2 款规定："根据本条第（1）款授予表演者的权利在其死亡后应继续保留，至少到其经济权利期满为止，并可由被要求提供保护的缔约方立法所授权的个人或机构行使。但批准或加入本条约时其立法尚未规定在表演者死亡后保护上款所述全部权利的国家，则可规定其中部分权利在表演者死亡后不再保留。"其第 3 款规定："为保障本条所授予的权利而采取的补救方法应由被要求提供保护的缔约方立法规定。"

关于第 5 条的议定声明："为本条约的目的，并在不损害任何其他条约的前提下，会议达成共识：鉴于视听录制品及其制作和发行的特点，在正常利用表演的过程中以及在经表演者授权的使用过程中对该表演所作的修改，诸如使用现有或新的媒体或格式进行编辑、压缩、配音或格式化编排，将不足以构成第 5 条第（1）款第（ii）项意义下的修改。只有在客观上对表演者的声誉造成重大损害的改动才涉及第5条第(1)款第(ii)项所规定的权利。会议还达成共识:纯粹使用新的或改进的技术或媒体,其本身不足以构成第5条第(1)款第(ii)项意义下的修改。"

第二节 典型国家对邻接人身权限制的立法例

《菲律宾知识产权法典》第四编"版权法"第十二章"表演者权、声音制品制作者权以及广播组织权"第205条"权利之限制"第1款规定:"根据第206条(后续传播或广播之额外报酬)规定,一旦表演者对其表演授权他人广播或是录制,则第203条(表演者权利)的规定不再适用。"第2款规定:"本法第184条(版权之限制)、第185条(版权作品之合理使用)的规定,作适当变更,亦得适用于表演者。"①

《菲律宾知识产权法典》第四编"版权法"第十三章"录音制品制作者"第210条"权利限制"规定:"第184条(版权之限制)、第185条(版权作品的合理使用)的规定,作相应变更,亦适用于录音制品制作者。"②

《菲律宾知识产权法典》第四编"版权法"第十五章"保护之限制"第212条"权利限制"规定:"第203条(表演者权利)、第208条([录音制品制作者]权利范围)、第209条([广播组织]权利范围)在以下情况下不适用:第212条第1款自然人仅以私人目的的使用。第212条第2款在时事报道中少许引用的。第212条第3款仅为教育或科研目的的使用。第212条第4款根据第185条(版权作品的合理使用)的规定,对广播节目进行合理使用的。"③

① 《菲律宾知识产权法典》,杨涛、杨斌译,知识产权出版社2014年版,第89页。
② 《菲律宾知识产权法典》,杨涛、杨斌译,知识产权出版社2014年版,第91页。
③ 《菲律宾知识产权法典》,杨涛、杨斌译,知识产权出版社2014年版,第91页。

第三节
对表演者署名权的限制

WPPT 第 5 条在肯定了表演者享有表明表演者身份的权利的同时,也指出在使用表演的方式决定可省略不提表演者的情况下表演者不能行使上述权利。《德国著作权法》第三部分“关于电影的特殊规定”第一节“电影著作”第 93 条第 2 款规定:“参与制作电影的艺术表演人逐一署名将过分花费的,则不具署名之必要。”①本款是指,若表演者在电影作品中所付出的投入微不足道,则无须在电影作品上署名。对于集体表演的情况,德国的著作权法中也有明确的规定。《德国著作权法》第 74 条“艺术表演人的确认”第 2 款规定:“数名艺术表演人共同表演,且逐一要求署名需要过分花费的,只得要求以表演人团体署名。表演人团体选举代表(理事)的,此人对第三人单独具有代理权。表演人团体没有理事的,该权利只得由团体领导主张;没有领导的,只得由团体选举的代表主张。参与表演的艺术表演人的个人署名权,不受其他特殊利益影响。”②本条是指,多个表演者共同进行了表演并且表演活动要求各位表演者所付出劳动投入并不一致时,他们只能要求以团体的名义署名。

《英国版权法》第二编“表演权”第三章“精神权利”“表明表演者身份权”部分之第 205E. 条“权利的例外”规定:“(1)第 205C 条中授予的权利(标明表演者身份权)应当服从以下例外规定。(2)在表演者身份的表明不可行时,该权利不适用。(3)为报道时事新闻之目的而使用有关表演时,该权利不适用。(4)为任何商品或服务做广告之目的而使用有关表演时,该权利不适用。(5)根据附录 2 中的任何依下列规定不侵犯第二章授予的权利之行为未侵犯该权利——(a)第 2 段(1A)(新闻报道);(b)第 3 段(附带地纳入表演或录制品);(c)第 4(2)段(为考试所为之事);(d)第 8 段(议会和司法程序);(e)第 9 段(英国专门调查委员会和法定调查)。”③

《日本著作权法》规定了对表演者署名权的限制。《日本著作权法》第四章“著作邻

① 《十二国著作权法》,《十二国著作权法》翻译组译,清华大学出版社 2011 年版,第 178 页。
② 《十二国著作权法》,《十二国著作权法》翻译组译,清华大学出版社 2011 年版,第 172 ~173 页。
③ 《十二国著作权法》,《十二国著作权法》翻译组译,清华大学出版社 2011 年版,第 698 页。

接权”第二节“表演者的权利”第90条之二“姓名表示权”第3款规定:“表演者名的表示,按照表演的使用目的以及方法不会产生损害表演者对其表演主张的利益时,在不违反公众的惯例情况下,可以省略。”①根据使用表演的目的和方法,在认定不会对表演者主张利益造成损害或者不违反公正习惯的前提下,可以省略表演者署名。第4款规定:“具备下列情形之一的,第一款的规定不适用。(一)按照《行政机关信息公开法》、《独立行政法人等信息公开法》或者《信息公开条例》的规定,行政机关长官、独立行政法人等或者地方公共团体机关或者地方独立行政法人等在向公众提供或者提示表演时,按照该表演者已有的标明表演者名的方式表明表演者名的。(二)根据《行政机关信息公开法》第六条第二款的规定、《独立行政法人等信息公开法》第六条第二款的规定,或者按照《信息公开条例》规定的相当于《行政机关信息公开法》第六条第二款规定的规定,行政机关长官、独立行政法人等或者地方公共团体机关以及地方独立行政法人在向公众提供或者提示表演,省略该表演者名的表示时。”②《日本著作权法》对表演者署名权的限制规定与作者基本相同,但对可以省略情形的判断标准,存在些微差异。

由于我国《著作权法》承认法人也可以是表演者,因此署法人的名字来代替具体表演者的情况也是很普遍的,但是,只要表演者的人数没有对公众利益形成障碍,还是应该标出表演者的各自的名字,毕竟表演者才是真正完成表演的人,为公众所知悉也是表演者实现职业目标的必备要件。③

第四节 对表演者保护表演完整权的限制

《日本著作权法》对表演者的保护表演完整权进行了限制。《日本著作权法》第四章“著作邻接权”第二节“表演者的权利”第90条之三“保护表演完整权”第2项规定:“按照表演的性质以及使用目的和方法不得不进行的改变或者不违反公正的惯例的改

① 《十二国著作权法》,《十二国著作权法》翻译组译,清华大学出版社2011年版,第400页。
② 《十二国著作权法》,《十二国著作权法》翻译组译,清华大学出版社2011年版,第400~401页。
③ 参见原晓爽:《表演者权利研究》,法律出版社2010年版,第187~188页。

变，前款规定不适用。”[①]该规定与作者的保护作品完整权有所不同。对保护作品完整权的限制要求依据作品的性质、使用目的和形式在不得不对作品进行改变、且该改变不违反公正习惯的前提下，方可对作品进行改变，即须同时满足上述两个条件。而对于表演者而言，只要满足上述两个条件之一，即可对表演进行改变。由此可以看出，《日本著作权法》对作者保护作品完整权的保护标准要高于对表演者的标准。[②]

第五节 反对贬损处理权的例外

《英国版权法》第二编“表演权”第三章“精神权利”“反对贬损处理权”部分之第205G条“权利的例外”规定：“(1)第205F条(反对对表演的贬损处理权)授予的权利服从以下例外规定。(2)为报道时事新闻而使用有关表演时，该权利不得适用。(3)符合正常编辑或制作实践的对表演进行的修改，不构成对该权利的侵犯。(4)在受第5款约束之前提下，为以下目的实施之行为，未构成对该权利的侵犯：(a)避免犯罪；(b)遵守法定职责，或者(c)英国广播公司为避免其广播的节目中包含任何品味不好或有违高雅、或有可能鼓动、刺激犯罪或导致混乱、或有害公序良俗的内容。(5)当(a)对被改编之表演，表演者的身份被以可能引起观众或听众注意的方式所表明时，或者(b)表演者的身份之前在向公众发行的录制品的复制品上已被表明时，除非有充分的否认声明，否则第4款将予以适用。(6)第5款中‘充分的否认声明’，在涉及改编未经表演者同意时，对可能构成侵权之行为，是指清楚且明显合理的表示——(a)其作出方式可能引起观众或听众之注意，以及(b)如果表演者的身份在行为发生之时被表明，免责其应与该表示同时出现。”[③]

① 《十二国著作权法》，《十二国著作权法》翻译组译，清华大学出版社2011年版，第401页。
② 参见胡云红：《中日著作权法比较》，人民法院出版社2017年版，第157～158页。
③ 《十二国著作权法》，《十二国著作权法》翻译组译，清华大学出版社2011年版，第699页。

第四篇 著作财产权和邻接财产权权能限制之一：合理使用

第一章 合理使用：自由而无偿使用

第一节 合理使用的内涵与外延

一、合理使用的内涵

美国法院曾指合理使用是“整个著作权法领域最大之麻烦”。[①] 合理使用是著作权权能行使效力限制之一种，是“法律对著作权人权利最重要且应用最广泛的限制”。[②]

我国学者对合理使用作出不同定义。有学者认为，合理使用是指，“在一定的条件下，为了个人学习或从事科学研究，为了系统教学活动、叙述研究、新闻报道、执行公务、宗教或慈善性质的活动等社会公众利益，可以不经作者或者其他著作权人同意，也不必向其支付报酬（但应注明作品名称、作者姓名及出处）而使用受著作权保护作品的例外情况”。[③] 也有学者认为，合理使用，是指在法律规定的条件下，不必征得著作权人的同意，又不必向其支付报酬，基于正当目的而使用他人享有著作权作品的合法行为。[④] 在特殊情况下，不仅著作权的许可或禁止权能全部丧失，而且获酬权亦同时丧失，特定的使用行为成为不构成侵权的合法行为。著作权理论将这种类型称为“合理使用”或者

① 参见杨延超：《版权战争》，知识产权出版社2017年版，第160页。
② 参见曹胜亮、段葳：《著作权限制制度的比较研究》，载《西南民族大学学报（人文社科版）》2004年第7期。
③ 沈仁干、钟颖科：《著作权法概论》（修订本），商务印书馆2003年版，第95页。
④ 参见吴汉东：《著作权合理使用制度研究》，中国政法大学出版社2005年版，第153页。

“免费/自由使用”。[①]

胡云红认为，合理使用是指在法律规定或作者无保留相关权利的条件下直接无偿使用已发表的著作权人享有著作权的作品，而无须经著作权人许可的著作财产权限制制度。其中“无偿使用”和“无须经著作权人许可”是其显著特征，是合理使用区别于法定许可和强制许可等其他对著作权权利限制制度的重要标准[②]。张今认为，正当使用是指在法律明文规定的范围内，无须征求著作权人的同意，不必向其支付报酬，基于正当目的而使用他人作品的合法行为。[③] 刘春田认为，合理使用是指著作权人以外的人在法律规定的条件下，不经著作权人许可，不向著作权人支付报酬而使用作品的行为。[④] 李林启等认为，所谓合理使用，是指在不损害创作者权益的前提下，对已经发表的作品，非著作权人根据法律的规定，可以不经著作权人许可，也不向著作权人支付报酬就可以适用其作品的行为。[⑤]

规定合理使用的目的是在不损害著作权人合法权益的前提下，把那些原本构成侵权的行为，利用法定方式排除出著作权保护范围，从而保障使用者对智力成果的合理分享，是法律基于利益平衡的考虑而对著作权人的著作财产权进行的限制，进而推进文化的传承与社会经济文化的进步。[⑥]

吴汉东认为掌握合理使用的概念应注意把握以下几点：第一，使用有法律依据，或说是对著作权人财产权利的限制，或说是对使用者的授权，都是来自法律的直接规定；第二，使用未经著作权人同意，法律推定著作权人当然许可或应该许可，且事实上使用人无暇取得或难于取得许可；第三，使用不需要对价，在一般情况下，这种使用不必向著作权人支付报酬，但不得给著作权人造成利益损害；第四，使用须出于正当目的，该目的须非商业性目的，具体表现为“学习与研究”的目的、“批评与评论”的目的、“教育”的目的等，此类目的概为公共利益所必需；第五，使用是一种能够产生法律上效果的行为，它不是以意思表示为基本要素的民事法律行为，也不是以违反法律规定为基本特征的侵权行为，而是一种合法的事实行为。[⑦]

---

① 参见王清：《著作权限制制度比较研究》，人民出版社 2007 年版，第 26 页。
② 参见胡云红：《中日著作权法比较》，人民法院出版社 2017 年版，第 48 页。
③ 参见张今：《著作权法》，北京大学出版社 2018 年版，第 170 页。
④ 参见《知识产权法学》编写组：《知识产权法学》，高等教育出版社 2019 年版，第 77 页。
⑤ 参见李林启、康东书、郭玲：《计算机软件著作权保护制度研究》，光明日报出版社 2021 年版，第 137 页。
⑥ 参见李林启、康东书、郭玲：《计算机软件著作权保护制度研究》，光明日报出版社 2021 年版，第 138 页。
⑦ 参见吴汉东：《著作权合理使用制度研究》，中国政法大学出版社 2005 年版，第 153 页。

合理使用,是指在特定的条件下,法律允许自然人、法人或者非法人组织自由地使用其他人享有版权的作品,无须征得著作权人同意,也不用向著作权人支付报酬的合法行为。合理使用,在国际立法文件中表述为"fair use"或者"fair dealing",在语义上具有合理性、正当性、公平性使用的内涵。英美法系国家将基于个人学习、研究、评论、新闻报道的目的而使用他人作品的情形概括为合理使用。英国判例法通称为合理使用,但其立法文件将合理使用、法定许可等情形合称为"有关版权作品允许实施的行为"。大陆法系国家的著作权法一般不直接采用"合理使用"的说法,多将该类行为归类于"著作权的限制"的名目之中。意大利法曾称此类情形为"自由使用",现在也称作"例外和限制"。世界知识产权组织和联合国教科文组织协助制定的《突尼斯版权示范法》,显然受到美国法的影响,采用了"合理使用"的称谓。

二、各国关于合理使用立法例的异同

合理使用是现代各国著作权法普遍采用的一项法律制度,多数国家在著作权法中列举规定合理使用的范围及条件;少数国家仅在著作权法中规定若干基本原则,某一行为是否为合理使用则交由法院作出认定。就立法例而言,关于合理使用规则,各国存在以下异同之处。

关于合理使用的称谓。合理使用制度肇始于英美判例法,其英文为"fair dealing"或"fair use"。在一定范围内使用作品而不经著作权人同意,亦不向其支付报酬的情形,在英美法系国家多被称为"合理使用"。《美国版权法》第107条即称之为"合理使用",以作为对专有权利的一种限制。《美国版权法》第107条"专有权的限制:合理使用"规定:"为了批评、评论、新闻报道、教学(包括用于课堂的多件复制品)、学术或研究而使用版权作品的,包括制作复制品、录音制品或以该条规定的其他方法使用作品,系合理使用,不视为侵犯版权的行为。"[①]

《加拿大版权法》第三章"对版权和精神权利的侵害及其例外""合理使用"部分将基于个人学习、研究、评论、新闻报道的目的而使用他人的作品概称为"合理使用"。第29条"研究、个人学习等"规定:"以研究、个人学习、教育、戏仿或者讽刺为目的的合理使用并不侵害版权。"[②]第29.1条"批评或者评论"规定:"以批评、评论为目的的合理使

① 《十二国著作权法》,《十二国著作权法》翻译组译,清华大学出版社2011年版,第731页。

② 《加拿大版权法》,易健雄译,知识产权出版社2017年版,第45页。

用指明了下列信息的，并不侵害版权：(a)出处；以及(b)若指明出处，(ⅰ)就作品而言，作者名字，(ⅱ)就表演者的表演而言，表演者名字，(ⅲ)就录音而言，录音制作者名字，(ⅳ)就通信信号而言，广播组织名称。”①第29.2条“新闻报道”规定：“以新闻报道为目的的合理使用指明了下列信息的，并不侵害版权：(a)出处；以及(b)若指明出处，(ⅰ)就作品而言，作者名字，(ⅱ)就表演者的表演而言，表演者名字，(ⅲ)就制作者而言，录音制作者名字，(ⅳ)就通信信号而言，广播组织名称。”②

英国在司法判例中将其通称为“合理使用”，但在其《版权法》第三章将合理使用与法定许可等其他的情形概括称为“涉及版权作品的允许实施的行为”。大陆法系国家在其立法文件中一般不直接采用“合理使用”的表述用语，多将其包括在“著作权的限制”的名目之中规定有关内容。《意大利著作权法》曾将该类行为称为“自由使用”，现在也改称“例外和限制”了。世界知识产权组织和联合国教科文组织协助制定的《突尼斯版权示范法》显然受《美国版权法》的影响，采用了“合理使用”的说法。我国《著作权法》(2020)将合理使用制度包含在“著作权的限制”制度之中。

关于合理使用的范围。合理使用无须获得著作权人的许可，无须向其支付报酬；但仍应当指明作者的姓名、作品名称和出处等。各国在立法文件中对“合理使用”有着不同的表述，且适用的情形也不尽相同，但一般认为，下列使用为合理使用，不构成对著作权人权利的侵害：个人使用、适当引用、新闻报道使用、转载转播使用、演讲使用、教学科研使用、公务使用、图书馆使用、免费表演、公共场所陈列作品使用、人道主义的使用等。

正当使用是针对使用人而言，权利的限制是相对于著作权人而言，二者角度不同、意义相同。司法实践中，正当使用是在著作权侵权纠纷案件中被告提出的抗辩事由。如果法院认定被告的行为属于正当使用，被告使用作品的行为不构成侵权，即可免除侵权责任。我国《著作权法》(2020)第二章“著作权”第四节“权利的限制”共两条，第24条规定的13种使用作品的情形，均属于无须经过著作权人同意，也不向著作权人支付报酬的正当使用行为。我国国内学术界将上述正当使用情形称为“合理使用”。

合理使用英文为“fair use”，是美国版权法特有的术语。合理使用是在专有权的限制之外的，一个自成一派的理论概念和法律制度。欧洲国家一般不采用“合理使用”这

① 《加拿大版权法》，易健雄译，知识产权出版社2017年版，第45页。
② 《加拿大版权法》，易健雄译，知识产权出版社2017年版，第45~46页。

一术语,而直接使用"著作权的限制"或"著作权的例外"涵盖正当使用行为。我国习惯将"权利的限制"称为"合理使用",或者将"合理使用"和"权利的限制"混同起来。这种使用习惯不够严谨。因为我国《著作权法》(2020)并不存在合理使用制度,只是借用其名,而未有其实。

中国采用与欧陆法系国家类似的法律,即采用允许特定条件下,不经权利人许可而免费使用其作品或贡献的限制与例外规定。尽管合理使用与公平交易原则不是欧陆法系使用的概念,但是,考虑到我国学界和司法界长期以来一直将我国著作权法规定的特定条件下不经权利人许可免费使用其作品或贡献的情形称为"合理使用"或"公平交易",我们一般直接称为"合理使用"。

三、合理使用的外延

著作权限制是对著作权的约束或例外。从法理上讲,著作权限制包括合理使用、法定许可、强制许可、权利保护期、公有领域等。制定法上的著作权限制是指合理使用、法定许可使用和强制许可使用。合理使用,是一种最彻底的权利限制,它允许公众不经著作权人的许可自由而免费地使用其作品。合理使用的立法模式主要有两种,一种是作者权体系的封闭式:由著作权法尽可能明确地规定各种可豁免的行为,以及行为的构成要件,从而将合理使用行为界定在法定范围内并且都达到不与作品正常使用相冲突,不损害权利人合法利益的标准。另一种是美国的开放式:在法定的专有权利限制的情形之外,又规定一条合理使用,与法定的限制情形并行不悖。如此"合理使用"无异于在法定的权利限制之外辟出一块灰色区域,进入这一区域的行为,有可能被认定为合理使用行为人而免于承担侵权责任,也可能完全相反。是合理使用还是侵犯著作权交给法官判定,法律只是提出了非常宽泛的原则和可适用的某些标准。美国是判例法国家,合理使用作为一项衡平法原则在著作权保护初期就已存在,经由判例发展成熟之后于 1976 年被编入《美国版权法》。合理使用制度依然保持了它的灵活性和个案裁量。在《美国版权法》中,"专有权的限制"与"合理使用"的关系,从一般意义上讲,是成文法和衡平法之间的关系:成文法是"本文",衡平法是"注释",衡平法填补成文法之不足,对成文法加以补充。

我国的"权利限制",类似于作者权体系的封闭式模式,法律对可以豁免的行为进行穷尽式列举,凡法律规定的情形属于权利限制,凡是法律没有规定的情形,就不能归入权利限制或正当使用。我国的合理使用制度并不完全等同于《美国版权法》意义上的合理使用制度。我国《著作权法》(2020)在第二章"著作权"第四节"权利的限制"中,列举了12项正当使用的情形之后，增加了第13项“法律、行政法规规定的其他情形”，并指出“在下列情况下使用作品，可以不经著作权人许可，不向其支付报酬，但应当指明作者姓名或者名称、作品名称，并且不得影响该作品的正常使用，也不得不合理地损害著作权人的合法权益”。该规定表明我国《著作权法》采纳合理使用之实，权利的限制走向开放式。“合理使用”在我国基本名实相符。①

第二节 合理使用的正当性与必要性

著作权法之所以要排除权利人对某些作品利用行为的控制，即将之视为合理使用，原因是多方面的，学术界对此并未达成完全一致的见解。下面从四个方面介绍合理使用制度的正当性或者说必要性。这些方面并非完全相互独立，也存在相互交叉重叠现象。

一、降低交易成本，避免市场失败

有权威学者认为，这是版权法设立合理使用制度的最主要原因。很多合理使用行为对于被使用者有一定的价值，但是如果著作权法要求使用者在使用之前与著作权人达成许可协议，则使用者可能放弃使用作品。因为对于使用者而言，使用该作品的价值可能低于获取著作权授权的交易成本（确定并联系到权利人、进行许可谈判、完成许可费支付手续等），费力去获取著作权许可，还不如放弃利用该作品。比如，一些课堂教学目的的复制、合理引用、新闻报道、免费表演等。而对社会而言，鼓励使用者更广泛地利用该作品的行为，可以促进更多的新作品产生，有积极意义，也符合著作权法的立法目的。因此，立法者可能选择对著作权进行限制，将某些使用行为视为合理使用或法定许可使用行为，免除使用者实现获得许可的法律义务，从而消除了使用者寻求许可的交易成本。一项行为究竟应该被视为合理使用还是法定许可，是一个政策性选择。立法者要考虑该使用行为对于使用者的价值、对于著作权人市场利益的影响、支付许可费用的可行性等因素。

---

① 参见张今：《著作权法》，北京大学出版社2018年版，第170～171页。

二、避免过度增加后续创作的成本

著作权法赋予著作权人独占权的目的是促进新作品的创作。然而,大多数创作者在创作过程中不可避免要以某种形式利用在先的作品,如果赋予过强的著作权保护,又会增加后来者创作作品的成本,从而损害后来者创作作品的自由或积极性。这反过来不利于实现著作权法鼓励创作的立法目标。著作权法上的"思想与表达的二分"、单纯事实不受保护、保护期限制等制度,已经起到降低后续创作成本的作用,但是还不够,因此需要进一步引入合理使用的限制,比如,许可他人合理引用权利人享有版权的作品等。

三、避免损害言论自由或市场竞争等其他重要的法律价值

言论自由和市场竞争也可能是决策者引入合理使用制度时考虑的因素。比如,著作权法许可对作品进行新闻报道、许可滑稽模仿、许可为实现产品兼容性而利用作品等。美国的很多学者认为应该在合理使用之外,创设独立的言论自由例外,以对著作权进行限制。究竟是应该在著作权法上还是在著作权法之外(比如宪法、政治权利立法或反垄断法等)考虑言论或竞争自由等价值,可能存在争议。在那些将著作权法看作单纯激励作品创作的学者看来,可能没有必要在著作权法上考虑这些价值,而应将它们留给其他法律。在同一法律中引入太多的立法目标,会引发认识上的混乱。反垄断本身构成对财产权和知识产权的一项重要限制,所以立法者并不一定要在著作权法上直接规定关于实现产品兼容性例外。在进行合理使用限制的法律分析时,或许不应考虑保护隐私之类的法律价值,因为著作权法本质上考虑的是激励作品创作之类的目标,而不应考虑隐私保护问题。但绝对坚持单一法律实现单一立法目标的思路,在实践中并不容易。在著作权保护与反垄断或言论自由保护之类的目标发生冲突时,立法者终究要在一个法律中回应另一个法律提出的挑战。

四、将权利人的默示许可具体化

在很多情境下,合理使用行为对著作权人实际利益的影响很小,甚至有可能产生积极正面的影响。可以合理推断,著作权人会以默示方式许可这些使用行为,因此立法者通过立法加以明确。比如,在网络空间中的作品缓存行为、对于公共集会上演讲内容的传播等。像前面各种关于合理使用例外的理由一样,默示许可理论也不能完全解释所

有的合理使用例外。它能够解释部分对作者无害或者说有益的使用行为，却不能解释那些明显对作者有害的合理使用行为，比如滑稽模仿、负面评论中的引用等。也正因为如此，很多人对于权利人通过合同或技术措施限制他人某些合理使用行为持批评态度。在他们看来，合理使用并非著作权人默示许可得法定化，而是与著作权人意愿无关的法定限制，不得通过合同或技术措施排除。[①]

第三节 合理使用制度的历史发展

在法律史上，合理使用制度经历了由判例法到成文法典的演变过程。它肇始于英国判例法。英国法官已认识到未经允许使用他人作品的合理性，即允许后来作者以创作新作品为目的，以诚实使用为原则，可以不经允许、不付报酬而使用前任作者的作品。但私人复制构成合理使用，必须以尊重原作者权益为前提，不得损害原作品的市场，使用须有作品数量限制和价值考虑。英国法官于 1740 年的版权司法判例中率先提出所谓“合理节略”理论，即为了鼓励后来者创作出新的作品，在坚持诚实信用原则的前提下，其可以不经允许、不付报酬而使用前任作者的作品。从 1740 年到 1839 年，英国法官在审判活动中创制了一系列规则，即允许后来作者未经前任作者同意而使用其作品，草创了合理使用的范围、功用及法理基础。尔后，这一制度成就于美国判例法。1841 年美国法官约瑟·史多雷（Joseph Story）在审理福尔松诉马什一案中，集以往相关判例法规则之大成，首次完成了对合理使用规则理论化、系统化之阐述，系统阐述了合理使用制度的基本思想，首次提出著名的合理使用三要素理论，其后来成为美国立法的基础，并对各国著作权立法产生了深远影响。

在早期的著作权司法实践中，英国的合理使用制度发端于“合理节略”（fair abridgment）。1740 年，在盖尔斯诉威尔科克斯一案中，法官认为，未经允许而节略使用他人作品的权利，不是一种法定权利，但对于由此创造出的新作品，可以给予《安妮法》的保护。关于节略使用的合理性，法官提出：（1）真实而合理的节略、摘用有著作权的作

① 参见崔国斌：《著作权法：原理与案例》，北京大学出版社 2014 年版，第 578～579 页。

品，将不承担侵权责任；(2)允许此类节略、使用在于其具有创新、学习和评论的意义。但该判例未能阐明合理节略的理由，亦未对摘用的“真实性、合理性”的标准作出说明。① 1803年的科里诉基尔斯利一案所表述的判决理由是合理使用理论发展的一次飞跃。在该案判例中，法官第一次使用“合理使用”取代“合理节略”的说法，并指出“合理节略”表述的只是对作品摘用、缩写的基本含义，而“合理的使用”意味着对他人作品提供的材料有着完全的崭新的创造，由此而产生对公众有益的新作品。② 后世“合理使用”的说法即来源于此。至19世纪时，英国法院已普遍采用合理使用原则，以此作为侵犯著作权的例外。1911年法令始以成文法的形式明确规定了合理使用制度。《英国版权法》(1911)第2条第1款规定：“用于个人研究、探讨、批评、评论、报纸登载等目的时，对原作品的合理使用不构成著作权侵犯。并以此区别于对著作权的侵犯。”《英国版权法》(1956)和《英国版权法》(1988)都继承了这一规定。③

美国判例法再次将合理使用制度发扬光大。1841年，美国法官约瑟·史多雷在福尔松诉马什案的判决中，首次完成对合理使用规则理论化、系统化之阐述，在美国法制发展史上首次提出著名的所谓合理使用三要素论，这是美国历史上第一次对合理使用原则的表述。这是美国的著名判例，它将英国判例法中关于合理使用的规则创造性地运用于该案并作了理论化、系统化的说明，即著名的合理使用三要素：(1)使用作品的性质和目的。即使用他人作品，是为了促进科学文化进步并有益于社会公众，其新作品必须付出创造性的智力劳动而不是简单的摘抄。(2)引用作品的数量和价值。大量地引用原作或原作的精华部分，不能视为适当引用。(3)引用对原作市场销售和存在价值的影响程度。由于新作与原作往往是同一题材的创作，新作的出现有可能影响原作的销售市场，或减少其收益，甚至有可能取代原作。因此，必须考虑使用的经济后果。④

19世纪是合理使用规则抽象化、系统化的时期。此时的《美国版权法》由一系列政策、原则、规则所构成，它们来自宪法、制定法以及普通法等各种形式的“法律”。美国学者从中概括出以下7个原则：(1)有限保护原则，即著作权被限制在制定法所设定的范围。诸如摘要、节录、翻译在当时并不侵权，因为这些使用行为并非属于对原始作品印

① 吴汉东等：《知识产权基本问题研究》，中国人民大学出版社2005年版，第301页。

② 吴汉东等：《知识产权基本问题研究》，中国人民大学出版社2005年版，第301页。

③ 参见吴汉东、曹新明等：《西方诸国著作权制度研究》，中国政法大学出版社1998年版，第177～178页。

④ 参见吴汉东、曹新明等：《西方诸国著作权制度研究》，中国政法大学出版社1998年版，第178页；吴汉东等：《知识产权基本问题研究》，中国人民大学出版社2005年版，第301～302页。

刷、翻印、出版的著作权范围，该原则由《美国版权法》(1790)推导出来。(2)法定独占原则，即著作权是一种制定法上的有限的独占授权，而不是作者的自然法权利。该原则被喻为19世纪创设的最重要的原则。(3)市场原则，即著作权保护作品的市场销售。该原则被视为前述两个原则的具体表现。(4)合理使用原则，当时系指后来作者对前任作者作品的合理使用，亦称为公平竞争使用原则，来源于普通法实践。(5)进入权原则，产生于推广知识的宪法政策，该权利被视为对著作权所有人依法定独占授权所获利益的交换条件。(6)个人使用原则，主要是指个人基于学习需要而对他人作品的使用，以区别于合理使用原则。该原则是进入权原则的深化和表现。(7)公共利益原则，即著作权的存在首先应有利于公众，其次才是使创作者本人收益。以上7个原则都是公共利益的组成部分。[①] 上述原则的概括，或许重复或许交叉而有失精确，但却说明合理使用在当时已成为一项普通的司法原则。《美国版权法》(1909)取消了未经允许即进行所谓"合理节略"的规则；《美国版权法》(1976)以成文法形式对合理使用制度的目的和适用范围进行了系统规定。

在现代各国著作权法中，合理使用制度已被普遍采用，以此作为对著作权的一种必要限制。多数著作权国际公约对此亦作了明确规定，从而使这一规则成为国际准则。《伯尔尼公约》对合理使用作了总的限定，即允许以合理的目的使用他人作品，但"必须符合公平惯例"；《罗马公约》则列举了合理使用他人有邻接权的表演、唱片及广播的四种情形；《录音制品公约》鉴于有的成员国使用反不正当竞争法保护唱片制作者，因而未明确规定合理使用，但并不禁止其成员国采用这一制度。

各国著作权立法和国际著作权公约，除强调保护作者的正当权益外，也十分注意广大群众使用作品和获得知识、欣赏艺术的需要，因此都规定了一些可以不经作者同意，不向其支付报酬使用其已发表的作品的例外情况。但由于各国国情不同，20世纪五六十年代各国的著作权对合理使用规定的宽严程度也有所不同。苏联、东欧等国家对合理使用的条件规定得较宽一些；美英等国家对合理使用则规定了较严格的条件。

苏联和一些东欧国家20世纪五六十年代的著作权法中，规定可以不经作者同意，不必向其支付报酬(大多数情况下必须注明作品名称、作者姓名和作品出处)使用权利人享有著作权的作品的例外情况，归纳起来，有如下十几种：(1)利用他人已发表的作品

---

① 参见吴汉东、曹新明等：《西方诸国著作权制度研究》，中国政法大学出版社1998年版，第179页；吴汉东等：《知识产权基本问题研究》，中国人民大学出版社2005年版，第302页。

创作具有与原作不同特点的新作品，但不是将小说改编成电影或戏剧，也不是将电影或戏剧改编成小说；(2)在自己作品中适当引用他人已经发表的作品；(3)在科学论文集、宣传教育出版物中，转载已经发表的作品或摘录转载这些作品；(4)通过报纸、期刊、电影、广播(包括电视广播)报道已经出版的作品；(5)利用电影、广播再现或转播公开发表的讲话和辩论，以及已经出版的作品；(6)报纸登载已经公开发表的讲话或报告，以及已经出版的作品的原文或译文；(7)用机械拓印方法以外的任何方法临摹复制陈列在展览馆、博物馆以外的公共场所的雕塑、绘画等造型艺术作品；(8)将已发表的平面图像作品制成雕塑、雕刻等立体作品；(9)在非营利的基础上，出于科学研究与教学目的的影印复制印刷出版物；(10)将已出版的作品用盲文出版；(11)情报或文献资料中心、图书馆、档案馆为借阅、保存版本或存档而复制已经发表的作品；(12)文艺表演团体为观众免费演出已经表演过的节目；(13)电影制片厂拍摄新片时使用本厂已经摄制并公开发行过的电影片段；(14)公开陈列已发表的作品。① 以上 14 种情况是综合归纳起来说的，并不是所有国家都有这些规定，有的国家的著作权法中规定得多一些，有的可能规定得少一些。但总的来说，这些国家的著作权法中，规定这种限制作者行使著作权的例外情况比西方国家多一些。

美国、英国、德国、日本、印度、突尼斯等国的著作权法，也有类似上述情况的例外规定。归纳起来，这些国家对合理使用的规定，大致有如下几种情况：(1)为了个人学习、学术研究、评论或新闻报道而摘录或复制已经发表的作品；(2)报纸刊登、电台播放公开发表的演说或者已经发表的有关当前经济、政治、宗教的专题文章(但作者声明不准复制者除外)；(3)为了法律诉讼程序的需要或报道此种诉讼程序而复制某一作品；(4)为了进行系统教学活动教师复制已经发表的单篇作品或作品的片段，供学生课堂使用(但不得汇编或出版)；(5)公共图书馆、档案馆或文献资料中心为保藏版本而复制已经发表的作品(包括印刷出版物和音像制品)；(6)利用已经发表的作品免费在公共场所表演节目或为慈善机构募捐举行义演而表演节目或举行展览；(7)用摄影、绘画形式复制陈列在大街上或广场上的雕塑、雕刻、壁画等艺术作品；(8)在自己作品中少量引用他人已发表的作品。②

在德国，“在豁免行为情况下，人们可以通过某些使用方式对作品进行使用而无

① 参见沈仁干、钟颖科：《著作权法概论》(修订本)，商务印书馆 2003 年版，第 96 ~97 页。

② 参见沈仁干、钟颖科：《著作权法概论》(修订本)，商务印书馆 2003 年版，第 97 ~98 页。

须支付任何报酬”，即“合理使用”，主要包括以下 14 种情况：(1)关于临时复制行为(第 44a 条)；(2)关于为维护权利以及公共安全目的对作品的使用(第 45 条)；(3)关于学校教育节目的复制行为(第 47 条)；(4)关于公开演说的再现行为(第 50 条)；(5)关于引用(第 51 条)；(6)关于社会救济以及福利事业活动的再现行为(第 52 条第 1 款第 3 项)；(7)关于播放企业为播放节目而进行的复制行为(第 55 条)；(8)关于合法的用户在适当的范围内对数据库作品的演绎或者复制(第 55a 条)；(9)关于企业经营活动中的复制行为以及公开再现行为(第 56 条)；(10)关于非重要的附属作品的使用问题(第 57 条)；(11)关于将作品收录到产品目录清单中的使用行为(第 58 条)；(12)在制作的时候所进行的再现行为(第 59 条)；(13)关于对人物照片的复制问题(第 60 条)；(14)关于对计算机程序进行复制、改造或者解码的行为(第 69d 条以及第 69e 条)。[①]

为了防止滥用合理使用的规定，《美国版权法》(1976)规定了作品合理使用的 4 条标准：一是使用的目的不是商业利润，而是非营利性的教育；二是被使用的作品的性质与内容应当适合用来为教育目的服务；三是同整个作品相比，所使用的部分仅仅是该作品的一小部分，而且不是特别重要的部分；四是此种使用对作品的潜在销售市场和价值影响不大。

在实际使用作品时，哪种情况能被视为合理使用，哪种情况超出合理使用的范围，如果著作权人与使用者发生矛盾，一般由法院进行裁决。

第四节
对合理使用范围的限定

自 20 世纪下半叶以来，由于新技术革命的冲击，西方国家的立法者开始以疑虑的目光来对待传统的合理使用制度。他们呼吁在某些领域中应该遏制合理使用规则的滥用，特别是主张对复制权的限制规则采取更为严格限制。联合国教科文组织和世界知识产权组织于 1984 年召集的专家小组曾阐述道：“如果一次孤立的复制看来是无害的，

① 参见[德]M. 雷炳德：《著作权法》，张恩民译，法律出版社 2005 年版，第 296 页。

积累起来就可能危害作者的正当利益(特别是由他人使用作者的作品得到物质报酬的权利)。”相关国际公约也对限制合理使用规则进行规定。《伯尔尼公约》对合理使用作了一个总的限定,即“必须符合公平惯例”。1967 年斯德哥尔摩会议在修订该公约的报告中承认对作者复制权的限制,但同时为该限制设定了两个前提,即“这种复制不得损害作品的正常使用,也不致无故侵害作者的合法权益”。为进一步说明这两个前提,该报告作了如下解释:“如果认为复制损害了作品的正常使用,决不允许复制。如果认为复制无损于作品的正常使用,接着应当考察复制是否侵害作者的合法利益。只有在无损于作者的合法利益时,才可能在一定的特殊情况下使用强制许可或规定无偿使用。以为各种目的而用的照相复印为例,如果复印相当多的份数用于工业企业,并根据国家的法律支付合理的报酬,那就可以不致无故侵害作者的合法权益。如果复印的份数很少,特别是在个人使用或在科学研究使用的情况下,可以允许,并不付报酬。”《世界版权公约》也有类似要求,即在规定合理使用对著作权进行限制的同时,要求有关当事人必须保证著作权的各项权利得到“合理的有效的保护”。1971 年,巴黎会议对此作了进一步说明,根据该公约的规定,“任何国家不得放弃对任何复制权的保护”,规定的例外应有合理的依据,不得任意使用,成员国的法律应充分保障给予的保护。自 1968 年开始,联合国教科文组织与世界知识产权组织还积极着手制定一个照相复制管理的国际规章。1984 年,上述两个组织建议各成员国采取录制设备和(或)空白载体征收附加费的方法来救济复制权。1994 年通过的 TRIPs 更明确地提出:由于某些特殊情况而对著作权所作的限制,不得与作品的正常使用相冲突,而且不得不合理地损害著作权人本应享有的合法利益。为了保护著作权人的合理权益,各国一般都在法律中规定,合理使用只限于在严格的例外范围内使用,应当尊重作者的著作人身权;使用者不得改动作品,并应提及作者的姓名、作品的名称和出处。①

对此,一些西方发达国家修改或制定法规,限制甚至取消某些领域的合理使用。《荷兰复印法》(1972)认为“某些为私人使用目的而自由复制”的条款应予删除。《德国著作权法》(1985)规定“复制一本书或者一份期刊,如果基本上全部复制的话,只要不是抄写下来的,始终须先征得权利人同意”(第 53 条第 4 款)。《澳大利亚著作权法》(1980)把“出于教学目的而复印有版权的作品”与“出于科研及个人使用目的而复制有版权作品”区别开来,后者仍为合理使用,前者则须向作者付酬。此外,奥地利、法国、匈

① 参见吴汉东、曹新明等:《西方诸国著作权制度研究》,中国政法大学出版社 1998 年版,第 184 ~185 页。

牙利、葡萄牙、瑞典等国家也先后修改了著作权法，对限制合理使用作了类似规定。伴随着限制合理使用的立法变革，各国加强了对复制权的保护与救济。现代传播技术使复制作品具有隐蔽性特点，导致复制权更容易受到侵害，也难以采取传统的诉讼保护办法。英国版权专家曾形象地指出，如果有500人分别复制了某一杂志的文章，从而不再购买那份杂志，著作权人就会丧失从该500份杂志的销售中所得的版税。但是，如果对500人分别起诉，要求偿还著作权人在每个人身上失去的那点收入，则简直是荒唐的。[①]在这种情况下，西方国家转而求助于其他救济方法，其中主要是征收复印版税与录制版税，即在传统的合理使用的范围内对作品的使用征收各种费用。

一、复印版税

复印版税，即因复印他人有著作权的作品而支付的著作权使用费。其基本特点是：征收复印版税的对象主要是单位（如学校、图书馆），也包括个人（拥有复印设备的使用人）。该类使用大抵属于原来的合理范围，即基于教学、学术研究目的而复印他人作品的情形；复印版税一般不是特定的使用人向特定的著作权人直接支付，而是要通过某一特定机构代为收取并向著作权人分配。关于复印版税的收集方法，主要有三种[②]。

（1）美国模式。设立专门的机构，向复印者收取使用费。根据美国国会关于建立著作权集中管理与授权制度的建议，美国于1977年专门建立了著作权结算中心（Copyright Clearance Center，CCC），专门管理作者、出版商与使用人之间关于复印付酬的问题。机构会员的使用人有1200家公共图书馆、企业图书馆、研究机构、大专院校以及其他从事系统利用作品或散发复印资料的单位，受益人有430个出版商、作家及其他著作权人。荷兰、瑞典、日本等国家也有类似机构。

（2）丹麦模式。采用"一揽子复印合同制"，由版税征收机构与复印有关著作权作品的单位签订合同，规定有关复印作品与支付版税等问题。丹麦自1979年即由版税协会下设的学校图书管理部同教育部签订上述合同。按照合同规定，指定部分学校将复制作品的种类及数量登记上报；版税协会以上报材料为标准，推定全国学校的复印种类及数量，经测算、鉴定、登记后，与作者核对，然后确定应向其支付的版税额；复印使用的范围以合理使用为限，即只能作为教学辅助材料使用，每个教师在每学年对所报的每一

① 参见［英］R. F. 沃尔、［英］杰里米·菲利普斯：《版权与现代技术》，王捷译，载《国外法学》1984年第6期。

② 参见吴汉东等：《知识产权基本问题研究》，中国人民大学出版社2005年版，第310页。

门课，只能复印一本书的材料，且不能超过原书总页数的20%，不得为保存而复印，不得为表演（包括教学性质的表演）而复印音乐作品，不得复印有关考试的复习试题，不得复印某些“专用”资料等。

（3）德国模式，即对复印设备和空白复印载体实行征税制。《德国著作权法》（1985）尝试将版税征收对象转向复印设备制造商，而不直接向复印使用人直接收费，从而为复印版税的收集提供了一条新途径。其具体做法是，在复印机与复印纸的出厂价中，附加著作权人希望将来收取的复印版税，并在出售设备后由厂商把附加的版税转交给版税征收组织。

征收复印版税的三种方法，各有千秋，但都未根本解决收集版税与分配版税的两难问题。美国模式是一种个别收费办法，少数几个版税收集人面对的是成千上万的自由复印者，倘若发生行为人拒绝付酬的情形，著作权人仍然无法向每一个侵权人起诉或索赔。丹麦模式在收集版税方面较为可靠，但收费数额的真实性令人怀疑。事实上，丹麦多数教师反对这一制度，并不按规定如实上报复印作品的种类与数量。随着现代传播技术的发展，如果人们对所需要的资料不再使用复印机复印而通过微型计算机储存或是采用电视教学，在荧光屏上展示而不复印所使用的教科书，那么将无法计算“复印”数量和“复印”人数，从而版税的确定也无法进行。[①] 德国模式采用法定版税的方法，在收费上虽然非常固定、可靠，但并不公平。版税率的高低通常取决于作品的市场价值，而在这种情况下却由使用作品的传播工具来决定。使用同一设备的不同使用人，其复印作品的数量未必相同，但却要不公平地同样付费。

在复印领域，最为重要的问题不是如何收集版税，而是如何分配版税。上述模式特别是德国模式都未能作出圆满的回答。谁的作品被复制，复制的数量如何，应是计算版税的基础。在荷兰，收集的版税首先在出版人之间分配，而出版人则应将不少于其版税总额50%的部分再分配给作者。在德国，由于不对被复制作品的名称及复制数量进行登记，无法找出版税与作品复制用途的关系，在这种情况下，“版税的分配也是高度象征性的”。版税体现为特定的使用人在利用特定的著作权作品时向特定的著作权人所支付的对价，是以特定人的著作权为基础的。现代复印技术的出现，为复印领域带来了两难窘境：一方面，著作权人无力控制众多的使用者在无偿地复制其作品，因而无法公平地获得版税收入，法律有必要对合理使用予以限制；另一方面，众多的著作权人无法知

① 参见郑成思：《信息、新型技术与知识产权》，中国人民大学出版社1986年版，第91页。

道自己作品是否被复印或复印多少，只好“平均”地接受固定比例的版税这一不公平的结果，这就偏离了著作权立法的本意。因此，一些学者指出，复印版税的法律规定应建立在个人著作权的基础之上，离开对作品复印种类、数额的具体考量而对版税进行的分配，同个人著作权的本质是不相容的。①

二、录制版税

录制版税严格地讲，应称为家庭录制版税，即在家庭中以私人使用为目的，采用录音或录像设备录制有著作权的作品，由此向著作权人支付的使用费。录制版税的征收，发生在传统的私人录制的合理使用领域。该项制度设定的目的有二：一是对著作权的效力予以限制而准予家庭录制行为，录制设备的所有人可以在家庭范围内对他人有著作权的作品自由地录音录像，无须征得著作权人的同意；二是对合理使用的范围予以限制，授予著作权人、邻接权人向录制设备的制造者主张报酬的请求权，以填补私人录制带来的损害。从一定的意义上说，这里的合理使用已经演变为法定许可使用。同对复印设备征收版税一样，录制版税也是向设备制造商而不是向设备所有人或占有人征收。这是因为录制设备的使用者极为普遍，著作权人难以一一向其征收；同时，私人录制一般在家庭进行，录制情况如何，难以进入私人住宅调查，否则构成其他侵权行为。在这种情况下，向录制设备制造商收费，不失为一条有效途径。

德国是现代录制技术发展较早的国家之一，其录制设备的家庭普及率极高，因而率先将一切家庭录制活动排除在合理使用之外。《德国著作权法》(1985)第54条规定，如果根据作品种类可预料，能将作品从电台广播中录制到音像载体上，或从一件音像载体转录到另一音像载体上，以私人使用或其他自用的目的进行复制，著作权人有权向上述设备和音像载体的制造商主张报酬。该规定适用于从事商业进口或再进口上述设备和音像载体的经销商。此处主张付酬权利的人，除著作权人外，还应包括艺术表演者、音像载体制作人、电影制作人。上述全体权利人主张报酬的总额，即是录音设备制造商或经销商向权利人支付并在设备销售价中附加的录制版税。《德国著作权法》(1974)规定录制版税总额不得超过该设备(包括录音机、录像机、录音带及录像带)销售价格的5%。而德国现行著作权法则在该法附件中，开列了不同录制设备支付报酬标准的清单。该法还规定，录制版税请求权只能通过相关管理机构行使，即由版税征收组织与设

---

① 参见[荷]赫尔曼·柯恩·捷奥拉姆:《合法与非法的复制》，载《法学译丛》1987年第5期。

备制造商、进口商订立合同,按照一定计算方法,以 1 年为单位,将报酬总括地支付,再由版税征收组织在权利人中分配。德国关于录制版税的征收办法,是在现代传播技术的冲击下对著作权保护的一个新举措。对使用人来说,支付版税手续简便;对权利人来说,通过管理机构行使权利效果明显。因此该举措被其他国家所重视。《奥地利著作权法》(1980)、《瑞典著作权法》(1982)也采用了类似制度。英国负责修改著作权法的惠特福特委员会也提出采用“录制版税”的建议。截止到 1988 年,已有奥地利、刚果、丹麦、芬兰、法国、西班牙、冰岛、挪威、瑞典等 11 个国家明确规定了录制版税制度。但是,通过录制设备征收版税,无法区分录制设备的购买人的使用目的是否正当;在该设备或载体长期有效使用条件下,一次性支付的版税能否弥补著作权人的损害,对此很难作出准确估算;并非所有作者的作品都可能被他人录制,即使这样,其作品未被录制的作者也有权享有一份“录制”版税。因此,这一制度也有明显弊端。

以维系社会公平、协调著作权人与作品使用人的利益为目标的复制版税与录制版税制度,是现代传播技术发展的产物。限制合理使用,建立版税征收制度已成为西方发达国家著作权立法的一个趋势。在 20 世纪下半叶,发展中国家由于其技术和经济发展的程度所限,现代传播工具尚未形成普及之势,其图书、期刊的复制费要高于印刷费,音像录制品也并非为一般家庭所普遍拥有。因此,这些国家的合理使用领域当时尚未受到现代复制、录音技术的挑战。随着新传播技术在大多数国家的普及,以版税征收制度来限定合理使用,已经成为全球范围内共同关注的一个问题。

第二章 合理使用的国际规定与中国借鉴

第一节 国际公约对合理使用制度的规定

《伯尔尼公约》第9条第2款、第10条、第10条之二,《罗马公约》第15条,TRIPs第13条,WCT第10条,WPPT第16条,《录音制品公约》第6条等都规定了合理使用制度的相关内容。[①]

一、《伯尔尼公约》(1971)第9条第2款、第10条、第10条之二的规定

为了与最低保护标准的规定保持平衡,《伯尔尼公约》(1971)规定,限制关于专有权规定的严格适用。根据这些规定,在特殊情况下,不必获取版权所有者的授权,即可使用受保护作品,并且不必为这种使用支付任何报酬。这种通常被称为受保护作品的“免费使用”的例外情况,在下列条款中作了规定,第9条第2款(在某些特殊情况下对作品的复制),第10条(为教学目的,以描述的形式对作品的使用和引用),第10条之二(为时事报道的目的,对报纸或类似文章的复制,以及对作品的利用),第11条之二第3款(临时的录制)。[②]

《伯尔尼公约》(1971)明确规定的例外主要有:对讲演的复制(第2条之二第2款);某些特殊情况下的复制(第9条第2款);为引用和做报刊提要而使用(第10条第1款);为教学而使用(第10条第2款);媒体使用报纸和期刊的文章(第10条之二第1款);为报道时事新闻(第10条之二第2款)以及非自愿许可(第11条之二第2款以及第13条第1款)。[③]

---

① 参见李雨峰:《中国著作权法:原理与材料》,华中科技大学出版社2014年版,第127~128页。

② 参见世界知识产权组织编著:《知识产权纵横谈》,张寅虎等译,世界知识出版社1992年版,第241页。

③ 参见[德]约格·莱因伯格、[德]西尔克·冯·莱温斯基:《WIPO因特网条约评注》,万勇、相靖译,中国人民大学出版社2008年版,第173页。

《伯尔尼公约》(1971)第9条“复制的权利”第2款“可能的例外”规定:“本同盟成员国法律得允许在某些特殊情况下复制上述作品,只要这种复制不损害作品的正常使用也不致无故侵害作者的合法利益。”①这就是关于复制权的限制和例外的三步检验法。

《伯尔尼公约》(1971)第10条“作品的某些自由使用”第1款“引用”规定:“从一部合法公之于众的作品中摘出引文,包括以报刊提要形式引用报纸期刊的文章,只要符合合理使用,在为达到目的的正当需要范围内,就属合法。”第2款“教学阐释”规定:“本同盟成员国法律以及成员国之间现有或将要签订的特别协议得规定,可以合法地通过出版物、无线电广播或录音录像使用文学艺术作品作为教学的解说的权利,只要是在为达到目的的正当需要范围内使用,并符合合理使用。”第3款“指明来源和作者”规定:“前面各款提到的摘引和使用应说明出处,如原出处有作者姓名,也应同时说明。”②

《伯尔尼公约》(1971)第10条之二“作品进一步可能的自由使用”第1款“某些作品和广播作品”规定:“本同盟各成员国的法律得允许通过报刊、广播或对公众有线传播,复制发表在报纸、期刊上的讨论经济、政治或宗教的时事性文章,或具有同样性质的已经广播的作品,但以对这种复制、广播或有线传播并未明确予以保留的为限。然而,均应明确说明出处;对违反这一义务的法律责任由被要求给予保护的国家的法律确定。”第2款“与时事有关的视听作品”规定:“在用摄影或电影手段,或通过广播或对公众有线传播报道时事新闻时,在事件过程中看到或听到的文学艺术作品在为报道目的正当需要范围内予以复制和公之于众的条件,也由本同盟各成员国的法律确定。”③

二、《罗马公约》第15条的规定

《罗马公约》(1961)第15条“允许的例外”第1款“具体限制”规定:“任何缔约国可以依其国内法律与规章,在涉及下列情况时,对本公约规定的保护作出例外规定:(甲)私人使用;(乙)在时事报道中少量引用;(丙)某广播组织为了自己的广播节目利用自己的设备暂时录制;(丁)仅用于教学和科学研究之目的。”第2款“与版权同等的保护”规定:“尽管有本条第一款,任何缔约国对于表演者、录音制品制作者和广播组织的保护,可以在其国内法律与规章中做出像他在国内法律和规章中做出的对文学和艺术作品的版权保护的同样的限制。但是,只有在不违背本公约的范围内才能颁发强迫许

① 张大伟主编:《世界版权条约》,东方出版中心2019年版,第39页。
② 张大伟主编:《世界版权条约》,东方出版中心2019年版,第39~40页。
③ 张大伟主编:《世界版权条约》,东方出版中心2019年版,第40页。

可证。"①

三、TRIPs 第 13 条的规定

TRIPs(1994)第 13 条"限制与例外"明确规定了《伯尔尼公约》(1971)规定的三步检验法:全体会员均应将专有权的限制或例外局限于一定特例中,该特例应不与作品的正常利用相冲突,也不应不合理地损害权利持有人的合法权益。② 这个三步检验法与《伯尔尼公约》(1971)第 9 条第 2 款中的规定相同。但《伯尔尼公约》中的三步检验法仅适用于复制权,而 TRIPs 中的"限制与例外"的规定不受此限制。

四、WCT 第 10 条的规定

WCT(1996)第 10 条"限制与例外"规定:"(1)缔约各方在某些不与作品的正常利用相抵触、也不无理地损害作者合法利益的特殊情况下,可在其国内立法中对依本条约授予文学和艺术作品作者的权利规定限制或例外。(2)缔约各方在适用《伯尔尼公约》时,应将对该公约所规定权利的任何限制或例外限于某些不与作品的正常利用相抵触、也不无理地损害作者合法利益的特殊情况。"③

关于第 10 条的议定声明:不言而喻,第 10 条的规定允许缔约各方将其国内法中依《伯尔尼公约》(1971)被认为可接受的限制与例外继续适用并适当地延伸到数字环境中。同样,这些规定应被理解为允许缔约方制定对数字网络环境适宜的新的例外与限制。另外,第 10 条第 2 款既不缩小也不延伸由《伯尔尼公约》(1971)所允许的限制与例外的可适用性范围。④

五、WPPT 第 16 条的规定

WPPT(1996)第 16 条"限制与例外"规定:"(1)缔约各方在其国内立法中,可在对表演者和录音制品制作者的保护方面规定与其国内立法中对文学和艺术作品的版权保护所规定的相同种类的限制或例外。(2)缔约各方应将对本条约所规定权利的任何限制或例外限于某些不与录音制品的正常利用相抵触、也不无理地损害表演者或录音制

① 张大伟主编:《世界版权条约》,东方出版中心 2019 年版,第 40 页。

② 参见张丽娜主编:《WTO 与中国知识产权法律制度研究》,中国民主法制出版社 2006 年版,第 294 页。

③ 张大伟主编:《世界版权条约》,东方出版中心 2019 年版,第 405 页。

④ 参见张大伟主编:《世界版权条约》,东方出版中心 2019 年版,第 405 页注释 2。

品制作者合法利益的特殊情况。”[①]

关于第7条、第11条和第16条的议定声明：第7条和第11条所规定的复制权及其中通过第16条允许的例外，完全适用于数字环境，尤其是以数字形式使用表演和录音制品的情况。不言而喻，在电子媒体中以数字形式存储受保护的表演或录音制品，构成这些条款意义下的复制。关于第16条的议定声明：关于WCT第10条（涉及限制和例外）的议定声明，亦可比照适用于WPPT的第16条（涉及限制和例外）。[②]

六、《录音制品公约》第6条的规定

《录音制品公约》第6条规定："通过版权或其他特定权利的方法提供保护或通过刑法制裁的方法提供保护的任何缔约国，对于唱片制作者的保护，可以在其国内法律中规定与保护文学和艺术作品的作者所规定的同样的限制。但是，只有符合下列所有条件，才能颁发强制许可证：（1）复制品的使用目的仅仅是为了教学和科学研究；（2）许可证仅对在颁发许可证的主管当局管辖的领土内所进行的复制有效，而且不得引申用于此类复制品的出口；（3）根据许可证制作复制品，应支付由上述主管当局依照所要制作的复制品的数量，以及其他因素而特别规定的合理的费用。"

第二节 合理使用立法模式与立法例

在《伯尔尼公约》的推动下，各国著作权法普遍规定了合理使用，但立法体例和认定规则有所不同。世界上具有代表性的合理使用立法模式主要包括大陆法系国家的合理使用规则主义模式、英美法系国家的合理使用因素主义模式以及规则主义与因素主义混合模式。

李扬认为，对著作权限制存在两种模式，即封闭式限制模式和半封闭式限制模式。封闭式限制模式，即著作权法明确列举著作权限制的各种具体情形，在这些具体情形之

① 张大伟主编：《世界版权条约》，东方出版中心2019年版，第395页。
② 参见张大伟主编：《世界版权条约》，东方出版中心2019年版，第395页注释3、注释4。

外，既不存在限制的概括性条款，也不存在著作权限制的一般性规则条款。德国、意大利、俄罗斯、日本、韩国及我国《著作权法》（2020）都采用这种立法模式。半封闭式限制模式是指著作权法一方面明确列举著作权限制的各种具体情形，另一方面又在这些具体限制情形之外规定一个限制著作权的一般性规则。美国采取了这种限制模式。①

宋海燕（2011）认为，合理使用/公平交易大致表现为三种立法模式：（1）美国所采用的模式，即不明文列举各种允许使用的情形，而是规定一系列可供考虑的法定因素以便加以判断是否构成合理使用；（2）以英国为代表的大多数普通法系及欧洲大陆法系所采用的模式，即明文列举构成版权的例外和限制的各种情形；（3）融合英国模式及美国模式之混合式，最近修改的韩国版权法即采用该立法模式，即明文列举允许使用的各种情形（类似英国模式），同时也规定一系列在判断特定情形是否构成合理使用时可供参考的因素（类似美国模式）。②

合理使用制度在多数国家的制定法上都有体现。《法国知识产权法典》第 L. 122 – 5 条（著作权）、第 L. 211 – 3 条（邻接权），《德国著作权法》第一部分“著作权”第六节“对著作权的限制”第 44 条第 a 款至第 63 条，《西班牙著作权法》第 31 条至第 40 条，《葡萄牙著作权法》第 75 条至第 82 条，《日本著作权法》第 30 至 50 条、第 102 条，《巴西著作权法》第 46 条、第 48 条，《英国版权法》第 29 条、第 30 条，我国《著作权法》（2020）第 24 条都在不同程度上规定了合理使用的内容，无非是有的国家将其称为“著作权的限制”。③

一、因素主义/抽象规定性立法模式

与规则主义相对的立法模式是抽象规定性模式或者说因素主义立法模式。因素主义立法模式是指，法律把合理使用的判断标准划分为若干个构成因素，并以之作为判断是不是合理使用行为的原则的一种立法模式。如果符合构成因素规定的条件就构成了合理使用，反之则不构成合理使用。④ 以美国为代表的版权立法在合理使用制度的规范中并没有一条一条地列出哪些使用情况属于合理使用，仅仅规定了判断是否是合理使

① 参见李扬：《著作权法基本原理》，知识产权出版社 2019 年版，第 227 页。

② 参见宋海燕：《中国版权新问题——网络侵权责任、Google 图书馆案、比赛转播权》，商务印书馆 2011 年版，第 55 ~56 页。

③ 参见李雨峰：《中国著作权法：原理与材料》，华中科技大学出版社 2014 年版，第 127 ~128 页。

④ 参见华鹰主编：《数字出版版权保护法律制度研究》，科学出版社 2018 年版，第 93 页。

用需要考虑的几个要素，供法官在判定实施一种受版权专有权利控制的行为是否构成合理使用时考虑，《美国版权法》第 107 条之规定最为典型。《澳大利亚版权法》第 40 条第 2 款、《新西兰版权法》第 43 条第 3 款也都采用了因素主义立法模式。①

（一）《美国版权法》合理使用的因素主义立法模式

美国是典型的因素主义立法模式国家。这种限制方式的最大特点在于没有详尽列举可豁免行为，而是只列举最具有代表性的合理使用行为，然后将更多的情形留给一个总条款，由其规定例外行为。这个“合理使用”总条款与列举的限制并行不悖，并且作为补充和总的判断标准。这一总的判断标准即是世界上众多著作权法学者所称的判断合理使用的四要素标准，即在任何情况下，确定对一部作品的使用是否合理，要考虑的因素应该包括：(1) 使用的目的和性质；(2) 被使用的版权作品的性质；(3) 同整个被使用作品相比，所使用的部分的数量和内容的实质性；(4) 这种使用对版权作品的潜在市场或价值所产生的影响。

以美国为代表，“因素主义”的认定原则如下。《美国版权法》规定，合理使用即对版权人专有权利的一种限制。在版权侵权诉讼中，被告须将合理使用作为一种积极抗辩。该原则源于盖尔斯诉威尔科克斯案等案例中对英国第一部版权法案即《安妮法》所作出的司法解释。1841 年，约瑟·史多雷大法官在福尔松诉马什一案的审判意见中援引了这些英国案例，并将合理使用这一概念引入了美国版权法。1976 年版权法案编入了合理使用条款，即《美国法典》第 17 编第 107 条。②

美国最先引入了至今被各国广泛认可的合理使用判断规则，即四要素标准，以合理使用构成要素作为司法裁判的依据。根据美国国会立法说明所述，版权法对合理使用判断标准的规定，并无意将此规则冻结于法条之中，尤其是处于科技迅速发展的时代，法院应根据个案的特殊情况来适用因素主义立法模式下的规则。

美国是合理使用制度的集大成者。其相关立法技术和学说理论对其他国家产生了广泛影响。美国版权法有关合理使用的规定分为两大部分。第一部分是合理使用的一般条款。“为了批评、评论、新闻报道、教学（包括用于课堂的多件复制品）、学术或研究

---

① 参见赵双阁：《三网融合背景下中国广播组织权制度的反思与重构》，社会科学文献出版社 2016 年版，第 199 页。

② 参见宋海燕：《中国版权新问题——网络侵权责任、Google 图书馆案、比赛转播权》，商务印书馆 2011 年版，第 57 页。

之目的而使用版权作品的，包括制作复制品、录音制品或以该条规定的其他方法使用作品，系合理使用，不视为侵犯版权的行为。”①《美国版权法》第107条规定了一个判断某种使用行为是否构成合理使用行为的一般性规则。该规则内容是：“任何特定案件中判断对作品的使用是否属于合理使用时，应考虑的因素包括：(1)使用目的和性质，包括使用是否具有商业性质，或是否为了营利的教学目的；(2)版权作品的性质；(3)所使用部分的质与量与作为整体的版权作品的关系；(4)使用对版权作品之潜在市场或者价值所产生的影响。”②第二部分是合理使用的具体条款。《美国版权法》第108条至第121条列举了版权的各种具体限制及其适用条件。具体包括图书馆、档案馆的复制(第108条)，录音制品或计算机程序的转移(第109条)，非营利性演出或展出(第110条)，转播(第111条)，临时性录制(第112条)等。③

美国法律规定的关于合理使用的判断问题。《美国版权法》第107条“专有权的限制：合理使用”由三部分组成：(1)前言部分：将对版权作品的合理使用界定为版权人专有权利的一种例外，并且为阐释之需要而列举了几个非排他性的允许使用的例子，如“批评、评论、新闻报道、教学(包括用于课堂的多件复制品)、学术或研究”④。(2)列举在判断特定情形是否构成合理使用时必须考虑的四大因素，即规定了判断某一行为是否构成合理使用的四项标准：“(甲)使用的目的与特性，包括使用是否具有商业性质，或是为了营利的教育目的；(乙)版权作品的性质；(丙)所使用部分的质与量与作为整体的版权作品的关系；(丁)使用对版权作品之潜在市场或价值所产生的影响。”⑤(3)1992年10月24日修正案关于未出版书籍的补充规定，即“作品未发表这一事实本身不应妨碍对合理使用的认定，假如该认定系考虑到上述所有因素而作出的”。⑥ 在判断某一具体使用是否合理时，《美国版权法》第107条并不能自动适用。在每个特定的合理使用案件中，都需要考虑上述四大因素。

在判断具体行为是否属于合理使用时，这四个要素并不是每个要素都满足才能构成合理使用，也不是说一个条件不满足就不是合理使用，该标准判断的方式不是累积适用，而是综合比重的适用。因此在美国的合理使用判例中，法官在某个具体案件中适用

---

① 《十二国著作权法》，《十二国著作权法》翻译组译，清华大学出版社2011年版，第731页。
② 《十二国著作权法》，《十二国著作权法》翻译组译，清华大学出版社2011年版，第731页。
③ 参见吴汉东、曹新明等：《西方诸国著作权制度研究》，中国政法大学出版社1998年版，第263～265页。
④ 《十二国著作权法》，《十二国著作权法》翻译组译，清华大学出版社2011年版，第731页。
⑤ 《十二国著作权法》，《十二国著作权法》翻译组译，清华大学出版社2011年版，第731页。
⑥ 《十二国著作权法》，《十二国著作权法》翻译组译，清华大学出版社2011年版，第731页。

四要素进行分析时，经常使用“[factor] weighing against the plaintiff/defendant”（某个因素更有利于原告或者更有利于被告）或者“[this] factor is neutral to both parties”（该因素对双方都是中性的）的字样，来说明四个要素在个案中的不同分量，以及总体上更倾向于合理使用或者构成侵权。但是这种标准理论上的缺陷在于缺乏法律适用上的确定性，无法为当事人提供明确可预期的行为规范，并且法官的自由裁量空间比较大，不同的法官对同一问题的认识可能出现偏差。

美国国会在 1976 年报告中对使用的目的和性质解释道：“使用是否具有商业性质，在关于合理使用的认定中具有重要意义。使用他人作品是否具有商业动机与公众是否从这种使用中取得利益无关。”除《美国版权法》第 107 条规定的四项标准之外，美国法院还认为应考虑其他因素，如（1）缺乏善意。从英国 1803 年科里诉基尔斯利案到美国 1983 年马库斯诉鲁利案，形成了判断使用是否合理的一个规则，即主观上必须出于善意，客观上必须行为适度。所谓善意，是指无损害原作版权利益之意图。凡不诚实地使用他人作品，意在简单地复制而不进行创新，即推定为恶意。（2）习惯或管理。使用他人有版权的作品，即使是符合商业惯例，也可能构成侵权。因为合理使用的构成是法院依照法律作出认定而不是依照商业习惯来判断。美国法官认为《美国版权法》第 107 条的因素是强制性的，必须综合考量；但它又是列举的，而非限制性的。《美国版权法》关于合理使用判断的规定及其解释有其独到之处，得到了许多著作权法学者的赞许，并为有的国家或地区的相关立法所借鉴，其或者直接搬过来引入国内立法中，或者进行适当修改后适用。

美国合理使用/公平交易规则的利弊分析。美国的合理使用模式，即通过一系列法定因素判断合理使用之构成的情形与普通法系及欧陆法系国家所采用的公平交易模式相比，其优势在于具有更多的灵活性与活力，较能适应新技术之发展。当然，美国合理使用模式的灵活性也有其弊端，并因缺乏事先的预测性而备受指责。在充分考察了多起美国合理使用的版权侵权案件后，戴维·尼默（David Nimmer）教授得出以下结论：“此四大因素并不有助于分析，它们只是法官得出结论的借口。”巴顿·毕比（Barton Beebe）教授在对 200 多件美国合理使用的版权侵权案例作出数据分析后，也得出了类似结论。因此，对美国现行的合理使用模式持批评态度者认为，美国的合理使用制度缺乏明确的法定例外情形，且考虑到美国高昂的诉讼费用及法定赔偿金，使很多原本无须征求权利人同意即可合理使用的情形大量减少。不少人因为担忧诉讼而带来的费用，不得不从权利人处寻求许可，从而形成了一种"因恐惧而许可"的氛围。[①]

事实上，很多国家均驳回了采用开放式的合理使用模式的立法建议，如澳大利亚、新西兰等。经过一番辩论，澳大利亚最终驳回了引入美国合理使用模式或者扩展型的公平交易模式的立法建议，而选择通过更详细明确地增加属于合理使用例外情形的方式进行立法修改。在考察美国的合理使用制度后，新西兰政府也拒绝采用美国式的合理使用制度，并指出现阶段，新西兰并无采纳任一合理使用制度的原因。[②]

（二）《新加坡版权法》（2014）合理使用的要素

在吸收英国具体类型式标准和美国概括式标准各自优势的基础上，《新加坡版权法》（2014）将两种范式的"合理使用"标准融汇于该法关于著作权侵权之抗辩缘由的规定中。具体而言，该法除了规定合理使用的范围外，还规定了关于合理使用的判断因素。

在借鉴了《美国版权法》第107条规定的关于合理使用的四要素判断标准后，《新加坡版权法》（2014）第35条第2款规定了判断作品合理使用的五要素判断标准：（1）该使用行为的目的和性质，包括这种使用是否具有商业性质，或者是否用于非营利教育；（2）作品或其改编作品的性质；（3）从整体上讲，对该作品或其改编作品复制部分的数量和实质内容；（4）该使用行为对作品或其改编作品复制部分的数量和实质内容；（5）在一个合理的时间内以普通的商业价格获得该作品或其改编作品的可能性。

《新加坡版权法》（2014）在目的性标准层面延续了英国有关合理使用的具体类型式标准，列举了合理使用的几类目的：（1）出于学习和研究目的而使用作品；（2）出于批评或者评论目的而使用作品；（3）出于报道时事新闻目的而使用作品。

《新加坡版权法》（2014）第109条单独规定了对"试听项目"的合理使用，在合理使用的判断标准层面，采用了与作品相同的五要素判断标准，在合理使用的目的性标准层面也采取了与作品相同的三类目的。[③]

---

① 参见宋海燕：《中国版权新问题——网络侵权责任、Google图书馆案、比赛转播权》，商务印书馆2011年版，第103～104页。

② 参见宋海燕：《中国版权新问题——网络侵权责任、Google图书馆案、比赛转播权》，商务印书馆2011年版，第104页注释3、注释4。

③ 参见林秀芹主编：《"一带一路"著作权法律制度研究》，知识产权出版社2019年版，第83页。

二、规则主义/具体规定性立法模式

只要是通过具体、明确的规定对合理使用的行为类型和相关要求进行规范的，都属于规则主义立法模式。多数国家的著作权法都是通过规则主义立法模式，对合理使用制度进行规范。如《法国知识产权法典》第 L. 122－5 条、第 L. 211－3 条，《德国著作权法》第 44 条第 a 款至第 53 条，《意大利著作权法》第 65 条至第 71 条第 6 附条，《俄罗斯联邦民法典》第 1273 条至第 1280 条，《日本著作权法》第 30 条至第 49 条，《韩国著作权法》第 23～38 条，《印度著作权法》(1975) 第 52 条“某些不构成侵害著作权的行为”，《巴西著作权法》第 46～48 条，《埃及知识产权保护法》第 171～172 条，我国《著作权法》(2020) 第 24 条，基本没有规范“限制与例外”的一般原则，而是把所有不需要经著作权人许可也不需要支付费用的使用他人作品的行为纳入“权利的例外和限制”条款，通过明确、详尽的对例外情形的列举，为法官判断相关利用作品行为是否侵权提供指南。①

规则主义立法模式是指，法律采用列举的方式对构成合理使用的行为类型作出具体规定，符合这些类型的行为就是合理使用，而这些类型之外的其他情况就不构成合理使用的一种立法模式。德国、法国、日本等大陆法系国家多采用这种立法模式。规则主义立法模式的优点在于法律规定清楚明确、指导性强，法院审理具体案件易于适用，能够有效防止法官对自由裁量权的滥用。其缺点是无法穷尽现实生活中所有合理使用的情形。在司法审判过程中一旦出现了法律列举以外的其他情形，法官就会于法无据而使裁判陷入僵局。②

大多数国家的立法对合理使用进行了全面而详尽的列举，以说明哪些行为属于可以不经版权人同意也无须支付报酬的豁免行为，一般情况下法院只能在法律规定的范围内从狭义上进行解释，不允许类推适用。我国《著作权法》(2020) 第 24 条详细列举了 12 种著作权合理使用的行为，符合这些规定的行为就构成合理使用，除此以外则不能被认定为合理使用，这种穷尽式的列举立法模式也被称为具体规定性模式或者规则主义/条文主义。著作权立法大抵采取“列举主义”方法，对合理使用的各种类型及其使用规则进行列举式规定。考虑到合理使用是对著作权最为严格的限制，立法者一概不设

① 参见赵双阁：《三网融合背景下中国广播组织权制度的反思与重构》，社会科学文献出版社 2016 年版，第 200 页。

② 参见华鹰主编：《数字出版版权保护法律制度研究》，科学出版社 2018 年版，第 93 页。

置“兜底条款”，法官对合理使用的新情况、新类型不能自由裁量。

尽管欧陆法系国家与英美法系国家关于著作权产生的法律基础不同，前者以自然法思想为基础，后者以国家对精神劳动的鼓励与扶持思想为基础。[①] 但在法律允许特定条件下、不经权利人许可、免费使用其作品或贡献的限制与例外的规定方面，欧陆法系国家的立法形式却十分接近英国法的规定，即全面列举各种构成公平交易的版权例外情形，而非美国开放式的诠释。根据欧陆法系国家的立法原则，适用所谓合理使用或公平交易规定的情形，应当由法律规定，即所谓“例外法定主义”。法律未规定的情形，一般不考虑适用不经权利人许可、免费使用其作品或贡献的例外规定。

以英国、加拿大为代表的普通法系国家及以德国、法国为代表的大陆法系国家在公平交易/合理使用的概念上虽然法律渊源不同，但也算殊途同归，都大概指版权法的限制与例外规则，并以明文列举的方式详细列明各种版权例外的情形。但规则主义的公平交易规则被指过于限制性、缺乏灵活性。

（一）英国的公平交易规则

英国是合理使用制度的首倡者。19 世纪以来英国法官在司法实践中所创制的合理使用规则，以立法文件的形式出现，始于 1911 年《英国版权法》。英国的合理使用/公平交易规则源于英国法官造法合理删节摘录原则，后被编入《英国版权法》（1911），《英国版权法》（1956）和《英国版权法》（1988）都有规定。合理使用和法定许可使用，是可以实施而不侵犯著作权的行为。凡法律对著作权作品未作具体说明的，合理使用适用于任何一类作品；但合理使用限于法律明确规定的情形，“不应被引申为规定于被任何作品之著作权所禁止之行为的范围”。

《1988 年版权、外观设计和专利权法》第三章将关于公平交易的条文命名为“关于版权作品经允许的行为”。该法第 29 条、第 30 条规定的公平交易条款明文列举了如下几种允许使用的情形：（甲）研究及个人学习；（乙）批评及评论；（丙）时事新闻报道。其中出于研究或个人学习目的的使用只适用于文学、戏剧、音乐和艺术作品及已经发表的新闻节目；批评及评论则可适用于所有版权作品；报道时事则适用于除摄影作品之外的所有版权作品。[②] 该法第 31 条列举了几项允许附带性包含版权作品的情形；第 32 ~ 36 条列举了几种基于教育性目的的使用；第 37 ~ 44 条是关于图书馆、档案馆合理使用的

---

① 参见［德］M. 雷炳德：《著作权法》，张恩民译，法律出版社 2005 年版，第 67 页。

② 参见李祖明：《互联网上的版权保护与限制》，经济日报出版社 2003 年版，第 141 页。

规定;第45~50条是关于版权管理组织的条款;第51~53条关于外观设计的规定;第54~55条是关于字体的规定;第56条是关于电子版作品的条款;第57~75条则是兜底条款;第76条规定了针对改编行为的抗辩。①《英国版权法》规定了个人使用、教育、图书馆档案馆、公共管理等方面的适用为合理使用。合理使用的主要情形有:供个人使用进行的复制(第29条),引用(第30条),事实报道中的使用(第30条),附带使用(第31条),教学活动中的复制(第32条),教育活动中的汇编(第33条),教育活动中的表演(第34条),教学活动中的录制(第35条),教学活动中的影印复制(第36条),图书馆、档案馆的复制(第37~44条),公共管理中的使用(第45条),对口述作品的记载或录制(第58条),对文学、戏剧、科学作品的摘取使用(第59条、第60条),对永久性陈列作品的使用(第62条),广告的使用(第63条),出于慈善、福利事业目的而播放录音(第67条)。②

英国版权法规定一些特定事项为对版权作品允许实施之行为,以此平衡权利人和社会公共利益。在2014年英国议会通过的版权法修订案中,将这些事项予以公开,如研究或私人学习、批评或评论、教育使用、私人复制、文本与数据挖掘、保存及收藏、公共管理、残障人士使用特定作品等。③

根据英国法律,被告若主张其行为构成公平交易,则需举证说明具备以下三大要素:(1)该等行为必须属于法律明文列举的允许使用的情形;(2)该等行为需符合普通法标准所要求的合理性;(3)若是为了评论、批评及时事新闻报道,则必须充分标明作者姓名。与美国法所采取的并不列明每种允许使用的情形的立法形式不同,英国的公平交易规则要求被告首先须证明其行为属于法律明文列举的情形之一,然后才可考虑该交易的合理性。

英国的公平交易规则中的合理性标准所需考虑的因素与美国判断合理使用的因素相类似。英国判例法已经发展出如下几个用以判断某项交易之合理性的因素:(1)作品的性质。若某作品尚未发表,则该因素的认定不利于被告。(2)获取该作品的途径。若某人窃取或违反保密协议获取作品,则该等使用较难被认为具有合理性。(3)使用作品的数量。该因素的判断与美国所采用的方式相似。换言之,总体上来说使用的数量越

① 参见宋海燕:《中国版权新问题——网络侵权责任、Google图书馆案、比赛转播权》,商务印书馆2011年版,第76页。

② 参见吴汉东、曹新明等:《西方诸国著作权制度研究》,中国政法大学出版社1998年版,第263~265页。

③ 参见胡开忠、赵加兵:《英国版权例外制度的最新修订及启示》,载《知识产权》2014年第8期。转引自丁汉青:《传媒版权管理研究》,中国人民大学出版社2017年版,第111页。

少，则越容易构成合理使用。然而，法院也可能认定复制整部作品的行为也是合理的。（4）使用目的。该因素考虑的是该等使用时的商业性目的、转换性目的抑或利他性目的。（5）该使用对市场的影响。若该作品可代替原作，则难成立公平交易。（6）该交易是否存在其他选择。若该交易存在其他选择，则较难成立公平交易。[①]

（二）加拿大的公平交易规则

合理使用包含在《加拿大版权法》第 29 条“研究、个人学习等”、第 29.1 条“批评或者评论”、第 29.2 条“新闻报道”的规定中：以“研究、个人学习等、批评或者评论、新闻报道”[②]为目的的合理利用作品的行为不构成著作权侵权。一种利用行为是否公平是一个事实和程度问题，必须考虑下列因素：利用的数量、利用是否具有竞争性、与被告添加的部分相比所占的比例、作品是否为未出版的作品等。[③]

公平交易条款于 1921 年首次规定于《加拿大版权法》，此后经历了两次修改。同英国版权法类似，《加拿大版权法》也规定：基于“研究或个人学习等、批评或者评论及新闻报道”的目的使用版权作品为公平交易，不构成版权侵权。同时，《加拿大版权法》也效仿美国版权法的相关规定，列出了“为教育机构、图书馆、档案馆、博物馆、复制档案馆馆藏作品及为残疾人复制版权作品”所设立的特定版权例外情形。

依照加拿大版权法的判例发展来看，加拿大传统上将公平交易作为版权侵权的一项抗辩事由。与英国版权法公平交易规定相同，加拿大版权法亦要求被告须举证说明以下三点要素，方可豁免侵权的追究，包括：（1）该等行为必须属于法律明文列举的允许使用的情形之列。（2）该等行为须具有合理性。合理性的判断标准则与美国判断合理使用的因素相类似。（3）若被告的使用是为了评论、批评或进行时事新闻报道，被告须充分标明作者姓名及出处。然而，加拿大最高法院在加拿大有限公司诉加拿大法律协会一案中作出的判决却似乎改变了上述传统。该案中，加拿大最高法院指出：公平交易不应当仅仅被解释为版权侵权的“抗辩事由”，而应被看做“版权法的组成部分，即使用者之权利”。根据这种理论，加拿大最高法院显然将使用者之权利范围扩大，从而扩展

① 参见宋海燕：《中国版权新问题——网络侵权责任、Google 图书馆案、比赛转播权》，商务印书馆 2011 年版，第 76～77 页。

② 《加拿大版权法》，易健雄译，知识产权出版社 2017 年版，第 45 页。

③ 参见吴汉东、曹新明等：《西方诸国著作权制度研究》，中国政法大学出版社 1998 年版，第 309 页。

了合理使用的范围。①

（三）澳大利亚关于合理使用的立法例

1968 年《著作权法》第 40 条至第 73 条规定了某些使用作品行为既不需要取得著作权人同意也不需要向其支付报酬，即合理使用情形，其中重要的有：(1)出于个人学习、研究、批评或评论的目的，或为了通过报刊或广播对时事进行报道而使用作品；(2)通过油画、绘画、雕刻或摄影等方式，复制永久坐落于公共场所的雕刻作品或其他工艺美术作品；(3)出于教育或科学目的转载已经出版的作品中的适当部分或汇编某些章节，出于诉讼程序和教育机构教学活动等需要而复制作品；(4)在报纸上刊载公开发表的讲课、演说或布道等的报道；(5)图书或档案管理人员为图书馆或档案管理内部使用、为学生和个人研究提供资料以及为履行某些社会职责而复制某些作品；(6)出于教育目的或开展慈善事业而使用作品；(7)政府机构出于公务目的而使用作品；(8)出于特定目的而复制议会、法院等机构所制定的法律及规定；(9)在司法诉讼中使用作品或为报道诉讼情况而使用作品。②

（四）德国"对著作权的限制"的立法例

1837 年《普鲁士著作权法》是德国第一部现代著作权法。现行《德国著作权法》于 2003 年 9 月生效。《德国著作权法》(2003)对著作权的合理使用制度的规定主要体现在第一章第六节"对著作权的限制"中，其第 45 条到第 60 条都是列举式的可以自由和无偿使用的情形，包括：临时复制行为（第 44 条第 a 项），司法与公安使用（第 45 条），残障人士使用（第 45 条第 a 项），为教堂、学校或者课堂教学使用的汇编物（第 46 条），学校播放（第 47 条），公开讲演（第 48 条），报纸文章和广播电视评论（第 49 条），制作有关时事的报道（第 50 条），引用（第 51 条），公开再现（第 52 条），为课堂教学和科研公开提供（第 52 条第 a 项），在公共图书馆、博物馆和档案馆的电子阅读场所再现著作（第 52 条第 b 项），为私人使用或者其他自用的复制（第 53 条），广播电视企业进行的复制（第 55 条），数据库著作的利用（第 55 条第 a 项），经营场所的复制和公开再现（第 56 条），次要的附属著作（第 57 条），展览、公开出售和对公众开放机构的著作（第 58 条），公共场所的著作（第 59 条），肖像（第 60 条），应当取得许可

① 参见宋海燕：《中国版权新问题——网络侵权责任、Google 图书馆案、比赛转播权》，商务印书馆 2011 年版，第 81 ~82 页。

② 参见吴汉东、曹新明等：《西方诸国著作权制度研究》，中国政法大学出版社 1998 年版，第 327 ~328 页。

的行为之例外（第 69 条第 d 项），反汇编（第 69 条第 e 项）。[①] 在列举性规定之后，《德国著作权法》针对上述使用行为作出"禁止改动"（第 62 条）和"注明出处"（第 63 条）两项规定，要求在使用原作品时不得对作品进行改动，并且应该标明出处，以保护作者的精神权利。

（五）法国关于"作品发表后，作者不得禁止"的情况

法国现行著作权法是 1992 年通过的《法国知识产权法典》第一部分"文学和艺术产权"。《法国知识产权法典》（法律部分）第一卷"著作权"第二编"作者权利"第二章"财产权利"第 L. 122 – 5 条第 1 款规定了"作品发表后，作者不得禁止"的情况，即著作权的"合理使用"：私人表演（第 1 项）；私人复制（第 2 项）；摘引（第 3 项）；报刊提要（第 3 项）；新闻评论（第 3 项）；播放公开演说（第 3 项）；公开拍卖名册的复制（第 3 项）；出于教研目的的对作品摘要的表演或复制（第 3 项）；模仿、讽刺与漫画（第 4 项）；进入电子数据库内容的必要行为（第 5 项）；不具有经济价值的临时复制（第 6 项）；法人和对外开放机构的复制和表演（第 7 项）；博物馆或档案馆为个人用户的私人学习或研究的复制及表演（第 8 项）；对平面、立体或建筑作品进行的全部或部分的复制或表演（第 9 项）。[②]《法国知识产权法典》（法律部分）第 L. 122 – 5 条第 3 款还设置了关于限制和例外的判定标准的规定："本条所列例外情形不得影响作品的正常使用，亦不得不当损害作者的正当权益。"[③]

（六）意大利规定以合理使用作为抗辩手段

意大利著作权法既没有关于合理使用的一般规定，也没有关于合理使用的确定原则。但该法明确规定以合理使用作为抗辩手段。具体为：私人表演（第 15 条第 2 款）；个人使用（第 68 条第 1 款、第 2 款）；非营利性政府使用（第 60 条、第 71 条）；在批评、评论和教育过程中的摘引和复制（第 70 条第 1 款、第 2 款）；时事文章的转载（第 65 条）；政治演讲（第 66 条）；新闻报道（第 101 条）；司法诉讼（第 67 条）等。[④]《意大利著作权法》（2010）第五章"例外和限制"第一节"复制及其他例外和限制"从第

---

① 参见《十二国著作权法》，《十二国著作权法》翻译组译，清华大学出版社 2011 年版，第 160 ~ 171 页；《德国版权法》，范长军译，知识产权出版社 2013 年版，第 72 ~ 94 页。

② 参见《十二国著作权法》，《十二国著作权法》翻译组译，清华大学出版社 2011 年版，第 70 ~ 71 页。

③ 《十二国著作权法》，《十二国著作权法》翻译组译，清华大学出版社 2011 年版，第 71 页。

④ 参见吴汉东、曹新明等：《西方诸国著作权制度研究》，中国政法大学出版社 1998 年版，第 413 ~ 414 页。

65 条到第 71 条第 5 附条作了规定;第二节“为个人使用进行私人复制”第 71 条第 6 附条到第 8 附条作了规定;第三节“共同规则”第 71 条第 9 附条、第 71 条第 10 附条作了规定。[①]

（七）日本对“著作权的限制”的立法例

1899 年日本制定了第一部著作权法,1971 年被一个“全新的著作权法”代替。现行《日本著作权法》自 1970 年制定颁布、1971 年实施以来,至 2009 年,已进行过大小共计 26 次修订,现行版本为 2010 年《日本著作权法》。《日本著作权法》规定个人学习使用、图书馆使用、教科书的使用、作为试题使用、事实评论的转载、政治性演说、审判程序的使用、公开的美术著作物等都适用合理使用制度。《日本著作权法》第二章“作者的权利”第三节“权利的内容”第五小节“著作权的限制”从第 30 条到第 49 条规定了著作权的限制与例外,即规定在一个较大范围内可以自由无偿地使用各种作品:出于私人目的的复制(第 30 条);图书馆等的复制(第 31 条);引用(第 32 条);教科书等的登载(第 33 条);为了制作放大教科书等进行的复制(第 33 条之二);学校教育节目的播放(第 34 条);在学校和其他教育机关中进行的复制等(第 35 条);作为考试问题的复制(第 36 条);为了视觉障碍者等进行的复制(第 37 条);为了听觉障碍者等进行的复制(第 37 条之二);不以营利为目的的上演等(第 38 条);关于时事评论的转载等(第 39 条);政治性演说等的使用(第 40 条);为了报道时事事件的使用(第 41 条);裁判程序中的复制(第 42 条);按照《行政机关信息公开法》等为了公开所进行的使用(第 42 条之二);按照《国会图书馆法》为了收集互联网资料进行的复制(第 42 条之三);通过翻译、改编等的使用(第 43 条);播放组织等的临时复制(第 44 条);美术等作品原件所有人的展览(第 45 条);对公开的美术作品等的利用(第 46 条);对参展美术作品等的复制(第 47 条);伴随美术作品等的许诺销售进行的复制(第 47 条之二);计算机程序复制件所有权人的复制等(第 47 条之三);由于维护、修理而进行的暂时复制(第 47 条之四);为了防止传播故障等进行的复制(第 47 条之五);为了进行传播可能化信息的传播单位识别符号的检索等进行的复制(第 47 条之六);为了分析信息进行的复制等(第 47 条之七);伴随电子计算机中的作品使用进行的复制(第 47 条之八);注明出处(第 48 条);出于其他目的使用复制品等(第 49 条);与著作人格权的关系(第 50 条)。[②] 田村善之对《日本著作权法》

① 参见《十二国著作权法》,《十二国著作权法》翻译组译,清华大学出版社 2011 年版,第 296 ~302 页。

② 参见《十二国著作权法》,《十二国著作权法》翻译组译,清华大学出版社 2011 年版,第 376 ~389 页。

所规定的“对著作权的限制性规定”进行了分类，见表4－2－1。[①]

表4－2－1 《日本著作权法》对著作权的限制性规定的分类

分类		具体条款	条目
1.为了不过度地妨碍他人的行为自由，对著作权的限制		私人复制	第30条
		非营利性出租、非营利性使用等	第38条
		对公开美术作品的利用	第46条
2.在利用行为的性质上，着眼于应限制禁止权这样的观点而设置的限制性规定		作为试验问题的复制	第36条
		广播业者暂时的固定	第44条
		对盲文的复制等	第37条
		为方便听觉障碍者之目的的自动公共传送	第37条之二
3.缓和与有体物所有权相冲突而设置的协调性规定		美术作品等原件所有人进行的展览	第45条
		与展览美术作品相伴的复制	第47条
		伴随美术作品等的许诺销售进行的复制	第47条之二
4.着眼于应促进作品的利用而设置的限制，鉴于教育、报道及立法、行政、司法这样的公益而设置的限制性规定	4.1只允许复制的规定	图书馆等进行的复制	第31条
		在学校和其他教育机关中进行的复制等	第35条
		为立法、行政、司法之目的而进行的复制	第42条
		因信息公开之目的的利用	第42条之二
	4.2允许伴有附加价值之利用的规定	引用	第32条
		对教学用图书等的复制、学校教育之广播等	第33条、第34条
		时事新闻的报道	第41条
		关于对时事问题评论的转载等	第39条
		对公开演说等的报道	第40条
		对国家、地方公共团体机关宣传资料的报道	第32条
	4.3允许自由利用的规定	对政治演说等、裁判程序之陈述的自由利用	第40条
		对法令、判决等不以权利为目的的作品	第13条

（八）俄罗斯关于自由使用的立法例

苏联解体后，俄罗斯于1993年正式颁布了一部新型的现代化著作权法，即《俄罗斯

① 参见［日］田村善之：《日本知识产权法》，周超、李雨峰、李希同译，知识产权出版社2011年版，第460～463页。

联邦著作权与邻接权法》。该法将合理使用分为个人使用与一般使用两类,具体规定如下:出于个人目的而复制作品(第18条);评论与新闻中的摘用(第19条第1款);教学性质的使用(第19条第2款);转载(第19条第3款);对政治演说、宣言、报告的使用(第19条第4款);时事报道中的复制和传播(第19条第5款);为盲人非营业性复制(第19条第6款);适当影印复制(第20条);对永久性陈列作品的复制与播放(第21条);自由公开表演(第22条);诉讼活动中的复制(第23条);暂时录制(第24条);计算机程序的自由使用(第25条)。①

2006年12月,俄罗斯总统普京签署了第230号联邦法律,宣布通过《俄罗斯联邦民法典》第四部分"知识产权编",并自2008年1月1日起生效。《俄罗斯联邦民法典》第1273~1280条规定了一系列专有权的限制,其中包括支付补偿金制度和合理使用制度,俄罗斯在立法中,将合理使用制度称为"自由使用"。具体包括:出于个人目的的自由复制作品(第1273条);出于新闻、科学、教学或者文化目的而自由使用作品(第1274条);图书馆的使用(第1274条第2款);滑稽模仿(第1274条第3款);以影印复制的方式自由使用作品(第1275条);自由使用长久设置于自由参观的公共场所的作品(第1276条);自由公开表演音乐作品(第1277条);出于司法目的自由复制作品(第1278条);无线电播放组织为短期使用而自由录制作品(第1279条);自由复制电子计算机程序和数据库电子计算机程序反编译(第1280条)。②

(九)《突尼斯版权示范法》(1976)的立法例

国际社会以示范法的形式来帮助发展中国家的立法者,《突尼斯版权示范法》即是其开端。该法是在1976年2月由突尼斯一个政府专家委员会审议通过并实施的。这个委员会是突尼斯政府在联合国世界版权组织和联合国教科文组织帮助下,由来自亚洲、非洲和拉丁美洲的27名政府专家组成。

《突尼斯版权示范法》(1976)对作者版权给予了广泛限制,包括免费使用和强制许可。该法规定的免费使用有:(1)为个人需要而使用;(2)符合合理行为的引用,并且不得超越其行为的目的;(3)在注明出处和作者的条件下,在用于教学的出版物、广播或声像制品中合理使用作品作为说明或图解;(4)在使用者注明出处和作者未明确

① 参见吴汉东、曹新明等:《西方诸国著作权制度研究》,中国政法大学出版社1998年版,第452~453页。

② 参见《十二国著作权法》,《十二国著作权法》翻译组译,清华大学出版社2011年版,第439~441页;孟祥娟:《俄罗斯著作权法》,法律出版社2014年版,第82~93页。

禁止使用的条件下，在报刊上复制或向公众传播报纸杂志上关于当前经济、政治或宗教题材的文章，以及具有此类性质的广播作品；(5)为报道某时事，对时事进程中可以看到或听到的一个作品的使用；(6)在电影或电视广播中复制艺术作品和建筑物，但条件是其使用是偶然的或被使用作品是陈列于公共场所的；(7)在限制复制数量和不无故损害作者的合法利益的前提下，公共图书馆、非商业资料中心、科研机构和教育机构复制受保护作品；(8)在只用于新闻报道并且不出版作品集的前提下，在报刊上复制或向公众传播公开发表的政治演说、司法诉讼中的演说、讲学或布道；(9)出于自身广播的目的并通过自备设施，广播组织可以暂时录制任何需授权才可广播的作品。如果没有作者的同意，此类录制只能保存6个月，除非此类录制品因特殊文献用途而留存于官方档案。①

(十)《蒙古国著作权法》不被视为侵犯著作权的情形

《蒙古国著作权法》(2006)第24条规定，与发表作品合理使用不冲突，不影响权利人合法权益而使用的下列情形，不视为侵犯著作权：(1)以制作出版概论为目的，引用已发表作品的；(2)以学术、研究成果、评论和报道为目的，引用其一部分的；(3)复制档案馆、博物馆、图书馆馆藏作品一部分的；(4)在报纸、期刊、广播电台、电视台等媒体刊登或者播放其他报纸、期刊、广播电台、电视台等媒体已经发表的关于经济、政治、宗教问题的时事性文章，但作者声明不许刊登、播放的除外；(5)以报道为目的发表在会议、集会上的演说词、讲稿的；(6)向公众报道与已发生事件有关的，以反映该周边环境为目的的发表在公共街道、广场上设置的美术、表演艺术、摄影作品的；(7)为视力、听力障碍的人需要和使用的；(8)为个人需要复制作品的；(9)以刑事诉讼、民事诉讼、行政诉讼活动为目的的复制。在确定著作权限制规定事项时，《蒙古国著作权法》规定还应当考虑以下条件：(1)具有牟利的目的；(2)使用作品的程度和所使用部分的意义；(3)作品的价值、所使用部分市场的影响。同时，著作权限制情形下使用作品时，必须提及作者的名字和出处。②

(十一)《哈萨克斯坦著作权及相关权法》(2015)著作权的限制

《哈萨克斯坦著作权及相关权法》(2015)规定：未经权利人和作者同意和支付报酬

① 参见世界知识产权组织编著：《知识产权纵横谈》，张寅虎等译，世界知识出版社1992年版，第266页。

② 参见林秀芹主编：《"一带一路"著作权法律制度研究》，知识产权出版社2019年版，第48页。

的情形下,可以以个人使用为目的,为获得利润的情形下对合法出版的作品进行复制。未经作者或所有者的同意并在不支付费用的情况下可以对下列作品进行使用,但必须标明作者姓名和资源出处:(1)以科学研究、辩论、批评、获取信息为目的对合法出版的作品进行合理引用。(2)以个人学习研究或科学研究为目的,对在图书、报刊或其他出版物上合法出版的作品进行使用。(3)报纸、期刊、广播电台、电视台等媒体刊登或者播放其他报纸、期刊、广播电台、电视台等媒体已经发表的关于经济、政治、宗教问题的时事性文章,但作者声明不许刊登、播放的除外。(4)对公开发表的政治演讲、报告和其他类似作品以新闻传播为目的向公众以报纸、广播或有线电视上等方式传播。但作者声明不许刊登、播放的除外。(5)对看到或听到的时事、事件,通过拍摄或录像、广播或有线电视通信等形式向公众传播的新闻中对已发表的作品适当的引用。但作者声明不许刊登、播放的除外。(6)通过浮雕字体或其他方式以盲人使用为目的,不获利地复制合法出版的作品。(7)为了还原图书馆和档案馆遗失或损毁的合法出版的作品,不以获利为目的进行的复制,并将复制品提供给同样作品丢失或毁损的其他图书馆或档案馆。未经作者或其他权利人同意,未支付使用费的情形下,无获利地可对下列情形中的作品复制件进行使用。但必须标明作者和出处:(1)图书馆和档案馆为了恢复、更换损毁或丢失的已发表的作品,可对其复制件进行使用;(2)为了个人学习和科学研究,对图书馆和档案馆集录、报纸和其他平台上合法出版的独立文章、小型作品或合法出版的书面作品(带或不带插图)的简短摘录的复制件进行使用;(3)教育机构以教学为目的对图书馆和档案馆集录,报纸和其他平台上合法出版的独立文章、小型作品或合法出版的书面作品(带或不带插图)的简短摘录的复制件进行无获利的使用。未经作者或权利人同意并且没有支付使用费的情形下,可对陈列在室外免费进入的公共场所的建筑、艺术品、摄影作品等进行临摹、录像、摄影等,为了商业目的的除外。未经作者或其他权利人的同意,未支付使用费的可在正式宗教仪式上,葬礼上对合法出版的音乐作品、宗教图片等进行使用。[①]《乌兹别克斯坦著作权和相关权利保护法》(2006)[②]和《吉尔吉斯斯坦著作权及相关权法》(2017)[③]关于著作权限制的相关规定与《哈萨克斯坦著作权及相关权法》(2015)的规定大同小异。

英国等合理使用/公平交易规则的利弊分析。规则主义立法模式学说回避了著

① 参见林秀芹主编:《"一带一路"著作权法律制度研究》,知识产权出版社2019年版,第57~58页。
② 参见林秀芹主编:《"一带一路"著作权法律制度研究》,知识产权出版社2019年版,第64~65页。
③ 参见林秀芹主编:《"一带一路"著作权法律制度研究》,知识产权出版社2019年版,第70~71页。

作权合理使用的"合理性"标准这一重大理论问题,把千差万别的具体情况归结为简单的几个典型情形,对于现实中不断出现的新问题,法官往往束手无策,其滞后性和狭隘性可见一斑。虽然以英国为代表的普通法系国家及欧陆法系国家的公平交易模式因限制性大,无法适用商业新模式及技术发展被批评,但该现行制度被认为更具有确定性。

第三节　中国合理使用制度的立法与分类

一、中国著作权合理使用制度的立法

合理使用是著作权限制的一个重要方面。所谓合理使用,简单地讲就是在一定条件下不经著作权人许可,也不必向其支付报酬而对作品所进行的使用。合理使用原则的确立,可以使著作权法不排除他人合理使用著作权人的作品,既能够保障其他作者在创作自己的作品时使用受著作权法保护的作品,也能够保障一般使用者在不损害著作权人利益的前提下方便地使用其作品。

合理使用制度较为典型地体现了著作权法保护作者和其他著作权人的利益与促进知识与信息广泛传播的双重目的。一方面,著作权法以维护作者和其他著作权人的利益为核心,对其利益的充分保护始终是各国著作权法的主旋律;另一方面,著作权法的制度设计要求有利于促进知识与信息的广泛传播,以最大限度地实现社会文化、科学事业的进步和繁荣。

我国关于合理使用制度的规定在《著作权法》(2020)第24条第1款第1～13项(著作权)和第2款(邻接权),《信息网络传播权保护条例》(2013)第6条第1～8项和第7条第1～2款,以及《计算机软件保护条例》(2013)第16条第1～3项、第17条和第29条。《著作权法》4个版本和《信息网络传播权保护条例》(2013)关于"合理使用"表述的对比见表4－2－2。

表 4 -2 -2 《著作权法》等关于“合理使用”的规定对比

	《著作权法》(1990)第 22 条	《著作权法》(2001)第 22 条	《著作权法》(2010)第 22 条	《著作权法》(2020)第 24 条	《信息网络传播权保护条例》(2013)第 6 条、第 7 条
许可情况	在下列情况下使用作品,可以不经著作权人许可,不向其支付报酬,但应当指明作者姓名、作品名称,并且不得侵犯著作权人依照本法享有的其他权利	在下列情况下使用作品,可以不经著作权人许可,不向其支付报酬,但应当指明作者姓名、作品名称,并且不得侵犯著作权人依照本法享有的其他权利	在下列情况下使用作品,可以不经著作权人许可,不向其支付报酬,但应当指明作者姓名、作品名称,并且不得侵犯著作权人依照本法享有的其他权利	在下列情况下使用作品,可以不经著作权人许可,不向其支付报酬,但应当指明作者姓名**或者名称**、作品名称,**并且不得影响该作品的正常使用,也不得不合理地损害著作权人的合法权益**	通过信息网络提供他人作品,属于下列情形的,可以不经著作权人许可,不向其支付报酬
个人使用	为个人学习、研究或者欣赏,使用他人已经发表的作品	为个人学习、研究或者欣赏,使用他人已经发表的作品	为个人学习、研究或者欣赏,使用他人已经发表的作品	为个人学习、研究或者欣赏,使用他人已经发表的作品	
适当引用	为介绍、评论某一作品或者说明某一问题,在作品中适当引用他人已经发表的作品	为介绍、评论某一作品或者说明某一问题,在作品中适当引用他人已经发表的作品	为介绍、评论某一作品或者说明某一问题,在作品中适当引用他人已经发表的作品	为介绍、评论某一作品或者说明某一问题,在作品中适当引用他人已经发表的作品	为介绍、评论某一作品或者说明某一问题,在向公众提供的作品中适当引用已经发表的作品
新闻报道使用	为报道时事新闻,在报纸、期刊、广播、电视节目或者新闻纪录影片中引用已经发表的作品	为报道时事新闻,在报纸、期刊、**广播电台、电视台等媒体中不可避免地再现或者**引用已经发表的作品	为报道时事新闻,在报纸、期刊、广播电台、电视台等媒体中不可避免地再现或者引用已经发表的作品	为报道**新闻**,在报纸、期刊、广播电台、电视台等媒体中不可避免地再现或者引用已经发表的作品	为报道时事新闻,在向公众提供的作品中不可避免地再现或者引用已经发表的作品

续表

	《著作权法》(1990)第22条	《著作权法》(2001)第22条	《著作权法》(2010)第22条	《著作权法》(2020)第24条	《信息网络传播权保护条例》(2013)第6条、第7条
转载转播使用	报纸、期刊、广播电台、电视台刊登或者播放其他报纸、期刊、广播电台、电视台已经发表的社论、评论员文章	报纸、期刊、广播电台、电视台**等媒体**刊登或者播放其他报纸、期刊、广播电台、电视台**等媒体**已经发表的**关于经济、政治、宗教**问题的**时事性文章，但作者声明不许刊登、播放的除外**	报纸、期刊、广播电台、电视台等媒体刊登或者播放其他报纸、期刊、广播电台、电视台等媒体已经发表的关于经济、政治、宗教问题的时事性文章，但作者声明不许刊登、播放的除外	报纸、期刊、广播电台、电视台等媒体刊登或者播放其他报纸、期刊、广播电台、电视台等媒体已经发表的关于经济、政治、宗教问题的时事性文章，但**著作权人**声明不许刊登、播放的除外	向公众提供在信息网络上已经发表的关于经济、政治问题的时事性文章
演讲使用	报纸、期刊、广播电台、电视台刊登或者播放在公众集会上发表的讲话，但作者声明不许刊登、播放的除外	报纸、期刊、广播电台、电视台**等媒体**刊登或者播放在公众集会上发表的讲话，但作者声明不许刊登、播放的除外	报纸、期刊、广播电台、电视台等媒体刊登或者播放在公众集会上发表的讲话，但作者声明不许刊登、播放的除外	报纸、期刊、广播电台、电视台等媒体刊登或者播放在公众集会上发表的讲话，但作者声明不许刊登、播放的除外	向公众提供在公众集会上发表的讲话
教学科研使用	为学校课堂教学或者科学研究，翻译或者少量复制已经发表的作品，供教学或者科研人员使用，但不得出版发行	为学校课堂教学或者科学研究，翻译或者少量复制已经发表的作品，供教学或者科研人员使用，但不得出版发行	为学校课堂教学或者科学研究，翻译或者少量复制已经发表的作品，供教学或者科研人员使用，但不得出版发行	为学校课堂教学或者科学研究，翻译、**改编、汇编、播放**或者少量复制已经发表的作品，供教学或者科研人员使用，但不得出版发行	为学校课堂或者科学研究，向少数教学、科研人员提供少量已经发表的作品
公务使用	国家机关为执行公务使用已经发表的作品	国家机关为执行公务**在合理范围内**使用已经发表的作品	国家机关为执行公务在合理范围内使用已经发表的作品	国家机关为执行公务在合理范围内使用已经发表的作品	国家机关为执行公务，在合理范围内向公众提供已经发表的作品

续表

	《著作权法》(1990)第22条	《著作权法》(2001)第22条	《著作权法》(2010)第22条	《著作权法》(2020)第24条	《信息网络传播权保护条例》(2013)第6条、第7条
图书馆使用	图书馆、档案馆、纪念馆、博物馆、美术馆等为陈列或者保存版本的需要,复制本馆收藏的作品	图书馆、档案馆、纪念馆、博物馆、美术馆等为陈列或者保存版本的需要,复制本馆收藏的作品	图书馆、档案馆、纪念馆、博物馆、美术馆等为陈列或者保存版本的需要,复制本馆收藏的作品	图书馆、档案馆、纪念馆、博物馆、美术馆、**文化馆**等为陈列或者保存版本的需要,复制本馆收藏的作品	图书馆、档案馆、纪念馆、博物馆、美术馆等可以不经著作权人许可,通过信息网络向本馆馆舍内服务对象提供本馆收藏的合法出版的数字作品和依法为陈列或者保存版本的需要以数字化形式复制的作品,不向其支付报酬,但不得直接或者间接获得经济利益。当事人另有约定的除外
免费表演使用	免费表演已经发表的作品	免费表演已经发表的作品,**该表演未向公众收取费用,也未向表演者支付报酬**	免费表演已经发表的作品,该表演未向公众收取费用,也未向表演者支付报酬	免费表演已经发表的作品,该表演未向公众收取费用,也未向表演者支付报酬,**且不以营利为目的**	
公共场所陈列作品的使用	对设置或者陈列在室外公共场所的艺术作品进行临摹、绘画、摄影、录像	对设置或者陈列在室外公共场所的艺术作品进行临摹、绘画、摄影、录像	对设置或者陈列在室外公共场所的艺术作品进行临摹、绘画、摄影、录像	对设置或者陈列在**公共场所**的艺术作品进行临摹、绘画、摄影、录像	
翻译成少数民族语言文字使用	将已经发表的汉族文字作品翻译成少数民族文字在国内出版发行	将**中国公民、法人或者其他组织**已经发表的**以汉语言文字创作**的作品翻译成少数民族语言文字作品在国内出版发行	将中国公民、法人或者其他组织已经发表的以汉语言文字创作的作品翻译成少数民族语言文字作品在国内出版发行	将中国公民、法人或者**非法人**组织已经发表的以**国家通用语言文字**创作的作品翻译成少数民族语言文字作品在国内出版发行	将中国公民、法人或者其他组织已经发表的、以汉语言文字创作的作品翻译成的少数民族语言文字作品,向中国境内少数民族提供

续表

	《著作权法》(1990)第22条	《著作权法》(2001)第22条	《著作权法》(2010)第22条	《著作权法》(2020)第24条	《信息网络传播权保护条例》(2013)第6条、第7条
盲文使用	将已经发表的作品改成盲文出版	将已经发表的作品改成盲文出版	将已经发表的作品改成盲文出版	**以阅读障碍者能够感知的无障碍方式向其提供**已经发表的作品	不以营利为目的，以盲人能够感知的独特方式向盲人提供已经发表的文字作品
其他情形				**法律、行政法规规定的其他情形**	《计算机软件保护条例》(2013)第16条、第17条、第29条
适用	以上规定适用于对出版者、表演者、录音录像制作者、广播电台、电视台的权利的限制	**前款**规定适用于对出版者、表演者、录音录像制作者、广播电台、电视台的权利的限制	前款规定适用于对出版者、表演者、录音录像制作者、广播电台、电视台的权利的限制	前款规定适用于对**与著作权有关的权利**的限制	

我国《著作权法》(2020)第24条第1款列举了13种著作权的限制的情形，其中包括个人使用、适当引用、新闻报道使用、转载转播使用、演讲使用、教学科研使用、公务使用、图书馆使用、免费表演使用、公共场所陈列作品的使用、翻译成少数民族语言文字使用、盲文使用、其他情形等。该条第2款规定了邻接权合理使用的一般原则。

为应对信息网络传播条件下的著作权保护问题，国务院于2006年5月18日公布了《信息网络传播权保护条例》，2013年1月30日国务院对该条例进行了修订。该条例对于信息网络传播背景下的著作权合理使用作出了特别规定。《信息网络传播权保护条例》(2013)第6条将《著作权法》规定的合理使用情形延伸到网络环境，用以构成对信息网络传播权的限制。信息网络传播权的合理使用与其他财产权的合理使用并无根本区别。根据《信息网络传播权保护条例》的表述，存在一些文字上和内容上的调整。比较明显的变化有：(1)没有规定为了个人使用目的，对信息网络传播权进行合理使用；(2)对于时事性文章的表述，不包括关于宗教问题的文章。《信息网络传播权保护条例》(2013)第6条规定了通过信息网络合理使用的一般情形，将

《著作权法》规定的合理使用情形扩展到了网络领域;第 7 条则涉及图书馆等馆舍允许使用的情形;第 10 ~ 12 条对允许使用的情形作了进一步规定。

《计算机软件保护条例》(2013)第 16 条和第 17 条和第 29 条亦规定了特定条件下法律允许不经许可免费使用的计算机软件的情形。《计算机软件保护条例》(2013)第 16 条规定:"软件的合法复制品所有人享有下列权利:(一)根据使用的需要把该软件装入计算机等具有信息处理能力的装置内;(二)为了防止复制品损坏而制作备份复制品。这些备份复制品不得通过任何方式提供给他人使用,并在所有人丧失该合法复制品的所有权时,负责将备份复制品销毁;(三)为了把该软件用于实际的计算机应用环境或者改进其功能、性能而进行必要的修改;但是,除合同另有约定外,未经该软件著作权人许可,不得向任何第三方提供修改后的软件。"第 17 条规定:为了学习和研究软件内含的设计思想和原理,通过安装、显示、传输或者存储软件等方式使用软件的,可以不经软件著作权人许可,不向其支付报酬。其第 29 条规定:"软件开发者开发的软件,由于可供选用的表达方式有限而与已经存在的软件相似的,不构成对已经存在的软件的著作权的侵犯。"这当然也属于合理使用的情形。

我国《著作权法》(2020)第 24 条规定有 13 项著作权限制、1 项邻接权限制;《信息网络传播权保护条例》(2013)第 6 条和第 7 条针对信息网络传播权规定有 9 项权利限制;而《计算机软件保护条例》(2013)第 16 条、第 17 条、第 29 条对计算机程序著作权规定有 5 项权利限制。然而,没有必要对这些权利限制逐一阐释,因为《信息网络传播权保护条例》(2013)和《计算机软件保护条例》(2013)规定的著作权限制基本上都可以在《著作权法》(2020)第 24 条之中找到对应条款,后两者可以看作是前者在网络上的扩展情形,可以一并讨论。

二、中国著作权合理使用制度的分类

付继存(2019)在《著作权法的价值构造研究》一书中将合理使用的类型概括为 5 种:高经济成本、习惯、新闻报道、文学艺术的发展、人道主义精神。[①] 笔者认为,中国著作权合理使用有 4 类,见表 4 - 2 - 3。

① 参见付继存:《著作权法的价值构造研究》,知识产权出版社 2019 年版,第 206 ~207 页。

表 4－2－3　中国著作权合理使用分类

分类	具体内容	《著作权法》（2020）	《信息网络传播权保护条例》（2013）	《计算机软件保护条例》（2013）
为了个人研究或学习的目而合理使用	个人使用	第 24 条第 1 款第 1 项		
	适当引用	第 24 条第 1 款第 2 项	第 6 条第 1 项	
	免费表演	第 24 条第 1 款第 9 项		
	对公共场所陈列作品的使用	第 24 条第 1 款第 10 项		
	为使用而将软件装机			第 16 条第 1 款
	防止损坏制作备份软件			第 16 条第 2 款
	为改进功能而修改软件			第 16 条第 3 款
	学习研究软件思想原理			第 17 条
	表达方式有限的软件相似			第 29 条
为了公共利益需要而合理使用	新闻报道使用	第 24 条第 1 款第 3 项	第 6 条第 2 项	
	转载转播使用	第 24 条第 1 款第 4 项	第 6 条第 7 项	
	公开演说的报道	第 24 条第 1 款第 5 项	第 6 条第 8 项	
	教学科研使用	第 24 条第 1 款第 6 项	第 6 条第 3 项	
	执行公务使用	第 24 条第 1 款第 7 项	第 6 条第 4 项	
	图书馆等馆舍使用	第 24 条第 1 款第 8 项	第 7 条	
	邻接权合理使用	第 24 条第 2 款		
为了少数民族或人道使用	少数民族使用	第 24 条第 1 款第 11 项	第 6 条第 5 项	
	阅读障碍者使用	第 24 条第 1 款第 12 项	第 6 条第 6 项	
其他使用	其他情形	第 24 条第 1 款第 13 项		

第四节
中国著作权合理使用的构成要件

《著作权法》（2002）第 24 条列举了属于合理使用的特定情形。单从该条规定看，似乎只要属于这13种情形之一，就构成合理使用，实则不然。《著作权法实施条例》（2013）对于合理使用的构成附加了限制性条件。该条例第21条规定，“依照著作权法有关规定，使用可以不经著作权人许可的已经发表的作品的，不得影响该作品的正常使用，也不得不合理地损害著作权人的合法利益”①。这一补充性规定具有非常重要的法律意义，因为我国法律、行政法规所明文规定的不少权利限制过于宽泛，须根据本条规定予以限缩。《著作权法实施条例》（2013）的这一补充规定，实际上是判断合理使用的重要标准。合理使用的构成，不仅要属于《著作权法》（2020）第24条规定的13种情形之一，而且还要符合《著作权法实施条例》（2013）第21条之规定。

综合以上规定，我们可以归纳出中国法律下构成著作权合理使用的三个要件：（1）有关的使用是法律法规明文规定的特殊情况；（2）在该特殊情况下的使用，没有影响著作权人对于作品的正常使用；（3）该使用也没有不合理地损害著作权人的合法权益。此处“著作权人的合法权益”包括著作权人对于作品所享有的精神权利，如署名权、修改权和保护作品完整权等。作品使用行为符合上述合理使用条款之一只是构成合理使用的必要条件，而不是充分条件。具体地讲，合理使用的构成要件包括。

一是使用对象免责。合理使用的作品必须是已经发表的作品，使用未发表的作品不属于合理使用。合理使用的对象是他人享有著作权的整部作品，不包括作品中的要素，比如文艺作品中的艺术形象、情节、体裁、题材、思想观点、风格等。对于作品中的这些要素，有的本身就可以自由使用，不需要法律作出特别的规定，比如体裁、题材、风格等。综合各国著作权法对合理使用的具体规定来看，一般是针对整部作品规定合理使用，作品的其他不能自由使用的要素一般不作为合理使用的对象。

二是使用目的免责。合理使用的目的仅限于个人学习、研究、欣赏，或教学、科研、宗教或慈善事业以及公共文化利益的需要。

三是使用方式免责。合理使用的方式一般指的是复制、发行、改编、表演等，其中又以复制发行为主要方式。而复制、发行、改编、表演等合理使用方式的对象也都是整部作品，而不是作品中的要素。

四是使用性质免责。合理使用的性质在于免除使用人的侵权责任，而不是一种权利，也不是对著作权的限制。关于合理使用的性质，主要有三种不同观点：使用者权利说认为合理使用是使用者依法享有利用他人享有著作权的作品的一项权利，但在权利

① 吴高盛主编：《〈中华人民共和国著作权法〉释义及实用指南》，中国民主法制出版社2015年版，第374页。

主体的特定化，权利是否可以转让、继承等方面存在很多问题，往往与民事权利基本原理不相符合。权利限制说认为合理使用是著作权的一种限制。这种观点有所不妥，著作权是一种支配性权利，合理使用应当体现为著作权人行使著作权的限制，但实际上并非如此。著作权依然存在，著作权人只是不能要求他人承担侵权责任。侵权阻却说认为合理使用是侵害著作权的违法阻却事由，这个观点比较符合合理使用制度的本质。所谓合理使用行为本来是一种侵犯著作权行为，但法律基于特别考量，或是为了公共利益，或是为了特殊群体利益的保护，不认为是侵权行为。

五是是否构成合理使用，其既是一个事实判断，也是一个价值衡量。所谓事实判断，就是考虑是否符合合理使用的某一种情形。例如，为在课堂教学需要复制作品时，就要考量主体是否为教学科研人员。所谓价值衡量，就是在事实判断基础上，也要考虑具体的情节、对著作权人的影响等各方面的因素。例如，有无营利、营利多寡、复制发行的数量等。有时即使符合法定情形，也有可能侵犯著作权。这也从一个侧面说明了合理使用仅仅是一种免责情形，而非使用者权利，也不是对著作权的限制。使用者的权利和对著作权的限制能否成为合理使用尚且具有价值判断的因素，这种权利状况下不稳定的情形对于使用者或著作权人都是不堪忍受的。

是否营利不是衡量合理使用行为的绝对标准。很多情形下，即使是基于营利目的，仍然属于合理使用范畴。比如，将他人享有著作权的作品制作成盲文出版。也有一些情形，并非基于营利目的，但仍然不属于合理使用范畴。比如，举办义演活动，使用了他人享有著作权的音乐作品，然后将门票收入捐赠于公益事业。

六是保护其他权益免责。使用他人作品应当指明作者姓名或者名称、作品名称，并不得侵犯著作权人的其他权利。根据我国《著作权法》(2020)第24条的规定，在合理使用作品时，可以不经著作权人许可，不向其支付报酬，但应当指明作者姓名或者名称、作品名称。如果使用者没有注明作者姓名，造成混淆的，即构成剽窃，仍然有可能侵犯著作权。①

七是网络环境下合理使用的构成要件。《信息网络传播权保护条例》(2013)第6条列举了8种在网络环境下可能构成合理使用的情形。相应地，在网络环境下合理使用的构成要件为：(1)有关的使用行为是《信息网络传播权保护条例》第6条所列的8种情形之一；(2)在该特殊情况下的使用没有影响著作权人对作品的正常使用；(3)该使用

① 参见王坤、王展：《著作权法体系化研究》，中国政法大学出版社2018年版，第166～168页。

也没有不合理地损害著作权人的合法权利。

第五节 中国港澳台地区合理使用制度

一、我国台湾地区合理使用制度

依据我国台湾地区所谓"著作权法"(2010)第44条至第62条之规定,以下情形视为合理使用:

1. 台湾地区机关,因制定规定或行政目的所需,认为必要将他人著作列为内部参考资料时,在合理范围内,得重制他人之著作。但依该著作之种类、用途及其重制物之数量、方法,有害于著作财产权之利益者,不在此限。(第44条)

2. 专为司法程序使用之必要,在合理范围内,得重制他人之著作。前条但书规定,于前项情形准用之。(第45条)

3. 各级学校及其担任教学之人,为学校授课需要,在合理范围内,得重制他人已公开发表之著作。第44条但书规定,于前项情形准用之。(第46条)

4. 为编制应经教育行政机关审定之教科用书,或教育行政机关编制教科用书者,在合理范围内,得重制、改作或编辑他人已公开发表之著作。前项规定,于编制附随于该教科用书且专供教学之人教学用之辅助用品,准用之。但以由该教科用书编制者编制为限。各级学校或教育机构,为教育目的之必要,在合理范围内,得公开播送他人已公开发表之著作。前三项情形,利用人应将利用情形通知著作财产权人并支付使用报酬。使用报酬率,由主管机关定之。(第47条)

5. 供公众使用之图书馆、博物馆、历史馆、科学馆、艺术馆或其他文教机构,于下列情形之一,得就其收藏之著作重制之:(1)应阅览人供个人研究之要求,重制已公开发表著作之一部分,或期刊或已公开发表之研讨会论文集之单篇著作,每人以一份为限。(2)基于保存资料之必要者。(3)就绝版或难以购得之著作,应同性质机构之要求者。(第48条)

6. 台湾地区机关、教育机构或供公众使用之图书馆,得重制下列已公开发表之著作所附之摘要：(1)依“学位授予法”撰写之硕士、博士论文，著作人已取得学位者。(2)刊载于期刊中之学术论文。(3)公开发表之研讨会论文集或研究报告。(第48条之一)

7. 以广播、摄影、录影、新闻纸、网路或其他方法为时事报导者，在报道之必要范围内，得利用其报导过程中所接触之著作。(第49条)

8. 以台湾地区机关或“公法人”之名义公开发表之著作，在合理范围内，得重制、公开播送或公开传输。(第50条)

9. 供个人或家庭为非营利之目的，在合理范围内，得利用图书馆及非供公众使用之机器重制已公开发表之著作。(第51条)

10. 为报导、评论、教学、研究或其他正当目的之必要，在合理范围内，得引用已公开发表之著作。(第52条)

11. 已公开发表之著作，得为视觉障碍者、学习障碍者、听觉机能障碍者或其他视、听觉认知有障碍者以点字、附加手语翻译或文字重制之。以增进视觉障碍者、学习障碍者、听觉机能障碍者或其他视、听觉认知有障碍者福利为目的，经依规立案之非营利机构或团体，得以录音、电脑、口述影像、附加手语翻译或其他方式利用已公开发表之著作，专供视觉障碍者、学习障碍者、听觉机能障碍者或其他视、听觉认知有障碍者使用。(第53条)

12. 台湾地区机关、各级学校或教育机构办理之各种考试，得重制已公开发表之著作，供为试题之用。但已公开发表之著作如为试题者，不适用之。(第54条)

13. 非以营利为目的，未对观众或听众直接或间接收取任何费用，且未对表演人支付报酬者，得于活动中公开口述、公开播送、公开上映或公开演出他人已公开发表之著作。(第55条)

14. 广播或电视，为公开播送之目的，得以自己之设备录音或录影该著作。但以其公开播送业经著作财产权人的授权或合于本“法”规定者为限。前项录制物除经著作权专责机关核准保存于指定之处所外，应于录音或录影后六个月内销毁之。(第56条)

15. 为加强收视效能，得以社区共同天线同时转播依规设立无线电视台播送之著作，不得变更其形式或内容。(第56条之一)

16. 美术著作或摄影著作原件或合法重制物之所有人或经其同意之人，得公开展示该著作原件或符合规定的重制物。前项公开展示之人，为向参观人解说著作，得于说明书内重制该著作。(第57条)

17. 于街道、公园、建筑物之外壁或其他向公众开放户外场所长期展示之美术著作或建筑著作,除下列情形外,得以任何方法利用之:(1)以建筑方式重制建筑物。(2)以雕塑方式重制雕塑物。(3)为于本条规定之场所长期展示目的所为之重制。(4)专门以贩卖美术著作重制物为目的所为之重制。(第58条)

18. 合法电脑程式著作重制物之所有人得因配合其所使用机器之需要,修改其程式,或因备用存档之需要重制其程式。但限于该所有人自行使用。前项所有人因灭失以外之事由,丧失原重制物之所有权者,除经著作财产权人同意外,应将其修改或重制之程式销毁之。(第59条)

19. 在台湾地区取得著作原件或其符合规定的重制物所有权之人,得以转移所有权之方式散布之。(第59条之一)

20. 著作原件或其符合规定的著作重制物之所有人,得出租该原件或重制物。但录音及电脑程式著作,不适用之。附含于货物、机器或设备之电脑程式著作重制物,随同货物、机器或设备符合规定的出租且非该出租之主要标的物者,不适用前项但书之规定。(第60条)

21. 揭载于新闻报纸、杂志或网路上有关经济、政治或社会上时事问题之论述,得由其他新闻纸、杂志转载或由广播或电视公开播送,或于网路上公开传输。但经注明不许转载、公开播送或公开传输者,不在此限。(第61条)

22. 政治或宗教上之公开演说、裁判程序及台湾地区机关之公开陈述,任何人得利用之。但专就特定人之演说或陈述,编辑成编辑著作者,应经著作财产权人之同意。(第62条)①

我国台湾地区所谓"著作权法"(2010)第65条规定:"著作之合理使用,不构成著作财产权之侵害。著作之利用是否合于第44条至第63条规定或其他合理使用之情形,应审酌一切情状,尤应注意下列事项,以为判断之基准:一、利用之目的及性质,包括系为商业目的或非营利教育目的。二、著作之性质。三、所利用之质量及其在整个著作所占之比例。四、利用结果对著作潜在市场与现在价值之影响。著作权人团体与利用人团体就著作之合理使用范围达成协议者,得为前项判断之参考。前项协议过程中,得咨询著作权专责机关之意见。"②

① 参见本书汇编组编:《中国百年著作权法律集成》,中国人民大学出版社2010年版,第308~310页;杨德明:《中国区际知识产权制度比较与协调》,知识产权出版社2008年版,第138~140页。

② 本书汇编组编:《中国百年著作权法律集成》,中国人民大学出版社2010年版,第310~311页。

二、我国香港特别行政区合理使用制度

我国香港特区《版权条例》(2007)第Ⅱ部“版权”第Ⅲ部分“就版权作品而允许的作为”第37～88条规定了对著作权作品的合理使用。

1. 一般条文。研究及私人研习(第38条);批评、评论、引用及报道和评论时事(第39条);戏仿、讽刺、营造滑稽及模仿(第39A条);附带地包括版权材料(第40条)。

2. 阅读残障人士。为阅读残障人士制作单一便于阅读文本(第40B条);指明团体为阅读残障人士制作多份便于阅读格式版(第40C条);指明团体向获授权实体输出或供应便于阅读格式版(第40CA条);指明团体自获授权实体处输入或取得便于阅读格式版(第40CB条);关乎原版文本的条文(第40CC条);中间复制品(第40D条);指明团体须备存的记录(第40E条)。

3. 教育。为教学或接受教学目的而作的公平处理(第41A条);为教学或考试目的而做出的事情(第41条);供教育用途的选集(第42条);在教育机构的活动过程中表演、播放或放映作品(第43条);由教育机构制作纪录或复制品或作出传播:广播或有线传播节目(第44条);由教育机构或学生制作复制品或作出传播:已发表作品中的片段或摘录(第45条)。

4. 图书馆、博物馆及档案馆。由图书馆馆长制作复制品:期刊内的文章(第47条);由图书馆馆长制作复制品:已发表作品的部分(第48条);对制造多份相同材料的复制品的限制(第49条);由图书馆馆长制作复制品:供应复制品予其他图书馆(第50条);由图书馆馆长、博物馆馆长或档案室负责人制作复制品:作品的保存或替代复制品(第51条);由图书馆馆长、博物馆馆长或档案室负责人做出传播:作品的复制品(第51A条);由图书馆馆长、博物馆馆长或档案室负责人制作复制品:某些未发表的(第52条);由图书馆馆长、博物馆馆长或档案室负责人播放或放映:声音纪录或影片(第52A条);由图书馆馆长、博物馆馆长或档案室负责人制作复制品:在文化或历史方面有重要性的物品(第53条)。

5. 公共行政。为公共行政的目的而公平处理(第54A条);立法会(第54B条);司法程序(第54条);法定研训(第55条);开放予公众查阅或在公事登记册内的材料(第56条);在公务过程中供给政府的材料(第57条);公共记录(第58条);根据法定权限所做出的作为(第59条)。

6. 电脑程式:合法使用者。合法使用者可制作电脑程式的后备复制品(第60条);

合法使用者可复制或改编程式(第61条)。

7. 字体。在一般印刷过程中使用字体(第62条);产生以某种字体展现的材料的物品(第63条)。

8. 电子形式作品。电子形式作品的复制品的转移(第64条);因向公众传播作品而允许做出的某些作为(第65条);由服务提供者作出的暂时复制(第65A条)。

9. 杂项:文学作品、戏剧作品、音乐作品及艺术作品。不具名或以假名署名的作品:基于关于版权期限届满或作者死亡的假设而允许作出的作为(第66条);在某些情况下使用讲出的文字的笔记或纪录(第67条);公开诵读或背诵(第68条);科学或技术文章的集录(第69条);民歌的纪录(第70条);某些公开展示的艺术作品的表述(第71条);售卖艺术作品的宣传(第72条);同一艺术家制作其后的作品(第73条);重建建筑物(第74条)。

10. 杂项:影片及声音纪录。影片:基于关于版权期限届满等的假设而允许作出的作为(第75项);为会社、社团等目的而表演、放映或展示或播放作品(第76条);供私人和家居使用而复制声音纪录(第76A条)。

11. 杂项:广播及有线传播节目。出于广播或有线传播节目而附带制作纪录(第77条);为监管和控制广播及有线传播节目而制作记录(第78条);为迁就时间而制作纪录(第79条);电视广播或有线传播节目的照片(第80条);免费公开放映或播放广播或有线传播节目(第81条);在车辆内播放声音广播(第81A条);接受和再传送有线传播节目服务的广播(第82条);提供附有字幕的广播或有线传播节目的复制品(第83条);为存盘而制作的纪录(第84条)。

12. 改编本。改编本(第85条)。

13. 外观设计。相应外观设计(第86条);利用从艺术作品衍生的外观设计的效力(第87条);依据外观设计的注册而作出的事情(第88条)。

三、我国澳门特别行政区合理使用制度

我国澳门特区《著作权及有关权利之制度》(2012)把合理使用划分为“供私人使用之自由”和“自由使用”两大部分。该法第二章“供私人使用及自由使用”第60条“供私人使用之自由”规定:“一、受保护作品可自由供私人使用,但另有规定者除外。二、下列者尤属私人使用之范围:(a)专供复制作品之人自用而进行之复制;(b)戏剧作品、戏剧音乐作品或电影作品之表演、文学作品之朗诵、音乐作品之演奏及其他对已发表或出版

之作品进行传播之方式，只要非以谋利为目的及非在开放予公众之地点内进行。”

该法第61条“自由使用”规定：“下列情况属合法使用，无须经作者同意：(a)为提供资讯之目的，由大众传播媒介以摘录或摘要方式复制不属第五条第一款所指类别之公开进行之演说、简短演说及专题研讨；(b)定期选辑定期刊物之内容，将之撮要成集；(c)以任何方式固定、复制及向公众传播某些作品的若干部分，只要为达到时事报导的目的而将有关部分加插在时事报导内属合理者；(d)全部或部分复制某一已出版或发表的作品，只要此复制是由图书馆、博物馆、文献中心或学术机构进行，且并非为公众而进行复制，而仅限于为有关机构本身活动所需者；(e)部分复制某一已出版或发表的作品，只要此复制是由教学场所进行，并在无营利目的下专为该等教学场所的教学用途而进行复制；(f)在无营利目的的情况下，由图书馆、博物馆、文献中心、科学机构或教学场所借安装于有关设施内的电脑终端机或进入受限制的电脑网络，将其收藏的作品提供予公众；(g)在作品本身内引述或加插他人任何类别之作品或作品摘要，以支持本人之理论或作为批评、讨论或教学目的之用；(h)在本身供教学用之作品内加插他人之简短作品或他人作品之若干部分；(i)在澳门特别行政区之官方活动中及在宗教活动中演奏音乐作品或文学音乐作品，只要演奏者之演奏属无偿且如公众可欣赏该演奏亦属免费欣赏者；(j)对时事文章，以及对讨论经济、政治或宗教之文章进行复制，但仅以有关复制未被明确保留者为限；(k)以摄影、录像、拍摄电影或其他类似之方式将安放在公众地方之艺术作品进行固定；(l)专以科学、教育或人文之利益为目的而使用非供交易之作品；(m)法院及澳门特别行政区其他官方机关在对执行其公共职务属切实必要之限度内所进行之使用。”

该法第62条“限制及要求”规定：“一、对受保护作品的自由使用，不得妨碍该作品的一般经营，亦不得在无合理解释的情况下损害作者的正当利益。二、按上条规定使用作品时应尽可能指出作者的身份及作品的名称。三、按照上条规定被复制或引用之作品，不应与使用该作品之人本身之作品相混淆，且复制或引用之范围亦不得太广而导致该被复制或引用之作品所产生之利益受损害。四、将上条a项及j项所指的作品汇集成卷的权利，仅属作者所有。”

该法第63条“评论、注释及讨论”规定：“一、未经作者许可，不得以对他人作品进行评论或为他人作品作注释为借口而复制他人作品，但在出版属自己的评论或注释中引述他人作品的部分内容，则属合法。二、如作者将自己已出版的文章、书信或其他辩论性文章进行复制，则亦可将与其立场相反的文章进行复制，而持相反立场的作者亦拥有相同的权利,即使前者已出版有关文章亦然。”

该法第64条“教师之讲课”规定:“一、教师之讲课仅在经本人许可后方可出版,即使有关讲课系以记叙形式出版且由出版人负个人责任者亦然。二、如无特别指明,获许可出版之讲课视为仅可供学生使用。”

该法第65条“为失明人士而进行之使用”规定:“一、在非谋利之情况下,可透过布莱叶盲字(Braille)系统或为失明人士而设之其他系统对已出版之作品进行复制或任何形式之使用。二、失明人士有权以任何方法将上条所指之讲课进行固定,以供自己专用。”

该法第66条“法定改动权”规定:“就某作品之使用具有无须经作者事先同意之法定使用权者,即有权透过翻译或其他形式改动作品,但仅以对所获准之使用属必要者为限。”

四、模式对比

对于合理使用,各国及地区著作权制度主要采取两种不同模式:一种是因素主义;另一种是规则主义。因素主义模式以美国为代表。该模式把合理使用行为的构成概括为若干要素,符合要素,就构成合理使用。规则主义模式是将具体的合理使用行为的类型明确规定下来,符合这些类型的行为就构成合理使用。我国的著作权制度,都是采用规则主义模式。我国大陆(内地)具体规定了13种合理使用的情形;台湾地区规定了22种合理使用的情形;香港特区规定了13类58种合理使用的情形,规定得十分细密;澳门特区规定了17种合理使用的情形。规则主义模式优点是可操作性强,可以限制法官的自由裁量权;缺点是规则主义模式导致了合理使用行为外延的封闭性,可能导致合理使用制度丧失显示针对性功能,也可能使符合合理使用精神的特定行为游离于法定的合理使用行为之外。虽然我国都采用了规则主义模式,将具体的合理使用行为的类型明确规定下来;但在一些种类和一些合理使用情形方面的规定还存在不少差异。

(一)教学使用

我国著作权制度规定了教学活动中的合理使用,但在合理使用的范围及立法体例等方面存在差异。我国《著作权法》规定的教学使用,限于在“学校课堂教学”中使用,其范围限于面对面的课堂教学,不包括函授、远程教育等。我国台湾地区所谓“著作权法”第46条授课复制、第47条编制教科书、第52条教学引用、第54条试题考试等与教学相关，其规定得较为简单粗糙。我国澳门特区《著作权及有关权利之制度》第 61 条"自由使用"第 5 项、第 6 项、第 7 项和第 64 条"教师之讲课"与教学使用相关。澳门特区主要原则性地规定，"只要此复制是专为该学校的教学用途而进行"的使用，就属于合理使用。反观我国香港特区《版权条例》，关于教学使用，在"教育"部分分别规定了 6 种情形：为教学或接受教学目的而作的公平处理（第 41A 条）；为教学或考试目的而作出的事情（第 41 条）；供教育用途的选集（第 42 条）；在教育机构的活动过程中表演、播放或放映作品（第 43 条）；由教育机构制作广播及有线传播节目的记录（第 44 条）；教育机构或学生将已发表作品中的片段借翻印复制（第 45 条）。每一种情形都有明细的规定，可操作性强。我国香港特区关于教学使用的体例及其规定，值得效仿。

（二）电子形式作品的使用

由于网络信息传播与传统传播相比，并不存在实质性区别，只是方式不同而已；所以合理使用制度在信息网络传播中仍然是适用的。然而，我国只有香港特区规定了电子形式作品的使用（第 64 条、第 65 条）。当今社会，信息技术快速的发展，给传统的著作权保护带来了前所未有的挑战。我国香港特区规定了电子形式作品的合理使用，顺应了现代科学技术发展的要求。

（三）为满足少数民族人们学习文化知识需要的使用

我国是一个多民族国家，大多数少数民族居住在边远地区，经济文化比较落后。为使少数民族的人们能够学到更多的文化科学知识，促进少数民族经济文化的发展，我国《著作权法》(2020)第 24 条第 1 款第 11 项规定："将中国公民、法人或者非法人组织已经发表的以国家通用语言文字创作的作品翻译成少数民族语言文字作品在国内出版发行"，"可以不经著作权人许可，不向其支付报酬，但应当指明作者姓名或者名称、作品名称，并且不得影响该作品的正常使用，也不得不合理地损害著作权人的合法权益"。这体现了我国立法的精神，也是我国合理使用制度的立法特色。

第三章 合理使用制度两种判断标准的对比分析

第一节 合理使用的国际公约标准：三步检验法

一、国际公约中的三步检验法

规范限制与例外的三步检验法体现在《伯尔尼公约》、《罗马公约》、TRIPs、WCT 和 WPPT 等国际公约中。《伯尔尼公约》第 9 条第 2 款、《罗马公约》第 15 条第 2 款、TRIPs 第 13 条、WCT 第 10 条及 WPPT 第 16 条共同构成国际版权规则中的限制与例外规范体系。三步检验法来自《伯尔尼公约》，但仅适用于有关复制权的例外，而不涉及其他的权利内容(《伯尔尼公约》第 9 条)。世界贸易组织的 TRIPs，则将三步检验法扩展到了所有的版权内容(TRIPs 第 13 条)。世界知识产权组织于 1996 年缔结的 WCT 和 WPPT，又进一步将三步检验法延伸到了所有的版权和邻接权内容中(WCT 第 10 条、WPPT 第 16 条)。欧盟《信息社会版权指令》(2001)就版权和邻接权的限制与例外，规定了三步检验法。①

(一)《伯尔尼公约》第 9 条第 2 款的限制与例外

合理使用规则主义立法模式是指，最先由《伯尔尼公约》采纳，并被 TRIPs、WCT 以及欧盟《信息社会版权指令》吸收并发展的三步检验法。

合理使用的三步检验法最早出现于 1967 年斯德哥尔摩《伯尔尼公约》的修订会议，并在后来 1971 年巴黎文本中进行了明确规定，即第 9 条第 2 款“例外”。《伯尔尼公约》第 9 条对复制权的规定中，专门在第 2 款中规定了复制权“例外”，该条款被认为是国际版权法律规则合理使用例外三步检验法的最早构架。《伯尔尼公约》第 9 条第 2 款规定：“本同盟成员国法律应允许在某些特殊情况下复制上述作品，只要这种复制不损害

① 参见李明德、闫文军等：《欧盟知识产权法》，法律出版社 2010 年版，第 298 页。

作品的正常使用也不致无故侵害作者的合法利益。”[①]《伯尔尼公约》第 9 条第 2 款创设了著名的三步检验法规则，赋予了各成员国自由设定著作权限制的权利，但是必须满足以下三个条件：(1)限制必须只能适用于某些特殊情形；(2)该限制不得对作品的正常使用造成损害；(3)限制不得对著作权人的合理利益造成损害。该条款是在《伯尔尼公约》第 10 条对复制权的限制条款之外的一个概括性、原则性规定，因为考虑到不同法律传统的国家之间的差异，难以统一例外和限制行为的范围和数量，也无法完全穷尽所有的具体情形。更为弹性的做法是提供一个普遍适用的标准，把具体的合理使用判定方式留给各成员国国内法加以规定，“给予成员国一种权利来削弱专有复制权”。

根据《伯尔尼公约》第 9 条第 2 款的规定，成员国的立法可以准许在某些特殊情况下复制公约保护的作品，只要这种复制不与作品的正常利用相冲突，也不至不合理地损害作者的合法权益。有关复制权的限制只有符合三步检验法才能被允许。《伯尔尼公约》三步检验法仅仅是判断复制权例外是否合法的标准，还没有完全上升为真正意义上的著作权合理使用的一般原则。真正将三步检验法上升为合理使用一般原则的是 TRIPs，其将《伯尔尼公约》第 9 条第 2 款对一般意义上的复制权的限制扩大适用到所有的专有权，使三步检验法成为真正意义上的著作权限制的一般条款。

《伯尔尼公约》要求成员国对复制权规定的例外需要符合三个层次的条件：第一，在某些特殊情况下；第二，不损害作品的正常使用；第三，不会不合理地损害作者的合法利益。这三个层次的规定从 TRIPs、WCT 及 WPPT 中得到借鉴，并在理论研究中发展为判断版权例外是否与国际条约相符的三步检验法。但在《伯尔尼公约》中，该三步检验法还仅适用于作者的复制权，只针对作者复制权的行使加以限制。《伯尔尼公约》之所以专门限定复制权例外，是因为该项权能在 1967 年斯德哥尔摩修订会议上被纳入公约文本。复制权是作者经济权利中最为重要的一项权利内容，在复制权被纳入《伯尔尼公约》之前，无论在公约文本还是成员国已有立法中，均已出现允许为合理使用目的的复制规定。如大多数国家允许在进行个人或科学研究时，对作品进行复制无须支付费用，这种规定给立法和司法机构保留了较大的自由空间。《伯尔尼公约》要规定复制权，就必须确保该规定不致损害各成员国立法中业已存在的例外规定；也要确保不损害新规定的复制权。《伯尔尼公约》第 9 条第 2 款的规定应运而生。成员国立法中的例外要符

---

① 张大伟主编：《世界版权条约》，东方出版中心 2019 年版，第 39 页。

合《伯尔尼公约》的要求，必须满足该公约第9条第2款规定的三个条件。①

（二）《罗马公约》（1961）第15条关于邻接权的“限制与例外”

《罗马公约》对有关邻接权的限制与例外进行了规定。《罗马公约》第15条“允许的例外”第2款“与版权同等的保护”规定：“尽管有本条第一款，任何缔约国对于表演者、录音制品制作者和广播组织的保护，可以在其国内法律与规章中做出像它在国内法律和规章中做出的对文学和艺术作品的版权保护的同样的限制。但是，只有在不违背本公约的范围内才能颁发强迫许可证。”②

《罗马公约》第15条并没有复述限制与例外条款的三项条件，但在第2款中规定，应该对表演者、录音制品制作者及广播组织的权利适用与版权同样的限制与例外。但对于此规定，《罗马公约》仅是提供各成员国一项选择，而非强制性义务，只是希望成员国在此方面平等对待版权和邻接权，并考虑不再分别单列不同的例外条款。

（三）TRIPs第13条中的“限制与例外”

TRIPs是WTO为各成员国版权保护设定的最低标准。TRIPs沿袭了《伯尔尼公约》第9条第2款之规定，并在此基础上继续延伸和发展，具体条款为TRIPs第13条。该条规定：各成员国应将对专有权的限制或例外限定于某些特殊情形，该特殊情形不得与作品的正常利用相冲突，也不得不合理地损害权利持有人的正当利益。③ 该规定被称为版权限制与例外的三步检验法。在TRIPs缔结过程中，三步检验法成为一般意义上对版权人权利限制进行评价的有效的、被普遍接受的标准。TRIPs中的著作权限制的规范模式包含了三个方面的内容：（1）限制具有有限性；（2）限制具有合理性；（3）限制必须符合作品的正常使用之要旨，即不可与作品的正常使用之目的相冲突，不可损害权利人之合法权益。

与《伯尔尼公约》第9条第2款规定的三步检验法相比，TRIPs第13条的三步检验法存在以下明显不同：首先，TRIPs第13条使用“应限于”（shall confine）；比《伯尔尼公约》中“得允许”（to permit）更加严格。其次，《伯尔尼公约》第三步使用的是“作者的正当利益”；而TRIPs并未将其限定于“作者”，使用的是“权利人的正当利益”，在考量第三步时所涉及利益的范围更广。TRIPs将接受作者转让版权的法人的利益也纳入考量

① 参见徐红菊：《国际知识产权法学：条文释义、理论与案例》，知识产权出版社2021年版，第176～177页。

② 张大伟主编：《世界版权条约》，东方出版中心2019年版，第233页。

③ 张丽娜主编：《WTO与中国知识产权法律制度研究》，中国民主法制出版社2006年版，第294页。

范围(法人作品)。最后,三步检验法适用的权利对象也不同。《伯尔尼公约》仅适用于复制权;TRIPs 扩展到适用于所有排他性权利。TRIPs 新承认的排他权(诸如出租权)也属于三步检验法的适用范围。[①]

TRIPs 第 13 条在《伯尔尼公约》第 9 条第 2 款的基础上有所发展,不仅拓宽了著作权限制的权项范围,将著作权限制的范围由复制权延伸至所有著作权、专有权权项,还扩大了合法利益的适格主体之范围,使适格主体从作者本人扩大至著作权专有权受让人,法律条文对各成员国具有更强的强制力。具体变化可以概括为:第一,《伯尔尼公约》第 9 条第 2 款仅仅适用于对复制权的限制;而 TRIPs 第 13 条适用于对作者任何专有权的限制,包括《伯尔尼公约》中没有规定的出租权;第二,《伯尔尼公约》第 9 条第 2 款是"本联盟成员国法律应允许",重在授权;而 TRIPs 第 13 条用词是"各成员应将对专有权的限制或例外限定于",重在限制授权,更强调对专有权的限制和例外必须有局限。并且在乌拉圭回合谈判时,美国的草案建议是要求成员国把例外限于"清晰和谨慎限定的、不损害被保护作品的实际或潜在的市场或价值的特定情形",可见 TRIPs 对专有权的"限制和例外"的规定似乎更严格。TRIPs 第 13 条与《伯尔尼公约》的关系见表 4－3－1。

表 4－3－1　TRIPs 第 13 条与《伯尔尼公约》之前的关系

TRIPs 规定的权利	《伯尔尼公约》规定的权利	《伯尔尼公约》规定的例外与限制:重叠适用	《伯尔尼公约》规定的例外与限制:累积适用	《伯尔尼公约》规定的例外与限制:不适用	客体:数据汇编
第 11 条(出租权)	第 8 条、第 9 条、第 11 条、第 11 条之二、第 11 条之三、第 13 条、第 14 条(不包括第 6 条之二)	第 10 条	第 10 条之二	第 11 条之二、第 13 条、琐细保留	TRIPs 第 10 条第 2 款
无限制地适用 TRIPs 三步检验法*		适用 TRIPs 三步检验法——涵盖相同理由	TRIPs 三步检验法及有关条文规定的具体条件	不适用 TRIPs 三步检验法	仅适用 TRIPs 三步检验法

资料来源:参见[澳]山姆·里基森、[美]简·金斯伯格:《国际版权与邻接权——伯尔尼公约及公约以外的新发展》,郭寿康、刘波林等译,中国人民大学出版社 2016 年版,第 765 页。

*此处提及 TRIPs 三步检验法,是指:(1)在第三步中排除对精神权利的考量;(2)第二步和第三步中的规范性考量因素可能需要采取更加平衡的解释方式。

在 TRIPs 缔结过程中,三步检验法成为一般意义上对作者权利的限制与例外进行

① 参见张乃根主编:《与贸易有关的知识产权协定》,北京大学出版社 2018 年版,第 121 页。

评价的有效且普遍接受的标准。[①] TRIPs 第 13 条限制与例外基本较为完整地复制了《伯尔尼公约》第 9 条第 2 款有关复制权例外条款的规定,限制与例外正当性的三项条件没有变化。但在 TRIPs 框架下,该项限制与例外不再限于复制权,而是面向整体版权规则体系,适用于《伯尔尼公约》中的所有经济权利。TRIPs 规定的三项条件应累积适用,仅满足其中一项条件,并不符合 TRIPs 第 13 条对例外条款的要求。对一项版权例外条款进行合法性审查时,TRIPs 建立的三步检验法逐步发展为一项重要的解释工具,尽管进行具体解释时也产生了较多分歧。TRIPs 第 13 条所采取的方法为国际社会普遍接受,它对 WCT 第 10 条的制定起到了决定性作用。[②]

(四)WCT(1996)第 10 条的限制与例外

1996 年,世界知识产权组织制定了 WCT 和 WPPT。

WCT 第 10 条"限制与例外"第 1 款规定:"缔约各方在某些不与作品的正常利用相抵触、也不无理地损害作者合法利益的特殊情况下,可在其国内立法中依本条约授予文学和艺术作品作者的权利规定限制或例外。"[③]本条是指,对于本条约授予文学艺术作品的作者的权利,缔约方得在其国内法中规定某些特殊情况下的限制或例外,但不得与作品的正常使用相冲突,也不得不合理地损害作者的合理利益。

WCT 第 10 条"限制与例外"第 2 款规定:"缔约各方在适用《伯尔尼公约》时,应将对该公约所规定权利的任何限制或例外限于某些不与作品的正常利用相抵触、也不无理地损害作者合法利益的特殊情况。"[④]本条是指,在适用《伯尔尼公约》时,缔约方应将公约规定的限制与例外限定于某些特殊情况,不得与作品的正常利用相冲突,也不得不合理地损害作者的合法利益。

WCT 第 10 条的规定包括两款,针对两种类型的权利,第 10 条第 1 款适用于 WCT 本身所授予的权利,而第 10 条第 2 款适用于《伯尔尼公约》中所规定的权利。WCT 是《伯尔尼公约》的专门协定,不得减损《伯尔尼公约》中规定的现有义务。WCT 中规定的一些权利,并非《伯尔尼公约》中包含的权利,如 WCT 第 6 条规定的发行权。如果 WCT

---

① 参见[德]约格·莱因伯格、[德]西尔克·冯·莱温斯基:《WIPO 因特网条约评注》,万勇、相靖译,中国人民大学出版社 2008 年版,第 163 页。

② 参见[德]约格·莱因伯格、[德]西尔克·冯·莱温斯基:《WIPO 因特网条约评注》,万勇、相靖译,中国人民大学出版社 2008 年版,第 164 页。

③ 张大伟主编:《世界版权条约》,东方出版中心 2019 年版,第 405 页。

④ 张大伟主编:《世界版权条约》,东方出版中心 2019 年版,第 405 页。

不单独增设第1款适用条约本身规定的权利，就会在适用限制与例外条款时，将《伯尔尼公约》中未规定的这些权利排除在外。除《伯尔尼公约》规定的经济权利外，WCT 第10条第2款还特别规定了三步检验法也适用于《伯尔尼公约》“规定权利的任何限制和例外”，即除《伯尔尼公约》的经济权利外，其本身已经规定的一些例外情形，也可以适用三步检验法的检验。这一规定也表明两个公约中规定的限制与例外条款应当具有一致性，可以在共同的检验标准之下得以适用。WCT 第10条与《伯尔尼公约》的关系见表4-3-2。

表4-3-2　WCT 第10条与《伯尔尼公约》之间的关系

涵盖的权利	WCT 相关条款	适用的检验法	涵盖的作品	在数字环境下的适用	《伯尔尼公约》之外的新例外
WCT 规定的新权利	第10条第1款	适用三步检验法	《伯尔尼公约》规定的所有作品，以及计算机程序和数据汇编	是（也适用于物理环境）	允许
《伯尔尼公约》规定的权利（包括精神权利）	第10条第2款	只有在适合时才适用三步检验法，否则不适用*	《伯尔尼公约》规定的所有作品，以及计算机程序和数据汇编	是（也适用于物理环境）	不允许

资料来源：参见［澳］山姆·里基森、［美］简·金斯伯格：《国际版权与邻接权——伯尔尼公约及公约以外的新发展》，郭寿康、刘波林等译，中国人民大学出版社2016年版，第775页。

*这就是 WCT 关于第10条议定声明的作用，其规定《伯尔尼公约》项下的允许的限制与例外在适用范围上既不扩大也不缩小。

WCT 第10条第2款规定的限制与例外可以在数字环境下适用，解决数字化条件下版权限制与例外的适用标准。这一点在 WCT 的议定声明中已经得到承认，其第10条规定允许缔约各方将其国内法中依《伯尔尼公约》接受的限制与例外的继续使用并适当延伸到数字环境中，这些规定应被理解为允许缔约方制定对数字网络环境适宜的新的例外与限制。①

（五）WPPT（1996）第16条关于邻接权的限制与例外

WPPT 对有关邻接权的限制与例外进行了规定。WPPT 没有提供其他的例外情形，所有的限制与例外适用第16条规定。WPPT 第16条在表演者和录音制品制作者的限

① 参见徐红菊：《国际知识产权法学：条文释义、理论与案例》，知识产权出版社2021年版，第178~179页。

制方面也和 WCT 一样，将三步检验法分为两款，第 1 款授权、第 2 款限制授权的范围和方式。该条约将 TRIPs 中规定的合法利益主体之权利持有人排除在外，重申了《伯尔尼公约》的主张，即合法利益的主体仅限于作者。

WPPT 第 16 条“限制与例外”第 1 款规定：“缔约各方在其国内立法中，可在对表演者和录音制品制作者的保护方面规定与其国内立法中对文学和艺术作品的版权保护所规定的相同种类的限制或例外。”①本条是指，有关表演者和录音制品制作者的权利例外适用与作品版权保护规定的相同的限制或例外。除有关强制许可的限定外，该条款基本与《罗马公约》第 15 条第 2 款一致。

WPPT 第 16 条“限制与例外”第 2 款规定：“缔约各方应将对本条约所规定权利的任何限制或例外限于某些不与录音制品的正常利用相抵触、也不无理地损害表演者或录音制品制作者合法利益的特殊情况。”②本条是指，任何成员国规定的限制与例外应符合三项条件：第一，不与录音制品的正当利用相抵触；第二，没有不合理地损害表演者或录音制品制作者合法利益；第三，限于某些特殊情形之下。根据第 2 款规定，对 WPPT 中所保护权利规定的限制与例外都应当符合这三项条件。

与此前条约相比，WPPT 第 16 条规定的限制与例外在适用领域上有所延伸，该例外完全可以适用于数字环境，尤其是以数字形式使用表演和录音制品的情形。WPPT 将著作权限制延伸至数字环境中，提出了针对数字环境中利用作品可适用的著作权限制。

除了进一步明确成员国设定“限制和例外”的权利和限制外，WCT 和 WPPT 更引人注目的地方在于以议定声明的方式明确了各国可以将限制和例外延伸到数字环境中，也可以为数字环境自行规定适合的限制和例外。但不论是将已有的限制和例外延伸到数字环境，还是在数字环境中设立新的限制和例外，都要符合三步检验法。

WCT 和 WPPT 在维持著作权人私人利益和社会公益，尤其是科研教育和信息共享之间的平衡之需求方面，具有重要的国际性的指导意义，它使著作权例外和限制的正当性被深刻地烙入国际化的大背景中。1996 年世界知识产权组织通过的两项条约，在世界版权史上具有里程碑意义。

（六）《北京条约》（2012）关于权利之限制与例外

《北京条约》（Beijing Treaty on Audiovisual Performances，BTAP）系 1996 年 WPPT

① 张大伟主编：《世界版权条约》，东方出版中心 2019 年版，第 395 页。

② 张大伟主编：《世界版权条约》，东方出版中心 2019 年版，第 395 页。

不及处理之议题，亦即保护歌星与演员等表演人于视听产品上之权利。因电影业的强烈反对，WPPT 最后仅赋予歌星与演员等表演人于录音物上之权利，而未给予歌星与演员等表演人于视听产品上之权利。直到 2012 年 6 月 26 日，世界知识产权组织开始于北京完成《北京条约》之签署，使得表演人之权利保护，于国际著作权公约上，获得更进一步之成就。

《北京条约》(2012)第 13 条关于权利之限制与例外，于第 1 项允许"缔约各方得于其国内法，对给予表演人之保护规定与其国内法给予文学及艺术著作之著作权保护相同种类之限制与例外"。而对于此限制或例外，第 2 项同样援引《伯尔尼公约》(1971)第 9 条第 2 款所定之"三步骤之检验"，明定"缔约各方应使本条约中所规定权利之任何限制或例外仅限于某些未与著作之正常利用相冲突，也不至于不合理地损害表演人法定利益之特殊情况"。①

二、三步检验法的具体适用

(一)三步检验法的适用范围

TRIPs 确立了第 13 条三步检验法作为版权限制的一般条款的地位，但是对该条款的理解和适用却经常引起争议。最有名的案例为欧共体诉《美国版权法》第 110 条第 5 款案(版权法案)，双方争议的焦点在 TRIPs 第 13 条的适用范围上。欧共体有两点主张：(1)第 13 条仅限于 TRIPs 新增加的专有权限制，或者说即使第 13 条适用于《伯尔尼公约》中规定的专有权，也只在这些规定已有的限制和例外范围内才能适用；(2)允许的限制局限于非商业性使用。而美国在认为 TRIPs 允许各成员方对版权所有人的所有与版权相关的权利进行限制，第 13 条是为这些限制和例外提供了判断合法性的标准，并且允许的限制也不要求使用的非商业性。WTO 专家组裁决后得出结论：(1)因为 TRIPs 已经将《伯尔尼公约》第 1 条至第 21 条规定并入其中，因此在 TRIPs 第 9 条第 1 款没有任何明示排除的情况下，《伯尔尼公约》第 1 条至第 21 条规定及 TRIPs 新增加的专有权，都可以适用第 13 条的限制和例外。通过引证 WCT 第 10 条两款和第 9 条(关于第 10 条的议定声明)的规定，专家组认为 TRIPs 和 WCT 之间是协调衔接的，可以进一步确证成员既可以设定新的例外，也应当适用《伯尔尼公约》中规定的专有权。(2)虽然

---

① 参见章忠信：《视障者接触著作之合理使用规定及其实务》，载金福海：《版权法改革：理论与实践》，北京大学出版社 2015 年版，第 192 页。

许多限制和例外具有非商业的特点,但即使是作品的非商业性使用,如成人教育和儿童教育,也可以达到对版权人有重大经济影响的程度。因此使用的非商业性不是决定性因素,关键是这些限制和例外要符合三步检验法。

(二)三步检验法的判断标准

根据 WTO 专家组的裁决,三步检验法是检验所有与版权相关的权利的限制和例外制度是否合法正当的唯一依据。根据 TRIPs 第 13 条的规定,专有权的限制或例外必须满足三个条件:(1)限定于某些特殊情形(shall confine to certain special cases);(2)不与作品的正常利用相冲突(do not conflict with a normal exploitation of the work);(3)不得不合理地损害权利持有人的正当利益(do not unreasonably prejudice the legitimate interests of the right holder)。并且,这三个条件是累积适用的,只有满足了三个条件中的每一个条件,限制或例外制度本身才是合法的。

1. 限制和例外应该"限定于某些特殊情形"。根据 WTO 专家组的解释,要满足第一个条件,例外或限制必须是非常清楚的限定,在量和质上都应该是较小的、狭窄的(special),并且必须根据例外的受益人、使用的设备、作品的类型或其他因素进行个案分析。另外,WTO 专家组强调指出,例外的"某些特殊情形"不应简单地等同于"特殊目的",特定的公共政策不能成为例外的特殊情形。

2. 不与作品的正常利用相冲突。第二个要件是三步检验法的核心所在,WTO 专家组引用了瑞典政府和保护知识产权国际联合局(Swedish Government and the United International Bureaus for the Protection of Intellectual Property)的指南加以说明:"所有具有或可能获得相当经济或实际价值的利用作品的形式都应当保留给作者",因此如果一种适用方式与作者通常利用(a normal exploitation)作品获得利益的方式形成竞争,具有市场替代能力,或者发生经济利益上的争夺,那么该使用方式就与正常利益相冲突。作品的使用方式包括实际的或有现实可能性的利用方式,而不仅仅是现有的利用方式(exploitation)。

3. 不得不合理地损害权利持有人的正当利益。WTO 专家组认为:首先,权利人享有的利益不限于经济利益,也可以指对利益或潜在损害的关注,及更一般地指对自然人或法人具有重要性的东西。其次,正当的利益来自第二步判断中的使用方式。再次,限制或例外不能带来不合理的损害,但承认合理的损害。最后,损害既包括实际造成的损害,也包括潜在的损害。因此,WTO 专家组得出结论:"如果限制或例外造成或可能会造成版权人收入的不合理损失，那么对权利人正当利益的损害就达到了不合理的程度。”

（三）三步检验法的普遍适用性

1. 从 TRIPs 的效力来说，三步检验法具有普遍适用性。TRIPs 是 WTO 框架下的一揽子协议，所有 WTO 成员都必须遵循该协议，而《伯尔尼公约》的大部分实体条款（第 6 条之二除外）都被纳入了 TRIPs 当中，如果发生争端，可以提交给 WTO 争端解决程序解决，专家组作出的裁决具有一定的强制力。我国早已加入 WTO，也就意味着 TRIPs 也成为检验我国版权法的正当性的标准。因此，我国《著作权法》合理使用制度是否具有正当性也取决于 TRIPs 第 13 条的三步检验法。

2. 三步检验法在后续通过的国际条约（WCT 和 WPPT）中都有几乎完全一致的表述，并且明确可以将其适用扩大到数字环境下，可见世界知识产权组织对该原则持一贯肯定的态度。我国于 1980 年成为世界知识产权组织的成员国，又于 2007 年正式加入以上两个国际条约，因此也应当遵循协议的基本精神。

3. 这是最重要的一点，三步检验法是一个总的指导原则，可以灵活应对不同的版权媒介环境并且适用于不同法律传统的国家，也很好地弥补了列举式立法的不足。它既可以适用于德国、法国、日本这些详尽列举可豁免行为的大陆法系国家，也可以适用于美国这种以抽象式要素判断标准来规定例外行为的国家。它的三个测试标准体现了著作权法中权力平衡的指导原则，具有科学性和普遍适用性，应该成为我国构建合理使用著作权的限制和例外制度的一般指导原则。

第二节 《美国版权法》的合理使用四要素标准

合理使用制度的思想最早肇端于英国 1741 年的盖尔斯诉威尔科克斯案，该案件是英国涉及合理使用制度的第一个案例。法官判决认为，对作品进行合理节略产生的新版本应当被视作一个新作品，合理节略行为不构成侵权。1841 年美国法官约瑟夫·斯托里在福尔松诉马什案中援引了英国的合理使用的相关判例，在判决中首次使用了合理使用这一概念,集相关判例之大成,系统地提炼出合理使用制度的基本规则,并将这一规则引入到美国版权法中。福尔松诉马什案是美国合理使用制度的起源,Joseph Story 法官通过归纳判例规则,对合理使用制度进行了创造性的系统性提炼,最终形成了合理使用的三要素理论,分别为使用作品的性质与目的、引用作品的数量和价值以及引用对原作品市场销售和存在价值的影响程度。[①] Joseph Story 法官所创制的合理使用要素主义理论模式为美国版权法合理使用制度的立法奠定了基础,并对各国的著作权合理使用制度的构建产生了深远影响。

美国自 1841 年由 Joseph Story 法官提出著名的合理使用三要素以来,经过一个多世纪司法实践的深化和总结,最终将该标准正式阐述为 1976 年《美国版权法》第 107 条的四要素标准,规定在具体确定对一部作品的使用是否合理时都必须以该标准为检验,成为名副其实的合理使用判定的"帝王规则"。该标准具有可预见性、灵活性、稳定性的特点,能适应数字环境、网络环境下新的作品使用方式,被新加坡的版权规定借鉴。国内学者大多认为著作权法上应该有合理使用的一般条款,使得法官能够在个案中创设新的合理使用例外。

《美国版权法》第 107 条"专有权的限制:合理使用"是典型的合理使用一般条款,即:"虽有第 106 条及第 106 条之二的规定,为了批评、评论、新闻报道、教学(包括用于课堂的多份复制品)、学术或研究之目的而使用版权作品的,包括制作复制品、录音制品或以该条规定的其他方法使用作品,系合理使用,不视为侵犯版权的行为。任何特定案件中判断对作品的使用是否属于合理使用时,应考虑的因素包括:(1)使用的目的与特性,包括使用是否具有商业性质,或是否为了营利的教学目的;(2)版权作品的性质;(3)所使用的部分的质与量与作为整体的版权作品的关系;(4)使用对版权作品之潜在市场或价值所产生的影响。作品未发表这一事实本身不应妨碍对合理使用的认定,假如该认定系考虑上述所有因素而作出的。"[②]这四要素的任何一个要素都不是孤立存在的,也非绝对或者具有决定性的,它所表明的只是能否构成合理使用的一种可能性,每一个案件中考虑的重点有所不同,需要法官在个案中综合几个因素加以判断。

一、使用版权作品的目的和性质

《美国版权法》第 107 条规定的合理使用判定标准的第一个要素为使用的目的与性

① 参见吴汉东:《著作权合理使用制度研究》,中国人民大学出版社 2013 年版,第 16 ~ 19 页。

② 《十二国著作权法》,《十二国著作权法》翻译组译,清华大学出版社 2011 年版,第 731 页。

质，主要在于分析使用行为是否为商业性使用或者非营利性和教育目的的使用。在实际的司法审判中，营利性的商业性使用和具有教育启发意义的公益性使用之间有时也并非泾渭分明，商业性使用也并非合理使用判定的决定性因素，并且商业性和非商业性使用的划分标准逐渐被转换性使用标准取代。

判断合理使用的第一个要素，是对作品的使用是商业性的还是为非营利教育目的的，新的使用是否具有“变异性”（transformative）。随着美国法院的判例发展，是否是商业性的使用原作品在适用的时候并不是至关重要的因素，因为非商业性使用也可以对版权人有重大经济影响；而商业性使用也可能具有合理性，因此该要素要受到是否有变异性的限制。在确定新的使用是否具有变异性的时候，美国法院考察的是对他人作品的利用形式是否对原著增添了新的价值。纽约联邦地方法院明确指出，在分析合理使用与否的第一项标准时，应该先探讨新的著作对原著作的变异程度，变异的程度越高，其他标准的重要程度就越低，比如是否为商业性使用。这意味着即使是基于商业目的的使用，只要具有相当程度的变异，也仍然符合合理使用的范畴，因为这种变异意味着增加了新的价值，比如更深远的意义、不同的角色、新的表达方式和理解，符合版权法的根本目的。

二、被使用的版权作品的性质

被使用的版权作品的性质是基于等级保护理论（the theory of hierarchy protection）而言的。该理论认为对不同性质的作品的保护等级也不同，对有原创性，创造力、想象力程度高的作品的保护应该大于对衍生性、纪实性作品的保护。等级保护理论使合理使用的判断标准更具有操作性。一般而言，越是具有创造性的作品，越应受到保护，而被使用的作品越是具有信息性或功能性，构成合理使用的可能性就越大。

三、同整个被使用作品相比，所使用的部分的数量和内容的实质性

《美国版权法》第107条规定：“为了批评、评论、新闻报道、教学（包括用于课堂的多件复制品）、学术或研究之目的而使用版权作品的，系合理使用，不视为侵犯版权的行为。”但是对于使用一个有版权的作品，没有一个绝对的标准来限定能够复制、引用多少原作品的数量和质量的因素，如果使用原作品的部分构成原作品的“实质部分”（substantial percentage），或者属于原作品的本质、核心所载（essentially the heart），那么将不能构成合理使用。在适用该要件的时候，美国最高法院判例认为必须进行个案分

析,在具体的案例环境中认定,特别应当考察引用、使用的程度是符合还是超过了使用的目的和性质。也就是说,即使是非常少量的使用原作品,如果该部分属于原作品最精髓的部分,也会构成不合理使用。

四、使用对有版权作品的潜在市场或价值所产生的影响

美国法院的大量判例表明,使用行为对原作品市场及价值的影响要件是合理使用判断中最重要的一个因素,对该要素的认定必须和其他三个要件结合起来一起考察。在阐述这一标准时,美国法院考虑的不仅是被诉的使用行为造成的现实的市场损害,也要考虑被告的这种不受限制的使用行为是否会对原作品的潜在市场造成相当大的不利影响。这种不利影响意味着一种“市场替代”(market substitution),即使用行为是否会获得本应该属于原作品的市场份额,是否会发生经济利益的争夺,因此该要素与合理使用的第一个要素“使用的目的和性质”是互为补充的。商业性的使用对原作品的潜在市场及价值最容易产生影响,因此容易被法院认定为不符合“使用的目的和性质”。

第三节 中国《著作权法》应确立的合理使用判断标准

国际公约设定的三步检验法以及《美国版权法》规定的四要素标准是我国理论界和实务界都普遍推崇的两种立法范本。针对我国的著作权合理使用制度的修改和完善,有学者建议在该制度后面增加一个“兜底条款”,将三步检验法作为合理使用的判断标准,比如原中国版权协会副理事长、原最高人民法院知识产权审判庭庭长蒋志培教授就持这种观点。[①] 这样可以与现行的《著作权法实施条例》第21条互为呼应,该条即是根据三步检验法制定出来的。另有一些学者更倾向于借鉴适用《美国版权法》的四要素标准,并且提出自己的标准,比如原中国版权协会理事长、原国家版权局副局长沈仁干在《版权论》中提出了合理使用的四个标准:“(1)使用的作品应是已经发表的作品,以某种方式使用时应指出作者姓名、作品名称,并且不得侵犯著作权人依法享有的其他权

① 参见蒋志培:《对著作权法修改的几点意见》,载《中国版权》2011年第2期。

利；(2)使用应符合著作权法允许合理使用的目的，不得有任何赢利目的；(3)不得影响作品的正常利用，也不得无故损害著作权人的合法权益；(4)引用他人作品，除符合引用目的外，所引用的部分不得构成引用作品的主要部分或实质部分。"①

两个制度都具有一定的原则性，也都具有良好的弹性，可以适用于传统版权媒介环境，也可以适用于数字、网络环境，并且也都需要依靠适用者良好的法律解释能力。从本质上看，这两个标准的精神实质并无差别，比如四要素标准中的最后一个、也是最重要的标准"使用对有版权作品的潜在市场或价值所产生的影响"，它所考查的"市场替代"后果，即是否会发生市场利益的争夺，与 WTO 专家组解释的三步检验法中的"不与作品的正常利用相冲突"因素的内涵基本是一致的。

那么三步检验法和四要素标准，哪一个是更适合我国合理使用的具体判断标准？我们认为：(1)三步检验法并不是判断具体使用行为是否属于合理使用的标准，而应该是立法时对整个合理使用制度如何规定的一项总的指导性原则；(2)在修订合理使用制度法律条文时，对于具体使用行为是否构成合理使用，在一般条款的设定上，判断的标准应该借鉴四要素标准。理由如下。

一、从国际公约的效力范畴来说，三步检验法是检验成员国的合理使用制度是否违反了国际义务的标准，而不是检验具体的个案中的使用行为是否属于合理使用的标准

从规定三步检验法的国际公约的适用对象和效力范围来看，一个国家国内的具体使用行为是无法适用该方法的。首先来看最先规定三步检验法的《伯尔尼公约》第 9 条第 2 款："本同盟成员国的法律得允许在某些特定情况下复制上述作品，只要这种复制不损害作品的正常使用，也不致无故侵害作者的合法利益。"可见《伯尔尼公约》要求的是成员国通过法律将属于合理使用的特殊情形进行明确规定，否则就违反了该公约设定的国际义务，而成员国在规定哪些属于合理使用的时候，也就是在规定哪些属于公约中所指的特定情形(certain special cases)时，应当符合三步检验法的原则。

在《伯尔尼公约》之后，TRIPs 将三步检验法上升为 WTO 框架下对合理使用规定的唯一检测标准；后来继承发展的 WCT、WPPT 和《伯尔尼公约》一样，都属于国际公约或国际条约，它们确立的三步检验法也不是用来检测成员国国内的某一种具体使用行为

① 沈仁干：《版权论》，海天出版社 2001 年版，第 97 页。

是否属于合理使用的，仍然是用来检测成员国的法律所规定的合理使用条款是否符合该原则。TRIPs 第 13 条“限制与例外”规定：各成员应将对专有权的限制或例外规定限于某些特定的特殊情况，并且不能与作品的正常利用相冲突，也不得无理损害权利持有人的合法利益。[①] 该条要求的对象是各成员，要求的内容是成员的限制或例外的规定要满足三步检验法，这里的“certain special cases”和《伯尔尼公约》的规定一样，指的都是合理使用的特定情形，而不是具体的案件。

总而言之，如果一个国家的法律规定了哪些具体行为属于合理使用，应该用这个标准来检测该成员的规定是否与 TRIPs 规定的一致。因此三步检验法影响的是成员关于合理使用制度的立法，而不是影响成员对具体案件的审理判断。在欧共体诉《美国版权法》第 110 条第 5 款案中，WTO 专家组解释和裁决的是《美国版权法》的立法规定，而不是美国国内法院对具体案件中合理使用的认定。在美国诉我国《著作权法》第 4 条第 1 款违反《伯尔尼公约》和 TRIPs 案后，中国根据 WTO 的裁决作出回应，2010 年修改了《著作权法》(2001)第 4 条有关“非法出版物”的著作权问题。上述两案例说明国际公约并不会直接适用于国内法的具体案例。

二、从适用方式来说，四要素标准比三步检验法对个案更具有合理性

三步检验法的三个条件是累积适用的，只有满足了三个条件中的每一个条件，限制或例外的制度才是合法的，因此它要求每个条件都是充分且必要的。根据 WTO 专家小组在欧盟诉《美国版权法》第 110 条第 5 款案中的解释，任何一个条件不满足，某成员国的限制或者例外制度都缺乏正当性。

而四要素标准不要求积累使用，四个要素对于具体个案中的使用是否构成合理使用是充分但非必要条件，并不是每个要素都满足才能构成合理使用，也不是说一个条件不满足就不是合理使用。事实上，在对具体案件适用四要素标准进行判断的时候，美国法院很多案例表明甚至不需要满足大多数要素就能得出合理使用的结论，因为当一个案件里面有利和不利的要素各占一半的时候，法院会按照各要素在该案中的重要性进行排序衡量。

美国国会几乎没有对这四个要素给出具体的定义，因为他们认为合理使用是衡平的合理原则(an equitable rule of reason)，不可能有一个可以普遍适用的定义，因为每一

① 张丽娜主编：《WTO 与中国知识产权法律制度研究》，中国民主法制出版社 2006 年版，第 294 页。

个案件都会存在必须依据具体事实而进行判断的问题。美国联邦最高法院在具体案例中进一步解释了如何对这四个要素进行分析。首先，四要素标准的适用必须建立在“个案的基础上”（case-by-case basis），具体问题具体分析。其次，不要用“明线规则”（bright-line rules）来简化该标准，所谓明线规则，是指很容易判别的临界点，比如法律中的强制性规范。最后，应当结合“版权的目的”（the purposes of copyright）综合考虑四个要素，而不是将他们分裂开来孤立地考察。

因此在具体案件的合理使用分析中，法官可以综合几个因素加以判断，并不会因为一个条件不符合或者不完全符合（比如是否为商业性使用）就简单地作出判断。这种综合判断的使用方式，使法官可以更好地贴近合理使用的设置目的。

三、从立法技术上来说，直接移植三步检验法来检验具体的使用行为也不合适

我国《著作权法实施条例》（1991）第 29 条要求科研、教学使用和国家机关的公务使用他人已经发表的作品时，“不得影响作品的正常利用，也不得无故损害著作权人的合法利益。”《著作权法实施条例》（2013）第 21 条规定：“依照著作权法有关规定，使用可以不经著作权人许可的已经发表的作品的，不得影响该作品的正常使用，也不得不合理地损害著作权人的合法利益。”[①]《著作权法》（2020）第 24 条第 1 款的第 1 句规定：“在下列情况下使用作品，可以不经著作权人许可，不向其支付报酬，但应当指明作者姓名或者名称、作品名称，并且不得影响该作品的正常使用，也不得不合理地损害著作权人的合法权益。”

这些条款都来自三步检验法，但是把这些条款与 TRIPs 的三步检验法仔细对比，可以发现我国的移植是一个删减版。首先，把三步检验法缩减为“两不”原则，即“不得影响作品的正常使用，也不得不合理地损害著作权人的合法权益”。三步检验法中首要的标准“限制和例外应该限定于某些特殊情形”却被模糊了，而根据 WTO 专家组的解释，该原则正是用来说明对原作品的使用必须是在“量和质上都应该是较小的、狭窄的”这个具体要素的，这一点类似于四要素标准的第三个标准。其次，对于什么是影响了原作品的“正常使用”，以及什么是“不合理地”损害了原作者的哪些“合法权益”，规定都非常模糊，不具有可操作性。造成这个现象的原因：一是三步检验法本来就不是来判断具体案件的，只是指导成员国制定合理使用规则的指导性原则；二是要直接移植国际公约

① 吴高盛主编：《〈中华人民共和国著作权法〉释义及实用指南》，中国民主法制出版社 2015 年版，第 374 页。

对国家义务的规定成为具体案件的标准，在立法技术上是很难实现的，这样仅仅用剩下的“两不”原则是达不到对具体案件的适用要求的。

四、从具体案件适用性来说，四要素标准比三步检验法更符合我国的国情

虽然三步检验法和四要素标准的精神实质完全一致，检测标准也基本相同；但是根据对两个规则的分析可以看出，四要素标准相对更具体，操作性更强。虽然这两个规则都具有弹性，都不是完全列举式，都需要法官在适用时根据个案作出判断分析，以决定每个要素对于案件结果的分量，但是三步检验法更抽象、更原则，它的每个词组都需要结合上下文和具体案例作出分析和解释。正是因为这种高度抽象性和原则性，它才能成为适用于大陆法系、英美法系，适用于“封闭式”和“开放式”体系的共同的判定方法。同时它的这个特征也决定了该方法只能是一种对成员国法律是否符合国际公约的判断方法，而无法适用于具体的使用行为。结合中国当前的司法现状，要求所有审理著作权纠纷的法官能够达到 WTO 专家组的解释水平是非常不现实的，这样的后果很可能是不同的法院、法官对其理解不同，解释不同，造成适用上的混乱，不利于司法操作。从现有案例来看，四要素标准在法院中的适用情况完全能满足司法需要。

五、从其他国家和地区的立法实践来看，也鲜有直接移植三步检验法作为具体案件的判断标准的

2001 年 4 月 9 日，欧盟议会通过了《信息社会版权指令》，该指令第 5 条就是针对网络环境中著作权的例外与限制的。第 5 条一共有 5 款：第 1 款规定了成员国必须实施的临时复制的例外；第 2 款规定的则是 5 项选择性的复制权的例外情形；第 3 款以列举的方式规定了 15 种复制权与公众传播和提供权共同使用的例外与限制；第 4 款规定成员国可以就发行权规定与复制权的例外或限制相似的例外或限制；而第 5 款引入了三步检验法，规定上述 4 款中规定的例外与限制仅仅适用于特定的情形，不得与作品或邻接权客体的正常使用相抵触，也不得不合理地损害权利人合法权益。[①] 该指令要求成员国除了必须实施第 1 款的权利例外与限制外，对于第 2 ~ 4 款的例外与限制，有自由选择是否实施和怎样实施的权利。可见欧盟《信息社会版权指令》也认为三步检验法应该是

① 刘海虹：《欧盟网络环境下的著作权限制制度协调的困境——以欧洲法院（ECJ）Infopaq 案为视角》，载《河南教育学院学报（哲学社会科学版）》2011 年第 2 期。

各成员国制定自己的国内法的限制与例外的准则，而不是直接移植到国内法中作为对具体案件中的行为是否符合版权限制的判定标准。

从目前世界各国和地区的立法来看，明确承袭或者改造美国四要素标准的有加拿大、澳大利亚、菲律宾、以色列、新加坡等。新加坡和菲律宾版权法除了指出合理使用的范围外，还规定了关于合理使用的判断因素，《新加坡版权法》第 35 条第 2 款和《菲律宾知识产权法典》第 185 条均借鉴了《美国版权法》第 107 条规定的关于合理使用的四要素标准。《新加坡版权法》第 35 条规定了不构成版权侵权的对有关作品的公平处理。第 35. 1A 条规定：合理使用包括为了研究和学习而利用文学、戏剧、音乐或美术作品或改编文学、戏剧或音乐作品。第 35. 2 条规定了复制或改编作品的全部或一部分的行为是否构成合理使用的考量因素应当包括：(1) 使用的目的和特征，是否具有商业性质或是否具有非营利性的教育目的；(2) 作品或改编的性质；(3) 与整部作品或改编有关的所复制的作品部分的数量和内容；(4) 该使用对潜在市场或对作品或改编的价值的影响；(5) 在合理时间以通常商业价格获得作品或进行改变的可能性。第 35. 3 条规定：下列情形应当构成为了研究或学习对该作品的合理使用或改编：如果经复制的作品或该改编的全部或其一部分是期刊中的一篇文章；在任何其他情况下，不超过作品的合理部分。第 35. 4 条规定：如果在该期刊中论及不同主题的另一篇文章也被复制，则第 3 款不应当被适用于经由复制该期刊中的文章的全部或一部分方式进行的使用。[①]《菲律宾知识产权法典》第四编“版权法”第 185 条“版权作品之合理使用”规定了对版权作品的合理使用，“为批评、评论或新闻报道、教学，包括为课堂教学进行数份复制、学术、科研及类似目的，而对作品合理使用，则不构成版权侵权。反编译，此处应理解为对计算机软件编码进行复制和对其形式进行编译，以获得某一独立创作的软件与其他软件的交互性操作所必需的信息，亦为合理使用。任何特定的情形下对作品使用，确定其是否符合合理使用应该考虑以下因素：(a) 使用的目的和使用的特征，包括其使用是以商业为目的还是以非营利的教育为目的；(b) 被使用的版权作品的性质；(c) 使用部分的数量和实体内容，其作为一个整体与版权作品的关联度；(d) 该使用对版权作品的潜在市场或是其价值的影响。”该条第 2 款规定：“如果已经考虑了上述各种因素，作品未出版这一事实本身并不构成阻止合理使用的原因。”[②]

① 参见冯寿波：《中国 - 东盟自由贸易区版权法比较研究》，气象出版社 2014 年版，第 78 页。

② 《菲律宾知识产权法典》，杨涛、杨斌译，知识产权出版社 2014 年版，第 81 页。

第四节 中国或可选择的合理使用改革方案

一、韩国的合理使用模式

2010年《韩国著作权法修正案》关于“合理使用”条款的讨论中，新草案提出：除了保持现有的《韩国著作权法》第23条至第35条及第101－3条至第101－5条列举的各种可构成合理使用的情形之外，建议新增条文，即第35条第2款，意在增加不属于上述明文列举的各种情形下的对作品的合理性使用行为的个案分析。

新增条款第35条第2款规定，即使不属于明文列举的合理使用情形之列，若“与使用该作品的惯常方式并无冲突，且并未不合理地损害作者的合法利益”，则在例外情况下也可能属于“允许使用版权作品”的情形。该条款的设置与TRIPs第13条关于三步检验法的规定如出一辙。为了进一步明确判断某种使用是否属于上述情形的标准，《韩国著作权法修正案》第35条第2款第2段采用了与《美国版权法》第107条相同的四大法定因素，即使用目的与性质，使用部分在整体被使用作品中所占比重及重要性，该使用对现有市场、潜在市场及作品价值造成的影响。可见，韩国采用了欧陆法系公平交易模式和美国合理使用模式的综合方式，同时也遵从了TRIPs关于一国著作权法立法对著作权进行合理限制的标准，即“全体成员均应将专有权的限制或例外局限于一定特例中，该特例应不与作品的正常利用相冲突，也不应不合理地损害权利持有人的合法利益”。①

与被告欲主张合理使用抗辩则需满足两大前提性条件的模式不同，《韩国著作权法修正案》的新增条款主要借鉴了美国合理使用的规则，以在个案中分析不属于法律列举的法定情形的方式，扩大了合理使用的范围，因此更具有灵活性。

二、中国应采取的合理使用模式——明确性与灵活性的平衡

中国的合理使用在司法实践中似乎面临两大问题：一是由于立法并未明确应当考虑

① 参见宋海燕：《中国版权新问题——网络侵权责任、Google图书馆案、比赛转播权》，商务印书馆2011年版，第106～107页。

哪些因素，法官在判案时往往运用自由裁量权，随意运用不同的判断因素。二是我国《著作权法》(2020)明文规定了允许合理使用的 13 种情形，而法定情形之外的使用一般视为侵权行为。上述规定过于死板，无法适应新技术与商业模式的发展带来的全新挑战。

就第一项问题而言，即法院在不同个案中采用不同的因素判断使用之合理性，可借鉴韩国的模式，在立法中规定法定因素以增强明确性及一致性。其中的法定因素可酌情参考《美国版权法》第 107 条所规定的四大因素。

中国未来应当采用何种合理使用模式？是采用严格的释义即要求被告在主张合理使用时须满足两大前提性条件？抑或采用更为灵活宽松的模式，先考虑被告的行为是否属于法律所列举的允许合理使用的情形；若不属于，则根据法定因素再做进一步分析（类似韩国的模式）？最终这应是政府在平衡各方利益后需要考虑的一个政策性问题：是否需要扩展现有的合理使用范围？

若中国立法者在平衡了各方利益与政策后，决定扩展合理使用的范围，则可借鉴韩国的模式。该模式具有双重优势：一是因通过法律的明确规定而具有的明确性及确定性；二是若某种使用不属于法律规定的情形，则可根据一系列的法定因素判断合理使用之构成，从而又具有一定的灵活性。

中国的合理使用模式源于英国及欧陆之公平交易模式，其特点在于明确列举了各种可构成合理使用的情形。通过对一系列中国法院审判的合理使用案例的比较分析，我们发现当立法存在模糊性或者不足以应对新兴技术提出的新挑战时，中国法院在司法实践中往往运用自由裁量权以判断合理使用之构成。不同的法院采用不同的判断方式：有的法院严格解释《著作权法》(2020)第 24 条的法定情形，有的法院则运用多重因素法进行更为灵活的分析。这就造成了审判结果的不确定性和不可预测性。为了更为确定、一致地判断使用行为之合理性，可考虑借鉴美国、韩国等国家和地区版权法所规定的法定因素。至于中国应当扩展抑或维持现有的合理使用的范围问题，可在审慎考虑其公共政策、平衡各方利益后，或借鉴较为严格的模式，或参考韩国的模式（较为自由的模式），进而修改《著作权法》的合理使用部分。①

我国《著作权法》(2020)并没有合理使用的一般性条款。我国《著作权法实施条例》(2013)第 21 条规定："依照著作权法有关规定，使用可以不经著作权人许可的已经

---

① 参见宋海燕：《中国版权新问题——网络侵权责任、Google 图书馆案、比赛转播权》，商务印书馆 2011 年版，第 107～109 页。

发表的作品的,不得影响该作品的正常使用,也不得不合理地损害著作权人的合法利益。”①这一条的后半段比较接近合理使用的一般条款。不过,法院利用本条创设新的合理使用例外依然有障碍。从字面看,上述规定并非一般合理使用例外的授权性条款,更像是对著作权已有合理使用和法定许可的一种限制。换言之,只有落入了《著作权法》(2020)明确的合理使用或法定许可的目录之后,法院才会依据《著作权法实施条例》(2013)第21条进一步考虑是否影响作品正常使用或是否不合理地损害著作权的合法权益。

国内很多学者主张参考TRIPs第13条所谓“限制与例外”的规定,在中国法中确立合理使用的一般条款。TRIPs第13条规定:“全体成员均应将专有权的限制或例外局限于一定特例中,该特例应不与作品的正常利益冲突,也不应不合理地损害权利持有人的合法利益。”学理上,这一规定所体现的判断方法被称作所谓的三步检验法。在法律没有明确规定的情况下,法院要接受一种新的合理使用抗辩,可以从三个方面来考察该例外的合理性,即该合理使用抗辩是否只是一种特例,是否与作品的正常利用冲突,是否不合理地损害权利人的合法利益。

三步检验法中最核心的一项是是否不合理地损害权利人的合法利益。这是一个政策性的决定。稍不留意,就会进入循环论证的怪圈:人们很容易先给某些利用行为贴上标签,即不属于著作权人关心的核心市场,然后进一步推理,认定该行为为合理使用并不对著作权人的市场利益构成损害。为了避免陷入循环逻辑,美国有些法院要求合理使用的作品市场分析中的市场应该限于“传统的、合理的或版权人可能进入的市场”,或所谓常规市场。

TRIPs所规定的三步检验法,并非各国法院必须严格遵守的分析步骤。各国有充分的自由发展自己的合理使用判断方法,只要借由此类判断方法所得出的结论不违反TRIPs第13条所确定的原则精神,就不会违反该协议。美国法上关于合理使用的分析,就不严格遵守所谓的三步检验法。中国部分学者将三步检验法上升到规则层面,并将之教条化,是否有必要。

我国著作权合理使用制度的立法设计源自对《伯尔尼公约》中三步检验法的本土化。然而,由于制度移植仅停留在立法条文借鉴而非解释规则上,这使得我国法院在司法实践中完全根据自身的理解适用著作权合理使用规则,甚至直接引入判例法国家法官造法的结论解决相关案件,导致合理使用的司法认定标准丧失可预期性和可操作性。

---

① 吴高盛主编:《〈中华人民共和国著作权法〉释义及实用指南》,中国民主法制出版社2015年版,第374页。

为调和著作权合理使用穷尽式列举立法与扩大解释需求之间的矛盾，我国需要在解释论上围绕三步检验法梳理著作权合理使用的适用逻辑，通过对国际著作权公约中三步检验法权威解释的分析，可将我国《著作权法》(2020)第24条列举的12项合理使用类型和《著作权法实施条例》(2013)第21条规定的两个判定标准分别对应三步检验法中的三个认定要件。首先，在解释顺序上应遵循将法定列举类型作为法源基础的原则，排除超出法定类型的法官造法。其次，以两个一般判定要件进一步界定著作权合理使用的适用范围。前者可保护著作权人的可期待利益，后者可设定法院在判定可期待利益合理范围上的自由裁量标准。[①]

① 参见熊琦:《著作权合理使用司法认定标准释疑》，载《法学》2018年第1期。

第四章　合理使用（一）：个人使用

第一节 溯本清源：使用的含义深剖

为个人学习、研究或者欣赏，使用他人已经发表的作品，属于合理使用。作品一经发表，就已进入公共市场，可供读者学习、研究或者欣赏。这是作品的价值和使用价值得以体现的重要方式，也是文化得以传承、交流的基础。日常生活中，个人使用他人已经发表作品的情况很多。比如，为提高自己的外语水平而翻译他人的作品；为培养自己的技能而临摹他人的书法、绘画；为自我娱乐而歌唱、弹奏他人的音乐作品；为丰富自己的文化生活而转录录音带、录像带。由于个人使用他人作品的情况极为普遍，利用作品的范围又相当广泛，因此，要求每个人在每次使用他人作品时均要征得著作权人同意并支付报酬，是不可能做到的，也是不合理的。如果要求每个人在每次使用他人已发表的作品时均要征得著作权人同意并支付报酬，不仅阻碍文化的传承与交流，而且在实践中也难以执行。因为第一，个人使用要付酬，很难执行；第二，个人使用还要著作权人许可，作品就难以被利用、被传播，创作活动本身也就失去了意义。

“使用”是什么意思？著作权法没有明确规定。但是从个人学习、研究或欣赏的目的来看，最重要的使用方法首先是复制，其次是翻译，以及改编、整理和对作品的其他改变，并且应当注明该作者的姓名、名称和作品名称。表演和放映，应当也是被允许的，但是不能超出本人家庭的范围。至于其他的使用，如发行、出租、公开表演、公开放映、展览、广播、摄制等都是不能被允许的。以临摹的画作参加画展、出版图书、举办个人画展不属于合理使用。[①]

个人为了学习、研究，常常需要复制有关作品的某一片段、某一章、某一节，或者甚至一篇文章的全部。《伯尔尼公约》正是在规定复制权的第9条第2款中提到对著作权

① 参见瑞安市人民法院民事判决书，(2017)浙0381民初832号。

的限制原则的：这就是准许“在某些特殊情况下”复制；只要这种复制不与该作品的正常利用相冲突，也不致不合理地损害作者的合法权益。为学习、研究或欣赏需要复制他人已经发表的作品就是一些特殊情况。在这些特殊情况下，复制只能是“少量”的，就是说，并非只限于一份。复制也包括录音（如为了学习，将某教授的讲课录音）或录像（如为欣赏目的，将某一京剧的表演录像）。

表演，对于学习音乐、戏剧、曲艺、舞蹈、杂技艺术的个人来说，是不可缺少的。其需要常常表演（弹奏等）他人已经发表的某些作品。例如，钢琴系学生需要经常弹奏作曲家的钢琴曲，学习相声的人需要经常练说某些相声段子，这其实是学习的一部分。只要这些表演不是公开的，只限于家庭或学校（如音乐、戏剧学校）的范围，就不需要得到作者的许可。翻译，对学习、研究的人来说，有时遇到外文资料时是需要的。放映，为达到欣赏影片的目的，有时是需要的，例如从电视上录下（这是复制的合理使用）的电影作品在家庭范围内放映。

个人使用的权利限制只限于使用者本人。行为人向第三人提供他人作品供其使用，不得援引此项权利限制。例如，在张某俊与上海水田商务信息咨询有限公司（以下简称水田公司）放映权纠纷上诉案中，上诉人主张顾客在其经营场所点播 MTV 属个人使用，不侵犯著作权。浙江省高级人民法院经审理认为：“根据《著作权法》第 22 条第 1 款第 1 项规定，为个人学习、研究或者欣赏而使用他人已经发表的作品可以不经著作权人许可，不向其支付报酬，但应当指明作者姓名、作品名称，并且不得侵犯著作权人依照本法享有的其他权利。本案中，水田公司通过合法授权取得涉案作品的放映权，张某俊未经水田公司许可，以营利为目的，在其经营场所内放映涉案 MTV 作品的行为不符合著作权法规定的合法使用情形，侵害了水田公司就涉案 MTV 作品享有的放映权，应当承担相应的民事责任。”①

① 浙江省高级人民法院民事判决书，(2013)浙知终字第 264 号。

第二节 他山之石：个人使用的国际立法借鉴

个人使用是合理使用中的基本类型，各国著作权法普遍对此作了规定。为了促进文化的发展，维护社会的公共利益，许多国家的著作权法都把在某种情况下个人使用他人已经发表的作品列入合理使用的范围。例如，《俄罗斯联邦民法典》第493条规定，可以不经作者同意，不向作者付酬而复制或以其他方式使用他人已经发表的作品，以满足个人需要。供个人使用，不营利，就可以自由使用他人作品，不需著作权人同意。不支付报酬，不指名作者姓名、作品名称或者出处。但是会对个人使用的目的、范围、方式、数量作出一些限制。个人使用应具备两个条件：一是限于使用者本人（包括家庭）使用；二是限于不以营利为目的使用。两者必须同时具备方为合理。关于个人使用，有几点值得注意。

一、关于使用目的

西方国家版权立法一般将个人使用的目的界定为“为个人学习、研究”即非商业性目的。出于“个人欣赏”目的无偿而自由利用他人作品的情形，被排斥在个人使用范围之外。如《英国版权法》第29条“研究和个人学习”①、《德国著作权法》第53条“为私人使用或者其他自用的复制”②。《俄罗斯联邦民法典》（著作权部分）第1273条“为个人目的自由复制作品”规定：“公民专为个人目的复制作品的，准许不征得作者或其他权利人的同意，并不支付报酬，下列情形除外。”③《南非版权法》第十二节“文学和音乐作品版权的一般例外”第1条指出：“以研究、私人学习，或私人或个人的使用为目的”④的合理使用不侵犯文学或音乐作品的版权。上述国家著作权立法都将个人使用的目的限定为“为个人学习、研究”，即出于非商业性目的而使用他人已发表的作品。《意大利著作权法》第一编“著作权的一般规定”第五章“例外和限制”第一节“复制及其他例外和限

① 《十二国著作权法》，《十二国著作权法》翻译组译，清华大学出版社2011年版，第582页。
② 《十二国著作权法》，《十二国著作权法》翻译组译，清华大学出版社2011年版，第163～164页。
③ 《十二国著作权法》，《十二国著作权法》翻译组译，清华大学出版社2011年版，第439页。
④ 《十二国著作权法》，《十二国著作权法》翻译组译，清华大学出版社2011年版，第479页。

制”第71条第3附条规定：“为了个人研究或者学习的目的，无须通过转让或者得到许可，自然人可以从公共图书馆、教育机构、博物馆和档案馆获取其馆藏作品或者其他资料。”①《印度著作权法》(2000)第十一章“对著作权的侵害”第52条“某些不构成侵害著作权的行为”第1款规定：“下列行为不构成对著作权的侵害，即——(a)为下列目的而对除计算机程序以外的文学、戏剧、音乐或美术作品进行的合理使用——(ⅰ)进行包括研究在内的私人使用。”②

二、关于使用范围

为保护著作权人的出租权，即使是非商业性目的的出借，因超出本人使用的范围，法律也应予以禁止。《日本著作权法》第30条“为了私人目的的复制”规定“为了在个人、家庭或者其他类似的有限范围内使用”，使用者可以复制作为著作权客体的作品。③《韩国著作权法》第二章“作者的权利”第四节“作者财产权”第二分节“著作财产权的限制”第30条“私人使用的复制”规定：“使用者可以为了个人、家庭内或类似的使用而在有限范围内复制他人已经发表的作品。但不得在公用复印机上进行复印。”④《埃及知识产权保护法》第三编“著作权和邻接权”第171条第2项规定：在不损害作者的著作人身权的情况下，根据本法规定，在作品发表之后，作者不得禁止第三人实施下述行为：“复制者为自己使用而将作品复制一份，且该复制未与该作品的正常使用相冲突，也未不合理地损害作者或者著作权人的合法利益。但是，在作品发表之后，作者或者其继承人可以禁止第三人未经许可而实施以下任何行为：(1)对美术作品、实用艺术作品或者造型艺术作品进行复制、静电复印或者拷贝，除非该作品陈列于公共场所或者系建筑作品；(2)对乐谱的全部或者实质性部分进行复制或者拷贝；(3)对计算机数据库或者软件的全部或者实质性部分进行复制或者拷贝。”⑤

三、关于使用方式

应对个人使用中的作品的利用方式有所限制，不宜作出个人可以采取任何使用方

① 《十二国著作权法》，《十二国著作权法》翻译组译，清华大学出版社2011年版，第299页。
② 《十二国著作权法》，《十二国著作权法》翻译组译，清华大学出版社2011年版，第248页。
③ 参见《十二国著作权法》，《十二国著作权法》翻译组译，清华大学出版社2011年版，第376页。
④ 《十二国著作权法》，《十二国著作权法》翻译组译，清华大学出版社2011年版，第516页。
⑤ 《十二国著作权法》，《十二国著作权法》翻译组译，清华大学出版社2011年版，第42页。

式的笼统规定。关于使用方式,法国法将个人使用限定为“私人表演”“私人复制”。《法国知识产权法典》第 L. 122 – 5 条第 1 款第 1 项规定:“仅在家庭范围内进行的私人和免费的表演”;第 2 款规定:“完全只供复制者私人使用而非集体使用的拷贝或复制,但不包括与原作品创作目的相同的艺术品拷贝,也不包括依第 L. 122 – 6 – 1 条Ⅱ规定条件下制作的备份拷贝之外的软件拷贝及电子数据库的拷贝和复制件。”①《俄罗斯联邦著作权与邻接权法》第 18 条在允许个人复制的一般性规定的基础上,设定若干排除领域的例外事项。《意大利著作权法》第一编“著作权的一般规定”第五章“例外和限制”第一节“复制及其他例外和限制”第 68 条第 1 款规定,“为了个人使用目的而通过手抄或者其他不适于流通或者公开传播的方式,读者可以自由复制作品的全部或者部分”②。

四、关于使用数量

巴西法、埃及法等规定个人复制以 1 份为合理,冰岛法则允许个人复制 3 份。有些国家明确允许无偿复制受保护的作品,但只能复制一份,而且不能谋利,仅供个人使用,如《西班牙著作权法》第 31 条第 2 款;《哥伦比亚著作权法》第 37 条;《秘鲁著作权法》第 70 条;《委内瑞拉著作权法》第 44 条第 1 款等。有些国家的法律只允许以手工方式制作复制件,即手抄或打字件,如《哥斯达黎加著作权法》第 74 条;《巴拉圭民法》(1985)第 2180 条。③《德国著作权法》第 53 条“为私人使用或者其他自用的复制”将个人使用限于“已出版著作的小片段或报刊上发表的部分稿件”,或者“涉及的著作至少脱销两年以上”,此时才允许使用人“制作著作的零星复制物”,并且图书或者期刊的全部复制只能使用手抄写的方式。④《巴西著作权法》第 46 条第 2 款规定:“复制作品中的某些章节,只要仅复制一份样本供复制人私人使用,且该复制行为由其自己完成并不以营利为目的。”⑤

2014 年 6 月修改后的《英国版权法》第 28B 条详细规定了私人复制例外的基本条件:“第一,行为人必须出于非商业目的对自己合法获得的作品进行复制;第二,合法获

---

① 《十二国著作权法》,《十二国著作权法》翻译组译,清华大学出版社 2011 年版,第 70 页。

② 《十二国著作权法》,《十二国著作权法》翻译组译,清华大学出版社 2011 年版,第 297 页。

③ 参见[西]德利娅·利普希克:《著作权与邻接权》,中国对外翻译出版公司 2000 年版,第 171 页。

④ 参见《十二国著作权法》,《十二国著作权法》翻译组译,清华大学出版社 2011 年版,第 163 ~164 页。

⑤ 《十二国著作权法》,《十二国著作权法》翻译组译,清华大学出版社 2011 年版,第 14 页。

得的作品包括通过购买、赠送，或因购买、赠送而下载获取的作品，但不包括通过借阅、租赁、广播等方式获得的作品；第三，为个人使用而进行的复制包括备份、格式转换器存储等方式；第四，行为人对作品进行私人复制之后只能用于个人使用，不得对外传播，任何未经版权人许可而向他人提供该复制品的行为都将被视为版权侵权。”[①]《英国版权法》规定的私人复制的目的比我国更广，只要求“非商业目的”，对复制品的样本来源要求合法，关于复制的方式也比我国多。我国《著作权法》(2020)第10条第1款第5项规定，“复制”指的是“以印刷、复印、拓印、录音、录像、翻录、翻拍、数字化等方式将作品制作一份或者多份”。相比之下，关于复制的方式以及复制品的后续使用限制，《英国版权法》都作了明确规定。

第三节
立法沿革：我国《著作权法》《计算机软件保护条例》立法演变

一、《著作权法》(1990)的规定

我国《著作权法》(1990)第22条第1款第1项将个人合理使用作为著作权合理使用的情形之一，即“为个人学习、研究或者欣赏，使用他人已经发表的作品”，可以不经著作权人同意，不向其支付报酬，但应当指明作者姓名、作品名称，并且不得侵犯著作权人依照本法享有的其他权利。

二、《著作权法》(2001)的规定

《著作权法》(2001)第22条第1款第1项完全沿用了《著作权法》(1990)的规定，没有做任何修改。

---

① 胡开忠、赵加兵：《英国版权例外制度的最新修订及启示》，载《知识产权》2014年第8期。转引自曾琳：《著作权法第三次修正下的“限制与例外”制度应用研究》，中国政法大学出版社2016年版，第60～61页。

三、《著作权法》(2010)的规定

《著作权法》(2010)第22条第1款第1项完全沿用了《著作权法》(2001)的规定,没有做任何修改。为个人学习、研究或者欣赏,使用他人已经发表的作品,属于合理使用。本项著作权限制仅限于个人非商业性私人使用。如将作品用于商业宣传,[①]或者公开传播(包括公开表演、放映、网络传播),[②]无论是否牟利,都不属于合理使用。

四、《著作权法》(2020)的规定

《著作权法》(2020)第24条第1款与《著作权法》(2001)第22条第1款第1句相比,有三处修改:一调整一增加一修改。该修改对于"合理使用"的13项都适用,下同。

一是调整序号一处,将原第22条调整为第24条;二是增加"或者名称"一处;三是将"并且不得侵犯著作权人依照本法享有的其他权利"修改为"并且不得影响该作品的正常使用,也不得不合理地损害著作权人的合法权益"。

《著作权法》(2020)第24条第1款第1项完全沿用了下来,没有做任何修改,即规定,"为个人学习、研究或者欣赏,使用他人已经发表的作品",属于合理使用。

五、《计算机软件保护条例》(2013)第16条、第17条的规定

计算机软件的"个人使用"。《计算机软件保护条例》(2013)第17条对软件个人使用作了特别规定:"为了学习和研究软件内含的设计思想和原理,通过安装、显示、传输或者存储软件等方式使用软件的,可以不经软件著作权人许可,不向其支付报酬。"虽然本条规定未限定此项著作权的适用主体,但此处的"个人"主体限于"计算机软件的合法授权使用者",盗版软件使用者不在此列。

计算机程序的"个人使用"有所不同。《计算机软件保护条例》(2013)第16条列举了计算机软件个人使用的具体情形:"软件的合法复制品所有人享有下列权利:(一)根据使用的需要把该软件装入计算机等具有信息处理能力的装置内;(二)为了防止复制品损坏而制作备份复制品。"上述合理使用情形系法律直接规定,不允许著作权人通过合同排除。此二项规定并不局限于"个人使用",而是针对"计算机程序的合法授权使用

---

① 参见湖北省高级人民法院民事判决书,(2013)鄂民三终字第00138号。

② 参见重庆市第五中级人民法院民事判决书,(2011)渝五中法民终字第211号。

者”。它们是建立在计算机程序授权使用范围内的立法推定，不准许著作权人通过合同排除。

我国《著作权法》4 个版本和《计算机软件保护条例》(2013)关于“个人使用”表述的对比如表 4－4－1 所示。

表 4－4－1　《著作权法》等关于“个人使用”立法对比

《著作权法》(1990)第 22 条	《著作权法》(2001)第 22 条	《著作权法》(2010)第 22 条	《著作权法》(2020)第 24 条	《计算机软件保护条例》(2013)第 16 条、第 17 条
在下列情况下使用作品，可以不经著作权人许可，不向其支付报酬，但应当指明作者姓名、作品名称，并且不得侵犯著作权人依照本法享有的其他权利： 为个人学习、研究或者欣赏，使用他人已经发表的作品	在下列情况下使用作品，可以不经著作权人许可，不向其支付报酬，但应当指明作者姓名、作品名称，并且不得侵犯著作权人依照本法享有的其他权利： 为个人学习、研究或者欣赏，使用他人已经发表的作品	在下列情况下使用作品，可以不经著作权人许可，不向其支付报酬，但应当指明作者姓名、作品名称，并且不得侵犯著作权人依照本法享有的其他权利： 为个人学习、研究或者欣赏，使用他人已经发表的作品	在下列情况下使用作品，可以不经著作权人许可，不向其支付报酬，但应当指明作者姓名或者名称、作品名称，并且不得影响该作品的正常使用，也不得不合理地损害著作权人的合法权益： 为个人学习、研究或者欣赏，使用他人已经发表的作品	软件的合法复制品所有人享有下列权利：(一)根据使用的需要把该软件装入计算机等具有信息处理能力的装置内；(二)为了防止复制品损坏而制作备份复制品。…… 为了学习和研究软件内含的设计思想和原理，通过安装、显示、传输或者存储软件等方式使用软件的，可以不经软件著作权人许可，不向其支付报酬

第四节
构成要件：不侵权抗辩理由分析

个人使用条款的适用条件包括以下方面。

一、使用主体免责

个人使用的权利限制为使用者本人行使。在实践中，个人在私人活动场所或是家庭范围内使用他人作品，不构成公开发行、传播，可以认为未超出个人主体的限定。为个人学习、研究或欣赏，是否也包括为家庭学习、研究或欣赏在内？《日本著作权法》第

30 条允许为供个人或家庭使用而复制。《法国知识产权法典》第 L. 122－5 条第 1 款第 1 项规定作品发表后，作者不得禁止“仅在家庭范围内进行的私人和免费的表演”。[①]《美国版权法》第 101 条对“公开”表演或展出的解释，包括超出一个家庭及其社交关系的正常范围。这就是说，不超出这个范围，就不是公开表演，是允许的。事实上，把为个人和为家庭绝对分开是很难的，而且不近情理。个人欣赏、学习使用已经发表的作品，其使用方式应当以满足个人需求为限，不能为第三方目的而使用。[②]

二、使用目的免责

使用目的应当是仅仅为个人的学习、研究或欣赏。为了个人学习或研究使用他人作品，可以不经著作权人许可，常见于外国著作权法中。为了个人欣赏使用他人作品也可不经许可，外国著作权法中比较少见，但也是合理的。使用作品的目的，是个人学习、研究或者欣赏，而不能是出版，营业性表演，制作发行录音录像带，在电台、电视台播放，展览，摄制电影，电视等。个人使用的目的须为非商业性的私人使用，如将作品用于商业宣传或者公开传播，无论是否营利，都不在合理使用范围之内。[③] 非商业性私人使用，意指“学习、研究”自不待言，但“欣赏”属于文化消费行为，数字化环境中的私人复制和传播极易损害著作权人利益，其行为正当性基础受到质疑。多数国家将出于“个人欣赏”目的而无偿使用他人作品的情形，排除在个人使用条款之外。《英国版权法》第 29 条、《德国版权法》第 53 条作出此类规定。涉案计算机物权属员工个人，但安装、使用涉案软件的行为系用于公司生产经营，不属于合理使用。[④]

三、使用对象免责

使用的作品必须是著作权人已经发表的作品。如果作品尚未公之于众，正在发表或者尚未发表的作品都不算已经发表，在未经著作权人同意的情况下，即使是为了个人学习、研究或欣赏目的而使用该作品，也不能认为是合理使用。

---

① 参见《十二国著作权法》，《十二国著作权法》翻译组译，清华大学出版社 2011 年版，第 70 页。

② 参见北京互联网法院民事判决书，(2019)京 0491 民初 15706 号；北京知识产权法院民事判决书，(2020)京 73 民终 1636 号。

③ 参见重庆市渝中区人民法院民事判决书，(2010)渝中知民初字第 79 号；重庆市第五中级人民法院民事判决书，(2011)渝五中法民终字第 211 号。

④ 参见上海知识产权法院民事判决书，(2016)沪 73 民初 404 号；上海市高级人民法院民事判决书，(2017)沪民终 83 号。

四、使用方式和数量免责

我国《著作权法》(2020)对使用他人作品的方式、数量未作具体规定，个人使用条款是笼统性的而非限缩性的，其适用多有不便。使用他人作品有没有数量的限制？在复制作品的情形下，复制的份数有没有限制？我国著作权法没有规定。外国的著作权法一般规定只限于少量复制，有的规定只限于一份或者至多三份，有的甚至还规定复制只能复制作品的一部分，复制一部完整的作品应得到著作权人的许可。然而，这种数量的限制即使复制人违反了，也很难受到有效监督。

五、保护著作权人合法权益免责

为个人学习、研究或者欣赏，使用他人已经发表的作品，可以不经著作权人同意，并不向其支付报酬。但应当指明作者姓名或者名称、作品名称，并且不得影响该作品的正常使用，也不得不合理地损害著作权人的合法权益。例如，离职员工在网络上发布自己创作但版权属于公司的作品，不属于对署名权的正当行使。离职员工将版权属于公司的作品上传到个人微博上，使网络用户能够在个人选定的时间和地点以下载、浏览或者其他方式获得，已超出为个人学习、研究或者欣赏的范围。①

第五节
立法展望：存在问题及修订意见

一、存在问题

我国《著作权法》(2020)第24条第1款第1项规定的个人使用是“为个人学习、研究或者欣赏，使用他人已经发表的作品”。这种情况限制了目的、主体和对象三个内容。主体只能是个人；对象只能是已发表的作品，未发表的作品则不在合理使用之列。《著作权法》(2020)第24条第1款第1项之规定存在的问题：

① 参见厦门市湖里区人民法院民事判决书，(2018)闽0206民初8934号。

（一）使用目的或宽或窄

将个人合理使用的目的限制在“学习、研究或者欣赏”上，范围过窄。比如，为了出行需要复制地图，为了烹调需要复制他人菜谱。这些行为不能说是为了“学习、研究或者欣赏”，但也很难说是侵犯了著作权。这就需要扩张个人合理使用的目的，将其扩展到“个人目的”上，这种个人目的的规定只是排除了为企业的商业目的而进行的复制行为。目的只能是学习、研究或欣赏，而不能扩大到出版、出租等。从使用目的上讲，其范围比其他国家的规定要宽，包括学习、研究或欣赏目的。

（二）使用方式不够明确

作品的使用方式很多，何种使用方式才算是合理使用，应当予以明确。这里的使用方式通常体现为以下几种情形，即复制、表演、改编他人已经发表的作品。至于使用方式，我国法律并未明确限制为“私人表演”或“私人复制”，因此有继续完善的必要。

（三）使用行为过于宽泛

《著作权法》(2020)规定的“个人使用例外”，显然过于宽泛，容易不合理地损害著作权人的合法权益。作品的价值即体现在可用于“学习、研究或欣赏”。“学习、研究”有利于知识传播，可有助于整体社会进步，相比之下具有正当性。但“欣赏”是消费行为，数字时代复制技术发达，可实现无信息损耗的完全复制。如果个人复制行为不受著作权人的控制，以“欣赏”为名的复制传播行为必将严重损害著作权人利益。

（四）网络使用没有规定

《信息网络传播权保护条例》没有认可网络环境下的个人使用属于合理使用。信息在网络中传播速度快、范围广，如果仍然把以“欣赏”为目的的个人使用归于合理使用，对版权人的利益影响太大，尤其是音乐业、影视业受害最深，与三步检验法要求的“不得不合理地损害权利持有人的正当利益”不相符合。完全排除以学习、研究为目的的对网上作品的个人使用，似乎太过苛刻。

（五）消费性使用具有正当性

在微博转发过程中为评论、推荐等大量引用已经发表的作品，不属于适当引用，也很难归入《著作权法》(2020)个人使用范畴。三步检验法虽然是关于著作权限制的一般条款，但只具有限制著作权限制的功能，不宜作为扩展著作权限制范围的依据。我国没有采用因素主义立法模式，未来也应该审慎选择。网络环境下日益变化的消费性使用仍具有“非竞争性”和“非营利性”特征，因此在著作权法中保护消费性使用依然具有正当性。合理的选择是继续规定“个人使用”的著作权限制条款，同时辅之以三步检验法检验，以维护网络环境下著作权人和使用者利益的平衡。①

二、修订意见

《著作权法》可将此条修改为“为学习、研究、欣赏等个人目的，复制、表演、改编他人已经发表的作品”。

① 参见梅术文：《从消费性使用视角看“微博转发”中的著作权限制》，载《法学》2015 年第 12 期。

第五章 合理使用（二）：适当引用

第一节 溯本清源：适当引用的必要性分析

适当引用是合理使用中的重要类型，也是容易引发争议和纠纷的疑难问题。合理使用的最初类型就是适当引用，即为了促进新作品的创作，基于对原作品的引用需要而设定的。在英国判例法中，真实而合理地摘用他人的作品，被称为"合理摘用"（fair abridgment），而后法官又创制了"合理引用"（fair quotation）的概念。适当引用是最古老的合理使用制度，各国著作权法毫无二致地作出了规定。

适当引用是指为介绍、评论某一作品或者说明某一问题，在作品中适当引用他人已经发表的作品。在自己的作品中适当引用他人作品，是指将别人的作品作为自己作品的根据，以创作新作品，说明新观点。对原作品进行引用，在文字作品中极为常见。比如，为对他人著作进行评论，而摘引一段原书的文字，在其他创作形式中，也有引用他人作品的情况。比如为介绍某人的书法、绘画，在电视片中播放他的几幅书法、绘画作品等。

引用，即为了介绍、评论某一作品或者说明某一问题，在自己的作品中适当引用他人的作品。适当引用包括两种方式：一种是原文引用。引用的部分同原文一模一样。如果将英文翻译成中文进行引用，也可视为原文引用。另一种是非原文引用。只是引用了原文中包含的思想观点，但没有采用原文的符号组合方式。

适当引用对于学术发展具有非常重要的意义，任何学术观点都不是凭空而来，都必须建立在前人相关观点的基础上。为了论证的需要，也为了厘清人类思想文化观点的发展脉络，适当引用是必须的。除了学术著作外，在文学艺术著作中也有很多引用的情形。比如，在纪录片中使用电影作品的片段或是他人的绘画作品。著作权国际公约及各国著作权法都规定有适当引用，作为合理使用的基本类型。

引用，即将他人作品中的几句话或者片段引入自己的作品中，用以介绍或评论某一观点，或说明某一问题。引用是指选用另一部作品的较短片段，证明作者的判断或使其更加明白易懂，以真实地表明一种立场的行为。根据多数国家的规定，引用对象应为已发表的作品，引用的章节应当准确无误，并限于以下目的使用：或是分析、评论某一作品，或是作研究或教学使用。为了合理保护被引用作品作者的利益，引用人在引用时应当注明原文的出处，并保护被引用作品作者的著作人身权不受侵害。

引用的目的是介绍说明，引用比例小，且标明被引用作品的名称、出处、作者的姓名，没有损害被引用作品著作权人的利益的，构成合理使用。①

第二节 他山之石：适当引用的国际立法借鉴

一、国际条约的相关规定

《伯尔尼公约》第 10 条“作品的某些自由使用”第 1 款“引用”作了原则性限制：“从一部合法公之于众的作品中摘出引文，包括以报刊提要形式引用报纸期刊的文章，只要符合合理使用，在为达到目的的正当需要范围内，就属合法。”②第 3 款“指明来源和作者”规定：“前面各款提到的摘引和使用应说明出处，如原出处有作者姓名，也应同时说明。”③

《伯尔尼公约》第 10 条第 1 款允许从已经发表的作品中，包括从报纸、杂志、电影、广播电视节目中进行引用，只要这种引用符合公平惯例，而且不超越为达到引用目的所需要的正当限度。该公约对引用规定了三个限制：（1）所作的引文必须来自公众可以合法获得的作品。没有发表的手稿或者仅仅在内部流通的作品，不得自由引用。所谓公众可以合法获得的作品，除经作者同意发表的以外，也包括由于其他合法的原因而发表的作品，例如经强制许可而发表的作品。（2）引用必须符合公平惯例（fair practice），即

① 参见江苏省南通市中级人民法院民事判决书，（2007）通中民三初字第 0059 号；江苏省高级人民法院民事判决书，（2008）苏民三终字第 0207 号。

② 张大伟主编：《世界版权条约》，东方出版中心 2019 年版，第 39 页。

③ 张大伟主编：《世界版权条约》，东方出版中心 2019 年版，第 40 页。

要考虑引用部分在被引用的原作品中所占的比例，以及引用部分在使用该引用部分的新作品中所占的比例，是否公平最终应由法院判定。(3)引用只限于在为达到引用目的所需要的正当限度内。引用不可能是很长的，引用在被引用的原作品中和在使用引用的新作品中的比例都应当是适当的。如有争议，最终也应由法院判定。在引用时，应当注明原作者姓名和作品名称。

二、典型国家的立法例

引用，一般只提到从作品中摘引，未明确是什么作品，在实践中一般是从文字作品中摘引。《德国著作权法》第51条则明确提到了独立的音乐作品也可以从其他已经出版的音乐作品中摘引片段。

由于引用他人作品，对某些作品的创作来说是必需的；不引用，新作中的某些问题就难以说清，甚至新作难以产生。许多国家及国际公约对这种合理使用都有规定。《意大利著作权法》第一编"著作权的一般规定"第五章"例外和限制"第一节"复制及其他例外和限制"第70条第1款规定："为了进行评论或者讨论，可以在符合上述目的的范围内，摘录、引用或复制作品的片段或者部分章节并向公众传播，但是，不得与该作品的经济使用权构成竞争；为了教学或者科学研究的目的进行使用的，还应当仅限于进行展示且无商业性目的。"①《匈牙利著作权法》第17条第1款规定，允许个人在指明作品出处和作者姓名的情况下，引用一部已出版的作品中的某些部分，只要引用的程度与使用引证的作品的特点和目的相称，而且引证忠实于原作。②《日本著作权法》第二章"作者的权利"第三节"权利的内容"第五小节"著作权的限制"第32条"引用"第1款规定："已经发表的作品可以通过引用加以使用。但引用必须符合公正的惯例，而且必须是在报道、批评、研究目的的正当范围内。"③

《俄罗斯联邦民法典》(著作权部分)第四部分第七编"智力活动成果和个性化表现方法的权利"第七十章"著作权"第1274条"为新闻、科学、宗教或文化目的而自由使用作品"第1款第1项、第2项规定："不征得作者或其他权利人同意，不支付报酬，但必须指明所使用作品之作者的名字及所引用资料的出处，则许可：(一)以原文和译文的形式为科学、辩论、评论或新闻之用而摘录已经正当发表的作品，篇幅与摘录目的相符，其中

---

① 《十二国著作权法》，《十二国著作权法》翻译组译，清华大学出版社2011年版，第298页。
② 参见李祖明：《互联网上的版权保护与限制》，经济日报出版社2003年版，第163页。
③ 《十二国著作权法》，《十二国著作权法》翻译组译，清华大学出版社2011年版，第377页。

包括以报刊概述的形式转载报纸和期刊文章的段落；（二）在教学性质的出版物、广播电视节目、录音录像制品中，作为说明问题的例证资料而使用已经正当发表的作品及其片段，篇幅与既定目的相符。”①

适当引用的界限无法单纯从数量上来规范，多个国家的法律大多只有一个原则规定。《德国著作权法》第一部分“著作权”第六节“对著作权的限制”第51条“引用”规定：“为引用之目的，只要在此特殊目的范围内利用已发表的著作有正当理由，本法允许复制、传播和公开再现之。本法尤其允许：（1）为说明内容而在独立的科学著作中收录已出版的单独的著作；（2）在独立的语言著作中引用已发表的著作的片段；（3）在独立的音乐著作中引用已出版的音乐著作的片段。”②《罗马尼亚著作权法》第14条第5款规定：从文学、音乐、电影和科学作品或其复制品上摘引一小段，专门用于说明具有科学特点的讲学和出版物的书面或口头内容，以及通过光学仪器显示造型艺术作品，或者评论公开的展出，或由电台和电视台普及推广这些作品，可以不经作者同意，不支付任何报酬，但应尊重作者的其他权利。③

为了防止出现可能的抄袭行为，有些国家法律还对引文数量作了具体规定。《法国知识产权法典》（法律部分）第L.122－5条第1款第3项目第a目规定：“由使用引文的作品的评论、论战、教育、科学或情报性质所决定的分析及简短引用”④，即法国法要求引文必须“简短”。《智利著作权法》第38条则规定引文只能是某些片段，《丹麦著作权法》（1960）第14条规定引用必须与用途和习惯相符，并应有明确的目的。还有一些国家的法律规定得更为具体，如《阿根廷著作权法》第10条规定所引用的“文学和科学作品不超过1000个单词，音乐作品不超过8个节拍”。该法还补充规定：“当引用的他人作品构成新作品的主要部分时，法庭可以通过简易诉讼程序，公平地确定属于被引用作品的著作权人应得的份额。”

《印度著作权法》第十一章“对著作权的侵害”第52条“某些不构成侵害著作权的行为”第1款规定：“下列行为不构成对著作权的侵害，即——（a）为下列目的而对除计算机程序以外的文学、戏剧、音乐或美术作品进行的合理使用……（ⅱ）对该作品或其他

① 《十二国著作权法》，《十二国著作权法》翻译组译，清华大学出版社2011年版，第440页。
② 《十二国著作权法》，《十二国著作权法》翻译组译，清华大学出版社2011年版，第162页。
③ 参见李祖明：《互联网上的版权保护与限制》，经济日报出版社2003年版，第163～164页。
④ 《十二国著作权法》，《十二国著作权法》翻译组译，清华大学出版社2011年版，第70页。

任何作品进行批评或评论。”①

《韩国著作权法》第二章“作者的权利”第四节“作者财产权”第二分节“著作财产权的限制”第28条“已公开作品的引用”规定：“在新闻报道、批评、教育、研究等合理范围内，可以以符合合理惯例的方式引用已发表的作品。”②

《埃及知识产权保护法》第三编“著作权和邻接权”第171条第4项规定：“为评论、讨论或者媒体传播之目的，对作品的全部或者部分或者引用进行分析研究。”③《南非版权法》第十二节“文学和音乐作品版权的一般例外”第1款指出：“(b)以评论或评述该作品或其他作品为目的”④的合理使用不侵犯文学或音乐作品的版权。第3款规定：“引用合法向公众提供的文学或音乐作品不构成对其版权的侵犯，包括以概要的形式引用报纸或期刊上的文章：只要该引用符合合理使用的惯例，没有超出合理引用目的之范围，并且注明作品的来源以及在作品中所出现的作者姓名。”⑤

《新加坡版权法》第36条规定，为了批评或评论合理使用文学、戏剧、音乐或艺术作品并不构成对作品的侵权。第52A条、第53条规定了考试中以及为了解释或阐明论文或作品中的合理使用问题。⑥《菲律宾知识产权法典》第四编“版权法”第八章“版权之限制”第184条“版权之限制”第1款第b项规定，“对已出版作品进行引用，如果其符合合理使用的条件，且引用的数量和程度在其目的的合理范围内，包括引用报纸文章和报刊摘要形式的期刊杂志。但是，如原作品上有作者和出处，则应在文章中指明”⑦。

《柬埔寨版权和邻接权法》第25条第2款规定，如果清楚标明作者的姓名和作品来源，那么作者就不能对下列行为给予任何的禁止：对该作品的评论、辩论、教学、科学或信息性质的分析或简短引用；新闻评论广播；通过新闻或电视广播全部或部分的向公众传播演讲；基于原著的喜剧、风格或漫画改编。第28条规定，未经作者授权并未支付任何报酬，允许在另一部作品中引用合法出版的作品，但必须标明该作品的来源和作者的姓名，该引用不应超过必要的目的。⑧

① 《十二国著作权法》，《十二国著作权法》翻译组译，清华大学出版社2011年版，第248页。
② 《十二国著作权法》，《十二国著作权法》翻译组译，清华大学出版社2011年版，第516页。
③ 《十二国著作权法》，《十二国著作权法》翻译组译，清华大学出版社2011年版，第43页。
④ 《十二国著作权法》，《十二国著作权法》翻译组译，清华大学出版社2011年版，第479页。
⑤ 《十二国著作权法》，《十二国著作权法》翻译组译，清华大学出版社2011年版，第480页。
⑥ 参见冯寿波：《中国－东盟自由贸易区版权法比较研究》，气象出版社2014年版，第80~81页。
⑦ 《菲律宾知识产权法典》，杨涛、杨斌译，知识产权出版社2014年版，第79页。
⑧ 参见冯寿波：《中国－东盟自由贸易区版权法比较研究》，气象出版社2014年版，第81页。

《老挝知识产权法》(2008)第96条第1款规定了"对版权不支付报酬的限制"：为了评论或阐述清楚自己的作品，在没有改编任何内容情况下，对任何作品的适当引用；未经改编，新闻报告、杂志、无线电和电视节目和纪录片的内容而对任何作品的引用。《文莱版权法》第34条规定，如果附有充分说明，为批评或评论该作品或另一部作品或对作品的表演为合理使用。《印度尼西亚版权法》第15条第1款规定："如果充分地注明来源，下列行为不应当被视为版权侵权：出于教育、研究、科学论文、报告的写作、批评或评论问题之目的，使用他人的作品，条件是它并不会侵害该作者的通常利益。"[①]

第三节　立法沿革：我国《著作权法》《信息网络传播权保护条例》立法演变

一、《著作权法》(1990)的规定

《著作权法》(1990)第22条第1款第2项规定："为介绍、评论某一作品或者说明某一问题，在作品中适当引用他人已经发表的作品"，可以不经著作权人许可，不向其支付报酬，属于合理使用，但应当指明作者姓名、作品名称，并且不得侵犯著作权人依照该法享有的其他权利。此便为适当引用例外。

二、《著作权法》(2001)的规定

《著作权法》(2001)第22条第1款第2项完全沿用了《著作权法》(1990)第22条第1款第2项的相关规定，未作任何修改。

三、《著作权法》(2010)的规定

《著作权法》(2010)第22条第1款第2项完全沿用了《著作权法》(2001)第22条第1款第2项的相关规定，未作任何修改。

① 冯寿波：《中国－东盟自由贸易区版权法比较研究》，气象出版社2014年版，第81页。

四、《著作权法》(2020)的规定

《著作权法》(2020)第24条第1款第2项与《著作权法》(2010)第22条第1款第2项相比较,仅修改了条目编号,即将第22条调整为第24条,具体内容未作调整。

因《著作权法》(2020)第24条第1款第1句作了修订。故第2项实际规定为:"为介绍、评论某一作品或者说明某一问题,在作品中适当引用他人已经发表的作品",属于合理使用,可以不经著作权人许可,不向其支付报酬,但应当指明作者姓名或者名称、作品名称,并且不得影响该作品的正常使用,也不得不合理地损害著作权人的合法权益。

五、《信息网络传播权保护条例》(2013)的规定

《信息网络传播权保护条例》(2013)第6条第1项有类似的规定,通过信息网络提供他人作品,"为介绍、评论某一作品或者说明某一问题,在向公众提供的作品中适当引用已经发表的作品",可以不经著作权人许可,不向其支付报酬。

第四节 构成要件:不侵权抗辩行为分析

适当引用条款的适用,需具备以下条件。

一、引用目的免责

引用的目的只能是介绍、评论某一作品或者说明某一问题。被引用的内容往往被作为论据来支持自己的观点、判断。如果引用他人作品不是为了介绍、评论或者说明某一问题,而是为了将他人作品作为自己的作品,则这种引用违背了引用的目的,就不是合理使用,可能会构成侵权。所谓引用目的适当,是指引者出于介绍、评论或者说明的目的而引用他人作品。"介绍"是为了让读者了解某一作品的部分内容或者主旨思想;"评论"是为了表达使用者自己对某一作品的主观认识和评价;"说明"是使用者为了解读、证明某一问题而将他人作品作为素材或者论据。引用目的的正当性表明了适当引

用的合理性。适当引用的目的仅限于介绍、评论、说明。引用的部分在自己的作品中仅处于辅助性地位，而非主导地位。若处于主导地位，则引用目的不纯粹。以介绍、评论某一作品或者说明某一问题为借口，在作品中引用他人已经发表的作品，进行商业宣传，不属于合理使用。① 公益性质不是决定引用是否为合理使用的根本要素，判断是否构成合理使用，不能将公益性质作为判断条件。②

二、引用程度免责

引用只能是适当引用。适当引用即意味着引用的内容不能构成引用人自己作品的主要部分，或者引用他人的观点不能成为引用人自己作品的主要观点。③ 引用比例必须适当。一般而言，引用不应当比评论、介绍或者说明还长。所谓引用程度适当，包括两个方面的判断：一是数量标准，即引用他人作品不能超过介绍、评论和说明的实际需要。在司法实践中，引用过量须考虑引用他人作品的字数总量、引用文字占本人作品的总体比例。通常认为引用的比例超过了整个作品的 1/3 或一半以上，就会被认为超出合理使用的范围。二是实质标准，即引用的他人作品不能构成本人作品的主要部分或者实质部分。在司法裁量时，通常要考虑所引用的文字或其他表达要素是否属于引用作品的核心实质内容，是否会对原作品的正常使用或者市场销售造成不良影响。虽然引用的数量很少，但是引用的却是作品中最核心的内容，同样超出了合理使用的范围。如果引用部分为作品关键或核心内容，即使引用比例很小，依然不构成合理使用。④ 例如，在一项核心技术论著中，引用者仅仅引用了论著中最核心的技术阐述部分，虽然在引用数量上未超出合理使用的范围，但在引用内容的性质上已经超出了合理使用的范围。又如，摘要部分系作品的实质部分，体现了作者的创造性，是整个作品的精华和灵魂所在。引用作品摘要部分全部内容的行为不属于合理使用的范畴。⑤ 数量标准与实质标准必须结合起来，在具体案件中加以适用。但被引用的部分在原作品中的地位则因作品形式而有所不同。对于一些短小作品，比如诗歌、对联、图片等作品而言，自然可以全部引

---

① 参见辽宁省沈阳市中级人民法院民事判决书，(2009)民四初字第 97 号。

② 参见北京市海淀区人民法院民事判决书，(2016)京 0108 民初 31830 号；北京知识产权法院民事判决书，(2017)京 73 民终 1068 号。2017 年北京市法院知识产权“十大创新性”案例。

③ 参见张革新：《现代著作权法》，中国法制出版社 2006 年版，第 161 页。

④ 参见北京市海淀区人民法院民事判决书，(2008)海民初字第 19449 号；北京市第一中级人民法院民事判决书，(2009)一中民终字第 923 号。

⑤ 参见湖南省长沙市中级人民法院民事判决书，(2008)长中民三初字第 0369 号。

用。但对于论文、影片、小说等篇幅比较大的作品而言，引用部分就不能过于冗长。例如，为介绍图书，引用极少量的正文，传达作者的基本思路和表达方式，不会损害图书作者的利益，构成合理使用。①

三、引用对象免责

引用对象，限于他人已经发表的作品。引用的作品必须是已经发表的。未发表作品在著作权人的控制范围内，不能适用合理使用。对他人作品的引用，不仅是引用印刷出版物的文字内容，而且包括广播节目的段落、视听作品的镜头。各国著作权法关于引用作品并无太多限制，其适用范围大抵为文学作品、音乐作品、视听作品等。我国《著作权法》对此未作规定。根据私法领域“法无禁止即可为”的原则，引用作品的适用范围应延及文学、艺术和科学作品。将类电作品截图制作成图片集的行为属于使用该作品。图解电影并非介绍、评论或者说明原作品的合理需要，且其对原作品的替代作用，损害了著作权人的合法权益，不属于合理使用。②

四、引用条件免责

引用他人的作品，应当指明作者的姓名或者名称、作品的名称，并且不得侵犯著作权人依照著作权法享有的其他权利。所谓“引用条件”，是指在引用作品中指明被引用作品姓名、作品出处和来源。如果没有标明来源，可能因为不当署名侵犯了原作品著作权。但由于作品的性质、体裁不适于标明作品来源的，或是来源非常明确不至于造成误会时，也可以不表明来源。比如，对于科普作品而言，往往不需要以参引方式表明思想观点来源。例如，学术研究中的注释规范和参考文献规范，要求说明引文的作者和出处，列举引用的图书资料，体现了对作者学术声誉和著作权的尊重。上述规范要求，既是“引用条件”具体化的法律义务，也是学术共同体的伦理规则。

五、引用结果免责

适当引用的结果是形成了新的作品。如果没有形成新的作品，就有可能仅仅构成

---

① 参见北京市海淀区人民法院民事判决书，(2007)海民初字第8079号；北京市第一中级人民法院民事判决书，(2008)一中民终字第6512号。

② 参见北京互联网法院民事判决书，(2019)京0491民初663号；北京知识产权法院民事判决书，(2020)京73民终187号。

对原作的复制，还有可能侵犯原作品的著作权。[①] 适当引用的四要件分析，集中反映了被引用作品即原作与引用作品即新作之间的关系。在相关两部作品中考察适当性具体标准，有助于分清引用与抄袭的界限：(1)新作必须区别于原作。引用他人作品，必须忠于原作，即引用人不得断章取义、曲解原作，无论是原文照引还是摘录引用，都要标明作者和作品来源，这即是向公众宣示，引用他人所著而不是本人创作。(2)新作必须独立于原作。引用后所产生的作品须为与原作相区别的独立作品。新作的独立性是适当引用的质的规定性要求。两部作品在内容上要有实质性区别而不能构成实质性相似。如果大幅度摘引他人作品，或是将他人多部作品加以整合，其引用作品的独立性将难以成立。(3)对原作的引用必须适于新作。引用部分与被引用作品应有内在的有机联系，即引用作品时为了介绍、评论和说明的需要，而不能仅是对原作品的再现和传播。例如，将他人作品的片段用于自己产品的商业性宣传，或是在自己的文学书籍上采用他人绘画作为封面插图，就不能视为合理使用。[②]

六、维护权益免责

为介绍、评论某一作品或者说明某一问题，在作品中适当引用他人已经发表的作品，可以不经著作权人许可，不向其支付报酬，但应当指明作者姓名或者名称、作品名称，并且不得影响该作品的正常使用，也不得不合理地损害著作权人的合法权益。[③]

第五节
典型案例：适当引用案例分析

何怀文在《中国著作权法：判例综述与规范解释》一书第八章“著作权和相关权的限制”第二节“合理使用”中运用案例分别论述了“为个人学习、研究或欣赏而使用他人已经发表作品”“为介绍、评论或说明而适当引用他人已发表作品”“为报道时事新闻而不

① 参见吴汉东：《知识产权法》，法律出版社 2021 年版，第 242 页。王坤、王展：《著作权法体系化研究》，中国政法大学出版社 2018 年版，第 169 页。

② 参见吴汉东：《著作权合理使用制度研究》（第 4 版），中国人民大学出版社 2020 年版，第 147 ~148 页。

③ 参见云南省昆明市中级人民法院民事判决书，(2007)昆民六初字第 81 号。

可避免地再现或引用他人已发表作品”“刊登、播放或通过信息网络提供时事性文章”“刊登或播放公众集会上发表的讲话”“学校课堂教学或科学研究中少量使用”“为执行公务使用已经发表的作品”“为陈列或保存版本而复制本馆收藏的作品”“免费表演已发表作品”“复制室外公共场所的艺术作品”“汉语言文字作品翻译成少数民族语言”“已发表作品改成盲文出版”“计算机程序应用环境调试性修改”13 种合理使用具体情形。[①] 崔国斌在《著作权法:原理与案例》一书第十一章“著作权限制”第一节“合理使用”分论部分分别通过案例分析了“个人使用”“合理引用(介绍评论)”“新闻报道”“课堂教学与科研”“陈列或保存版本”“免费表演”“室外艺术品”“执行公务”“时事性文章与公众集会讲话”“少数民族语言与盲文”“其他可能的合理使用行为”11 种情形。[②]

何为适当引用,我国著作权法未给出明文界定。但是,《著作权法实施条例》(2013)第 21 条强调:“依照著作权法有关规定,使用可以不经著作权人许可的已经发表的作品的,不得影响该作品的正常使用,也不得不合理地损害著作权人的合法利益。”[③] 本条规定可为适当引用提供规范边界,尽管界限不清晰。

是否构成适当引用,我国法院通常综合考虑以下因素:原作品是否已经公开发表、引用他人作品的目的、所引用文字占整个作品的比例、所引用文字是否属于作品的核心或实质内容、是否会对原作品的正常使用或市场销售造成不良影响等。这些因素同《美国版权法》第 103 条“合理使用”规定的因素大体相同。然而,这些因素本身没有给出法律标准,关键的法律问题仍是:适当引用“不得影响该作品的正常使用,也不得不合理地损害著作权人的合法利益”。

一、从引用的目的来考虑

就引用的目的而言,可以区分介绍评论作品型引用与说明问题型引用。就介绍评论作品型引用而言,介绍评论未发表作品,比如电影上映前剧透,可能会降低公众对电影的新奇感,对著作权人的利益造成损害。但是,介绍、评论已经发表的作品反而有利于大众了解作品内容,对作品产生兴趣,创造新需求,有利于著作权人实现精神利益和财产利益。为此,对此类引用,应该采取较为宽容的态度。例如,在孙某琦诉长江文艺出版社等侵犯专有出版权纠纷案中,法院审理认为:“长江出版社出版《2005 年中国武侠文学精选》的目

① 参见何怀文:《中国著作权法:判例综述与规范解释》,北京大学出版社 2016 年版,第 687 ~729 页。

② 参见崔国斌:《著作权法:原理与案例》,北京大学出版社 2014 年版,第 582 ~627 页。

③ 吴高盛主编:《〈中华人民共和国著作权法〉释义及实用指南》,中国民主法制出版社 2015 年版,第 374 页。

的是介绍2005年中国的武侠小说，长篇小说部分仅是少量节选原著内容。这种使用方式符合著作权规定的合理使用的方式'为介绍、评论某一作品或者说明某一问题，在作品中适当引用他人已经发表的作品'。长江出版社在《2005年中国武侠文学精选》中指明了作者姓名和作品名称。长江出版社节选的行为并不构成侵权。"①又如，在王某诉北京谷翔信息技术有限公司等侵犯著作权纠纷案中，第一被告谷歌公司数字化扫描涉案图书《盐酸情人》后，将其上传到网上，网络用户搜索本书时，可以阅读到本书的文本片段（常是一两句话）。法院审理认为，这种行为不侵犯信息网络传播权。②

说明问题型引用则不同。在他人作品已经说明问题的情况下，引用其作品来说明同一问题，更可能实质性替代原作品，减少其大众需求，从而损害作品的正常使用，威胁著作权人的合法利益。特别是，为说明问题而使用他人摄影作品或美术作品，可实质性替代原作品，难以构成适当引用。例如，在徐某魁诉上海大学出版社有限公司侵害作品署名权、复制权纠纷案中，法院审理认为："涉案书籍……实质系通过明信片使用的摄影作品反映上海城市及建设的演变，在使用时亦未对摄影作品的作者予以署名。涉案书籍对明信片的使用方式，超过了我国著作权法规定的介绍和评论的幅度，使涉案书籍产生了较强的欣赏性、收藏性，同时客观上阻碍了摄影作品作者独立行使复制权并获得报酬的权利，这种使用方式不能构成合理使用。"③在郑某与大梅沙旅游公司侵犯展览权纠纷上诉案中，法院认为："大梅沙旅游公司将郑某享有著作权的《梅沙浴场》摄影作品在展览厅公开展示，供游客参观浏览，并以此为营利目的，显然已经超出了为'说明某一问题'的合理使用范围。"④在时代信报社与龙某才等著作权侵权纠纷上诉案中，法院指出：涉案四幅摄影作品用于文章配图，未指明作者姓名，其使用方式亦明显不构成合理引用。⑤ 在广州网易计算机系统有限公司与闫某玉著作权纠纷上诉案中，法院指出：尽管广州网易计算机系统有限公司使用涉案摄影作品的页面是介绍老北京十大会馆旅游的页面，但广州网易计算机系统有限公司使用涉案作品的方式对闫某玉对该作品正常的网络传播行为起到了实质性替代作用，损害了闫某玉的商业利益，故不构成对涉案作

---

① 北京市朝阳区人民法院民事判决书，（2009）朝民初字第15233号。

② 参见北京市第一中级人民法院民事判决书，（2011）一中民初字第1321号。

③ 上海市杨浦区人民法院民事判决书，（2013）杨民三（知）初字第136号；上海市第二中级人民法院民事判决书，（2014）沪二中民五（知）终字第39号。

④ 广东省高级人民法院民事判决书，（2009）粤高法民三终字第411号。

⑤ 参见重庆市第一中级人民法院民事判决书，（2009）渝一中法民终字第6575号。

品的合理使用。[①] 在广州网易计算机系统有限公司与深圳市玩家文化传播有限公司(以下简称玩家公司)著作权侵权纠纷上诉案中,法院审理认为:内容上涉案图片所在的位置并非介绍该网络游戏的页面。形式上,广州网易计算机系统有限公司使用涉案图片的方式,是对玩家公司该图片正常的网络传播行为起到了实质性的替代作用,损害了玩家公司的商业利益,不属于适当引用的情形。[②]

使用他人美术作品来说明问题,情况类似。例如,在辽宁广播电视台与林某等侵害作品信息网络传播权纠纷上诉案中,法院认为:涉案作品系林某根据电影 *Life of Pi*(少年派)的故事情节创作的美术作品,辽宁广播电视台在其《老梁观世界》节目中,为讲述电影 *Life of Pi* 的需要,使用了与 *Life of Pi* 故事情节、人物关系一致的涉案美术作品,但在使用过程中并未指明涉案作品的作者姓名、作品名称,且损害了著作权人的合法利益,不属于我国《著作权法》第 22 条所规定的合理使用范畴。[③]

如果引用目的不是介绍或评论作品也不是单纯说明问题,而是为实现商业目的,则不应将该引用判定为适当引用。如在周某能诉云南易游网络信息产业有限公司著作权纠纷案中,法院认为:“页面中的这些文字内容和摄影作品显然是服务于被告的商业目的,是被告推广其商业性服务的组成部分,并不是仅起到说明问题的目的;被告在使用原告作品的位置均没有注明原告姓名,且所引用部分已经构成原告作品的主要部分或者实质部分……综上分析,被告使用原告作品的行为不能完全满足著作权法中对著作权合理使用的规定,被告的行为不属于合理使用,应构成对原告著作权的侵犯。”[④]在李某之诉杭州娃哈哈集团公司等侵犯著作权纠纷案中,法院指出:“因该广告的内容系为宣传有关产品,其目的不在于介绍、评论某一作品或说明某一问题,不属于法律规定的合理使用的范畴。”[⑤]在自贡市公共交通总公司诉自贡市五星广告灯饰公司侵犯著作权纠纷案中,法院指出:未经彩灯组美术作品的著作人许可,录制“天上彩虹、人间霓虹”的电视广告,是为推销自己的“五星牌霓虹灯”产品,出于广告宣传的营利目的,不属于合理使用。[⑥]

---

① 参见广东省广州市中级人民法院民事判决书,(2013)穗中法知民终字第 434 号。
② 参见广东省广州市中级人民法院民事判决书,(2013)穗中法知民终字第 1223 号。
③ 参见北京市第一中级人民法院民事判决书,(2014)一中民终字第 5667 号。
④ 云南省昆明市中级人民法院民事判决书,(2007)昆民六初字第 81 号。
⑤ 北京市第一中级人民法院民事判决书,(1996)一中初字第 89 号。
⑥ 四川省自贡市中级人民法院民事判决书,(1994)自民初字第 2 号。

二、从引用的质和量来考虑

可从引用的质和量两个方面来考虑涉嫌侵权使用行为对被引用作品正常使用的影响。通常而言，引用量大，则难以构成合理使用。在刘某奎与华东师范大学出版社上诉案中，涉案图书是说明问题型引用，且引用文字多达 430 字。这种文字长度，如本书复制权部分所述，足以侵犯复制权。法院正确地判决其不属于适当引用。在蒋某柏诉周某军等侵害著作权纠纷案中，周某军在其撰写的涉案书籍中使用与原告博客文字相同的 13, 641 字、略改的 4304 字，但主张适当引用。法院认为："周某军在涉案书籍不同章节多处使用原告博客文字，未加注引号，未指明出处，并非属于为介绍、评论某一作品或者说明某一问题而进行适当引用。"[①]而在郭某与黄某翘等侵犯著作权纠纷上诉案中，法院认为：（涉案）引用的目的是介绍和说明关于血友病中医药临床治疗的进展情况，引用的内容只有 100 字左右，占全文篇幅的比例很小，并且指明了作者姓名和作品名称[②]，因此属于合理使用。

引用他人作品的核心部分容易减损受众对他人作品的市场需求，也难以构成合理使用。例如，原封不动刊载文章摘要通常不属于适当引用。在何某东诉湖南永和阳光科技有限责任公司侵犯著作财产权纠纷案中，法院认为：被告湖南永和阳光科技有限责任公司在其宣传资料永和阳光诊断试剂产品介绍及其网站上原文登载涉案作品的摘要部分，目的是宣传其生产和销售的胆红素试剂，而不是为了介绍和评论涉案作品；且摘要部分系涉案作品的实质部分，体现了作者的创造性，是整个作品的精华和灵魂所在，现被告是全文登载，因此，其即使注明了作者的姓名、出处，也不构成合理引用。[③] 在刘某锋诉周某等侵犯著作权纠纷案中，法院认为：被告在编写涉案 6 本图书过程中，未经原告刘某锋许可，使用了刘某锋创作的《手诊》《观手知病》书中有关手诊表象和部位的文字内容，两者表达方式相同或相似，被告编写的涉案图书仅仅做了些许文字的变动或延伸、解释，虽然比例占被告书籍比例很小，但使用的内容是原告作品中的关键或实质内容，亦构成抄袭、剽窃。[④]

---

① 浙江省杭州市中级人民法院民事判决书，(2013) 浙杭知终字第 13 号。载入 2013 年中国法院 50 件典型知识产权案例。

② 参见江苏省高级人民法院民事判决书，(2008) 苏民三终字第 0207 号。

③ 参见湖南省长沙市中级人民法院民事判决书，(2008) 长中民三初字第 0369 号。

④ 参见北京市海淀区人民法院民事判决书，(2008) 海民初字第 19449 号。

引用作品的质和量应同引用目的结合起来综合考虑。在华夏视联控股有限公司诉北京赛金传媒科技有限公司侵犯著作权纠纷案中，网络用户可在被告网站免费观看《华容道》全剧(共26集)各集约略2分钟的片段，“视频简介”显示有主演名单、类型、播映地区以及剧情简介，画面插播有广告，且画面右上角显示有“天线高清”及“hd. openv. com”的组合标识。法院认为，此种行为不属于合理使用。① 被告对全剧逐集进行剧情介绍，并提供2分钟左右的片段，工作繁忙的观众已经可以由此梗概地观赏整个电视剧。这种超强版的“剧透”可使观众对电视剧作品失去新奇感，妨害作品的正常使用，不合理地损害著作权人的合法利益。加之，被告使用原告影视作品片段是出于商业目的，同原告存在间接竞争关系，更难以构成合理使用。

三、从引用部分发挥的作用来考虑

可从引用部分在被告作品中发挥的作用来考察其是否影响原告作品的正常使用。如果引用部分是作为材料，为表达新观点或新意义服务，被告引用行为对原作品的市场需求影响相对小，则应判定为适当引用。例如，在齐某芷等诉西泠印社等侵犯著作财产权纠纷案中，法院审理认为：“为介绍、评论某一作品或者说明某一问题，在作品中适当引用他人已经发表的作品……可以不经过权利人同意，不向其支付报酬，即合理使用。《著作权法》规定的在作品中适当引用他人作品是将别人的作品作为自己作品的根据，以创造新作品，说明新观点。引用他人作品的比例必须适当，即原作和新作之间的比例问题。而本案《齐白石篆刻及刀法》出版物中涉案作品数量达320余款，《齐白石篆刻及其章法》出版物中涉案作品数量达191款，书中使用齐白石的作品并非为创造新作品，说明新观点，不符合合理使用的法定情形。”②

如果引用部分构成被告作品的实质部分，更应该被认定为取用原作品，而难以成立新作品。在庄某江与陈某统等著作权纠纷上诉案中，法院认为：“从《铿锵戈甲》一书内容的编排结构来看，每章均有特定的主题，相对独立，陈某统在涉案的两章中所引用的部分均占了该章的1/2以上，该引用行为已超出适当引用的范围。”③

总之，判断引用是否适当而构成合理使用，应该从作品正常使用和著作权人的合法利益的角度出发，综合考虑引用目的、引用质和量以及引用部分发挥的作用等几方面。

---

① 参见北京市朝阳区人民法院民事判决书，(2011)朝民初字第13022号。

② 辽宁省沈阳市中级人民法院民事判决书，(2008)沈中民四初字第20号。

③ 福建省高级人民法院民事判决书，(2007)闽民终字第372号。

第六章　合理使用（三）：新闻报道使用

为报道时事新闻，在报纸、期刊、广播电台、电视台等媒体中不可避免地再现或者引用已经发表的作品，属于合理使用。时事新闻是人们了解国家大事和世界大事的重要途径，为了全面报道发生在国内外的时事新闻，我们的报纸、期刊、广播电台、电视台等媒体不可避免地要使用他人已经发表的作品。例如，中央广播电视总台的新闻节目几乎每天都要广播《人民日报》《光明日报》《工人日报》《解放军报》等报纸刊登的政治、经济、文化、科技等方面的新闻内容。《新闻联播》节目为报道我国申办奥运会成功的消息，引用张某谋摄制的申奥宣传片中的几个镜头等。

第一节　溯本清源：国际法渊源探析

新闻报道使用是《伯尔尼公约》的授权规定。在对相关新闻报道上，由于对于陈述事件的必要，引用了作者已经发表的作品，属于合理使用。这是因为对于新闻报道而言，在对事实报道时，为了向公众说明某些具体的新闻内容是不可避免地要对事件作相关陈述。比如，新闻台的娱乐新闻报道某个影星的新片时，为了要说明事件，对影片中的片段的使用就是不可避免的使用。那么影片的权利人不能因为该新闻台使用了该影片就认定该新闻台构成了未经许可使用的侵权行为。

时事新闻是反映一种客观事实的存在，它不属于版权作品的范围。《伯尔尼公约》第2条“受到保护的作品”第8项“新闻”规定：“本公约的保护不适用于日常新闻或纯属报刊消息性质的社会新闻。”①版权法之所以未将时事新闻纳入版权作品的范围，一是

① 张大伟主编：《世界版权条约》，东方出版中心2019年版，第35页。

因为时事新闻不需付出创造性劳动,只要如实地反映时事即可;二是因为时事新闻是人们了解国家大事、世界大事的重要途径,法律不应赋予时事新闻的写作者以垄断权,以防止其对公民基本人权的侵害。报道时事新闻,主要目的就是传播新闻,促进信息交流,是典型的公益行为。为报道时事新闻,在此非营利的、公益性活动的目的下的使用行为,自然也就应当为合理使用。

《伯尔尼公约》将新闻报道的使用,限定为"在事件过程中看到或听到的文学或艺术作品,且符合报道目的的正常需要范围内"。《伯尔尼公约》第10条之二"作品进一步可能的自由使用"第2项"与时事有关的视听作品"规定:"在用摄影或电影手段,或通过广播或对公众有线传播报道时事新闻时,在事件过程中看到或听到的文学艺术作品在为报道目的正当需要范围内予以复制和公之于众的条件,也由本同盟各成员国的法律规定。"①该项是指,对在时事事件过程中出现或公开的文学和艺术作品,在为报道目的正当需要范围内,可予以复制,或者以摄影或电影手段或通过无线电或有线广播向公众作时事新闻报道。

根据《伯尔尼公约》这一规定,为了以摄影、电影、广播(包括电视)和向公众有线传达的方法报道时事,在为达到报道信息的目的正当需要限度内,在哪些条件下可以再现事件过程中看到和听到的文字和艺术作品,并向公众传播,应由缔约国以立法规定。其中所谓"再现",就是英语的reproduction,即在报纸和期刊上刊登有关的摄影作品,广播电台播放有关的录音,电视台播放有关的录像。为报道时事新闻的目的也可以使用已经发表的作品。关于使用条件,著作权法使用"不可避免地"一语比较严格,《伯尔尼公约》则使用"to the extent justified by the informatory purpose"(为报道目的正当需要的限度内)一语,要求可能稍宽一些。这是一个在合理的限度内允许报道新闻的问题。在新闻报道中出现文字或艺术作品是偶然的。在广播、电视、电影、摄影报道中常常可以看到、听到受保护的作品。例如,在报道画展开幕式时自然会看到许多书画作品;在报道国事访问的欢迎仪式时会听到军乐的演奏;在报道名人追悼会上会听到哀乐演奏等。在广播、电视、电影、摄影报道这些新闻时,在报道新闻的正当限度内再现已经发表的作品,不需要得到著作权人的许可,也不需要支付报酬。

《伯尔尼公约》的上述规定说明,这种再现必须是在为达到新闻报道的目的的正当需要的限度以内。新闻报道的目的无非是给公众一个参加了活动的印象,因此,以报道

---

① 张大伟主编:《世界版权条约》,东方出版中心2019年版,第40页。

画展的开幕式为例来说，再现的作品应当只限于参加开幕式的主要人物在现场看到的片段，不需要引用画展上的全部作品，也不需要长时间地引用某一作品，尤其不能引用主要人物没有看到的作品。

第二节 他山之石：新闻报道使用的国际立法借鉴

新闻报道使用属于合理使用范畴，为各国著作权立法之通例，包括新闻自由在内的表现自由，是一项宪法性权利，其法律价值位阶高于作为私人财产权的著作权。这一限制是为了满足宣传的需要，以便最终能建立一个信息发达的社会。这种情形的合理使用也是国际通行之立法例。多数国家依据《伯尔尼公约》的精神对此作了明确规定。

《日本著作权法》第二章"作者的权利"第三节"权利的内容"第五小节"著作权的限制"第41条"为了报道时事事件的使用"规定："通过摄影、电影、播放或者其他方法报道时事事件时，构成该事件的作品，或者在该事件中看到或者听到的作品，在报道目的的正当范围内，可以进行复制并在报道该事件时进行使用。"①为了时事报道的目的，在使用图片、电影、广播或其他方法报道时，可以在正当报道的范围内，复制和使用构成该事件本身或者在该事件中可见可闻的作品。这个规定被称为"报道时事新闻的使用"。②

《俄罗斯联邦民法典》（著作权部分）第四部分第七编"智力活动成果和个性化表现方法的权利"第七十章"著作权"第1274条"为新闻、科学、宗教或文化目的而自由使用作品"第1款第5项规定："不征得作者或其他权利人同意，不支付报酬，但必须指明所使用作品之作者的名字及所引用资料的出处，则许可：……（五）通过摄影、摄制电影、无线电或电缆播放公开发表的演说、宣言、报告及其他类似作品，篇幅与新闻报道目的相符。同时作者保留在文集中发表这些作品的权利。"③

《韩国著作权法》第二章"作者的权利"第四节"作者财产权"第二分节"著作财产权

① 《十二国著作权法》，《十二国著作权法》翻译组译，清华大学出版社2011年版，第381页。
② 参见李明德、闫文军：《日本知识产权法》，法律出版社2020年版，第176页。
③ 参见《十二国著作权法》，《十二国著作权法》翻译组译，清华大学出版社2011年版，第440页。

的限制”第26条“因时事新闻报道的使用”规定:“在符合正当的报道目的的范围内,为了报道时事新闻,可以以广播、报纸或其他方式复制、发行、公开表演或向公众传输在事件中所见或所闻的作品。”①

《印度著作权法》(1957)第十一章“对著作权的侵害”第52条“某些不构成侵害著作权的行为”第1款“下列行为不构成对著作权的侵害”第b项规定:“为报道时事新闻而以下列方式对文学、戏剧、音乐或美术作品进行合理使用——(ⅰ)在报纸、杂志或类似期刊上;(ⅱ)通过广播节目或电影,或以照片的形式;说明——在公开场合发表的演说或讲话的汇编作品的出版,不属于对这些作品进行本项意义上的合理使用。”②

《匈牙利著作权法》第19条第1款规定:只要注明出处,允许复制包含事实和消息的通讯报道。允许使用公开会议和公开讲演的内容,但是出版讲演的汇编应取得作者同意。该条第2款规定:允许报纸、期刊、广播、电视在指明作者姓名和作品出处的情况下,复制有新闻价值的经济性和政治性文章,只有最先发表的这些文章才属于“合理使用”,第二次发表的文章属于复制。第20条第1款规定,在新闻纪录片中,以及在广播和电视新闻节目中,可以传播与时事有关的作品,其传播程度应与传播的场合相称,在此种使用的情况下,无须指出作者姓名。

《埃及知识产权保护法》第三编“著作权和邻接权”第172条第3款规定:“在不损害作者根据本法规定所享有的人身权的情况下,作者或者其继承人不得禁止报纸、杂志或者广播组织出于下述目的而在合理范围内使用作品:……第三:在报道时事新闻所需范围内,对于已经向公众提供的音频、视频或者视听作品出版其节选。”③

《南非版权法》第十二节“文学和音乐作品版权的一般例外”第1条指出:“(c)以报道时事为目的——(ⅰ)在报纸、杂志或类似期刊上使用;或者(ⅱ)在广播或电影中使用:如果出现上述(b)段和(c)(ⅰ)段的情形应注明作品的来源以及在作品中所出现的作者姓名。”④该合理使用不侵犯文学或音乐作品的版权。

《菲律宾知识产权法典》第四编“版权法”第八章“版权之限制”第184条第1款第3项规定:“对当前的政治、社会、经济、科学或宗教主题的文章、讲座、演说、布道及此类作品,通过大众媒体向公众传播或再现,如果其向公众传播仅仅以资讯传播为目的,且该

① 《十二国著作权法》,《十二国著作权法》翻译组译,清华大学出版社2011年版,第516页。
② 《十二国著作权法》,《十二国著作权法》翻译组译,清华大学出版社2011年版,第248页。
③ 《十二国著作权法》,《十二国著作权法》翻译组译,清华大学出版社2011年版,第43页。
④ 《十二国著作权法》,《十二国著作权法》翻译组译,清华大学出版社2011年版,第479页。

作品作者没有明确的保留声明；但是在适用时应该标明其出处。”第4项规定：“将文学、科学或是艺术作品作为报道时事新闻的一部分在必要的范围内，通过摄影、电影或是广播的方式向公众传播或再现。”①

《新加坡版权法》第37条规定了“为报道时事目的之合理使用”：如果是在报纸、杂志或类似期刊并对该作品作出了充分确认，或通过广播或有线节目服务或在摄制的电影中，出于报道时事目的或与此有关的目的而合理使用或改编作品，则不应当构成侵权。第38A条规定了“在通讯过程中做出的临时复制”也属于对作品的合理使用。《老挝知识产权法》（2008）第96条第1款规定了“对版权不支付报酬的限制”：为向公众播报新闻和教育的目的而录制和报告现场表演。《文莱版权法》第34条规定，为报道时事，在做出充分说明时，对作品（而非照片）的合理使用，但在以录音、电影、广播或有线节目方式报道时事时则不需要说明。②

国际公约及多个国家立法例有关新闻报道使用的规定，具有“时事报道”之目的、“报道过程”之必须等要求，这些构成了新闻报道中合理使用的条件。此类立法例较之“在新闻报道中引用已经发表的作品”的笼统规定更为严谨。

第三节 立法沿革：我国《著作权法》《信息网络传播权保护条例》立法演变

一、《著作权法》（1990）的规定

我国《著作权法》（1990）第22条第1款第3项规定：“为报道时事新闻，在报纸、期刊、广播、电视节目或者新闻纪录影片中引用已经发表的作品”，“可以不经著作权人许可，不向其支付报酬，但应当指明作者姓名、作品名称，并且不得侵犯著作权人依照本法享有的其他权利”。

该项规定失之笼统，有将新闻报道中涉及的作品扩大到本身即报道某一时事的作品

① 参见《菲律宾知识产权法典》，杨涛、杨斌译，知识产权出版社2014年版，第79页。

② 参见冯寿波：《中国－东盟自由贸易区版权法比较研究》，气象出版社2014年版，第82页。

(如纪实性、新闻性电影作品)之嫌。[①] 为消除我国著作权法与国际规范的差距,《著作权法实施条例》(1991)第28条特别作了限制性的补充规定,即“著作权法第二十二条第(三)项的规定,指在符合新闻报道目的的范围内,不可避免地再现已经发表的作品”[②]。

二、《著作权法》(2001)的规定

《著作权法》(2001)第22条第1款第3项将《著作权法》(1990)第22条第1款第3项中的“广播、电视节目或者新闻纪录影片中引用”修改为“广播电台、电视台等媒体中不可避免地再现或者引用”。

《著作权法》(2001)第22条第1款规定:“为报道时事新闻,在报纸、期刊、广播电台、电视台等媒体中不可避免地再现或者引用已经发表的作品,可以不经著作权人许可,不向其支付报酬。”属于“合理使用”。这种著作权例外通常被称为“时事新闻报道例外”。

这在1990年《著作权法》规定的基础上进一步限定了新闻报道使用的条件:新闻报道使用必须是“不可避免”的。这种使用仍有限制:(1)使用目的仅限于报道时事新闻;(2)被使用的作品必须是已发表的;(3)在报道中应当注明被使用的作品出处和原刊登作品的报刊、电台等的名称。该规定与《伯尔尼公约》的规定相符,其程度的限制也较为恰当。2001年《著作权法》在新闻报道使用上向国际通行的做法迈进了一步,具有重大意义。

三、《著作权法》(2010)的规定

《著作权法》(2010)第22条第1款第3项与《著作权法》(2001)第22条第1款第3项相比,没有任何变化,即“为报道时事新闻,在报纸、期刊、广播电台、电视台等媒体中不可避免地再现或者引用已经发表的作品”。

四、《著作权法》(2020)的规定

《著作权法》(2020)第24条第1款第3项与《著作权法》(2010)第22条第1款第3项相比,删除“时事”二字,即“为报道新闻,在报纸、期刊、广播电台、电视台等媒体中不

---

① 世界知识产权组织“关于中国著作权法与《伯尔尼公约》和《罗马公约》不完全协调和需要阐明的条款”的报告,指出该项条款与国际公约的差距。参见许超:《关于修改现行著作权法与国际规范的初步想法(之四)》,载《著作权》1995年第2期。

② 李顺德、周详:《中华人民共和国著作权法修改导读》,知识产权出版社2002年版,第263页。

可避免地再现或者引用已经发表的作品”，属于合理使用，可以不经著作权人许可，不向其支付报酬，但应当指明作者姓名或者名称、作品名称，并且不得影响该作品的正常使用，也不得不合理地损害著作权人的合法权益。

五、《信息网络传播权保护条例》(2013)的规定

《信息网络传播权保护条例》(2013)第6条第2项有类似规定，通过信息网络提供他人作品，“为报道时事新闻，在向公众提供的作品中不可避免地再现或者引用已经发表的作品”，可以不经著作权人许可，不向其支付报酬。

我国著作权法规定对他人作品的再现或者引用，需在新闻报道的必要范围内，限定于报道事件过程中看到或者听到的作品，如避免则不可实现时事新闻报道和公众知情的目的。根据“不可避免”的限定性要求，媒体不得在新闻报道中使用并非必要使用的作品，也不得在制作广播电视节目时大量使用他人作品，更不得在新闻节目中反复地播放他人作品。

第四节
构成要件：不侵权抗辩使用行为分析

在我国为报道新闻而合理使用他人已经发表的作品，著作权法规定需要满足以下条件：

一、引用目的免责

引用作品的目的是报道新闻。所谓新闻，是指报纸、期刊、广播电台、电视台等媒体报道的单纯事实消息。按照最高人民法院《关于审理著作权民事纠纷案件适用法律若干问题的解释》(2020)第16条的规定，通过大众传播媒介传播的单纯事实消息属于新闻。如果不是为了报道新闻，比如为了给企业做广告使用他人已经发表的作品，则不符合这种情况下合理使用的目的要求，构成侵权。

二、引用主体免责

合理引用的主体限于报纸、期刊、广播电台、电视台等媒体或者大众传播媒介。判断一则消息是否属于新闻,是否为著作权法所调整,应具体考察其是否具有独创性,是否体现了作者的创造性劳动。判断图片新闻是否为单纯事实消息并不以其所配发的文字是否为单纯事实消息为标准,而应单独审查其独创性,因为一张图片的独创性并不会因其所配文字的变化而发生任何实质性改变。[①] 完整的网络转载行为,并非“不可避免地再现或者引用已经发表的作品”,不构成合理使用。[②]

三、引用客体免责

再现或者引用的应当是他人已经发表的作品。从立法论的角度看,为了报道时事新闻,在报纸等媒介上不可避免地再现或者引用的作品必须是已经发表的作品,这似可商榷。例如,假设某画家创作的作品属于尚未发表的作品,但出现在了新闻电视画面或者新闻摄影中,作为报道的记者是否侵犯该画家的发表权呢?只要没有超出新闻报道的目的,并且不会损害未发表作品的市场价值,应以不作为侵害发表权处理为宜。另外,电视节目预告表不属于著作权法规定的新闻,对其未经许可的转载行为,构成侵权。[③] 对报道新闻的合理使用,至少需要以报道新闻为目的,且应仅是在进行新闻报道时不可避免地且附带性地再现或者引用了该事件中客观出现的他人作品。[④]

四、引用程度免责

引用他人已经发表的作品,是为报道新闻而不可避免地再现或引用他人作品。所谓不可避免地再现或者引用,是指不再现或者引用他人作品就达不到客观、真实报道时事新闻的目的。这是2001年修改《著作权法》时增加的。这一修改主要是要与国际公约规定一致。《伯尔尼公约》规定:“为报道目的正当需要范围内予以复制和公之于

---

① 参见重庆市第一中级人民法院民事判决书,(2013)渝一中法民初字第00579号;重庆市高级人民法院民事判决书,(2013)渝高法民终字第00261号。2014年中国法院50件典型知识产权案例。

② 参见北京市西城区人民法院民事判决书,(2017)京0102民初3977号;北京知识产权法院民事判决书,(2017)京73民终1797号。

③ 参见广西壮族自治区合山市人民法院民事判决书,(1991)合法民判字第46号。

④ 参见北京市石景山区人民法院民事判决书,(2015)石民(知)初字第752号;北京知识产权法院民事判决书,(2015)京知民终字第1055号。

众。”为了报道某人创作的纪念南京大屠杀的绘画作品，就不可避免地要在新闻电视画面或者新闻摄影中再现或者部分再现该绘画家的整幅作品或者作品片段，否则就难以实现客观真实报道的目的。在新闻人物采访报道中，为了配合报道而给新闻人物拍照时，有时不可避免地会拍摄到新闻人物装饰在家庭墙壁上的书法、绘画或者摄影作品。虽然在新闻画面中都再现了他人作品，但属于不侵权抗辩使用行为。

不可避免地再现或者引用他人作品，以达到报道目的为限，而不能大规模再现或者引用他人作品。比如某摄影家拍摄了某名人结婚艺术照50幅，在新闻报道中引用一两幅即可达到报道目的，超过3幅以上应当认为超过了报道需要，不再属于不侵权抗辩使用。

五、保护其他权益免责

引用他人作品应当指明作者姓名或者名称、作品名称，并且不得影响该作品的正常使用，也不得不合理地损害著作权人的合法权益。不侵权抗辩使用是否必须标明作者姓名或者名称、作品名称，应视具体情况而定。如果是以新闻图片的形式进行报道，则必须标明作者姓名或者名称、作品名称。如果是以新闻电视画面的形式进行报道，由于客观上无法在画面上标明作者姓名及作品名称，报道的文字部分也必然说明作者姓名以及作品名称，因此在新闻画面上并无必要再重复加以注明。

第五节
典型案例：新闻报道使用案例分析

卷入这项权利例外的纠纷绝大多数是时事主题的摄影作品，故以此作为讨论重点。新闻报道例外首先要求“为报道新闻”，即报道时效性信息。在天府早报社与华某著作权侵权纠纷上诉案中，法院认为：“天府早报社刊登的涉案文章《骑纯血马悠游草堂》，从内容看，意在向读者介绍成都杜甫草堂预备在国庆节黄金周推出的系列活动，其中既有关于细节的描述，也加入了作者的评论性语言，并非报道的‘单纯事实消息’，不属于‘时事新闻’。另外，该报道的内容是对未来活动的介绍，相关事件也未实际发生，不使用任何照片也能如实反映其报道内容，不属于‘不可避免地再现’。故天府早报社提出其使用诉争摄影作品属于报道时事新闻之用,且不可避免的理由不能成立,本院不予支持。”①在安徽省天然摄影有限责任公司诉深圳市珠联璧合文化传播有限公司侵害作品信息网络传播权纠纷案中,法院认为:“时事新闻是指通过报纸、期刊、广播电台、电视台等媒体报道的单纯事实消息,但被告所刊载的‘大某何某东再拍婚纱照甜蜜相拥浪漫唯美’是图片及对图片和人物的简要介绍,其显然不是单纯的事实消息,不属于时事新闻,也不符合为报道时事新闻再现或引用作品的情形。”②

“新闻报道引用例外”还要求“不可避免地再现或引用”他人已经发表的作品。对于何为“不可避免地再现或引用”,我国法院意见不一。有法院认为,“不可避免地再现或引用”是指“为报道新闻所需”。就此种观点,不同法院的分歧也很大。以摄影作品为例,主要存在三种不同观点。

第一种观点认为,如果照片直观再现新闻时事,则属于“为报道新闻”。在韩某霖诉《扬子晚报》等侵犯著作权纠纷案中,法院认为:“《扬子晚报》如不将涉案照片进行原样再现,社会公众就无法直观地感知‘洪泽最牛司机’这一时事新闻内容,因此《扬子晚报》使用韩某霖拍摄的‘洪泽最牛司机’照片是为了报道时事新闻所必需的,符合《著作权法》第22条第1款第3项规定的‘不可避免地再现’的情形。”③这种观点本质上是说图片新闻可以自由使用。为反映“洪泽最牛司机”当时的驾车状态,的确需要使用当时的照片。但是,简单直观反映事实的照片通常不具有独创性,不构成作品而不应享受著作权保护。比如,本案照片只是简单地固定客观事实,难以构成摄影作品。

第二种观点认为,“能增强新闻真实性”即“为新闻报道”所需。在上海弓禾文化传播有限公司诉何某欢侵犯摄影作品信息网络传播权纠纷案中,法院认为:“如果没有附加该婚纱照片,新闻报道很难达到宣传的效果,且附加的照片数量与原告上海弓禾文化传播有限公司拍摄的全部婚纱礼服照片相比,只占一小部分,并未对权利人的利益造成不当损害。因此,依据《著作权法》第22条第1款第3项的规定,本案所涉5幅婚纱照片是该新闻报道不可缺少的部分。”④这种观点站不住脚。本案被告若是为报道“范某冰黄某祺最新婚纱写真唯美动人”这一新闻,只需要使用一幅涉案婚纱照。更为重要的是,以时事为主题的高质量的摄影作品都“能增强新闻真实性”,它们本身可以构成独立作品,可与时事新闻分割使用。

---

① 四川省高级人民法院民事判决书,(2008)川民终字第735号。
② 广东省深圳市罗湖区人民法院民事判决书,(2011)深罗发知民初字第811号。
③ 江苏省高级人民法院民事判决书,(2012)苏知民终字第0243号。
④ 湖北省武汉市中级人民法院民事判决书,(2010)武知初字第349号。

第三种观点认为，使用他人所摄照片报道时事新闻，均不属于“不可避免地再现或引用”，毕竟文字表述就可以报道时事新闻。在北京慧聪建设信息咨询有限公司与北京东星视讯科技有限公司侵犯著作权纠纷上诉案中，法院认为：“就摄影作品而言，即使其内容系放映事实，通常亦体现了拍摄者对于拍摄时机、角度、构图等的选择，具有作品的独创性，而且使用照片亦非传播时事性消息或相关事实所必需。因此，涉案的关于陈某希抵京的照片不属于……时事新闻。涉案照片属于《著作权法》所称的作品，应受到《著作权法》的保护。”①这种观点具有说服力，同时也符合前述适当引用部分对引用摄影作品的主流意见。但是，这种意见无异于宣告，“新闻引用报道例外”是适当引用例外的特例，“不可避免”不过是“适当”二字的注解。

这有不妥之处。“新闻报道引用例外”应该有其自己的领地。“不可避免地再现或引用”应作狭义解释，局限于“对所报道事件过程中看到或听到的作品”。在乔某富与重庆华龙网新闻传媒有限公司侵害著作权纠纷上诉案中，法院指出：“……本款规定之目的在于允许新闻报道在用文字、广播、摄影等手段报道时事新闻时，对所报道事件过程中看到或听到的作品在为报道目的正当需要范围内予以复制。”②

① 北京市第一中级人民法院民事判决书，(2010)一中民终字第10328号。

② 重庆市高级人民法院民事判决书，(2013)渝高法民终字第00261号。

第七章　合理使用（四）：转载、转播使用

第一节
溯本清源：转载、转播使用的必要性分析

时事性文章是为了宣传、贯彻党和国家某一时期或者某一重大事件的方针、政策而创作的。这种文章时效性强、政策性强、目的性强。这些文章通常需要以多种不同的宣传渠道，使之传播范围更广泛。因此，著作权法将报纸、期刊、广播电台、电视台等媒体刊登或者播放其他报纸、期刊、广播电台、电视台等媒体已经发表的关于经济、政治、宗教问题的时事性文章，纳入了合理使用的范围，该种使用可以不经著作权人许可，不向其支付报酬。但作者声明不许刊登、播放的除外。在这里，使用可以是部分使用，也可以是全部使用。其他题材的文章，如社论、评论等不在此列。①

我国《著作权法》（1990）将转载或转播的作品界定为"已经发表的社论、评论员文章"，有超出《伯尔尼公约》限定的讨论经济、政治或宗教的时事性文章范围之虞，且无作者反对转载或转播的保留条款。

《著作权法》（2001）将"社论、评论员文章"修改为"关于经济、政治、宗教问题的时事性文章"。这一修改更加完善和明确了合理使用的范围，也和国际条约的规定一致。《伯尔尼公约》将此项合理使用的范围仅仅限制在讨论"经济、政治、宗教问题的时事性文章"。这类使用限于经济、政治、宗教问题的时事性文章，同时赋予作者以保留权。这一规定与其他国家的规定基本一致。这是根据著作权法的国际立法的通例和大多数国家著作权立法的通行做法所作的修订，顺应了国际立法的趋势，照顾到了我国国情，是一大进步。《著作权法》（2001）还按《伯尔尼公约》的规定，增加了作者声明不许刊登、播放的时事性文章不得刊登、播放的内容。因此，《著作权法》（2001）将报纸、期刊、广播电台、电视台等媒体刊登或者播放其他报纸、期刊、广播电台、电视台等媒体已经发表

① 参见国务院法制办公室编：《中华人民共和国知识产权法典》（第 4 版），中国法制出版社 2018 年版，第 60 页。

的时事性文章，纳入合理使用的范围，该种使用可以不经著作权人许可，不向其支付报酬。

对于时事性文章，我国著作权法设有著作权例外，具体可以分为传统媒体和信息网络两种情况。就前者，《著作权法》(2010)第22条第1款第4项规定："报纸、期刊、广播电台、电视台等媒体刊登或者播放其他报纸、期刊、广播电台、电视台等媒体已经发表的关于经济、政治、宗教问题的时事性文章"，属于合理使用，"但作者声明不许刊登、播放的除外"。就后者，根据《信息网络传播权保护条例》(2013)第6条第7项和第10条第1项的规定，除非作者声明不许通过信息网络传播，"向公众提供在信息网络上已经发表的关于经济、政治问题的时事性文章"，可以不经其同意，也不向其支付报酬。

根据上述两项规定，如果时事性文章没有发表在信息网络上，则只有在传统媒体上刊登或播放才可能构成"合理使用"，而在信息网络上传播就会侵犯信息网络传播权①。《著作权法》(2010)第22条第1款第4项规定的刊登、播放不包括通过信息网络传播。此外，对于传统媒体而言，"时事性文章例外"有主体限制，只适用于"报纸、期刊、广播电台、电视台等媒体"。但对信息网络而言，则没有主体限制。

第二节
他山之石：转载、转播使用的国际立法借鉴

转载、转播使用是新闻传播之必要，在大多数国家著作权立法中被列入合理使用范畴。较之新闻报道使用不同，著作权法对转载、转播使用往往规定了更为严格的限制性条件。这一限制是为了促进信息的交流。

一、国际公约的规定

《伯尔尼公约》第10条之二"作品进一步可能的自由使用"第1项"某些作品和广播作品"对本项合理使用的具体规定是："本同盟各成员国的法律应允许通过报刊、广播或对公众有线传播，复制发表在报纸、期刊上的讨论经济、政治或宗教的时事性文章，或具

① 参见北京市第一中级人民法院民事判决书，(2013)一中民终字第14292号。

有同样性质的已经广播的作品，但以对这种复制、广播或有线传播并未明确予以保留的为限。然而，均应明确说明出处；对违反这一义务的法律责任由被要求给予保护的国家的法律规定。”①

根据《伯尔尼公约》第10条之二的规定，诸如报纸、期刊、广播电台、电视台等新闻媒体转载或转播其他新闻媒介的作品，须具备三个条件：一是限于讨论经济、政治或宗教的时事性文章，以及具有同类性质的广播作品；二是限于该文章或广播作品无保留复制权与播放权的声明，即不反对他人转载或转播；三是在任何情况下均须指出作品的出处，否则由有关保护国立法决定违反这一义务的主体应负的法律责任。②

《伯尔尼公约》规定，对在报纸或期刊上已发表的讨论经济、政治和宗教问题的时事性文章，或无线电已转播的同样性质的作品，本联盟成员国法律有权准许在报刊上转载，或向公众作无线或有线广播。③ 可见，这样的合理使用行为在国际上也是被认可的。

二、典型国家的立法例

《伯尔尼公约》成员国大都作了类似规定，如《德国著作权法》第49条“报纸文章和广播电视评论”、《俄罗斯联邦著作权与邻接权法》第19条、《意大利著作权法》第65条都有此类规定。

《德国著作权法》第一部分“著作权”第六节“对著作权的限制”第49条“报纸文章和广播电视评论”第1款规定：“本法允许，将单篇的广播电视评论、来自报纸和其他仅报导时事的新闻纸上发表的单篇文章及其附带发表的图片，涉及经济、政治、宗教时事，且未声明保留权利的，在其他类似报纸、新闻纸上复制与发行，或者公开再现。对于复制、发行与公开再现，应当付给著作人适当报酬，除非将数篇评论文章或者文章做简短的摘要，并以概要的形式复制、发行或者公开再现。本获酬要求只能通过著作权集体管理组织主张。”第2款规定：“复制、发行与公开再现对现实的综合报导和通过新闻媒体或者广播电视发表的每日新闻不受限制；其他法律规定赋予的保护不受影响。”④该条指单篇的广播电视评论和报纸文章、其他只报道时事的新闻纸上发表的单篇文章如果涉及经济、政治、宗教时事且没有保留权利的声明，则允许在其他类似报纸、新闻纸上复制

① 张大伟主编：《世界版权条约》，东方出版中心2019年版，第40页。
② 参见吴汉东、曹新明等：《西方诸国著作权制度研究》，中国政法大学出版社1998年版，第181页。
③ 张晓秦、杨帆：《著作权法概论》，苏州大学出版社2007年版，第229页。
④ 《十二国著作权法》，《十二国著作权法》翻译组译，清华大学出版社2011年版，第161页。

与发行或公开再现这类评论和文章。

《意大利著作权法》第一编“著作权的一般规定”第五章“例外和限制”第一节“复制及其他例外和限制”第65条第1款规定：“在期刊或者报纸上发表的，或者广播播放的或者公众有权自由支配的有关经济、政治或者宗教时事的文章以及其他类似性质的资料，其他期刊或者报纸可以自由转载，广播电台可以自由转播或者向公众传播，但是，应当载明原期刊或者报纸出版日期和刊号；文章署名的，还应当载明作者姓名。但是，明确保留转载或是使用权的除外。”第2款规定：“为行使时事新闻报道的权利，在告知目的的范围内，允许对受保护的作品或者资料进行转载或者向公众传播，在可能的情形下均应当载明出处；如果文章署名的，还应当载明作者姓名。”①简言之，在报刊上发表的有关经济、政治或宗教时事的文章，除非明确保留转载权，其他报刊可以自由转载，电台可以自由广播，但应指明原报刊出版日期和刊号；文章署名的，还应指明作者姓名。

《俄罗斯联邦民法典》(著作权部分)第四部分第七编“智力活动成果和个性化表现方法的权利”第七十章“著作权”第1274条“为新闻、科学、宗教或文化目的而自由使用作品”第1款第3项规定：“不征得作者或其他权利人同意，不支付报酬，但必须指明所使用作品之作者的名字及所引用资料的出处，则许可：……(三)报刊转载、无线电或电缆播放报纸或期刊正当发表的有关当前经济、政治、社会和宗教问题的文章或者无线电播放的此类性质的作品，其前提是作者或者其权利人未特意禁止这样的转载或播放。”②

《日本著作权法》关于权利的限制与例外中，至少有3个条文与新闻报道的使用相关，即“关于时事评论的转载”“关于政治演说的使用”“报道时事新闻的使用”等。《日本著作权法》第二章“作者的权利”第三节“权利的内容”第五小节“著作权的限制”第39条“关于时事评论的转载等”第1款规定：“报纸、杂志刊登、发行的有关经济、政治或者社会时事问题的评论(具有学术性质的评论除外)，可以在其他报纸、杂志上进行转载，或者进行无线播放、有线播放，或者专门以播放服务地域内接受为目的进行自动公众传播(供公众使用的电信线路连接的自动公众传播)。但是，有明确禁止使用的除外。”第2款规定：“按照前款规定无线播放、有线播放或者自动进行公众传播的评论，可以使用接收装置进行公开传达。”③本条是指，已经发表于报纸、期刊上的有关经济、政治和社会等时事问题的评论，可以在其他报纸、期刊上转载，可以通过无线广播和有线广播播放。

---

① 《十二国著作权法》，《十二国著作权法》翻译组译，清华大学出版社2011年版，第296页。
② 《十二国著作权法》，《十二国著作权法》翻译组译，清华大学出版社2011年版，第440页。
③ 《十二国著作权法》，《十二国著作权法》翻译组译，清华大学出版社2011年版，第381页。

但明确禁止使用的不在此限。同时,对于无线广播或者有线广播的评论,可以通过接收装置向公众传达。这个规定叫做“关于时事评论的转载”。①

《韩国著作权法》第二章“作者的权利”第四节“作者财产权”第二分节“著作财产权的限制”第27条“时事新闻文章和社论的复制等”规定:“其他媒体有权对《报纸促进法》第2条规定的报纸、网络报纸或者《新闻机构促进法》第2条规定的新闻机构出版的时事新闻与社论加以复制、传播、广播。但标有禁止利用标志的除外。”②

《印度著作权法》(1957)第十一章“对著作权的侵害”第52条“某些不构成侵害著作权的行为”第1款“下列行为不构成对著作权的侵害”第m项规定:“在报纸、杂志或其他期刊上复制关于当前经济、政治、社会或宗教问题的文章,除非该文章的作者明确自我保留此种复制权。”③

《埃及知识产权保护法》第三编“著作权和邻接权”第172条第1款规定:“在不损害作者根据本法规定所享有的人身权的情况下,作者或者其继承人不得禁止报纸、杂志或者广播组织出于下述目的而在合理范围内使用作品:第一:对于以合法向公众提供的作品,以及与某些公共舆论所关注话题相关的已发表文章,出版其节选;除非作者在发表时已明文禁止。在此情况下,应当表明该节选的出处、作者名字和作品名称。”④

《南非版权法》第一章“原创作品的版权”第十二节“文学和音乐作品版权的一般例外”第7条指出:“在报纸或期刊上或在广播中发表的论述时事性的经济、政治或是宗教话题的文章的版权不因其在报刊上复制或广播而受到侵犯,只要该复制品或广播没有被明确保存并且其来源已被明确指出。”⑤

《老挝知识产权法》(2008)第96.1条规定了“对版权不支付报酬的限制”:为向公众介绍,对艺术作品、照片报道和经改编了的艺术进行拍照或录像。⑥

---

① 参见李明德、闫文军:《日本知识产权法》,法律出版社2020年版,第175页。
② 《十二国著作权法》,《十二国著作权法》翻译组译,清华大学出版社2011年版,第516页。
③ 《十二国著作权法》,《十二国著作权法》翻译组译,清华大学出版社2011年版,第250页。
④ 《十二国著作权法》,《十二国著作权法》翻译组译,清华大学出版社2011年版,第43页。
⑤ 《十二国著作权法》,《十二国著作权法》翻译组译,清华大学出版社2011年版,第480页。
⑥ 参见冯寿波:《中国－东盟自由贸易区版权法比较研究》,气象出版社2014年版,第83条。

第三节
立法沿革：我国《著作权法》《信息网络传播权保护条例》立法演变

一、《著作权法》(1990)的规定

《著作权法》(1990)第22条第1款第4项规定，“报纸、期刊、广播电台、电视台刊登或者播放其他报纸、期刊、广播电台、电视台已经发表的社论、评论员文章”，可以不经著作权人许可，不向其支付报酬，但应当指明作者姓名、作品名称，并且不得侵犯著作权人依照本法享有的其他权利。

二、《著作权法》(2001)的规定

《著作权法》(2001)第22条第1款第4项与《著作权法》(1990)第22条第1款第4项相比，有四处修改：增加了三处，修改了一处，即增加了两处“等媒体”字样，增加了一处“但书”，即“但作者声明不许刊登、播放的除外”。将“社论、评论员文章”修改为“关于经济、政治、宗教问题的时事性文章”。

《著作权法》(2001)第22条第1款第4项规定“报纸、期刊、广播电台、电视台等媒体刊登或者播放其他报纸、期刊、广播电台、电视台等媒体已经发表的关于经济、政治、宗教问题的时事性文章，但作者声明不许刊登、播放的除外”，可以不经著作权人许可，不向其支付报酬，但应当指明作者姓名、作品名称，并且不得侵犯著作权人依照本法享有的其他权利。

三、《著作权法》(2010)的规定

《著作权法》(2010)第22条第1款第4项与《著作权法》(2001)第22条第1款第4项相比，没有任何修改，即“报纸、期刊、广播电台、电视台等媒体刊登或者播放其他报纸、期刊、广播电台、电视台等媒体已经发表的关于经济、政治、宗教问题的时事性文章，但作者声明不许刊登、播放的除外”，可以不经著作权人许可，不向其支付报酬，但应当指明作者姓名、作品名称，并且不得侵犯著作权人依照本法享有的其他权利。

四、《著作权法》(2020)的规定

《著作权法》(2020)第24条第1款第4项与《著作权法》(2010)第22条第1款第4项相比,仅修改了一处,即将"作者"修订为"著作权人"。由于第1款的第1句也作了相应修改,故该项规定为"报纸、期刊、广播电台、电视台等媒体刊登或者播放其他报纸、期刊、广播电台、电视台等媒体已经发表的关于经济、政治、宗教问题的时事性文章,但著作权人声明不许刊登、播放的除外","可以不经著作权人许可,不向其支付报酬,但应当指明作者姓名或者名称、作品名称,并且不得影响该作品的正常使用,也不得不合理地损害著作权人的合法权益"。

五、《信息网络传播权保护条例》(2013)的规定

《信息网络传播权保护条例》(2013)第6条规定:"通过信息网络提供他人作品,属于下列情形的,可以不经著作权人许可,不向其支付报酬:……(七)向公众提供在信息网络上已经发表的关于经济、政治问题的时事性文章。"

该条例第6条第7项所规定的在网络上提供他人作品仅限于在信息网络上已经发表的文章,较《著作权法》(2020)第24条第1款第4项所规定的报纸、期刊、广播电台、电视台等媒体少,但《著作权法》(2020)第24条第1款第4项规定的范围却没有在信息网络已经发表的文章。

六、《关于审理涉及计算机网络著作权纠纷案件适用法律若干问题的解释》第3条

最高人民法院《关于审理涉及计算机网络著作权纠纷案件适用法律若干问题的解释》(2000)(现已失效)第3条曾规定:"已在报刊上刊登或者网络上传播的作品,除著作权人声明或者上载该作品的网络服务提供者受著作权人的委托声明不得转载、摘编的以外,网站予以转载、摘编并按有关规定支付报酬、注明出处的,不构成侵权。但网站转载、摘编作品超过有关报刊转载作品范围的,应当认定为侵权。"①按此司法解释,已在报刊上发表的作品(当然不限于关于经济、政治、宗教问题的时事性文章),除著作权人

① 该司法解释于2000年11月22日最高人民法院审判委员会第1144次会议通过。李顺德、周详:《中华人民共和国著作权法修改导读》,知识产权出版社2002年版,第297页。

已申明不得转载、摘编外，网站转载、摘编并按有关规定支付报酬、注明出处的，不构成侵权。这实际上属于法定许可使用（或是准法定许可使用或默示许可使用，因为还有著作权人申明保留的限制）。①

第四节
构成要件：不侵权抗辩使用行为分析

转载、转播使用条款的立法要义表现在如下几个方面。

一、使用主体免责

合理使用的主体是特定的新闻媒体，限于报纸、期刊、广播电台、电视台、互联网等媒体。这些媒体必须是依法成立的、具有刊登或者播放时事性文章权限的媒体，即"媒体"只限于履行正当批准手续的报纸、期刊、广播电台、电视台等媒体，其他一些非法出版物或组织则不享有刊登或者播放关于经济、政治、宗教问题的时事性文章的自由，特别需要注意的是互联网媒体。《互联网新闻信息服务管理规定》（2017）第9条第1款规定："申请互联网新闻信息服务许可，申请主体为中央新闻单位（含其控股的单位）或中央新闻宣传部门主管的单位的，由国家互联网信息办公室受理和决定；申请主体为地方新闻单位（含其控股的单位）或地方新闻宣传部门主管的单位的，由省、自治区、直辖市互联网信息办公室受理和决定；申请主体为其他单位的，经所在地省、自治区、直辖市互联网信息办公室受理和初审后，由国家互联网信息办公室决定。"非依法成立的互联网新闻信息服务单位，或者根本上不是互联网新闻信息服务单位的网络服务提供者，未经著作权人许可，不得刊登或者播放其他报纸等媒体上已经发表的关于经济、政治、宗教等问题的时事性文章。《伯尔尼公约》规定还包括向公众有线传播，②虽然我国《著作权法》（2020）没有提到，但该法提到的媒体最后有一"等"字，解释上可以把向公众有线传播包括在内。

① 参见李祖明：《互联网上的版权保护与限制》，经济日报出版社2003年版，第169页。
② 参见《伯尔尼公约》第10条之二第1款。

二、使用行为免责

转载、转播的使用行为,发生在报纸、期刊、广播电台、电视台等同类媒体之间,为满足公众关于信息的渴求,实现新闻自由和公民知情权之必要。报纸等媒体刊登或者播放的必须属于其他报纸等媒体上已经发表的关于经济、政治、宗教问题的时事性文章,可以不经著作权人许可,不向其支付报酬,但著作权人声明不许刊登、播放的不得刊登、播放。

三、使用主题免责

转载、转播的使用作品,在主题上限定为"经济、政治、宗教问题",在特征上是具有时效性和重要性的时事性文章。该项规定所述的刊登或播放的文章,必须是涉及当前受到公众关注的问题,而且必须是经济、政治或宗教的问题。这些文章可以是署名的作者撰写的,也可以是媒体以社论、特约评论员的名义发表的。当前经济、政治问题的文章出现在报纸等媒体中,这是常有的事。至于宗教问题的文章在我国很少出现,因《伯尔尼公约》有此规定,我国《著作权法》(2020)也就把其包括在内。报纸等媒体刊登或者播放的如果不属于关于经济、政治、宗教问题的时事性文章,其他报纸等媒体未经作者许可,不得刊登或者播放。关于经济、政治、宗教问题的时事性文章,应当解释为:该文章涉及对当前经济、政治和宗教中重大问题的讨论且具有很强的时效性。①

四、使用对象免责

合理使用的对象是特定的时事性文章,前提是这些文章本身具有独创性,是作品。如果不是作品,也谈不上合理使用。经济、政治问题的时事性文章,所指的经济、政治问题应是涉及广大社会公众的问题,而非个别企业或者行业的局部问题。②

五、使用方式免责

新闻媒体的使用方式限制在复制、发行两种方式。

---

① 参见北京市大兴区人民法院民事判决书,(2015)大民(知)初字第7580号;北京知识产权法院民事判决书,(2017)京73民终45号。

② 参见湖北省武汉市中级人民法院民事判决书,(2009)武知初字第549号;广东省广州市天河区人民法院民事判决书,(2013)穗天法知民初字第403号;广东省广州市中级人民法院民事判决书,(2013)穗中法知民终字第876号。

六、"但书"条款免责

转载、转播的"但书"条款，即著作权人声明不许刊登、播放的，不得适用转载、转播的自由使用，这即是相对的权利限制。① 即使属于报纸等媒体刊登或者播放的关于经济、政治、宗教问题的时事性文章，如果著作权人声明不得刊登或者播放，其他报纸等媒体也不得刊登或者播放。著作权人事先声明不许刊登、播放的时事性文章，未经著作权人许可的刊登、播放行为，不构成合理使用。②

七、保护作者权益免责

合理使用的文章必须是已经刊载或者播放的时事性文章时，应当注明作者姓名或者名称和作品名称，否则就是侵犯了作者的人身权。

第五节　典型案例：转载、转播使用案例分析

"时事性文章例外"主要是为了促进民主政治，便于民众了解经济、政治、宗教方面的重要时事，以便有效地参与民主政治进程。如在杭州核新软件技术有限公司与经济参考报社侵害作品信息网络传播权纠纷上诉案中，法院指出："《信息网络传播权保护条例》第 6 条第 7 项规定……的经济、政治问题则应是涉及广大社会公众的问题，这也是为了保证社会公众的知情权。因为社会公众在日常生活中有权利知道党和国家颁布的方针、政策，以便遵照执行或者提出合理化建议，履行法律所赋予的管理、监督国家事务的权利。"③

时事性文章不同于时事新闻，前者是作品，而后者仅指"单纯事实消息"，即对时间、

① 参见吴汉东：《知识产权法》，法律出版社 2021 年版，第 244 页。李扬：《著作权法基本原理》，知识产权出版社 2019 年版，第 245 ~246 页。

② 参见广东省广州市越秀区人民法院民事判决书，(2013) 穗越法知民初字第 205 号；广东省广州市中级人民法院民事判决书，(2013) 穗中法知民终字第 914 号。

③ 浙江省杭州市中级人民法院民事判决书，(2014) 浙杭知终字第 100 号。

地点、人物、起因、经过、结果等客观事实的单纯叙述,不包括作者的主观感受、思想情感或修辞、评论。此种消息构成要素简单,表达形式单一,且为满足公众知情权需要尽快传播,因而不受著作权法保护。①

时事性文章也不是指全部事实新闻方面的文字作品,而仅限于经济、政治、宗教方面重大而具时效性的文章。在经济观察报社与武汉中财信息产业有限公司著作权纠纷上诉案中,法院指出:"《现代汉语词典》对'时事'的解释是'最近期间的国内外大事'。可见,'时事'具备两个显著特征,即时效性和重大性……'时事性文章'是指当前受到公众关注的涉及经济、政治或宗教问题的文章,当然也应当具有时效性和重大性。"②

不涉及国内外大事,不构成"时事性文章"。在广州牧联信息科技有限公司与南方报业传媒集团侵害作品信息网络传播权纠纷上诉案中,法院认为:"珠三角地区的养猪场拆迁补偿问题不能归结为'国内外大事',缺乏重大性特征,故涉案文章不属于关于经济、政治问题的时事性文章。"③在杭州核新软件技术有限公司与经济参考报社侵害作品信息网络传播权纠纷上诉案中,法院认为:"从涉案作品撰写的内容来看,其反映的仅是铁路行业的现象与管理分析,并不具备时效性和重大性两个特征,不能归结为'国内外大事',也并非为了宣传、贯彻党和国家某一时期或对某一重大事件的方针、政策而创作的,不具有较强的政策性、目的性,因此不属于关于经济、政治问题的时事性文章。"④

文章虽然涉及国内外大事,但不具有时效性,也不是时事性文章。时效性是一个严格的法律概念,不仅表示"新近",而且是指排除个人观点。在北京三面向版权代理有限公司与湖南省常德市农民教育办公室等著作权侵权纠纷上诉案中,法院指出:"涉案作品主要内容涉及我国农民收入问题,其中包含作者个人的观点和见解,是作者对相关问题进行研究的结果,不属于时事性文章的范畴"。⑤ 在北京三面向版权代理有限公司与原萍乡市农业局著作权纠纷上诉案中,法院认为,《2004 年农业增收背后的隐忧》是对未来农业形势的预测、分析的探讨性文章,有作者的观点和创造性劳动,不是对某一单一新闻事件的分析、评论,不应作为时事性文章看待而无偿使用。⑥ 在经济观察报社与武汉中财信息产业有限公司著作权纠纷上诉案中,法院认为:"《国资法》一文是介绍在

① 参见上海市闵行区人民法院民事判决书,(2013)闵民三(知)初字第 50 号。

② 湖北省高级人民法院民事判决书,(2010)鄂民三终字第 73 号。

③ 广东省广州市中级人民法院民事判决书,(2013)穗中法知民终字第 876 号。

④ 浙江省杭州市中级人民法院民事判决书,(2014)浙杭知终字第 100 号。

⑤ 参见湖南省高级人民法院民事判决书,(2008)湘高法民三终字第 37 号。

⑥ 参见江西省高级人民法院民事判决书,(2007)赣民三终字第 23 号。

参加昆明召开的'国有资产立法问题讨论会'上参会者发表和形成的意见与分歧，是一种宣传性文章，从文章内容来看，仅体现了作者一定的归纳和总结，没有作者个人任何观点在其中，更谈不上作者的分析。而该文也是对当前涉及国家立法政策问题的一种宣传报道，同样具有时效性、重大性，属于时事性文章。"[①]

"时事性文章例外"以作者未声明不许刊登和播放为前提条件，但并未限定声明作出的时间。此项著作权例外并未排除作者事后声明不许刊登和播放。这不同于《著作权法》(2020)第35条第2款[《著作权法》(2010)第33条第2款]规定"转载或摘编报刊作品的法定许可"。作者欲排除此法定许可，可依照《著作权法实施条例》(2013)第30条"著作权人依照著作权法第三十三条第二款声明不得转载、摘编其作品的，应当在报纸、期刊刊登该作品时附带声明"。[②] 如果作者嗣后的确作此不许刊载或播放的声明，则声明作出之前所为之刊登和播放属于合法行为，而声明作出之后所为作品传播行为属于非法行为。但是，时事性文章的使用人从其原始刊载之外无法确认作者是否嗣后作出不许刊载或播放的声明，而要求其随时查询作者是否作出此种声明又全然不现实。

这一问题的症结在于，时事性文章例外不应规定为合理使用，而应作为一种法定许可。此项例外的法条规定类似于《著作权法》(2020)第35条第2款规定"转载或摘编报刊作品的法定许可"，二者性质相同，应该合并。

第六节
立法展望：存在的问题及修改建议

一、存在的问题

转载、转播的适用范围过窄。从范围上讲，现有制度规定，时事性文章的范围限于经济、政治和宗教问题，但不包括军事、文化等其他主题，范围太狭窄了，应当包括其他各种主题的时事性文章，这样更为妥当。

---

① 湖北省高级人民法院民事判决书，(2010)鄂民三终字第73号。

② 参见吴高盛主编：《〈中华人民共和国著作权法〉释义及实用指南》，中国民主法制出版社2015年版，第375页。

二、修改建议

将来《著作权法》第24条第1款第4项这样修改更为合理:"报纸、期刊、广播电台、电视台等媒体刊登或者播放其他报纸、期刊、广播电台、电视台等媒体已经发表的关于经济、政治、宗教、军事、文化等问题的时事性文章。"

第八章　合理使用（五）：演讲使用

第一节
溯本清源：演讲使用的必要性分析

所谓公众集会，是指为一定目的在公共场所（如广场、体育场）举行的集会。公众集会是指群众性的政治集会、庆祝活动或者纪念性的集会。公众集会，是指为一定目的在公共场所举行的集会和公众可自由参加的群众集会。在公众集会上发表的讲话本身具有公开宣传的性质，刊登或播放这些讲话，是扩大它的影响和宣传范围。因此，为了进行宣传，报纸、期刊、广播电台、电视台等媒体可以不经著作权人的许可，不向著作权人支付报酬而刊登或者播放其在公众集会上发表的讲话，但作者声明不许刊登、播放的除外。

公开演讲报道使用条款与新闻报道使用条款，转载、转播使用条款有相似之处，其使用主体为报刊、期刊、广播电台、电视台等媒体，使用目的在于实现新闻自由和公众对社会事务的知情权；但是，上述三类合理使用条款的适用条件各不相同：新闻报道使用强调“不可避免地”再现或者引用他人作品，而转载、转播使用限于经济、政治或宗教的“时事性文章”，公开演讲报道使用则指向“公众集会上发表的讲话”。上述与新闻报道相关的权利例外条款，各有其制度功能，存在使用对象和使用条件的差别。①

《著作权法》(2020)第24条第1款第5项只说是刊登或播放在公众集会上发表的讲话，没有说明是什么性质的讲话。根据这一理解，应当是指当前公众关注的有关经济、政治等问题的讲话。公众集会一般是指公众可以自由参加的集会。这种讲话既然已经在公众集会上公开发表，除作者声明不许刊登、播放以外，为了满足公众对信息的渴求，而允许在媒体予以刊登或播放，不向其支付报酬，一般不会违反作者的本意。在广播或电视上发表的讲话，也可看作在公众集会上发表的讲话，而允许在报刊上刊登。

① 参见吴汉东：《知识产权法》，法律出版社2021年版，第244页。

我国《著作权法》规定，报纸、期刊、广播电台、电视台等媒体刊登或者播放在公众集会上发表的讲话，可以不经著作权人许可，不向其支付报酬。但有时，作者出于历史、政治或其他原因不愿将其讲话在报纸、期刊、广播电台、电视台等媒体上刊登或者播放，那么，报纸、期刊、广播电台、电视台等媒体就要尊重作者的意愿，不得刊登或播放。这一规定是符合《伯尔尼公约》的。

第二节 他山之石：演讲使用的国际立法借鉴

对公开演讲进行报道的使用，是出于公益目的而作出的限制，与新闻报道有关。为了宣传、报道时事的目的，允许在报纸、期刊、广播电台、电视台等媒体刊登或者播放在公众集会上发表的讲话，但作者声明不许刊登、播放的除外。

《伯尔尼公约》第 2 条之二"某些作品保护的可能局限"第 2 款"授课、演说的某些用途"规定："公开发表的讲课、演说或其他同类性质的作品，如为新闻报道的目的有此需要，在什么条件下可由报刊登载，进行广播或向公众传播，以及以第 11 条之二第 1 款的方式公开传播，也属于本同盟各成员国国内立法的范围。"①其他国家的规定与公约规定一致。

《法国知识产权法典》(法律部分)第二编"作者权利"第二章"财产权利"第 L. 122－5 条第 1 款第 3 项第 c 目规定："在明确指出作者姓名和出处的情况下：……c)作为新闻报道，通过报纸或远程传送，对在政治、行政、司法或学术大会及政治性公共集会和官方庆典上面向公众发表的讲话，进行播放甚至全文播放。"②《德国著作权法》第一部分"著作权"第六节"对著作权的限制"第 48 条"公开讲演"第 1 项规定："本法允许：(1)在报纸、期刊，以及其他以报导时事为主的印刷品或者其他数据载体上复制与发行在公共集会或者通过本法第 19 条 a 或者第 20 条所称的公开再现发表的有关时事的讲演，以及公开再现这类讲演；(2)复制、发行与公开再现在国家、社区或者宗教组织的公开辩论中发

① 张大伟主编：《世界版权条约》，东方出版中心 2019 年版，第 35 页。

② 《十二国著作权法》，《十二国著作权法》翻译组译，清华大学出版社 2011 年版，第 70 页。

表的讲演。"[①]本条是指，在公众集会上或者在广播电台、电视台上有关时事问题的演讲，允许在报纸、期刊或其他以报道时事为主的印刷品上刊登和传播；在国家、社区机构或宗教组织的公开辩论中发表的演讲，允许复制、发行和向公众传播。

《意大利著作权法》第一编"著作权的一般规定"第五章"例外和限制"第一节"复制及其他例外和限制"第66条规定："在公共集会或者其他公开场合发表的政治性的或者官方性的演说，以及对公众开放的会议的摘要，在告知目的的范围内，允许在期刊、报纸、广播电视或者电讯上自由转载或者向公众传播，但是，应当载明出处、作者姓名、演说日期和地点。"[②]本条是指，在公共集会或其他公开场合发表的政治或行政性演说，可在报刊上自由转载或进行广播，但应指明出处、作者姓名、演说日期和地点。

《俄罗斯联邦民法典》（著作权部分）第四部分第七编"智力活动成果和个性化表现方法的权利"第七十章"著作权"第1274条"为新闻、科学、宗教或文化目的而自由使用作品"第1款第4项规定："不征得作者或其他权利人同意，不支付报酬，但必须指明所使用作品之作者的名字及所引用资料的出处，则许可：……（四）报刊转载、无线电或电缆播放公开发表的演说、宣言、报告及其他类似作品，篇幅与新闻报道目的相符。同时作者保留在文集中发表这些作品的权利。"[③]

《日本著作权法》第二章"作者的权利"第三节"权利的内容"第五小节"著作权的限制"第40条"政治演说等的使用"第1条第1款规定："公开进行的政治演说或者陈述或者在裁判程序（包括行政厅的准司法程序和其他准用裁判的程序。第四十二条第一款中的规定相同）中所做的公开陈述，除了将同一作者的演说或者陈述进行编辑使用外，可以采用任何方法进行使用。"第2款规定："国家或者地方共同团体机关、独立行政法人或者地方独立行政法人所作的公开演说或者陈述，除了前款规定外，在报道的正当目的范围内，可以在新闻、杂志上进行转载，或者进行无线播放、有线播放，或者专门以播放服务地域内接受为目的进行自动公众传播（信息网络传播中，包括通过将信息记录在已经或者供公众使用的电信线路连接的自动公众传播装置传播）。"第3款规定："按照前款规定无线播放、有线播放或者自动公众传播的演说或者陈述，可以使用接收装置进行公开传达。"[④]本条是指，公开发表的政治演说和在司法审判程序（包括行政机构的审

① 《十二国著作权法》，《十二国著作权法》翻译组译，清华大学出版社2011年版，第161页。
② 《十二国著作权法》，《十二国著作权法》翻译组译，清华大学出版社2011年版，第297页。
③ 《十二国著作权法》，《十二国著作权法》翻译组译，清华大学出版社2011年版，第440页。
④ 《十二国著作权法》，《十二国著作权法》翻译组译，清华大学出版社2011年版，第381页。

理程序和其他类似司法裁判的程序)中公开发表的陈述,他人可以通过任何方式使用。但在同一作者汇编自己作品的情形下,他人不得使用。为了传播信息,国家和地方机关以及地方团体发表的演说和陈述,可以刊登在报纸、期刊上,或者通过无线广播和有线广播播放。无线广播或者有线广播的演说和陈述,可以通过接收装置向公众传达。这个规定叫做"关于政治演说的使用"。[①] 在日本,不仅公开进行的政治性演说或陈述,而且还包括在司法审判、行政审判程序中的陈述,原则上可以任何方式加以使用;在国家或地方共同团体的机关进行的公开性演说或陈述,也可以刊登于报纸、杂志,或者进行无线广播或有线传送。

《韩国著作权法》第二章"作者的权利"第四节"作者财产权"第二分节"著作财产权的限制"第24条"基于政治演讲等的使用"规定:"对于公开进行的政治演说,或者在法庭、国民议会、地方议会中的公开陈述,可以采用任何方法加以使用。但是,对作者的演讲或陈述经过汇编后的使用不在此限。"[②]

《印度著作权法》(1957)第十一章"对著作权的侵害"第52条"某些不构成侵害著作权的行为"第1款"下列行为不构成对著作权的侵害"第n项规定:"在报纸、杂志或其他期刊上复制公开发表的报告或讲演。"[③]

《巴西著作权法》第三编"著作权"第四章"对著作权的限制"第46条第1款第b项规定:"报纸、杂志刊登在任何类型的公众集会上发表的讲话"[④],不构成对著作权的侵害。

《埃及知识产权保护法》第三编"著作权和邻接权"第172条第2款规定:"在不损害作者根据本法规定所享有的人身权的情况下,作者或者其继承人不得禁止报纸、杂志或者广播组织出于下述目的而在合理范围内使用作品:……第二:出版在议会、立法与行政机关公开开会期间以及在科学、文学、艺术、政治、社会与宗教领域内的公众集会上所发表的讲话、演说、专题讨论与发言,包括公开开庭的司法庭审。但是,作者或者其继承人对于汇编该等作品享有专有权。"[⑤]

《南非版权法》第一章"原创作品的版权"第十二节"文学和音乐作品版权的一般例外"第6款指出:"(a)在公众场合发布的讲座、演说或类似作品不因在报刊上复制或广

① 参见李明德、闫文军:《日本知识产权法》,法律出版社2020年版,第176页。
② 《十二国著作权法》,《十二国著作权法》翻译组译,清华大学出版社2011年版,第515页。
③ 《十二国著作权法》,《十二国著作权法》翻译组译,清华大学出版社2011年版,第250页。
④ 《十二国著作权法》,《十二国著作权法》翻译组译,清华大学出版社2011年版,第14页。
⑤ 《十二国著作权法》,《十二国著作权法》翻译组译,清华大学出版社2011年版,第43页。

播而受到侵犯，只要该复制或广播是以通告为目的。（b）（a）段所指的讲座、演说或其他作品的作者应享有制作其作品合集的独占性权利。”①

第三节 立法沿革：我国《著作权法》《信息网络传播权保护条例》立法演变

一、《著作权法》（1990）的规定

《著作权法》（1990）第 22 条第 1 款第 5 项规定，“报纸、期刊、广播电台、电视台刊登或者播放在公众集会上发表的讲话，但作者声明不许刊登、播放的除外”，“可以不经著作权人许可，不向其支付报酬，但应当指明作者姓名、作品名称，并且不得侵犯著作权人依照本法享有的其他权利”。

二、《著作权法》（2001）的规定

与《著作权法》（1990）第 22 条第 1 款第 5 项相比，《著作权法》（2001）第 22 条第 1 款第 5 项只增加了两处“等媒体”三字。《著作权法》（2001）第 22 条第 1 款第 5 项规定，“报纸、期刊、广播电台、电视台等媒体刊登或者播放在公众集会上发表的讲话，但作者声明不许刊登、播放的除外”，“可以不经著作权人许可，不向其支付报酬，但应当指明作者姓名、作品名称，并且不得侵犯著作权人依照本法享有的其他权利”。

三、《著作权法》（2010）的规定

与《著作权法》（2001）第 22 条第 1 款第 5 项相比，《著作权法》（2010）第 22 条第 1 款第 5 项没有任何修改，即规定：“报纸、期刊、广播电台、电视台等媒体刊登或者播放在公众集会上发表的讲话，但作者声明不许刊登、播放的除外”，“可以不经著作权人许可，不向其支付报酬，但应当指明作者姓名、作品名称，并且不得侵犯著作权人依照本法享

① 《十二国著作权法》，《十二国著作权法》翻译组译，清华大学出版社 2011 年版，第 480 页。

有的其他权利”。

四、《著作权法》(2020)的规定

与《著作权法》(2010)第22条第1款第5项相比,《著作权法》(2020)第24条第1款第5项没有任何修改。但因《著作权法》(2020)第24条第1款第1句作了修改。故该项规定为:“报纸、期刊、广播电台、电视台等媒体刊登或者播放在公众集会上发表的讲话,但作者声明不许刊登、播放的除外”,“可以不经著作权人许可,不向其支付报酬,但应当指明作者姓名或者名称、作品名称,并且不得影响该作品的正常使用,也不得不合理地损害著作权人的合法权益”。

五、《信息网络传播权保护条例》(2013)的规定

《信息网络传播权保护条例》(2013)第6条规定:“通过信息网络提供他人作品,属于下列情形的,可以不经著作权人许可,不向其支付报酬:……(八)向公众提供在公众集会上发表的讲话。”该条例第10条规定:“依照本条例规定不经著作权人许可、通过信息网络向公众提供其作品的,还应当遵守下列规定:(一)除本条例第六条第一项至第六项、第七条规定的情形外,不得提供作者事先声明不许提供的作品……”如果作者不曾声明不许通过信息网络提供其在公众集会上的讲话,则可以不经其许可,也不向其支付报酬,向公众提供之。

第四节 构成要件:不侵权抗辩使用行为分析

一、公开演讲报道免责

在公共集会上的讲话往往涉及经济、政治、文化、体育等社会问题,或表达了人们的政治观点、政治情绪,或表达了欢快、激动的心情,因此应当允许报纸、期刊、广播电台、电视台等媒体刊登或者播放。

二、新闻使用免责

此种免责限于公开演讲。在政治集会、庆祝集会等公众场合发表的讲话，具有公开宣传的性质，具有新闻报道的价值，因此将媒体对其的刊登、播放纳入合理使用的范围。为满足公众准确了解公众集会有关时事新闻，保留现行规定是必要的。如有考虑公开演讲著作权保护之需，作者可援用"但书"条款以排除该合理使用。

三、"但书"例外免责

如果作者声明不许刊登、播放，则报纸、期刊等媒体应当尊重其意思表示，不得刊登、播放，即作者可以发表权利保留的声明。这种声明或是出于公开演讲有待修改、完善的考虑，或是基于公开讲话传播范围应受控制的愿望，无论何种动因，媒体都应对作者的意思表示予以尊重。"但书"所形成的合理使用例外，具有法律推定的性质，即作者在公众集会上发表讲话时未作出权利保留声明，但事后仍可作出要求终止传播的声明，法律应推定声明有效。①

公众集会上的讲话本身就具有发表属性，那么如果作者并未作出禁止刊登的要求，我们即可理解作者允许报纸、期刊等媒体刊登或播放，报纸、期刊等媒体对其刊登、播放也属于合理使用。

第五节
典型案例：演讲使用案例分析

演讲使用例外行文表述类似于"时事性文章例外"，但其立法根据更接近"新闻报道例外"。公众集会上的讲话不一定涉及经济、政治、宗教问题，但公众集会具有新闻价值，特别表现在公众集会的讲话内容上。为便利民众准确了解公众集会时事新闻，故设本项权利例外。在于某波诉北京天盈九州网络技术有限公司侵犯著作权纠纷案（以下简称于某波诉天盈九州公司案）中，法院指出："于某波在《坚》文第一段末尾已经明确

① 参见吴汉东：《知识产权法》，法律出版社 2021 年版，第 244 页。

表示出席会议的人员有:领导、专家、学者、教授、知青、新闻媒体,于某波的表述显然是按照与会人员的社会分工的角色来划分的,上述人员的参会足以说明于某波的讲话是在公众集会上作出的。……于某波作为知青领域的知名学者,对于知青工作有较大影响,其在相关公众的集会上发表自己的讲话,为知青工作提出要求、指明方向,具有一定的社会影响性,新闻媒体作为与会者,势必会转载于某波的讲话内容,扩大本次会议讲话内容的社会影响力。"①

本项权利例外局限于在公众集会上"发表的讲话",不包括公众集会上散发的非讲话形式的作品或已发表过的作品。在于某波诉天盈九州公司案中,于某波所作知青纪实文学作品《难忘的十八道岗》曾发表在《共和国知青》一书,其所作学术论文《弘扬知青主流文化,共谋知青网络发展——第四届中国知青网络联席会暨知青文化发展高峰论坛述评》编入该论坛论文集,均作为会议材料被发放给参加会议的全体代表。法院审理认为,被告未经许可在凤凰网公开传播这些文章属于侵权行为。②

本项权利例外本质上是"推定许可"。作者在公众集会上发表讲话时未声明不许刊登或播放,仍可以事后作此声明,要求终止传播行为。在于某波诉天盈九州公司案中,法院认为:"《坚》文是于某波在辽宁省知青文化研究会第一次会员代表大会上向与会人员作出的公开讲话,属于在公众集会上发表的讲话,于某波未提供证据证明曾声明不许刊登《坚》文,天盈九州公司作为网络媒体可以将于某波讲话刊登于凤凰网。天盈九州公司在刊登的《坚》文中,已经为于某波署名,并署名作品名称。本院认为,天盈九州公司在凤凰网上刊登《坚》文属于合理使用,并未侵权。但鉴于于某波坚持要求天盈九州公司删除《坚》文,本院认为天盈九州公司应当删除《坚》文。"③

① 北京市海淀区人民法院民事判决书,(2010)海民初字第16161号。
② 参见北京市海淀区人民法院民事判决书,(2010)海民初字第16161号。
③ 北京市海淀区人民法院民事判决书,(2010)海民初字第16161号。

第九章　合理使用（六）：教学科研使用

第一节
溯本清源：教学科研使用的必要性分析

教学科研使用，具体是指教学活动的合理使用和科学研究的合理使用。在立法例上，许多国家对此分别加以规定。科学研究使用，在整个知识产权领域都是一种权利例外的情形，著作权法将其归类于合理使用。这里的科学研究不是商业活动的组成部分，而应是“学术的”“教学的”“非营利的”，对其使用目的和使用条件的界定是合理使用立法的要点。一般而言，学术研究机构、非营利的教学组织所进行的研究活动，属于合理使用的范围；而营利性团体的科学研究则不能作为“权利例外”。在数字技术时代，这一立法取向已经发生变化。日本法、欧盟法以及美国判例法承认“文本数据分析和挖掘”即对作品的数字化处理，属于合理使用。[①] 这意味着科学研究合理使用的主体扩展至含有商业性开发意义的私人主体。

为学校课堂教学或者科学研究，可翻译或者少量复制已经发表的作品，供教学或者科研人员使用，但不得出版发行。学校的课堂教学是一种传授知识的活动；科学研究是在总结、吸取前人经验或者知识的基础上，用科学方法探求事物的本质和规律的活动。这两项活动都离不开对知识的积累和探求。知识本身是人们在改造世界的实践中所积累的认识和经验的总和。学习知识和创造知识离不开对已有作品的利用；限制这种利用，就会阻碍整个民族文化水平的提高，阻碍科学技术的发展。为此，国际条约以及许多国家的著作权法都把出于教学或者科学研究的目的而少量复制享有著作权的作品纳入合理使用的范围。

课堂教学是指直接面对学生进行的教学，不包括函授、刊授、广播、电视、网络等远程教学。著作权法强调课堂教学作为此种情形下合理使用的条件，主要考虑课堂教学

① 参见吴汉东：《人工智能生成作品的著作权法之问》，载《中外法学》2020 年第 3 期。

通常人数不会太多,教学人员容易控制复制他人作品的“少量”;其他形式的教学中学生的数量和规模大,无法做到“少量”使用,可能会影响他人作品的市场。科学研究包括自然科学研究和社会科学研究两方面。教学和科学研究是传播科学文化知识,提高全民族科学文化水平的重要途径,体现了社会公共利益,我国著作权法将此种情形作为合理使用的条件。为教学或者科学研究使用他人作品,只限于翻译或少量复制,通常不得采取其他使用方式。翻译与少量复制他人作品必须是已经发表的作品,未发表的作品不得翻译与少量复制。为教学或者科研翻译或少量复制作品只能供教学人员和科研人员使用,并不得出版发行。实践中有时发生为课堂教学而复制他人作品并且出版发行的情况,这种行为就不是合理使用,而是一种侵权行为。

教学科研使用的限制是为了发展本国的文化教育。对于教学活动中的合理使用,各国著作权法普遍关注,将此作为著作权限制的主要内容而加以周密规定。为个人学习、研究,使用他人作品可以不经著作权人许可,不向其支付报酬。那么,为学校课堂教学或者科学研究,而翻译或者复制作品,也应当是允许的。所以,不少国家都有这类规定。对于学校课堂教学必须强调其非商业目的。西方国家立法例对于商业目的的教学活动,一般排除在合理使用范围之外。

第二节 他山之石:教学科研使用的国际立法例

国际条约和许多国家的著作权法都把出于教学或者科学研究的目的作为合理使用享有著作权的作品的重要条件。《伯尔尼公约》第 10 条“作品的某些自由使用”第 2 项“教学阐释”规定,“本同盟成员国法律以及成员国之间现有或将要签订的特别协议应规定,可以合法地通过出版物、无线电广播或录音录像使用文学艺术作品作为教学的解说的权利,只要是在为达到目的的正当需要范围内使用,并符合合理使用”。该条第 3 项“指明来源和作者”规定,“前面各款提到的摘引和使用应说明出处,如原出处有作者姓名,也应同时说明”[①]。2014 年 5 月 23 日,世界知识产权组织制定了《关于教育、教学和

① 张大伟主编,王智丽、杨丽娟编:《世界版权条约》,东方出版中心 2019 年版,第 40 页。

研究机构及其他残疾人限制与例外条约》，该条约是在承认新的数字平台和信息通信技术的创新对公众获取、阅读、使用、再使用和欣赏创意内容产生深远影响的基础上而筹划、缔结的。[1]

基于教育与科研活动所代表的公共利益，出于教育与科研目的对著作权或邻接权客体的使用成为大部分国家著作权合理使用制度的首选。从国际立法例来看，教学活动的合理使用须出于非商业目的，具有营利性质的培训教育不在此列。对于学校课堂教学必须强调其非商业目的，各国立法例一般将商业目的的教学活动排除在合理使用范围之外。多国著作权法为教学目的的使用对著作权和邻接权规定了各种限制：《美国版权法》第 110 条第 1 项所规定的“教学演出与展示”；《英国版权、外观设计与专利法》第 34 条“教育机构活动过程中对作品的表演、播放或者放映”所规定的“为教育目的的使用”；《德国著作权法》第 46 条“为教堂、学校或者课堂教学使用的汇编物”、第 47 条“学校播放”、第 52 条 a“为课堂教学和科研公开提供”；《荷兰著作权法》第 12 条所规定的“为科学研究和教育目的对作品的背诵、表演与展示”。[2]

《德国著作权法》第一部分“著作权”第六节“对著作权的限制”第 46 条“为教堂、学校或者课堂教学使用的汇编物”规定：“如果著作的部分内容或者小篇幅的语言著作或者音乐著作、单独的美术著作或者单独的摄影著作在发表之后成为集大量著作人著作的汇编的组成部分，并且根据其特点只为学校、非营利性培训或者进修教育机构，或者职业教育机构的课堂教学，或者教堂使用，则本法允许将其复制、传播和公开提供。用于学校课堂教学公开提供的著作始终应当取得权利人许可。在复制件或者公开提供时应当明确表明汇编物的用途。”[3]据此，如果著作的部分内容或小篇幅的语言著作在出版之后被用到汇编物中或将数人著作汇编成册，并且根据上述著作的特性只是为教堂、学校或教学使用，则允许复制和传播这类汇编物，必须在该汇编物的标题页或相应位置明确标明其用途。

《德国著作权法》第一部分“著作权”第六节“对著作权的限制”第 47 条“学校播放”第 1 款规定：“本法允许学校以及师范和教师进修机构将学校广播电视播放的著作转录成音像制品，并且制作个别的复制件。本规定亦适用于青少年福利救济机构和国营农村教育机构或者类似的国家负担的机构。”该条第 2 款规定：“该音像制品只能用于课堂

---

① 参见张乃根主编：《与贸易有关的知识产权协定》，北京大学出版社 2018 年版，第 108～109 页。

② 参见刘铁光：《录音制品二次使用的法律问题研究》，厦门大学出版社 2011 年版，第 180 页。

③ 《十二国著作权法》，《十二国著作权法》翻译组译，清华大学出版社 2011 年版，第 160 页。

教学,并应当最迟自转录学校广播电视播放器至下一学期结束前消磁,除非付给著作人适当报酬。”①

《德国著作权法》第一部分“著作权”第六节“对著作权的限制”第52条a“为课堂教学和科研公开提供”第1款规定:“只要为以下目的需要,并且有理由证明未谋求营利目的,本法允许(1)为学校、高等学校、非营利性培训或者进修教育机构,以及职业教育机构的课堂教学,仅向特定范围的参与课堂教学者,公开提供已发表著作的短小部分、短小篇幅的著作,以及个别的报刊文章;或者(2)仅为特定范围人的科学研究之目的,公开提供已发表著作的部分、短小篇幅的著作,以及个别的报刊文章。”②为大学课程说明之用,且基于非营利性目的而使行为具有正当性,可在该目的必要范围内,向特定且可确定范围的修课学生公开传播已公开的作品的一小部分、数个作品的极小部分,或者报纸杂志中的单一文章。该条第3款进一步规定,在此情形下,为公开传播所必要的复制行为,属于合法行为。

《法国知识产权法典》第一部分“文学和艺术产权”第一卷“著作权”第二编“作者权利”第二章“财产权利”第L.122-5条第1款第3项a)规定:作品发表后,作者不得禁止:“在明确指出作者姓名和出处的情况下:a)由使用引文的作品的评论、论战、教育、科学或情报性质所决定的分析及简短引用。”③《法国知识产权法典》第一部分“文学和艺术产权”第一卷“著作权”第二编“作者权利”第二章“财产权利”第L.122-5条第1款第3项e)规定:作品发表后,作者不得禁止:“在明确指出作者姓名和出处的情况下:e)对作品摘要的表演或复制,这些表演或复制仅用于教研中的说明,而不能用于任何游戏或娱乐目的,不包括为教育目的而构思的作品、乐谱和将作品数字化出版而产生的作品,受众也主要是直接相关的大中小学生、教研人员,且对这些表演或复制的使用不得涉及任何商业经营,其酬劳在不侵犯L.122-10条规定的静电复制权的转让的前提下,经磋商定额确定。”④

《法国知识产权法典》第一部分“文学和艺术产权”第二卷“著作权之邻接权”第一章“通则”第L.211-3条第1款第3项规定:本编开列权利之受益人不得禁止:“在能充分识别出处的情况下:由使用引文的作品的评论、论战、教育、科学或情报性质决定的分

① 《十二国著作权法》,《十二国著作权法》翻译组译,清华大学出版社2011年版,第161页。
② 《十二国著作权法》,《十二国著作权法》翻译组译,清华大学出版社2011年版,第162页。
③ 《十二国著作权法》,《十二国著作权法》翻译组译,清华大学出版社2011年版,第70页。
④ 《十二国著作权法》,《十二国著作权法》翻译组译,清华大学出版社2011年版,第70页。

析及简短引用。"[①]《法国知识产权法典》第一部分"文学和艺术产权"第二卷"著作权之邻接权"第一章"通则"第 L. 211－3 条第 1 款第 3 项规定：本编开列权利之受益人不得禁止："在能充分识别出处的情况下：向公众传播或复制受邻接权保护制品的摘要，但不包括为教育目的而设计的制品，且纯粹用于校验范围的说明，并排除一切游戏或娱乐行为，且该传播或复制的受众大部分由大中小学生、教师或直接相关的科研人员组成，该传播或复制的使用不会产生任何商业经营，并在定额基础上协商支付该使用的报酬。"[②]

《意大利著作权法》第一编"著作权的一般规定"第五章"例外和限制"第一节"复制及其他例外和限制"第 70 条第 1 款规定："为了进行评论或者讨论，可以在符合上述目的的范围内，摘录、引用或复制作品的片段或者部分章节并向公众传播，但是，不得与该作品的经济使用权构成竞争；为了教学或者科学研究的目的进行使用的，还应当仅限于进行展示且无商业性目的。"第 1 附条规定："在非营利性的目的的教学或者科学研究使用中，可以在网络中免费自由发表低分辨率的影像与音乐。在听取意大利公共教育部、大学与研究部及议会的相关委员会的意见之后，以文化遗产部部长令的形式确定对教学或者科学研究使用的限制。"[③]据此，出于评论、论述或教育目的，可以在符合上述目的限度内，摘录、引用或复制一部作品的片段或部分章节。

《匈牙利版权法》第 18 条规定：只要是非商业目的，复制和出借均系合理使用。《突尼斯版权示范法》第 7 条第 1 款（c）规定：为了教学，在满足教学规定的范围内，可以出版物、广播节目或录音录像作说明的形式利用作品；为了教学目的，传播为了学校教学、大学和职业训练而广播的作品，只要上述使用符合合理使用的做法并在出版物、广播或者录音录像中注明出处和作者姓名即可。[④]

《印度著作权法》（1957）第十一章"对著作权的侵害"第 52 条"某些不构成侵害著作权的行为"第 1 款"下列行为不构成对著作权的侵害"第（h）项规定："在以下情况下，对文学、戏剧、音乐或美术作品进行复制——（i）老师或学生在教学过程中；或（ii）作为考试中需要回答的问题的部分内容；或（iii）作为对此种问题的回答。"该款第（i）项规定："在教育机构活动过程中，由该机构的教职员工和学生表演文学、戏剧或音乐作品，或放映电影或播放录音，只要观众仅限于此种教职员工和学生、学生的父母和监护人，

① 《十二国著作权法》，《十二国著作权法》翻译组译，清华大学出版社 2011 年版，第 90 页。

② 《十二国著作权法》，《十二国著作权法》翻译组译，清华大学出版社 2011 年版，第 90 页。

③ 《十二国著作权法》，《十二国著作权法》翻译组译，清华大学出版社 2011 年版，第 298 页。

④ 李祖明：《互联网上的版权保护与限制》，经济日报出版社 2003 年版，第 193 页。

以及与该机构的活动或者与向此种观众传播电影或录音的行为直接相关的人员。”[①]《巴西著作权法》第三编“著作权”第四章“对著作权的限制”第46条第6款规定:“不以营利为目的,在家庭范围内或完全以教学为目的在教育机构进行的舞台和音乐表演。”[②]

《英国版权法》第一编“版权”第三章“涉及版权作品的允许实施的行为”之“教育”部分第32~36条,分别详细规定了教学活动中的“复制”“汇编”“表演”“录制”“影印复制”等对版权作品的使用情形。第32条“为教学或测验而实施之行为”规定为授课或考试使用文学、戏剧、音乐及艺术作品不构成侵权:“(1)在教学或教学准备过程中,对文字作品、戏剧、音乐或艺术作品进行的复制,在符合以下条件时,不构成对版权的侵犯——(a)由施教者或受教者所实施,(b)非经复制手段实施,并且(c)附有充分的声明,并且该教学为非商业性目的。(2)在教学或教学准备过程中,以制作电影或者音频轨道之方式对录音制品、电影或广播进行复制的,若该复制行为符合下列情形,则不构成版权之侵犯——(a)是由施教者或受教者实施的,并且(b)附有充分的声明,且该教学为非商业性目的……”[③]第33条“为教育之用的选集”第一款规定:“在满足下列情形的汇编中收录已出版文字、戏剧作品的部分篇章——(a)以在教育机构使用为目的,且在标题或任何发行商发行的或以其名义发行的广告中作出声明,并且(b)主要包含不享有版权的材料,不构成对作品版权的侵犯,若该作品本身并非以在教育机构使用为目的,且该收录附有充分声明。”[④]第34条“教育机构活动过程中对作品的表演、播放或者放映”规定:“(1)向包括教育机构中的教师、学生以及与该机构的活动有直接联系的其他人在内的观众,对文字、戏剧或者音乐作品进行的表演,若:(a)是在该机构的活动过程中由教师或学生进行的,或者(b)是为教学之目的由任何人在该机构中所进行的,则不属于版权侵权意义上的公开表演。(2)教育机构以教学指导为目的,为上述观众播放或放映录音制品、电影或广播的,不构成基于版权侵权目的所进行的公开播放或者放映。”第35条“教育机构制作的广播录音制品”第1款规定:“为本单位之教学目的,教育机构制作或以其名义所制作的广播录制品,或者此类录制品之复制品的,当其附有充分声明并且该教育目的为非商业性的,则该制作行为不侵犯该广播以及收录其中的作品之版权。”第36条“教育机构对出版作品片段之复制”第1款规定:“教育机构或者以其名义可以

① 《十二国著作权法》,《十二国著作权法》翻译组译,清华大学出版社2011年版,第249页。
② 《十二国著作权法》,《十二国著作权法》翻译组译,清华大学出版社2011年版,第14~15页。
③ 《十二国著作权法》,《十二国著作权法》翻译组译,清华大学出版社2011年版,第588页。
④ 《十二国著作权法》,《十二国著作权法》翻译组译,清华大学出版社2011年版,第589页。

在本条款所允许的范围内为教学目的而对已出版文字、戏剧或者音乐作品的片段进行复制的，当其附有充分声明且该教学为非商业性目的时，该复制行为不侵犯作品的任何版权。”①

《美国版权法》对于在教学活动中的使用，也分别规定了复制使用（第 107 条）和演出使用（第 110 条）。《美国版权法》第 110 条“专有权的限制：某些表演或展出的免责”第 1 款规定：“非营利性教育机构中的教员或学生，在课堂上或者用于教学的类似场所面授教学活动中表演或展出作品；涉及电影或其他音像作品时，以违反本篇非法制作的复制品表演或展出单个图像，且负责该表演者指导或有理由知道该复制品不是合法制作的除外。”②

日本十分重视教育和人才培养，《日本著作权法》第二章“作者的权利”第三节“权利的内容”第五小节“著作权的限制”第 33 ~ 36 条用 4 个条文阐述出于教学目的而对作品的合理使用。该法第 33 条规定，出于学校教学目的，在认定的必要限度内，可在教学用书中登载已发表的著作物；第 34 条规定学校教育节目的广播；第 35 条规定学校及其他教育机关的复制；第 36 条规定作为试题的复制。《日本著作权法》在关于学校等教育机构的合理使用规定上，将以营利为目的的使用视为法定许可，使用者应当向著作权人支付“相当于通常使用费数额的补偿金”；而为非营利的学校教育目的，在“认定的必要限度内，可在教科书中登载已发表的著作物”或者“作为考试的题目复制已发表的著作物”。

《日本著作权法》第 35 条“在学校和其他教育机关中进行的复制等”第 1 款规定：“在学校和其他教育机关（以营利为目的设立的学校和其他教育机关除外）中担任教学的人以及听课的人，为了在教学过程当中使用，在必要的限制内，可以复制已经发表的作品。但是，按照该作品的种类、用途以及复制的数量、复制的方式，著作权人的利益会受到不当损害的，不在此限。”第 2 款规定：“已经发表的作品，在前款规定的教育机关的教学过程中，在向直接听课的人提示该作品原件或者复制品加以使用的情况下，或者按照第 38 条（不以营利为目的的上演等）第 1 款的规定通过上演、演奏、上映或者口述方式加以使用的情况下，可以向在该课堂以外的场所同时听课的人进行公众传播（在自动公众传播的情况下，包括传播可能化）。但是，按照该作品的种类、用途以及公众传播的

① 《十二国著作权法》，《十二国著作权法》翻译组译，清华大学出版社 2011 年版，第 590 页。
② 《十二国著作权法》，《十二国著作权法》翻译组译，清华大学出版社 2011 年版，第 735 页。

方式，著作权人的利益会受到不当损害的，不在此限。”[①]据此，在学校或其他教育机关（以营利为目的而设立的教育机关除外）中担任教育工作的人，出于教学目的使用时，可以复制已经发表的作品。《日本著作权法》第43条“通过翻译、改编等的使用”规定，同样的情况，出于教学目的，也可以翻译已经发表的作品。[②] 但日本的法律规定没有提到出于科研的目的也可不经作者许可而使用他人作品，其他国家则有这样的规定。日本著作权法并没有单纯从复制的数量方面考虑为了学校课堂教学需要复制他人作品的行为是否属于不侵权抗辩的使用行为，而是综合考虑了作品的性质、用途以及复制的数量、方式等因素，法院据此可以进行个案处理。

《韩国著作权法》第二章“作者的权利”第四节“作者财产权”第二分节“著作财产权的限制”第32条“考试题目的复制”规定：“不以营利为目的而进行学校的入学考试，或其他知识、技能考试的，可以在必要范围内复制已公开发表的作品。”[③]

《埃及知识产权保护法》第三编“著作权和邻接权”第171条第6款规定在不损害作者的人身权的情况下，根据该法规定，在作品发表之后，作者不得禁止第三人实施下述行为：“为教学演示或者解释目的，对以手稿、音频、视频或者视听录制品形式的作品的片段进行复制，且需符合：(1)复制需在合理限度内；(2)复制需不超过前述目的；并且(3)只要可能，在作品的所有复制件上均表明作者名字与作品名称。”该条第7款规定：“为教育机构的教学目的，将一篇文章、篇幅短小的作品或者作品的演绎作品进行复制，且符合以下规定：(1)复制仅为一次或者间隔时间分别复制。(2)在每一复制件上表明作者名字和作品名称。”[④]

《南非版权法》第一章“原创作品的版权”第十二节“文学和音乐作品版权的一般例外”第4款指出：“为教学之需在目的合理的范围内使用出版物、广播或者录音、录像制品上的作品不侵犯文学和音乐作品的版权：只要该使用符合合理使用的惯例并且应注明作品的来源以及在作品中所出现的作者姓名。”[⑤]

《新加坡版权法》第40条规定了“教育机构将作品包含在选集中的使用”：教育机构将作品的较短的摘录，或在文学、戏剧或音乐作品已经被出版的情况下，将对该作品的

① 《十二国著作权法》，《十二国著作权法》翻译组译，清华大学出版社2011年版，第378页。
② 《十二国著作权法》，《十二国著作权法》翻译组译，清华大学出版社2011年版，第382页。
③ 《十二国著作权法》，《十二国著作权法》翻译组译，清华大学出版社2011年版，第517页。
④ 《十二国著作权法》，《十二国著作权法》翻译组译，清华大学出版社2011年版，第43页。
⑤ 《十二国著作权法》，《十二国著作权法》翻译组译，清华大学出版社2011年版，第480页。

改编包含在一本书、录音制品或电影的选集中，并不构成侵权，如果（1）在概述中、在每个唱片的标签或电影中的适当地方描述该选集时供教育机构使用的；（2）该作品或改编本以前不曾为教育机构使用的目的而出版过；（3）对该作品或改编做出充分的承认/致谢。该条第2款规定了排除第1款适用的情形。[①]《菲律宾知识产权法典》第四编“版权法”第八章“版权之限制”第184～190条专门规定了“版权之限制”。其中第184条第1款第6项规定：“中小学、大学或是教育机构对广播节目中的作品进行录制，以供其自身使用。但是此录制品必须在第一次播出后的合理时间内删除，而且不得对作为大众影院的故事片节目一部分的视听作品进行录制，但是其主要情节除外。”[②]

出于教学目的的使用自然应成为录音制品二次使用权的合理使用。即使是已经确立录音制品二次使用权的发达国家，亦无不将出于教学目的的使用纳入合理使用的范畴。《英国版权、外观设计与专利法》第34条第2项规定：“教育机构以教学指导为目的，为上述观众播放或放映录音制品、电影或广播的，不构成基于版权侵权目的所进行的公开播放或放映。”[③]据此，出于教育目的，在一个教育机构的观众面前播放或展示录音制品、电影、广播或电视节目，不构成以版权侵权为目的的公开表演与展示。《德国著作权法》第52条“公开再现”第1项规定，若再现行为组织不具有营利目的，对参加者不收费并且在对作品的朗读与表演活动中表演者不获得报酬，本法允许将已发表的作品予以公开再现。其中学校在举办的活动中对作品的再现，可以不负担支付报酬的义务。根据《德国著作权法》第83条“对使用权的限制”以及第85条“各项使用权”第4项的规定，自然可适用于对邻接权的限制。《荷兰邻接权法》第2条第8款规定，表演不包括任何专为教育目的的表演，该教育是由代表公共授权的部门或非营利法人所提供的，并且该表演构成学校工作计划、课程或大学工作计划的一部分或为一个科学的目的。《巴西著作权法》第46条第6项所规定的“家庭范围内或在教育机构纯教学目的（teaching purposes）的舞台与音乐表演”亦可适用于录音制品二次使用权。[④]

---

① 参见冯寿波：《中国－东盟自由贸易区版权法比较研究》，气象出版社2014年版，第83页。

② 《菲律宾知识产权法典》，杨涛、杨斌译，知识产权出版社2014年版，第80页。

③ 《十二国著作权法》，《十二国著作权法》翻译组译，清华大学出版社2011年版，第590页。

④ 参见刘铁光：《录音制品二次使用的法律问题研究》，厦门大学出版社2011年版，第181页。

第三节 立法沿革：我国《著作权法》《信息网络传播权保护条例》立法演变

我国《著作权法》将科学研究和教学活动中的权利例外一并规定。

一、《著作权法》(1990)的规定

根据《著作权法》(1990)第22条第1款第6项规定，“为学校课堂教学或者科学研究，翻译或者少量复制已经发表的作品，供教学或者科研人员使用，但不得出版发行”，“可以不经著作权人许可，不向其支付报酬，但应当指明作者姓名、作品名称，并且不得侵犯著作权人依照本法享有的其他权利”。

二、《著作权法》(2001)的规定

与《著作权法》(1990)第22条第1款第6项相比，《著作权法》(2001)第22条第1款第6项未作任何修改，即“为学校课堂教学或者科学研究，翻译或者少量复制已经发表的作品，供教学或者科研人员使用，但不得出版发行”，“可以不经著作权人许可，不向其支付报酬，但应当指明作者姓名、作品名称，并且不得侵犯著作权人依照本法享有的其他权利”。

三、《著作权法》(2010)的规定

与《著作权法》(2001)第22条第1款第6项相比，《著作权法》(2010)第22条第1款第6项未作任何修改。

四、《著作权法》(2020)的规定

与《著作权法》(2010)第22条第1款第6项相比，《著作权法》(2020)第24条第1款第6项作了两处修订。一是调整了条目序号，即将第22条调整为第24条；二是增加了一处，即增加了“改编、汇编、播放”三个词语。结合《著作权法》(2020)第24条第1

款第1句的修改，“为学校课堂教学或者科学研究，翻译、改编、汇编、播放或者少量复制已经发表的作品，供教学或者科研人员使用，但不得出版发行”，“可以不经著作权人许可，不向其支付报酬，但应当指明作者姓名或者名称、作品名称，并且不得影响该作品的正常使用，也不得不合理地损害著作权人的合法权益”。

五、《信息网络传播权保护条例》(2013)的规定

《信息网络传播权保护条例》(2013)第6条第3项将此种著作权限制扩大到了通过信息网络提供作品的行为，具体内容是：“通过信息网络提供他人作品，属于下列情形的，可以不经著作权人许可，不向其支付报酬：……(三)为学校课堂教学或者科学研究，向少数教学、科研人员提供少量已经发表的作品。”

第四节
构成要件：不侵权抗辩使用行为分析

《著作权法》(2020)第24条第1款第6项教学、研究使用条款包括使用目的、使用主体、使用方式等要素以及“但书”例外，其立法要义如下。

一、使用目的免责

限定的目的是“课堂教学或者科学研究”，即用于学校课堂或者科学研究，不及于商业性目的的相关活动。“课堂教学”一词有严格限制，专指面授教学，包括全日制普通学校，也包括业余学校、专门学校，包括小学、中学、大学等，而考研辅导班、托福、GRE培训班等以营利为目的的教学不属于“课堂教学”，函授大学、广播大学、电视大学等以函授、广播、电视等方式教学的亦不在此列。[①] 由专门的培训机构举办并向听课对象收取高额费用的专门知识培训，或者由营利性企业举办的业务技能培训，已经超出了课堂教学的范畴，不能适用不侵权抗辩。日本把以营利为目的而设立的教育机关排除在外，这是对

① 参见国务院法制办公室编：《中华人民共和国知识产权法典：注释法典》(第4版)，中国法制出版社2018年版，第60页。

的。我国目前许多收取高额费用的私立外语、会计等培训班,有营利性质,也不应包括在内。

二、不得营利免责

复制他人作品不得有直接营利目的。为了学校课堂教学或者科学研究,虽然可以少量复制他人作品供教学或者科研人员使用,但不得直接从复制行为中获利。在将他人作品复制件提供给教学或者科研人员时,不得向教学或者科研人员收取任何费用,包括工本费。工本费,即复制他人作品耗费的纸张等材料费,属于学校教学成本范畴。向教学或者科研人员收取工本费,目的是减少学校教学或者科学研究的成本,亦属于营利行为。学校以营利为目的,突破课堂教学,将他人享有著作权的作品公开、复制、发行的行为,构成著作权侵权。①

三、使用主体免责

限定的主体是“教学或者科研人员”。该复制行为的法律主体是学校或者科研机构,实际从事复制行为的是与学校或者科研机构具有劳动合同关系的教师或者其他从业人员。学校,既包括面授学校,也包括函授学校、广播学校或者电视学校。为课堂教学或者科学研究而翻译或复制他人的作品,是供教学或者科研人员使用。所谓“教学……人员”应当包括教员和学生在内。复制件或者翻译件仅提供给教学或者科研人员使用,不涉及单位及其他人员。但是,教育电视台擅自播放他人享有著作权的完整影片,即便部分是为了学校课堂教学,也难以掩盖其著作权侵权的事实。② 为学校课堂教学或者科学研究不包括出版社或培训班等商业主体。出版社出版教辅材料,不适用为学校课堂教学或者科学研究的合理使用。③

四、使用方式免责

免责的使用方式限于翻译、改编、汇编、播放或者少量复制,虽法律没有数量规定,但一般以课堂教学和科研的需要为准。翻译是不同语言文字的转换,为了课堂教学或

① 参见北京市第一中级人民法院民事判决书,(2001)一中知初字第35号;北京市高级人民法院民事判决书,(2003)高民终字第1393号。

② 参见北京市海淀区人民法院民事判决书,(2006)海民初字第8877号。

③ 参见重庆市渝中区人民法院民事判决书,(2013)渝中知民初字第108号。

者科学研究翻译他人作品，无限制数量的必要，因为翻译他人一份作品，就足以满足教学或者科学研究的需要，该翻译行为本身不会影响权利人作品的正常利益。翻译可以是已有作品的一部分，也可以是全部。译多译少，依据课堂教学或者科学研究的需要而定。但为了课堂教学或者科学研究复制翻译后的作品，仍需满足"少量复制"的要件。所谓"少量复制"，一般不应超出课堂教学或科学研究的需要，不能够对作者因作品的传播和利用所获得的经济利益造成损害。美国著作权法规定，为了教书（teaching）可以复制用于课堂的多件复制品。①

五、内部使用免责

内部使用免责，即不得将复制或翻译品出版发行，影响作品的正常使用。翻译或者少量复制的目的是供教学或科研人员为学校课堂教学或科学研究使用，不能用于出版发行，以免损害作者的利益。② 仅供教学的学生在课堂使用，这种课堂也仅限于学校的范围，对于远程教学等教授方式不适用。为学校课堂教学而演绎他人享有著作权的小说作品，并将演绎作品用于教学观摩的，属于合理使用之情形，不构成著作权侵权；超出课堂教学范围使用前述演绎作品，则构成著作权侵权。组织学生使用小说拍摄影片并将其在校内放映为合理使用，而用其参加国际电影节则超越合理使用范围。③ 学校网站刊登未经著作权人许可的作品，如向不特定的公众开放，不能认定为合理使用。④

六、保护权益免责

翻译或者复制他人已经发表的作品，应当指明作者姓名、作品名称，不得侵犯著作权人依照著作权法享有的其他权利。高校为课堂教学，在自制的发行教材中使用了他人享有著作权的作品，如出版发行，则不属于合理使用范畴，构成著作权侵权行为。职务作品应由著作权人承担侵权责任，若有多位著作权人且无法区分每人编写的部分，则

---

① 参见《美国版权法》第 107 页。

② 参见吴汉东：《知识产权法》，法律出版社 2021 年版，第 245 页；李扬：《著作权法基本原理》，知识产权出版社 2019 年版，第 247～251 页。

③ 参见北京市海淀区人民法院民事判决书，（1995）海民初字第 963 号；北京市第一中级人民法院民事判决书，（1995）一中知终字第 19 号。

④ 参见安徽省淮北市中级人民法院民事判决书，（2008）淮民三初字第 2 号；安徽省高级人民法院民事判决书，（2009）皖民三终字第 0014 号。

编者构成共同侵权，承担连带责任，权利人有权向其中任何一人主张权利。[①]

第五节 典型案例：教学科研使用案例分析

《著作权法》（2020）第24条第1款第6项权利例外只适用于“学校”课堂教学或科学研究。此处的“学校”排除商业培训机构。在南京朝日教育信息咨询有限公司等与外语教学与研究出版社侵犯著作权纠纷上诉案中，法院指出：“为学校课堂教学或者科学研究，翻译或者少量复制已经发表的作品（但不得出版发行），供教学或者科研人员使用，可以不经著作权人许可，不向其支付报酬。显然，该条规定明确排除了以营利为目的的复制及发行行为。本案中，南京朝日公司并非著作权法意义上的教学科研机构，而是以营利为目的的商业性培训机构，故不构成合理使用。”[②]在北京市仁爱教育研究所诉重庆出版社有限责任公司侵犯著作权纠纷案中，法院指出，《著作权法》（2010）第22条第1款第6项规定的合理使用的“主体仅限于学校和科学研究所，不包括出版社或培训班等商业主体”。[③]

该项权利例外限于“翻译或少量复制已经发表的作品”。为学校课堂教学或科学研究也不能使用他人未发表作品，这可能直接侵犯发表权和有关的著作财产权。[④] 在翻译或复制他人已发表作品之外，我国法院还认为，“改编”他人已经发表作品用于课堂教学，也可以构成合理使用。在北影录音录像公司与北京电影学院侵害著作权纠纷上诉案中，法院认为：根据《著作权法》（1990）第22条第1款第6项的规定，目的在于许可学校为课堂教学在一定范围内无偿使用他人作品，以保障教学活动得以顺利进行。被上诉人组织应届毕业生改编小说《受戒》拍摄电影，其目的是使学生完成毕业作业即锻炼学生的实践能力，在校内放映该片也是为了教学观摩及评定，均为课堂教学必要的组成

① 参见山东省青岛市中级人民法院民事判决书，（2008）青民三初字第130号；山东省高级人民法院民事判决书，（2009）鲁民三终字第73号。

② 江苏省高级人民法院民事判决书，（2010）苏知民终字第0052号。

③ 参见重庆市渝中区人民法院民事判决书，（2013）渝中知民初字第108号。

④ 参见吉林省高级人民法院民事判决书，（1992）民上字第6号。

部分。所以，被上诉人在上述范围内的行为系对小说《受戒》的合理使用，不构成对上诉人专有使用权的侵犯。①

该项权利例外限于“课堂教学或科学研究”。“课堂教学或科学研究”为该项权利例外划定了时空界限，主要指现场教学。在毕某敏诉淮北市实验高级中学侵犯著作权纠纷上诉案中，法院指出：“课堂教学应限定于教师与学生在教室、实验室等处所进行现场教学，并且是为上述目的少量复制，这样的复制不应超过课堂教学的需要，也不应对作者作品的市场传播带来损失。”②在国家广播电影电视总局电影卫星频道节目制作中心诉中国教育电视台侵犯著作权纠纷案中，法院指出，学校课堂教学，“应专指面授教学，不适用于函授、广播、电视教学”。③ “课堂教学或科学研究”也可借助网络实现，但仍然受课堂教学或科学研究的时空限制。例如，在周某海与盐城市经济管理学校等侵犯著作权纠纷上诉案中，法院指出：“学校通过网站进行课堂教学并使用他人作品，构成合理使用必须限定于一定的时间、空间，即必须为课堂教学目的，范围应限于教师和学生之间的少量使用，同时还应该为作品署名。”④在北京紫禁城影业有限责任公司与青岛农业大学侵犯著作权纠纷案中，法院强调：“本案中，青岛农业大学网站的‘数字资源库’中存有电影《甲方乙方》，不特定公众可以通过互联网观看该电影的在线播放，青岛农业大学既未能证明这种在线播放服务仅限于其校园内部，亦未能证明与课堂教学和科学研究活动有任何联系，因此，其行为不构成合理使用。”⑤

超出“课堂教学或科学研究”范围，出版发行或者以其他形式公开传播翻译、复制或改编他人已经发表作品，直接影响作品的正常使用，不合理地损害著作权人的合法权益，不属于合理使用。即便出版发行量不大，也属于侵权行为。在滕某霞与杨某青侵犯著作权纠纷上诉案中，法院认为：为学校课堂教学或者科学研究，翻译或者少量复制已经发表的作品，供教学或者科研人员使用，未出版发行的，不构成侵犯著作权。尽管滕某霞认为《医学信息检索》一书是供研究生使用的教材，且仅印刷1000册，但是《医学信息检索》一书已经出版发行，不符合《著作权法》(2001)第22条规定的不构成侵犯著作

---

① 参见北京市第一中级人民法院民事判决书，(1995)一中知终字第19号。

② 安徽省高级人民法院民事判决书，(2009)皖民三终字第0014号。该案例为最高人民法院公布2009年中国法院知识产权司法保护50件典型案例。

③ 参见北京市海淀区人民法院民事判决书，(2006)海民初字第8877号。

④ 江苏省高级人民法院民事判决书，(2009)苏民三终字第0212号。

⑤ 山东省青岛市中级人民法院民事判决书，(2010)青民三初字第194号。

权的条件。①

只要公开传播复制、翻译或改编的作品，都不再属于合理利用。在北影录音录像公司与北京电影学院侵害著作权纠纷上诉案中，法院认为："被上诉人携《受戒》一片参加朗格鲁瓦国际电影节，且电影节上放映《受戒》时的观众除参加电影节的各国学生、教师外，也有当地公民，电影节组委会还对外公开销售了少量门票。……被上诉人携影片《受戒》参加电影节，使之进入公知领域，超出了为本校课堂教学而使用的范围，不属于著作权法规定的合理使用，侵犯了上诉人所享有的对小说《受戒》的专有使用权，给上诉人以同样方式使用该作品的潜在市场造成不利影响，构成侵权。对此，被上诉人应承担责任。"②

将作品置于公开网络，不限制访问，当然超出学校课堂教学和科学研究的界限。在广东中凯文化发展有限公司诉安徽新华电脑专修学院著作权侵权纠纷案中，法院认为："为学校课堂教学或者科学研究，翻译或者少量复制已经发表的作品，供教学或者科研人员使用，可以不经著作权人许可，不向其支付报酬。安徽新华电脑专修学院网站并非封闭的内部教学局域网，属于开放性的互联网网站，其在该网站上传电影在线播放，显然超出仅为学校课堂教学或者科学研究的范围。"③

该项例外要求"供教学或者科研人员使用"。所谓教学科研人员是否包括"学生"？国家版权局信访组于1997年8月25日对长沙交通学院就有关问题的答复是，"教学人员应包括从事课堂教授的教师和该课堂学习的学生"。国家版权局版权文献中心于1993年9月编辑第1版《著作权法》中第61页的英文翻译为"translation or reproduction in a small quantity of copies of a published for use by teachers or scientific researches, in classroom teaching or scientific research"，其中"by teachers"仅指"教师"。在周某海与盐城市经济管理学校等侵犯著作权纠纷上诉案中，法院指出，"必须为课堂教学目的，范围应限于教师和学生之间的少量使用"。④

① 参见山东省高级人民法院民事判决书，(2009)鲁民三终字第73号。

② 北京市第一中级人民法院民事判决书，(1995)一中知终字第19号。

③ 安徽省合肥市中级人民法院民事判决书，(2007)合民三初字第118号。

④ 参见江苏省高级人民法院民事判决书，(2009)苏民三终字第0212号。在北影录音录像公司与北京电影学院侵害著作权纠纷上诉案中，北京电影学院的"学生"改编小说《受戒》拍摄成电影，法院仍认为符合该项权利限制。

第六节
立法展望：存在的问题及修改建议

一、存在的问题

就立法论而言，《著作权法》(2010)都将为了学校课堂教学或者科学研究需要利用他人已经发表的作品的方式限定为翻译或者复制，显然无法满足学校课堂教学或者科学研究的需要。这在相关案例中反映突出：被告未经许可将原告拥有著作权的小说《受戒》拍摄成电影在学校内播放并拿到法国戛纳电影节参赛且在参赛会上进行播放，法院从抽象的目的解释论角度，认定被告将原告拥有著作权的小说拍摄成电影在学校内免费播放的行为属于不侵权抗辩使用行为。[①] 这属于典型的法官造法现象，与法治精神相违背。因为该判决显然违背了知识产权法定原则，超出了著作权法对著作权限制的范围。但从合理性角度看，不可谓法院判得不合理。为了艺术学校学生的教学，有时确实必须将作家的小说改编成剧本乃至拍摄成电影在学校内部播放，或者将戏曲改成交响乐在学校内部进行演出等。不过即使如此，这仍然属于立法论范围内的事情，最终只能交由立法机关解决。著作权法第三次修改，将《著作权法》(2010)第22条第1款第6项"翻译或者少量复制已经发表的作品"修改为《著作权法》(2020)第24条第1款第6项"翻译、改编、汇编、播放或者少量复制已经发表的作品"，这从很大程度上满足了现实需要。

尽管非商业目的的其他使用方式如免费表演、免费播放的条款，也可以适用于教学活动领域，但参照国外立法例的成功经验，似以集中规定为宜。结合我国的实际情况，对于特殊教育中的有关活动，如盲人教育、残疾人教育等，从人道主义原则出发，则可规定比较广泛的使用范围，即包括复制、翻译、表演、播送等方式，且不必规定复制数量的限制。

《日本著作权法》第35条"在学校和其他教育机关中进行的复制等"第1款虽然将利用样态限定为复制，但该条第2款已经将利用样态扩大到向公众传播行为，即已经发

① 参见北影录音录像公司与北京电影学院侵害著作权纠纷上诉案，载《最高人民法院公报》1996年第1期。

表的作品。在学校课堂教学过程中,在向直接听课的人提供该作品原件或者复制品加以使用的情况下,或者通过免费的上演、演奏、上映或者口供等方式加以利用的情况下,可以向在该课堂以外的场合同时听课的人进行传播。①

二、修改建议

我国应借鉴相关国家的做法,适当地拓宽出于教学科研目的的合理使用范围,以使我国公益性的机构能充分利用著作权与邻接权的客体,为其公益性的教学与科研目的服务。建议修订《著作权法》(2020)第24条第1款第6项,保留原有规定,在其后增加一句,即"为教学目的与科研目的,学校等公益性的教育机构在没有任何营利目的的条件下可以广播、表演、放映与展示已经发表的作品",并将其适用于对录音制品二次使用的限制。②

---

① 参见《十二国著作权法》,《十二国著作权法》翻译组译,清华大学出版社2011年版,第378页。

② 参见刘铁光:《录音制品二次使用的法律问题研究》,厦门大学出版社2011年版,第181页。

第十章　合理使用（七）：公务使用

第一节
溯本清源：公务合理使用的理由分析

国家机关为执行公务可在合理范围内使用已经发表的作品。许多国家规定，某些国家机关为执行公务可以不经许可使用他人已发表的作品，但是对于什么机关可以这样做，各国的规定并不一致。我国的规定是所有国家机关都可以这样做，范围相当广。所谓国家机关，按照《宪法》的规定，包括上自中央下至地方的人民代表机关、国家主席、国务院及其各部门、地方各级政府及其各部门、各级司法机关、军事机关等。国家机关包括立法机关、行政机关、审判机关、法律监督机关和军事机关。所有这些机关为执行公务，可以在合理范围内使用已经发表的作品。所谓使用，主要是指复制，使用外文资料时也可能需要翻译。在起草法律法规需要参考国外法律著作时就是如此。国家机关出于执行立法、行政或司法事务的目的，有时需要将有关作品作为内部资料复制或者翻译。在司法程序中必要时则需要将这种资料向当事人出示或者记载在判决文件中，而这种文件则须送达当事人，允许公众查阅或复制，甚至发表。即使有这种情况，只要使用作品在合理范围内，都不必得到著作权人的许可，不向其支付报酬。

国家机关使用他人作品的情况很多。例如，立法机关为制定法律，复印或者摘编某些法学论文；审判机关、法律监督机关为办案需要，复制与案件有关的文字作品、摄影作品等；行政机关为行政管理的需要复制经济、政治、文化、教育、科学技术等方面的资料；军事机关为演习、作战复制地图等。国家机关使用他人已经发表的作品是为了研究问题，制定政策，实施管理，即为了执行公务，可以不经著作权人许可，不向其支付报酬；但如果国家机关使用他人作品并非公务活动的需要，那么就要取得著作权人同意，并向其支付报酬。另外，国家机关为执行公务使用他人已经发表的作品，不得随意扩大使用范围。例如，某人民法院为审判的需要，只需复制著作权人汇编作品中的一篇文章就可以查清事实，就不能复制若干篇文章，否则就不是合理使用。

为了避免引起歧义，我国《著作权法》不宜采用“国家机关”的笼统说法，可界定为“立法、司法或行政机关”。这里的国家机关包括立法、司法、行政和军事机关。执行公务指国家机关为完成法律赋予的职责所从事的活动，如立法机关起草法案、检察机关收集犯罪证据等。

为了防止滥用这一规定，既保护著作权人的权益，也保证国家机关执行公务的需要，2001 年《著作权法》修正时将 1990 年颁布的《著作权法》规定的“国家机关为执行公务使用已经发表的作品”改为“国家机关为执行公务在合理范围内使用已经发表的作品”，对国家机关使用他人已经发表作品的范围作了进一步明确。

第二节 他山之石：公务使用的国际立法借鉴

公务使用属于公共管理活动中的合理使用，是各国著作权立法的通行规定。公务使用条款的立法重点，在于明确使用主体即与公共管理活动有关的国家机构。关于国家机构的范围，各国立法例指向不一，皆由本国国情所定，并无立法优劣之分。不少国家都对这种合理使用作了规定。国外立法例将使用人限制在与公共管理活动有关的国家机构。

有的限于司法机关，如《德国著作权法》第一部分“著作权”第六节“对著作权的限制”第 45 条“司法与公安”规定：“1. 为法院、仲裁机构或者执法部门的法律程序的使用，本法允许制造或者让人制造著作的个人复制件。2. 本法允许法院和执法部门为司法和公安目的的复制或者让人复制肖像。3. 本法允许在与复制相同的条件下，将著作发行、公开展示或者公开再现。”[①]据此，法院、仲裁法院和公安机关可以合理使用作品，德国法将公务合理使用的主体仅限于司法机关。《俄罗斯联邦民法典》(著作权部分)(2006)第四部分第七编“智力活动成果和个性化表现方法的权利”第七十章“著作权”第 1278 条“为司法目的的自由复制作品”规定：“不征得作者或其他权利人的同意和不支付报酬，为了实施行政侵权案件审理程序，为了进行初步调查、预审或者实施诉讼程序，以与

① 《十二国著作权法》，《十二国著作权法》翻译组译，清华大学出版社 2011 年版，第 160 页。

这种目的相符的篇幅复制作品。”[①]《南非版权法》第一章“原创作品的版权”第十二节“文学和音乐作品版权的一般例外”第2款指出：“以司法诉讼为目的的使用或以记述司法程序为目的的复制不侵犯文学或音乐作品的版权。”[②]

有的包括立法、司法机关，如《英国版权法》第45条“议会与司法程序”规定：“(1)为议会或司法程序之目的所实施的任何行为皆不侵犯版权。(2)为报道上述程序所实施的任何行为皆不侵犯版权；但此规定不可解释为允许对已经发表的报道该程序的作品进行复制。”[③]据此，议会或司法机关可以合理使用作品，英国法将公务合理使用的主体延及立法和司法机关。

有的包括司法、行政机关，如《巴西著作权法》第三编“著作权”第四章“对著作权的限制”第46条第7款规定，“在司法或行政程序中，将文学、艺术或科学作品作为证据使用”[④]，不构成对著作权的侵害。《巴西著作权法》将公务合理使用的主体限定为司法、行政机关。《埃及知识产权保护法》第三编“著作权和邻接权”第171条第5项规定：“在司法或者行政程序中，且在该程序所规定的范围内，复制受保护之作品；并且应当注明出处和作者名字。”[⑤]

有的则延及立法、司法和行政机关，如《日本著作权法》第二章“作者的权利”第三节“权利的内容”第五小节“著作权的限制”第42条“裁判程序中的复制”第1款规定：“为了裁判程序以及立法或者行政目的，有必要将作品作为内部材料时，在必要的限度内可以对该作品进行复制。但是，按照该作品的种类、用途以及复制的数量、方式，著作权人的利益会受到不当损害的，不在此限。”[⑥]日本法将合理使用的主体延至行政机关，包括立法、司法和行政机关。《意大利著作权法》第67条规定：“为了公共安全的目的，在议会、司法或者行政程序中可以复制全部或者部分作品，但是，应当载明出处，可能时还应当载明作者姓名。”[⑦]《韩国著作权法》第二章“作者的权利”第四节“作者财产权”第二分节“著作财产权的限制”第23条“为了司法程序等的复制”规定：“为了立法、行政机关的内部使用或司法程序，可以在必要限度内复制作品。但根据作品性质和复制品

---

① 《十二国著作权法》,《十二国著作权法》翻译组译,清华大学出版社2011年版,第441页。
② 《十二国著作权法》,《十二国著作权法》翻译组译,清华大学出版社2011年版,第479页。
③ 《十二国著作权法》,《十二国著作权法》翻译组译,清华大学出版社2011年版,第595页。
④ 《十二国著作权法》,《十二国著作权法》翻译组译,清华大学出版社2011年版,第15页。
⑤ 《十二国著作权法》,《十二国著作权法》翻译组译,清华大学出版社2011年版,第43页。
⑥ 《十二国著作权法》,《十二国著作权法》翻译组译,清华大学出版社2011年版,第381页。
⑦ 《十二国著作权法》,《十二国著作权法》翻译组译,清华大学出版社2011年版,第297页。

性质及数量，该复制不得不合理地损害著作财产权人的利益。”①

无论国家机关范围如何，其使用作品均为执行公务的使用。综观各国立法，大都强调使用作品须作为内部资料，同时为避免“使用”方式的一般性规定，将使用方式限制为复制与翻译，而不包括表演、改编、整理等其他使用方法。

《新加坡版权法》第38条规定了“为司法诉讼或专业建议目的而复制”：出于司法诉讼或报道司法诉讼目的、出于向律师寻求专业建议目的或律师出于提出专业建议目的所为的任何事情，并不构成版权侵权。《菲律宾知识产权法典》第四编“版权法”第八章“版权之限制”第184条“版权之限制”第1款第11项规定，“在司法程序中使用作品，或是法律从业者为提供专业意见书而使用作品的”②。《文莱版权法》第49～54条规定了公共管理中对版权的限制问题，第49条和第50条规定了为立法委员会程序或司法程序以及为皇家委员会（Royal Commission）程序和法规质询而对作品的合理使用。《印度尼西亚版权法》第15.2条规定：如果充分地注明来源，下列行为不应当被视为侵权：为在法院内外辩护，全部或部分地摘录他人的作品。③

第三节 立法沿革：我国《著作权法》《信息网络传播权保护条例》立法演变

一、《著作权法》（1990）的规定

根据《著作权法》（1990）第22条第1款第7项规定，“国家机关为执行公务使用已经发表的作品”，“可以不经著作权人许可，不向其支付报酬，但应当指明作者姓名、作品名称，并且不得侵犯著作权人依照本法享有的其他权利”。

---

① 《十二国著作权法》，《十二国著作权法》翻译组译，清华大学出版社2011年版，第515页。

② 《菲律宾知识产权法典》，杨涛、杨斌译，知识产权出版社2014年版，第80页。

③ 参见冯寿波：《中国－东盟自由贸易区版权法比较研究》，气象出版社2014年版，第85页。

二、《著作权法》(2001)的规定

与《著作权法》(1990)第22条第1款第7项相比,《著作权法》(2001)第22条第1款第7项增加了一处,即"在合理范围内"。根据该款项规定,"国家机关为执行公务在合理范围内使用已经发表的作品","可以不经著作权人许可,不向其支付报酬,但应当指明作者姓名、作品名称,并且不得侵犯著作权人依照本法享有的其他权利"。

三、《著作权法》(2010)的规定

与《著作权法》(2001)第22条第1款第7项相比,《著作权法》(2010)第22条第1款第7项未作任何修改。该款项仍规定,"国家机关为执行公务在合理范围内使用已经发表的作品","可以不经著作权人许可,不向其支付报酬,但应当指明作者姓名、作品名称,并且不得侵犯著作权人依照本法享有的其他权利"。

四、《著作权法》(2020)的规定

与《著作权法》(2010)第22条第1款第7项相比,《著作权法》(2020)第24条第1款第7项未作任何修改,但第24条第1款第1句作了修订。根据《著作权法》(2020)第24条第1款第7项规定,"国家机关为执行公务在合理范围内使用已经发表的作品","可以不经著作权人许可,不向其支付报酬,但应当指明作者姓名或者名称、作品名称,并且不得影响该作品的正常使用,也不得不合理地损害著作权人的合法权益"。

五、《信息网络传播权保护条例》(2013)的规定

根据《信息网络传播权保护条例》(2013)第6条第4项规定,国家机关为执行公务,在合理范围内通过信息网络向公众提供他人已经发表的作品,可以不经著作权人许可,不向其支付报酬。

第四节
构成要件：不侵权抗辩使用行为分析

执行公务使用相关条款具有以下构成要件。

一、使用主体免责

适格主体是国家机构体系中的国家机关，即管理国家事务、具有公共权力行使职能的机构。国家机关指国家的立法机关、行政机关、司法机关、法律监督机关和军事机关，[①]既包括中央国家机关，也包括地方各级国家机关。教育电视台非国家机关，不执行与法定职能直接相关的事务；其播放影片，也不属于执行政府行政指令的行为。[②] 教育部考试中心在高考试题中引用他人作品，构成合理使用，教育部考试中心可以不经许可，不支付报酬。[③] 组织庆典暨国际学术研讨会，不属于履行政府机关管理政务的常规职能，亦并非完成该项任务所必需，为组织该等研讨会使用他人已发表作品不构成合理使用。[④]

二、使用目的免责

国家机关使用他人作品必须是为了执行公务，即履行立法、执法、审判等法定职责，比如法院为了审判的需要使用他人作品等。国家机关使用他人已发表的作品是为了研究问题，制定政策，实施管理，即为了执行公务，可以不经著作权人许可，不向其支付报酬。因执行公务需要而使用，如立法机关为立法研究少量有关作品，行政机关为行政管理和行政执法而使用某些作品，司法机关为案件审理而复制与案件有关的作品。上述公务使用是公共管理活动的必然需要。对作品的使用必须与公务存在必然联系，如果

---

① 参见国务院法制办公室编：《中华人民共和国知识产权法典：注释法典》（新 4 版·7），中国法制出版社 2018 年版，第 60 页。

② 参见北京市海淀区人民法院民事判决书，（2006）海民初字第 8877 号；北京市第一中级人民法院民事判决书，（2006）一中民终字第 13332 号。

③ 参见北京市海淀区人民法院民事判决书，（2007）海民初字第 26273 号。

④ 参见四川省阿坝州中级人民法院民事判决书，（2011）阿中民初字第 30 号；四川省高级人民法院民事判决书，（2012）川民终字第 105 号。2012 年四川法院知识产权司法保护十大典型案例。

国家机关使用他人作品并非公务活动的需要，那么就要取得著作权人的同意，并向其支付报酬。政府机关使用盗版软件也是公务用途，但盗版软件和公务用途之间并无必然的联系，在这种情况下，就可能形成临时复制，侵犯他人软件著作权。

三、使用内容免责

国家机关为执行公务使用他人作品只能限于他人已经发表的作品，未发表的作品不得使用。教育部考试中心在高考试题中使用已经发表的作品，但未指明作者姓名的，属于合理使用，不构成著作权侵权。①

四、使用范围免责

国家机关为执行公务使用他人作品不是无限制的，必须在“合理范围内”使用。“合理范围内”一般指国家机关为了执行公务必须使用他人作品，如果不使用他人作品则可能影响公务的执行。国家机关为执行公务使用他人已经发表的作品，不得随意扩大使用范围。使用他人已发表的作品，须在“合理范围内”，该范围依国家机关职能和执行公务需要作出解释，并以不违反合理使用的“适用规则”为必要。② 例如，公安机关张贴的犯罪嫌疑人的照片属于某摄影师的摄影作品，但并不需要经过该摄影师的同意，也不需要向其支付费用。又如，在处理著作权纠纷时，法院可以将该画作复制若干份交由鉴定机构进行鉴定。

五、保障权益免责

国家机关为执行公务在合理范围内使用已经发表的作品，可以不经著作权人许可，不向其支付报酬，但应当指明作者姓名、作品名称。例如，陕西省旅游部门发布的新闻通稿，是国家机关为履行发展旅游事业的职能而发布的新闻稿件，该稿件的发布属于《著作权法》规定的合理使用范畴；被告丝路公司网站刊登“丝路沿线旅游概览”之陕西篇的新闻通稿源于陕西省旅游局，注明了文章的来源、作者，丝路公司有充分理由相信文章的来源，并认为文章是不侵权的新闻通稿，其网站尽到了积极和审慎的义务，所以

---

① 参见北京市海淀区人民法院民事判决书，(2007)海民初字第16761号；北京市第一中级人民法院民事判决书，(2008)一中民终字第4505号。

② 参见吴汉东：《知识产权法》，法律出版社2021年版，第245页。

被告不构成侵权,属于著作权法所指的合理使用。①

第五节 典型案例:公务使用案例分析

《著作权法》(2020)第24条第1款第7项限制应当作限缩解释,否则宽泛的"为执行公务"使用可以涵盖政府各部门的宣传活动(包括各类政府信息网站的宣传活动),这会直接影响作品的正常使用。首先,该项权利限制只适用于"国家机关为执行公务"。"国家机关"应特指法定的具有公共事务管理职能的国家机构。我国有判例已经确认地方史志办公室、②土地交易储备中心、③公立大学、④中国教育电视台、⑤非公有制经济工作领导小组办公室⑥等事业单位均不是该项权利限制所谓"国家机关"。

不仅国家机关可以援引该项权利限制,接受国家机关委托执行机关的主体也可以援引。在何某诉教育部考试中心侵犯著作权纠纷案中,法院认为:"考试中心虽不是国家机关,但其组织高考出题的行为属于执行国家公务行为。在我国,国家机关执行公务存在两种形式,一种是国家机关自行执行公务,另一种是国家机关授权或委托其他单位执行公务。考试中心不属于国家机关,其组织高考出题的行为属于后一种情形。《教育法》第20条规定,国家实行国家教育考试制度。国家教育考试由国务院教育行政部门确定种类,并由国家批准的实施教育考试的机构承办。依据该条规定,考试中心接受国家教委指定承担高校入学考试和高校自学考试等专项任务,执行高考试卷命题等相应公务。同时,高考是政府为了国家的未来发展,以在全国范围内选拔优秀人才为目的而进行。我国政府历来将高考作为一项全国瞩目的大事,人民群众亦将高考命题、组织及保密工作等视为由政府严密组织的,关系社会公平、民众命运和国家兴衰的大事。考试

① 参见陕西省咸阳市中级人民法院民事判决书,(2017)陕04民初132号。
② 参见山东省高级人民法院民事判决书,(2009)鲁民三终字第66号。
③ 参见广西壮族自治区柳州市中级人民法院民事判决书,(2004)柳市民初(三)字第2号。
④ 参见浙江省杭州市中级人民法院民事判决书,(2004)杭民三初字第248号。
⑤ 参见北京市第一中级人民法院民事判决书,(2006)一中民终字第13332号。
⑥ 参见河南省安阳市中级人民法院民事判决书,(2006)安民三初字第2号。

中心在组织高考试卷出题过程中演绎使用原告作品的行为，无论从考试中心高考出题的行为性质来讲，还是从高考出题使用作品的目的以及范围考虑，都应属于为执行公务在合理范围内使用已发表作品的范畴，应适用我国《著作权法》第22条第7项有关的规定，可以不经许可，不支付报酬。"①

"执行公务"是指执行与国家机关的法定职能直接相关的事务，包括抽象行政行为和具体行政行为，"从事制定政策，行政管理等事务"。② 在北京三面向版权代理有限公司诉安阳市非公有制经济工作领导小组办公室等侵犯著作权纠纷案中，法院审理指出："执行公务是包括抽象行政行为和具体行政行为在内的一种行政行为，抽象行政行为是国家机关制定规范性文件的行为；具体行政行为是国家机关基于法律法规的授权而针对特定的人或事作出的具体处理决定。"③

在"执行公务"之外的作品使用行为，即便是服务或配合国家政策，也不符合该项权利限制。在中国教育电视台与国家广播电影电视总局电影卫星频道节目制作中心侵犯著作权纠纷上诉案中，法院认为：首先，和众多传播媒体一样，中国教育电视台肩负着弘扬主旋律，坚持正确舆论导向的责任。但是，贯彻党的方针政策与遵守著作权法的规定并实现"鼓励有益于社会主义精神文明、物质文明建设的作品的创作和传播"的立法宗旨是不应相抵触的。其次，中国教育电视台并非执行法定的管理职能的国家机关，其播放《冲》片既不是执行与法定职能直接相关的事务，也不属于执行政府行政指令的行为。再次，弘扬爱国主义精神、集体主义精神，继承发展中华民族的传统美德等都属于社会主义精神文明建设的范畴，但这并不意味着广播电台、电视台、报社、杂志社、出版社、网站等媒体均可以在不经作者同意、不支付报酬的情况下随意使用这些题材的作品，否则，将不利于对著作权的保护。最后，中国教育电视台认可播放《冲》片是播放了广告，也证明其具有经营性质，而不是单纯的公益行为。因此，中国教育电视台上诉主张其播放《冲》片系执行公务，属于合理使用，理由不充分，缺乏法律依据，不予支持。④ 在刘某夫与陕西人民美术出版社有限责任公司出版合同及侵害著作权纠纷案中，法院认为："美术出版社通过销售方式向有关购货单位供应《卡通画画画》，销售价格虽有折扣，但其向农家书屋工程供货系企业的经营行为，其亦不具备国家机关的身

---

① 北京市海淀区人民法院民事判决书，(2007)海民初字第26273号。

② 参见江苏省南京市中级人民法院民事判决书，(2005)宁民三初字第414号。

③ 河南省安阳市中级人民法院民事判决书，(2006)安民三初字第2号。

④ 参见北京市第一中级人民法院民事判决书，(2006)一中民终字第13332号。

份,农家书屋工程本身所具有的公益性质并不能改变美术出版社的商业销售行为的属性,故其印刷并向农家书屋工程销售《卡通画画画》一书的行为不属于《著作权法》规定的合理使用情形……"①

在改革开放过程中,政府还发挥招商引资的作用,但这不属于该项权利例外所谓的"执行公务"。在李某金诉溧水县对外贸易经济合作局著作权侵权纠纷案中,法院认为:"被告编制《溧水投资指南2004》招商引资,具有商业用途,而非从事制定政策的行政管理活动,因此不属著作权法规定的合理使用范围,故被告关于其使用原告摄影作品系合理使用的抗辩主张不能成立。"②类似地,旅游部门为宣传城市旅游而使用他人已经发表的摄影作品也不属于"执行公务"。③

国家机关为执行公务而使用他人已经发表的作品只有"在合理范围内",才属于合理使用。"执行公务在合理使用范围内使用"首先要求使用他人已发表的作品为执行公务所必需。在原某与桐乡市监察局侵犯著作财产权纠纷上诉案中,法院认为:根据《著作权法》(2001)第22条第1款第7项、《著作权法实施条例》(2002)第21条以及《信息网络传播权保护条例》(2006)第6条第4项的规定,构成合理使用有严格的条件限制,国家机关使用的作品不仅应当是已经发表的作品,使用的目的是执行公务,而且使用的必要程度、方式、范围、所使用部分的数量和内容等均应合理。桐乡市监察局作为桐乡市政府行使监察职能的机关,虽然根据相关规定,负有宣传反腐倡廉的工作任务,但其使用原某的涉案作品,并非完成该项任务所必需。同时,从使用方式和范围来看,其系通过互联网传播涉案作品,互联网的开放性使该作品能为不特定公众获得,传播范围十分广泛。此外,从所使用部分的数量和内容来看,桐乡市监察局使用了"忠诚卫士"一文的全部内容,而非对少量、非实质性内容的摘编引用。故法院认为,桐乡市监察局在其主办的网站上使用涉案作品的行为不属于合理使用。④ 诸如在《交通违法通知单》上印制照片《房县西河乐园全景》,⑤在交通指示牌背面喷绘《丽景门正门夜景》照片,⑥更非交通部门执行公务所必需,不符合该项权利限制。

---

① 陕西省高级人民法院民事判决书,(2013)陕民三终字第86号。

② 江苏省南京市中级人民法院民事判决书,(2005)宁民三初字第414号。

③ 参见浙江省杭州市中级人民法院民事判决书,(2004)航民三初字第248号;王某诉句容市旅游局著作权纠纷案;江苏省镇江市中级人民法院民事判决书,(2005)镇民三初字第43号。

④ 参见浙江省高级人民法院民事判决书,(2009)浙知终字第118号。

⑤ 参见湖北省十堰市中级人民法院民事判决书,(2009)十知初字第18号。

⑥ 参见河南省洛阳市中级人民法院民事判决书,(2013)洛知民初字第4号。

最后，为执行公务"在合理范围内"使用他人已经发表的作品要求不得影响作品的正常使用。在洛阳市人民防空办公室与北京东方恒润科技有限责任公司等侵犯著作权纠纷申请再审案中，北京市高级人民法院审查认为：《著作权法》（2010）第22条第1款第7项规定的合理使用，是指国家机关为执行公务在合理范围内使用已经发表的作品。该使用行为必须限定在合理的范围内，不得影响该作品的正常使用，也不得不合理地损害著作权人的合法利益。申请人在对公众免费开放的民防馆科普教育基地内播放涉案影片，虽然与自身工作职能有关，但从使用行为来看必将损害著作权人的合法利益，因此申请人洛阳市人民防空办公室的使用已经超出了合理范围。[①] 难以否认，政府部门为宣传目的通过网络转载或传播他人已经发表作品，非常容易影响作品的正常使用，不合理地影响著作权人的合法权益，通常不属于执行公务的合理范围。

第六节
立法展望：存在的问题及修改建议

《著作权法》（2020）第24条第1款第7项规定"国家机关为执行公务在合理范围内使用已经发表的作品"。"公务使用"是典型的使用范围过宽，与作品的正常利用相冲突和不合理地损害作者的合法利益，不易通过三步检验法的情形。

"国家机关"的外延至少应包括立法机关、司法机关和行政机关，后者的范围又相当广，而且还有不少是国家的文化、新闻出版、广播电视、信息产业、教育等与著作权密切相关的行业的主管部门。对行政机关而言，"执行公务"可以解释为"执法"，宣传国家相关行业政策、法律、法规也属于公务机关的公务范围。"在合理范围内"的限制条件难以起到限制"公务"范围的作用。根据三步检验法，该项不符合界定清楚、适用范围有限的要求。

反观规定了公务合理使用的国外著作权法，一般都明确了具体的国家机关及其公务范围，如议会、司法机关分别在立法过程、诉讼程序中使用。对于行政机关，只有少数国家规定了合理使用且适用范围非常窄。比如《德国著作权法》第45条"司法与公安"

---

① 参见北京市高级人民法院民事裁定书，（2014）高民申字第1782号。

规定,政府机关在处理涉及公共安全的执法程序中可以复制作品或图片。英国、新西兰版权法规定适用于由女王任命的皇家委员会在其活动中的使用、政府根据法定授权进行的质询或调查中的使用,以及相关部门或工作人员对提交的应当审查或登记的资料的复印等。[①]《新西兰版权法》第63条还规定,政府部门在为了国家安全或在紧急状态期间、为了公共安全或健康可以使用作品,但政府必须支付合理的补偿费,且不得出版和影响作品的保护期。国外立法对国家机关的合理使用是严格限制的,以防止滥用公权力损害权利人的私权利。[②]

著作权法在国家机关合理使用规定上应当作相应修改,明确规定各国家机关的使用目的和使用方式。

---

① 参见《英国版权法》第45~48条和《新西兰版权法》第60~62条。

② 参见王清:《著作权限制制度比较研究》,人民出版社2007年版,第220~221页。

第十一章　合理使用（八）：图书馆使用

第一节
溯本清源：图书馆合理使用的理由分析

图书馆使用，即为陈列或保存版本而复制本馆收藏的作品。其在规范意义上是指图书馆等公共文化机构为陈列或者保存版本而复制馆藏作品，属于公共事务中的合理使用。上述文化机构，具有无偿提供文化服务的公共职能，不仅可以为公众参加社会文化活动、学习知识、欣赏艺术提供方便，同时也可以为作者使用馆藏资料、进行创作活动提供服务，因此国际公约和各国著作权法对图书馆使用都有规定。

图书馆、档案馆、纪念馆、博物馆、美术馆保存了大量的文学艺术等作品。出于保护、保存艺术品的目的，有时需要对一些原件进行复制，比如法国卢浮宫陈列的一些名画就是复制品。图书馆、档案馆、纪念馆、博物馆、美术馆复制其中的一些作品必须是为了陈列和保存版本的需要，不能是为了在多处进行展览而复制保存的作品。另外，这些机构复制长期收藏的作品不得直接为了营利，比如不得用于出租、出借或者出售。虽然人们参观纪念馆、博物馆、美术馆等通常需要购票，但不能因此认为这些机构出售门票的行为就是为了营利。一般而言，纪念馆、博物馆、美术馆等出售门票的收入主要用于维持这些公共机构的日常开支和对收藏的作品的维护。

我国著作权法在列举这些机构时，比一般国家多举了纪念馆、博物馆、美术馆等机构。这些机构的性质与图书馆、档案馆的性质是类似的，而且都属于公益性质，负有教育公众的任务。所以，这些机构为陈列或保存作品版本需要，可以不经著作权人许可，复制本馆收藏的作品，不向作者支付报酬，也是符合伯尔尼公约的精神的。图书馆、档案馆、纪念馆、博物馆、美术馆复制作品的情况很多。例如，图书馆复印、影音某些图书；档案馆将某些历史资料用缩微技术制成胶片存留；纪念馆将某人的手稿、日记摄制成照片展览；博物馆将某些历史照片翻拍后陈列；美术馆水印绘画作品；等等。

图书馆合理使用所谓“图书馆”是指传统图书馆，而不包括“数字图书馆”。数字图书馆是虚拟存在的,本质上就是数据库。数字图书馆通过网络向用户传播作品数字复制件,不受馆舍物理空间限制,不符合《信息网络传播权保护条例》(2013)第7条的规定。例如,在王某华等与北京世纪超星信息技术发展有限责任公司侵犯著作权纠纷上诉案中,北京世纪超星信息技术发展有限责任公司辩称其经营的超星数字图书馆为陈列或者保存版本的需要,以数字化形式复制已经损毁或者濒临损毁的图书《炎黄氏族文化考》《山东古国考》等,并通过信息网络向超星数字图书馆用户提供,属于合理使用。法院审理认为,这缺乏法律根据。①

对本馆收藏版本进行数字化形式的复制,我国著作权法限制特别严格,《信息网络传播权保护条例》(2013)第7条要求"应当是已经损毁或者濒临损毁、丢失或者失窃,或者其存储格式已经过时,并且在市场上无法购买或者只能以明显高于标定的价格购买的作品"。这一定义不涵盖"脆弱版本"(fragile copies)。所谓"脆弱版本"是指作品的物理载体处于不再可用的危险状况之中,因为载体质地易碎或者容易损坏、破裂,使用即可发生损害。"脆弱版本"并不是"已经损毁或者濒临损毁"。之所以成为"脆弱",是说其经不起多次——甚至一次——再使用,而不是说"已经"损毁,或者"濒临"损毁。它们所处的状态,恰当地来说,是"有损毁之虞"。典型的例子是早期的广播录音带、电视录像带,因为年代已久,只要播放一次,就会支离破碎。

对我国而言,民国文献多是脆弱版本。民国时期正是手工造纸向近代机械造纸和印刷过渡的时期,造纸材料混杂,制浆工艺落后,用纸多为酸性较强的化学浆纸,甚至是"马粪纸"。我国国家图书馆曾经成立"馆藏纸质文献酸性和保存现状的调查与分析"课题组,经过监测发现,几乎所有馆藏民国文献的PH值(溶液酸碱性)都下降到了4.5。"这个数值已接近强酸性,表明目前馆藏民国文献已全面受损。据粗略统计,发生中度以上破损的文献比例达到90%以上,而民国初年的文献更是100%受损。"②据悉,不少民国文献经过拆分后,就难以复原。如果不采取积极的保存措施,它们遭受损毁是迟早的事情。然而,"脆弱版本"却没有落入《信息网络传播权保护条例》(2013)第7条的著作权限制之内。为保存相关文化作品,我国立法和司法应该关照脆弱版本的保护工作,将其归入著作权限制的范围。

---

① 参见北京市第一中级人民法院民事判决书,(2008)一中民终字第4515号。

② 陈涛:《民国文献:使用与保护的博弈》,载中国民俗学网2011年9月1日,https://www.chinesefolklore.org.cn/web/index.php?NewsID=9195。

第二节
他山之石：图书馆使用的国际立法借鉴

图书馆和档案馆等机构为陈列或者保存作品版本需要，可以不经著作权人许可，复制本馆收藏的作品，不向作者支付报酬。这符合伯尔尼公约的精神，已成为各国普遍的做法。该类使用应具备以下条件：复制的作品限于本馆收藏的作品或已经合法提供给公众的作品；复制必须出于保存（存盘复制）与替代（损毁替代复制）需要，不得销售与出租；复制不得与作品的正常使用发生冲突，不得损害著作权法人的合法权益。

正当目的是为陈列或者保存版本的需要，即复制以出于保存（存量复制）和替代（损毁替代复制）版本为限，不得用于销售和出租。在图书馆合理使用的情形中，多数国家除规定保存与替代复制外，还允许向阅览人提供有限制的复制品，例如《美国版权法》第108条“专有权的限制：图书馆和档案馆的复制”[①]，《英国版权法》第一编“版权”第三章“涉及版权作品的允许实施的行为”之“图书馆与档案馆”部分第37～41条，即第37条“图书馆与档案馆：导言”、第38条“图书馆员之复制：期刊上的文章”、第39条“图书馆员之复制：已出版作品之一部分”、第40条“同一资料多份复制之限制”、第40A条“图书馆或档案馆之出借复制品”、第41条“图书馆员之复制：向其他图书馆提供复制品”[②]，《日本著作权法》第31条“图书馆等的复制”[③]，《俄罗斯联邦著作权与邻接权法》第20条都有类似规定。《俄罗斯联邦民法典》（著作权部分）第1274条“为新闻、科学、教学或文化目的而自由使用作品”第2款也有类似规定。[④] 我国《著作权法》图书馆使用条款对此未做规定，但阅览者个人学习、研究的需要，可以依个人使用条款来复制作品片段。[⑤] 该项权利例外限于“为陈列或者保存版本的需要”，“复制本馆收藏的作品”。

① 《十二国著作权法》，《十二国著作权法》翻译组译，清华大学出版社2011年版，第731～733页。
② 《十二国著作权法》，《十二国著作权法》翻译组译，清华大学出版社2011年版，第591～593页。
③ 《十二国著作权法》，《十二国著作权法》翻译组译，清华大学出版社2011年版，第376～377页。
④ 参见《十二国著作权法》，《十二国著作权法》翻译组译，清华大学出版社2011年版，第440页。
⑤ 参见吴汉东：《知识产权法》，法律出版社2021年版，第246页。

超出此目的，比如出版发行，[①]必然影响作品的正常使用，不再属于合理使用。

《俄罗斯联邦民法典》（著作权部分）第四部分第七编“智力活动成果和个性化表现方法的权利”第七十章“著作权”第1274条“为新闻、科学、宗教或文化目的而自由使用作品”第2款规定：“图书馆为暂时的无偿使用提供已正当进入民事流转的作品复制件的，则准许这样的使用不征得作者或其他权利人的同意和不支付报酬。同时，包括依照图书馆资源共享程序，只是在图书馆所在地，并且排除了以数字形式制作所提供作品的副件的情形下，图书馆方能为暂时的无偿使用提供数字形式的作品复制件。”[②]

1976年《美国版权法》专门制定了第108条，详细而具体地规定了图书馆和档案馆的复制。该法第108条共有9款。其中第1款规定，在某些情况下，图书馆、档案馆或者其雇员在职责范围内复制、提供一份作品或者录音，不构成侵犯版权，但前提条件是：相关的复制和提供没有任何直接或者间接的商业利益目的；图书馆或者档案馆的藏书是向公众开放，或者不仅向附属于图书馆或者档案馆的研究人员开放，而且向专业领域内从事研究的其他人员开放；在提供的作品复制件上附加了版权标记。

该法第108条第2款和第3款规定，图书馆和档案馆可以出于馆藏的目的，复制未出版的和已出版的作品。就未出版作品来说，某一图书馆或档案馆可以将未出版作品的复制品提供给（相当于发行）其他的图书馆和档案馆，作为馆藏之用。就已出版作品来说，图书馆或档案馆在需要补充丢失、毁损或被偷复制品时，如果不能以合理的价格获得，可以为收藏而复制。

该法第108条第4款和第5款规定，公共图书馆和档案馆，应读者或使用者的要求，可以复制集合作品（如文集、杂志）中的一篇文章，或者复制整部作品的一部分，或者在无法以合理价格获得作品的情况下复制整部作品。但应符合以下的几个条件：复制品必须成为使用者的财产，使用者要求复制是为了个人的学习和研究；图书馆和档案馆应在接受复制的地方，明显地张贴有关版权的警告；在复制品上加注版权标记。

该法第108条第7款则是为了满足出版商的要求而制定的，因为他们担心图书馆和档案馆的大规模复制会损害他们的市场。根据该规定，无论是为了馆藏的复制，还是为了个人使用的复制，一次只能复制一份，同一文章或作品的再次复制，必须是单独的和不相关联的。不论是一份的复制还是多份的复制，图书馆和档案馆不得从事系统性

① 参见山东省济南市中级人民法院民事判决书，(2002)济民三初字第126号。

② 《十二国著作权法》，《十二国著作权法》翻译组译，清华大学出版社2011年版，第440页。

的复制和提供。但是图书馆方面则认为，如果限制过严，可能会影响正常的馆际借阅活动。针对此种担心，该条第 7 款又规定，只要图书馆和档案馆没有因为馆际借阅的安排而获得过多的复制品，以至于影响了对相关作品的购买，该款的规定就不妨碍图书馆或档案馆参与馆际借阅安排。①

《日本著作权法》第二章"作者的权利"第三节"权利的内容"第五小节"著作权的限制"第 31 条"图书馆的复制"第 1 款规定：(日本)国会图书馆和以供公众使用图书、档案或者其他资料为目的设立的图书馆以及依照政令设立的其他设施，在下列情况下，可不以营利为目的，使用图书馆等的图书、档案或者其他资料复制作品。(1)应图书馆等的使用者请求，为了供其调查研究使用，可以为其提供已经发表的作品的一部分(在发行后经过相当时间的期刊上刊登的个人作品，则为全部)的复制品，但限于一人一份。(2)因为保存图书馆资料的需要而复制。(3)应其他图书馆等的请求，为其提供因为绝版或者基于其他类似原因而难以获得的图书资料的复制品。该条第 2 款规定："除了前款规定的情形外，为了避免因供公众使用图书资料的原本灭失、损伤或者污损，在制作代替该原本、供公众使用的电磁记录(指采用电子方式、磁气方式以及其他人的知觉无法认知的方式制作的、可供电子计算机进行信息处理的记录)时，在必要的限度内，国会图书馆可以将图书馆资料涉及的作品储存到储存媒介上。"②

《意大利著作权法》第一编"著作权的一般规定"第五章"例外和限制"第一节"复制及其他例外和限制"第 68 条第 2 款规定："向公众开放的图书馆、学校图书馆、公共博物馆或者公共档案馆为了本馆的服务且无直接或者间接的经济或商业利益，可以自由复印其馆藏作品。"③据此，图书馆可为读者个人使用或本馆服务业务，自由影印馆藏作品。该法第 69 条第 1 款规定，以文化推广和个人学习为目的，国家和公共机构的图书馆和唱片收藏馆出借下列物品时，无须获得相关权利人的许可，亦无须支付报酬：(1)作品的印刷品复制件，但音乐总谱除外。(2)有声或者无声的电影、视听作品或者系列动画片的录音录像制品，但是，应当自初次行使发行权至少 18 个月之后；如果尚未行使发行权，则自作品和系列动画片完成时起至少 24 个月之后。该条第 2 款规定，为了提供样品孤本而且不以获得直接或者间接经济或者商业利益为目的，国家和公共机构的图书馆、唱片收藏馆和影片收藏馆可以复制其馆藏的有声或者无声电影、视听作品或者系列

① 参见李明德：《美国知识产权法》(第 2 版)，法律出版社 2014 年版，第 325～326 页。

② 《十二国著作权法》，《十二国著作权法》翻译组译，清华大学出版社 2011 年版，第 376～377 页。

③ 《十二国著作权法》，《十二国著作权法》翻译组译，清华大学出版社 2011 年版，第 297 页。

动画片的录音录像制品。①

《埃及知识产权保护法》第三编“著作权和邻接权”第171条第8项规定:“在下述情形下,通过国家档案馆或者通过非营利性图书馆直接或者间接地将作品复制一份:(1)应某一自然人的请求,用于其学习或者研究,复制一篇已经发表的文章、篇幅短小的作品或者作品的演绎作品。(2)为保存原版本或者作为原版本丢失、毁损的替代品而进行的复制,且以合理条件无法获得替代版本的情况下。”②

《印度著作权法》第十一章“对著作权的侵害”第52条“某些不构成侵害著作权的行为”第1款“下列行为不构成对著作权的侵害”第o项规定:“为了公共图书馆的使用,由公共图书馆的管理人员或在其指导之下,使用某书籍(包括小册子、活页乐谱、地图、图表或设计图)制作不超过三件复制品,只要该书籍在印度无法购买到。”第p项规定:“为了研究或私人学习,或为了发表,对图书馆、博物馆或其他向公众开放的机构收藏的未发表的文学、戏剧或音乐作品进行复制;但如果图书馆、博物馆或其他机构(视具体情况而定)得知任何该作品作者的身份,或就合作作品而言,得知其中任何作者的身份,则只有在自作者死亡之日起,或就合作作品而言,在自身份已知的作者死亡之日起,或者在不止一个作者的身份已知的情况下,在自最后一个死亡的作者死亡之日起的六十年后,才可以适用本项的规定。”③

由于现行的国家、国际图书馆和档案馆版权限制与例外制度未针对数字环境进行更新,为了让图书馆和档案馆能够向用户同时提供传统服务和随着技术变革产生的新服务,包括跨国境分享资源等,必须对该制度进行更新。于是,世界知识产权组织于2014年4月11日制定了《图书馆和档案馆例外与限制条约》。④

---

① 参见《十二国著作权法》,《十二国著作权法》翻译组译,清华大学出版社2011年版,第298页。

② 《十二国著作权法》,《十二国著作权法》翻译组译,清华大学出版社2011年版,第43页。

③ 《十二国著作权法》,《十二国著作权法》翻译组译,清华大学出版社2011年版,第250页。

④ 参见张乃根主编:《与贸易有关的知识产权协定》,北京大学出版社2018年版,第108~109页。

第三节
立法沿革：我国《著作权法》《信息网络传播权保护条例》立法演变

一、《著作权法》(1990)的规定

根据《著作权法》(1990)第22条第1款第8项规定，“图书馆、档案馆、纪念馆、博物馆、美术馆等为陈列或者保存版本的需要，复制本馆收藏的作品”，“可以不经著作权人许可，不向其支付报酬，但应当指明作者姓名、作品名称，并且不得侵犯著作权人依照本法享有的其他权利”。

二、《著作权法》(2001)的规定

与《著作权法》(1990)第22条第1款第8项相比，《著作权法》(2001)第22条第1款第8项未作任何修改。该款项仍规定，“图书馆、档案馆、纪念馆、博物馆、美术馆等为陈列或者保存版本的需要，复制本馆收藏的作品”，“可以不经著作权人许可，不向其支付报酬，但应当指明作者姓名、作品名称，并且不得侵犯著作权人依照本法享有的其他权利”。

三、《著作权法》(2010)的规定

与《著作权法》(2001)第22条第1款第8项相比，《著作权法》(2010)第22条第1款第8项未作任何修改。该款项仍规定，“图书馆、档案馆、纪念馆、博物馆、美术馆等为陈列或者保存版本的需要，复制本馆收藏的作品”，“可以不经著作权人许可，不向其支付报酬，但应当指明作者姓名、作品名称，并且不得侵犯著作权人依照本法享有的其他权利”。

四、《著作权法》(2020)的规定

与《著作权法》(2010)第22条第1款第8项相比，《著作权法》(2020)第24条第1款第8项增加了一处，即“文化馆”，第24条第1款第1句作了重要修订。根据《著作权法》(2020)第24条第1款第8项规定，“图书馆、档案馆、纪念馆、博物馆、美术馆、文化

馆等为陈列或者保存版本的需要，复制本馆收藏的作品”，“可以不经著作权人许可，不向其支付报酬，但应当指明作者姓名或者名称、作品名称，并且不得影响该作品的正常使用，也不得不合理地损害著作权人的合法权益”。

五、《信息网络传播权保护条例》(2013)的规定

2006年国务院颁布实施的《信息网络传播权保护条例》，2013年作了部分修订。《信息网络传播权保护条例》(2013)第7条第1款规定："图书馆、档案馆、纪念馆、博物馆、美术馆等可以不经著作权人许可，通过信息网络向本馆馆舍内服务对象提供本馆收藏的合法出版的数字作品和依法为陈列或者保存版本的需要以数字化形式复制的作品，不向其支付报酬，但不得直接或者间接获得经济利益。当事人另有约定的除外。"第7条第2款规定："前款规定的为陈列或者保存版本需要以数字化形式复制的作品，应当是已经损毁或者濒临损毁、丢失或者失窃，或者其存储格式已经过时，并且在市场上无法购买或者只能以明显高于标定的价格购买的作品。"①

第四节 构成要件：不侵权抗辩使用行为分析

一、传统"图档纪博美文"②使用的构成要件

1. 使用主体免责。适格主体限于具有开放性、公益性的公共文化服务机构，如图书馆、档案馆、纪念馆、博物馆、美术馆、文化馆等。至于这些机构是私人投资，还是国家投资，对其按照相关规定可以从事的利用行为性质，并无影响。

2. 使用对象免责。复制的作品必须是本馆收藏的，不能允许其他馆复制本馆所收藏的作品，也不能去复制其他馆所收藏的作品。适格对象限于本馆收藏的合法作品。这意味着复制同类性质机构收藏的作品，必须取得著作权人的同意。本馆收藏以外的作品，不属于相关限制规定的利用对象。此处的作品包括未发表的作品，但复制未发表

① 吴高盛主编:《〈中华人民共和国著作权法〉释义及实用指南》，中国民主法制出版社2015年版，第398页。
② 指图书馆、档案馆、纪念馆、博物馆、美术馆、文化馆。

的作品要尊重作者的发表权，不能将其陈列。

3. 使用目的免责。复制他人作品的目的是陈列或者保存作品，或者向本馆馆舍内的服务对象提供。图书馆等不得有营利目的，不得向本馆馆舍外的非服务对象提供本馆收藏的数字化作品。所谓陈列或者保存版本需要以数字化形式复制的作品，应当是已经毁损或者濒临毁损、丢失或者失窃，或者存储格式已经过时，并且在市场上无法购买或者只能以明显高于标定的价格购买的作品。图书馆、档案馆、纪念馆、博物馆、美术馆收藏着现代乃至古代各种作品，这些作品中，有的因年代久远已陈旧、破损，有的是绝版图书或仅有一份真迹。人类文明的发展要求我们很好地保存历代优秀的、有意义的作品。因此，著作权法将为保存或者陈列版本需要复制他人作品纳入合理使用范围。

4. 利用行为免责。限于复制和信息网络传播。复制，既包括以传统纸质方式进行的复制，也包括以数字化方式进行的复制。馆藏品不能用于出售，任何出售行为都不符合合理使用的要求。图书馆使用，一般是指在下列情况下，复制其收藏的作品：为阅览人个人学习、研究的要求，复制已发表作品的一部分或期刊中的单篇作品，每人以一份为限；为保存资料或替换损毁、遗失作品样本的需要而复制；为同类性质机构保存与替换的要求，复制绝版或难以购得的作品。

5. 使用数量免责。复制件在数量上应当是有限制的，仅限于满足馆藏的需要，不能过多。图书馆若要通过信息网络向到馆读者提供以数字化方式复制的馆藏图书，该图书应满足“已经损毁或者濒临损毁、丢失或者失窃，或者其存储格式已经过时，并且在市场上无法购买或者只能以明显高于标定的价格购买”这一要件。①

二、数字“图档纪博美文”使用的构成要件

图书馆等公共文化服务机构的合理使用应当满足如下条件。

1. 服务对象免责。服务对象应当限于本馆馆舍的读者群体，即仅限于向本馆馆舍内服务对象提供作品。为了表明向本馆馆舍服务对象提供作品，图书馆等应采取合理的技术措施和防范措施保证非本馆馆舍服务对象获得该作品，并防止服务对象的复制行为对著作权人利益造成实质性损害。学校网站通过信息网络向全网不特定人群提供他人作品不构成合理使用。②

① 参见北京知识产权法院民事判决书，(2019)京73民终3398号；北京市高级人民法院民事裁定书，(2021)京民申3415号。

② 参见北京市东城区人民法院民事判决书，(2015)东民(知)初字第11308号；北京知识产权法院民事判决书，(2015)京知民终字第2148号。

2. 使用客体免责。限于提供本馆收藏的合法出版的数字作品和依法为陈列或者保存版本的需要以数字化形式复制的作品。所谓"本馆收藏的合法出版的数字作品",是指图书馆等通过购买、接受赠与等方式合法获得的用于馆藏的电子图书资料等。所谓"为陈列或者保存版本需要以数字化形式复制的作品","应当是已经损毁或者濒临损毁、丢失或者失窃,或者其存储格式已经过时,并且在市场上无法购买或者只能以明显高于标定的价格购买的作品"①。"我国图书馆、档案馆等机构已购置了一批数字作品,对一些损毁、丢失或者存储格式已经过时的作品进行了合法数字化。"②图书馆在网络上提供的数字作品必须为本馆收藏的合法出版的数字作品。③

3. 非营利性免责。"图档纪博美文"等机构不得直接或者间接获得经济利益。这表明营利性数字"图档纪博美文"往往被排除在合理使用范围之外。有的图书馆开设的数字阅览室在收费后允许读者点播电影,这是利用网络传播获取经济利益的表现,不能适用合理使用。王迁指出,视听阅览室免费提供电影作品点播的,若其放映的是正在影院热播的新电影,就可能对票房造成不利影响,很难构成"合理使用";图书馆通过网络传播作品对著作权人的影响更大,如果读者足不出户就可以登录图书馆的网站全文阅读或下载作品,必然会影响作品在有形市场的销量。④

4. 使用方式免责。图书馆等使用作品的方式仅限于复制,不涉及放映、广播、翻译、汇编等。这里的复制,不仅指以传统纸质方式的复制,也包括数字化复制。对作品数字化处理(包括对原本进行数据格式副本制作或者抓取已经数字化的作品)并输入智能系统的行为,即著作权法意义上的复制。在欧美国家,在必要的范围内将馆藏作品数字化并提供给特定服务对象都属于"权利例外"。《信息网络传播权保护条例》(2013)第7条规定,图书馆等通过信息网络向本馆馆舍内服务对象提供本馆收藏的合法出版的数字作品和依法为陈列或者保存版本需要以数字化形式复制的作品,可以不经著作权人许可,并不向其支付报酬,但图书馆等负有不侵犯著作权人权利的注意义务。

5. 主体资格免责。图书馆使用条款的适格主体是传统意义上的图书馆,该类机构在特定的场所(图书馆舍),为特定的服务对象(阅览读者),提供特定方式的文化服务

---

① 《信息网络传播权保护条例》(2013)第7条第2款。

② 金武卫:"《信息网络传播权保护条例》评述",载吴汉东主编:《中国知识产权蓝皮书》,北京大学出版社2009年版,第353页。

③ 参见深圳市福田区人民法院民事判决书,(2016)粤0304民初15073号;广东省高级人民法院民事判决书,(2017)粤03民终15421号;广东省高级人民法院民事裁定书,(2018)粤民申11343号。

④ 参见王迁:《著作权法学》,北京大学出版社2007年版,第219页。

(免费借阅),因此图书馆出于公益性目的的复制视为合理使用。而数字图书馆是一种虚拟存在,本质上是数据库。其通过网络空间(无馆舍空间限制)向网络用户(非特定人群)传播(无限定地点和时间)作品数字复制件,该行为本身是涉及信息网络传播权的行为。数字图书馆是一种特殊的信息服务提供者,在数字技术时代应有其存在的制度空间。考虑其对作品数字化的巨大需求和与著作权人对手交易的巨大成本,张平建议将其纳入法定许可使用范围,[①]即由《著作权法》直接规定。将来立法可以考虑,数字图书馆可以不经著作权人许可对作品进行数字化复制,并通过信息网络提供给公众阅读、下载,但应当按照规定向著作权人支付报酬,并不得损害著作权人的其他权利。[②]

6. 合理使用免责,即无须经过著作权人许可,也无须支付报酬。权利人可以通过约定形式排除合理使用的适用。图书馆合理使用他人数字作品应同时具备三个条件,一是其提供信息网络服务的对象为在其馆舍内的读者;二是其提供给读者阅读的作品是其收藏的合法出版的数字作品,或者是其依法为陈列或者保存版本的需要以数字化形式复制的作品;三是不能通过该服务获得经济利益。[③]

7. 技术措施免责。通过网络向馆舍内读者提供数字化作品时采取加密、身份验证等技术措施,防止馆外读者获取,防止读者对传播的作品进行数字化存储。

第五节
立法展望：存在问题及修改建议

《著作权法》(2020)第24条第1款第8项规定"图书馆、档案馆、纪念馆、博物馆、美术馆、文化馆等为陈列或者保存版本的需要,复制本馆收藏的作品"。这是现行合理使用规范中的情形,其适用范围较窄,难以充分体现促进相关公共利益的目的。

纪念馆、博物馆、美术馆、文化馆虽然与图书馆、档案馆在性质上都是文化事业单位,却少有为公众提供藏品服务的功能。涉及版权问题较多的主要是图书馆和档案馆,各国版权法也以调整图书馆与档案馆向公众提供文献服务所涉及的版权问题为主。其中,合

---

① 参见张平:《数字图书馆建设中的法律问题及对策研究》,载《国家图书馆学刊》2004年第4期。

② 参见吴汉东:《知识产权法》,法律出版社2021年版,第246页。

③ 参见广西壮族自治区南宁市中级人民法院民事判决书,(2014)南市民三初字第208号。

理使用之目的是陈列或者保存版本,使用方式仅限于“复制”。与其他国家版权法还包括在符合一定条件下向读者或其他图书馆、档案馆提供数量有限的复制件的实践相比,[①]我国《著作权法》相关规定注重两者的保藏功能而忽略了其基本的文献利用功能。[②]

① 参见《美国版权法》第108条、《英国版权法》第38~43条、《澳大利亚版权法》第48~53条。

② 参见王清:《著作权限制制度比较研究》,人民出版社2007年版,第218页。

第十二章　合理使用（九）：免费表演使用

第一节
溯本清源：免费表演合理使用的理由分析

《著作权法》(2020)第10条第1款第9项规定："表演权,即公开表演作品,以及用各种手段公开播送作品的表演的权利。"

免费表演,指非营业性的演出,即表演已经发表的作品,该表演未向公众收取费用,也未向表演者支付报酬。例如,学校、企业等为庆祝"五一"国际劳动节等组织本校学生、教师或者本企业职工进行的演出。免费演出主要是为了丰富和活跃人们的文化生活,表演者并没有因此获得收入,故免费表演他人已经发表的作品可以不经著作权人许可,不向其支付报酬。

这里的"免费表演"不包括某些文艺团体和演员为赞助大型体育比赛,为扶助残疾人等所进行的义务演出。因为义务演出要向公众收费,这些费用既包括演员的演出费,也包括作品的使用费。义务演出只不过是演员把自己赢得的演出费奉献给有关单位或个人,并拿出一部分向作者付酬,如经作者同意,也可奉献给有关单位或个人。

《著作权法》(1990)规定的"免费表演已经发表的作品",因语意不详,缺乏限制条件,遭到诸多批评。德国著作权法专家阿·迪茨认为:"无论从哪个角度,特别是从《伯尔尼公约》第13条第1款的角度看,是否符合公约的精神,都是值得怀疑的。"[①]《著作权法实施条例》(1991)第30条规定了免费表演的必要条件,以此为《著作权法》(1990)的重要补充。《著作权法实施条例》(1991)第30条规定,依照《著作权法》(1990)第22条第1款第9项的规定表演已经发表的作品,不得向听众、观众收取费用,也不得向表演者支付报酬。[②]

为进一步明确什么是免费表演,2001年《著作权法》修正时在《著作权法》(1990)规

① 许超:《迪茨博士论中国著作权法及著作权法实施条例》,载《著作权》1991年第4期。

② 参见李顺德、周详:《中华人民共和国著作权法修改导读》,知识产权出版社2002年版,第264页。

定的“免费表演已经发表的作品”的基础上增加“该表演未向公众收取费用，也未向表演者支付报酬”的规定。《著作权法》(2001)第22条第1款第9项的规定是“免费表演已经发表的作品，该表演未向公众收取费用，也未向表演者支付报酬”。该规定相比《著作权法》(1990)有了较大进步，与《伯尔尼公约》的要求基本相符；但仍然未排除诸如公司、企业未宣传商品而举行的“免费”演出，旅店、饭店未招徕顾客而“免费”演奏音乐作品等情形，不完全符合合理使用制度精神。若合理使用的范围失之过宽，不利于著作权法利益的周到保护。

《著作权法》(2020)第24条第1款第9项“免费表演已经发表的作品，该表演未向公众收取费用，也未向表演者支付报酬，且不以营利为目的”的规定就更加合理了。构成这类合理使用行为，要求演出组织不得就表演向公众收费，也不能向演员支付报酬，二者缺一不可。以此为判断标准，社会上常见的一些义务演出活动，并不构成合理使用。

第二节 他山之石：免费表演合理使用的国际立法例

免费表演与个人使用、适当引用一样，是为维护个人表达自由和行为自由而设定的合理使用，是著作权立法中一种传统而通行的权利例外制度。世界知识产权组织认为，免费表演必须严格限制在没有直接或者间接收费以及不向表演者支付报酬的范围内。国外立法例关于免费表演的规定有两层含义：第一，表演是指演奏乐曲、上演剧本、朗诵诗词等直接或者借助技术设备以声音、表情、动作公开再现作品；第二，免费是指上述表演既不向表演者付酬，也不向观(听)众收费。[①]

从立法例上看，各国著作权法，如《英国版权法》第34条“教育机构活动过程中对作品的表演、播放或者放映”[②]、《美国版权法》第110条“专有权的限制：某些表演或展出

① 参见吴汉东等：《西方诸国著作权制度研究》，中国政法大学出版社1998年版，第183页。

② 《十二国著作权法》，《十二国著作权法》翻译组译，清华大学出版社2011年版，第590页。

的免责”①、《德国著作权法》第52条“公开再现”、《日本著作权法》第38条“不以营利为目的的上演等”都规定了免费表演，但同时对免费表演作了严格的限定。不少国家强调该类表演不得以营利为目的，包括直接或间接的营利目的。在若干判例中，诸如公司、企业为宣传商品而举行的“免费”演出，旅店、饭店为招徕顾客而“免费”演奏音乐作品，即使不向观众(听众)收费，也都被排除在合理使用范围之外。

《德国著作权法》第一部分“著作权”第六节“对著作权的限制”第52条“公开再现”第1款规定：“举办活动无营利目的、对参加者不收费、艺术表演人(第73条)在表演或者演示著作时没有其他收入的，本法允许公开再现已发表的著作，但应当支付适当报酬。对于青少年福利救济业、社会救济业、养老院福利事业、监狱福利事业举办的活动以及学校举办的活动，只要这些活动根据其社会或教育目的只能由特定范围的人员参加，本法允许免除付酬义务。活动为第三人营利目的的服务的，本条不适用；在此情况下第三人应当支付报酬。”第2款规定：“本法允许，礼拜仪式、教堂的宗教节日或宗教团体活动公开再现已出版的著作，但是举办人应当向著作人支付适当报酬。”第3款规定：“公开戏剧表演、公开提供，或者广播电视播放著作，以及公开放映电影著作，都应当取得权利人许可。”②

《意大利著作权法》第一编“著作权的一般规定”第五章“例外和限制”第一节“复制及其他例外和限制”第71条规定：“国家乐队和军乐队可以非营利地公开演奏乐谱或者音乐作品中的部分乐章，无须支付报酬。”③

《俄罗斯联邦民法典》(著作权部分)第四部分第七编“智力活动成果和个性化表现方法的权利”第七十章“著作权”第1277条“自由公开表演音乐作品”规定：“在举行官方及宗教仪式或者举行葬礼的时候，准许不征得作者或其他权利人的同意和不支付报酬，以与这种仪式的性质相符的篇幅公开表演音乐作品。”④

一般国家著作权法对“免费表演”所规定的条件非常严格。《美国版权法》第110条第4项规定，用向公众传播以外的方式表演非戏剧或音乐作品，没有任何直接或间接的商业利益，也未向表演者、倡导者或组织者支付任何费用或任何方式的补偿，并且符合如下条件：(1)没有直接或间接的入场费；(2)这种表演的收益扣除合理成本，仅仅用于

---

① 《十二国著作权法》，《十二国著作权法》翻译组译，清华大学出版社2011年版，第735~738页。
② 《十二国著作权法》，《十二国著作权法》翻译组译，清华大学出版社2011年版，第162页。
③ 《十二国著作权法》，《十二国著作权法》翻译组译，清华大学出版社2011年版，第299页。
④ 《十二国著作权法》，《十二国著作权法》翻译组译，清华大学出版社2011年版，第441页。

教育、宗教或慈善;(3)这种表演不是为了私人财产获益,版权人未下达符合条件的反对这种表演的通知。不过,《美国版权法》规定了非常苛刻的反对条件,使大部分这种免费表演得以实现。《美国版权法》第111条第4款规定的苛刻通知条件为:(1)该通知必须是版权人或该版权人所授权的代理人所签署的书面通知;(2)该通知必须至少在该表演日期7天前下达,并陈述反对的理由;(3)该通知应该符合版权局依照条例所规定的形式、内容与送达方式。① 根据美国相关规定,只有在宗教场合表演宗教性质的作品或者为盲人或者其他残疾人(如听障人士)表演他们通过正常途径无法欣赏的作品才是合理使用;在其他情况下,即使是非商业性表演,也必须事先通知版权人或在版权局履行一定手续。《美国版权法》第110条“专有权的限制:某些表演或展出的免责”第3款规定“在礼拜场所的仪式上或其他宗教集会上,表演非戏剧文学或音乐作品,或者表演具有宗教性质的戏剧音乐作品,或展出作品”②。该条第8款规定,在专门为盲人或其他由于身体残疾而无法阅读正常的印刷资料的残疾人或其他听不到与视觉信号一同传送的听觉信号的残疾人设计的并以其为主要接受对象的传输中表演非戏剧文学作品,且表演无直接或间接的商业目的,传输系通过政府机构、非商业性教育广播台、无线电转播台、授权有线通信系统的设施进行的。③ 据此,在礼拜场所或其他宗教集会的仪式中,表演非戏剧性的文学或音乐作品或者表演宗教性质的戏剧、音乐作品,或者为盲人、聋人或其他残疾人设计的并以其为主要接受对象的传送中表演非戏剧性文学作品,不具有商业目的,不视为侵犯著作权的行为。

关于表演权合理使用范围,各国规定不太一样。免费表演作品,常见于机关、学校、团体的集会上或者农村广场上,未向表演者支付报酬。一些集会上的表演虽然不向公众收费,但对演出者支付报酬,则与这个规定不相符合,应当经作者同意,并向作者支付报酬。《日本著作权法》就是这样做的。《日本著作权法》第二章“作者的权利”第三节“权利的内容”第五小节“著作权的限制”第38条“不以营利为目的的上演等”第1款规定:“已经发表的作品,不以营利为目的,而且不向听众或者观众收取任何费用(指提供或者提示作品时,以任何名义收取的对价。本条以下同)时,可以公开进行上演、演奏、上映或者口述。但是,该上演、演奏、上映、口述向表演者或者口述者支付报酬时,不在

---

① 参见刘铁光:《录音制品二次使用的法律问题研究》,厦门大学出版社2011年版,第183页。
② 《十二国著作权法》,《十二国著作权法》翻译组译,清华大学出版社2011年版,第736页。
③ 参见《十二国著作权法》,《十二国著作权法》翻译组译,清华大学出版社2011年版,第737页。

此限。”[①]据此，不以营利为目的，且不收取听众或者观众的费用（指不以任何名义收取提供或出示著作物的对价报酬）时，可以公开上演、演奏、口述或上映已发表的出版物。但是，该上演、演奏、口述或上映向表演者或口述者付酬时，则不在此限。

《韩国著作权法》第二章“作者的权利”第四节“作者财产权”第二分节“著作财产权的限制”第 29 条第 1 款规定：“不以营利为目的，既不向听众、观众或第三人收取费用，也不向表演者支付费用的，可以对已公开作品进行公开表演或广播。”该条第 2 款规定：“当不向听众或观众收取费用时，可以为公众复制、表演商业性录音制品或电影作品，但大总统令有特别规定的除外。”[②]

《印度著作权法》（1957）第十一章“对著作权的侵害”第 52 条“某些不构成侵害著作权的行为”第 1 款“下列行为不构成对著作权的侵害”第 m 项规定：“业余俱乐部或社团对文学、戏剧或音乐作品进行表演，只要该表演免费向公众提供，或者是为某个宗教机构的利益进行。”[③]

《埃及知识产权保护法》第三编“著作权和邻接权”第 171 条第 1 项规定：“在家庭成员或者教育机构的学生聚会上表演作品，只要该表演不存在直接或者间接的经济对价。”[④]

《菲律宾知识产权法典》第四编“版权法”第八章“版权之限制”第 184 条“版权之限制”第 1 款第 a 项规定，“只要作品是依法向公众开放的，私人免费对该作品进行朗诵或表演，或是仅仅由慈善的或宗教的机构或团体对该作品进行朗诵或表演”。该款（i）项规定，“在不收门票的公共场所，由某俱乐部或组织不以营利为目的，仅为慈善或教育目的公开表演或传播作品，只要其符合细则中所规定的限制条件”。[⑤]

《新加坡版权法》第 42 条规定了“宗教表演”：在礼拜场所或其他宗教集会上表演具有宗教性质的文学、戏剧或音乐作品，不应当构成对该作品版权等侵权。《老挝知识产权法》第 96. 1 条规定了“对版权不支付报酬的限制”：无须为此支付任何费用，在祷告仪式或在任何鼓励中，以任何其他形式进行的戏剧表演和艺术示范。《文莱版权法》第 38 条规定教育机构的学生和教师以及与活动直接相关的其他人员为公众表演文学、戏剧

---

① 《十二国著作权法》，《十二国著作权法》翻译组译，清华大学出版社 2011 年版，第 380 页。
② 《十二国著作权法》，《十二国著作权法》翻译组译，清华大学出版社 2011 年版，第 516 页。
③ 《十二国著作权法》，《十二国著作权法》翻译组译，清华大学出版社 2011 年版，第 250 页。
④ 《十二国著作权法》，《十二国著作权法》翻译组译，清华大学出版社 2011 年版，第 42 页。
⑤ 参见《菲律宾知识产权法典》，杨涛、杨斌译，知识产权出版社 2014 年版，第 80 页。

或音乐作品并不构成侵害版权等。《印度尼西亚版权法》第15.3条规定，如果充分地注明来源，下列行为不应当被视为版权侵权：(1)出于演讲目的，且该演讲是为了教育和科学；(2)出于免费展览或表演之目的，条件是不会损害作者的正当利益，而全部或部分摘录他人作品。①

我国《著作权法》的规定，是在借鉴域外有关规定的基础上，结合我国实际需要作出的。

第三节 立法沿革：我国《著作权法》立法演变

一、《著作权法》(1990)的规定

根据《著作权法》(1990)第22条第1款第9项规定，"免费表演已经发表的作品"，"可以不经著作权人许可，不向其支付报酬，但应当指明作者姓名、作品名称，并且不得侵犯著作权人依照本法享有的其他权利"。此项表演权限制可以简称为"免费表演例外"。

二、《著作权法》(2001)的规定

与《著作权法》(1990)第22条第1款第9项相比，《著作权法》(2001)第22条第1款第9项增加了一处，即"该表演未向公众收取费用，也未向表演者支付报酬"。该规定为，"免费表演已经发表的作品，该表演未向公众收取费用，也未向表演者支付报酬"，"可以不经著作权人许可，不向其支付报酬，但应当指明作者姓名、作品名称，并且不得侵犯著作权人依照本法享有的其他权利"。

三、《著作权法》(2010)的规定

与《著作权法》(2001)第22条第1款第9项相比，《著作权法》(2010)第22条第1

① 参见冯寿波：《中国－东盟自由贸易区版权法比较研究》，气象出版社2014年版，第91页。

款第9项未作任何修改。该款项仍规定，“免费表演已经发表的作品，该表演未向公众收取费用，也未向表演者支付报酬”，“可以不经著作权人的许可，不向其支付报酬，但应当指明作者姓名、作品名称，并且不得侵犯著作权人依照本法享有的其他权利”。

四、《著作权法》(2020)的规定

与《著作权法》(2010)第22条第1款第9项相比，《著作权法》(2020)第24条第1款第9项增加了一处，即“且不以营利为目的”；结合第24条第1款第1句的重要修改，“免费表演已经发表的作品，该表演未向公众收取费用，也未向表演者支付报酬，且不以营利为目的”，“可以不经著作权人许可，不向其支付报酬，但应当指明作者姓名或者名称、作品名称，并且不得影响该作品的正常使用，也不得不合理地损害著作权人的合法权益”。

五、免费表演活动的使用行为比较

表演他人已公开发表的作品行为，应符合4项要件，才可以主张合理使用：(1)非营利目的；(2)已公开发表的作品；(3)未对听众或观众收取费用；(4)未向表演者支付报酬。其中需要进一步探究的是“公众”的定义。这里所说的“公众”，当然是指能接触表演的公众；根据表演的形式，可能是观众或者听众。至于所谓的收费，不论是直接或间接收费都属于收费，包括各种名目，如管理费、清洁费等。

第四节
构成要件：不侵权抗辩使用行为分析

免费表演已经发表的作品，该表演未向公众收取费用，也未向表演者支付报酬，可以进行不侵权抗辩。上述免费表演条款所规定的适用条件实质上是免费表演的禁止性规范。构成合理使用不侵权抗辩应当具备下列条件。

一、表演客体免责

免费演出的作品必须已经发表，如果作品没有发表，即使演出免费也要经著作权人

许可;如果表演的不是已经发表的作品,必然侵害他人发表权。在短视频中使用音乐作品进行配乐的行为,不成立表演。对音乐的使用行为,不构成合理使用。[①]

二、表演方式免责

免责的表演方式限于作品的现场表演,不涉及以技术手段向公众播送作品的“机械表演”。所谓表演,是指演员当场表演,不包括利用机械表演。免费表演限于以声音、表情、动作等直接再现作品的“现场表演”,因而表演权例外不扩张到“播送作品的表演”。录制作品的现场表演通过机械进行再现的,即使免费,也因过大损害著作权人利益而不得进行不侵权抗辩。合理使用的免费表演,是指未向公众收取费用,也未向表演者支付费用的非营业性演出。该表演应当理解为现场表演,而非机械表演。[②]

三、表演目的免责

免责的表演应没有任何直接或者间接的商业利益目的。“商业利益”指向表演人或者组织表演的人发起表演的营利目的。在司法判例中,诸如公司企业为宣传商品而举行“免费”演出,旅店、酒店为招徕顾客而“免费”演奏音乐,虽不是利用作品直接获利,但属于一种间接获利的商业性使用行为。在经营场所将未授权的音乐作品作为背景音乐,是一种间接获利的商业性使用行为,不构成合理使用。[③] 在经营场所向消费者提供歌曲的点播服务是为了吸引消费者,以营利为目的,不属于合理使用。[④] 多次在国内外公开演出,且部分场次进行收费,不属于免费表演,不构成合理使用。[⑤]

四、双向免费免责

免责的免费表演既不能向公众(听众或观众)收取费用,也不能向表演者支付报酬,即对观众来说是免费的,对于表演者来说是没有获取报酬的。这种报酬包含表演的报酬,也包含基于表演原因的报酬,比如厂家在演出中所作广告的报酬。禁止“付酬”“收

① 参见四川自由贸易试验区人民法院民事判决书,(2021)川0193民初5346号;四川省成都市中级人民法院民事判决书,(2021)川01民终18361号。

② 参见上海市浦东新区人民法院民事判决书,(2019)沪0115民初35694号。

③ 参见四川省成都市中级人民法院民事判决书,(2009)成民初字第568号;四川省高级人民法院民事判决书,(2010)川民终字第104号。

④ 参见广东省江门市新会区人民法院民事判决书,(2014)江新法知民初字第248号。

⑤ 参见山东省高级人民法院民事判决书,(2018)鲁民终897号。

费”，与未以其他方式“获利”相联系，是对非商业性使用要件的补充和完善。一方面，表演未向公众收取任何费用，包括未售卖门票、拉取赞助、变相提高售卖商品的价格等。另一方面，未向表演者支付表演行为的报酬。如果由组织演出的单位付给表演者费用，该演出虽然没有售票，但也不是免费表演。此处报酬不包括表演者的车船费用、旅馆费用、用餐费用，但这些费用大大超过正常的标准时，属变相向表演者提供了报酬，不再属于可进行不侵权抗辩的使用行为。

五、维护其他权利免责

免费向公众表演时，应当尊重著作权人的其他权利，并且不得任意修改、歪曲、篡改作品。免费表演的作品须已经发表，表演时应当通过现场告知等口头方式或者海报等书面方式向公众表明被表演的作品名称、作者名称。[①]《著作权法实施条例》(2013)第19条规定：“使用他人作品的，应当指明作者姓名、作品名称；但是，当事人另有约定或者由于作品使用方式的特性无法指明的除外。”[②]符合这种条件的免费表演，即既未向公众收费，也未向演出者支付报酬的表演，属于公益性质。按上述规定，可以不经著作权人许可，也不向其支付报酬。

第五节 典型案例：免费表演案例分析

首先，《著作权法》所谓免费表演不包括间接获利的商业性使用。在中国音乐著作权协会诉成都市人人乐商业有限公司著作权侵权纠纷案中，法院认为：成都市人人乐商业有限公司未经著作权人许可，在其经营场所将涉案音乐作品《拯救》作为背景音乐播放的行为虽然不能直接利用音乐作品获利，但可以营造氛围，提高消费者在购物过程中的愉悦程度，进而对销售起到促进作用，是一种间接获利的商业性使用行为，不属于《著

① 参见李扬：《著作权法基本原理》，知识产权出版社2019年版，第234页；吴汉东：《知识产权法》，法律出版社2021年版，第247页。

② 吴高盛主编：《〈中华人民共和国著作权法〉释义及实用指南》，中国民主法制出版社2015年版，第374页。

作权法》(2001)第22条第1款第9项规定的情形,理应支付费用。[①]

其次,针对“免费表演”应该作狭义解释,即现场表演,不应包括“机械表演”。第一,“机械表演”只是学理术语,我国《著作权法》对表演权的定义是“公开表演作品,以及用各种手段公开播送作品的表演的权利”,故表演权例外不应扩张到“播送作品的表演”。其实,《著作权法实施条例》(1991)第5条第2项将“表演”严格界定为现场表演,即演奏乐曲、上演剧本、朗诵诗词等直接或者借助技术设备以声音、表情、动作公开再现作品。[②] 此处所谓“借助技术设备”是指舞台表演时所借助的技术设备。[③] 第二,从相关规定上下文来看,此处所谓“表演”未向公众收取费用,也未向“表演者”支付报酬,间接表明表演者和受众处于同一时空,即“现场表演”。

第六节 立法展望:存在的问题及修改建议

一、存在的问题

《著作权法》(2020)第24条第9项规定:“免费表演已经发表的作品,该表演未向公众收取费用,也未向表演者支付报酬,且不以营利为目的”。该规定是为了促进公益演艺事业发展,但与《伯尔尼公约》没有允许对作者表演权予以限制相冲突。世界知识产权组织认为,免费表演必须严格限制在没有直接或间接收费及向表演者支付报酬的范围内。[④]

尽管《著作权法》(2020)将免费表演限定为不得向公众收取费用,也不得向表演者支付报酬,且不以营利为目的,但其无法排除将免费表演作为其他营利性商品和服务的广告宣传手段的可能性,比如企业通过签约形象代言人或者企业内部有表演天赋的员工在大型商场举办产品或服务推介会。因此,《著作权法》应该考虑删除这项合理使用;如果暂时保留,至少还应当加入收费方式的限定,即不得向听众、观众直接或间接收取费用。[⑤]

① 参见四川省成都市中级人民法院民事判决书,(2009)成民初字第568号。

② 参见李顺德、周详:《中华人民共和国著作权法修改导读》,知识产权出版社2002年版,第252页。

③ 参见福建省厦门市中级人民法院民事判决书,(2009)夏民初字第310号。

④ 参见许超:《关于修改现行著作权法的初步想法(之四)》,载《著作权》1995年第2期。

⑤ 参见王清:《著作权限制制度比较研究》,人民出版社2007年版,第217页。

《著作权法》(2020)第24条第1款第9项对“免费表演”所限定的条件较为宽松，只要未向公众收取费用，也未向表演者支付报酬就属于免费表演；但实际上，大部分这种所谓的“免费表演”往往与企业的广告赞助是分不开的。

二、修改建议

《著作权法》(2020)第24条第1款第9项修改时可对“免费表演”进行如下限制：(1)这种表演未向表演者、表演的组织者与发起者支付任何费用以及任何方式的补偿；(2)这种表演未以任何方式收取入场费；(3)没有任何赞助者从这种表演中获取任何商业利益。只有这样的表演才属于合理使用中的“免费表演”，从而将广播、电视以及任何商业性机构进行的表演排除在外。这种限制可适用于录音制品二次使用权，将一些公务活动、学校教育外的其他活动中对录音制品的使用纳入合理使用的范围。[①]

① 参见刘铁光：《录音制品二次使用的法律问题研究》，厦门大学出版社2011年版，第183页。

第十三章　合理使用（十）：公共场所陈列作品使用

第一节
溯本清源：公共场所陈列作品合理使用的理由分析

世界各国通常都会在一些公共场所设置或者陈列一些艺术作品供人们自由欣赏，这些艺术作品增添了城市的文化氛围和艺术品位，常见的比如一些雕塑、雕刻、壁画等。这些自由使用的艺术作品仅限于设置或者陈列在公共场所之内。对这类艺术品的自由使用方式只限于临摹、绘画、摄影、录像四种。

对公共场所艺术作品自由而无偿的复制，是各国合理使用制度的立法通例。设置或陈列在公共场合的艺术作品，社会公众往往有意无意地以其为背景进行拍摄、录像、临摹，这种行为属于合理使用，此项规定主要是基于满足社会公众文化生活的需要。在这种情况下，拍摄电影时以街上陈列的雕塑为背景，电影著作权属于制片者所有，与雕像著作权人无关，这是对雕塑作品的合理使用。

《著作权法》(2020)第24条第1款第10项规定“对设置或者陈列在公共场所的艺术作品进行临摹、绘画、摄影、录像”，此处设置或者陈列在公共场所的艺术作品包括设置或陈列在广场、街道、路口、公园、旅游风景点及建筑物等室外公共场所的绘画、雕塑、书法等。例如，人民英雄纪念碑的碑刻及四周的浮雕；北京工人体育场四周的人物雕像；音乐学院教学楼墙体上的壁画；等等。之所以规定对设置或者陈列在室外公共场所的艺术作品进行临摹、绘画、摄影、录像可以不经著作权人许可，不向其支付报酬，主要是因为这些陈列或者设置于室外公共场所的艺术作品本身就具有长期公共及公益的性质，既然陈列或设置在室外公共场所，就难免有人临摹、绘画或者以此为背景拍照、录像，让使用者去取得著作权人许可并支付报酬实际上难以做到。因此，在此种情况下，使用他人作品自然应属于合理使用范围。

艺术作品既然设置或者陈列在公共场所，著作权人就有允许任何人欣赏、摄影、录像等意思。所谓艺术作品，是指塑像、雕刻、壁画等。根据《著作权法》(2020)第24条第1款第10项规定，设置或陈列在公共场所的室内的艺术作品也可以合理使用，例如设置在飞机场或火车站大厅内的艺术作品，可以自由摄影、录像、临摹、绘画。《英国版权法》第62条“特定艺术作品公开展示之表现”第1款(b)项规定是“永久性地设置于向公众开放之公共场所的雕塑、建筑物模型以及工艺艺术作品”①，包括室内室外，都允许合理使用。另外，建立在大街上、广场上、公园中的建筑作品，是否可以自由摄影、录像等呢？其似乎可以与艺术作品一样看待。在这个问题上，《日本著作权法》第46条和《英国版权法》第62条第1款就是把建筑物与美术作品同样处理的。

不经著作权人许可，不向其付酬而使用设置或者陈列在公共场所的艺术作品，受两方面限制：一是艺术作品必须设置或者陈列在公共场所；二是使用作品的方式只限于临摹、绘画、摄影、录像，而不能以直接接触的方式使用这些艺术作品，比如不能拓印。

我国《著作权法》(2010)第22条第1款第10项规定“对设置或者陈列在室外公共场所的艺术作品进行临摹、绘画、摄影、录像”，可以不经著作权人许可，不向其支付报酬，但应当指明作者姓名、作品名称，并且不得侵犯著作权人依照该法享有的其他权利。《著作权法》(2020)有一重要修改，要求设置或者陈列的艺术作品位于公共场所即向公众开放的场合，无论是室内还是室外。这意味着图书馆、博物馆、美术馆等室内场所设置或者陈列的艺术品也在权利例外之列。英国法、德国法规定都有公共场所、公共场合的相同说法。

第二节
他山之石：公共场所陈列作品使用的国际立法借鉴

公共场所的艺术作品，是指设置或者陈列在社会公众活动处所的雕塑、绘画、书法等艺术作品。对陈列在公共场所的艺术作品的临摹、绘画、摄影、录像，属于合理使用，也是国际惯例。对永久设置于公共场所的艺术作品进行自由而无偿的临摹、绘画、摄影、录像，是各国合理使用制度的立法通例。

① 《十二国著作权法》，《十二国著作权法》翻译组译，清华大学出版社2011年版，第603页。

至于将公共场所艺术作品复制或录制之后可否进行营业性使用,该项营业性使用是否仍在“合理”范围之内,一些国家的相关法律无直接答案。但是,日本、俄罗斯等国家的著作权法不允许将公共场所陈列作品的复制品用于营业。相关规定在我国修改该项条款时可资借鉴。其他国家也有这种规定,例如《俄罗斯联邦民法典》(1964)第四编“著作权”第492条“不经作者同意,不付作者酬金而使用作品”第6项规定:“在下列情况下,使用作品可以不经作者同意,不付作者酬金,但必须注明作者姓名和引文出处:……(6)用其他任何方法临摹和复制陈列在自由参观的公开场所(不包括展览会和博物馆)的造型艺术作品,机械拓印除外。”[①]据此,用其他任何方法临摹和复制陈列在自由参观的公开场所(不包括展览会和博物馆)的造型艺术作品,可以不经作者同意,不付作者酬金,但必须注明作者姓名和引文出处,机械拓印除外。换言之,在务必注明作者姓名和引文出处的情况下,除机械拓印外,用其他任何方法临摹和复制陈列在自由参观的公开场所(不包括展览会和博物馆)的造型艺术作品属于“合理使用”。[②]

《俄罗斯联邦民法典》(著作权部分)(2006)第四部分第七编“智力活动成果和个性化表现方法的权利”第七十章“著作权”第1276条“自由使用长久设置于自由参观的公共场所的作品”规定:“不征得作者或其他权利人的同意和不支付报酬,准许复制、无线电或电缆播放长久设置于自由参观的公共场所的摄影作品、建筑艺术作品或者造型艺术作品,但是作品的图像是这种复制、无线电或电缆播放的主要目标,或者作品的图像用于商业目的的情形除外。”[③]

《英国版权法》第62条“特定艺术作品公开展示之表现”[④]、《德国著作权法》第59条“公共场所的著作”、《俄罗斯联邦著作权与邻接权法》第21条、《日本著作权法》第46条“公开的美术作品等的利用”都作了此类规定。《巴西著作权法》第三编“著作权”第四章“对著作权的限制”第48条规定“对永久安置在公共场所的作品可以自由进行临摹、绘画、摄影、录制”[⑤]。

《德国著作权法》第一部分“著作权”第六节“对著作权的限制”第59条“公共场所的著作”第1款规定:“本法允许通过绘画或者雕塑、拍照或者摄影的方式复制、发行与

① 《中外版权法规汇编》编写组编:《中外版权法规汇编》,北京师范大学出版社1993年版,第461~462页。
② 参见詹启智:《著作权论》,中国政法大学出版社2014年版,第214~215页。
③ 《十二国著作权法》,《十二国著作权法》翻译组译,清华大学出版社2011年版,第441页。
④ 《十二国著作权法》,《十二国著作权法》翻译组译,清华大学出版社2011年版,第603页。
⑤ 《十二国著作权法》,《十二国著作权法》翻译组译,清华大学出版社2011年版,第15页。

公开再现位于公共街道、街巷或者广场的著作。对于建筑著作此限权只限于其外形。"该条第 2 款规定："不得复制建筑著作。"①

在著作权的限制和例外方面，《日本著作权法》第二章"作者的权利"第三节"权利的内容"第五小节"著作权的限制"至少有 3 个条文涉及美术作品的使用。

《日本著作权法》第 45 条"美术作品等原件所有人的展览"第 1 款规定："美术作品或者摄影作品原件的所有权人或者经过其许可的人，可以公开展览该美术作品或者摄影作品的原件。"该条第 2 款规定："在美术作品原件永久设置于街道、公园或者其他向一般公众开放的室外场所或者建筑物的外壁等一般公众容易看见的室外场所的情况下，前款规定不适用。"②据此，美术作品、摄影作品原件的所有人或者经其同意的人，可以公开展览该作品的原件。这个规定叫做"美术作品原件所有人的展览"。

《日本著作权法》第 46 条"公开的美术作品等的利用"规定："按照前条第二款规定永久设置于室外场所的美术作品原件或者建筑物，除了下列规定的情形外，可以采用任何方法使用。（一）增制雕刻，并将增制的雕刻通过转让方式向公众提供。（二）通过建筑手段复制建筑作品，并将复制的建筑物通过转让方式向公众提供。（三）为了前条第二款规定的永久设置于室外场所而进行的复制。（四）专门为了销售美术作品复制品而复制，并销售该复制品。"③据此，对于永久性地放置于公开场所的美术作品和建筑作品，可以通过任何方式使用。这个规定叫做"使用公开场所的美术作品"。

《日本著作权法》第 47 条"参展美术作品等的复制"规定："公开展览美术作品或者摄影作品原件的人，在不损害第二十五条规定的权利情况下，在为了向参观者解说、介绍这些作品而制作的小册子上，可以登载该美术作品或者摄影作品。"④据此，在不损害作者展览权的前提下，公开展览美术作品或者摄影作品原件的人，可以出于向公众揭示或者介绍的目的，在小册子上登载相关的作品。这个规定叫做"伴随美术作品展览的复制"。⑤

《韩国著作权法》第二章"作者的权利"第四节"作者财产权"第二分节"著作财产权的限制"第 35 条"艺术作品等的展览或复制"第 1 款规定："艺术作品原件所有人或者经

① 《十二国著作权法》，《十二国著作权法》翻译组译，清华大学出版社 2011 年版，第 168 页。
② 《十二国著作权法》，《十二国著作权法》翻译组译，清华大学出版社 2011 年版，第 383 页。
③ 《十二国著作权法》，《十二国著作权法》翻译组译，清华大学出版社 2011 年版，第 383 页。
④ 《十二国著作权法》，《十二国著作权法》翻译组译，清华大学出版社 2011 年版，第 383 页。
⑤ 参见李明德、闫文军：《日本知识产权法》，法律出版社 2020 年版，第 177 页。

其授权的人,可以展览作品原件。但是,用以在街道、公园、建筑物外墙以及其他开放的公共场所中永久展览的,不受此限。"①

《印度著作权法》(1957)第十一章"对著作权的侵害"第52条"某些不构成侵害著作权的行为"第1款"下列行为不构成对著作权的侵害"第s项规定"对建筑作品进行绘画、绘图、雕刻或拍摄并出版,或展示建筑作品";第t项规定"对雕塑或列入第2条第c项第(ⅲ)目的其他美术作品进行绘画、绘图、雕刻或拍摄,只要该作品永久设置在某个公共场所或任何向公众开放的地点";第u项规定"在电影中复制——(ⅰ)任何永久设置在某个公共场所或任何向公众开放的地点的美术作品;或(ⅱ)其他任何美术作品,只要该作品只是作为电影中的背景,或以其他方式作为电影中主要内容的陪衬";第v项规定"美术作品的作者在其并非著作权所有人的情况下,对其为创作该作品而制作的任何模制品、铸件、草图、设计图、模型或习作进行使用;只要其并未因此而重复或模仿该作品的主要构思"。②

《菲律宾知识产权法典》第四编"版权法"第186条"建筑作品"规定了建筑作品版权保护的限制:建筑作品的版权应包括控制某些建筑物建造的权利,只要这些建筑物复制该建筑作品或其实质部分而建造,包括以该作品的最初形式或明显取自该作品的其他形式复制;但是该版权并不包括控制与其所关联的原建筑同样风格的重建或修缮活动的权利。③

《新加坡版权法》第63条规定了"对处于公共场所的雕塑或某些其他作品"的使用并不构成侵权的情形(临时放置的除外)。第64条规定,可以对建筑物或其模型进行绘画、素描、雕刻、拍照,或包含在电影或电视广播节目中。第65条规定,在不影响第63条、第64条规定的情况下,将艺术作品包含在电影或电视广播中并不构成侵权,如果该包含对于电影或广播所要表现的主要事项来说仅是附带的,则并不构成侵权。第67条规定,第63~65条的规定也同样适用于有线电视。

《柬埔寨版权与邻接权法》第25.2条规定,作者不能禁止下列行为:对位于公共场所的图形作品或塑形作品的复制,如果该复制并不构成之后复制的主题。《印度尼西亚版权法》第15.6条规定,如果充分地注明来源,下列行为不应当被视为版权侵权:在考

① 《十二国著作权法》,《十二国著作权法》翻译组译,清华大学出版社2011年版,第518页。

② 参见《十二国著作权法》,《十二国著作权法》翻译组译,清华大学出版社2011年版,第250~251页。

③ 参见《菲律宾知识产权法典》,杨涛、杨斌译,知识产权出版社2014年版,第81页。

虑技术实施的基础上，对诸如土木建筑之类的任何建筑作品的修改。①

第三节
立法沿革：我国《著作权法》立法演变及相关司法解释

一、《著作权法》（1990）的规定

《著作权法》（1990）第22条第1款第10项规定“对设置或者陈列在室外公共场所的艺术作品进行临摹、绘画、摄影、录像”，“可以不经著作权人许可，不向其支付报酬，但应当指明作者姓名、作品名称，并且不得侵犯著作权人依照本法享有的其他权利”。

二、《著作权法》（2001）的规定

与《著作权法》（1990）第22条第1款第10项相比，《著作权法》（2001）第22条第1款第10项没有任何修改，即仍规定“对设置或者陈列在室外公共场所的艺术作品进行临摹、绘画、摄影、录像”，“可以不经著作权人许可，不向其支付报酬，但应当指明作者姓名、作品名称，并且不得侵犯著作权人依照本法享有的其他权利”。

三、《著作权法》（2010）的规定

与《著作权法》（2001）第22条第1款第10项相比，《著作权法》（2010）第22条第1款第10项没有任何修改，仍规定“对设置或者陈列在室外公共场所的艺术作品进行临摹、绘画、摄影、录像”，“可以不经著作权人许可，不向其支付报酬，但应当指明作者姓名、作品名称，并且不得侵犯著作权人依照本法享有的其他权利”。

四、《著作权法》（2020）的规定

与《著作权法》（2010）第22条第1款第10项相比，《著作权法》（2020）第24条第1款第10项删除“室外”，即将“室外公共场所”修改为“公共场所”。结合第24条第1款

① 参见冯寿波：《中国－东盟自由贸易区版权法比较研究》，气象出版社2014年版，第91页。

第 1 句的重要修改,“对设置或者陈列在公共场所的艺术作品进行临摹、绘画、摄影、录像”,“可以不经著作权人许可,不向其支付报酬,但应当指明作者姓名或者名称、作品名称,并且不得影响该作品的正常使用,也不得不合理地损害著作权人的合法权益”。

五、相关司法解释的规定

最高人民法院《关于审理著作权民事纠纷案件适用法律若干问题的解释》(2020)第18 条规定:“著作权法第二十二条第(十)项规定的室外公共场所的艺术作品,是指设置或者陈列在室外社会公众活动处所的雕塑、绘画、书法等艺术作品。对前款规定艺术作品的临摹、绘画、摄影、录像人,可以对其成果以合理的方式和范围再行使用,不构成侵权。”

第四节 构成要件:不侵权抗辩使用行为分析

公共场所陈列作品使用相关条款的立法要义和法律适用,需要讨论以下问题。

一、永久陈列免责

室外艺术品是否必须为永久陈列?对临时陈列艺术品的复制,是否也构成合理使用?根据大多数国家的立法,室外艺术品是指永久性陈列在室外的艺术品,临时展出的并不包括在内。那么,对包括但不限于元宵灯会上临时扎制的灯笼等进行复制是否构成合理使用?从生活情理上讲,我们认为构成合理使用为宜。

二、使用对象免责

使用对象必须是设置或者陈列在公共场所的艺术作品。“艺术作品”是合理使用的基本对象。这是《著作权法》允许公共场所合理使用作品类别的限制。艺术作品是指雕塑、绘画、书法、壁画、大型摄影作品、建筑作品等。[①] 这里临摹、描绘、摄影、录像的对象必须是在公共场所设置或者陈列的作品,如果作品在作者家中或者工作间陈列,则其不

---

① 参见詹启智:《著作权论》,中国政法大学出版社 2014 年版,第 214 页。

包含在此范围之内。

三、公共场所免责

室内外公共场所是合理使用的关键点。室外公共场所是指室外社会公众活动的住所，主要包括广场、街头、路口、公园、车站、旅游景点等。室内公共场所是指室内社会公众活动的场所，主要包括图书馆、陈列馆、展览馆、美术馆、体育馆等大型建筑群内部空间。室内外公共场所主要指任何社会公众均可以根据自己设定的时间自由活动的处所。有案例突破一般认知下静态的、持久固定的造型艺术作为美术作品的概念束缚，将涉案音乐喷泉喷射效果的呈现认定为美术作品的保护范畴。在西湖建设相关设施、配置相应软件后再现了涉案音乐喷泉喷射效果的呈现，不符合合理使用范围。①

四、使用目的免责

这里涉及艺术作品复制品的“二次使用”问题，日本法、俄罗斯法不允许将上述作品的复制品商用，但多数国家对此未明确规定。最高人民法院《关于审理著作权民事纠纷案件适用法律若干问题的解释》认为，对艺术作品临摹、绘画、摄影、录像的成果，“以合理的方式和范围再行使用，不构成侵权”。这里所指的“合理方式和范围”，包括商业性目的的“再行使用”。这种“再行使用”应不影响原作品的使用，不损害著作权人的合法利益。例如，将三维艺术作品复制于平面载体后，又通过“平面到立体”的复制，在其他场所重现该三维艺术作品，应不属于合理使用。②

五、使用方式免责

使用作品的方式只限于临摹、绘画、摄影、录像等非接触性方式，以直接接触的方式使用这些艺术品，如拓印不属于合理使用。对艺术作品“临摹、绘画、摄影、录像”的复制方式，有两个特点：一是表现为不直接接触作品的复制，如果与艺术品发生接触才能复制如拓印，则不在条款规制范围；二是表现为艺术品平面载体的复制。就立法本义而言，临摹是“从平面到平面”的复制，绘画、摄影、录像则是“从立体到平面”的复制。对

① 参见北京市海淀区人民法院民事判决书，(2016)京0108民初15322号；北京知识产权法院民事判决书，(2017)京73民终1404号；北京市高级人民法院民事裁定书，(2018)京民申4672号。2018年北京知识产权法院著作权典型案例。

② 参见王迁：《著作权法学》，北京大学出版社2007年版，第221页。

于室外艺术品的复制不能采用与原艺术品一样的方式，即不得以该艺术作品相同方式复制。只能进行从立体到平面，或者从平面到立体复制，不能从立体到立体进行复制。比如，室外艺术品为一座雕塑，复制一座同样的雕塑，就不能算是合理使用。

六、复制品使用方式免责

复制品不得损害著作权人使用作品的利益。如果将复制品商用，很可能构成侵权。比如，如果室外艺术品是各种绘画，将之拍摄后制成展览纪念册出售，这就不是合理使用，而是一种侵权行为。在判断是否构成合理使用时，需要考虑该使用方式是否会影响作品的价值或者潜在市场，亦即是否会影响权利人对该作品的正常使用。① 商标权和著作权产生权利冲突时，在先著作权人仍然有权对商标注册人、使用人提起民事诉讼，主张赔偿损失的法律责任。如果只要一幅平面美术作品被置于公共场所，他人就可以在拍摄、绘画或临摹之后随意进行商业性使用，势必会构成与美术作品正常使用方式的冲突，影响著作权人的合法利益。②

七、保护著作人权益免责

作为对著作权的合理使用行为，对于设置或者陈列在公共场所的雕塑进行摄影，可以不经著作权人许可，不向其支付报酬，但应当指明作者姓名、作品名称，即原作者包括署名权在内的著作人身权应当体现在演绎作品之中。③ 例如，被告夫子庙旅游商务公司和第三人秦淮灯彩公司在制作的彩灯上绘制、复制了《灯彩秦淮》壁画中部分画面，属于合理使用，可以不经过原告的许可，不向其支付报酬。鉴于《灯彩秦淮》壁画上未署原告姓名，故被告夫子庙旅游商务公司和第三人秦淮灯彩公司在使用部分画面制作彩灯时，客观上不宜署上原告姓名。④

---

① 参见北京市第一中级人民法院民事判决书，(2009)一中民初字第4476号。

② 参见北京市朝阳区人民法院民事判决书，(2017)京0105民初57692号；北京知识产权法院民事判决书，(2019)京73民终2701号；北京市高级人民法院民事裁定书，(2020)京民申5203号。

③ 参见浙江省绍兴市中级人民法院民事判决书，(2010)浙绍知初字第39号；浙江省高级人民法院民事判决书，(2011)浙知终字第35号；浙江省高级人民法院民事判决书，(2012)浙民再字第21号；最高人民法院民事裁定书，(2013)民提字第15号。

④ 参见南京铁路运输法院民事判决书，(2018)苏8602民初162号。

第五节 典型案例：公共场所陈列作品使用案例分析

对公共场所陈列作品使用著作权限制，存在较大争议。一种观点认为，只要是“商业目的”，即不构成合理使用。在南通骑士广告设计有限公司诉南通佳麦食品有限公司侵犯著作权纠纷案中，法院认为：判断合理使用的首要标准是使用作品目的。合理使用作品的目的必须是正当的，不应具有商业目的和非营利性的教育目的。如果使用他人作品基于商业目的，则不是合理使用。该案中，被告作为一家专业从事烘焙业的企业，其对陈列在户外的“千年濠河　千年南通”广告进行拍摄，并将拍摄的图案使用在其制作的月饼包装盒上，其目的是向消费者销售自己的产品，具有明显的商业目的。因此，被告对“千年濠河　千年南通”作品的使用不属于著作权法所规定的合理使用。①

上述观点已被最高人民法院否定。在杨某与孙某国等侵害著作权纠纷申请案中，最高人民法院审查认为，《关于审理著作权民事纠纷案件适用法律若干问题的解释》第18条规定，对设置或者陈列在室外社会公众活动处所的雕塑、绘画、书法等艺术作品的临摹、绘画、摄影、录像人，可以对其成果以合理的方式和范围再行使用，不构成侵权。此处所谓合理的方式和范围，应包括以营利为目的的再行使用，这是制定该司法解释的本意。一审、二审法院根据上述规定，认定孙某国、孝商公司及绿叶超市在其生产、销售的麻糖食品包装上使用“董永与七仙女”雕塑作品图片的行为属于合理使用，未侵害杨某的著作权，并无不当。②

上述案例并不意味着营利目的的再使用都属于“合理的方式和范围”，还需要考察是否影响作品正常使用，是否会不合理地损害著作权人的合法利益。在王某贤诉绍兴市水利局著作权纠纷案中，法院认为：最高人民法院《关于审理著作权民事纠纷案件适用法律若干问题的解释》第18条规定，室外公共场所的艺术作品，是指设置在室外公共活动处所的雕塑、绘画、书法等艺术作品；此类艺术作品的临摹、绘画、摄影、录像人，可以对其成果以合理的方式和范围再行使用，不构成侵权。从该司法解释制定本意来分

① 参见江苏省南通市中级人民法院民事判决书，(2005)通中民三初字第0079号。

② 参见最高人民法院民事裁定书，(2013)民申字第2090号。

析,合理的方式和范围,应包括以营利为目的的再行使用。《著作权法实施条例》第21条规定:"依照著作权法有关规定,使用可以不经著作权人许可的已经发表的作品的,不得影响该作品的正常使用,也不得不合理地损害著作权人的合法利益。"依据上述法律、法规及司法解释,只要不影响原作品使用,不损害著作权人的合法利益,不论是否以营利为目的使用,都属于我国《著作权法》规定的合理使用范围。①

基于上述规定精神,对"临摹、绘画、摄影、录像"应作限缩解释。在国家体育场有限责任公司诉熊猫烟花集团股份有限公司、浏阳市熊猫烟花有限公司等侵害建筑作品著作权纠纷案中,被告未经许可模仿国家体育场有限责任公司建筑作品"鸟巢"制作"盛放鸟巢"烟花产品。法院认为:首先,《著作权法》(2001)第22条第1款第10项规定了合理使用的一种特定情形,该项规定明确将这种合理使用限定在"临摹、绘画、摄影、录像"四种方式内,而不包括这四种方式之外的其他使用方式,被告对于国家体育场有限责任公司设计的使用明显不属于上述使用方式。其次,合理使用制度的目的主要是保护公共利益,被告将原告建筑作品应用于烟花产品上,纯粹是基于商业目的,若将该行为视为合理使用亦不符合合理使用的立法目的。最后,在判断是否构成合理使用时,需要考虑该使用方式是否会影响到作品的价值或者潜在市场,亦即是否会影响权利人对该作品的正常使用。作品的正常使用,是指在一般情况下人们可能合理地预期到的作者利用其作品的各种方式,包括作者所预期的现实存在的作品使用方式和未来可能出现的作品使用方式。将建筑设计应用到其他产品上属于可以预见的使用方式,被告的行为直接影响到原告对其作品的二次商业化利用,会不合理地损害原告的利益。因此,被告对国家体育场有限责任公司建筑作品的使用行为,不属于《著作权法》(2001)第22条第1款第10项规定的合理使用的情形,被告的相关辩解主张不能成立。② 具体来说,该项权利限制只适用于立体到平面的复制。显然,绘画、摄影、录像三种行为必定是从立体到平面,有争议的是临摹。例如,在郑某雄诉古田县鹤塘镇鹤塘村村民委员会侵犯著作权纠纷上诉案中,鹤塘村委会根据文献示意主张"临摹"包括三维作品的复制,鹤塘三牛雕塑"临摹"原告赛岐三牛雕塑,应属于合理使用。福建省高级人民法院审理指出:这些书籍对"临摹"含义的解释既不是法学学理解释,更不是法律有效解释;《著作权法》

① 参见浙江省绍兴市中级人民法院民事判决书,(2010)浙绍知初字第39号;浙江省高级人民法院民事判决书,(2011)浙知终字第35号。

② 参见北京市第一中级人民法院民事判决书,(2009)一中民初字第4476号。最高人民法院公布2011年中国法院知识产权司法保护50件典型案例。

(1990)第22条第1款第10项规定中的“临摹”,无论是从其立法本意或者从词义本身看,都指对平面作品平面复制的一种方式,而不含从立体作品到立体作品的复制。[①]

临摹的情况比较复杂,有的是复制,有的是创作,必须区别对待。对于临摹属于复制还是其他行为,应该根据其是增加了独创性的表达还是单纯再现了原作品或者保留了原作品的基本表达来判断。[②]

① 参见福建省高级人民法院民事判决书,(2000)闽知终字第12号。

② 参见北京市朝阳区人民法院民事判决书,(2017)京0105民初69683号,北京法院发布2017年度知识产权司法保护十大案例;北京市朝阳区人民法院民事判决书,(2015)朝民(知)初字第9141号;北京知识产权法院民事判决书,(2015)京知民终字第1814号。

第十四章 合理使用（十一）：少数民族使用

《著作权法》(2020)第24条第1款第11项规定“将中国公民、法人或者非法人组织已经发表的以国家通用语言文字创作的作品翻译成少数民族语言文字作品在国内出版发行”。为了照顾少数民族的利益,促进少数民族科学文化的发展,将汉语言文字作品翻译成任何一种少数民族文字作品,可以不征得著作权人许可,不向其支付报酬。这项规定是为了促进我国少数民族的教育、文化和科学技术进步。

第一节 溯本清源：支持少数民族科学文化事业

对于汉语言文字作品的翻译使用,《伯尔尼公约》和《与贸易有关的知识产权协议》没有相关规定。《柬埔寨版权和邻接权法》第25条(d)规定,作者不能禁止下列行为:将作品由高棉语译为少数民族语言,反之亦然。①

考虑到发展繁荣我国少数民族文化的需要,《著作权法》(1990)第22条第1款第11项规定是必要的,还是保留为宜,但又不宜适用于外国人。因此,《著作权法》(2001)将该项合理使用的规定修改为“将中国公民、法人或者其他组织已经发表的以汉语言文字创作的作品翻译成少数民族语言文字在国内出版发行”。

我国是统一的多民族国家,55个少数民族大多数都有自己的语言文字,为了满足最广大人民群众的需要,进行语言文字上的翻译是必须的,但是翻译的作品只能是中国作者的作品,出版也仅限于国内。

该项权利限制的法律纠纷很少。这或许可以说明,将汉语言文字创作的作品翻译

① 参见冯寿波:《中国－东盟自由贸易区版权法比较研究》,气象出版社2014年版,第91页。

成少数民族语言文字作品在国内出版发行，对作品的市场影响轻微。然而，就少数民族人口来说，潜在市场不容小觑。根据第七次人口普查的数据，各少数民族人口为125，467，390人，占比8.89％。虽然该项合理使用限于“中国公民、法人或者其他组织已经发表的以汉语言文字创作的作品”，可以避免国际纠纷，但不得不承认，国际知识产权协议没有该项合理使用。

对国家通用语言文字作品的翻译使用，是中国《著作权法》特有的合理使用类型。这体现了对少数民族发展科学文化事业的支持。《著作权法》（1990）关于“将已经发表的汉族文字作品翻译成少数民族文字在国内出版发行”的规定，实际上是对翻译权的一定程度的限制，其立法本意在于促进国内少数民族教育、文化和科技事业的发展。但是该项条款为各国立法例所罕见，与著作权国际公约并不协调。《著作权法实施条例》（1991）第31条确认，《著作权法》（1990）第22条第1款第11项的规定，仅适用于原作品为汉族文字的作品。[①]《实施国际著作权条约的规定》（1992）第10条进一步作出补充：“将外国人已经发表的以汉族文字创作的作品，翻译成少数民族文字出版发行的，应当事先取得著作权人的授权。”[②]这些规定不但没有完全解决与公约的协调问题，而且在汉族文字作品的利用方面，对中国人和外国人采取差别待遇。

《著作权法》（2020）第24条第1款第11项规定，“将中国公民、法人或者非法人组织已经发表的以国家通用语言文字创作的作品翻译成少数民族语言文字作品在国内出版发行”为合理使用。这实际上是把《著作权法》（1990）、《著作权法实施条例》（1991）、《实施国际著作权条约的规定》（1992）的相关规定加以整合，并没有改变《著作权法》（1990）规定的实质，这一具有鲜明中国特色的规定与国际公约并不协调。

构成该项合理使用必须同时具备以下条件：第一，针对的是具有中国国籍的自然人、法人或者其他组织的作品。外国人、外籍华人的作品，均不包括在内。对于合作作品，有一个作者不是中国人，也不在此合理使用之列。第二，针对的是已经发表的作品，未发表的作品不在此列。第三，必须是用国家通用语言文字即汉语言文字撰写的作品，具有中国国籍的人用外语创作的作品不在此范畴之内。第四，必须是从汉语到少数民族语言文字的翻译，不能是少数民族语言文字到汉语的翻译。第五，翻译作品只能在中华人民共和国境内出版发行。[③]

---

① 参见李顺德、周详：《中华人民共和国著作权法修改导读》，知识产权出版社2002年版，第264页。

② 吴高盛主编：《〈中华人民共和国著作权法〉释义及实用指南》，中国民主法制出版社2015年版，第378页。

③ 参见《知识产权法学》编写组：《知识产权法学》，高等教育出版社2019年版，第79页。

第二节 立法沿革:我国《著作权法》《信息网络传播权保护条例》立法演变

一、《著作权法》(1990)的规定

《著作权法》(1990)第22条第1款第11项规定,“将已经发表的汉族文字作品翻译成少数民族文字在国内出版发行”,“可以不经著作权人许可,不向其支付报酬,但应当指明作者姓名、作品名称,并且不得侵犯著作权人依照本法享有的其他权利”。

二、《著作权法》(2001)的规定

与《著作权法》(1990)第22条第1款第11项相比,《著作权法》(2001)第22条第1款第11项增加了一处,即“中国公民、法人或者其他组织”;修改了两处,一是将原“汉族文字作品”改为“以汉语言文字创作的作品”,二是将“少数民族文字”改为“少数民族语言文字作品”。根据该项规定,“将中国公民、法人或者其他组织已经发表的以汉语言文字创作的作品翻译成少数民族语言文字作品在国内出版发行”,“可以不经著作权人许可,不向其支付报酬,但应当指明作者姓名、作品名称,并且不得侵犯著作权人依照本法享有的其他权利”。

三、《著作权法》(2010)的规定

与《著作权法》(2001)第22条第1款第11项相比,《著作权法》(2010)第22条第1款第11项未作任何修改,即仍规定“将中国公民、法人或者其他组织已经发表的以汉语言文字创作的作品翻译成少数民族语言文字作品在国内出版发行”,“可以不经著作权人许可,不向其支付报酬,但应当指明作者姓名、作品名称,并且不得侵犯著作权人依照本法享有的其他权利”。

四、《著作权法》(2020)的规定

与《著作权法》(2010)第22条第1款第11项相比,《著作权法》(2020)第24条第1

款第 11 项修改了两处，一是将“其他组织”改为“非法人组织”；二是将“汉语言文字”改为“国家通用语言文字”。根据该项规定，“将中国公民、法人或者非法人组织已经发表的以国家通用语言文字创作的作品翻译成少数民族语言文字作品在国内出版发行”，“可以不经著作权人许可，不向其支付报酬，但应当指明作者姓名或者名称、作品名称，并且不得影响该作品的正常使用，也不得不合理地损害著作权人的合法权益”。

五、《信息网络传播权保护条例》(2013)的规定

根据《信息网络传播权保护条例》(2013)第 6 条第 5 项规定，通过信息网络将中国公民、法人或者其他组织已经发表的、以汉语言文字创作的作品翻译成的少数民族语言文字作品，向中国境内少数民族提供的，可以不经著作权人许可，不向其支付报酬。

上述规定可视为贯彻《宪法》第 122 条第 1 款“国家从财政、物资、技术等方面帮助各少数民族加速发展经济建设和文化建设事业”的国策，是“为了繁荣少数民族文化，加强民族团结而做出的政策性选择”①。

六、《实施国际著作权条约的规定》的相关规定

于 1992 年 9 月 25 日颁布实施、2020 年修订的《实施国际著作权条约的规定》第 10 条规定：“将外国人已经发表的以汉族文字创作的作品，翻译成少数民族文字出版发行的，应当事先取得著作权人的授权。”②该规定于 2020 年修订时未对该条作出修改。

第三节
构成要件：不侵权抗辩使用行为分析

构成少数民族使用不侵权抗辩应当具备以下要件。

一、被使用作品的主体免责

翻译的国家通用语言文字作品必须是中国公民、法人或者非法人组织创作的。创

① 江平等主讲：《中华人民共和国著作权法讲析》，中国国际广播出版社 1991 年版，第 31 页。

② 吴高盛主编：《〈中华人民共和国著作权法〉释义及实用指南》，中国民主法制出版社 2015 年版，第 378 页。

作主体包括在华登记的中外合资企业、合作企业以及外商独资企业。[①] 所谓“中国公民、法人或者非法人组织”仅指中国内地（大陆）的公民、法人或非法人组织，不包括我国香港特区、澳门特区、台湾地区的公民、法人或非法人组织，因为这些地区都适用各自有关著作权的规定。这种规定，旨在针对我国民族政策而建构合理使用的特殊类型，同时又维系国际条约的最低保护标准，不至于限制外国人的翻译权。如果将外国人的作品翻译成少数民族文字在我国境内出版，仍然需要得到著作权人的授权。

二、使用对象免责

翻译的国家通用语言文字作品必须是已经发表的，翻译尚未发表的作品须经著作权人许可。“以国家通用语言文字创作的作品”只能是国家通用语言文字创作的语言作品和文字作品两种，不包括以国家通用语言文字创作的视听作品、戏曲作品、音乐作品以及其他能够进行翻译的各种非文字类型作品。如果是其他种类的作品，或者说作品上虽有汉字，但主体并非汉字，比如画作上有汉字题词，这种作品就不能被制作成少数民族文字版本。如涉案作品为非文字作品，涉案作品的列表及播放页面均未出现少数民族语言，不属于合理使用。[②]

三、使用方式免责

使用方式限于翻译和出版发行，仅包括语言文字的转换，不包括其他著作权利用方式。至于翻译是否具有营利目的，在所不问。翻译时应注明作者姓名，并且不得擅自修改或者歪曲、篡改作品。翻译限于将以国家通用语言文字创作的作品翻译为少数民族语言文字作品，不包括将以少数民族语言文字创作的作品翻译为国家通用语言文字作品。这体现了对少数民族利益的关怀。比如，可将赵本山的小品表演配上藏族语言后出版发行，而将译本放置在网络上则超越了合理使用范围。

四、出版发行范围免责

将国家通用语言文字创作的作品翻译成少数民族语言文字作品，其出版发行范围仅限于中华人民共和国境内，不能将国家通用语言文字作品译成少数民族文字作品后，

---

① 参见王坤、王展：《著作权法体系化研究》，中国政法大学出版社2018年版，第173页。

② 参见北京互联网法院民事判决书，(2019)京0491民初35303号；北京知识产权法院民事判决书，(2020)京73民终490号。

拿到国外传播；如要向国外出版发行，应取得著作权法人的许可，并向其支付报酬。① 这是因为这种翻译作品原来是供国内少数民族使用的。相关翻译作品也不得在国外出版发行，不得通过信息网络进行数字化传播。②

五、作品范围免责

限于中国公民、法人或其他组织已经发表的以汉语言文字创作的作品；中国公民已经发表的以外国语言文字创作的作品，以及外国人已经发表的以汉语言文字创作的作品，都不包括在内。中国公民将外国语言文字作品翻译成汉语言文字创作的作品，也不应该包括在内，因为将这种译成汉语的作品再翻译为少数民族语言文字，需要得到外国语言文字原作品作者的许可，并向其支付报酬。至于中国作者的作品范围，应当包括著作权法所保护的所有文字、科学和艺术作品，但必须是已经发表的。

六、使用目的免责

该合理使用的目的在于降低少数民族获得信息和受教育的成本，促进少数民族地区经济社会的发展。

七、保护作品免责

翻译时应注明作者姓名，并且不得擅自修改或者歪曲、篡改作品。

---

① 参见国务院法制办公室编：《中华人民共和国知识产权法典：注释法典》（新 4 版 · 7），中国法制出版社 2018 年版，第 60 页。

② 王坤、王展认为：只能在国内出版发行，是否包括我国港澳台地区，值得考量。在国内出版后，可以将少数民族译本出口到国外进行销售。参见王坤、王展：《著作权法体系化研究》，中国政法大学出版社 2018 年版，第 173 页。

第十五章　合理使用（十二）：阅读障碍者使用

盲人是残疾人，需要凭借触摸阅读。将已经发表的作品改成盲文出版，能够帮助残疾人，使他们减少负担，努力学习科学文化知识，这是广大作者的心愿。因此，《著作权法》规定将已经发表的作品改成盲文出版可以不经著作权人许可，不向其支付报酬，但应当指明作者姓名、作品名称，并且不得任意修改或者歪曲、篡改作品。

第一节　溯本清源：阅读障碍者合理使用的理由分析

根据世界卫生组织统计，全世界共有超过3.14亿盲人和视力障碍者，其中90%生活在发展中国家。世界知识产权组织2006年进行的一项调查显示，全球只有不到60个国家在版权法中制定了限制与例外条款，在版权文本的盲文、大字本或数字化音频版方面作出特别规定以满足盲人和视障者的需求。我国是全世界盲人最多的国家，占全世界盲人数约20%。截至2010年年底，我国视力残疾人口约1263万人。全世界每年出版100万种图书，采用供视障者阅读的无障碍格式的不到5%。[①]

接触信息与获取知识是基本人权，在数字网络兴起之后，一般公众接触信息的机会更加广泛。盲人、视障者或印刷品阅读障碍者在接触信息的机会上相对落后，产生严重的数字落差，这一难题亟须解决。在前数字时代，他们只能借助盲文或有声读物跨越阅读障碍；在数字时代，他们有望借助由文字转换成语音的系统或盲文触摸系统更加便捷地获取相关信息。如何完善现有版权限制规定，以促使盲人、视障者、印刷品阅读障碍者更加便捷地获取相关信息，并缩短他们与一般人在接触信息上的差距，成为新制定国

① 参见联合国：《世界知识产权组织通过〈马拉喀什条约〉，全球视障者"书荒"问题有望得到解决》。

际条约的首要目标。①

视障者利用作品之著作权限制具有正当性。其一，视障者无障碍利用作品获取知识的权利是视障者实现其人权的基础，从人权视角看具有正当性。其二，视障者无障碍利用作品获取知识的权利体现法的公平正义价值，从公平正义视角看具有正当性。其三，视障者生理条件的特殊性要求针对其进行利益再平衡，从利益平衡视角看具有正当性。②

2013 年 6 月 27 日，世界知识产权组织马拉喀什外交会议上，各成员国签署了《关于为盲人、视力障碍者或其他印刷品阅读障碍者获得已出版作品提供便利的马拉喀什条约》，即《马拉喀什条约》。该条约成为第一部保护盲人、视障者或印刷品阅读障碍者接触信息权益的国际条约，从而实现在数字环境下保障盲人、视障者或印刷品阅读障碍者接触信息的机会，消弭“数字鸿沟”。该条约允许复制、发行和提供已出版作品的无障碍格式版复制件，即以布莱叶盲文、有声读物等作品的潜在方式或者形式出现的复制件，以保障视力障碍者和阅读障碍者能够和健全人一样切实可行、方便舒适地查阅作品。该条约还为服务于盲人、视障者和印刷品阅读障碍者的各种组织之间进行无障碍格式作品的跨境交换作出了规定，使同一部作品的无障碍版本可在不同国家和地区间进行网络传输与音频共享，满足了盲人、视障者或印刷品阅读障碍者在数字时代获得版权文本的盲文、大字本或数字化音频版的需求。③

《马拉喀什条约》旨在促进视力障碍者获取无障碍格式版的作品，降低现有国际著作权保护标准，准许其成员对无障碍格式版本设立复制权、发行权和信息网络传播权限制。尽管“以阅读障碍者能够感知的无障碍方式向其提供已经发表的作品”可能损害作品的正常市场使用，但因《马拉喀什条约》将其规定为著作权限制，而具有坚实的法律依据。④ 该条约的通过为视力障碍者和阅读障碍者获得作品提供了切实法律保障。

《马拉喀什条约》作为世界上第一部以视障者利用作品之著作权限制为内容的国际条约，对著作权限制的受益人范围、适用的作品类型、针对的专有权利以及为视障者制作与提供无障碍格式版的被授权实体等内容作了规定，并针对一些内容为各缔约方规

---

① 参见汪渡村、章忠信：《视觉功能障碍者电子化图书资源征集与合理使用机制法制化之研究报告》，台北，台湾图书馆 2014 年版。转引自张乃根、马忠法：《与贸易有关的知识产权协定》，北京大学出版社 2018 年版，第 109 页。

② 参见王瑞：《视障者利用作品之著作权限制研究》，中南财经政法大学 2019 年博士学位论文，“摘要”。

③ 参见张乃根、马忠法：《与贸易有关的知识产权协定》，北京大学出版社 2018 年版，第 108 页。

④ 参见何怀文：《中国著作权法：判例综述与规范解释》，北京大学出版社 2016 年版，第 727 页。

定了最低义务。该条约要求各缔约方采取措施确保该条约的适用。英国、泰国、澳大利亚、日本等国家为了加入或实施该条约,纷纷对本国著作权法进行了修订。[①]

《著作权法》(2020)规定“阅读障碍者使用条款”具有两个方面的重要意义:(1)以私法形式落实关于残障人士权利保护的宪法规定。《宪法》第 45 条第 3 款规定:“国家和社会帮助安排盲、聋、哑和其他有残疾的公民的劳动、生活和教育。”此项合理使用规定有利于上述群体参与社会经济、文化生活,融入社会共同体。(2)以国内法形式贯彻《马拉喀什条约》的国际规范。2013 年签署、2016 年生效的《马拉喀什条约》,明确缔约成员有义务为视障人士提供适合该群体阅读的作品格式或者文本,声明知识产权法不能阻止残疾人士获取书籍和其他文化材料。

基于著作权制度国际化的前瞻性考虑,《著作权法》(2020)修改了相关条款,实现了与国际接轨。我国于 2021 年 10 月 23 日正式批准加入《马拉喀什条约》。为了更好地执行该条约规定,使条约规定的著作权限制与例外制度真正惠及广大阅读障碍者,需要从实施主体制度规范、利益平衡机制以及法律配套体系方面对我国著作权限制制度予以完善。[②]

第二节 他山之石:阅读障碍者合理使用的国际立法借鉴

阅读障碍者使用作品,是出于人道主义考虑,国际公约确认、多国家和地区著作权立法通行的合理使用类型。值得注意的是,用盲文或任何其他方法复制供盲人使用的作品,俄罗斯等国的著作权法亦将此列为合理使用。《俄罗斯民法典》第 492 条第 8 项规定,用凸点字型为盲人出版已发表的作品,可以不经作者同意和不支付著作酬金。《巴西著作权法》第三编“著作权”第四章“对著作权的限制”第 46 条第 1 款(d)规定“不以营利为目的,以盲文或其他为视觉障碍者设计的载体形式,复制文学、艺术或科学作

① 王瑞:《视障者利用作品之著作权限制研究》,中南财经政法大学 2019 年博士学位论文。
② 杨丽华:《〈马拉喀什条约〉与我国著作权限制制度之完善》,载《中国出版》2021 年第 23 期。

品，仅供视觉障碍者使用"[①]，不构成对著作权的侵害。《葡萄牙著作权法》第 80 条也有类似规定。

《美国版权法》（1967）第七章关于版权局之法定职责规定中，特别于第 710 条明定版权局应订立相关规则及表件，以供著作权人于依法申请著作权登记时，顺便自由决定是否授权国会图书馆，将其非戏剧性著作转制成点字书、其他可触摸版本或录音，以专供视障者使用。《美国版权法》（1997）增订第 121 条规定，限制著作权人之权利，专供视障者或其他障碍者之合理使用。[②]

《俄罗斯联邦民法典》（著作权部分）第四部分第七编"智力活动成果和个性化表现方法的权利"第七十章"著作权"第 1274 条"为新闻、科学、宗教或文化目的而自由使用作品"第 1 款第 6 项规定：可不征得作者或其他权利人同意，不支付报酬，但必须指明所使用作品之作者的名字及所引用资料的出处的情形包括以盲文或者其他特殊方式为盲人非营利地复制正当发表的作品，但专门为此种复制方式而创作的作品除外。[③]

《日本著作权法》第二章"作者的权利"第三节"权利的内容"第五小节"著作权的限制"第 37 条"为了视觉障碍者等进行的复制"第 1 款规定："已经发表的作品，可以通过盲文的形式进行复制。"第 2 款规定："已经发表的作品，可以通过使用电子计算机处理盲文的方式将其储存在储存媒介上，或者向公众传播。"第 3 款规定："按照政令规定从事有关视觉障碍者或者其他通过视觉认识表现存在障碍者福利事业的人，对于已经公开发表的通过视觉可以认识其表现的形式向公众提供或者提示的作品，在专门为了供通过此种方式使用视觉作品存在困难的视觉障碍者使用的必要限度内，可以通过将有关视觉作品的文字转换成声音的方式或者其他视觉障碍者可以使用的必要方式，进行复制或者自动公众传播。但是，在该视觉作品经过著作权人或者经过其许可的人或者获得了第 79 条规定的出版权的人采取视觉障碍者能够使用的方式向公众提供或者提示的情况，不在此限。"[④]据此，除了规定已经发表的作品可以通过盲文出版外，日本还进一步规定了以下两个保护视力障碍者的措施：一是已经发表的作品，可以通过使用电子计算机处理盲文的方式将其储存在有关媒介上，或者向公众传播（广播和自动公众送信

① 《十二国著作权法》，《十二国著作权法》翻译组译，清华大学出版社 2011 年版，第 14 页。

② 参见章忠信：《视障者接触著作之合理使用规定及其实务》，载金福海主编：《版权法改革：理论与实践》，北京大学出版社 2015 年版，第 201 页。

③ 参见《十二国著作权法》，《十二国著作权法》翻译组译，清华大学出版社 2011 年版，第 440 页。

④ 《十二国著作权法》，《十二国著作权法》翻译组译，清华大学出版社 2011 年版，第 379 页。

除外)。二是依法成立的从事有关视力障碍者或者其他通过视觉认识事物存在障碍福利事业的人,对于已经公开发表的通过视觉可以认识其表现方式而向公众提供或者提示的作品,在必要限度内,可以通过将有关视觉作品的文字转换成声音的方式或者其他视觉障碍者可以使用的必要方式,进行复制或者向公众传播。[①] 我国视觉障碍者人数众多,日本的立法经验值得我国认真研究和借鉴。

《日本著作权法》(2000)扩大视障及听障者有关著作利用之权利限制,有4项重大修正:(1)对于已公开发行之著作,得以电子点字方式,转制于储存媒介上或公开传输(不包括无线广播电视或有线播送,但包括以互动方式进行之传输)(第37条第2项)。(2)对于无线或有线播送之著作之声音,得转制为文字而与无线或有线播送并行之方式,通过电脑、网络进行自动传输(所谓即时字幕)(第37条之二)。(3)即时字幕得以摘录重点方式进行改编(第43条第3款)。(4)即时字幕应标示出处(第48条第2款)。[②]

《日本著作权法》(2003)再次扩大视障及听障者有关著作利用之权利限制,有以下2项重大修正:(1)教育机关中儿童及学生之重制(第36条);(2)放大本教科书之重制(第33条之一)。

《日本著作权法》(2006)第37条第3项将原本视听障碍者仅得录音之限制,扩及得自动公开传输,将点字图书馆等为视听障碍者提供咨询的机构等专为供视听障碍者之用所为之录音图书自动公开传输行为,新增为权利限制类型之一。

《日本著作权法》(2008)再度修正,第33条之二规定,允许教科书之大字版重制及其他必要之利用,以配合《身心障碍儿童及学生用教科书等之普及促进法》附则第4条,促进书商发行适合身心障碍儿童及学生使用之教科书,贯彻教育机会均等之理念。

《日本著作权法》(2009)再度修订,第37条第2项、第37条第3项规定,扩大视听障碍者著作权权利限制适用主体及类型;在利用主体及重制方面,扩大为方便身心障碍者人士利用著作而对著作权人权利的限制范围。具体如下:(1)扩大受益对象。不再限定身心障碍者之类型,任何因视觉或听觉之障碍而对于著作之接触有障碍者,均适用之。(2)扩大利用方式。包括数位录音图书之制作,电影、电视节目之增添字幕,手语翻译等身心障碍者为利用著作所必要之方式。(3)从事促进身心障碍者福利事业之人,均

---

① 《日本著作权法》第37条。参见李扬:《著作权法基本原理》,知识产权出版社2019年版,第240页。

② 参见章忠信:《视障者接触著作之合理使用规定及其实务》,载金福海主编:《版权法改革:理论与实践》,北京大学出版社2015年版,第206页。

得在上述权利限制范围内进行著作利用。唯为尊重市场机制，如著作权人或其授权之人已对身心障碍者广泛提供上述类型之著作，则不得再引用此权利限制而转制著作内容。①

综合上述历次修正结果，现行《日本著作权法》第33条第2项及第37条分别规范教科书之大字版重制及为视障者等之点字重制、公开传输等，整理如下。第一，关于教科书之大字版重制及其他必要之利用。(1)利用主体并无限制，只要系为视觉或发展迟缓或其他障碍而无法使用该教科书之儿童或学生之学习使用即可。(2)利用目的限于专供因视觉或发展迟缓或其他障碍而无法使用该教科书之儿童或学生之学习使用。(3)利用方式为以放大印刷字体或图形描述方式，或以其他使用该教科书必要方式之重制。(4)利用标的限于教科书中使用之著作。(5)利用人应先通知著作权人，其如有销售行为，并应依文化厅所定标准，每年支付适当的使用报酬。第二，关于为视障者等之点字重制、公开传输等。(1)利用主体。点字书方面并无限制，但视觉著作以经内阁以命令制定且系从事视障者利益活动之福利事业为限。(2)利用目的。以供视障者使用为目的。(3)利用方式。点字书，或以电脑点字处理系统方式，将已公开发表之著作，录制于记忆体，或公开传输。(4)利用标的。任何已公开发表之著作。(5)无须付酬。(6)限制。视觉著作方面，若著作权人等已对公众提供视障者可接触之视觉著作，则不得再合理使用。②

《韩国著作权法》第二章“作者的权利”第四节“作者财产权”第二分节“著作财产权的限制”第33条“为了视觉障碍者的复制”规定：“1. 为了视觉障碍者，可以以盲文复制、传播已发表的作品。2. 为了保护视觉障碍者，并根据大总统令所指定的设施(包括相关设施的负责人)，如果不以营利为目的，可以记录已发表的口述或书面作品，也可以复制、发行或者交互传输作品的记录形式，但仅由视觉障碍者使用。3. 视觉障碍者的范围根据大总统令而定。”③

《老挝知识产权法》第96.1条规定了“对版权不支付报酬的限制”：将作品译为盲人点字法文字或其他文字以供视力残疾人使用。《印度尼西亚版权法》第15条规定如果

---

① 参见章忠信：《视障者接触著作之合理使用规定及其实务》，载金福海主编：《版权法改革：理论与实践》，北京大学出版社2015年版，第207页。

② 参见章忠信：《视障者接触著作之合理使用规定及其实务》，载金福海主编：《版权法改革：理论与实践》，北京大学出版社2015年版，第208页。

③ 《十二国著作权法》，《十二国著作权法》翻译组译，清华大学出版社2011年版，第517~518页。

充分地注明来源，下列行为不应当被视为版权侵权：为了帮助盲人，可以盲人点字法复制科学、艺术和文学作品，但该复制出于商业目的的除外。①

第三节 立法沿革：我国《著作权法》《信息网络传播权保护条例》立法演变

一、《著作权法》(1990)的规定

根据《著作权法》(1990)第22条第1款第12项规定，“将已经发表的作品改成盲文出版”，“可以不经著作权人许可，不向其支付报酬，但应当指明作者姓名、作品名称，并且不得侵犯著作权人依照本法享有的其他权利”。

二、《著作权法》(2001)的规定

与《著作权法》(1990)第22条第1款第12项相比，《著作权法》(2001)第22条第1款第12项没有任何修改，仍规定“将已经发表的作品改成盲文出版”，“可以不经著作权人许可，不向其支付报酬，但应当指明作者姓名、作品名称，并且不得侵犯著作权人依照本法享有的其他权利”。

三、《著作权法》(2010)的规定

与《著作权法》(2001)第22条第1款第12项相比，《著作权法》(2010)第22条第1款第12项没有任何修改，仍规定“将已经发表的作品改成盲文出版”，“可以不经著作权人许可，不向其支付报酬，但应当指明作者姓名、作品名称，并且不得侵犯著作权人依照本法享有的其他权利”。

四、《著作权法》(2020)的规定

与《著作权法》(2010)第22条第1款第12项相比，《著作权法》(2020)第24条第1款

① 参见冯寿波：《中国－东盟自由贸易区版权法比较研究》，气象出版社2014年版，第91页。

第 12 项将原“盲文出版条款”修改为“阅读障碍者使用条款”，即把“将已经发表的作品改成盲文出版”修改为“以阅读障碍者能够感知的无障碍方式向其提供已经发表的作品”。结合第 24 条第 1 款第 1 句的重要修改，“以阅读障碍者能够感知的无障碍方式向其提供已经发表的作品”，“可以不经著作权人许可，不向其支付报酬，但应当指明作者姓名或者名称、作品名称，并且不得影响该作品的正常使用，也不得不合理地损害著作权人的合法权益”。

五、《信息网络传播权保护条例》(2013)的规定

根据《信息网络传播权保护条例》(2013)第 6 条第 6 项规定，不以营利为目的，通过信息网络以盲人能够感知的独特方式向盲人提供他人已经发表的文字作品，可以不经著作权人许可，不向其支付报酬。

第四节
构成要件：不侵权抗辩使用行为分析

将普通文字作品改为盲文出版，实质上是一种翻译行为。《著作权法》为关怀盲人的利益，鼓励翻译和出版适合盲人阅读的作品，所以将其规定为合理使用，将出版者本应支付给原作者的报酬也免除了。

一、使用对象免责

该合理使用情形的对象是各种文字作品，既包括中国公民、法人或非法人组织的中文作品，也包括外国公民、法人的作品。《著作权法》第 24 条第 1 款第 12 项中说“提供已经发表的作品”，“作品”二字之前没有像该条该款第 11 项那样冠有“中国公民、法人或者其他非法人组织已经发表的以汉语言文字创作”的限定词语，所以中外一切作品都包括在内。《日本著作权法》第 37 条第 1 款也有同样规定。

二、使用目的免责

无论是否以营利为目的，都可免责。如果强制性地规定不得以营利为目的，很可能就减少盲文版本的供给，不能让盲人获得更多的机会阅读作品，反而不利于增进盲人的福祉。

三、作品种类免责

盲文是指盲人能够感知的独特文字。构成这种不侵权抗辩的作品种类不受限制，只要是已经发表的作品即可，而且该种使用行为是否具有营利目的在所不问。对互联网资源进行TTS技术转化，非将已经发表的作品改成盲文出版，不属于合理使用。① 虽然名义上属于盲文出版社，但在出版他人作品时，如果没有改成盲文，则其行为不属于合理使用行为。在中国盲文出版社与许某京等侵犯著作权纠纷案②中，盲文出版社未经《脉法精要》一书作者许可，擅自以光盘形式出复制、销售该著作，虽然盲人出版社辩称其将《脉法精粹》一书录制为录音制品与改成盲文出版的性质相同，但将已出版作品录制成录音制品并不在法律规定可以不经著作权人许可、不向著作权人支付报酬的抗辩情形之列，因此其抗辩主张不能成立，行为构成侵权。

四、使用主体免责

使用主体的准确表述：国际公约中的视障人士，即我国《著作权法》(2020)所规定的"阅读障碍者"，包括但不限于"完全失明者"(盲人)。新的表述使得合理使用主体范围更为宽泛，体现了对弱势群体的关怀。因为盲人只是视觉存在障碍的人群中最严重者。虽未达到全盲的程度但视力非常低下的人、色盲的人也属于视觉存在障碍者。

五、使用方式免责

为了保护视觉障碍者的利益，著作权法至少应当允许将已经发表的作品放大字体或者将文字作品转化为声音作品或者其他视觉障碍者可以利用的必要形式。《著作权法》(2020)不再拘泥于"盲文出版"的狭小使用方式，而是按照国际公约精神规定为"能够感知的无障碍方式"，也即"盲文"、有声读物或者大体字格式等。据统计，世界上有3.4亿名残障人士，我国视力残障人口约1263万人。上述规定给视障人士带来了重大便利。③

---

① 参见天津市滨海新区人民法院民事判决书，(2019)津0116民初2384号；天津市第三中级人民法院民事裁定书，(2019)津03知民终19号；天津市第三中级人民法院民事裁定书，(2019)津03民申94号。

② 参见北京市第二中级人民法院民事判决书，(2009)二中民终字第03906号。

③ 参见吴汉东：《知识产权法》，法律出版社2021年版，第248页。

第五节
立法展望：存在问题与修订建议

一、存在问题

《著作权法》(2020)第24条第1款第12项规定“以阅读障碍者能够感知的无障碍方式向其提供已经发表的作品”,相比此前规定的“将已经发表的作品改成盲文出版”,为阅读障碍者提供了更有利的扶持。一方面,在以纸介质、电子媒介为信息传播的主要媒介的模拟世界里,只规定盲文出版的合理使用是可行的,盲文文章、特大字印刷的文章和有声录音制品可以满足阅读障碍者的生活与教育需要。但在数字网络环境下,数字化电子媒介和互联网无法为盲文文章、特大字印刷的文章和有声录音制品留出生存空间。另一方面,图书馆、档案馆或者其他慈善机构为了阅读障碍者的特性需要而提供个性化服务,将这种不构成“出版”的使用方式排除在合理使用范围之外也不尽合理。大多数规定了类似合理使用的国家版权法都在适用的对象、使用方式上宽于我国法律规定,比如《美国版权法》第121条、《新西兰版权法》第69条等。

为了应对数字技术和网络的发展,许多新近修改版权法的国家都充分考虑了所有残疾人的利益。《欧盟信息社会版权指令》第5条第3款(b)项规定了“有利于残疾人的使用”的限制。《日本著作权法》(2000)增加了关于残疾人的两条合理使用:其一,盲人通过个人电脑在网络上公开传输作品的盲文数据,可以不经授权;其二,听障人士通过个人电脑网络交互传输电视上的伴音字幕,可以不经授权。《英国版权法》(1988)没有规定关于残疾人的合理使用制度。2002年,英国颁布了《(视觉残疾人)版权法》,不仅规定了盲人为个人使用复制一份其可利用的作品和非营利教育机构或其他团体为盲人个人使用可以复制多份可利用作品的合理使用,而且还为其他不能拿住或熟练翻阅图书的肢体残疾人,或者眼睛不能固定或者移动以正常阅读的器官残疾人规定了合理使用的例外。①

二、修订建议

《著作权法》(2020)第24条第1款第12项应适用于所有残疾人,而不仅仅是“阅读

① 参见王清:《著作权限制制度比较研究》,人民出版社2007年版,第219页。

障碍者”。使用方式最好能够由“无障碍方式”明确为涵盖“出版”的“使用”或者“复制或传播”，以及有声录制品等。具体的完善建议包括扩大受益人范围；增加无障碍格式作品的类型；明确被授权实体范围及义务；增加著作权限制的作品类型；扩大著作权限制的权利，增加改编权、表演权、翻译权（翻译成少数民族语言）、邻接权的例外；引入法定许可的著作权限制方式，对于被授权实体制作盲文版以外的无障碍格式版适用法定许可的限制方式；放宽技术措施的规避前提；填充无障碍格式作品跨境交换的空白。①

① 参见汤晶晶：《视障者利用作品的著作权限制研究》，中南财经政法大学2020年硕士学位论文，“摘要”。

第十六章 合理使用之其他情形（一）：计算机软件使用

第一节 他山之石：欧盟等计算机软件限制例外立法例

一、欧共体《计算机软件保护指令》(1991)立法例

1991年，欧共体发布了协调成员国计算机软件版权立法的《计算机软件保护指令》(1991)。该指令先在第4条规定了软件作者或者权利人应当享有的复制权、演绎权和发行权，然后在第5条规定了权利的限制与例外。按照规定，软件的合法购买者可以使用该软件，可以制作该软件的备份，可以观察、研究和测试该软件，可以为了获得界面信息而分解该软件。

1. 关于软件的正常使用。该指令第5条第1款规定："在没有明确合同约定的情形下，合法购买者为了按照计算机软件的既定目的使用软件，包括修改错误，可以从事第4条第1款和第2款规定的行为，为了使用相关软件而从事复制、演绎(翻译、改编和编排)的行为，包括为了修改软件的错误，可以不经权利人的同意。"其中第4条第1款是关于复制权的规定，第2款是关于演绎权的规定。①

2. 关于软件的备份。该指令第5条第2款规定："有权使用相关计算机软件的人，可以制作备份。在使用的必要性范围之内，软件所有人不得通过合同防止制作备份。"该指令在这里明确规定，在使用计算机软件的必要性范围之内，权利人不得通过合同约定，防止使用者制作者备份。此处要解决的问题就是，什么是适用软件的"必要性"范围。

3. 关于软件的观察、研究和测试。该指令第5条第3款规定："有权使用某一计算机软件复制件的人，可以不经软件权利人的许可，观察、研究或者测试该软件的功能，确

① 参见李明德等：《欧盟知识产权法》，法律出版社2010年版，第170页。

定软件要素中所体现的思想观念和原则。”计算机软件的使用者,只有在装载、显示、运行、传输或者存储该软件的过程中,才可以对相关的计算机软件进行观察、研究或者测试。装载、显示、运行、传输或者存储计算机软件,都需获得软件权利人的许可。软件的合法使用者,不得在装载、显示、运行、传输或者存储之外的过程中,进行观察、研究或者测试。①

《计算机软件保护指令》第5条所规定的3种例外即软件的正常使用,软件的备份,软件的观察、研究或者测试,都是针对计算机软件的特点而规定的。在此基础上,该指令第6条又针对计算机软件之间需要相互兼容的特点,规定了分解软件的例外。

《计算机软件保护指令》一开始没有涉及软件的分解和兼容问题。一方面是中小软件开发商的积极游说,另一方面也考虑到欧共体软件产业发展需要,该指令便明确规定了软件分解的例外。同时考虑到大软件厂商的利益诉求,该指令又对分解他人软件规定了一些限制性要素。这些有关分解他人软件的规定,在事实上反映了双方的利益诉求。

4. 关于软件的分解与兼容。根据该指令第6条,为了达到与独立开发的其他软件相互兼容的目的,可以不经软件所有人的同意,复制或者翻译有关的软件,以获得必要的达到兼容目的的信息。这是从复制和翻译的角度允许分解软件,以获得软件兼容的信息。这是回应中小软件厂商利益诉求的体现。根据该指令第6条规定,分解他人软件必须符合以下几个条件,即分解的行为人是相关软件的被许可人或者有权使用相关软件复制件的人,或者可以代表该使用者的人;上述分解人此前不知道有关兼容目的的必要信息;分解的范围仅限于原有软件的部分内容(而非整个软件)。②

在上述限制性条件基础上,该指令第6条还规定,通过分解软件而获得的信息,不得用于超出软件兼容的目的;不得提供给其他人,除非是为了与独立开发的软件兼容;不得用于开发、生产和上市实质性相似的软件,或者用于侵权。该指令第6条还引用了《伯尔尼公约》关于合理使用的“三步法”,规定分解软件的有关行为,不得不合理地损害权利所有人的合法利益,也不得与软件权利人对相关软件的正常使用相冲突。

《计算机软件保护指令》(1991)在允许分解软件的同时,又详细规定了分解的条件、有关信息的使用范围,以及合理使用的三步法,反映了大软件开发商的利益诉求。

---

① 参见李明德等:《欧盟知识产权法》,法律出版社2010年版,第171页。

② 参见李明德等:《欧盟知识产权法》,法律出版社2010年版,第174页。

分解人此前不知道有关兼容的信息、分解仅限于原有软件的“部分内容”，以及不得使用分解获得的信息开发实质性相似的软件，又为司法判定留下了巨大空间。[①]

二、俄罗斯和埃及的立法例

《俄罗斯联邦民法典》（著作权部分）（2006）第四部分第七编“智力活动成果和个性化表现方法的权利”第七十章“著作权”第1280条“自由复制电子计算机程序和数据库电子计算机程序反编译”第1款规定：“合法持有一份电子计算机程序或者一份数据库的人（使用人），不征得作者或其他权利人同意和不支付附加报酬而有权：（一）修改电子计算机程序或数据库，目的专为该计算机程序或数据库在使用人的技术设备上发挥功能；实施一些必要的操作，以使电子计算机程序或数据库发挥功能，适合其用途，包括记录和存入电子计算机存储器（一部电子计算机或一个网络使用人的电子计算机存储器）；与权利人的合同未有另外规定的，可纠正明显的错误。（二）制作电子计算机程序或数据库的复制品，其前提是该复制品只用作档案馆保存，或者取代已经丧失、销毁或不适合使用的原先合法取得的那份电子计算机程序或数据库。同时这种复制品不能用于和本款第一项所指出的不同的其他目的，并且对该电子计算机程序或数据库的持有不再是合法的，该复制品应该销毁。”第2款规定：“电子计算机程序合法持有人有权不征得权利人的同意和不支付附加报酬而学习、研究或试验该程序，目的在于通过实施本条第一款第一项规定的行为，确定作为电子计算机程序任何元素之基础的思想与原则。”第3款规定：“电子计算机程序合法持有人有权不征得权利人同意和不支付附加报酬而复制，并将结果代码变成原始文本（反编译电子计算机程序）；或者不管此人编制的电子计算机程序同能够与反编译程序相互作用的其他程序相互作用的情况如何，为达到相互作品的性能所必需的，该持有人可委托他人实施这些行为。”[②]

《埃及知识产权保护法》第三编“著作权和邻接权”第171条第3项规定：经过软件合法持有人的同意，将计算机软件制作一份复制件，只要其目的是防止正版复制件丢失、扭曲或者失效而保留或者替代，或者在符合许可之目的的情况下引用该程序，即使该引用超过了使用该程序所必需的范围。在软件持有人的理由消失时，原件或已引用的复制件应予销毁。该法律实施条例应当限定引用该等程序的条件与条款。[③]

---

① 参见李明德等：《欧盟知识产权法》，法律出版社2010年版，第174～175页。

② 《十二国著作权法》，《十二国著作权法》翻译组译，清华大学出版社2011年版，第441～442页。

③ 参见《十二国著作权法》，《十二国著作权法》翻译组译，清华大学出版社2011年版，第43页。

第二节
规避技术：计算机产业对技术措施的保护的例外

国际公约与各国著作权法均规定了技术保护措施的保护条款。《世界知识产权组织版权条约》(WCT)第11条和《世界知识产权组织表演和录音制品条约》(WPPT)第18条规定缔约方负有保护技术措施的义务,《德国著作权法》第95条第a款、《法国知识产权法典》第L.331－5条、《意大利著作权法》第102条第4附条、《美国版权法》第1201条、《日本著作权法》第2条、《巴西著作权法》第107条、《埃及知识产权保护法》第181条等均规定了技术保护措施的定义或者保护。①

1998年,为了实施世界知识产权组织两个因特网条约,时任美国总统克林顿签署了《数字千年版权法》(Digital Millennium Copyright Act,DMCA),该法对规避技术措施行为进行规范的同时,也对改变权利管理信息等行为作了禁止性规定。美国《数字千年版权法》(1998)第1201条规定了不构成规避技术措施的8种情形:(1)非营利性图书馆、文书资料馆及教育机关的免责;(2)法律执行、情报机关和其他政府活动;(3)反向工程;(4)加密研究;(5)安全检查;(6)未成年人保护;(7)保护个人识别信息;(8)某些特定的模拟设施及特定的技术措施。②

2010年,美国对《数字千年版权法》进行了修订,破解iPhone,以及出于教育或评论目的转换DVD将不再违法。此次豁免的6种情况包括:(1)破解合法获得的DVD加密信息,仅限于短期、合理地用于教育或评论目的。(2)收集破解软件:允许在手机上运行通过合法途径获得的软件的计算机程序,否则无法通过破解在iPhone上使用Google Voice。(3)收集解锁软件:iPhone手机可以使用T-Mobile。(4)绕过视频游戏加密(DRM),以便进行合法的测试或调查。(5)在加密狗(dongle)已经过期或停产的情况下,破解受加密狗保护的计算机软件。(6)调高电子书的音量,即便该电子书有限制调高音量的内置选项。③

① 参见付继存:《著作权法的价值构造研究》,知识产权出版社2019年版,第175～176页。

② 参见胡云红:《中日著作权法比较》,人民法院出版社2017年版,第45～46页。

③ 参见胡云红:《中日著作权法比较》,人民法院出版社2017年版,第46～47页。

《数字千年版权法》还规定了由美国国会图书馆每3年公布新例外(有效期为3年)的机制。2000年10月,美国国会图书馆针对《数字千年版权法》第1201条禁止规避"接触技术措施"的规定,首次颁布了两种例外情形:(1)获取过滤软件中网站"黑名单"例外;(2)规避受损或过时的技术措施例外("软件狗"例外)。2003年10月,美国国会图书馆第二次颁布了针对禁止规避"接触控制措施"的例外情形:(1)获取过滤软件中网站"黑名单"例外;(2)"软件狗"例外;(3)保存计算机程序和视频游戏版本例外;(4)朗读和阅读电子书例外。2006年11月,美国国会图书馆第三次颁布了例外,共有6种:(1)电影片段提起例外;(2)保存计算机程序和视频游戏例外;(3)"软件狗"例外;(4)朗读和阅读"电子书"例外;(5)"刷机"例外;(6)录音和视听作品安全测试例外。2010年,美国国会图书馆第四次公布了例外情形,共计5种:(1)电影片段提取例外;(2)手机"越狱"例外;(3)手机"刷机"例外;(4)视频游戏安全测试例外;(5)"软件狗"例外等。2012年,美国国会图书馆第五次颁布了例外情形,共计5种:(1)朗读和阅读电子书例外;(2)手机"越狱"例外;(3)手机"刷机"例外;(4)电影片段提取例外;(5)电影中时间信息提取例外等。2015年,美国国会图书馆第六次颁布了例外情形,共计10种(数量为历次中最多):(1)电影片段提取例外;(2)朗读和阅读电子书例外;(3)"刷机"例外;(4)智能手机与通用移动计算设备"越狱"例外;(5)只能电视"越狱"例外;(6)车辆功能诊断、修复和改装例外;(7)安全研究例外;(8)连接视频游戏服务器例外;(9)3D打印例外;(10)联网的医疗设备例外。[①] 对此王迁评价:禁止提供规避手段导致例外情形效果不佳;例外情形并未充分包容合理使用;定期颁布例外情形的机制偏向版权人。[②]

《澳大利亚版权法》在一般性禁止直接规避"接触控制措施"的同时,规定了6种例外:(1)为实现计算机软件兼容性的反向工程例外;(2)加密研究例外;(3)安全性测试例外;(4)保护网络中个人身份信息的例外;(5)执法与国家安全例外;(6)非营业性图书馆、档案库及教育机构例外。2007年,澳大利亚政府根据版权法规定,修改《版权条例》,颁布了例外情形。为下列目的而规避相关"接触控制措施"的行为不构成违法:(1)为制作兼容产品而复制或改编计算机软件;(2)实现教育机构对作品的特定使用;(3)为帮助视障者进行使用;(4)实现图书馆和档案馆的职能;(5)实现对录音的合法广播;(6)对于功能异常的技术措施。2017年,《澳大利亚版权法》进行了修改,其中部分

---

① 参见王迁:《版权法对技术措施的保护与规制研究》,中国人民大学出版社2018年版,第265~312页。

② 参见王迁:《版权法对技术措施的保护与规制研究》,中国人民大学出版社2018年版,第314~318页。

内容涉及“限制和例外”，如增加了适用于残疾人的“限制和例外”，并调整了适用于教育机构、图书馆和档案馆的“限制和例外”。2017 年，《版权条例》也对禁止规避“接触控制措施”的例外情况进行了调整。在 2007 年《版权条例》规定的各项例外的基础上，2017 年《版权条例》增加或调整了以下例外：（1）教育机构特定行为的例外；（2）为协助残疾人实施特定行为的例外。①

2001 年 5 月，欧洲议会和理事会发布了《信息社会有关版权和相关权协调的指令》，明确了欧洲各国保护技术措施和权利管理信息的义务。欧盟 2002 年《版权指令》第 6 条也规定如果当事人对侵权行为完全不知情可以免责。规避技术措施的免责情形包括：临时复制；图书馆、公共教育机构、博物馆和档案馆所从事的某些复制；广播组织所进行的某些临时复制和存档复制；某些社会组织所复制的广播节目；以教育和科学研究为目的的使用；为残疾人的使用；为了公共安全和立法、行政、司法程序的使用等。②

《版权指令》（2002）第 6 条只允许成员国针对影响下列 7 种“限制和例外”的技术措施采取适当措施进行干预，以保证这 7 种“限制和例外”得以实现：（1）在向权利人支付合理报酬的情况下，在纸质或类似介质上复制除乐谱之外的作品；（2）公共图书馆、教育机构或博物馆、档案馆进行的无直接或间接经济或商业利益的特定复制；（3）广播组织为了利用自有设备进行广播，而对作品制作临时录制品，并对具有文献性质的录制品自公共档案馆中进行保存；（4）在向权利人支付合理报酬的情况下由非营利的社会机构，如医院或监狱，对广播进行复制；（5）在指明来源的情况下，出于教学示例或科研目的而使用作品，以正当的非商业性目的为限；（6）为残障者的利益而进行非商业性使用，只要该使用与残障直接有关，以特定残障者的需求为限；（7）出于公共安全目的或为了保证行政、议会或司法程序的正常进行或报道而使用作品。③

2006 年，我国国务院出台了《信息网络传播权保护条例》，为禁止规避技术措施的条款规定了例外情形。《信息网络传播权保护条例》（2006）第 12 条规定属于下列情形的，可以避开技术措施，但不得侵犯权利人依法享有的其他权利：（1）为学校课堂教学或者科学研究，通过信息网络向少数教学、科研人员提供已经发表的作品、表演、录音录像制品，而该作品、表演、录音录像制品只能通过信息网络获取。（2）不以营利为目的，通过信息网络以盲人能够感知的独特方式向盲人提供已经发表的文字作品，而该作品只

---

① 参见王迁：《版权法对技术措施的保护与规制研究》，中国人民大学出版社 2018 年版，第 321 ~326 页。

② 参见胡云红：《中日著作权法比较》，人民法院出版社 2017 年版，第 47 页。

③ 参见王迁：《版权法对技术措施的保护与规制研究》，中国人民大学出版社 2018 年版，第 337 ~338 页。

能通过信息网络获取。(3)国家机关依照行政、司法程序执行公务。(4)在信息网络上对计算机及其系统或者网络的安全性能进行测试。[①] 王迁对我国保护技术措施立法的评价是："过于原则化和简单化；保护水平过高、例外情形规定不足；对规避技术措施行为的定性不准；缺乏应对滥用技术措施的机制。"[②]

第三节
立法沿革：《计算机软件保护条例》立法演变

一、《计算机软件保护条例》(1991)的合理使用规定

《计算机软件保护条例》(1991)第22条规定："因课堂教学、科学研究、国际机关执行公务等非商业性目的的需要对软件进行少量的复制，可以不经软件著作权人或者其合法受让者的同意，不向其支付报酬。但使用时应当说明该软件的名称、开发者，并且不得侵犯著作权人或者其合法受让者依本条例所享有的其他各项权利。该复制品使用完毕后应当妥善保管、收回或者销毁，不得用于其他目的或者向他人提供。"[③]该规定对合理使用的范围规定得比较宽泛，只使用了"非商业性目的"一个限定词，赋予了法院较大的自由裁量权，对软件著作权人的复制权产生了较大影响，易损害软件著作权的经济权利。此外，其对非商业性限定不明、少量复制定义模糊，而软件功能具有多样性。

二、为了学习和研究软件内含设计思想和原理的合理使用规定

《计算机软件保护条例》(2001)不再把对他人软件进行少量复制作为合理使用的方式，而规定以学习和研究为目的，以安装、显示、传输或者存储方式使用软件为合理使用。《计算机软件保护条例》(2013)第17条"软件的合理使用"规定："为了学习和研究软件内含的设计思想和原理，通过安装、显示、传输或者存储软件等方式使用软件的，可

---

① 参见胡云红：《中日著作权法比较》，人民法院出版社2017年版，第77页；王迁：《版权法对技术措施的保护与规制研究》，中国人民大学出版社2018年版，第400~401页。

② 参见王迁：《版权法对技术措施的保护与规制研究》，中国人民大学出版社2018年版，第396~406页。

③ 李顺德、周详：《中华人民共和国著作权法修改导读》，知识产权出版社2002年版，第285页。

以不经软件著作权人许可,不向其支付报酬。”①

关于使用目的,《计算机软件保护条例》(2013)只规定了一种情况,即为了学习和研究软件内含的设计思想和原理,②这意味着其他目的都不属于合理使用的范围,即使是非商业性目的。这极大地缩小并明确了合理使用的范围,在一定程度上限制了法院的自由裁量权,更好地保护了软件著作权人的合法权益。

关于使用方式,《计算机软件保护条例》(2013)规定,使用人只能以安装、显示、传输或者存储等方式使用软件,而不能通过“少量复制”的方式使用该软件。所谓以安装方式使用软件,是指将软件产品装入计算机以及其他具有信息处理能力的装置中进行使用,即通常所说的“装机”行为。所谓以显示方式使用软件,一般是指通过分步运行该软件,显示软件在每个分步运行过程中的不同结果以及软件中各参数值的变化,或者显示该软件的目标代码。通过这种方式,可以了解软件的设计功能和设计思想。所谓以传输方式使用软件,一般是指将软件安装在网络服务器上,通过网络线路,在网络工作站上调用该软件进行运行,其运行结果显示在网络工作站上。通过这种使用方式,使用者可以了解该软件在网络环境下的功能和原理。所谓以存储方式使用软件,一般是指将软件存放在单台计算机或者网络服务器的外部存储器(如硬盘)或者内部存储器中,在计算机操作系统达到一定条件时,将存放在外部存储器或者内部存储器中的软件激活并运行,从而了解该软件接口部分的设计方法。③

三、善意使用制度

所谓对软件的善意使用,是指软件的复制品持有人不知道也没有合理理由应当知道该软件是侵权复制品时,只承担停止使用和销毁该侵权复制品的责任,不承担赔偿责任。

《计算机软件保护条例》(2013)第30条规定:“软件的复制品持有人不知道也没有合理理由应当知道该软件是侵权复制品的,不承担赔偿责任;但是,应当停止使用、销毁该侵权复制品。如果停止使用并销毁该侵权复制品将给复制品使用人造成重大损失的,复制品使用人可以在向软件著作权人支付合理费用后继续使用。”根据该条规定,仅

① 邹忭、孙彦主编:《案说计算机软件保护条例》,知识产权出版社2017年版,第103页。
② 参见上海市普陀区人民法院民事判决书,(2014)普民三(知)初字第114号。
③ 参见李林启、康东书、郭玲:《计算机软件著作权保护制度研究》,光明日报出版社2021年版,第140～141页。

可免除软件复制品持有人承担赔偿责任的义务。[①] 换言之，软件复制品持有人善意使用的行为仍然属于侵权行为，虽然不需要承担赔偿责任，但仍然需要承担其他的侵权责任，如停止使用、销毁该侵权复制品。如果软件复制品持有人知道该软件是侵权复制品，或者有合理理由应当知道该软件是侵权复制品，仍然使用、销售该软件复制品，则应当承担包括赔偿责任在内的完全的侵权责任。[②]

四、计算机软件著作权人复制权的限制

《计算机软件保护条例》(2013)第16条第1项、第2项对软件著作权人的复制权行使作了一定的限制，以保障软件合法复制品所有人的合法权利。《计算机软件保护条例》(2013)第16条规定软件的合法复制品所有人享有下列权利：(1)根据使用的需要把该软件装入计算机等具有信息处理能力的装置内。(2)为了防止复制品损坏而制作备份复制品。这些备份复制品不得通过任何方式提供给他人使用，并在所有人丧失该合法复制品的所有权时，负责将备份复制品销毁。(3)为了把该软件用于实际的计算机应用环境或者改进其功能、性能而进行必要的修改；但是，除合同另有约定外，未经该软件著作权人许可，不得向任何第三方提供修改后的软件。[③] 为了防止软件复制品的损坏，应当对软件著作权人的复制权进行必要限制。尽管软件的合法复制品所有人享有为了防止复制品损坏而制作备份复制品的权利，但是该项权利不能滥用，软件的合法复制品所有人不得将软件的备份复制品以任何方式提供给其他人使用，并且当软件复制品的所有人丧失对该软件复制品的所有权时，应当将该备份复制品销毁，否则就会侵害软件著作权人的复制权。

综上所述，《计算机软件保护条例》(2013)第16条第1项、第2项在赋予软件复制品合法所有人装入权和备份权的同时，也要求其应当履行不得以任何方式将备份复制品提供给他人使用、在丧失正版软件所有权时将备份复制品销毁的义务。当软件的合法复制品所有人不履行这些义务时，软件权利人可以诉请人民法院判决强制履行。[④]

① 参见吴高盛主编：《〈中华人民共和国著作权法〉释义及实用指南》，中国民主法制出版社2015年版，第396页。

② 参见李林启、康东书、郭玲：《计算机软件著作权保护制度研究》，光明日报出版社2021年版，第144页。

③ 参见邹忭、孙彦主编：《案说计算机软件保护条例》，知识产权出版社2017年版，第98页。

④ 参见李林启、康东书、郭玲：《计算机软件著作权保护制度研究》，光明日报出版社2021年版，第145～146页。

五、对计算机软件著作权人修改权的限制

修改权在我国《著作权法》中是一般作品著作权人的人身权。我国《计算机软件保护条例》(2013)第8条规定的软件著作权人所享有的修改权并未明确是软件著作权人的人身权还是财产权。我国计算机软件著作权人修改权的限制规定在《计算机软件保护条例》(2013)第16条第3项,即软件的合法复制品所有人"为了把该软件用于实际的计算机应用环境或者改进其功能、性能而进行必要的修改;但是,除合同另有约定外,未经该软件著作权人许可,不得向任何第三方提供修改后的软件"[①]。该项著作权限制简称为"计算机程序应用环境调试性修改例外"。

六、计算机软件表达方式的限制

《计算机软件保护条例》(2013)第29条规定:"软件开发者开发的软件,由于可供选用的表达方式有限而与已经存在的软件相似的,不构成对已经存在的软件的著作权的侵犯。"[②]从经济层面、行业发展等层面而言,这一规定具有一定合理性。

1. 有利于计算机软件的开发。《计算机软件保护条例》第29条在表达选择有限的情况下,对软件著作权人权利的形式加以必要限制,有利于软件作品的开发,有利于鼓励科技进步,有利于维护社会公共利益。

2. 有利于计算机软件行业的发展。《计算机软件保护条例》第29条对软件著作权人权利的行使进行必要的限制,有利于计算机软件技术的交流和传播,有利于计算机软件行业的发展。

3. 有利于侵权与免责的认定。《计算机软件保护条例》第29条作出了可供选用的表达方式有限而与已存在的软件相似不构成侵权的规定。[③]

---

① 参见吴高盛主编:《〈中华人民共和国著作权法〉释义及实用指南》,中国民主法制出版社2015年版,第393~394页。

② 吴高盛主编:《〈中华人民共和国著作权法〉释义及实用指南》,中国民主法制出版社2015年版,第396页。

③ 参见李林启、康东书、郭玲:《计算机软件著作权保护制度研究》,光明日报出版社2021年版,第152~153页。

第四节
典型案例：计算机软件典型案例分析

对于合法复制件所有人为实现计算机程序的功能和性能而进行必要的修改，并无太大争议；但是其为“改进”计算机程序的功能、性能而进行修改应否属于合理使用，却存在分歧。有意见认为，此种行为应是合理使用。在广州金山发展有限公司与孙某长等计算机软件著作权纠纷上诉案中，金山公司受路桥公司委托为佛山市“一环”城际快速干线项目提供项目动态进度管理和网站数据维护服务，开发完成涉案软件。双方合作终止后，路桥公司要求金山公司将上述项目有关的网络服务器及其使用权交给路桥公司，确保服务器及其内部原有数据完整，并可正常运行。之后，路桥公司另委托中交公路规划设计院对此工程进行动态进度计划管理，包括开发联网互动工作平台，建立信息采集分析处理系统等。为此，中交公路规划设计院对涉案软件进行备份和升级，遂遭金山公司起诉侵权。法院认为：在双方对存储有涉案软件的服务器进行移交后，路桥公司作为涉案软件的合法复制品所有人，有权依据《计算机软件保护条例》(2001)第16条的规定，为了防止复制品损坏而制作备份复制品，亦有权为改进软件的功能、性能而进行必要的修改。故路桥公司在合同终止后，为继续对《前期服务合同》所涉的工程进行动态进度计划管理，委托中交公路规划设计院进行的备份、升级行为属于合理使用的范围，并不构成侵权。①

该案判决值得商榷。原告接受被告委托创作完成涉案计算机程序，未约定计算机程序权利归属，其著作权应归属于原告。由于当事人未约定此委托作品的适用范围，根据最高人民法院《关于审理在著作权民事纠纷案件适用法律若干问题的解释》第12条规定，被告作为委托人在“委托创作的特定目的范围内免费使用该作品”。被告委托第三人改进涉案计算机软件的性能，已经超出被告委托原告创作涉案计算机程序的特定目的。从这个角度来说，被告应该无权使用涉案计算机程序的改进版本。

另一种意见截然相反，不承认计算机程序复制件所有人有权改进计算机程序的性能。计算机程序的著作权人享有“改编权”，为改进计算机程序性能而改写计算机程序，由此所得计算机程序新的功能，已经超出原始计算机程序著作权的授权范围，因为原授权范围应限于原功能。

---

① 参见广东省高级人民法院民事判决书，(2006)粤高法民三终字第260号。

第十七章　合理使用之其他情形（二）：滑稽模仿

第一节 他山之石：滑稽模仿的国际借鉴

滑稽模仿是通过对原作进行转换性使用以达到批判、讽刺或者评论目的的一种古老的文学形式。美国通过判例形成了适用于滑稽模仿作品的著作权规则。美国将“模仿嘲讽”作品作为演绎作品对待，认为创作“模仿嘲讽”作品符合合理使用（fair use）的范畴。法国、西班牙、巴西等许多国家和地区都对滑稽模仿的合理使用进行了规定，均将其视为合理使用情形。转换性使用属于合理使用的审查判断标准。在转换性使用的情况下，如果不影响原作品的正常使用，也没有不合理地损害著作权人合法利益，则构成对原作品的合理使用。①

欧盟2001年《版权指令》规定，符合特定条件的模仿讽刺是合理使用。法国法明文规定“模仿嘲讽”作品不构成对著作权的侵害，作者不得禁止符合本身创作规律的模仿讽刺。作品公开发表后，作者不得禁止对该作品模仿、仿造及制作讽刺画。《法国知识产权法典》（法律部分）第一部分“文学和艺术产权”第一卷“著作权”第二编“作者权利”第二章“财产权利”第L. 122－5条第1款第4项规定：作品发表后，作者不得禁止“不违反有关规定的滑稽模仿、讽刺模仿及漫画”。② 据此，对某部作品进行的模仿或滑稽模仿属于合理使用范围，但不得涉及对作者人格的侵害，而且该作品不应是原作品的复制品，不应与原作品混淆并不得有损其信誉。

《俄罗斯联邦民法典》（著作权部分）第四部分第七编“智力活动成果和个性化表现方法的权利”第七十章“著作权”第1274条“为新闻、科学、宗教或文化目的而自由使用作品”第3款规定：“不征得作者或者其他原著作品专有权所有人的同意和不向其支付

---

① 参见上海市普陀区人民法院民事判决书，（2014）普民三（知）初字第258号；上海知识产权法院民事判决书，（2015）沪知民终字第730号。

② 参见《十二国著作权法》，《十二国著作权法》翻译组译，清华大学出版社2011年版，第70页。

报酬，准许依据已正当发表的其他（原著）作品创作文学、音乐或其他讽刺性模拟作品风格的或者漫画风格的作品，并使用这种作品。"①

《巴西著作权法》第三编"著作权"第四章"对著作权的限制"第47条规定："拼凑模仿(pastiches)和讽刺模仿并非对原作的实际复制，也未以任何方式对其造成损害的，则应允许自由进行。"②据此，不是原作的复制品，也未影响其信誉的仿效和滑稽模仿，均属合法。布隆迪、喀麦隆、科特迪瓦和塞内加尔等国家的法律中也有同样的规定。

《马来西亚版权法》第13.2条第1项规定的合理使用形式还包括"采取滑稽模仿，歪曲或讽刺的方式使用"。这一做法值得我国借鉴。

除了以上限制外，有些国家的法律还规定了其他一些限制。《德国著作权法》第一部分"著作权"第六节"对著作权的限制"第58条"展览、公开出售和公众可达机构的著作"第1款规定：允许举办人复制、发行和公开提供公开展览、用于公开展览或者公开出售的特定美术著作和摄影著作，以制作促进举办活动所必需的广告。该条第2款规定：允许公众可达的图书馆、教育机构或者博物馆复制与发行该条第1款所称著作，出版在内容上和时间上与展览或者馆藏文献有关，且不谋求独立的营利目的的目录。③《瑞士著作权法》第26条规定，可以将公开展出或拍卖的艺术作品的某些照片复制在组织者为展出或拍卖而出版的目录中。

第二节 立法展望：存在问题及修改建议

尽管立法者试图对合理使用的各种情形作出清晰而详尽的规定，目前的立法语言仍存在模糊之处，比如"适当引用已发表的作品"④及"合理范围内"⑤的措辞，无疑需要

① 《十二国著作权法》，《十二国著作权法》翻译组译，清华大学出版社2011年版，第440页。
② 《十二国著作权法》，《十二国著作权法》翻译组译，清华大学出版社2011年版，第15页。
③ 参见《十二国著作权法》，《十二国著作权法》翻译组译，清华大学出版社2011年版，第167页。
④ 《著作权法》(2020)第24条第1款第2项规定"为介绍、评论某一作品或者说明某一问题，在作品中适当引用他人已经发表的作品"构成合理使用。
⑤ 《著作权法》(2020)第24条第1款第7项规定"国家机关为执行公务在合理范围内使用已经发表的作品"构成合理使用。

法官行使自由裁量权予以确定。

《著作权法》(2020)第 24 条源自欧洲大陆国家几十年前制定的规则,已因其不足以应对合理使用的新趋势而备受批评。比如,美国判例法已承认滑稽模仿是一种允许使用的情形,但《著作权法》(2020)第 24 条对滑稽模仿并未作出规定。

建议《著作权法》(2020)第 24 条第 1 款增加如下规定:以讽刺、批评或评论目的使用他人已经发表的作品,但不得与原作发生混淆,而且不得玷污作品及其作者的名誉。

第十八章　邻接财产权合理使用：国际借鉴与中国实践

第一节 他山之石：邻接权合理使用的国际借鉴

一、《德国著作权法》对于广播组织权限制的立法例

《德国著作权法》第四部分"著作权与有关的保护权的共同规定"第 95 条第 b 项"限制规定的实施"规定，明确除个别条款外，广播组织权的限制同著作权的限制适用同样的规定。广播组织权的限制有以下方面：(1)司法和执法。根据该法第 45 条规定，允许法院和执法部门出于司法和执法目的复制、发行或公开展示广播节目。(2)残障人士。根据该法第 45 条第 a 项规定，对于残障人士，只要是为实现提供之需，即可为其提供广播节目，并且只向其发行广播节目，允许非营利目的的复制。(3)教堂、学校或者课堂教学使用的汇编物。根据该法第 46 条规定，出于宗教、教学目的而汇编广播节目不视为侵犯广播组织权。(4)学校播放。该法第 47 条规定，学校、师范、教师进修机构，青少年福利救济机构，国有农村教育机构及类似的国家负担的机构均可为课堂教学将通过学校广播电视播放的广播节目录制成音像制品，条件是一学年结束前该等音像制品必须消磁。(5)公开演讲。该法第 48 条规定，复制、发行或公开再现广播节目中的演讲、辩论，不视为侵犯广播组织权。(6)报纸文章和广播电视评论。该法第 49 条规定，对于单篇广播电视评论（且未声明保留权利），每日新闻，涉及经济、政治或宗教的时事性文章，除非仅做简要的摘要，并以概要的形式复制、发行或者公开再现，否则只有在付费的情况下才可以在其他类似的报纸、新闻纸上复制、发行或者公开再现。(7)制作有关时事的报道。该法第 50 条规定，允许在广播、类似技术手段、报纸、期刊、其他印刷品、数据载体、电影中制作时事报道的需要范围内，复制、发行与公开再现广播节目。(8)引用。该法第 51 条规定，允许为引用而有正当理由地以复制、发行与公开再现等方式使用广播节目的行为。(9)公开再现。该法第 52 条规定，允许免费表演广播中的节目，但

需要支付适当报酬。(10)在公共图书馆、博物馆、档案馆的电子阅读场所再现广播节目。该法第52条b款规定,如无其他约定,允许在向公众开放的既非直接又非间接谋求经济利益或者以营利为目的的图书馆、博物馆、档案馆空间内,设立的用于研究或私人学习的电子阅读场所中,公开提供馆藏中已广播的节目。对于公开提供的广播的著作权人,广播组织应当适当支付报酬。该要求只能通过著作权集体管理组织主张。(11)为私人使用或者其他自用的复制。该法第53条规定,允许因本人科研使用、本人档案录用、本人了解时事情况、课堂教学等私人使用或者其他自用而使用广播节目。(12)广播电视企业进行的复制。该法第55条规定,允许有权播放著作的广播电视企业为使其各个发射台或者定向天线进行一次性使用而用其设备将其他广播组织的广播节目转录成音像制品。不过,这些音像制品最迟应在首次播放广播节目后1个月内消磁。(13)经营场所的复制和公开再现。该法第56条规定,允许经营或维修音像载体及设备的商业机构,为向顾客展示设备,或因维修之必要,将广播节目转录成音像制品或数据载体,亦允许借助音像制品或数据载体使广播节目被公众感知,使广播电视播放被公众感知,并向公众提供广播节目。[①]

二、《法国知识产权法典》对于邻接权合理使用的立法例

《法国知识产权法典》(法律部分)第二卷"著作权之邻接权"第一章"通则"第L.211-3条第1款规定了开列权利之受益人不得禁止的情形,即"邻接权的合理使用":(1)仅在家庭范围内进行的私人和免费的表演。(2)仅供复制者私人使用而非集体使用的复制。(3)在能充分识别出处前提下的下列情况:①由使用引文的作品的评论、论战、教育、科学或情报性质决定的分析及简短引用;②报刊摘要;③作为新闻报道,对在政治、行政、司法或学术大会及政治性公共集会和官方庆典上面向公众的讲话,进行播放乃至全文播放;④向公众传播或复制受邻接权保护制品的摘要。(4)不违反有关规定的滑稽模仿、讽刺模仿及漫画。(5)具有过渡或附带性质的临时复制。(6)复制和向公众传播表演、录音、录像或者节目。(7)以保存为目的或者旨在保护个人以研究或者私人学习为目的而进行的参阅的情况。该条第2款规定:"本条列举的例外,不得损害表演、录音、录像或者节目的正常开发经营,亦不得给艺术表演者、制片人或者视听传播企

① 参见赵双阁:《三网融合背景下中国广播组织权制度的反思与重构》,社会科学文献出版社2016年版,第57~58页。

业的合法利益造成不正当的损失。”①法国立法对合理使用的范围规定比较严格，而其特色在于对滑稽模仿、讽刺模仿及漫画作出了专门规定。

三、《日本著作权法》对于“著作邻接权限制”的立法例

《日本著作权法》第四章“著作邻接权”第八节“权利的限制、转让、行使等以及登记”第102条“著作邻接权的限制”对著作邻接权的限制进行了详细规定，其具体内容如表4－18－1所示。②

表4－18－1　《日本著作权法》第102条关于著作邻接权限制的规定

合理使用	著作邻接权的限制条款	对应著作权的限制条款	是否允许广播	是否允许有线广播
私人目的的复制	第1款	第30条第1款	允许	允许
支付私人录音录像补偿金		第30条第2款	允许	允许
图书馆等的复制	第1款	第31条	允许	允许
引用	第1款、第2款	第32条	允许	允许
在学校和其他教育机关中进行的复制等	第1款	第35条	允许	允许
试验用的复制	第1款	第36条	允许	允许
为视觉障碍者等进行的复制	第1款、第2款、第4款	第37条第3款	允许	允许
不以营利为目的的上演等		第38条第1款	允许	允许
不以营利为目的的有线播放	第1款、第6款	第38条第2款	允许	允许
不以营利为目的的出租	第1款	第38条第4款	允许	允许
为报道时事新闻而利用	第1款	第41条	允许	允许
裁判程序中的复制	第1款、第2款	第42条	允许	允许
按照《行政机关信息公开法》等为了公开所进行的复制	第1款	第42条之二	允许	允许
为播放组织等的临时复制	第1款	第44条	允许	允许
依据复制权限让渡复制品			允许	允许

① 《十二国著作权法》，《十二国著作权法》翻译组译，清华大学出版社2011年版，第90～91页。
② 参见赵双阁：《三网融合背景下中国广播组织权制度的反思与重构》，社会科学文献出版社2016年版，第68页。

续表

合理使用	著作邻接权的限制条款	对应著作权的限制条款	是否允许广播	是否允许有线广播
关于时事评论的转载		第 39 条	允许	允许
政治演说的使用		第 40 条	允许	允许
翻译改编等利用			禁止	禁止
电影的出租			禁止	禁止
对于教科书等的登载		第 33 条	禁止	禁止
公众传播			禁止	禁止
学校教育节目的播放		第 34 条	禁止	禁止
计算机程序复制品所有人的复制		第 47 条之三	禁止	禁止

四、《英国版权法》对于广播组织权权利限制的立法例

《英国版权法》中权利限制主要体现在合理使用制度方面。对于广播组织权的权利限制，主要体现在该法第一编“版权”第三章“涉及版权作品的允许实施的行为”第 28 条至第 76 条之规定，具体包括以下内容。

1. 临时复制品制作行为。《英国版权法》第 28A 条“临时复制品之制作”规定，“若制作临时复制品的行为是暂时或附随性的，且为实现如下目的而采用的技术手段中必不可少的实质性部分，则该行为不侵犯文字作品（不包括计算机程序或数据库）或者戏剧、音乐或艺术作品、出版物的版式设计、录音制品或电影之版权——(a)通过中间人进行的与第三方之间的作品网络传输行为；或者(b)对作品的合法使用行为；且该行为不具有独立的经济意义。”①据此，在为广播节目合法利用的同时附带性地临时复制广播节目的行为不视为侵权。

2. 研究和个人学习。《英国版权法》第 29 条“研究和个人学习”规定，非商业性目的之研究对文字、戏剧、音乐和艺术作品所进行的合理使用，在附有充分声明的情况下不侵犯作品之任何版权。为个人学习对文字、戏剧、音乐或艺术作品进行合理使用的行为，不侵犯该作品之版权。② 据此，为非商业性研究和个人学习而使用广播节目不视为

① 《十二国著作权法》，《十二国著作权法》翻译组译，清华大学出版社 2011 年版，第 581 ~582 页。

② 参见《十二国著作权法》，《十二国著作权法》翻译组译，清华大学出版社 2011 年版，第 582 页。

侵权。

3. 批评、评价使用和新闻报道。《英国版权法》第 30 条“批评、评价与新闻报道”规定，为批评或评论该作品本身或另一作品之表演而对该作品进行合理使用，只要其附有充分声明且该作品已向公众提供，不构成版权之侵犯。为报道时事新闻对一作品（不包括照片）进行的合理使用，若附有充分声明（通过录音制品、电影或其现实性或其他原因造成不可能因广播此行为而报道时事新闻，无须附声明），则不构成侵犯版权的行为。[①]据此，为了批评、评价广播节目或在时事报道中合理使用广播节目的行为不视为侵权。

4. 附随性使用。《英国版权法》第 31 条“版权作品之附随性使用”规定，艺术作品、录音制品、电影或广播之附随性使用不构成版权侵权。任何根据该条第 1 款之规定制作的不构成侵犯版权的复制品的公开发行，或者播放、放映或向公众传播，皆不构成侵权。[②]

5. 视觉障碍者的或为其服务的复制行为。《英国版权法》第 31A 条至第 31F 条规定，由于视觉障碍而无法使用广播节目的，为个人使用之目的，而根据原件制作易于使用的复制品的行为，不构成对广播节目的侵犯；为因缺陷而无法接触原件的视觉障碍者个人使用之目的而制作、提供可易于其使用之复制品的，不构成对广播节目的侵犯。[③]

6. 教育使用。《英国版权法》第 32 条至第 36A 条规定，为非商业性目的的教学或测试而对广播节目复制的行为，为教育目的而将广播节目汇编到一个选集的行为，教育机构为教学目的在活动过程中对广播节目的表演、播放或者放映的行为，教育机构为教学目的在活动过程中对广播节目的表演、播放或者放映的行为，教育机构为教学目的制作广播录制品的行为，教育机构为教学目的对广播节目的片段进行复制之行为和出借广播节目的复制品的行为都不构成版权之侵犯。[④]

7. 图书馆和档案馆的复制行为。《英国版权法》第 38 条至第 43 条规定，图书馆和档案馆为了藏书或保存档案而录制广播节目及复制和出借广播节目都属于合理使用的行为，不视为侵权。[⑤]

---

① 参见《十二国著作权法》，《十二国著作权法》翻译组译，清华大学出版社 2011 年版，第 582 ~583 页。

② 参见《十二国著作权法》，《十二国著作权法》翻译组译，清华大学出版社 2011 年版，第 583 页。

③ 参见赵双阁：《三网融合背景下中国广播组织权制度的反思与重构》，社会科学文献出版社 2016 年版，第 74 ~75 页。

④ 参见赵双阁：《三网融合背景下中国广播组织权制度的反思与重构》，社会科学文献出版社 2016 年版，第 75 页。

⑤ 参见赵双阁：《三网融合背景下中国广播组织权制度的反思与重构》，社会科学文献出版社 2016 年版，第 73 ~75 页。

8. 公共管理。《英国版权法》第 45 条至第 50 条规定，为议会或司法程序之目的（第 45 条）、为皇家会议或法定调查之目的（第 46 条）、为可供公共调查或者官方登记材料之目的（第 47 条），而对广播节目采用任何实施行为都不侵犯版权。①

9. 杂项规定：广播。《英国版权法》第 68 条至第 75 条对广播的合理使用进行了专项规定，如为广播之目的的附带录制（第 68 条），为监督与控制广播及其他服务所制作的录制品（第 69 条），为过后观看的录制（第 70 条），广播节目之照片（第 71 条），免费公开放映或播放广播节目（第 72 条），无线广播之有线接收与转播（第 73 条），向残疾人士提供有字幕的广播节目复制品（第 74 条），为留档之目的的录制（第 75 条）等均是合理使用行为。②

五、《美国版权法》关于广播组织合理使用的立法例

具体到广播组织的合理使用方面，《美国版权法》第 111 条“专有权的限制：转播”第 a 款规定：某些转播的免责——转播含有作品表演或展出的首播，具有下列情形之一的，不视为侵犯版权的行为。（1）位于联邦通信委员会许可的广播电视台本地服务区域内的旅馆、公寓或类似企业的资方向其顾客或房客私人房间所做的转播，且该转播仅由该广播电视台传送的信号中继构成，并对收听收视转播不直接收取费用，但有线通信系统的转播除外。（2）转播仅为第 110 条第 2 款规定之目的，并且按照其规定的条件进行。（3）运营人从事的转播，如果该运营人无法直接或间接控制首播的内容、首播的选择或转播的特定接收人，并且运营人有关转播的行为仅系提供线路、电缆或其他通信话路供他人使用。但该项规定仅扩大到上述运营人有关转播的行为，他人有关其首播或转播的行为责任不予免除。（4）卫星运营人依第 119 条规定的法定许可为私人家庭收视所从事的转播。（5）有线通信系统以外的政府机构或其他非营利性组织所从事的转播，转播不具有任何直接或间接的商业利益，且未向接受者收取费用，但收取的用以弥补维持和经营转播机构所支付的实际及合理支出的费用除外。③（6）第 118 条更明文规定，非戏剧性音乐著作权人所享有的排他权不适用于公共广播事业或为非商业教育广播电台

---

① 参见《十二国著作权法》，《十二国著作权法》翻译组译，清华大学出版社 2011 年版，第 595 页。

② 参见《十二国著作权法》，《十二国著作权法》翻译组译，清华大学出版社 2011 年版，第 605 ~609 页。

③ 参见《十二国著作权法》，《十二国著作权法》翻译组译，清华大学出版社 2011 年版，第 738 ~739 页。

所为的广播，以及为广播目的所进行之复制行为。①

六、《埃及知识产权保护法》关于邻接权合理使用的规定

《埃及知识产权保护法》第 171 条规定“在不损害作者的著作人身权的情况下，根据本法规定，在作品发表之后，作者不得禁止第三人实施下述行为”，一共列举了合理使用的 9 种行为。第 172 条规定“在不损害作者根据本法规定所享有的人身权的情况下，作者或者其继承人不得禁止报纸、杂志或者广播组织出于下述目的而在合理范围内适用作品”，一共列举了合理使用的 3 种行为。第 173 条规定：“根据本法规定，适用于对作者的财产权的限制，同样适用于邻接权人。”②据此，第 171 条规定的 9 种合理使用的行为和第 172 条规定的 3 种合理使用的行为，同样适用于邻接权人。

七、《韩国著作权法》关于邻接权限制的规定

《韩国著作权法》第三章“邻接权”第六节“权利的限制、出让、行使等”第 87 条“邻接权的限制”第 1 款规定：“第 23 条（为了司法程序等的复制）、第 24 条（基于政治演讲等目的的使用）、第 25 条第 1 款至第 3 款（基于学校教育等用途使用）、第 26 条（因时事新闻报道的使用）、第 27 条（时事新闻文章和社论的复制等）、第 28 条（已公开作品的引用）、第 29 条（非营利用途的公开表演及广播）、第 30 条（私人使用的复制）、第 31 条（图书馆等的复制等）、第 32 条（考试题目的复制）、第 33 条第 2 款（为了视觉障碍者的复制）、第 34 条（广播组织的短暂录音和录像）、第 36 条（以翻译等手段使用）及第 37 条（标明来源）的规定准用于对表演、录音制品或广播节目的利用。”第 2 款规定：“数字声音传播组织在适用并传播录有表演的录音制品时，可以根据第 76 条第 1 款（数字声音传输组织对表演者的补偿）及第 83 条第 1 款（数字声音传输组织对录音制品制作者的补偿）的规定，利用自己的方法暂时复制录有表演的录音制品。此时，对于复制品的保存期限准用第 34 条第 2 款。”③

---

① 参见赵双阁：《三网融合背景下中国广播组织权制度的反思与重构》，社会科学文献出版社 2016 年版，第 81～82 页。

② 《十二国著作权法》，《十二国著作权法》翻译组译，清华大学出版社 2011 年版，第 44 页。

③ 《十二国著作权法》，《十二国著作权法》翻译组译，清华大学出版社 2011 年版，第 528 页。

第二节 中国邻接权合理使用的立法变革

合理使用适用于对与著作权有关的权利的限制。《著作权法》(2020)对此作了概括性规定,该法第24条第2款确认著作权限制条款,适用于对与著作权有关的权利的限制。《著作权法》(2020)第24条不仅规定了著作权人的权利受到13种情形的限制,同时规定其适用于对与著作权有关的权利的限制。与著作权有关的权利包括出版者、表演者、录音录像制作者、广播电台、电视台等的权利。

一、《著作权法》(1990)第22条第2款的规定

《著作权法》(1990)第22条第1款第1句规定,在下列情况(指著作权合理使用的12种情形)下使用作品,可以不经著作权人许可,不向其支付报酬,但应当指明作者姓名、作品名称,并且不得侵犯著作权人依照该法享有的其他权利。第2款规定:"以上规定适用于对出版者、表演者、录音录像制作者、广播电台、电视台的权利的限制。"

二、《著作权法》(2001)第22条第2款的规定

与《著作权法》(1990)第22条第2款相比,《著作权法》(2001)第22条第2款只修改了一处,即将"以上"改为"前款"。该条第1款第1句没有任何修改。《著作权法》(2001)第22条第1款第1句规定,在下列情况(指著作权合理使用的12种情形)下使用作品,可以不经著作权人许可,不向其支付报酬,但应当指明作者姓名、作品名称,并且不得侵犯著作权人依照本法享有的其他权利。第2款规定:"前款规定适用于对出版者、表演者、录音录像制作者、广播电台、电视台的权利的限制。"

三、《著作权法》(2010)第22条第2款的规定

与《著作权法》(2001)第22条第2款相比,《著作权法》(2010)第22条第2款没有任何修改。结合《著作权法》(2010)第22条第1款第1句规定,在著作权合理使用的12种情形下使用作品,可以不经著作权人许可,不向其支付报酬,但应当指明作者姓名、作品名称,并且不得侵犯著作权人依照本法享有的其他权利;该规定适用于对出版者、表

演者、录音录像制作者、广播电台、电视台的权利的限制。

四、《著作权法》(2020)第24条第2款的规定

与《著作权法》(2010)第22条第2款相比,《著作权法》(2020)第24条第2款做了一处修改,即将原“出版者、表演者、录音录像制作者、广播电台、电视台的权利”修订为“与著作权有关的权利”。结合《著作权法》(2020)第24条第1款的重要修改,在著作权合理使用的13种情形下使用作品,可以不经著作权人许可,不向其支付报酬,但应当指明作者姓名或者名称、作品名称,并且不得影响该作品的正常使用,也不得不合理地损害著作权人的合法权益;该规定适用于对与著作权有关的权利的限制。

《著作权法》(2020)第24条在第1款规定著作权合理使用的13种情形之后,在第2款中明确邻接权合理使用的原则:对出版者、表演者、录音录像制作者、广播电台、电视台的权利等与著作权有关的权利的限制适用《著作权法》相关规定。据此,在上述情况下,他人使用出版者出版的图书、报刊,表演者的表演、录音录像制品和广播电台、电视台的广播电视节目,可以不经邻接权人许可,不向其支付报酬,但应当指明出版者、表演者、录音录像制作者、广播电台、电视台的名称和图书、报刊、表演的节目、录音录像制品和广播电台、电视台的广播电视节目的名称,并且不得侵犯邻接权人依照《著作权法》享有的其他权利。①

五、《信息网络传播权保护条例》

至于《信息网络传播权保护条例》所规定的合理使用情形,由于该条例已经在第2条将信息网络传播权的主体扩展到表演和录音录像制作者,所以这两类主体也按照该条例的规定,接受相应合理使用规则的限制。

① 参见张革新:《现代著作权法》,中国法制出版社2006年版,第166页。

第三节 传统邻接权合理使用的具体规定

一、表演者权限制

对表演者权的合理使用仅限于财产权部分。各国著作权法对此的规定存在较大差异。以法国为代表的一些国家，对表演的合理使用范围作出较为狭窄的规定。《法国知识产权法典》(法律部分)第L. 122－5条第1款列举了三种情形：一是仅在家庭范围内进行的私人无偿表演(第1项)；二是仅限于复制者个人对表演进行的复制(第2项)；三是在说明资料来源的情况下，在评论、论述、教学、科学和情报作品中对表演进行分析和简短引用(第3项a)。[①] 以德、日等国为代表的一些国家对表演的合理使用则作出比较宽泛的规定。《德国著作权法》规定，除“制作音像载体的强制许可证”条款外，对著作权的限制性规定亦适用于表演权，属于合理使用范围的有：(1)司法使用；(2)学校广播使用；(3)对公开演说的使用；(4)广播评论；(5)时事报道中的使用；(6)适当引用；(7)公开再现；(8)私人复制；(9)广播组织的临时复制；(10)经营音像载体的商业机构有条件地复制或公开展现；(11)对附属作品的使用。《俄罗斯著作权法》除准许表演者权适用著作权限制的一般条款外，还特别规定了无偿使用表演的三种情形：一是为了综述时事而摘用表演的短小片段；二是纯为教学或科学研究之用；三是为新闻报道之用摘引表演的短小片段。[②]

根据《著作权法》(2020)第24条第2款规定，关于著作权限制的条款，同样适用于表演者权。根据《著作权法》(2020)第39条第1款第4项和第24条第1款第1项规定，表演者有许可他人对其表演录音录像，并获得报酬的权利；但如果有人对表演者的表演进行录音录像是为了个人欣赏，就可以不经表演者许可，也不必付酬。

中国香港地区《版权条例》(2022)第Ⅲ部“在表演中的权利”第Ⅱ分部“在表演中的权利”规定了对表演权的限制：批评、评论、引证及报道和评论时事(第241条)；戏仿、讽刺、营造滑稽及模仿(第241A条)；附带包括表演或录制产品(第242条)；为教学或接

① 参见《十二国著作权法》，《十二国著作权法》翻译组译，清华大学出版社2011年版，第70页。

② 参见吴汉东：《知识产权法》，法律出版社2021年版，第255页。

受教学目的而作的公平处理（第 242A 条）；为教学或考试的目的而做出的事情（第 243 条）；在教育机构播放或放映声音档案、影片、广播或线上传播节目（第 244 条）；由教育机构制作登记或复制品或公布传播途径或在线传播计划（第 245 条）；由教育机构制作复制品或进行传播：已发表的声音纪录或影片（第 245A 条）；由图书馆馆长、博物馆馆长或档案室负责人传播、播放或放映：声音纪录或影片（第 245B 条）；由图书馆馆长、博物馆馆长或档案室负责人制作复制品：在文化或历史方面有重点发展的物品（第 246 页）；为公共行政的目的而公平处理（第 246A 条）；立法会（第 246B 条）；司法程序（第 247 条）；法院研讯（第 248 条）；公共交通（第 249 条）；根据官方权限所制定的（第 250 条）；表演的电子形式录制品的转变（第 251 条）；在向公众播放的演出时允许进行某些复制（第 252 条）；由服务提供者作出的临时复制（第 252A 条）；在某些情况下使用讲出的文字的录制品（第 253 条）；民歌的制品（第 254 条）；为会社、社团等目的而表演、投影或展示或播放作品（第 255 条）；为广播或在线播放节目而附带制作（第 256 条）；为监管和控制广播及有线传播节目而制作记录（第 257 条）；免费公开展示或播放广播或雕塑传播节目（第 258 条）；在车载内播放声音广播（第 258A 条）；接受并重新传送广播节目传播服务（第 259 条）；提供附带字幕的广告或有线播放节目的复制品（第 260 条）；为创作和制作广播或社区传播节目的纪录（第 261 条）。

二、录制者权限制

对录制者权的限制与有关表演者权例外的规定相同。《罗马公约》规定了利用他人相邻权时，可以不经权利人许可，也无须支付报酬的例外情况：私人使用；在时事报道中适当引用；暂时录制；教学、科研目的的使用。鉴于其部分缔约国不采用著作权立法的方式保护相邻权，《日内瓦公约》对合理使用规则的适用未作要求，交由缔约国自行决定。

在各国相关立法中，有的对录制权限制特别作出规定，如法国法；有的除作出特别规定外，还准许适用著作权限制的一般规定，如俄罗斯法。大部分国家则采用与著作权限制相同的规定。例如，《日本著作权法》第 102 条、《德国著作权法》第 85 条、我国《著作权法》（2020）第 24 条均规定，对著作权合理使用的限制性条款适用于录制者权。归纳起来，主要有以下情形：（1）仅供个人或家庭使用而复制；（2）图书馆、档案馆等非营利性复制；（3）为了报道、评论、研究而在有关作品中引用；（4）为了教学活动需要而播放或复制；（5）广播组织为其广播需要而临时录制；（6）为了立法、行政、司法活动需要而复制。①

根据《著作权法》(2020)第44条第1款和第24条第1款第6项规定,录音录像制作者对其制作的录音录像制品,享有许可他人复制、发行、出租、通过信息网络向公众传播并获得报酬的权利;但如果复制录音、录像带是为了课堂教学,比如舞蹈院校为传授舞蹈而复制某种舞蹈的录像带,就可以不经录音录像制作者的许可,不必向其付酬,同时也可以不向表演者付酬。

三、广播组织权限制

(一)广播组织权限制的国际立法例

相邻权国际公约与各国立法都规定了对广播组织权的限制。《德国著作权法》第二部分"与著作权有关的权利保护"第五节"对广播电视企业的保护"第87条"广播电视企业"第4款规定:"本法第10条第1款,以及第一章第六节除第47条第2款第2句和第54条第1款外的各条规定准用。"②据此,广播组织权的限制基本上适用著作权限制的规定,个别条款例外,即下列行为不视为侵犯广播组织权的行为:(1)为司法和公共安全目的的允许复制、发行或展示广播节目;(2)为宗教、教学目的而汇编广播节目;(3)学校、教师进修机构、青少年福利救济机构及类似国家机构可将通过学校广播以此播放的广播节目录制成音像制品;(4)复制、发行或公开再现广播中的演讲的行为;(5)复制、发行或公开再现广播中涉及经济、政治或宗教的时事性文章;(6)复制、发行或公开再现广播中涉及经济、政治或宗教的评论性文章;(7)为在广播、电影或新闻报刊中制作关于时事的音像报道,复制、传播和公开再现广播节目;(8)为引用目的而使用广播节目;(9)免费表演广播中的节目;(10)为私人使用或其他自用目的而使用广播节目;(11)广播组织为设备维护而临时录制广播节目;(12)经营或维修音像载体及设备的商业机构,为向顾客介绍机器和设备或出于维修的必要,而临时复制、传播和公开再现广播节目。《德国著作权法》第61条有关强制许可的规定,对广播组织权不适用。③

《法国知识产权法典》第L.211-3条也规定了广播组织权的权利限制,在如下情形下使用广播节目不视为侵权:(1)仅在家庭范围内进行的私人免费表演行为;(2)为个

① 参见吴汉东:《知识产权法》,法律出版社2021年版,第255页。
② 《十二国著作权法》,《十二国著作权法》翻译组译,清华大学出版社2011年版,第175页。
③ 参见胡开忠、陈娜、相靖:《广播组织权保护研究》,华中科技大学出版社2011年版,第65页。

人使用而复制；(3)为评论、教育、收集情报等进行的引用；(4)为报道新闻而广播在公众集会上的演讲；(5)为创作滑稽模仿作品而使用广播节目。①

关于广播组织的权利限制，《日本著作权法》第102条规定广播组织权的限制大致上适用著作权限制的规定，即下列行为应视为合理使用：(1)为个人或家庭使用而进行的复制行为；(2)图书馆为保存版本或研究等进行的复制；(3)为创作作品而进行的引用；(4)学校为教育目的进行的复制；(5)为制作盲文进行的复制；(6)不以营利为目的且不向观众或听众收取费用时，有线广播或播放广播的节目；(7)为报道时事新闻而复制广播节目；(8)在行政和司法中使用广播节目。②

英国关于广播组织的权利限制，主要体现于合理使用的规定。《英国版权法》第29条至第76条规定，涉及广播节目的合理使用行为主要如下：(1)个人学习使用。为研究或私人学习而使用广播节目不视为侵权。(2)评论使用。为了评论作品或在时事报道中合理使用广播节目不视为侵权。(3)引用性使用。在作品中引用他人的广播节目，不视为侵权。(4)教学使用。在教学或备课过程中合理使用广播节目不视为侵权。(5)公共管理。为议会或司法程序之目的而合理使用广播节目不视为侵权。(6)为节目监管而使用。为维持对其广播节目的监督与控制，英国广播公司制作或使用广播节目之录制件不侵犯广播节目之版权。(7)个人内部使用。完全为在更方便的时间视听之目的而将广播或电视节目制成录制件以供私人或内部使用，不侵犯广播或电视节目或其中任何作品之任何版权。(8)公共场所播放。在公共场所向未支付入场费之听众或观众放映或播放广播或电视节目不侵犯版权。(9)残疾人使用。为听障人士或其他残疾人提供广播节目不视为侵权行为。(10)档案保存使用。档案馆为保存档案而录制广播节目及复制的行为不视为侵权。③

《澳大利亚版权法》第103条至第112条规定了对广播的合理使用制度，主要包括：(1)为了评论目的而使用广播的行为，不视为侵权行为。(2)为了创作滑稽模仿作品目的而使用广播的行为，不视为侵权行为。(3)为了报道新闻而使用广播的行为，不视为侵权行为。(4)为了研究或学习而使用广播的行为，不视为侵权行为。(5)为了司法程序中运用而使用广播的行为，不视为侵权行为。(6)个人或家庭私人复制广播的行为，

---

① 参见胡开忠、陈娜、相靖：《广播组织权保护研究》，华中科技大学出版社2011年版，第43、67页。

② 参见胡开忠、陈娜、相靖：《广播组织权保护研究》，华中科技大学出版社2011年版，第69页。

③ 参见胡开忠、陈娜、相靖：《广播组织权保护研究》，华中科技大学出版社2011年版，第72页。

不视为侵权行为。①

《印度著作权法》第八章“广播组织权利和表演者权利”第 39 条“不侵害广播节目复制权或表演者权利的行为”规定:“以下行为不视为侵害广播节目复制权或表演权权利——(a)为制作者私人使用,或仅为善意教学或研究的目的而制作录音录像;或(b)在不违反合理使用原则的情况下,为报道时事新闻或出于善意评论、教学或研究的目的,使用表演或广播节目的节录;或(c)经必要的改动或变更的其他此种行为,只要不构成第 52 条规定的对著作权的侵害。”②第 39 条规定了对广播节目的合理使用制度,即在如下情形下使用广播节目,不视为对广播组织权的侵犯:(1)出于私人使用目的制作录音录像制品,或仅善意地用于教学或科研。(2)符合合理使用规则的使用,如在表演中的引用,时事报道中的使用,在评论、教学或科研中的使用。(3)为在司法程序中使用而复制广播节目。(4)免费表演广播节目。(5)对涉及经济、政治、宗教、社会的时事问题的广播节目进行复制。③

根据国际公约及一些国家的法律规定,与广播组织有关的合理使用情形主要包括:(1)私人使用,即为个人学习、研究而少量使用公开播放的广播节目;(2)引用;(3)临时录制;(4)为了教学和科学研究而使用广播节目;(5)报刊和广播组织使用广播电视节目中播放的有关当前经济、政治或宗教问题的文章;(6)免费表演已公开的广播节目。④

(二)中国广播组织权限制的立法例

《著作权法》(2020)第 24 条规定著作权例外条款适用于广播组织权。根据广播电视节目的使用方式的不同,其合理使用情形大体分为:“合理使用”,包括个人复制、图书馆非营利性复制、为教育目的的复制、司法活动中的复制等;“免费播放”,包括学校教育节目之播放,报道、评论中的播放等;“无偿录制”,主要指广播组织为其广播服务需要而进行的临时录制。

根据《著作权法》(2020)第 47 条第 1 款第 2 项和第 24 条第 1 款第 1 项规定,广播电台、电视台有权禁止未经其许可,将其播放的广播、电视录制以及复制在音像载体上的行为;但如果个人为学习、研究和欣赏,将广播电台、电视台播放的广播、电视录制在

---

① 参见胡开忠、陈娜、相靖:《广播组织权保护研究》,华中科技大学出版社 2011 年版,第 74 页。
② 《十二国著作权法》,《十二国著作权法》翻译组译,清华大学出版社 2011 年版,第 243 页。
③ 参见胡开忠、陈娜、相靖:《广播组织权保护研究》,华中科技大学出版社 2011 年版,第 76 页。
④ 参见胡开忠、陈娜、相靖:《广播组织权保护研究》,华中科技大学出版社 2011 年版,第 44 ~45 页。

音像载体上，就可以不经广播电台、电视台的许可，也不必向其付酬。

立法上还存在一些特殊的邻接权合理使用规则。例如，如果某广播组织为了制作自己的广播节目而利用自己的设备暂时录制节目，那么这属于一种技术上的需要，也被视为合理利用。该录制行为应符合如下要求：(1)广播组织是基于制作自己的广播节目需要而录制；(2)广播组织应当用自己的设备来录制，而不是使用他人的设备；(3)被录制的节目不能长期保存。①

（三）关于广播组织权限制的立法展望

赵双阁认为，可以单独设置广播组织权限制制度，且将《伯尔尼公约》第9条第2款所确定的三步检验法模式与《罗马公约》第15条所确定的列举式相结合，形成比较完美的立法模式。具体如下。

在下列情况下使用作品，可以不经广播组织权人许可，不向其支付报酬，但应当指明广播组织名称，并且不得侵犯广播组织权人依照本法享有的其他权利：(1)私人使用；(2)时事新闻报道中为提供信息而使用某些片段；(3)广播组织利用自己的设施为自己的广播节目进行的临时录制；(4)纯粹为教学或科研目的的使用；(5)专门为帮助视力或听力障碍者、学习障碍者或有其他特别需求者获得作品而进行的使用；(6)图书馆、档案馆或中心为保存、教育或研究的目的而向公众提供受广播组织专有权保护的作品的复制品方面的使用；(7)对公开开放的图书馆或博物馆，或不以获得经济或商业利益为目的的档案馆的专门使用；(8)对被播放的不受著作权或相关权保护的节目或该节目的一部分进行的任何种类和形式的任何使用。

依前款规定的方式使用广播电视节目，不得无理地与广播节目的正常利用相抵触，也不得不合理地损害广播组织权人的合法利益，同时应考虑第三方的合法利益。②

---

① 参见胡开忠、陈娜、相靖：《广播组织权保护研究》，华中科技大学出版社2011年版，第44页。

② 参见赵双阁：《三网融合背景下中国广播组织权制度的反思与重构》，社会科学文献出版社2016年版，第272～273页。

第四节 其他邻接权合理使用的具体规定

一、出版者权限制

版权体系国家多以美术作品保护版式设计。例如,美国对于版式设计没有专门的规定。《澳大利亚版权法》规定出版商对于封面图片等可作为美术作品给予25年的保护期。

作者权体系国家多在邻接权体系下规定出版者的版式设计权。例如,《德国著作权法》第二部分"与著作权有关的权利保护"第一节"特定版本的保护"第70条"科学版本"第1款规定:"著作权不予保护的著作或者文本的版本如果体现了科学整理活动的成果并且实质上有别于至今众所周知的著作或者文本,亦准用第一部分之规定受本法保护。"第2款规定:"本权利属于该版本之编撰人。"第3款规定:"本权利与该版本出版二十五年后归于消灭。如果该版本在此期间未出版,本权利自制作起二十五年后归于消灭。该期限依照本法第69条规定计算。"①即在邻接权中对于特定的科学版本赋予出版者25年的权利,目的是补偿出版者对于特定科学作品编辑出版所付出的劳动。

《文莱版权法》第17条规定了已发表的版本排字安排中版权保护期间为自该版本首次发表至年底起25年底到期。② 这是发表起算主义、年底主义的体现。

根据《著作权法》(2020)第33条规定,出版者对著作权人交付出版的作品按照合同的约定享有专有出版权,受法律保护;出版者对某一作品享有专有出版权期间,他人不得出版该作品。但是,根据该法第24条第1款第12项的规定,如果盲文出版社要将已发表的作品改成盲文出版,就可以不受出版者享有的专有出版权的限制,不经出版者许可,不向其支付报酬。

二、数据库制作者权限制

《韩国著作权法》第四章"数据库制作者的保护"第94条"对数据库制作者权利的

① 《十二国著作权法》,《十二国著作权法》翻译组译,清华大学出版社2011年版,第171~172页。
② 参见冯寿波:《中国-东盟自由贸易区版权法比较研究》,气象出版社2014年版,第102页。

限制”第1款规定："第23条(为了司法程序等的复制)、第28条(已公开作品的引用)、第29条(非营利用途的公开表演及广播)、第30条(私人使用的复制)、第31条(图书馆等的复制等)、第32条(考试题目的复制)、第33条(为了视觉障碍者的复制)、第34条(广播组织的短暂录音和录像)、第36条(以翻译等手段使用)及第37条(标明来源)的规定准用于对数据库的利用。”第2款规定："有下列情形之一时,任何人都可以复制、发行、广播或者交互传输数据库的全部或实质部分。但是,对该数据库的使用与常规使用相抵触时除外。1. 为了教育、学术或研究的目的而进行非营利性使用;2. 为报道时事新闻而使用。”①

三、网络服务提供商法律责任限制

《韩国著作权法》第六章“网络服务提供商法律责任的限制”第102条“网络服务提供商法律责任的限制”第1款规定："如果网络服务提供商被告知他人通过网络复制或交互传输作品等,侵害了作者著作权以及其他受本法所保护的权利后,禁止或中断了复制、交互传输时,可以减轻或者免除由于他人侵权而产生的责任。”第2款规定:如果网络服务提供商被告知他人通过网络复制或交互传输作品等,侵害了作者著作权以及其他受本法所保护的权利后,试图禁止或中断复制、交互传输,但在技术上已无法实现,应当免除由于他人侵权而产生的责任。②

① 《十二国著作权法》,《十二国著作权法》翻译组译,清华大学出版社2011年版,第529页。

② 参见《十二国著作权法》,《十二国著作权法》翻译组译,清华大学出版社2011年版,第532~533页。

第五篇 著作财产权和邻接财产权权能限制之二：法定许可使用

第一章 法定许可使用：依法许可而支付报酬的使用

第一节 法定许可使用的概念与构成要件

一、法定许可使用的概念

法定许可使用(statuary license)，是指根据法律的直接规定，以特定的方式使用已发表的作品，可以不经著作权人的许可，但应向著作权人支付使用费，并尊重著作权人的其他权利。世界知识产权组织编写的《著作权与邻接权法律术语汇编》将其称为"法定许可证"(Statutory Licence)，以区别于一般"许可证"(Licence)即许可使用。[1]

法定许可使用，是指根据法律的直接规定，可不经著作权人或其他相关权利人的许可，以特定的方式使用已经发表的作品，但应向著作权人支付报酬，并应注明作者姓名、作品名称及出处。[2]

法定许可，又称非自愿许可，是指根据法律法规的有关规定，在未经著作权人许可的情况下，在向著作权人支付报酬，指明著作权人姓名、作品名称，并且不侵犯著作权人依法享有的合法权利的情况下，对著作权人已经发表的作品进行使用。法定许可是相对自愿许可而言的，自愿许可也就是著作权的许可使用。著作权的许可使用是指基于

① 参见吴汉东等：《西方诸国著作权制度研究》，中国政法大学出版社 1998 年版，第 190 页；吴汉东：《著作权合理使用制度研究》(修订版)，中国政法大学出版社 2005 年版，第 163 页。

② 参见李祖明：《互联网上的版权保护与限制》，经济日报出版社 2003 年版，第 238 页。

双方当事人的意思表示，以合同形式许可他人使用作者权利，有时也可称为自愿许可。[①] 根据法律的直接规定，将完整状态的专有权在特殊情况下强制性地变更为非完整状态的专有财产权，即取消著作权人的许可或禁止权能，保留其获酬权，著作权理论将这种限制类型称为“非自愿许可使用”或者“法定许可使用”。[②]

所谓法定许可，是指他人依法律的明文规定不经著作权人许可而有偿地使用其作品。这是我国著作权法对作者权利的一种主要限制，其实质在于将著作权中的某些权利由一种绝对权降格成为一种获酬权。

二、法定许可使用的构成要件

法定许可指法律明确规定，行使某种著作权权能，排除其侵权责任，但应向著作权人支付报酬。其包含以下几层意思：第一，法定许可的性质是一种免责事由，既不是对著作权的限制，也不是一种使用者的权利。在法定许可情形下，著作权人不能要求使用者承担侵权责任。第二，法定许可的结果是在著作权人和使用人之间订立一种法定的合同关系，根据此种合同关系，使用人应当向著作权人支付一定的报酬。[③] 对于表演者的经济权利的法定许可使用构成要件主要有：(1)法定许可使用的对象是受保护的表演；(2)使用人获得许可的途径是法律的直接授权；(3)获得许可证的使用人必须向表演者支付报酬。[④]

法定许可方便了作品传播者对作品的使用，避免了因寻求著作权人的授权所带来的不便，既有利于作品的传播，又可保障著作权人的利益。法定许可遂成为各国著作权法普遍推行的一种制度。总的看来，发展中国家的法定许可使用的适用范围较广，而发达国家法定许可使用的适用范围相对较窄。

---

① 参见张晓秦、杨帆：《著作权法概论》，苏州大学出版社 2007 年版，第 231 页。

② 参见王清：《著作权限制制度比较研究》，人民出版社 2007 年版，第 25 页。

③ 参见王坤、王展：《著作权法体系化研究》，中国政法大学出版社 2018 年版，第 174 页。

④ 参见原晓爽：《表演者权利研究》，法律出版社 2010 年版，第 198 页。

第二节 法定许可使用与许可使用、法定免费使用、合理使用的比较

一、法定许可使用与许可使用

在我国著作权立法中，法定许可使用是法律上规定的作品使用，归于“著作权”一章中“权利的限制”一节，与合理使用同为一种“权利例外”；而许可使用是当事人约定的作品使用，归于“著作权许可使用和转让合同”一章，与著作权转让同为一种“权利行使”。法定许可使用与许可使用的主要区别如下。

1. 使用人获得许可的途径不同。法定许可使用不需要表演者授权，只要符合法律规定的条件，就直接推定表演者同意授权；一般许可使用是使用人与表演者达成合意的一种结果，只有表演者明确表示同意授权，使用人才能在被许可的范围内使用表演。这是法定许可使用与许可使用的最大区别。①

2. 使用作品权源不同。法定许可使用是一种法定“授权”，即法律推定著作权人可能同意并应该同意将作品交由他人使用，由法律直接规定许可，是由法律强制授权的许可制度；许可使用是一种意定授权，是当事人之间基于一定的意向合意，即由著作权人或其代理人授权他人使用作品，或者自由授权的权利制度。

3. 使用作品对象不同。许可使用的作品对象是作者已经发表的作品或将要发表的作品，多为未发表作品；法定许可使用的作品对象一般限于已经发表的作品，多数为已发表作品。这说明，作品是否发表，何时发表，怎么发表，悉由著作权人“意定”；而对已发表作品的再次使用则可在一定范围内“法定”。该规定体现了著作权法对发表权的尊重与保护。②

---

① 参见原晓爽：《表演者权利研究》，法律出版社 2010 年版，第 198 页。

② 参见吴汉东等：《西方诸国著作权制度研究》，中国政法大学出版社 1998 年版，第 190 页；张晓秦、杨帆：《著作权法概论》，苏州大学出版社 2007 年版，第 231 页。

二、法定许可使用与法定免费使用

法定许可使用不同于法定免费使用，但两者区别不仅在于是否付费，而且在于它们是否具有与“合理使用”相同的品性。所谓法定免费使用制度，是指法律允许特定机构非营利性地使用他人作品，可以不经权利人许可、不向其支付报酬的一种制度。[①] 在实行法定免费使用制度的国家里，广播电台、电视台等都属于非营利性组织机构，它们的社会职能又非常重要而且不可替代，如果要求这些机构在使用作品时向著作权人付费，那么这些机构将难以维持，因而要它们向著作权人支付使用费存在一定的困难；并且使用作品如需要事先征得作者同意又有可能妨碍宣传教育的及时性。故这些国家的著作权法规定，凡是以广播、电视等途径传播已经发表的作品，均无须取得权利人许可，也不必向其支付报酬。《苏俄民法典》第 492 条第 4 款也规定，通过电影、无线电广播、电视播放公开发表的演说、报告和已经发表的文学、科学和艺术作品，电台和电视台从演出现场直播公开演出的作品，均无须取得作者许可，也无须支付报酬。法定免费使用实际在上述国家构成合理使用，但多数国家未作出这种规定。所以法定免费使用既不同于法定许可使用，又不能归类于传统的合理使用。在知识产权保护一体化程度不断提高的情况下，现今世界各国基本上没有保留法定免费使用，而仅规定了合理使用制度。《世界版权公约》和《伯尔尼公约》的最新文本甚至暗示这种使用是不合理的。由于 1971 年修订的《世界版权公约》已经最终杜绝了法定免费使用制度，因此其成员国自此不再可能采用这种作品使用方式，或只能对本国国民的作品实行免费使用制。[②]

《著作权法》(1990) 第 43 条规定：“广播电台、电视台非营业性播放已经出版的录音制品，可以不经著作权人、表演者、录音制作者许可，不向其支付报酬。”这是典型的法定免费使用。其产生背景是中国的计划经济体制，随着市场经济的转换，法定免费使用已经失去了存在的根基。《著作权法》(2001) 第 43 条修改为：“广播电台、电视台播放已经出版的录音制品，可以不经著作权人许可，但应当支付报酬。当事人另有约定的除外。具体办法由国务院规定。”将原来的广播电台、电视台的法定免费使用改为法定许可使用，这是经济发展的必然要求，也符合著作权国际公约的精神。广播电台、电视台在收取广告利益的同时还必须向其所使用的作品的权利人付费。《著作权法》这次修正

---

① 参见吴汉东：《著作权合理使用制度研究》(修订版)，中国政法大学出版社 2005 年版，第 153 页。

② 参见郑成思：《版权法》，中国人民大学出版社 1990 年版，第 269 页；吴汉东等：《西方诸国著作权制度研究》，中国政法大学出版社 1998 年版，第 191 页。

后,中国已经废除了法定免费使用制度。

三、法定许可使用与合理使用

法定许可使用与合理使用通常被视为对著作权的限制。学者们对两者的区别一般概括为:合理使用既无须征得同意,又无须付费;而法定许可使用虽无须征得同意,但要付费。从法律事实的类别讲,合理使用是事实行为,而法定许可使用应属于准法律行为。民法学者史尚宽将法律事实中的表意行为分为"知之表示行为""情之表示行为""意之表示行为",诸如表示某一事物观念的"观念通知",请求他人行为的"意思通知"等均属于准法律行为。[①] 可见,准法律行为是一种虽无严格意义的意思表示,但又有向相对人表意之行为,因而是发生与法律行为相同后果的一种法律关系。法定许可使用具有准法律行为的一般特征:第一,许可使用的"授权"意思虽由法律直接规定,但法律对此类行为未像对事实行为规定的那样对其后果作出具体描述。法律规定必须支付报酬,但付费的数额、方式、时间仍需"意定"。第二,被许可人只要有表意行为,即承认他人著作权的存在,有使用作品和支付报酬的表示行为,即可认定法定许可使用成立。可见,表意在法定许可使用中是具有法律意义的,因而能产生与许可使用类似的法律效力。[②] 合理使用与法定许可使用的主要区别如下。

1. 适用的主体侧重不同。合理使用制度的设立主要是考虑到广大信息(包括作品)最终消费者及教育工作者、时事新闻报道者的利益,主要也是为了确保这些主体对版权作品的合理使用。法定许可使用侧重考虑涉及公众利益的某一行业的工作,如传播信息的媒体、公民素质教育、图书馆等单位,考虑的多不是个人。

2. 适用的行为不同。合理使用制度适用的行为要求比较严格,也比较复杂。即使是美国版权法中所要求的四个要素,也有学者认为不够。这些要素中,使用他人版权作品的行为是否具有营利性成为判断其合理性的关键,而一旦使用行为具有营利性,就基本上排除了该使用行为适用合理使用的可能性。在法定许可使用中,并不限制使用他人版权作品行为的营利性,只要属于法律规定可以适用法定许可的范围之内,无论营利与否,都不影响其法定许可的适用。

3. 有偿与无偿的不同。合理使用既无须著作权人许可,也无须向其支付报酬;在合

---

① 参见史尚宽:《民法总论》,台北,正大印书馆 1979 年版,第 302 ~303 页。

② 参见吴汉东:《知识产权法》,法律出版社 2021 年版,第 249 页。

理使用中，著作权人的一些权利将落空。法定许可使用虽然无须著作权人许可，但需要向其支付报酬；在法定许可使用中，著作权人的著作权只是降格为获取报酬权，并没有完全落空。

4. 适用的复杂性不同。由于合理使用中使用合理性的判断所要考虑的因素相当复杂，即使是法律条文明确规定的合理使用行为，在具体判断其合理性时也难以定论，如我国《著作权法》规定的合理使用行为之一——"为介绍、评论某一作品或者说明某一问题，在作品中适当引用他人已经发表的作品"，尚且不考虑具体行为是否具有营利性、是否会给被使用的版权作品的市场造成影响，而就引用的"适当"与否则需要仔细思考，所以合理使用的适用比较复杂。相对于合理使用，法定许可使用较为简单，不需要对该法定许可使用的任何主观性作出判断。[①]

第三节 法定许可使用制度的特征和目的

一、法定许可使用的特征

综观各国著作权法关于法定许可的规定，可以归纳出该制度具有的以下特征：第一，使用者多为表演者、录音制作者、广播组织者等邻接权的权利主体，法定许可使用所涉及的是著作权人与传播者的关系，该制度是为简化著作权手续、促进作品广泛迅速传播而设定的。第二，使用的对象只能是已发表作品。因此，法定许可使用实际上是作品的"二次使用"（secondary use），这种使用不能损害著作权人的发表权。如果著作权人事先声明不许使用，所谓法定许可使用就不能成立。第三，使用者不得损害原作品著作权人的权利。使用人不得损害著作权人的精神权利和其他财产权利。第四，使用者应该向著作权人支付报酬，其支付方式为直接支付给著作权人，或支付给著作权集体管理机构。[②] 第五，使用的方式必须符合法律规定。《著作权法》对法定许可使用的使用范围有明确的规定，使用人不得超出法律规定的范围对作品进行使用，以免对著作权人的

① 参见李祖明：《互联网上的版权保护与限制》，经济日报出版社2003年版，第239～240页。

② 参见吴汉东：《知识产权法》，法律出版社2021年版，第250页。

合法权益造成损害。

二、法定许可使用的目的

法定许可使用的主要目的就是防止权力的滥用，维护整个社会公共利益的平衡以及公正、公平的经济秩序。世界各国都对法定许可使用制度作出了详细的规定，大体归结主要涉及公共利益的维护方面、市场秩序的维护方面和由于使用范围过广而需要的法定许可使用规定。在法定许可使用中，尽管作者不再通过双方合意的意思表示将自己的权利许可他人使用，但是作者仍然享有获得报酬的权利。

第四节 法定许可使用的发展趋势

西方发达国家的法定许可使用制度近年来深受传播技术发展的影响。随着新技术革命的出现，产生了一些新作品的传播方式，使得法定许可使用的效力有所扩大，即“由版权法确定某一种许可证被版权人发出后，即暗示着另外几种传播权的许可”①。1987年《西班牙著作权法》最先对此作出回应。该法第36条规定，著作权人一旦许可广播组织广播其作品，即意味着同时许可该组织使用电缆系统传播其作品及通过卫星转播其作品。与此同时，在新技术革命的冲击下，传统合理使用中的某些类型也转变为法定许可使用。在西方国家，版权工业集团对限制合理使用的要求，主要针对个人、家庭、图书馆复制和录制作品的情形，其中涉及保护垄断权利与促进知识传播的关系、个人利益与社会利益的关系等诸多问题。

20世纪70年代以来，德国、英国、瑞典、荷兰、澳大利亚等国家，创立了一种公共借阅权，规定图书馆在出租有著作权的图书时，应向作者支付借阅版税。尽管在有的国家，借阅版税时从国家特设的公共基金中支付，但这一举措无疑使公共图书馆变成了一个纯商业性机构，既不符合其法人宗旨，也增加了管理负担。尽管已有法例在先，但舆论多有微词。至于个人复制与家庭录制，不少西方国家都采用了版税制。关于录制版

① 郑成思：《版权法》，中国人民大学出版社1990年版，第270页。

税，德国、奥地利、瑞典规定，不仅适用于录音、录像设备，而且延及音像空白载体；征收对象除录制设备及空白载体的制造商外，还包括进口上述录制设备及空白载体的经销商；版税受益人则为全体权利人，包括作者及其他著作权人、表演者、音像制作者以及广播组织。关于复制版税，日本、英国、法国、德国、意大利等国都规定，为个人使用而复制他人作品，应向著作权人支付法定的报酬。上述新版税的征收，已在部分复制、录制领域内，使合理使用变成一种许可使用。

第二章　法定许可使用制度的国际借鉴

《伯尔尼公约》和世界上大多数国家的著作权法承认的法定许可通常只有两种情形：一是允许广播电台、电视台播放已经发表的作品；二是允许录音制作者对他人已经被录制的作品进行再录制。①

第一节
国际公约对法定许可制度的规定

一、《伯尔尼公约》中的一般性规定

法定许可有时称为"法律许可"，是法律给予的一种授权，许可在某些条件下，通过支付作者一定费用而以特定方式使用受著作权保护的作品。《伯尔尼公约》准许成员国国内立法采用以不影响作者的精神权利的方式播放作品并支付合理报酬的法定许可（第 11 条之二第 2 款、第 3 款）；关于在符合限定条件的某些特殊情况下进行复制（第 9 条第 2 款）和制作音乐作品的录制品（第 13 条第 1 款），《伯尔尼公约》中也包含了采用法定许可的可能性。②

出于保护作者权利的立约宗旨，《伯尔尼公约》允许各成员国对作者的权利设定法定许可使用之限制的条款，并作为任意性规范。各成员国可以规定，也可以完全不规定。具体而言，《伯尔尼公约》的法定许可使用规范分别涉及复制权、广播权和音乐作品

---

① 参见沈仁干：《关于修改现行著作权法的思考》，载唐广良主编：《知识产权研究》第 8 卷，中国方正出版社 1999 年版，第 42 页。

② 参见世界知识产权组织编：《著作权与邻接权法律术语汇编（中英法对照）》，刘波林译，北京大学出版社 2007 年版，第 243 页。

的录制权。[①]

1. 成员国国内法有权规定为传播信息之目的，将讲课、演讲和其他类似性质的公开发表的作品，在特定条件下进行报刊转载、无线或者有线广播以及符合《伯尔尼公约》第11条之二第1款[②]的方式公开（第2条之二）传播。

2. 成员国国内法有权允许在某些特殊情况下复制《伯尔尼公约》保护的文学艺术作品，只要这种复制不与该作品的正常利用相冲突，而且不给作者的合法利益带来不合理的损害（第9条第2款）。

3. 成员国国内法规定的作者享有广播权的条件，在任何情况下不得损害作者的精神权利，也不得损害作者取得公平报酬的权利。如果在报酬问题上达不成协议，由主管当局确定报酬额（第11条之二第2款）。

4. 成员国国内法得就音乐作品作者及允许歌词与音乐作品一道录音的词作者对允许录制上述音乐作品及音乐作品连同歌词的专有权的保留及条件作出规定，对上述作品录音的专有权利规定的保留和条件在任何时候均不得损害这些作者获得公平报酬的权利。如果在报酬问题上达不成协议，由主管当局确定报酬额（第13条第1款）。

《伯尔尼公约》第9条第2款所规定的关于复制权限制的三步检验法中，第三步所确定的“不给作者的合法利益带来不合理的损害”已经隐含了概括性授权，为各国国内法在某些特殊情形下规定复制权的法定许可使用提供了公约依据。

就广播权（第11条之二第2款）而言，成员国国内法可以对作者行使其广播权设定条件，[③]但所定条件在任何情况下均不得损害作者的精神权利，也不得损害作者取得公平报酬的权利。其中，“条件”并未被限定，因此既可以是法定许可使用，也可以是对声音或图像接收器的购买者实行的税收征纳制度（所征税款再分配给作者）。

“音乐作品的录制权”（第13条第1款）实际上是《伯尔尼公约》第9条第1款所规定的复制权的一种，即机械复制权。该规定是在机械录制技术发展的背景下，音乐作品的权利人集团（主要是出版商）与新兴的唱片行业之间利益妥协的产物。唱片行业无偿地、自由地利用音乐作品逐渐兴盛发达的现实，激发了音乐作品权利人或出版商的不

---

① 参见王清：《版权与有关权：限制与例外》，载《武汉大学学报（社会科学版）》2001年第4期。

② 《伯尔尼公约》第11条之二第1款的内容为：“文学艺术作品的作者享有下列专有权利：（1）授权广播其作品或以任何其他无线传送符号、声音或图像的方法向公众传播其作品；（2）授权由原广播机构以外的另一机构通过有线传播或转播的方式向公众传播广播的作品；（3）授权通过扩音器或其他任何传送符号、声音或图像的类似工具向公众传播广播的作品。”

③ 参见王清：《著作权限制制度比较研究》，人民出版社2007年版，第265页。

满，他们强烈要求立法保护自己的作品不被肆意使用以维护自己的经济利益。因此，在1908年《伯尔尼公约》柏林修订会议后，该公约将作者的复制权扩大至对作品的机械复制。同时，为保证唱片行业能够得到足够的作品，公约增加了上述法定许可的规定。

二、TRIPs(1994)中的相关规定

TRIPs第13条规定，成员在某些特殊情形下，可以对专有权作出限制或例外规定，但这些特殊情形必须不妨碍作品的正常使用，且不会不合理地损害相关权利人的合法权益。TRIPs第13条将《伯尔尼公约》第9条第2款对普通意义上的复制权的限制扩大使用至所有的专有权，除了用“专有权”和“权利持有人”替代“复制”和“作者”外，语言表述与《伯尔尼公约》别无二致。用“权利持有人”代替“作者”更为合理，因为它照顾到了版权受让人和法人版权人的利益。TRIPs只是把《伯尔尼公约》“三步检验法”原则由复制权扩大到所有的专有权，法定许可方面的内容并无扩充。

此外，TRIPs还规定了对广播组织、表演者及录音制品制作者的保护，任何成员国均可以在《罗马公约》允许的范围内，作出各种条件、限制、例外和保留规定。这些条件、限制、例外、保留规定都可以作为各国规定法定许可制度的依据。①

三、WCT(1996)中的一般性规定

1996年在日内瓦召开的关于版权和邻接权若干问题外交会议上通过WCT。WCT第10条第1款规定：“在不与作品的正常使用相违背，也不对作者合法权益有损害之虞时，缔约各方可在其国内法中限制或例外规定对依本条约授予的文学艺术作品作者的权利。”第2款规定：“缔约各方在适用《伯尔尼公约》时，对公约所规定权利的限制和例外不得损害作品的正常使用，且不得损害作者的合法权益。”

WCT第10条第2款将《伯尔尼公约》第9条第2款确定的“不与作品的正常利用相冲突，而且不给作者的合法利益带来不合理的损害”原则扩大至用公约规定的其他特殊情形。根据《外交会议议定声明》第9条，这种扩大适用“既不缩小也不扩大由《伯尔尼公约》所允许的限制与例外的可适用性范围”。这说明，WCT只在限制程度上与TRIPs保持了一致，而否定了TRIPs对适用的权利范围和权利主体的扩大。同时，为解决数字网络环境下对权利人新增权利的限制问题，WCT第10条第1款允许各国国内法

① 参见华鹰主编：《数字出版版权保护法律制度研究》，科学出版社2018年版，第104～105页。

将符合《伯尔尼公约》的限制与例外规定“继续适用并适当延伸至数字环境”和“制定适宜数字网络环境的新的例外与限制”，弥补了TRIPs缺乏网络环境的权利限制的局限。

WCT将TRIPs所规定的版权专有权扩大至邻接权中，且将《伯尔尼公约》所规定的复制权及允许的例外适用于数字情形下，指引数字形式适用作品的情况，这样WCT就弥补了网络环境下权利限制的缺陷，为法定许可制度适应时代发展要求，进入网络环境下信息传播、流转领域奠定了基础。[①]

第二节 典型国家对法定许可制度的规定

《伯尔尼公约》1908年柏林文本增加了允许法定许可使用的规定后，录音技术的发祥地美国在其1909年版权法中率先引入了世界上第一个关于录音制品的法定许可条款，并随着录音技术从机械、光学、电磁录音到数字录音的发展而不断修改，保留至今（现行《美国版权法》第115条）。自《美国版权法》之后，法定许可制度普遍为世界各国或地区所采用。法定许可使用成为各国或地区普遍推行的一种制度，其所涉及的权利项目包括表演权、录制权、广播权、汇编权等，由于经济、政治、文化和科技发展水平方面存在差异，各国或地区著作权法所规定的法定许可制度也不尽相同。在西方，法定许可多用于作品的广播使用和唱片制作及其“再次使用”权方面。将商业唱片直接广播或在剧场、商业中心、夜总会播放，称为“再次使用”。

一、英美法系国家版权法中的法定许可

（一）美国

美国在本国版权法中设置法定许可制度主要以反垄断、保护公共知情权为基本宗旨。虽然美国在1988年才正式签署《伯尔尼公约》，成为联盟的第80个成员国，但早在1908年《伯尔尼公约》柏林文本中增加允许法定许可使用的条款后，美国便将这一条款

① 参见华鹰主编:《数字出版版权保护法律制度研究》，科学出版社2018年版，第105页。

引入本国版权法,从而成为世界上第一个明文规定录音制品法定许可的国家。伴随着录音技术的换代升级,《美国版权法》的相关规定在不断修订完善中得以保留至今,形成了现行 1976 年《美国版权法》的第 115 条。

《美国版权法》一开始就非常谨慎地采用了单一的强制许可主义。一般而言,由于法定许可直接向符合条件的使用者授权,由他们自己来判断是否具备法定条件,可能会导致权利滥用;强制许可则由潜在的使用人向有关国家机关提出申请,由该机关来审查其是否符合法定条件,对著作权人的保护比较严密。1976 年《美国版权法》最初规定了以下 5 种强制许可:有线转播;对录音作品和制品进行某些形式的公开演播和转播;制作和发行非戏剧音乐作品的录制制品;通过投币式自动播音机对录音作品和制品中的非戏剧音乐作品的使用;已公开的非戏剧音乐作品、绘画、图形和雕塑作品在非商业广播中的使用。此后经过系列修正,引入了法定许可概念,把前两种改为法定许可制度,并增加了以下 3 种法定许可情形:以私人家庭为受众,对超级电视台和联网台转播的法定许可制度;对某些录音制品进行临时复制;在原市场范围内的卫星转播。法定许可范围的增加:一是将某些原先规定为合理使用的行为,如对某些录音制品的临时复制,纳入法定许可,反映了对著作权人利益的周到保护;二是反映了《美国版权法》为拓宽作品使用途径的努力。

《美国版权法》增加了 5 种法定许可:(1)有线电视系统的二次转播(第 111 条);(2)通过非交互式(non-interactive)数字设备播放录音制品(第 114 条);(3)在非商业性广播中使用已经出版的非戏剧音乐作品和图片、图画、雕塑作品(第 118 条);(4)为个人、家庭欣赏而通过卫星传送设施二次播放作品(第 119 条);(5)地对地(local to local)卫星转播。[①] 以上规定不仅反映出《美国版权法》为拓宽作品法定许可使用途径做出的努力,更反映了对保护著作权人利益、促进作品传播和维护社会公益所做的平衡与协调。

《美国版权法》第 111 条规定,有线电视网络在二次传输广播电台、电视台发布的节目时,不必获得版权所有人的许可,但要支付法定的费用。这种许可叫做“有线电视转播法定许可”,许可费用由“版权使用费法官”确定,由有线广播组织向版权局缴存。

《美国版权法》第 119 条规定,卫星广播组织在二次传输广播电台、电视台的节目时,不必获得版权所有人许可,但要支付法定的费用。这种许可叫做“卫星转播的法定

---

① 参见陈剑玲编著:《美国知识产权法》,对外经济贸易大学出版社 2007 年版,第 24 ~30 页。

许可”，许可费用由“版权使用费法官”确定，由卫星广播组织向版权局缴存。

《美国版权法》第118条规定，公共广播组织，可以在支付费用和遵守有关条件的前提下，使用他人的作品，不必获得版权所有人的许可。这种许可叫做“非商业性广播法定许可”。其中的公共广播组织，包括非商业性的教育广播组织和其他的非营利性广播组织；应当支付的费用和尊重的条件，由“版权使用费法官”确定。

《美国版权法》第116条规定，投币点唱机的操作者，在使用录音制品中的非戏剧音乐作品时，可以不经版权所有人的许可，但要支付费用。该法定许可叫做“点唱机法定许可”。随着音乐作品传播和使用模式的变迁，投币点唱机逐步过时。1993年国会通过立法，废除了点唱机使用非戏剧音乐作品的法定许可，但保留了商谈许可的规定。①

《美国版权法》第115条“制作和发行录音制品的强制许可”规定，制作录音制品的强制许可，是指音乐作品的版权人第一次许可他人制作录音制品以后，其他的录音制品制作者可以不经其许可，使用其音乐作品制作新的录音制品，但要支付费用。在相关的立法和司法文献中，这种许可称为“强制许可”。

1995年，美国通过的《录音作品的数字化表演权法》，又将制作录音制品的强制许可延伸到数字化传输中。按照该规定，通过数字化的方式向公众提供录音制品，相当于向公众提供传统意义上的录音制品。出于这种目的而制作录音制品，同样可以适用有关强制许可的规定。这一规定已经纳入《美国版权法》第115条之中。②

（二）英国

英国作为现代版权制度的诞生地，较早地对法定许可作出相关规定。1911年《英国版权法》在首次采用《伯尔尼公约》“作者终身加50年”保护期制度的同时，其第3条规定：“作者死亡25年后或者30年后（1911年法实施后），其他人在向继承人发出通知并支付相当于复制图书定价总额1/10的使用费后，可以复制该作者的作品。”同时，该法第4条规定：“在作者死亡后的任何时间，其他人欲复制或表演其已经出版或公开表演的文学、戏剧或音乐作品而权利人拒绝许可的情况下，可以请求英国枢密院司法委员会要求权利人给与许可。”在规定了旨在减少保护期延长后对公共利益不利影响的两种法定许可的同时，该法第19条规定了与《美国版权法》类似的录制音乐作品的法定许可。

---

① 参见李明德：《美国知识产权法》（第2版），法律出版社2014年版，第330页。

② 参见李明德：《美国知识产权法》（第2版），法律出版社2014年版，第333页。

英国在1956年对其1911年版权法进行了修订,取消了原有的第3条和第4条这两种法定许可,但继续保留了录制音乐作品的法定许可。1956年《英国版权法》第12条第6款曾规定,一部作品已由作者授权某个公司或个人录制成唱片发行;在这种情况下,其他所有人都可以不必再申请作者的同意而录制,只要录制者付给法定的版税。同样,作者可将其作品授权给某个公司或个人录制,此后其他人均可再录制,但应加上必要的注记并付版税。1988年《英国版权法》修订时取消了录制音乐作品的法定许可这一条款。[①] 其原因是立法者怀疑录制音乐仅仅对权利人给予适当补偿的做法是否真正公平。英国的版权制度对世界其他国家和地区产生了深远影响。继美国和英国之后,法定许可逐步在各国得到普遍采纳。

(三)加拿大

《加拿大著作权法》曾规定了3种法定许可使用情形:(1)已出版的作品,其作者去世25年后允许复制,但复制者必须将其复制的意图按规定作出书面通知,并按规定支付版税(第7条)。(2)任何音乐、文学或戏剧作品制成磁带、唱片或其他类似制品,若该制品以前已由著作权所有人制作或经其同意制作,或者制作人已按规定通知了制作意图并已支付规定的版税,则其制作不应认为是对作品著作权的侵犯(第19条)。[②] (3)任何人依据著作权上诉委员会(后改为著作权委员会)的规定,定期向各个表演权协会支付一笔费用后,即可以获得公开播放音乐或者音乐戏剧作品的许可(第48~50条)。[③]

《加拿大版权法》在1988年以前允许人们通过机械复制方式将声音复制在唱片或者其他载体上,而不构成对其他人知识产权的侵犯,但有两个前提条件必须满足:第一,该唱片或载体的制造必须事先取得权利人的同意;第二,使用者已按照法律规定支付酬金。只要符合这两个条件就不必担心构成侵权。[④] 这被称作录制作品的法定许可使用。这一条款在1988年修订的《加拿大版权法》中被删除。

(四)澳大利亚

《澳大利亚版权法》规定了10种法定许可使用:(1)为广播作品及其改编目的而录制录音制品或电影(第47条第3款);(2)持有为残疾人服务的广播许可证的人广播已

---

① 参见吴汉东等:《西方诸国著作权制度研究》,中国政法大学出版社1998年版,第194页。

② 参见吴汉东:《著作权合理使用制度研究》(修订版),中国政法大学出版社2005年版,第155~156页。

③ 参见华鹰主编:《数字出版版权保护法律制度研究》,科学出版社2018年版,第106页。

④ 参见吴汉东等:《西方诸国著作权制度研究》,中国政法大学出版社1998年版,第310页。

出版的文学、戏剧作品（第47A条）；（3）为播放电视节目而复制电影作品（第70条第3款）；（4）为广播录音制品而录制该录音制品（第107条第3款）；（5）公开播放已出版的录音制品（第108条）；（6）在某些情况下广播已出版的录音制品（第109条）；（7）为了政府执行公务，在特定情况下复制作品（第183A条）；（8）教育机构及其他机构为残疾人复制和传播广播节目（第VA部分）；（9）教育机构及其他机构大量复制、传播作品和期刊文章（第VB部分）；（10）二次播放有线广播节目（第VC部分）。①

二、大陆法系国家著作权法中的法定许可

（一）德国

在德国，雷炳德指出："在法定许可情况下，即使没有得到作者许可，人们也可以以特定的方式对作品进行使用，但是，要受到某些报酬请求权的约束。"其主要有以下10种情况：公共出借机构出借行为所产生的报酬请求权（第27条第2款第1项）；新闻报道的规定（第49条第1款）；为残疾人制造的复制件（第45条第a款）；为学校课堂教育而制作的汇编物（第46条）；免费进行公开再现的有关规定（第52条第1款）；在宗教活动中或者宗教节日上所进行的公开再现的有关规定（第52条第2款）；以课堂教学为目的而进行的公开再现（第52条第a款）；以个人使用为目的而制作的复制件的问题（第53条至第54条第a款）；雇主对计算机程序的使用（第69条第b款）；借助音像制品而对艺术表演进行播放的行为（第78条第2款第1项）。②

有学者认为，《德国著作权法》除了第61条的关于录音制品的法定许可外，还规定了4种法定许可使用：③第46条"为教堂、学校或者课堂教学使用的汇编物"；第47条"学校播放"；第49条第1款"报纸文章和广播电视评论"；第54条"付酬义务"。④

（二）法国

法国独创了知识产权领域的法典体例。1992年，法国将当时的23个与知识产权相关的单行立法整理汇编成统一的《法国知识产权法典》（法律部分），并于1992年7月1

① 参见王清：《著作权限制制度比较研究》，人民出版社2007年版，第268页；华鹰主编：《数字出版版权保护法律制度研究》，科学出版社2018年版，第107页。

② 参见［德］M.雷炳德：《著作权法》，张恩民译，法律出版社2005年版，第295～296页。

③ 参见华鹰主编：《数字出版版权保护法律制度研究》，科学出版社2018年版，第105页。

④ 参见王清：《著作权限制制度比较研究》，人民出版社2007年版，第268～269页；华鹰主编：《数字出版版权保护法律制度研究》，科学出版社2018年版，第105～106页。

日正式颁行。《法国知识产权法典》(著作权部分)规定了两种法定许可使用:(1)在公共场所(非娱乐场所)直接传播、广播或者同时以有线方式传播以营利目的而出版的录音制品,适用法定许可(第L.214条);(2)为个人使用之目的,复制录音制品或录像制品,可以适用法定许可,但报酬由录制媒介的制造商或进口商一次性支付(如为自己使用,相应款项可退还)(第L.311条)。[①]

(三)意大利

《意大利著作权法》对法定许可使用规定了一个相对宽泛的范围,包括公映有声电影或者电影插曲、配乐的词曲(第46条第3款);公共场所以附扬声器的收音机收播节目(第58条);对剧院、音乐厅或其他公共场所表演的著作权作品进行广播;复制发表在报刊上的与公众利益有关的人物、时事或事件的摄影作品(第91条第3款);使用他人的舞台布景设计;使用工程设计图和其他有关技术问题原始解决方案的类似作品(第99条);以营利为目的在广播、电影、电视中或者舞厅等公共场所使用唱片或者类似录音制品(第73条)。《意大利著作权法》还规定了在给予补偿的条件下实行国家征收作品的制度。这些在西方国家相关立法中都是不太多见的。[②]《意大利著作权法》第一编“著作权的一般规定”第五章“例外和限制”第一节“复制及其他例外和限制”第70条第2款还规定:“对学校使用的文选进行复制的,不得超过实施条例规定的限量;实施条例应当就该复制规定相应的付酬方法。”[③]

(四)西班牙

《西班牙著作权法》只有一种法定许可,即大众传播媒体有关时事问题的论文和文章,其他大众传播媒体可以复制、发行和向公众传播,但要说明来源和作者姓名,且文中无保留版权的声明(第33条第1款)。[④]

(五)瑞士

《瑞士版权法》除了第23条之外,还规定了5种关于个人复制已出版作品(计算机

---

① 参见《法国知识产权法典(法律部分)》,黄晖译,商务印书馆1999年版,第40~41、45~47页;王清:《著作权限制制度比较研究》,人民出版社2007年版,第270页;华鹰主编:《数字出版版权保护法律制度研究》,科学出版社2018年版,第106页。

② 参见吴汉东等:《西方诸国著作权制度研究》,中国政法大学出版社1998年版,第190、415页。

③ 《十二国著作权法》,《十二国著作权法》翻译组译,清华大学出版社2011年版,第298页。

④ 参见[法]克洛德·科隆贝:《世界各国著作权和邻接权的基本原则——比较法研究》,高凌翰译,上海外语教育出版社1995年版,第59页;华鹰主编:《数字出版版权保护法律制度研究》,科学出版社2018年版,第107页。

程序除外)的法定许可：(1)教师为课堂教学而使用；(2)企业、政府机关、研究所、委员会及类似机构为了内部收集信息和文献而复制；(3)超出个人范围而全部或大量复制可以通过商业性途径获得的作品；(4)复制美术作品、音乐作品曲谱；(5)将作品的演讲、表演进行录音、录像或数据记录(第20条第2款)，以及制造或进口空白盒式录像带或其他可以录制作品的录音、录像载体(第20条第3款)。①

(六)苏联—俄罗斯

《苏俄民法典》曾规定4种比较宽泛的法定许可使用类型：公开演出已经出版的作品；为了公开复制或发行，用胶片或其他方式录制已经发表的作品，但不包括通过电影、广播或电视使用作品；作曲家利用已经出版的文学作品创作有文字的音乐作品；在工业产品中利用造型工艺作品和摄影作品(第495条)。此类法定许可使用已不适当地涉及原作者表演权、制作权、演绎权的利益。《俄罗斯联邦民法典》(1964)第四编"著作权"第495条"不经作者同意，但向作者付酬而使用作品"规定在下列情况下，使用作品可以不经作者同意，但须注明作者姓名和向作者付酬：(1)公开演出已经发表的作品；但是，如果不向观众收费，作者只有依照俄罗斯联邦部长会议的规定，才有权取得报酬。(2)为了公开复制或公开发行已经发表的作品，用胶片、唱片、录音磁带或其他设备记录这些作品，但电影、广播或电视中使用作品的情况除外(第492条第4款)。(3)作曲家利用已经出版的文字作品，创作带词的音乐作品。在这种情况下，配词的作者的酬金，由使用这一作品的组织支付。(4)在工业产品中使用造型艺术作品和摄影作品。在此种情况下，不一定注明作者姓名。②

苏联解体后，俄罗斯于1993年7月颁布《俄罗斯联邦著作权与邻接权法》时，取消了上述关于公开表演作品、录制作品、使用已出版的文学作品创作带词的音乐作品以及在工业品中使用美术作品和摄影作品的法定许可规定。③ 其法定许可使用范围极为有限，仅作为表演者权、唱片制作权的例外；允许他人不经作品的作者、表演者和唱片制作者的同意，在支付报酬的条件下，以个人使用为目的而复制视听作品或作品的录音

① 参见王清：《著作权限制制度比较研究》，人民出版社2007年版，第269～270页；华鹰主编：《数字出版版权保护法律制度研究》，科学出版社2018年版，第107页。

② 参见《中外版权法规汇编》编写组编：《中外版权法规汇编》，北京师范大学出版社1993年版，第463页。

③ 参见焦广田：《一部新型的现代化的俄罗斯著作权法》，载《著作权》1995年第2期。转引自吴汉东：《著作权合理使用制度研究》，中国政法大学出版社2005年版，第156页。

制品。[①]

作为第37条“表演者的权利”和第38条“唱片制作者的权利”各项原则的例外,《俄罗斯著作权法》准许非权利人不经作品的作者、表演者和唱片制作者的同意但向其支付报酬,只是为了个人目的复制视同作品或者作品的录音制品。[②]

(七)匈牙利

《匈牙利著作权法》的规定主要涉及播放权和录制权,即广播和电视组织有权通过支付适当报酬,而以原有的方式播放任何已经公开发行的作品,除非对剧院使用作品有相反的合同约定;广播和电视组织亦有权转播公开演出的节目(第22条);此类组织还有权将拥有广播权的作品制成录音和录像制品(第23条)。[③]

(八)芬兰

《芬兰版权法》规定了4种法定许可使用:(1)为了教育目的,汇编出版5年后的文学或音乐作品的部分,或者短小作品的全部及以图片形式复制已发行的艺术作品(专为教育目的而出版的作品除外)(第18条);(2)除公共图书馆或者研究、教育图书馆外,向公众出借作品(建筑作品、手工艺作品或实用艺术品除外)(第19条);(3)有线电视系统转播广播、电视节目(第25i条);(4)制造或进口为个人使用的录音、录像、磁带或其他媒介(第26a~26h条)。[④]

(九)丹麦

《丹麦著作权法》规定除了对个人复制艺术作品,文学或音乐作品,教育机构录制被编入广播、电视中的作品的情形适用法定许可证外,还规定有合法资格的电台或电视台组织可以根据与拥有相当数量成员的丹麦作者组织达成的协议,广播后者成员的作品,也可以用付费的方式广播不属于该组织的作者的作品。但上述规定不适用于戏剧作品和作者禁止广播的作品。《丹麦公共图书馆法》规定,国家依据有关法律规定的情况,对图书馆中收藏的丹麦作者的每件作品的副本,为该作者或其在世的配偶或未成年子女

---

① 参见吴汉东等:《西方诸国著作权制度研究》,中国政法大学出版社1998年版,第194页。

② 参见吴汉东等:《西方诸国著作权制度研究》,中国政法大学出版社1998年版,第454页。

③ 参见吴汉东等:《西方诸国著作权制度研究》,中国政法大学出版社1998年版,第1902页;吴汉东:《著作权合理使用制度研究》,中国政法大学出版社2005年版,第156页。

④ 参见王清:《著作权限制制度比较研究》,人民出版社2007年版,第270页;华鹰主编:《数字出版版权保护法律制度研究》,科学出版社2018年版,第107页。

支付固定数额的报酬。[①]

（十）日本

现行《日本著作权法》1970年制定颁布。1970年《日本著作权法》规定了3种法定许可使用的情形，分别是教科书等上面的登载（第33条）、学校教育节目的播放（第34条）和作为考试问题的复制（第36条）。[②] 20世纪80年代修订的《日本著作权法》，将原第30条为私人目的的自由复制使用改成了法定许可使用。2010年《日本著作权法》对法定许可在原有第33条项下增加一款（第33条之二），即"为了制作放大教科书等进行的复制"，[③]旨在帮助存在阅读障碍的儿童或学生的学习，允许放大使用在教科书中的作品的文字、图形，以缴纳补偿金的方式保障学生使用教科书等作品的权益。

《日本著作权法》第二章"作者的权利"第三节"权利的内容"第五小节"著作权的限制"规定了5种法定许可使用：（1）以私人使用为目的，以某些数字录制设备录制录音录像作品（第30条第2款）；（2）在由文部省审定或者文部省编撰的学校教科书（小学、中学或者其他类似学校用书）中复制已公开出版的作品，并可适用于高级中学函授课程教科书和教师指导用书（该教师指导用书必须由出版教科书的同一出版社出版）（第33条）；（3）以广播或以有线方式传播包含在与学校课程标准相符的广播节目或有线广播节目中的已出版作品（第34条）；（4）为营利目的，在入学考试、其他知识或技能考试或证书考试的试题中复制已公开发表的作品，所支付的报酬相当于正常使用费（第36条第2款）；（5）指定的非营利的音像教育机构及其他机构向公众免费出借电影及其他音像制品（第38条第5款）。[④]

（十一）韩国

《韩国著作权法》第二章"作者的权利"第五节"作品的法定许可使用"第50条"著作财产权人不明时作品的利用"第1款规定："如果根据大总统令规定的标准作出相当努力，仍然无法获得已发表作品（外国人的作品除外）的著作权人或其住所，在无法获得许可使用时，可以根据大总统令的规定并得到文化体育观光部长官的批准后，按照文化

---

① 参见吴汉东等：《西方诸国著作权制度研究》，中国政法大学出版社1998年版，第192页。

② 参见李扬：《日本知识产权法》，知识产权出版社2011年版，第25～27页。

③ 参见李扬：《日本知识产权法》，知识产权出版社2011年版，第25页。

④ 参见王清：《著作权限制制度比较研究》，人民出版社2007年版，第270～271页；《日本著作权法》，李扬译，知识产权出版社2011年版，第60～68页。

体育观光部制定的标准，交存一定补偿金后利用作品。”第51条“已公开作品的广播”规定：“如果以公益为目的，广播组织与已公开发表作品的著作权人经过协商而无法达成协议时，可以经文化体育观光部长官批准后，并依据长官所决定的标准，向著作权人支付或交存一定补偿金后利用作品。”第52条“商业录音制品的制作”规定：“商业录音制品在本国首次销售三年后，如果有人想以录音制品中录制的制品制作录音制品，与著作权人进行协商但无法达成协议时，可以经文化体育观光部长官批准，并依据长官所决定的标准，向著作权人支付或交存一定补偿金后制作录音制品。”①

三、东盟国家法定许可制度

《老挝知识产权法》第97条和第98条分别规定了带有/没有报酬的与版权相关的权利限制。第97.1条规定，在下列情况下，未经任何授权而行使与版权相关的权利的人或组织必须按照与作品所有人、版权所有人、表演者、音像录音制品制作者和音像广播组织所达成的协议支付报酬：为商业性使用音像广播目的而使用已直接或间接出版的音像录音制品；在经营商业和贸易中使用已出版的音像录音制品。第97.2条规定，前条界定的行使权利人或组织不得损害表演者、音像录音制作者和音像广播组织的权利，并且不得损害该表演、音像录音制品和音像广播节目的通常收益。②

《印度尼西亚版权法》第18条规定：(1)由政府为了国家利益而通过无线电广播、电视广播和/或其他方法对作品的发表可以不必请求版权持有人的许可而进行，条件是该发表并不会损害该版权持有人的通常利益，且给予该版权持有人合理补偿；(2)发表了第1款规定的作品的广播组织应当有权仅为其自己使用而保存该作品，条件是对于以后的广播，该广播组织应当向所涉的版权持有人支付合理补偿。③

四、著作权许可使用制度的特征

综观多国著作权法关于法定许可的规定，可以看出这一制度具有以下特征。

（一）法定许可使用的法律特征

第一，法定许可的情形除部分涉及原创作者与一般使用者的关系外，其使用者多为

---

① 《十二国著作权法》，《十二国著作权法》翻译组译，清华大学出版社2011年版，第521页。
② 参见冯寿波：《中国－东盟自由贸易区版权法比较研究》，气象出版社2014年版，第95页。
③ 参见冯寿波：《中国－东盟自由贸易区版权法比较研究》，气象出版社2014年版，第95页。

表演者、唱片制作者、广播组织者等，即该种许可使用主要涉及著作权人（作品创作者）与邻接权人（作品传播者）的关系。这一制度设定就是为了简化著作权手续，促进作品广泛、迅速地传播。第二，使用的对象只能是已发表作品。因此，法定许可使用实际上是作品的"二次使用"，这种使用未损害著作权人的发表权。如果著作权人事先声明不许使用，所谓法定许可使用亦不能成立。该种声明是一种对法定许可的"保留权"。但是，一旦著作权人将收回的许可使用权又通过约定许可的方式行使，则意味着原有的"保留权"放弃，则法定许可条款重新生效，任何一个符合法定条件的主体都可以对其作品进行使用。第三，使用不得损害被使用人和原著作权人的权益。第四，使用者应该向著作权人支付报酬，其支付方式为直接支付给著作权人或支付给集体管理机构。第五，法定许可使用仅为一种非专有权利，且不得转让给他人。[①]

（二）法定许可使用的国情特征

西方国家的法定许可制度，除具有上述法律特点外，还往往带有自己的"国情"特征。由于各国经济、政治、文化、科技等方面发展水平的差异，就法定许可使用的范围而言，发达国家对许可范围的限定普遍严于发展中国家。例如，1956 年《英国版权法》第 12 条第 6 款曾规定了录制录音制品的法定许可；1988 年修订时又取消了该条款。《苏俄民法典》曾规定了 4 种比较宽泛的法定许可使用类型；苏联解体后，1993 年颁布的《俄罗斯著作权法》取消了这些条款，其法定许可使用的范围极为有限。意大利对法定许可使用规定了一个相对宽泛的范围。

（三）法定许可使用的技术特征

第一，法定许可使用的效力随着传播技术的发展而扩大。西方国家的法定许可使用制度深受传播技术发展的影响。随着新技术革命产生了新的作品传播方式，使得法定许可使用的范围有所扩大。"由版权法确定某一种许可证被版权人发出后，即暗示着另外几种传播权的许可。"[②]1987 年《西班牙著作权法》最先作出回应。该法第 36 条规定，著作权人一旦许可广播组织广播其作品，即意味着同时许可该组织使用电缆系统传播其作品及通过卫星转播其作品。第二，新技术革命推动将合理使用转变为法定许可使用。在新技术革命冲击下，传统合理使用中的某些类型也转变为法定许可使用。在

① 参见吴汉东：《著作权合理使用制度研究》（修订版），中国政法大学出版社 2005 年版，第 157 页。

② 郑成思：《版权法》，中国人民大学出版社 1990 年版，第 270 页。

西方国家,版权工业集团对限制合理使用的要求,主要针对个人、家庭、图书馆复制和录音作品的情形,其中涉及保护垄断权利与促进知识传播的关系、个人利益与社会利益的关系等诸多问题。20世纪70年代以来,德国、英国、瑞典、荷兰、澳大利亚等国,创立了一种公共借阅权,即规定图书馆在出租有著作权的图书时,应向作者支付借阅版税。尽管在有的国家,借阅版税是从国家特设的公共基金中支付,但这一举措无疑使公共图书馆变成一个纯商业性机构,既不符合法人宗旨,也增加了管理负担。至于个人复制与家庭录制,不少西方国家都采用了版税制。关于录制版税,德国、奥地利、瑞典的规定,不仅适用于录音、录像设备,而且延及音像空白载体;征收对象除录制设备及其空白载体的制造商外,还包括进口上述录制设备及其空白载体的经销商;版税受益人则为全体权利人,包括作者及其他著作权人、表演者、音像制作者以及广播组织。关于复制版税,日本、英国、法国、德国、意大利等国都规定,为个人使用目的复制他人作品,应向著作权人支付法定的报酬。上述新版税的征收,已在部分复制、录制领域内,使合理使用变成一种法定许可使用。①

第三节 中美版权法法定许可制度之比较

一、法定许可范围和作品对象的差异

《美国版权法》对法定许可持相当谨慎态度,只规定了转播和临时复制的形式,许可对象仅仅是录音作品和制品。对电台公开节目的转播实行法定许可是《美国版权法》的特色,共规定了3种情形:有线转播;对录音作品和制品进行某些形式的公开演播和转播;以私人家庭为受众的超级电视台和联网台的转播。除了转播,美国法定许可的主要对象是录音作品和制品。

中国《著作权法》(2020)对法定许可的规定比较宽泛,除了规定广播电台、电视台

① 参见吴汉东等:《西方诸国著作权制度研究》,中国政法大学出版社1998年版,第195页。

播放他人已经发表的作品和播放录音制品以外（但不包括对电台、电视台节目的转播），[①]还规定了报刊转载、摘编的法定许可，教科书编写出版的法定许可。我国的法定许可制度涉及的作品范围较广，除了录音作品和制品，还包括文字作品、影视作品等，在使用他人作品方面并没有类别限制。这种宽松的立法减少了促成任意许可协议可能需要的高昂交易费用，有一定的先进之处；但又有可能过多剥夺了著作权人的权利，所以，又允许著作权人以事先声明排除这一许可，这体现了制度上的灵活性。

二、法定许可中对权利人权利限制的差异

《美国版权法》对权利人的限制是：不允许著作权人事先以声明来排除该制度的适用。中国《著作权法》则允许著作权人事先以声明来排除该制度的适用，从而更近似于“默示许可制度”。[②] 这反映了两国著作权法在权益平衡上的差异，在对公共利益的保护上美国更加充分，而在对个人利益的保护上中国更加周到，也更具有灵活性。但一概采取“默示许可”的方式，往往对某些涉及重大社会公共利益的问题解决不利，并助长著作权权利的滥用。由于社会文化发展的需要，对容易造成垄断或有害于公众知情权的情形，应不允许著作权人排除法定许可，否则可能使该制度成为一纸空文。

三、法定许可中对实施者限制的差异

《美国版权法》对法定许可实施者的限制是：要求实施者对作品完整权和广告权利进行保护，以及不损害著作权人的潜在市场利益。以转播为例，它涉及多个著作权人的作品完整权的保护问题。首先，其体现在转播中的作品的创作者们的权利保护，他们的作品不能在转播中被增删和改变。其次，转播者在作品的开头、结尾以及节目中间的有关著作权声明，尤其是商业广告，这些内容也应该被完整转播。最后，实施许可不能超过必要范围，不能导致著作权人自己正常使用的市场利益受到损害。

中国《著作权法》（2020）对法定许可实施的限制是报刊转载、摘编中必须指明原作者姓名和作品名称，并无其他详细的规定。

---

① 我国类似的规定为电台对已发表作品和已出版录音制品的播放，但不包括对电台节目的转播。参见《著作权法》（2020）第46条、第48条。

② 参见《著作权法》（2010）第23条、第33条、第40条、第43条。但《著作权法》（2010）第43条第2款规定“广播电台、电视台播放他人已发表的作品，可以不经著作权人许可，但应当支付报酬”，不允许著作权人事先以声明来排除，是一个例外。

四、法定许可使用费确定上的差异

(一)《美国版权法》对法定许可使用费确定的原则

1. 当事人的协议优先。基于法定许可制度的本质,使用费是为了探求一个合理的补偿,其最理想的状态是通过市场进行自愿协商而确定。协商产生的价格一般不至于造成垄断,但亦有例外。

2. 反垄断原则。已经确定的版税和实施条款,根据公平原则和情势变更,原则上可以适时调整。

3. 市场原则。仲裁决定依据市场原则作出,考虑的因素主要有:最大可能地体现出在市场上买卖双方自愿协商所能达成的价格,因此,需要考虑经济、竞争和节目本身的情况:该项许可的实施是否会促进或减少著作权作品的销售,从而提高或减少作者的收入;作者和许可实施者在向公众提供服务中所起的作用,包括创造性贡献、技术性贡献、资本投入、成本和风险的对比关系;同一类型的许可中要考虑到实施者不同形式的行为以及对市场的影响;在费用调整的裁决中要考虑到国内通货膨胀或货币贬值以及实施许可的方式变化等内容;转播人除了对自己创作的节目以著作权人的身份获得版税外,其他部分由被转播作品的权利人分享;版税数额一般与实施行为是否具有公益性无关。

4. 公益优先原则。当事人间的关系不能影响公众合理获得信息服务的权利。转播服务区内接收不到信号的公众有权以与其他用户相同的费用得到转播的服务。为此,要求转播人提高其传播领域内观众的覆盖率,否则,他人可以在其服务区内以零版税进行有线转播,以减轻此类用户的负担。在转播原市场范围内的卫星转播也不需交纳版税。

上述协议原则、市场原则、反垄断原则和公益优先原则主要通过当事人协商和有关机构裁决,这些做法可以为我国立法采纳,改变不尽公平的“一刀切”做法。

(二)中国《著作权法实施条例》和相关规定明确了法定许可的付费时间、标准和方式

《著作权法实施条例》(2013)第 32 条规定,依照《著作权法》(2010)第 23 条、第 33 条第 2 款、第 40 条第 3 款的规定,使用他人作品的,应当自使用该作品之日起 2 个月内

向著作权人支付报酬。[1] 同时，国家版权局先后颁布了《录音法定许可付酬标准暂行规定》、《演出法定许可付酬标准暂行规定》（已失效）、《出版文字作品报酬规定》（已失效），对相关法定许可使用付酬标准作了明确规定。2009 年国务院公布了《广播电台电视台播放录音制品支付报酬暂行办法》，2013 年国家版权局又公布了《教科书法定许可使用作品支付报酬办法》，但对网络法定许可使用的付酬标准还缺乏统一规定。比较而言，《美国版权法》的做法更为合理：除对电台、电视台的转播可以就其覆盖的范围、传播的时间等比较确定的因素对版税和实施条款作出明确规定外，其他情形下更适合根据对具体市场的影响来决定。同一作品的不同实施方式对各方权益产生的后果可能会有很大差异，难以用统一的标准来量化，不如留给当事人协商或主管部门依具体情况裁决，这样更具有灵活性，符合实事求是的原则。

第四节 中国著作权法定许可制度立法

不同于“合理使用”，“法定许可”是指作品使用人可不经著作权人许可而使用作品，但必须依照有关规定支付作品使用报酬的著作权限制制度。依照著作权人是否可以通过声明排除法定许可，可将其分为相对性法定许可和绝对性法定许可。相对性法定许可准许著作权人通过声明排除，对著作权限制相对轻微，但规范复杂；而绝对性法定许可不准许排除，对著作权限制明显，规范相对简明。《著作权法》规定的法定许可，既有相对性法定许可，也有绝对性法定许可。但相对性法定许可与外国著作权法中的法定许可有较大的差别，那就是作者或其他著作权人声明不许使用的作品，不适用法定许可。相对性法定许可，被称作准法定许可或默示许可。

一、《著作权法》（1990）规定的法定许可

1990 年《著作权法》是中华人民共和国成立以来的第一部著作权法。该法规定了诸多法定许可情形，具体包含以下 4 种情形。

---

① 参见吴高盛主编：《〈中华人民共和国著作权法〉释义及实用指南》，中国民主法制出版社 2015 年版，第 375 页。

1. 报刊转载、摘编的法定许可(第32条第2款)。

2. 表演者营利性演出的法定许可(第35条第2款)。该条所规定的营利性演出与《著作权法》(1990)第22条“合理使用”中所规定的“免费表演”相互对应。

3. 制作录音制品法定许可(第37条第1款)。

4. 广播电台、电视台使用他人已发表的作品制作广播、电视节目的法定许可(第40条第2款)。

《著作权法》(1990)规定的法定许可具体情形为此后几部《著作权法》中的法定许可搭建了基本框架,也为法定许可的完善提供了努力的方向。

二、《著作权法》(2001)规定的法定许可

《著作权法》(2001)是对《著作权法》(1990)的第一次修正,著作权法定许可制度发生巨大变化。关于著作权法定许可的修改主要体现如下。

1.《著作权法》(2001)第23条增加了“编写出版教科书的法定许可”的规定。《著作权法》(2001)第23条第1款规定:“为实施九年制义务教育和国家教育规划而编写出版教科书,除作者事先声明不许使用的外,可以不经著作权人许可,在教科书中汇编已经发表的作品片段或者短小的文字作品、音乐作品或者单幅的美术作品、摄影作品,但应当按照规定支付报酬,指明作者姓名、作品名称,并且不得侵犯著作权人依照本法享有的其他权利。”

2.“报刊转载、摘编的法定许可”沿袭《著作权法》(1990)的规定,仍为第32条第2款。《著作权法》(2001)第32条第2款规定:“作品刊登后,除著作权人声明不得转载、摘编的外,其他报刊可以转载或者作为文摘、资料刊登,但应当按照规定向著作权人支付报酬。”

3. 删除《著作权法》(1990)第35条第2款规定的表演者营利性演出法定许可。

4. 限定“制作录音制品的法定许可”的内容,增加了“已经合法录制为录音制品的音乐作品”的限制性规定,以限制使用作品的范围。《著作权法》(2001)第39条第3款规定:“录音制作者使用他人已经合法录制为录音制品的音乐作品制作录音制品,可以不经著作权人许可,但应当按照规定支付报酬;著作权人声明不许使用的不得使用。”

5. 将“广播电台、电视台使用他人已发表的作品制作广播、电视节目”修改为“广播电台、电视台播放他人已发表的作品”。《著作权法》(1990)第40条第2款规定:“广播电台、电视台使用他人已发表的作品制作广播、电视节目,可以不经著作权人许可,但著

作权人声明不许使用的不得使用；并且除本法规定可以不支付报酬的以外，应当按照规定支付报酬。"《著作权法》（2001）第42条第2款规定："广播电台、电视台播放他人已发表的作品，可以不经著作权人许可，但应当支付报酬。"

6. 将广播电台、电视台播放录音制品合理使用修改为广播电台、电视台播放录音制品法定许可。《著作权法》（1990）第43条规定："广播电台、电视台非营业性播放已经出版的录音制品，可以不经著作权人、表演者、录音制作者许可，不向其支付报酬。"这明显属于合理使用。《著作权法》（2001）第43条规定："广播电台、电视台播放已经出版的录音制品，可以不经著作权人许可，但应当支付报酬。当事人另有约定的除外。具体办法由国务院规定。"这是法定许可的体现。

《著作权法》（2001）规定了5种法定许可使用制度：（1）编写出版教科书。（2）报刊转载与摘登。（3）制作录音制品。（4）广播电台、电视台播放作品。（5）广播电台、电视台播放录音制品。《著作权法》（2001）规定的5种"法定许可"，实际上只有"广播电台、电视台播放作品""广播电台、电视台播放录音制品"两种属于真正意义上的法定许可，即绝对性法定许可；"编写出版教科书""报刊转载与摘登""制作录音制品"3种只能称为"准法定许可"，即相对性法定许可，因为著作权人可以声明不许使用。同其他国家的制度相比，我国的法定许可使用制度规定了一个前提条件——作者声明保留权利者除外。这与国际上通行的法定许可使用有较大的区别。

三、《著作权法》（2010）规定的法定许可

《著作权法》（2010）是对《著作权法》（1990）的第二次修正，著作权法定许可制度的内容相比《著作权法》（2001）完全没有改变。

1. "编写出版教科书的法定许可"沿袭了《著作权法》（2001）第23条，仍为《著作权法》（2010）第23条。

2. "报刊转载、摘编的法定许可"沿袭了《著作权法》（2001）第32条第2款，改为《著作权法》（2010）第33条第2款。

3. "制作录音制品的法定许可"沿袭了《著作权法》（2001）第39条第3款，改为《著作权法》（2010）第40条第3款。

4. "广播电台、电视台播放作品的法定许可"沿袭了《著作权法》（2001）第42条第2款，改为《著作权法》（2010）第43条第2款。

5. "广播电台、电视台播放录音作品的法定许可"沿袭了《著作权法》（2001）第43

条,改为《著作权法》(2010)第44条。

《著作权法》(2010)规定有5项法定许可:“编写出版教科书的法定许可”(第23条)、“转载或摘编报刊作品的法定许可”(第33条第2款)、“制作录音制品的法定许可”(第40条第3款)、“广播电台、电视台播放作品的法定许可”(第43条第2款)和“广播电台、电视台播放录音制品的法定许可”(第44条)。前3项属于相对性法定许可(准法定许可),后两项属于绝对性法定许可。

四、《著作权法》(2020)规定的法定许可

《著作权法》(2020)是对《著作权法》(1990)的第三次修正,著作权法定许可制度相比《著作权法》(2010)作了一些微调。

1.“编写出版教科书的法定许可”基本沿袭了《著作权法》(2010)第23条,改为《著作权法》(2020)第25条。第1款删除了“九年制”“除作者事先声明不许使用的外”两处;增加了“图形作品”“向著作权人”“或者名称”3处。第2款将“出版社、表演者、录音录像制作者、广播电台、电视台的”修改为“与著作权有关的”,即将相对性法定许可改为绝对性法定许可。

2.“报刊转载、摘编的法定许可”完全沿袭了《著作权法》(2010)第33条第2款,改为《著作权法》(2020)第35条第2款。该款没有改动,仍为相对性法定许可。

3.“制作录音制品的法定许可”完全沿袭了《著作权法》(2010)第40条第3款,改为《著作权法》(2020)第42条第2款。该款没有改动,仍为相对性法定许可。

4.“广播电台、电视台播放作品的法定许可”基本沿袭了《著作权法》(2010)第43条第2款,改为《著作权法》(2020)第46条第2款,仅增加了“按照规定”1处。

5.“广播电台、电视台播放录音制品的法定许可”。《著作权法》(2010)第44条:“广播电台、电视台播放已经出版的录音制品,可以不经著作权人许可,但应当支付报酬。当事人另有约定的除外。具体办法由国务院规定。”《著作权法》(2020)第45条:“将录音制品用于有线或者无线公开传播,或者通过传送声音的技术设备向公众公开播送的,应当向录音制作者支付报酬。”有学者认为该条属于法定许可的情形。①

《著作权法》四个版本关于法定许可的规定如表5-2-1所示。

① 参见吴汉东:《知识产权法》,法律出版社2021年版,第251页。

表 5－2－1　《著作权法》四个版本关于“法定许可”的规定

	《著作权法》(1990)	《著作权法》(2001)	《著作权法》(2010)	《著作权法》(2020)
编写出版教科书	—	第 23 条：**为实施九年制义务教育和国家教育规划而编写出版教科书，除作者事先声明不许使用的外，可以不经著作权人许可，在教科书中汇编已经发表的作品片段或者短小的文字作品、音乐作品或者单幅的美术作品、摄影作品，但应当按照规定支付报酬，指明作者姓名、作品名称，并且不得侵犯著作权人依照本法享有的其他权利。** **前款规定适用于对出版社、表演者、录音录像制作者、广播电台、电视台的权利的限制** **（默示许可）**	第 23 条：为实施九年制义务教育和国家教育规划而编写出版教科书，除作者事先声明不许使用的外，可以不经著作权人许可，在教科书中汇编已经发表的作品片段或者短小的文字作品、音乐作品或者单幅的美术作品、摄影作品，但应当按照规定支付报酬，指明作者姓名、作品名称，并且不得侵犯著作权人依照本法享有的其他权利。 前款规定适用于对出版社、表演者、录音录像制作者、广播电台、电视台的权利的限制 （默示许可）	第 25 条：为实施义务教育和国家教育规划而编写出版教科书，可以不经著作权人许可，在教科书中汇编已经发表的作品片段或者短小的文字作品、音乐作品或者单幅的美术作品、摄影作品、**图形作品**，但应当按照规定**向著作权人**支付报酬，指明作者姓名**或者名称**、作品名称，并且不得侵犯著作权人依照本法享有的其他权利。 前款规定适用于对**与著作权有关的**权利的限制 （法定许可）
报刊转载摘编	第 32 条第 2 款：作品刊登后，除著作权人声明不得转载、摘编的外，其他报刊可以转载或者作为文摘、资料刊登，但应当按照规定向著作权人支付报酬 （默示许可）	第 32 条第 2 款：作品刊登后，除著作权人声明不得转载、摘编的外，其他报刊可以转载或者作为文摘、资料刊登，但应当按照规定向著作权人支付报酬 （默示许可）	第 33 条第 2 款：作品刊登后，除著作权人声明不得转载、摘编的外，其他报刊可以转载或者作为文摘、资料刊登，但应当按照规定向著作权人支付报酬 （默示许可）	第 35 条第 2 款：作品刊登后，除著作权人声明不得转载、摘编的外，其他报刊可以转载或者作为文摘、资料刊登，但应当按照规定向著作权人支付报酬 （默示许可）
营利性演出	第 35 条第 2 款：表演者使用他人已发表的作品进行营利性演出，可以不经著作权人许可，但应当按照规定支付报酬；著作权人声明不许使用的不得使用 （默示许可）	—	—	—

续表

	《著作权法》(1990)	《著作权法》(2001)	《著作权法》(2010)	《著作权法》(2020)
制作录音制品	第 37 条第 1 款:录音制作者……使用他人已发表的作品制作录音制品,可以不经著作权人许可,但应当按照规定支付报酬;著作权人声明不许使用的不得使用 (默示许可)	第 39 条第 3 款:录音制作者使用他人**已经合法录制为录音制品的音乐作品制作**录音制品,可以不经著作权人许可,但应当按照规定支付报酬;著作权人声明不许使用的不得使用 (默示许可)	第 40 条第 3 款:录音制作者使用他人已经合法录制为录音制品的音乐作品制作录音制品,可以不经著作权人许可,但应当按照规定支付报酬;著作权人声明不许使用的不得使用 (默示许可)	第 42 条第 2 款:录音制作者使用他人已经合法录制为录音制品的音乐作品制作录音制品,可以不经著作权人许可,但应当按照规定支付报酬;著作权人声明不许使用的不得使用 (默示许可)
广播机构播放作品	第 40 条第 2 款:广播电台、电视台使用他人已发表的作品制作广播、电视节目,可以不经著作权人许可,但著作权人声明不许使用的不得使用;并且除本法规定可以不支付报酬的以外,应当按照规定支付报酬 (默示许可)	第 42 条第 2 款:广播电台、电视台**播放**他人已发表的作品,可以不经著作权人许可,**但应当支付报酬** (法定许可)	第 43 条第 2 款:广播电台、电视台播放他人已发表的作品,可以不经著作权人许可,但应当支付报酬 (法定许可)	第 46 条第 2 款:广播电台、电视台播放他人已发表的作品,可以不经著作权人许可,但应当**按照规定**支付报酬 (法定许可)
播放录音制品	第 43 条:广播电台、电视台非营业性播放已经出版的录音制品,可以不经著作权人、表演者、录音制作者许可,不向其支付报酬 (合理使用)	第 43 条:**广播电台、电视台播放已经出版的录音制品,可以不经著作权人许可,但应当支付报酬。当事人另有约定的除外。具体办法由国务院规定** **(法定许可)**	第 44 条:广播电台、电视台播放已经出版的录音制品,可以不经著作权人许可,但应当支付报酬。当事人另有约定的除外。具体办法由国务院规定 (法定许可)	第 45 条:将录音制品用于有线或者无线公开传播,或者通过传送声音的技术设备向公众公开播送的,应当向录音制作者支付报酬 (法定许可)

然而,不得不承认,相对性法定许可并非真正意义上的“法定许可”,而本质上是默示许可,即法律规定著作权人不声明反对是以默示方式同意特定范围的使用行为。此外,作者或著作权人排除法定许可的声明无法统一检索查询,导致此种法定许可运行成本高昂。

五、《信息网络传播权保护条例》中的法定许可

《著作权法》(2001)第 58 条规定:“计算机软件、信息网络传播权的保护办法由国

务院另行规定。”国务院于 2006 年颁布了《信息网络传播权保护条例》，修订后的《信息网络传播权保护条例》(2013)只是对非法营业额数额和处罚作了修改，有关著作权法定许可的内容未作改动。《信息网络传播权保护条例》(2013)针对信息网络传播权规定有两项法定许可：第 8 条，简称“制作课件实施远程教育法定许可”；第 9 条，简称“扶助农村贫困地区的信息网络传播法定许可”。前者是绝对性法定许可，而后者是相对性法定许可。

《信息网络传播权保护条例》(2013)第 8 条规定：“为通过信息网络实施九年制义务教育或者国家教育规划，可以不经著作权人许可，使用其已经发表作品的片段或者短小的文字作品、音乐作品或者单幅的美术作品、摄影作品制作课件，由制作课件或者依法取得课件的远程教育机构通过信息网络向注册学生提供，但应当向著作权人支付报酬。”此为法定许可，即绝对性法定许可。

《信息网络传播权保护条例》(2013)第 9 条规定：“为扶助贫困，通过信息网络向农村地区的公众免费提供中国公民、法人或者其他组织已经发表的种植养殖、防病治病、防灾减灾等与扶助贫困有关的作品和适应基本文化需求的作品，网络服务提供者应当在提供前公告拟提供的作品及其作者、拟支付报酬的标准。自公告之日起 30 日内，著作权人不同意提供的，网络服务提供者不得提供其作品；自公告之日起满 30 日，著作权人没有异议的，网络服务提供者可以提供其作品，并按照公告的标准向著作权人支付报酬。网络服务提供者提供著作权人的作品后，著作权人不同意提供的，网络服务提供者应当立即删除著作权人的作品，并按照公告的标准向著作权人支付提供作品期间的报酬。依照前款规定提供作品的，不得直接或者间接获得经济利益。”此为默示许可。

《著作权法》(2010)对 3 种法定许可使用方式赋予著作权人以保留权，即著作权人可以事先声明排除该 3 种法定许可使用，这一规定与国际上通行的法定许可使用制度有所不同，故有学者称之为“准法定许可”，即“编写出版教科书的法定许可”“转载或摘编报刊作品的法定许可”“制作录音制品的法定许可”。

《著作权法》及《信息网络传播权保护条例》规定了 7 种法定许可使用。如同合理使用一样，依著作权人是否可以声明保留，可将其分为相对性法定许可和绝对性法定许可。相对性法定许可本质上是默示许可，只要著作权人不声明反对，法律即推定其同意特定范围内的使用行为。无论如何，该类使用具有法律规定的“权利例外”一般特征。

中国《著作权法》(2020)和《信息网络传播权保护条例》(2013)关于法定许可使用分类如表 5－2－2 所示。

表 5－2－2 中国著作权法定许可使用分类一览

分类	具体条款	《著作权法》（2020）	《信息网络传播权保护条例》（2013）	许可类型
人道主义	网络传播信息扶助贫困法定许可		第 9 条	默示许可
公益目的	编写出版教科书法定许可	第 25 条		法定许可
	制作课件实施远程教育法定许可		第 8 条	法定许可
促进作品利用	报刊转载摘编法定许可	第 35 条第 2 款		默示许可
	制作录音制品法定许可	第 42 条第 2 款		默示许可
	广播机构播放作品法定许可	第 46 条第 2 款		法定许可
	广播机构播放录音制品法定许可	第 45 条		法定许可

第三章 著作财产权法定许可（一）：编写出版教科书

所谓法定许可，是指依照法律的规定，可不经作者或其他著作权人的同意而使用其已经发表的作品。法定许可是对著作权的一种限制。根据法定许可使用他人作品时，应当向作者或其他著作权人支付报酬，并应注明作者姓名、作品名称和出处。

第一节 他山之石：典型国家的立法例借鉴

一些国家规定，编写出版教科书使用他人作品属于法定许可的范围，即不经著作权人许可，就可以使用。举例如下。

《德国著作权法》第一部分“著作权”第六节“对著作权的限制”第46条“为教堂、学校或者课堂教学使用的汇编物”第1款规定：“如果著作的部分内容或者小篇幅的语言著作或者音乐著作、单独的美术著作或者单独的摄影著作在发表之后成为集大量著作人著作的汇编的组成部分，并且根据其特点只为学校、非营利性培训或者进修教育机构，或者职业教育机构的课堂教学，或者课堂使用，则本法允许将其复制、传播和公开提供。用于学校课堂教学公开提供的著作始终应当取得权利人许可。在复制件或者公开提供时应当明确表明汇编物的用途。”第2款规定：“本条第1款适用于为一般学校音乐教学而使用音乐著作的汇编物。专业音乐学校除外。”第3款规定：“只有将利用本条第1款权利的意图通知著作人，或者在其住址、居住地不明的情况下，以挂号信的方式通知独占利用权人，并且自信发出两星期后才得开始复制，或者公开提供。如果独占利用权人的住址或者居住地也不明确，得在联邦公报上发表通知。”第4款规定：“对于本条第1款和第2款允许的利用，应当付给著作人适当报酬。”第5款规定：“如果著作不再符合著作人的信念而且著作人不愿继续使用该著作并且基于此原因已收回现有的利用权(第42条),著作人得禁止本条第1款和第2款允许的使用。本法第136条第1款、第2款的规定准用。"①

《日本著作权法》第二章"作者的权利"第三节"权利的内容"第五小节"著作权的限制"至少有4个条文的规定与教育机构使用他人已经发表的作品相关,即教科书登载(第33条)、学校教育节目的广播(第34条)、学校和其他教育机构的复制(第35条)、作为试题的复制(第36条)等。

《日本著作权法》第33条"教科书等的登载"第1款规定:"已经发表的作品,在学校教育目的的必要限度内,可以在教科书(指供经过文部科学大臣审定或者文部科学省拥有著作名义的小学、中学、高中或者中等教育学校以及其他类似学校中教育使用的儿童用书或者学生用书)上刊登。"第2款规定:"按照前款规定在教科书上登载作品时,应当通知作者,同时应当考虑本规定的目的、作品的种类及其用途、通常的使用费标准以及其他因素后,向著作权人支付文化厅长官每年规定的补偿金。"第3款规定:"文化厅长官作出前款规定的补偿金标准规定时,应当在官报上公布。"第4款规定:"前三款的规定,准用于在和高等学校(包括中等教育学校后期课程)的函授教育学习用书以及教科书有关的教师指导用书(限于该教科书的发行者所发行的教师指导用书)上复制已经发表的作品。"②这个规定叫作"教科书登载"。

《日本著作权法》第34条"学校教育节目的播放"第1款规定:"已经发表的作品,在学校教育目的的必要限度内,可以在面向符合《有关学校教育法令》规定的教育可成标准的学校的播放节目或者有线播放节目中,播放或者有线播放该作品,或者专门以该播放对象所在地域范围内同时接收该播放为目的,对该作品进行自动公众播放,以及在该播放节目用或者有线播放节目用的教材中登载该作品。"第2款规定:"按照前款规定使用作品的人,应当通知作者,并向著作权人支付合理数量的补偿金。"③据第1款规定,出于学校教育的目的,可以在必要范围内,依据学校教育机构法令规定的教育课程,通过面向学校的广播节目和有线转播节目,或者在广播节目教材或者有限转播节目教材中,使用他人已经发表的作品。据第2款规定,在学校广播节目和有限转播节目中使用已经发表的作品,不必获得作者的许可,但是应当通知作者并且支付一定的费用。这个规

① 《十二国著作权法》,《十二国著作权法》翻译组译,清华大学出版社2011年版,第160~161页。

② 《十二国著作权法》,《十二国著作权法》翻译组译,清华大学出版社2011年版,第377页。

③ 《十二国著作权法》,《十二国著作权法》翻译组译,清华大学出版社2011年版,第378页。

定叫作“学校教育节目的广播”。①

《日本著作权法》第35条“学校或其他教育机关中进行的复制等”第1款规定：“在学校和其他教育机关（以营利为目的的设立的学校和其他教育机关除外）中担任教学的人以及听课的人，为了在教学过程当中使用，在必要的限度内，可以复制已经发表的作品。但是，按照该作品的种类、用途以及复制的数量、复制的方式，著作权人的利益会受到不当损害的，不在此限。”第2款规定：“已经发表的作品，在前款规定的教育机关的教学过程中，在向直接听课的人提供或者提示该作品原件或者复制品加以使用的情况下，或者按照第三十八条第一款的规定通过上演、演奏、上映或者口述方式加以使用的情况下，可以向在该课堂以外的场所同时听课的人进行公众传播（在自动公众传播的情况下，包括传播可能化）。但是，按照该作品的种类、用途以及公众传播的方式，著作权人的利益会受到不当损害的，不在此限。”②据此，学校和其他教育机构（不包括以营利为目的的教育机构）的教师，在其教学过程中，可以在必要的范围内，复制已经发表的作品；但是，按照作品的种类、用途、复制的件数和使用的方式，构成不正当地侵犯著作权人利益的情形，不在此限。这个规定叫作“学校和其他教育机构的复制”。

《日本著作权法》第36条“作为考试问题的复制”第1款规定：“已经发表的作品，在为了入学考试或者其他技能考试或者检测目的的必要限度内，可以作为考试或者检测的问题进行复制或者公众传播。但是，按照该作品的种类、用途以及公众传播的方式，著作权人的利益会受到不当损害的，不在此限。”第2款规定：“以营利为目的进行前款规定的复制或者公众传播的人，应当向著作权人支付相当于普通许可使用费的补偿金。”③据此，为了入学考试或者其他知识、技能的考试，在考试需要的限度内，可以在实体或者审定的问题中复制已经发表的作品；如果以营利为目的举行相关的考试，还应当向著作权人支付相当于权利金的补偿金。这一规定称为“作为试题的复制”。④

---

① 参见李明德、闫文军：《日本知识产权法》，法律出版社2020年版，第173～174页。

② 《十二国著作权法》，《十二国著作权法》翻译组译，清华大学出版社2011年版，第378页。

③ 《十二国著作权法》，《十二国著作权法》翻译组译，清华大学出版社2011年版，第378～379页。

④ 参见李明德、闫文军：《日本知识产权法》，法律出版社2020年版，第173～174页。

第二节
立法沿革:《著作权法》四个版本的立法变革

一、《著作权法》(1990)的规定

《著作权法》(1990)没有规定教科书法定许可的相关条文。

二、《著作权法》(2001)的规定

《著作权法》(2001)第23条规定:"为实施九年制义务教育和国家教育规划而编写出版教科书,除作者事先声明不许使用的外,可以不经著作权人许可,在教科书中汇编已经发表的作品片段或者短小的文字作品、音乐作品或者单幅的美术作品、摄影作品,但应当按照规定支付报酬,指明作者姓名、作品名称,并且不得侵犯著作权人依照本法享有的其他权利。前款规定适用于对出版社、表演者、录音录像制作者、广播电台、电视台的权利的限制。"[①]该条属于默示许可。

三、《著作权法》(2010)的规定

与《著作权法》(2001)第23条相比,《著作权法》(2010)第23条没有任何修改。《著作权法》(2010)第23条完全沿用了《著作权法》(2001)第23条的内容和序号。

四、《著作权法》(2020)的规定

《著作权法》(2020)对《著作权法》(2010)作了多处改动,删除了2处,增加了3处,修改了1处:删除了"九年制""除作者事先声明不许使用的外"2处;增加了"图形作品""向著作权人""或者名称"3处;将"出版社、表演者、录音录像制作者、广播电台、电视台"修改为"与著作权有关"1处。序号由第23条修改为第25条。

《著作权法》(2020)第25条第1款规定:"为实施义务教育和国家教育规划而编写出版教科书,可以不经著作权人许可,在教科书中汇编已经发表的作品片段或者短小的

① 全国人大常委会法制工作委员会民法室编:《〈中华人民共和国著作权法〉修改立法资料选》,法律出版社2002年版,第219页。

文字作品、音乐作品或者单幅的美术作品、摄影作品、图形作品，但应当按照规定向著作权人支付报酬，指明作者姓名或者名称、作品名称，并且不得侵犯著作权人依照本法享有的其他权利。”第2款规定：“前款规定适用于对与著作权有关的权利的限制。”

《著作权法》四个版本关于“编写出版教科书法定许可”规定对比如表5－3－1所示。

表5－3－1　《著作权法》四个版本关于“编写出版教科书法定许可”立法对比

	著作权法(1990)	《著作权法》(2001)	《著作权法》(2010)	《著作权法》(2020)
编写出版教科书默示许可	—	第23条　**为实施九年制义务教育和国家教育规划而编写出版教科书，除作者事先声明不许使用的外，可以不经著作权人许可，在教科书中汇编已经发表的作品片段或者短小的文字作品、音乐作品或者单幅的美术作品、摄影作品，但应当按照规定支付报酬，指明作者姓名、作品名称，并且不得侵犯著作权人依照本法享有的其他权利。** **前款规定适用于对出版社、表演者、录音录像制作者、广播电台、电视台的权利的限制**	第23条　为实施九年制义务教育和国家教育规划而编写出版教科书，除作者事先声明不许使用的外，可以不经著作权人许可，在教科书中汇编已经发表的作品片段或者短小的文字作品、音乐作品或者单幅的美术作品、摄影作品，但应当按照规定支付报酬，指明作者姓名、作品名称，并且不得侵犯著作权人依照本法享有的其他权利。 前款规定适用于对出版社、表演者、录音录像制作者、广播电台、电视台的权利的限制	第25条　为实施义务教育和国家教育规划而编写出版教科书，可以不经著作权人许可，在教科书中汇编已经发表的作品片段或者短小的文字作品、音乐作品或者单幅的美术作品、摄影作品、**图形作品**，但应当按照规定**向著作权人**支付报酬，指明作者姓名**或者名称**、作品名称，并且不得侵犯著作权人依照本法享有的其他权利。 前款规定适用于对**与著作权有关的**权利的限制
		默示许可使用	默示许可使用	法定许可使用

“编写出版教科书法定许可”是2001年修改《著作权法》时新增加的内容，主要目的是在不损害作者“发表权”及其经济利益的前提下，促进九年制义务教育和国家教育规划的实施。《宪法》第19条第1款规定：“国家发展社会主义的教育事业，提高全国人民的科学文化水平。”第2款规定：“国家举办各种学校，普及初等义务教育，发展中等教育、职业教育和高等教育，并且发展学前教育。”为促进全民素质提高，推动教育事业发展，《著作权法》对编写出版教科书设定相对性法定许可。该条是《著作权法》(2001)新增加的内容，《著作权法》(2010)、《著作权法》(2020)予以保留和完善。

五、《著作权法实施条例》(2013)的规定

《著作权法实施条例》(2013)第22条规定：“依照著作权法第二十三条、第三十二

条第二款、第四十条第三款的规定使用作品的付酬标准，由国务院著作权行政管理部门会同国务院价格主管部门制定、公布。”①

《著作权法实施条例》（2013）第32条规定：“依照著作权法第二十三条、第三十二条第二款、第四十条第三款的规定，使用他人作品的，应当自使用该作品之日起2个月内向著作权人支付报酬。”②

第三节 构成要件：不侵权抗辩理由分析

编写出版教科书的法定许可条款，有以下构成要件。

一、使用范围免责

不仅限制文字作品、音乐作品、美术作品和摄影作品这类作品著作权人的汇编权、复制权和发行权，还限制出版者的专有出版权、广播电台、电视台对其所播出节目的复制权，以及表演者、录音录像制作者对其表演和制品的复制权、发行权。

二、教科书范围免责

所谓“教科书”是指课堂教学所用的正式教材，而不包含教学参考书、辅导丛书、辅导材料等教学辅助读物。2013年国家版权局、国家发展和改革委员会联合颁行《教科书法定许可使用作品支付报酬办法》（2013），对教科书进行了详细定义。该办法第2条规定：“本办法适用于使用已发表作品编写出版九年制义务教育和国家教育规划教科书的行为。本办法所称教科书不包括教学参考书和教学辅导材料。本办法所称九年制义务教育教科书和国家教育规划教科书，是指为实施义务教育、高中阶段教育、职业教育、高等教育、民族教育、特殊教育，保证基本的教学标准，或者为达到国家对某一领域、某一方面教育教学的要求，根据国务院教育行政部门或者省级人民政府教育行政部门制定

① 吴高盛主编：《〈中华人民共和国著作权法〉释义及实用指南》，中国民主法制出版社2015年版，第374页。
② 吴高盛主编：《〈中华人民共和国著作权法〉释义及实用指南》，中国民主法制出版社2015年版，第375页。

的课程方案、专业教学指导方案而编写出版的教科书。”教师用书不属于法律规定的“教科书及必要的教学辅助资料”的范围。未经他人许可，在教师用书中汇编他人享有著作权的作品侵犯他人著作权，应承担相应的法律责任。①

三、作品使用目的免责

不经许可使用他人已经发表的作品的目的必须是实施九年制义务教育和国家教育规划而编写出版教科书。只有为实施义务教育和国家教育规划而编写教科书才能援引该“法定许可”。为其他教育目的，如国家教育规划之外的职业教育而编写教科书，或编写教科书之外的辅导材料等，均不属于“法定许可”范围。

四、使用对象和数量免责

在教科书中汇编使用的作品只能是已经发表的作品。将他人已经发表的作品用于教科书编写，须符合法律确定的量的要求。“在教科书中汇编已经发表的作品片段或者短小的文字作品、音乐作品或者单幅的美术作品、摄影作品、图形作品”，大部头的作品不能整体纳入教科书中，这表明有使用数量的限制条件。编写者只限于使用作品“片段”“短小”的文字作品、音乐作品，“单幅”的美术作品、摄影作品等。至于何为“片段”和“短小”，则需要法院在个案中予以认定。《教科书法定许可使用作品支付报酬办法》(2013)第3条第2款规定：“作品片断或者短小的文字作品，是指九年制义务教育教科书中使用的单篇不超过2000字的文字作品，或者国家教育规划(不含九年制义务教育)教科书中使用的单篇不超过3000字的文字作品。”第3款规定：“短小的音乐作品，是指九年制义务教育和国家教育规划教科书中使用的单篇不超过5页面或时长不超过5分钟的单声部音乐作品，或者乘以相应倍数的多声部音乐作品。”这是根据教科书的需要规定的。没有规定的其他作品不包括在内，如果确实需要汇编在内应当与作者协商，取得其许可。

五、支付报酬免责

对汇编在教科书中的已经发表的作品应当按照规定向著作权人支付报酬。付酬标准由国家版权局会同有关部门制定，并且报酬应当自使用作品之日起2个月内向著作

---

① 参见北京市海淀区人民法院民事判决书，(2008)海民初字第11715号。

权人支付。我国一些著作权集体管理组织已经同出版社就教科书法定许可订立报酬支付合同。比如,2009 年人民教育出版社与中国文字著作权协会签订稿酬收转协议,委托该协会转付文字报酬,成为国内教科书出版社与中国文字著作权协会签订稿酬收转协议的首家单位。自 2009 年起,人民教育出版社即与中国摄影著作权协会多次磋商,就委托摄影作品报酬转付事宜达成一致意见并决定签约。①

《教科书法定许可使用作品支付报酬办法》(2013)第 4 条明确规定:"教科书汇编者支付报酬的标准如下:(一)文字作品:每千字 300 元,不足千字的按千字计算;(二)音乐作品:每首 300 元;(三)美术作品、摄影作品:每幅 200 元,用于封面或者封底的,每幅 400 元;(四)在与音乐教科书配套的录音制品教科书中使用的已有录音制品:每首 50 元。支付报酬的字数按实有正文计算,即以排印的版面每行字数乘以全部实有的行数计算。占行题目或者末尾排印不足一行的,按一行计算。诗词每十行按一千字计算;不足十行的按十行计算。非汉字的文字作品,按照相同版面同等字号汉字数付酬标准的 80% 计酬。"

六、保护作者权利免责

在教科书中应当注明使用作品的作者姓名、作品名称,并且不得侵犯著作权人依照著作权法享有的其他权利。使用他人已发表的作品编写出版教科书时,不得侵犯著作权人依照著作权法享有的其他权利。所谓其他权利,主要是指作者的人身权及对作品的修改权和保护作品完整权,非经作者许可,不得对作品进行修改,尤其不能歪曲、篡改作品。

七、没有事先声明免责

作者事先声明不许使用的不得使用。即使为了编写实施九年义务教育的教科书,如果作者事先已经声明不许使用,那也不能使用。为照顾到有些作者可能对自己原先发表的某些作品不满意或出于其他原因,不想让他人再出版使用的情况,《著作权法》(2020)明确规定作者事先声明不许使用的不得使用。如果确有必要使用,应当与作者或者著作权人协商,取得其许可。

① 参见王坤、王展:《著作权法体系化研究》,中国政法大学出版社 2018 年版,第 177 页。

八、邻接权使用免责

《著作权法》(2020)第25条法定许可的规定，同样适用于对出版者、表演者、录音录像制作者、广播电台、电视台的权利等与著作权有关的权利的限制。该法定许可使用的规定也适用于出版者、表演者、录音录像制作者、广播电台、电视台等邻接权人。《著作权法》(2020)取消了作者声明权利保留的“但书”条款，即该项许可成为绝对性的法定许可。中小学教材是指中小学用于课堂教学的教科书(含电子音像教材、图册)及必要的教学辅助资料。《著作权法》(2020)中的“教科书”不仅包括纸介质出版的教科书，也包括以录音录像制品等其他载体形式出现的“教科书”。[①]

出于教育目的使用已经发表的作品，在各国著作权法中通常会得到比较宽松的处理。我国为实施九年制义务教育，培养新一代国民，为编写高质量的教材，在《著作权法》中规定法定许可，即除作者声明不许使用外，可以不经著作权人许可，而使用已经发表的作品，并按规定支付报酬，这是必要的，也是妥当的。使用的作品范围包括文字作品的片段或短小作品全部、音乐作品、单幅的美术作品、摄影作品。至于可以使用谁的作品法律没有规定，原则上应当是中国公民的作品。如果选用译为中文的尚在著作权保护期内的外国作者的优秀作品，应当得到外国著作权人的许可。依照规定，对选用的作品应当在教科书中注明作者姓名和作品名称，此外不得侵犯著作权人依《著作权法》享有的其他权利。

第四节
典型案例：编写出版教科书法定许可案例分析

一、教科书的范围

《著作权法》(2010)第23条所谓“教科书”，一直缺乏明确定义。对“实施九年制义务教育”的教科书的范围，《最高人民法院公报》公布的司法案例作了非常严格的限制。

① 参见北京市海淀区人民法院民事判决书，(2008)海民初字第28999号；北京市第一中级人民法院民事判决书，(2009)一中民终字第4517号。

这体现了最高人民法院的一般意见。

就九年制义务教育而言,“教科书”是一个严格的法律概念。在陈某钊等与北京市仁爱教育研究所等著作权纠纷上诉案中,法院指出:“本案仁爱研究所主张所编著的涉案书籍属教科书,即应举证证明编著涉案书籍通过了国家教育行政部门的审定。而仁爱研究所仅提供了其编著的涉案书籍在内的该类教辅书版权登记证明,未能提供对编著该类教辅书作为教材立项、通过审定等手续的相关证据,故不能证明仁爱研究所所编著的涉案书籍属于《义务教育法》和《暂行办法》中所规定的教材。”①在丁某春诉南通市教育局、江苏美术出版社侵犯著作权纠纷案中,法院指出:《著作权法》(2001)第23条第1款规定的教科书,应当界定为经省级以上教育行政部门批准编写、经国家专门设立的学科审查委员会通过,并报送审定委员会批准后,由国家教育委员会列入全国普通中小学教学用书目录的中小学课堂正式用书。②

仅是图书出版信息标识为“教科书”或“教材”,并不能一律称为《著作权法》(2010)第23条所谓的“教科书”。在浙江大学出版社与李某育著作权侵权纠纷上诉案中,法院认为:“本案《杭州乡土语文》虽在版权页上注明是中小学乡土教材,但并未经浙江省中小学教材审定委员会立项与审查,不属于我国《著作权法》(2001)规定的‘为实施九年制义务教育和国家教育规划而编写出版教科书’范围,故徐某东和浙大出版社对涉案三篇文章不享有法定许可使用的权利。”③

“教科书”可以包括学生用书。在张某祥与人民音乐出版社侵犯著作权纠纷上诉案中,法院认为:“这里的‘教科书’宜理解为为实现九年制义务教育和国家教育规划的教学目的,依照九年制义务教育教学规划和国家教育规划编写出版,在实施九年制义务教育和国家教育规划课堂教学过程中所需要的教学和学生用书。”④

“教师用书”已经市场化,不再需要行政审批,故不属于“教科书”。在陈某诉人民教育出版社侵犯著作权纠纷案中,法院认定《教师教学用书》(语文五年级上册)不属于“教科书编写出版法定许可”所谓的“教科书”。⑤

对于“为实施国家教育规划而编写”的教科书的范围,《著作权法》也没有明确解

① 海南省高级人民法院民事判决书,(2011)琼民三终字第60号。

② 参见丁某春诉南通市教育局、江苏美术出版社侵犯著作权纠纷案,载《最高人民法院公报》2006年第9期。

③ 浙江省高级人民法院民事判决书,(2006)浙民三终字第49号。

④ 北京市第一中级人民法院民事判决书,(2009)一中民终字第4517号。

⑤ 参见北京市海淀区人民法院民事判决书,(2008)海民初字第11715号。

释。在立法当初，就有委员提出，为实施国家教育规划而编写出版的教材界限不十分清楚，现在社会上出版的作为教材的辅导丛书、辅导材料很多，如果全都列入强制许可，范围过宽。立法者将初高中“教材”修改为“教科书”。[①] 教科书之外的教辅材料被立法者排除在外。在上述最高人民法院案例中，法院似乎认为，只有国家教育部的“全国教育科学规划领导小组办公室”编写的类似“全国教育科学研究‘十一五’规划纲要”之类的教育规划文件中确定的教科书才能适用这里的合理使用例外。

二、作品使用的限度

《著作权法》(2010)对于该项法定许可设置有“量”方面的限制条件，即“在教科书中汇编已经发表的作品片段或者短小的文字作品、音乐作品或者单幅的美术作品、摄影作品”。根据《著作权法实施条例》(2013)第21条的规定，为编写出版教科书而使用他人已经发表的作品，不得影响该作品的正常使用，也不得不合理地损害著作权人的合法权益。

就“单幅的美术作品、摄影作品”并无争议。就何谓“作品片段”或者“短小的文字作品、音乐作品”，实践中少有判例。但已经实施的《教科书法定许可使用作品支付报酬办法》第3条第2款和第3款对此有明确规定：“作品片段或者短小的文字作品，是指九年制义务教育教科书中使用的单篇不超过2000字的文字作品，或者国家教育规划（不含九年制义务教育）教科书中使用的单篇不超过3000字的文字作品。”“短小的音乐作品，是指九年制义务教育和国家教育规划教科书中使用的单篇不超过5页面或者时长不超过5分钟的单声部音乐作品，或者乘以相应倍数的多声部音乐作品。”

三、作者事先声明不许使用

《著作权法》(2010)之下，编写出版教科书的法定许可并不是绝对的法定许可，而只是推定的法定许可。作者可以通过事先声明的方式，排除此种法定许可。

首先，《著作权法》(2010)第23条所谓“作者事先声明不许使用”的“作者”不应局限于作者本人，还应包括作品的著作权人。实际上，所讨论的法定许可，均规定“著作权人”声明不许使用。

---

① 参见全国人民代表大会宪法和法律委员会《关于〈中华人民共和国著作权法修正案（草案）〉修改情况的汇报》，2001年4月18日。

其次，不同于后面讨论的“转载报刊作品的法定许可”和“制作录音制品的法定许可”，对于作者如何作出此种排除声明，我国《著作权法》没有明确规定。著作权人发表其作品时，通常可以预知他人可能转载或摘编其作品，或者将其音乐作品再制作为录音制品，但很少能够估计到其作品可能进入“教科书”范围。为此，作者实际上难以作出此种排除声明。这一规定由此可能成为摆设。北大法宝并未检索出作者事先声明自己作品不得用于编排教科书的案例。此外，中国也未创设统一平台，使得教科书编排人员可以查询作者是否事先声明其作品不得用作教科书编排出版。由于著作权集体管理组织可以代收此项法定许可费，最好的补救方法应该是由著作权集体管理组织建设统一的作者声明管理系统，便利作者作出不许使用的声明，同时方便使用人查询作者的声明。当然，更为简单的方式是将此项法定许可径直规定为绝对性法定许可。

四、作者署名和出处注明

《著作权法》(2010)第23条要求法定许可的被许可人使用作品时应当“指明作者姓名、作品名称，并且不得侵犯著作权人依照本法享有的其他权利”。

编著教科书时不注明被汇编作品的作者姓名和作品名称，应当认定为侵犯作者的著作人身权。此种不注明作者姓名的行为违反公序良俗，致使社会公众无法识别被汇编作品的作者，影响作品的正常使用，故应成立侵犯署名权。

有争议的是，编著教科书应否注明被汇编作品的原始出处。对此，现行《著作权法》并无明文要求。此项注明义务规定于转载/摘编报刊上刊登的作品的法定许可中。但是，作品原始出处是否注明，会直接影响作者利益。作品原始出处是作者行使发表权的结果。无可争议的事实是，作者会选择有声誉的报刊刊登自己的作品，有声誉的出版社发行自己的成果。忽略作品原始出处，直接将其编入教科书，可能会不适当地影响作品的社会评价，不合理地损害作者的精神利益和经济利益。

著作权人根据“教科书编写出版法定许可”请求支付报酬，是否存在时限，实务中存在争议。一种意见认为，著作权人知道侵权行为发生，超过两年期限起诉，只能请求支付起诉前两年的使用报酬。[①] 另一种意见则认为，报酬支付请求权属于债权请求权，不应受上述时限限制。《教科书法定许可使用作品支付报酬办法》第6条第1款就规定：“教科书出版发行存续期间，教科书汇编者应当按照本办法每年向著作权人支付一次

① 参见北京市第一中级人民法院民事判决书，(2009)一中民终字第4517号。

报酬。”

第一种意见不妥。符合教科书编写出版法定许可的当事人未按照法律要求向著作权人支付报酬，并不因此而成为著作权侵权人，而只是“怠于履行债务”。事实上，我国法律没有明确规定当事人支付此种报酬的时间，也就难以说此种报酬支付义务何时到期，应当履行。当著作权人提出请求时，当事人应该履行全部报酬支付义务，而非部分报酬支付义务。《教科书法定许可使用作品支付报酬办法》第6条第2款、第3款规定：“报酬自教科书出版之日起2个月内向著作权人支付。教科书汇编者未按照前款规定向著作权人支付报酬，应当在每学期开学第1个月内将其应当支付的报酬连同邮资以及使用作品的有关情况交给相关的著作权集体管理组织。教科书汇编者支付的报酬到账后，著作权集体管理组织应当及时按相关规定向著作权人转付，并及时在其网站上公告教科书汇编者使用作品的有关情况。”

就此项法定许可的报酬的支付额度，我国法院曾比照侵权赔偿酌定。在张某祥与人民音乐出版社著作权纠纷上诉案中，人民音乐出版社使用张某祥的作品符合教科书编写的法定许可。对于其应该支付的报酬，法院认为：“法定许可系出于对公共利益的适度倾斜而对著作权作出的权利限制，因此法定许可的使用费也应与其他使用行为的使用费有所区分，这在相关部门规章中也有所体现，如《国家版权局出版文字作品报酬规定》中规定，通过行政手段大量印刷发行的九年制义务教育教材，不适用版税付酬方式。原创作品和演绎作品的印数稿酬按基本稿酬的1%支付，九年制义务教育教材年累计印数超过10万册的，对超过部分按基本稿酬的0.2%支付。关于本案中人民音乐出版社应当支付报酬的数额，考虑到《小牧笛》的篇幅较小，张某祥对《小牧笛》享有的权利内容仅为改词作曲，人民音乐出版社使用《小牧笛》的目的在于实施九年制义务教育等因素，本院酌情予以确定。”①

① 北京市第一中级人民法院民事判决书，(2009)一中民终字第4517号。

第四章 著作财产权法定许可（二）：报刊转载或摘编

转载或摘编报刊作品的法定许可，即报刊社转载或者作为文摘、资料刊登其他报刊上登载的作品，属于法定许可。作品刊登后除著作权人声明不得转载、摘编外，其他报刊可以转载或者作为文摘、资料刊登，但应当向著作权人支付报酬。

第一节 溯本清源：报刊转载、摘编法定许可的原因分析

转载是与原创相对应的概念，所谓原创，简单地说就是指该报纸、期刊或者网站上的内容是出自作品的作者自己的感受、观点或者作者自己所画的图片。转载是指该报纸、期刊或者网站上刊登的内容是书上或者其他报纸、刊物或网站上的文章或者图片。摘编是对已经刊登的文章内容作一定的修改、缩写等。

《著作权法》(2020)第35条第2款所指的转载，是指原封不动或者略有改动之后刊登已经其他报刊发表的作品。摘编是指对原文主要内容进行摘录、缩写。其结果应该对原文内容有较系统、全面的反映，如果仅抄录检索用的作者名称、出处和章节名称等，则不构成文摘，既无须征得著作权人许可，也不必付酬。根据本条第1款规定，该法定许可仅适用于在报刊上发表的作品，至于报刊转载图书作品，或者将报刊或图书上的作品结集出版图书，均应该依法取得著作权人许可，并直接支付报酬。依法定许可进行转载或者摘编时应该注明作者姓名、作品名称及原作品首次发表的报刊名称和日期。法定许可转载、摘编原本是对在报刊上发表作品的作者的权利的一种限制。但是，如果大量地、生搬硬套地转载他人同一本刊物中的文章，则有可能触犯该刊汇编作品的著作权和版式装帧设计权。

报刊转载或摘编的法定许可旨在限制文字作品著作权人的复制权，为优秀文字作品的传播提供法律上的便利条件，以避免层层许可阻碍作品的传播。这一法定许可有利于优秀作品通过多种报刊媒体传播，对于保障公众利益具有重要意义。这是为了满足公众对于获得信息的需要而作的规定。向报刊投稿的作品，一般与当前的时事、经济、政治问题有关。既然作品已经在报刊上登载，那么在其他报刊上转载或者摘登，一般不会违反作者的本意。因此，《著作权法》把这种做法规定为法定许可，即认为报刊相互之间可以转载、摘登。这一法定许可形式是我国《著作权法》的一个独创。也正是因为有了“报刊转载、摘编法定许可”，《报刊文摘》《文摘报》《文摘周报》等文摘类报纸，《人大复印报刊资料》《中国社会科学文摘》《高等学校文科学术文摘》等学术文摘期刊才能够合法地存在。

应当将报刊社转载、摘编的法定许可和合理使用区别开来。报纸、期刊为报道时事新闻不可避免地再现或者引用已发表的作品，以及报纸、期刊刊登其他报纸、期刊、广播电台、电视台等媒体已经发表的关于经济、政治、宗教问题的时事性文章（作者声明不许刊登的除外），皆属合理使用，既不必经著作权人许可，也不必支付报酬。

第二节 立法沿革：《著作权法》四个版本立法变革

一、《著作权法》（1990）的规定

《著作权法》（1990）第32条第2款规定：“作品刊登后，除著作权人声明不得转载、摘编的外，其他报刊可以转载或者作为文摘、资料刊登，但应当按照规定向著作权人支付报酬。”使用人有偿使用著作权人发表在报刊上的作品有一个前提：“除著作权人声明不得转载、摘编的外。”这种规定一般称为“准法定许可使用”，但称之为“默示许可使用”更为准确。这种默示许可使用既然是经著作权人默示许可的，就不应属于法定许可使用的范围，而应是著作权人的一种默示授权许可使用。①

① 参见李祖明：《互联网上的版权保护与限制》，经济日报出版社2003年版，第240～241页。

二、《著作权法》(2001)的规定

与《著作权法》(1990)第32条第2款相比,法律条文的内容和序号都没有变化,仍为《著作权法》(2001)第32条第2款。

三、《著作权法》(2010)的规定

与《著作权法》(2001)第32条第2款相比,法律条文的内容没有变化,法律条文的序号作了微调,即修改为《著作权法》(2010)第33条第2款。

四、《著作权法》(2020)的规定

与《著作权法》(2010)第33条第2款相比,法律条文的内容没有变化,法律条文的序号作了微调,即修改为《著作权法》(2020)第35条第2款。

五、《著作权法实施条例》(2013)的规定

《著作权法实施条例》(2013)第22条规定:"依照著作权法第二十三条、第三十三条第二款、第四十条第三款的规定使用作品的付酬标准,由国务院著作权行政管理部门会同国务院价格主管部门制定、公布。"

《著作权法实施条例》(2013)第30条规定:"著作权人依照著作权法第三十三条第二款声明不得转载、摘编其作品的,应当在报纸、期刊刊登该作品时附带声明。"著作权人事先声明不许可的,不可主张本项法定许可使用,此项声明应当在报纸、期刊刊登作品时附带。

《著作权法实施条例》(2013)第32条规定:"依照著作权法第二十三条、第三十三条第二款、第四十条第三款的规定,使用他人作品的,应当自使用该作品之日起2个月内向著作权人支付报酬。"

中国《著作权法》四个版本和《著作权法实施条例》(2013)关于"报刊转载、摘编法定许可"规定对比,如表5-4-1所示。

表 5－4－1　《著作权法》四个版本和《著作权法实施条例》(2013)
关于"报刊转载、摘编法定许可"立法对比

	《著作权法》(1990)	《著作权法》(2001)	《著作权法》(2010)	《著作权法》(2020)	《著作权法实施条例》(2013)
报刊转载摘编	第 32 条第 2 款：作品刊登后，除著作权人声明不得转载、摘编的外，其他报刊可以转载或者作为文摘、资料刊登，但应当按照规定向著作权人支付报酬	第 32 条第 2 款：作品刊登后，除著作权人声明不得转载、摘编的外，其他报刊可以转载或者作为文摘、资料刊登，但应当按照规定向著作权人支付报酬	第 33 条第 2 款：作品刊登后，除著作权人声明不得转载、摘编的外，其他报刊可以转载或者作为文摘、资料刊登，但应当按照规定向著作权人支付报酬	第 35 条第 2 款：作品刊登后，除著作权人声明不得转载、摘编的外，其他报刊可以转载或者作为文摘、资料刊登，但应当按照规定向著作权人支付报酬	第 30 条：著作权人依照《著作权法》(2010)第 33 条第 2 款声明不得转载、摘编其作品的，应当在报纸、期刊刊登该作品时附带声明

六、最高人民法院的司法解释

最高人民法院《关于审理著作权民事纠纷案件适用法律若干问题的解释》(2020)第 17 条规定："著作权法第三十三条第二款规定的转载，是指报纸、期刊登载其他报刊已发表作品的行为。转载未注明被转载作品的作者和最初登载的报刊出处的，应当承担消除影响、赔礼道歉等民事责任。"

上述第 3 条被删除，故将期刊上的作品转载于网络空间不属于法定许可的范围。①

七、相关规定的规定

《出版文字作品报酬规定》(已失效)第 17 条规定："报刊刊载作品，应在刊载后 1 个月内向著作权人支付报酬。报刊刊载作品，未与著作权人约定付酬标准的，应按每千字不低于 50 元的付酬标准向著作权人支付报酬。"第 18 条规定："报刊转载、摘编其他报刊已发表的产品，应按每千字 50 元的付酬标准向著作权人付酬。社会科学、自然科学纯理论学术性专业报刊，经国家版权局特别批准可适当下调付酬标准。报刊转载、摘编其他报刊上已发表的作品，著作权人或著作权人地址不明的，应在一个月内将报酬寄送中国版权保护中心代为收转。到期不按规定寄送的，每迟付一月，加付应付报酬 5% 的

① 参见北京互联网法院民事判决书，(2020)京 0491 民初 34784 号；北京知识产权法院民事判决书，(2021)京 73 民终 854 号。

滞付费。”2014年8月21日，国家版权局通过《使用文字作品支付报酬办法》(2014)，于2014年11月1日起正式实施。《使用文字作品支付报酬办法》(2014)第13条规定：“报刊依照《中华人民共和国著作权法》的相关规定转载、摘编其他报刊已发表的作品，应当自报刊出版之日起2个月内，按每千字100元的付酬标准向著作权人支付报酬，不足五百字的按千字作半计算，超过五百字不足千字的按千字计算。报刊出版者未按前款规定向著作权人支付报酬的，应当将报酬连同邮资以及转载、摘编作品的有关情况送交中国文字著作权协会代为收转。中国文字著作权协会收到相关报酬后，应当按相关规定及时向著作权人转付，并编制报酬收转记录。报刊出版者按前款规定将相关报酬转交给中国文字著作权协会后，对著作权人不再承担支付报酬的义务。”

《报刊转载、摘编法定许可付酬标准暂行规定》第2条规定：“报刊转载、摘编作品，采取元/千字的方式向著作权人付酬。”第3条规定：“报刊转载、摘编作品的付酬标准为25元/千字；社会科学、自然科学纯理论、学术性专业报刊可适当降低，但不得低于10元/千字。500字以上不足千字的按千字计算；不足500字的按千字作半计算。”第4条规定：“本规定颁发前有关报刊转载、摘编作品付酬的规定与本规定相抵触的，以本规定为准。”2016年4月26日，国家版权局通过《关于废止部分规章和规范性文件的决定》，《报刊转载、摘编法定许可付酬标准暂行规定》作废。

1992年9月25日颁布的《实施国际著作权条约的规定》(已被修改)第13条规定：“报刊转载外国作品，应当事先取得著作权人的授权；但是，转载有关经济、政治等社会问题的时事文章除外。”[①]本法于2020年11月29日修订，第13条无变动。

第三节 构成要件：不侵权抗辩使用行为分析

报刊转载法定许可应符合以下条件。

① 吴高盛主编：《〈中华人民共和国著作权法〉释义及实用指南》，中国民主法制出版社2015年版，第378页。

一、转载客体免责

报刊转载或者作为文摘、资料刊登的作品，限于著作权人向报社、期刊社投稿之后刊登的作品，不包括以图书形式发表的作品，也不包括非报刊传媒刊登的作品即网络作品。例如，不能将出版社出版的图书中部分内容在报刊上转载或者将报刊上的文章转载到互联网上。在广播电台、电视台播放的作品，以图书形式出版的作品，以及未发表的作品，均不是在报刊上已登载的作品，报刊社不得转载、摘编。但报刊社刊登在其他报刊、广播电台、电视台等媒体发表的作者未作禁止性声明的关于经济、政治、宗教问题的时事性文章和在公众集会上的讲话适用合理使用之规定。《著作权法》第 35 条第 2 款只是规定报刊享有转载或作为文摘、资料刊登的权利，且并非所有在报纸、杂志上发表过的作品都适合于报刊转载，那些篇幅较长、能够独立成书的小说不应当包括在法律允许的范围之内，否则不利于对著作权的保护。① 转载或摘编报社、期刊社刊登的作品包含美术作品。报纸、期刊转载已发表在其他报纸、期刊上的美术作品也属于法定许可的范畴。② 作品应当限于"著作权人向报社、期刊社投稿的"作品。出版的图书不属于"向报社、期刊社投稿的"作品，不论原告是否在其作品上声明不得转载、摘编，被告均无权将该作品予以转载或者作为文摘、资料刊登。③

二、转载途径免责

此项法定许可只能在报刊之间进行。报刊转载的法定许可只适用于报刊之间，既不适用于报刊和书籍之间，也不适用于网络和报刊之间。发表和转载的媒体均为国家批准的报刊，而不能是图书、网络媒体等。报刊转载、摘编法定许可只适用于报刊之间的相互转载、摘编，并不适用于书籍之间、书籍与报刊之间的相互转载、摘编。报刊转载或者摘登的作品必须是其他报刊已经刊登的作品；如果从一般图书上转载或者摘登作品，则仍须按《著作权法》的规定办理，仅支付报酬是不够的，还必须事前获得作者的

---

① 参见北京市海淀区人民法院民事判决书，(2008) 海民初字第 28999 号；北京市第一中级人民法院民事判决书，(2009) 一中民终字第 4517 号。

② 参见北京市第一中级人民法院民事判决书，(2005) 一中民初字第 1880 号；北京市高级人民法院民事判决书，(2005) 高民终字第 1377 号。

③ 参见上海市第一中级人民法院民事判决书，(2003) 沪一中民五(知) 初字第 66 号。

许可。①

报刊转载、摘编法定许可仅适用于报纸和期刊之间的转载和摘编，并不适用于其他媒介，比如出版社出版的书籍、影音作品等。立法者之所以区别对待书籍和报刊，是因为转载对于二者利益的影响有着重大差别。《中华人民共和国著作权法释义》有如下解释："我们知道转载报纸多为日报，期刊多为半月刊、月刊、双月刊。报刊社同图书出版社相比有许多不同之处：第一，报刊出版周期短。日报为24小时，多数期刊为半月、一个月或两个月。而一般图书的一版和二版的间隔要以年为单位计算，畅销书也要几个月。第二，报刊在短周期后再投入市场的是内容不同的报刊，而图书在长周期后重版或再版的是同一图书。因为周期长，盗版复制品可从容进入市场，影响已出版图书的销售和妨碍其重版、再版，所以图书出版者需要专有版权保护其利益。报刊的周期短，且再问世的是另一内容的报刊，所以转载其他报刊已发表的作品，既不能对这些报刊的销售有多大影响，也不会妨碍下一期报刊的发行。所以，对图书出版者是至关重要的专有出版权，却不是报刊所必需。"②

在没有相关的法律法规对电子刊物的转载作出规定情形下，由于电子版刊物与纸张载体的报刊相比只是载体上发生变化，并未改变其本身作为刊物的性质，故对电子刊物的转载仍可以适用报刊转载的法律法规所确定的基本原则和精神。③

三、支付报酬免责

转载或者刊登的报刊负有向著作权人支付报酬的义务。依法定许可，报刊转载或者摘登其他报刊的作品，转载者必须按照规定向著作权人支付报酬，其标准需要由国家版权管理机构予以确定。报刊转载、摘编的被许可人应按规定支付报酬。根据国家版权局于1993年8月1日发布的《报刊转载、摘编法定许可付酬标准暂行规定》，依法定许可使用他人作品的人应按这些规定向著作权人支付报酬。如遇著作权人或者其地址不明，应在一个月内将报酬寄送国家版权局制定的著作权使用费收转机构[《著作权法实施条例》(1991)第49条]，即中国著作权使用报酬收转中心。继1993年国家版权局专门指定中国著作权使用报酬收转中心负责作者稿酬的收转工作之后，根据《著作权法

① 参见北京市海淀区人民法院民事判决书，(2011)海民初字第19252号；北京市第一中级人民法院民事判决书，(2012)一中民终字第4033号。

② 胡康生主编：《中华人民共和国著作权法释义》，法律出版社2002年版，第143页。

③ 参见北京市第一中级人民法院民事判决书，(2001)一中知初字第6号。

实施条例》(2002)第32条的规定,此种报酬“应当自使用该作品之日起2个月内向著作权人支付”[①]。2004年之后,改由中国版权保护中心管理的法人单位中华版权代理有限公司负责。根据国家版权局1994年颁布的《出版文字作品报酬规定》(已失效),报刊转载、摘编其他报刊已经发表的作品,应按每千字50元付酬。社会科学、自然科学纯理论学术性专业报刊,经国家版权局特别批准可适当下调付酬标准。但是,中华版权代理有限公司只是一个报酬收转机构,毕竟不是著作权集体管理组织,如果报刊或网站转载或摘编作品后拒不支付报酬,中华版权代理有限公司在没有经过著作权人特别授权的情况下,是不能主动向相关报刊或网站追索的。然而著作权人要亲自进行追索显然力不从心。目前报刊在转载后主动支付报酬的还不足1/10,要保障著作权人依法获得报酬的权利,实现“法定许可”的立法目的,成立文字类作品的集体管理组织必不可少。对此,《使用文字作品支付报酬办法》(2014)规定了转载、摘编文字作品的付酬标准,并确定由中国文字著作权协会代为收转。该办法规定,报刊转载、摘编其他报刊已经发表的作品,应当自报刊出版之日起2个月内,按照每千字100元的付酬标准向著作权人支付报酬。对于报酬标准,著作权人和转载者可以在事后协商确定。[②]

四、未禁止声明免责

限于著作权人未作禁止声明的作品。若著作权人作了不得转载、摘编的禁止性声明,则不得转载、摘编。著作权人声明权利保留的,其他报刊不得转载或者摘编其已发表的作品。所谓“声明”是指报刊上发表作品的同时以明示意思作出的声明。未以明确意思作出声明的,视为著作权人同意其他报刊社转载、摘编。报刊发表作品,仅取得非专有出版权,报刊社在其出版的报刊显著位置作出不得转载、刊登声明的,方为有法律约束力。对“除著作权人声明不得转载、摘编的外”如何理解?《著作权法实施条例》第30条规定:“著作权人依照著作权法第三十三条第二款声明不得转载、摘编其作品的,应当在报纸、期刊刊登该作品时附带声明。”也就是说,著作权人声明不得摘编时,应当在报刊发表时作出声明,而不能在发表后声明。

著作权人声明不得转载、摘编的,不适用于法定许可使用。但著作权人若欲排除法定许可使用,应当在报纸、期刊首次刊登该作品时附带声明。原作品作者已经事先声明

① 李顺德、周详:《中华人民共和国著作权法修改导读》,知识产权出版社2002年版,第269页。

② 转引自王坤、王展:《著作权法体系化研究》,中国政法大学出版社2018年版,第175页。

不得转载或者摘登的,则不能依照本规定办理。所谓事先声明,根据《著作权法实施条例》(2013)第30条规定,是指报刊刊登作品时附带如"本文不得转载、摘登"的声明。[①]也有的期刊会声明:在该期刊上刊登的作品一律不得转载。这也是声明不允许转载的一种方式。

五、保护著作权人权益免责

报刊转载或摘登其他报刊发表的作品后,应当表明作者姓名、作品名称,并不得侵犯著作权人享有的其他权利。报刊转载或者摘登其他报刊发表的作品,虽然可以不经该作品作者的许可,但不得侵犯著作权人依照著作权法享有的其他权利。例如,必须注明作者姓名、原作品的名称及原作品首次刊登的报刊名称和日期。此外,出处也应标明,一方面表示对刊登该作品的报刊的尊重,另一方面也便于查核(在摘登的情形尤其需要标明出处)。摘登时不得断章取义,不得随意修改,不得歪曲、篡改作品的原意。对于这些事项,作者是享有人身权保护的。转载、摘编他人作品的报刊,除由于技术原因无法指明的外,应注明作者和作品刊登的原始报刊,否则以侵犯著作权人权益论。例如,摘登时不能断章取义,歪曲、篡改作品原意。根据最高人民法院《关于审理著作权民事纠纷案件适用法律若干问题的解释》第17条的规定,《著作权法》第33条第2款规定的转载,是指报纸、期刊登载其他报刊已发表作品的行为。转载未注明被转载作品的作者和最初登载的报刊出处的,应当承担消除影响、赔礼道歉等民事责任。[②]

报刊转载、摘编问题还需要注意两点:第一,报刊社刊登演绎作品时,除向演绎作品著作权人付酬外,还应向原作品的著作权人付酬,因为是对原作品的间接使用。刊登、摘编了剽窃、抄袭的作品等侵权作品,报刊不负责任,但明知其为侵权作品而刊登、摘编的除外。第二,应当将报刊社转载、摘编的法定许可问题同《著作权法》(2020)第23条第4项、第5项中的合理使用区别开来。报纸、期刊为报道时事新闻不可避免地再现或者引用已经发表的作品,以及报纸、期刊刊登其他报纸、期刊、广播电台、电视台等媒体已经发表的关于经济、政治、宗教问题的时事性文章(作者声明不许刊登的除外),皆属合理使用,报刊社不必经著作权人许可,也不必支付报酬。

本项法定许可只应作限缩性解释。此项法定许可反映出我国著作权人相对于报刊

---

① 参见吴高盛主编:《〈中华人民共和国著作权法〉释义及实用指南》,中国民主法制出版社2015年版,第375页。

② 参见冯晓青:《著作权法》,法律出版社2010年版,第174~175页;吴汉东:《知识产权法》,法律出版社2021年版,第250页。

等传媒的政治经济地位，其服务于报纸、期刊等传媒，不限转载或摘编的目的，也未限制作品种类。但是，《著作权法实施条例》(2013)第21条规定："依照著作权法有关规定，使用可以不经著作权人许可的已经发表的作品的，不得影响该作品的正常使用，也不得不合理地损害著作权人的合法利益。"①本条理应适用于本项法定许可，应依照本条精神解释之。

第四节
第四媒体：司法解释拓展到网络环境

除《著作权法》(1990)第32条第2款之规定外，最高人民法院于2000年12月颁布并于2003年12月修正的最高人民法院《关于审理涉及计算机网络著作权纠纷案件适用法律若干问题的解释》第3条也规定："已在报刊上刊登或者网络上传播的作品，除著作权人声明或者报社、期刊社、网络服务提供者受著作权人委托声明不得转载、摘编的以外，在网络进行转载、摘编并按有关规定支付报酬、注明出处的，不构成侵权。但转载、摘编作品超过有关报刊转载作品范围的，应当认定为侵权。"②2006年11月20日，最高人民法院对《关于审理涉及计算机网络著作权纠纷案件适用法律若干问题的解释》进行了第二次修正，最终没有保留这条规定。

2000年12月21日，最高人民法院《关于审理涉及计算机网络著作权纠纷案件适用法律若干问题的解释》正式实施后，网络媒体转载已在报刊上刊登或者网络上传播的作品，适用法定许可。但2006年11月20日该司法解释第二次修正后删除了该条规定，网络媒体转载已在报刊上刊登或者网络上传播的作品不再适用法定许可。2006年12月8

---

① 吴高盛主编：《〈中华人民共和国著作权法〉释义及实用指南》，中国民主法制出版社2015年版，第374页。

② 最高人民法院《关于审理涉及计算机网络著作权纠纷案件适用法律若干问题的解释》，2000年11月22日最高人民法院审判委员会第1144次会议通过。根据2003年12月23日最高人民法院审判委员会第1302次会议《关于修改〈最高人民法院关于审理涉及计算机网络著作权纠纷案件适用法律若干问题的解释〉的决定》修正。根据2006年11月20日最高人民法院审判委员会第1406次会议《关于修改〈最高人民法院关于审理涉及计算机网络著作权纠纷案件适用法律若干问题的解释〉的决定(二)》第二次修正。

日之前,网络转载纸媒为法定许可,[1]2006 年 12 月 8 日之后,纸媒转载网媒构成侵权。[2]

这实际上是将“报刊转载、摘编法定许可”拓展到网络环境中,允许各种形式的网络媒体,如网页、BBS 论坛等,在不经著作权人许可的情况下转载、摘编报刊和其他网络媒体刊登或传播的作品。在网络已经成为“第四媒体”,信息社会发挥越来越重要作用情况下,适当对著作权人的信息网络传播权加以限制并无不当。但这种对法定许可范围的拓展,由著作权法直接规定较为妥当。这为之后修改《著作权法》(2020)留下了一个突破点。

第五节 典型案例:报刊转载、摘编法定许可案例分析

一、报刊所刊登的作品

本项法定许可只适用于“著作权人向报社、期刊社投稿”之后刊登的作品,不适用于以图书形式发表的作品。在王某诉民族文汇杂志社著作权侵权纠纷案中,法院指出:虽然《著作权法》(2001)第 32 条第 2 款规定“作品刊登后,除著作权人声明不得转载、摘编的外,其他报刊可以转载或者作为文摘、资料刊登”,但该款规定的作品应当限于前款规定的“著作权人向报社、期刊社投稿的”作品。本案系争作品是原告创作并经江苏人民出版社出版发行的著作,显然不属于“著作权人向报社、期刊社投稿的”作品。因此,不论原告是否在其作品上声明不得转载、摘编,被告均无权将该作品予以转载或者作为文摘、资料刊登。[3] 在张某钧与北京龙源网通电子商务有限公司等侵犯著作权纠纷上诉案中,法院也指出:《著作权法》(2010)第 33 条第 2 款规定仅可适用于在报刊上发表的作品,至于报刊转载图书作品等其他形式,均应该依法取得著作权人许可,并直接支付报酬。[4]

---

① 参见北京市第一中级人民法院民事判决书,(2002)一中民初字第 8902 号。

② 参见北京市朝阳区人民法院民事判决书,(2011)朝民初字第 20835 号。

③ 参见上海市第一中级人民法院民事判决书,(2003)沪一中民五(知)初字第 66 号。

④ 参见北京市第一中级人民法院民事判决书,(2012)一中民终字第 4033 号。

除文字作品，本项法定许可是否适用于美术作品或摄影作品，法院存在分歧。一种意见认为，本项法定许可只适用于文字作品。在朱某林诉北京市东城区邮电局水碓子邮电支局侵犯著作权纠纷案中，法院认为："山西青少年报刊社在其出版发行的《法制博览・经典杂文》杂志中使用了涉案漫画作品，漫画作品属于美术作品的范畴而非一般的文字作品，而该使用行为属于对文章配图的使用，并不具有必要性，且对涉案漫画作品产生了实质性替代作用，因此不属于我国法律规定的作品刊登后，除著作权人声明不得转载、摘编外，其他报刊社可以转载或者作为文摘、资料刊登之情形，故对于山西青少年报刊社提出的该答辩意见，本院不予采信。"①《著作权法》(2010)第33条并未限定作品的种类，"报社、期刊社投稿"可以涵盖文字作品和美术作品。

另一种意见截然相反。在罗某与株洲日报社著作权纠纷上诉案中，法院认为：根据《著作权法》(2001)第32条第2款及《著作权法实施条例》(1991)第43条规定，上诉人罗某向株洲日报社投稿后，株洲日报社于2006年3月16日发表了其摄影作品《株洲市河西高新区全景图》，罗某没有提供证据证明在首次发表该作品时曾声明不得转载、摘编，因此根据《著作权法》的有关规定，株洲晚报可以未经作者罗某同意，对其已经发表的作品进行转载或者作为文摘、资料刊登。罗某以未经其同意为由要求认定株洲晚报使用涉案作品行为构成侵权的上诉请求，没有法律依据，应予以驳回。② 在储某与高等教育出版社等侵犯著作权纠纷上诉案中，法院认为：根据《著作权法》(2001)第32条第2款规定，使用在《能力博士》期刊上的"能力博士咨询"图标，是储某创作的美术作品，而《能力博士》期刊的版权页声明已经表明允许纸质媒体转载或作为文摘、资料刊登，故2004年第3期《东西南北大学生》杂志上使用储某创作的美术作品的行为属于《著作权法》所规定的"转载"。③

二、纸媒与网媒的转载或摘编

本项限定许可肇始于《著作权法》(1991)，当时网络还未在我国普遍使用。现在，网络成为"第四媒体"，转载可以表现为四种形式：纸媒转载纸媒作品；网媒转载纸媒作品；纸媒转载网媒作品；网媒转载网媒作品。

最高人民法院有关司法解释曾明文准许这四种转载。最高人民法院《关于审理涉

---

① 北京市朝阳区人民法院民事判决书，(2013)朝民初字第13388号。

② 参见湖南省高级人民法院民事判决书，(2007)湘高法民三终字第21号。

③ 参见北京市高级人民法院民事判决书，(2005)高民终字第1377号。

及计算机网络著作权纠纷案件适用法律若干问题的解释》(2000,已失效)第3条曾规定:“已在报刊上刊登或者网络上传播的作品,除著作权人声明或者上载该作品的网络服务提供者受著作权人的委托声明不得转载、摘编的以外,网站予以转载、摘编并按有关规定支付报酬、注明出处的,不构成侵权。但网站转载、摘编作品超过有关报刊转载作品范围的,应当认定为侵权。”

2004年,最高人民法院修正此司法解释,此条文被修改为:“已在报刊上刊登或者网络上传播的作品,除著作权人声明或者报社、期刊社、网络服务提供者受著作权人委托声明不得转载、摘编的以外,在网络进行转载、摘编并按有关规定支付报酬、注明出处的,不构成侵权。但转载、摘编作品超过有关报刊转载作品范围的,应当认定为侵权。”

对此项法定许可如此解释,显然过宽,容易失控。而且,2006年5月18日颁布的《信息网络传播权保护条例》(2006)第6条第7项仅规定“向公众提供在信息网络上已经发表的关于经济、政治问题的时事性文章”,可以不经著作权人许可,也不向其支付报酬。除此之外,本条例并不承认网媒转载属于法定许可。为此,2006年11月20日,最高人民法院再次修订前述司法解释,删除该第3条。

2006年12月8日之前,我国法院通常允许纸媒与网媒自由转载,无论是网媒转载纸媒作品①,还是网媒转载网媒作品②。这一时期,有法院已经意识到把此项法定许可延伸到网络环境,容易影响作品的正常使用,不合理地损害著作权人的合法利益,为此拒绝适用2000年和2004年版最高人民法院《关于审理涉及计算机网络著作权纠纷案件适用法律若干问题的解释》第3条。在收藏杂志社诉四川文艺出版社等著作权侵权纠纷案中,法院审理认为,转载只限于纸媒转载。③ 在赵某狄诉世界知识出版社侵犯著作权纠纷案中,法院审理认为,网媒转载网媒作品不符合本项法定许可。④ 在常某诉现代快报社著作权侵权纠纷案中,法院审理认为,纸媒转载网媒作品也不符合本项法定许可。⑤

---

① 参见北京市第一中级人民法院民事判决书,(2002)一中民初字第8902号;江苏省南京市中级人民法院民事判决书,(2005)宁民三初字第271号。

② 参见北京市第一中级人民法院民事判决书,(2006)一中民终字第5253号;北京朝阳区人民法院民事判决书,(2005)朝民初字第3253号;江苏省南京市中级人民法院民事判决书,(2006)宁民三初字第88号。

③ 参见四川省成都市中级人民法院民事判决书,(2005)成民初字第480号。

④ 参见北京市第二中级人民法院民事判决书,(2003)二中民初字第9272号。

⑤ 参见江苏省南京市中级人民法院民事判决书,(2002)宁民三初字第53号。

法院通常认为，网媒转载网媒作品，侵犯信息网络传播权，不符合本项法定许可。[①] 纸媒转载网媒作品也属于侵权行为，而且转载行为人负有举证责任，只有证明自纸媒转载到纸媒方豁免于侵权。例如，在郭某鑫诉北京世纪卓越信息技术有限公司等侵犯著作权纠纷案中，法院指出：我国《著作权法》（2010）第 33 条第 2 款规定中的"转载"是指报纸、期刊登载其他报刊已经发表作品的行为，而不包括报纸、期刊登载除报刊之外的传播媒介上的作品的行为，比如网络、图书等上的作品。另外，作品曾在特定报刊上发表的事实不能当然推定其他报刊上使用该作品就一定构成转载行为，作品使用人欲证明转载行为成立，除需要证明曾在特定报刊上发表且未声明不得转载外，尚需证明自己报刊上所使用的作品确是来自该作品所发表的特定报刊，而不是来自网络、图书等媒介，否则不能证明转载行为的成立。[②] 显然，网媒转载纸媒作品对作品正常使用的影响比纸媒转载网媒作品要严重。在纸媒转载网媒作品都不被准许的情况下，网媒转载纸媒作品更不可能适用法定许可。

有争议的是，电子期刊是否适用于本项法定许可。在樊某武等与上海图书馆等著作权侵权纠纷上诉案中，法院认为，《中国学术期刊（光盘版）》属于"期刊"。[③] 在赵某诉华声月报社等侵犯著作权案中，法院指出："华声月报社的转载行为发生时，尚没有相关的法律法规对电子刊物的转载作出规定，但由于电子版刊物与纸张载体的报刊相比只是载体上发生变化，并未改变其本身作为刊物的性质，故对电子刊物的转载仍可以适用目前报刊转载的法律法规所确定的基本原则和精神。"[④]本判决依据的规范是前述已经删除的最高人民法院《关于审理涉及计算机网络著作权纠纷案件适用法律若干问题的解释》（2004）的第 3 条，本案审结时该司法解释仍然适用。在《信息网络传播权保护条例》（2013）已经明确信息网络传播权限制的情况下，网络转载没有列入其中，法院不应再创设权利限制。《著作权法》（2020）第 35 条所谓"报社、期刊"应解释为纸媒报纸和期刊，而不应该包括电子期刊，电子期刊本质上是数据库。

三、作品转载或摘编的限度

转载是指原封不动或者略有改动之后刊登已经其他报刊发表的作品，摘编则是指

① 参见河南省高级人民法院民事判决书，（2006）豫法民三终字第 54 号；浙江省高级人民法院民事判决书，（2012）浙知终字第 45 号。

② 参见北京市朝阳区人民法院民事判决书，（2011）朝民初字第 20835 号。

③ 参见上海市高级人民法院民事判决书，（2006）沪高民三（知）终字第 53 号。

④ 北京市第一中级人民法院民事判决书，（2001）一中知初字第 6 号。

对原文主要内容进行摘录、缩写。① 转载和摘编是否有限度,我国《著作权法》(2020)没有明文规定。但是,《著作权法实施条例》(2013)第21条规定:“依照著作权法有关规定,使用可以不经著作权人许可的已经发表的作品的,不得影响该作品的正常使用,也不得不合理地损害著作权人的合法权益。”报刊转载、摘编的法定许可理应适用本条规范。

现实生活中,这方面的争端很少。在张某志诉世纪互联通讯技术有限公司侵犯著作权纠纷案中,法院认为,可以单独出书的小说不属于报刊转载的范围。② 本判决的隐含前设是网媒可以转载网媒文章。法院在此条件下认为,不应当允许转载网络小说。如果报刊转载的法定许可局限于纸媒转载,报纸和期刊通常不会刊登足以单独出书的作品(除非连载),也就不存在本案提出的问题。

四、著作权人声明不得转载或摘编

《著作权法实施条例》(2013)第30条规定:“著作权人依照著作权法第三十三条第二款声明不得转载、摘编其作品的,应当在报纸、期刊刊登该作品时附带声明。”也就是说,禁止转载或摘编声明应该在报刊刊登作品时一并发出,而不能事前或事后发出。部分报刊为了阻止其他报刊的转载,可能会在报刊上笼统地声明禁止其他报刊转载。权威意见认为:“这类声明若非经著作权人授权应当是无效的。”③不过,法院还是有可能确认,著作权人在投稿时已经看到报刊禁止转载的声明,因而授权或接受报刊的安排。

由此产生一个法律问题:报刊所作不得转载或摘编的声明,在法律上有何种效力?对此,1991年,国家版权局曾发布《关于报刊社声明对所发表的作品享有专有出版权的意见》。该意见明确:

关于报社、杂志社刊登作品,《著作权法》(1990)第32条第2款规定:“作品刊登后,除著作权人声明不得转载、摘编的外,其他报刊可以转载或者作为文摘、资料刊登,但应当按照规定向著作权人支付报酬。”据此,报刊发表作品,仅获得非专有出版权,只有著作权人有权声明不得转载、摘编和授权刊登此类声明。因此,未经著作权人授权,报刊刊登对其发表的作品享有专有出版权的启事,不符合《著作权法》(1991)的规定。

转载报刊作品,行为人应尽勤勉义务,调查作品刊登时是否作出不许转载或摘编的

---

① 参见北京市第二中级人民法院民事判决书,(2006)二中民终字第3264号。

② 参见张某志诉世纪互联通讯技术有限公司侵犯著作权纠纷案,载《最高人民法院公报》2000年第1期。

③ 胡康生:《中华人民共和国著作权法释义》,法律出版社2002年版,第145页。

声明。在陈某平诉中国青年出版社等著作权纠纷案中，法院指出："鉴于《华西都市报》刊登原文时已附带有'作者授权本报声明：本报所刊之新闻特稿，未经本报许可，不得转载、摘编'内容声明，属于作者和出版单位对转载、摘编权利进行的明确限制，而被告中国青年出版社对此未予审查，仍在其出版期刊中摘编该文予以刊登，其行为显然不具备前述法律所规定法定许可的前置条件，不能被认定为法律规定的合理转载、摘编行为……"①

然而，我国《著作权法》并未给著作人声明不许转载或摘编提供统一的平台，使得本项法定许可的制度运行成本高昂。转载人必须注明所转作品的作者和原始出处，在作品多次转载的情况下，追查作品的原始出处往往耗时耗力。而且，转载人常常难以确认是作者还是作品刊载的报刊准许或者不准许转载。现行著作权法之下，比较可行的方法是统一规定此种声明必须通过中国文字著作权协会作出，并授权此著作权集体管理组织收取法定许可的报酬。这有利于降低转载报刊作品法定许可的制度成本。当然，更好的方案是将此项法定许可转为绝对性法定许可。

五、注明作者和作品刊登的原始报刊

转载、摘编报刊作品，转载、摘编行为人应尽勤勉义务，调查作品刊登时是否作出不许转载或摘编的声明。如无此类声明，转载、摘编时应当注明作者姓名和作品刊登的原始报刊。最高人民法院《关于审理著作权民事纠纷案件适用法律若干问题的解释》第17条规定："著作权法第三十三条第二款规定的转载，是指报纸、期刊登载其他报刊已发表作品的行为。转载未注明被转载作品的作者和最初登载的报刊出处的，应当承担消除影响、赔礼道歉等民事责任。"本条第二句规定的作者和作品原始出处注明义务是针对所有转载活动。未表明作品刊登的原始出处，影响作品首次刊登的报刊的权益，如本书著作人身权部分所述，原始报刊可以独立提起诉讼，要求赔礼道歉、消除影响。

如果转载不注明作者姓名，应当认定为侵犯作者的著作人身权。此种不注明作者姓名的行为违反公序良俗，致使社会公众无法识别被转载作品的作者，影响作品的正常使用，故应成立侵犯署名权。

对于注明作者姓名但未注明作者原始出处的转载、摘编，法院意见不一。一种意见认为，未标明作品刊登的原始出处，不影响行为人援引《著作权法》(2010)第33条第2

① 湖北省武汉市中级人民法院民事判决书，(2013)鄂武汉中知初字第03419号。

款规定的法定许可。在谷某海与中国贸易报社侵犯著作权纠纷上诉案中，法院认为："中国贸易报社刊登《处罚2》一文时，已注明了作品作者为谷某海，并在刊登后两个月向谷某海支付了合理的稿酬。虽然其在刊登《处罚2》时没有注明转载、摘编自原文最初登载的《国际商报》，但不能就此否定该行为为转载、摘编的性质。"①

另一种意见则认为，未表明作品刊登的原始出处可以作为判定著作权侵权的考虑因素之一。在赵某青诉陕西日报社侵害著作权纠纷案中，法院认为："《最高人民法院关于审理著作权民事纠纷案件适用法律若干问题的解释》第17条规定，《著作权法》(2001)第32条第2款规定的转载，是指报纸、期刊登载其他报刊已经发表作品的行为。转载未注明被转载作品的作者和最初登载的报刊出处的，应当承担消除影响、赔礼道歉等民事责任。本案中，虽然陕西日报社使用涉案作品时已署作者赵某青姓名，但是并未注明出处。另外，《非常关注·报刊荟萃》作为一个刊物，对作者权利应当表现出比普通社会公众更多的尊重，尤其是作者的获得报酬权。《非常关注·报刊荟萃》在使用作品时即应尽可能地主动与作者联系付酬事宜。现有证据不能证明《非常关注·报刊荟萃》尽到了上述义务，实际上亦未向赵某青支付报酬，故构成侵权。"②

笔者认为，第二种意见更为妥当。不标明作品刊登的原始出处，容易损害作者的人格利益和经济利益。作品刊登的原始报刊是作者行使发表权的结果，作者会选择具有声誉的报刊刊登自己的作品。忽略作品刊登的原始出处，直接转载作品，可能不适当地影响作品的社会评价，不合理地损害作者的精神利益和经济利益。

六、法定许可的报酬支付

根据《著作权法实施条例》(2013)第32条，依照《著作权法》(2010)第33条第2款使用他人作品的，应当自使用该作品之日起两个月内向著作权人支付报酬。2014年11月1日，我国开始施行《使用文字作品支付报酬办法》，其第13条规定："报刊依照《中华人民共和国著作权法》的相关规定转载、摘编其他报刊已发表的作品，应当自报刊出版之日起2个月内，按每千字100元的付酬标准向著作权人支付报酬，不足五百字的按千字作半计算，超过五百字不足千字的按千字计算。报刊出版者未按前款规定向著作权人支付报酬的，应当将报酬连同邮资以及转载、摘编作品的有关情况送交中国文字著作

① 北京市第二中级人民法院民事判决书，(2006)二中民终字第3264号。

② 河南省高级人民法院民事判决书，(2014)豫法知民终字第55号。

权协会代为收转。中国文字著作权协会收到相关报酬后，应当按相关规定及时向著作权人转付，并编制报酬收转记录。报刊出版者按前款规定将相关报酬转交给中国文字著作权协会后，对著作权人不再承担支付报酬的义务。”

在此之前，对于文字作品转载而言，我国法院通常根据《出版文字作品报酬规定》(1999，已失效)判令支付转载报酬。在2006年11月22日前，最高人民法院《关于审理涉及计算机网络著作权纠纷案件适用法律若干问题的解释》第3条准许网媒传播，法院往往也依照此项法定许可确定报酬水平。在赵某诉华声月报社等侵犯著作权案中，法院认为：“根据我国著作权法第32条第2款和《出版文字作品报酬规定》中第18条的规定……报刊转载、摘编其他报刊已发表的作品，应按每千字50元的付酬标准向著作权人付酬。社会科学、自然科学纯理论学术性专业报刊，经国家版权局特别批准可以适当下调付酬标准……(涉案文字作品约3000字)，被告华声月报社于本判决生效之日起十日内向原告赵某支付稿酬150元。”[①]

第六节
立法展望：存在问题及修改建议

一、存在问题

“但书”条款应当删除。著作权限制制度的法定性表明，由法律规定的限制应该具有绝对权威。著作权限制本质上是对著作权权利内容所控制作品使用方式的限制，他人在著作权制度框架下使用权利客体，不构成侵权。著作权限制制度所庇护的利益高于著作权利益：著作权限制的目的在于保障与权利相对的社会公众的言论与创作自由，促进作品广泛传播。著作权限制制度不应该允许权利人排除适用；如果允许著作权人排除，则意味着限制制度所欲达到的目标将无法实现。实际上，著作权限制制度只要符合国际条约所确立的三步检验法，就表明国内《著作权法》所确立的著作权限制符合国际条约义务。《著作权法》(2020)所规定的著作权限制制度中，有多处允许权利人通过

---

① 北京市第一中级人民法院民事判决书，(2001)一中知初字第6号；山东省济南市中级人民法院民事判决书，(2008)济民三终字第3号。(网媒转载纸媒作品约4000字，法院判赔200元。)

事先声明的方式排除限制制度的适用的规定,这不符合制作权限制制度的不可排除性原则。具体表现为:第24条合理使用制度中的第1款第4项转载转播时事性文章、第1款第5项公众集会上讲话的刊登与播放;法定许可使用制度的第35条报刊转载摘编法定许可、第42条制作录音制品法定许可。

《著作权法》(2020)所允许的“但书”事先声明条款中所规定的合理使用或法定许可,主要是为了促进信息与知识的传播(第24条第1款第4项、第5项,第35条),或是为了防止垄断与促进文化产品的多样化(第42条)。允许权利人通过“但书”事先声明排除著作权限制制度的限制,实际上表明权利人的意志超越了法律的强制性规定,最为要紧的是会导致为教育目的、促进信息与知识传播、防止垄断以及促进文化产品多样化的权利限制制度的功能无法实现。立法引导权利人通过“但书”事先声明予以排除,导致国家版权管理部门引导权利人在实践中排除限制制度的适用。为实现著作权限制制度促进知识与信息传播、防止垄断与促进文化产品的多样化,必须删除著作权限制制度中权利人可以通过“但书”事先声明以排除限制的规定。①

摘要作品的使用应为合理使用。许辉猛指出,《著作权法》主要通过报刊摘编、转载法定许可规则处理摘要作品的使用问题,但是无法拓展至网络空间,造成文献数据库使用摘要作品的侵权风险。《伯尔尼公约》以及不少域外立法例将使用摘要作品规定为合理使用,我国有必要予以借鉴。《著作权法》应该将合理引用规则作为摘要作品著作权限制的主要法律依据,并化解其与报刊摘编、转载法定许可规则的冲突。在《著作权法》修改中,有必要移除合理引用规则“在作品中引用”的限制性条件,引入合理使用开放性条款,同时允许著作权人以经过认证的许可方案部分代替合理引用规则,以促进著作权人与文献服务商之间的合作。②

二、修改建议

建议将《著作权法》第35条第2款修改为:“作品刊登后,其他报刊可以转载或者作为文摘、资料刊登,但应当按照规定向著作权人支付报酬。”

---

① 参见刘铁光:《录音制品二次使用的法律问题研究》,厦门大学出版社2011年版,第172～173页。

② 参见许辉猛:《摘要作品著作权限制研究——以文献检索现代化为视角》,载《图书馆论坛》2018年第4期。

第五章　著作财产权法定许可（三）：制作课件实施远程教育

第一节
溯本清源：课件制作法定许可的必要性

《信息网络传播权保护条例》(2013)对于信息网络传播权的法定许可(或准法定许可)有一些具体的规定,比如制作课件并通过信息网络发布、农村网络扶贫等。

课件(courseware)是根据教学大纲的要求,经过教学目标确定,教学内容和人物分析,教学活动结构及界面设计等环节,而加以制作的课程软件。它与课程内容有着直接联系。

课件制作的法定许可目的是促进九年制义务教育或者教育规划,允许在制作课件时使用他人的作品。这种法定许可考虑到远程网络教育课程的需要,制作多媒体课件供学生通过网络在远端加以利用,但依据《信息网络传播权保护条例》(2013)第10条规定,应当采取一定的技术措施,防止服务对象以外的人获得课件中的著作权人的作品。

该条许可远程教育机构通过信息网络向注册学生提供含有已发表作品的课件。该条同样也对教育的范围有限制,即"九年制义务教育和国家教育规划"。

本项法定许可的法律纠纷很少。严格说来,远程教育机构通过信息网络向注册学生提供课件,是否是信息网络传播行为,还存在疑问。如果注册学生的范围有限,可能是并非对公众开放的信息网络。本项法定许可的众多规范概念,比如"课件""注册学生""远程教育机构"等,都有待未来司法实践逐步廓清。

对此项法定许可之下,作品使用人应如何向著作权人支付报酬以及报酬额度,国家版权局尚未出台相应的规定。在一定范围之内,或许应该参照2013年颁行的《教科书法定许可使用作品支付报酬办法》。

第二节 立法沿革:《信息网络传播权保护条例》(2013)的立法规定

对于实施九年制义务教育或国家教育规划的远程教育,《信息网络传播权保护条例》(2013)单独设置有法定许可。其第8条规定:“为通过信息网络实施九年制义务教育或者国家教育规划,可以不经著作权人许可,使用其已经发表作品的片段或者短小的文字作品、音乐作品或者单幅的美术作品、摄影作品制作课件,由制作课件或者依法取得课件的远程教育机构通过信息网络向注册学生提供,但应当向著作权人支付报酬。”

该法定许可可视为为了促进网络环境下的国家规划教育所设。“编写出版教科书法定许可”已经从模拟环境延伸到数字环境。同“编写出版教科书法定许可”类似,《信息网络传播权保护条例》(2013)第8条也是为了促进九年制义务教育和国家教育规划,并将本项法定许可延伸到信息网络传播权。为了实施九年制义务教育或者国家教育规划,著作权人、表演者、录音制作者的信息网络传播权同样受到限制,这被称为制作课件的信息网络传播权法定许可。本项法定许可是绝对性法定许可,不准许著作权人通过声明方式予以排除。

《信息网络传播权保护条例》(2013)第10条也对该法定许可作出了限制,即要求制作和提供课件的教育机构必须审核学生的身份,不得任意扩大课件使用的范围。按照该条例第10条第4项的规定,在网络远程教育中使用该课件的教学机构即作品的提供者应当采取技术措施,防止规定的服务对象以外的其他人获得著作权人的作品,并防止该条例第7条规定的服务对象的复制行为对著作权人利益造成实质性损害。

第三节
构成要件：不侵权抗辩理由分析

一、教科书适用范围免责

教科书只限于为实施九年制义务教育和国家教育规划而编写的教科书。九年制义务教育，是指《义务教育法》第 2 条规定的九年制义务教育，即通常所说的小学和初中教育。

《日本著作权法》第 33 条将“教科书”明确规定为：经过文部科学大臣审定或者文部科学省拥有著作名义的小学、中学、高中或者中等教育学校以及其他类似学校中，为教育目的供儿童使用或者学生使用的书籍。在日本，教科书不包括学前学生用书，也不包括大学学生用书。

二、制作课件作品免责

可用于制作课件的作品，只限于已经发表的作品片段，或者短小的文字作品、音乐作品，或者单幅的美术作品、摄影作品。这些作品以外的其他作品，都不能编入教科书。著作权法将编撰教科书法定许可使用的作品作如此严格的限制规定，并不符合教科书法定许可的需要，也缺少可操作性。比如，为了介绍某画家完整不可分割的组画或者系列摄影作品，仅登载一幅作品明显达不到让学生全面学习该画家的目的。此外，究竟如何界定短小的文字作品和音乐作品，也不是一件容易的事情。

《日本著作权法》第 33 条在规定编撰教科书的法定许可时，并未限定作品范围和篇幅，仅规定在教科书上登载作品时，应当通知作者，并按规定向著作权人支付补偿金。相比于中国《著作权法》的规定，《日本著作权法》的相应规定更加符合编撰教科书的需要，也更加具有可操作性。

三、权利主体免责

权利主体，是实施九年制义务教育或者国家规划教育的课件制作者或者依法取得课件的远程教育机构。

四、提供对象免责

该课件只能向注册学生提供。为了满足该条件,《信息网络传播权保护条例》(2013)第10条规定,在网络远程教育中使用该课件的教学机构应当采取技术措施,防止服务对象以外的其他人获得著作权人的作品。

五、保护著作权人权益免责

应当按照规定支付报酬,指明作者姓名、作品名称,并且不得侵犯著作权人依照本法享有的其他权利。编撰教科书使用著作权人作品不是免费使用,应当按照规定向著作权人支付报酬。编撰教科书也不得侵害作者的著作人格权和其他著作财产权。

第四节 立法展望:存在问题及修改建议

《信息网络传播权保护条例》(2013)第8条“制作课件法定许可”与《著作权法》(2020)第25条“编写出版教科书法定许可”相比,并没有本质上的区别,《信息网络传播权保护条例》(2013)第8条是为了适应网络环境下的新情况而进行了扩展规定。从法律逻辑上来说,作为下位法的《信息网络传播权保护条例》(2013)与作为上位法的《著作权法》之间,缺乏应有的互补关系。《信息网络传播权保护条例》(2013)应当是《著作权法》的进一步细化与深化,而不应该只是停留在对《著作权法》所规定内容的简单重复上。①

《著作权法》(2020)“编写出版教科书法定许可”与《信息网络传播权保护条例》(2013)“制作课件法定许可”条文对比,如表5-5-1所示。

① 参见孙昊亮:《网络环境下著作权的边界问题研究》,法律出版社2017年版,第218页。

表5－5－1　“编写出版教科书法定许可”与“制作课件法定许可”条文对比

《著作权法》(2020)第25条	《信息网络传播权保护条例》(2013)第8条
为实施义务教育和国家教育规划而编写出版教科书,可以不经著作权人许可,在教科书中汇编已经发表的作品片段或者短小的文字作品、音乐作品或者单幅的美术作品、摄影作品、图形作品,但应当按照规定向著作权人支付报酬,指明作者姓名或者名称、作品名称,并且不得侵犯著作权人依照本法享有的其他权利。 前款规定适用于对与著作权有关的权利的限制	为通过信息网络实施九年制义务教育或者国家教育规划,可以不经著作权人许可,使用其已经发表作品的片段或者短小的文字作品、音乐作品或者单幅的美术作品、摄影作品制作课件,由制作课件或者依法取得课件的远程教育机构通过信息网络向注册学生提供,但应当向著作权人支付报酬
编写出版教科书的法定许可	制作课件的法定许可

第六章　著作财产权法定许可（四）：网络传播信息扶助贫困

《信息网络传播权保护条例》(2013)新增了通过信息网络扶助农村贫困地区的法定许可，有学者将其称为准法定许可或者默示许可，即不是严格意义上法定许可的权利限制。李扬认为这是一种“推定的默示许可制度”[①]。

第一节　溯本清源：信息网络扶助贫困法定许可的理由分析

本项法定许可明显不同于前述任何一种法定许可的形式。这是一种创新的扶助贫困方式，《信息网络传播权保护条例》(2006)创设了一种新型的用于扶助农村贫困群体的法定许可，许可网络服务提供者向农村地区公众免费提供与扶助贫困有关的作品和适应基本文化需求的作品。这一条是在原文化部文化下乡政策的影响下出台的，曾受到争议。有意见认为，这一条的使用范围不够明确，可能被滥用，从而不合理地限制了权利人的利益。实践中由此条引发的著作权争议非常罕见，各级政府可能并没有实质性地利用这一法定许可条款。自颁行以来，本项法定许可的法律纠纷很少。可能的原因是，本项法定许可未得到充分利用，抑或在强调“三农”、扶助贫困的社会大背景下，著作权人不愿意维权。在此项法定许可之下，作品使用人应如何向著作权人支付报酬及报酬额度，国家版权局尚未出台相应的规定。本条规范的具体边界有待未来司法实践逐步廓清。

① 李扬:《著作权法基本原理》，知识产权出版社 2019 年版，第 241 页。

第二节
立法沿革：《信息网络传播权保护条例》（2013）的立法规定

对于通过信息网络扶助贫困，《信息网络传播权保护条例》(2013)单独设置有法定许可，即第9条第1款规定："为扶助贫困，通过信息网络向农村地区的公众免费提供中国公民、法人或者其他组织已经发表的种植养殖、防病治病、防灾减灾等与扶助贫困有关的作品和适应基本文化需求的作品，网络服务提供者应当在提供前公告拟提供的作品及其作者、拟支付报酬的标准。自公告之日起30日内，著作权人不同意提供的，网络服务提供者不得提供其作品；自公告之日起满30日，著作权人没有异议的，网络服务提供者可以提供其作品，并按照公告的标准向著作权人支付报酬。网络服务提供者提供著作权人的作品后，著作权人不同意提供的，网络服务提供者应当立即删除著作权人的作品，并按照公告的标准向著作权人支付提供作品期间的报酬。"第2款规定："依照前款规定提供作品的，不得直接或者间接获得经济利益。"

第三节
构成要件：不侵权抗辩理由分析

《信息网络传播权保护条例》(2013)规定了信息网络传播权的法定许可。作品的提供者应当采取技术措施，防止规定的服务对象以外的其他人获得著作权人的作品。为了满足上述推定的默示许可，需要具备如下条件：

1. 许可主体免责。主体只限于网络服务提供者，其他主体不适用。未经许可，在网络环境中提供他人享有权利的作品，使公众可以在其选定的时间和地点获得作品的，构成对他人信息网络传播权的侵害。基于公益目的免费向农村地区公众提供作品的，属于法定许可,但应举证证明他人作品在其公告的清单内、仅向农村地区用户开放。①

2. 作者范围免责。法定许可主体,即作者,须是中国自然人、法人或者其他组织,不及于外国著作权人。作品著作权主体限制为中国公民、法人或者其他组织,包括在中国注册的三资企业。受益主体则是我国农村地区的居民。问题在于:网络是贯通的,并不区分农村地区和城市地区,如何能够通过一定的技术手段保证只有农村地区的居民能够获得相关作品?

3. 作品范围免责。免费提供的作品应为中国公民、法人或者其他组织已经发表的种植养殖、防病治病、防灾减灾等与扶助贫困有关的作品和适应基本文化需求的作品,其他作品不得进行信息网络传播。其中,种植养殖、防病治病、防灾减灾等与扶助贫困有关的作品相对比较容易确定,但何为"适应基本文化需求的作品"存在很大的不确定性,需要在实践中进一步明确。

4. 许可范围免责。法定许可使用的作品,须是已发表的种植养殖、防病治病、防灾减灾等与扶助贫困有关的作品和适应基本文化需求的作品,即对有著作权作品的利用应属于扶助农村贫困的特定情形。

5. 法定程序免责。网络服务提供者应当在提供前公告拟提供的作品及其作者、拟支付报酬的标准。自公告之日起 30 日内,著作权人不同意提供的,网络服务提供者不得提供其作品;自公告之日起满 30 日,著作权人没有异议的,网络服务提供者可以提供其作品,并按照公告的标准向著作权人支付报酬。

6. 许可方式的界定。该法定许可方式不同于一般法定许可,即网络服务提供者必须依法定程序先行公告,自公告之日起 30 日内,著作权人提出异议的,网络服务提供者不能向公众提供作品;公示期满 30 日,著作权人提出异议的,网络服务提供者应删除向公众提供的作品。这一规定与一般法定许可中作者"权利保留声明",在程序和法律后果方面有明显差别。

7. 及时删除免责。即使网络服务提供者已经依法定程序向农村地区的公众免费提供,之后著作权人仍有权不同意继续提供。网络服务提供者必须依照法定程序进行公告,著作权人有权提出异议。在著作权人提出异议之后,网络服务提供者应当立即删除著作权人的作品,并按照公告的标准向著作权人支付提供作品期间的报酬。

8. 传播方式免责。方式只能是通过信息网络传播作品。应当采取技术措施,防止

① 参见天津自由贸易试验区人民法院民事判决书,(2021)津 0319 民初 12840 号。

规定的服务对象以外的其他人获得著作权人的作品。

9. 免费提供免责。必须是向农村地区的公众免费提供作品。如果网络服务提供者有直接营利目的，即提供作品时向农村地区的公众收费，则不得进行不侵权抗辩。或者网络服务提供者有间接营利目的，比如通过提供作品获取政府财政补贴，也不得进行不侵犯抗辩。在一般法定许可中，被许可人必须向著作权人支付报酬，其本人是否获取经济利益在所不问。而扶助贫困的网络传播法定许可，法律规定被许可人即特定网络服务者不得从中直接或间接获得经济利益。[①]

只有同时具备上述实体要件和程序要件，网络服务提供者提供上述作品时才能够进行不侵权的抗辩。

① 参见吴汉东主编：《知识产权法》，法律出版社 2021 年版，第 252 页。

第七章　邻接财产权法定许可（五）：制作录音制品

制作录音制品法定许可即录音制作者使用他人已经合法录制为录音制品的音乐作品制作录音制品，为法定许可。该法定许可实际上为机械复制权的法定许可。法定许可是指可以未经许可使用他人作品，但需要向著作权人支付报酬的制度。

第一节 溯本清源：制作录音制品法定许可的原因分析

制作录音制品法定许可制度起源于20世纪初，其立法目的在于打破唱片公司对音乐的垄断，使音乐著作权人和唱片公司之间的独家许可协议落空，从而在唱片市场上维持一种竞争状态，促使唱片价格合理化。对于音乐著作权人而言，在其许可他人制作录音制品之后，对于未经其许可制作录音制品的，就不能再提起侵权之诉，只能够要求其支付一定的报酬。

中国为什么引入音乐作品的法定许可制度？可能的解释包括：

1.《伯尔尼公约》的确许可成员国规定此类法定许可（第13条第1款），中国因此参考了该规定。[①]《伯尔尼公约》第13条"音乐作品及歌词录音的权利的可能限定"第1款"责任许可"规定："本联盟每一成员国可就其本国情况，对音乐作品作者及允许其歌词与音乐作品一道录音的歌词作者授权对上述音乐作品以及有歌词的音乐进行录音的专有权利规定保留及条件；但这类保留及条件之效力严格限于对此作出规定的国家，而且在任何情况下均不得损害作者获得在没有协议情况下由主管当局规定的合理报酬的

① 参见汤宗舜：《著作权法原理》，知识产权出版社2005年版，第103页。

权利。”[①]按照《伯尔尼公约》，各成员国可以规定制作录音制品的法定许可。

2.“一般说来，著作权人公开发表其作品，表明他愿意让作品在社会上传播，所以规定一定条件下，可以不经著作权人许可使用其作品，不违背著作权人意愿。”[②]

3. 打破首家获得许可的录音制作者垄断相关录音制品市场，形成竞争局面和音乐作品表现的多样性。避免业务领先的唱片公司利用独占性协议维持对流行音乐作品的垄断。这实际上是美国当初设定类似制度的原因。国际上，制作录音制品的法定许可起源于20世纪初。其立法目的是防止出现唱片公司对音乐的垄断。那时大唱片公司要求音乐著作权人（词曲作者）与之签订独家许可协议，以成为唯一有权使用其音乐作品制作录音制品的唱片公司。在当时技术条件下，唱片很难像书籍、报刊那样被复制，唱片出租市场尚未形成，购买唱片是公众欣赏音乐作品的主渠道。获得独家授权的大唱片公司借助市场垄断地位提高唱片价格，获得不合理的高额利润。为了使唱片公司之间能够形成合理的竞争，使唱片价格维持在合理水平，美国等国规定只要音乐作品已经被合法制作为录音制品，其他唱片公司就可以不经音乐著作权人许可，将其音乐作品录制在唱片上销售，但需要支付法定报酬。[③]

4. 确保相同录音制作者以同等、公平、合理条件获得音乐作品著作权人的许可。“录音制作者取得所有著作权人授权确实有一定的困难，为了不妨碍作品的传播，满足广大群众对精神产品的需求”，有必要规定法定许可。[④] 因为在缺乏法定许可的情况下，音乐著作权人可能授予第一家录音制品制作者以独占许可权，会造成人为地垄断录音制品市场，不利于录音制品的广泛传播。

5. 平衡作者、传播者与社会公众间的利益。该法定许可有利于音乐作品的传播与使用，并且著作权收益权的存在使其能从音乐作品的迅速录制和传播中获得更多回报，从而激励音乐作品的创作，最终平衡作者、传播者与社会公众间的利益，实现著作权法的立法宗旨。上述制作录音制品的法定许可，还是基于对其他录音制作者销售市场的公平保障。由于同时还规定了“著作权人声明不许使用的不得使用”，这就难以避免这一法定许可在实践中被流于形式。

---

① 张大伟主编：《世界版权条约》，东方出版中心2019年版，第42页。

② 胡康生主编：《中华人民共和国著作权法释义》，法律出版社2002年版，第169页。

③ 参见李雨峰、王迁、刘有东编著：《著作权法》，厦门大学出版社2006年版，第128页。

④ 参见胡康生：《中华人民共和国著作权法释义》，法律出版社2002年版，第167页。

第二节 立法沿革:《著作权法》四个版本立法变革

一、《著作权法》(1990)的规定

《著作权法》(1990)第37条第1款第2句"使用他人已发表的作品制作录音制品,可以不经著作权人许可,但应当按照规定支付报酬;著作权人声明不许使用的不得使用"的规定属于相对性法定许可制度。①

二、《著作权法》(2001)的规定

《著作权法》(1990)第37条第1款第2句修改为《著作权法》(2001)第39条第3款。"已发表的作品"修改为"已经合法录制为录音制品的音乐作品",规定更加详细准确了。

《著作权法》(2001)第39条第3款规定:"录音制作者使用他人已经合法录制为录音制品的音乐作品制作录音制品,可以不经著作权人许可,但应当按照规定支付报酬;著作权人声明不许使用的不得使用。"

三、《著作权法》(2010)的规定

《著作权法》(2001)第39条第3款修改为《著作权法》(2010)第40条第3款,内容没有变化。

四、《著作权法》(2020)的规定

《著作权法》(2010)第40条第3款修改为《著作权法》(2020)第42条第2款,内容没有变化。

《著作权法》(2020)第42条第2款规定:"录音制作者使用他人已经合法录制为录音制品的音乐作品制作录音制品,可以不经著作权人许可,但应当按照规定支付报酬;著作权人声明不许使用的不得使用。"②著作权人享有保留权。形式保留权的方式是在

---

① 参见北京市第二中级人民法院民事判决书,(2003)二中民初字第174号。

② 参见《著作权法》(2020)第42条第2款。

作品被合法录制为录音制品时附加声明。

中国《著作权法》四个版本关于“制作录音制品法定许可”条文对比，如表 5－7－1 所示。

表 5－7－1　《著作权法》四个版本关于“制作录音制品法定许可”条文对比

	《著作权法》(1990)第 37 条	《著作权法》(2001)第 39 条	《著作权法》(2010)第 40 条	《著作权法》(2020)第 42 条
授权许可使用	第 1 款第 1 句：录音制作者使用他人未发表的作品制作录音制品，应当取得著作权人的许可，并支付报酬。(授权许可使用)	第 1 款：录音录像制作者使用他人作品制作录音录像制品，应当取得著作权人许可，并支付报酬。(授权许可使用)	第 1 款：录音录像制作者使用他人作品制作录音录像制品，应当取得著作权人许可，并支付报酬。(授权许可使用)	第 1 款：录音录像制作者使用他人作品制作录音录像制品，应当取得著作权人许可，并支付报酬。(授权许可使用)
默示许可使用	第 1 款第 2 句：使用他人已发表的作品制作录音制品，可以不经著作权人许可，但应当按照规定支付报酬；著作权人声明不许使用的不得使用。(默示许可使用)	第 3 款：录音制作者使用他人**已经合法录制为录音制品的音乐作品制作**录音制品，可以不经著作权人许可，但应当按照规定支付报酬；著作权人声明不许使用的不得使用。(默示许可使用)	第 3 款：录音制作者使用他人已经合法录制为录音制品的音乐作品制作录音制品，可以不经著作权人许可，但应当按照规定支付报酬；著作权人声明不许使用的不得使用。(默示许可使用)	第 2 款：录音制作者使用他人已经合法录制为录音制品的音乐作品制作录音制品，可以不经著作权人许可，但应当按照规定支付报酬；著作权人声明不许使用的不得使用。(默示许可使用)
	第 2 款：录像制作者使用他人作品制作录像制品，应当取得著作权人的许可，并支付报酬。(授权许可使用)	—	—	—
法定许可转授权许可	第 3 款：录音录像制作者使用改编、翻译、注释、整理已有作品而产生的作品，应当向改编、翻译、注释、整理作品的著作权人和原作品的著作权人支付报酬。(法定许可使用)	第 2 款：录音录像制作者使用改编、翻译、注释、整理已有作品而产生的作品，应当取得改编、翻译、注释、整理作品的著作权人和原作品著作权人许可，并支付报酬。(授权许可使用)	第 2 款：录音录像制作者使用改编、翻译、注释、整理已有作品而产生的作品，应当取得改编、翻译、注释、整理作品的著作权人和原作品著作权人许可，并支付报酬。(授权许可使用)	—

《著作权法》(2020)第 42 条规定，录音录像制作者使用他人作品制作录音录像制品，应当取得著作权人许可，并支付报酬。录音制作者使用他人已经合法录制为录音制

品的音乐作品制作录音制品,可以不经著作权人许可,但应当按照规定支付报酬;著作权人声明不许使用的不得使用。《著作权法实施条例》(2013)第31条规定:"著作权人依照著作权法第四十条第三款声明不得对其作品制作录音制品的,应当在该作品合法录制为录音制品时声明。"①此规定缩小了《著作权法》(1990)规定的制作录音制品法定许可的范围,与《伯尔尼公约》第13条接轨。根据《伯尔尼公约》第13条第1款规定,音乐作品和歌词的作者可以允许他人录制其音乐作品,成员国可以对有关的条件和限制作出规定;但是,如果一个成员国对有关的条件和限制作出规定,则它只是在本国具有效力,并且不得损害由主管当局规定的合理报酬的权利。②

第三节 构成要件:不侵权抗辩的理由分析

本项法定许可针对音乐作品的复制权和发行权。该法定许可,其条件可以归纳为:

1. 作品种类限制。按该法定许可制作录音制品的作品,仅限于音乐作品;音乐作品之外的作品形式不在法定的适用范围之内。音乐作品以外的作品制作录音制品,不适用该法定许可。只包含音乐作品的复制,不包括电影、戏剧等作品的录制。曲艺、文学故事、诗歌朗诵等文字作品及其他作品,即使已被合法录制,使用时还要经著作权人许可。所谓音乐作品,可以包括配词与不配词的乐曲,即不仅涉及乐曲,而且在音乐有配词的情况下,还可以涉及配词。在该许可中,应将乐曲和配词看做一个整体。因此,这种许可涉及所有配词或者未配词的音乐作品和音乐剧作品。这一点,根据《伯尔尼公约》应作这样的理解,著作权法没有排除这一点,应当认为是符合《伯尔尼公约》的精神的。该法定许可只针对录音制品,对录像制品不适用。③

2. 使用对象限制。只能是已经被合法录制为录音制品的音乐作品。合法录制可以表现为该音乐作品著作权人自己录制,也可以表现为授权他人的录制。利用尚未被录

① 吴高盛主编:《〈中华人民共和国著作权法〉释义及实用指南》,中国民主法制出版社2015年版,第375页。
② 参见《伯尔尼公约》第13条第1款。
③ 参见北京市东城区人民法院民事判决书,(2010)东民初字第04395号。

制为录音制品的音乐作品首次制作录音制品，必须征得音乐作品著作权人许可。未经音乐作品著作权人许可，非法录制为录音制品的音乐作品，不得进一步被用来制作竞争性录音制品。音乐作品尚未被合法地录制为录音制品，或者虽然被录制但属于侵权性质的录制等情况均不能适用法定许可。倘若音乐作品仅在网上传播而未被合法录制，或是音乐作品作为配乐在电影作品中使用，都不能未经音乐作品著作权人许可而制作录音制品。如果音乐作品尚未被合法录制为录音制品，如仅在网络中传播，就不能未经音乐作品著作权人许可而制作录音制品。同时，如果音乐作品作为配乐被电影作品所使用，对这部电影的制作和出版不能视为“已经将音乐作品合法录制为录音制品”。因为电影中的配乐只是电影作品的一部分，电影录像带、VCD、DVD 等也不是“录音制品”。法定许可的音乐作品如果尚未录制，著作权人仅和唱片公司订立许可协议，或者是他人非法录制的，则都不存在法定许可问题。

3. 使用内容免责。作为法定许可的音乐作品只是词和曲，在词和曲基础上形成的表演行为不是法定许可的作品，即仅限于录音制品，不包括录像制品。《著作权法实施条例》(1991) 第 6 条第 2 项所谓“录音制品，指任何声音的原始录制品”，[①]即通常所说的母带。这里的录音制品系以表演者表演为媒介而制作的录音制品，而不能是翻录他人制作的录音制品，否则涉及侵犯他人录音制作者权利。所谓根据音乐作品制作录音制品，是指通过表演者表演的音乐作品的录制制成录音制品，而不是翻录他人制作的录音制品。其他录音制作者对其所制作的录音制品是享有邻接权的，第三者是不能任意翻录的。如果直接翻录他人制作的录音制品，既侵犯了词曲作者、表演者的著作权，也侵犯了录音制作者的邻接权。

录音制品的法定许可不适用于录音录像制品，如光盘为录音录像制品非录音制品，不适用法定许可。[②]

4. 使用方式免责。该法定许可是对音乐作品著作权人机械复制权的许可，并不包括对表演者和录音制品制作者享有的复制权和发行权的许可。如果直接翻录他人制作的录音制品，或是在翻录的基础上以技术手段进行加工和编辑制成新的录音制品出版，将同时构成对表演者和前述录音制品制作者复制权和发行权的侵犯。因此，“制作录音制品法定许可”实际上只允许使用词曲本身。根据法定许可制作录音制品者，必须自己

---

① 参见李顺德、周详：《中华人民共和国著作权法修改导读》，知识产权出版社 2002 年版，第 253 页。

② 参见四川省成都市中级人民法院民事判决书，(2005) 成民初字第 134 号；四川省高级人民法院民事判决书，(2006) 川民终字第 404 号。

聘用乐队，与歌手（表演者）签约，并将歌手的演唱录制下来制成录音制品。广播体操的动作不属于著作权法意义上的作品。录音制品的法定许可中使用他人已合法录制的音乐作品，不能将他人已录制的录音制品直接复制到自己的录制品上，而只能使用该乐曲，由表演者重新演奏，重新制作录音制品。①

5. 著作权人声明限制。制作录音制品法定许可，受制于音乐作品著作权人声明的限制。未经音乐作品著作权人许可录制录音制品的，侵害了音乐作品著作权人的机械表演权。著作权人在声明不许使用的情况下仍然享有禁止使用的权利。该法定许可使用在著作权人声明“不许使用”时则不能成立。有权作出“不许使用”声明的，只能是音乐作品的著作权人。音乐作品虽然已经他人合法录制为录音制品，但是音乐作品的著作权人声明不许使用的，录音制品制作者不得利用法定许可用该音乐作品制作录音制品。这一点，《伯尔尼公约》并没有规定，这是我国著作权法为尊重著作权人的权利而规定的。“版权所有　翻录必究”应理解为禁止翻录录音制品，不属于《著作权法》（2020）第42条第2款制作录音制品法定许可规定的著作权人作出的不许使用声明。②

6. 按照规定支付报酬免责。录音制作者录制后应当按照规定向音乐作品著作权人支付报酬。使用他人已经合法录制的作品，尽管可以不经过著作权人的许可，但需要支付报酬。制作录音制品的法定许可不是免费许可，音乐作品著作权人在该法定许可中受到限制的仅是许可权；在其他情形中，除了免费表演，音乐作品著作权人仍然拥有许可权。由于代表音乐著作权人管理音乐著作权的集体管理组织中国音乐著作权协会已经依法成立，根据法定许可使用他人音乐作品制作录音制品的制作者应在使用之日起2个月内向该协会支付报酬，由协会转交给会员。根据中国音乐著作权协会目前公布的付酬标准，制作录音制品的法定许可费按照录音制品批发价的3.5%与制作数量之积计算，但每首作品著作权费不低于200元。音乐作品的长度超过5分钟的，每增加5分钟按增加一首音乐作品计算法定许可费。

使用他人音乐作品制作录音制品的人应在使用之日起两个月内向中国音乐著作权协会支付报酬，由协会转交给会员。根据中国音乐著作权协会的规定，使用该会管理的音乐作品首次制作CD、盒带等录音制品，采用版税的方式付酬。按照批发单价×版税率6%×录音制品制作数量计算。非首次制作录音制品的，按照法定许可收费标准即批

① 参见北京市西城区人民法院民事判决书，（2012）西民初字第14070号，最高法2012年十大创新性案件。

② 参见北京市朝阳区人民法院民事判决书，（2013）朝民初字第32575号；北京市昌平区人民法院民事判决书，（2010）昌民初字第8022号。

发单价×版税率3.5%×录音制品制作数量计算。批发价不确定的，比照市场同类制品的批发价计算。音乐作品的长度超过5分钟的，每增加5分钟按增加一首音乐作品计算使用费（不足5分钟的按5分钟计算）。[①]

7.保护作者权利免责。录音制作者应标注作者姓名和作品名称，并不得侵犯作品著作权人享有的其他权利。录音制作者在依照法定许可录制音乐作品时，不得侵犯著作权人的人身权利，如在作品上注明作者姓名和作品名称，不经著作权人同意不得修改作品，以及保护作品的完整。《著作权法》和《伯尔尼公约》都没有提到作者的人身权利，但是利用他人的作品应当保护作者的人身权利是一条普遍原则，不得违反。

8.销售发行免责。对录音制作者使用他人已合法录制为录音制品的音乐作品"重新制作"录音制品，其法定许可是否包括该录音制品的发行，《著作权法》未作明确规定。但司法判例通常认为，该录音制品的制作、发行，不需要经过音乐作品著作权人的许可，但应当向其支付报酬。至于合法录制的制品是否销售，在所不问。录音制品的法定许可不只限于录音制作者制作录音制品，复制、发行录音制品也同样适用。[②]

本项法定许可针对音乐作品的复制权和发行权。虽然音乐作品录制成录音制品的前提是音乐作品被"表演"出来，但制作录音制品时的"表演"不一定是公开表演，故未经许可录制音乐表演为录音制品未必侵犯表演权。然而，未经许可制作录音制品必定侵犯复制权。根据《著作权法》第10条第1款第5项规定，复制权是以"录音""翻录"等方式将作品制作一份或者多份的权利，录音制品因而应属于音乐作品的"复制件"。此外，未经许可制作录音制品并发行，还可能侵犯音乐作品的发行权。

9.已经合法录制免责。适用录音制品的法定前提是，有关音乐作品已经合法（已经著作权人许可）录制为录音制品。因为已经存在录音制品，而且该制品的制作经过音乐作品作者事先许可，配词的乐曲也经过词作者的事先许可，在这种情况下法律规定强制许可，并不违反作者的意愿。如果仅是已经发表的、没有录制为录音制品的音乐作品，则不能根据本规定不经著作权人许可，直接使用其制作录音制品。[③] 所谓"已经合法录制"，是指已有人经作者授权，将他们的词曲制作成录音制品。既然作者同意将他的作

---

① 参见王坤、王展：《著作权法体系化研究》，中国政法大学出版社2018年版，第176页。

② 参见江西省高级人民法院民事判决书，（2005）赣民三终字第28号；江西省高级人民法院民事判决书，（2007）赣民三终字第8号；最高人民法院民事判决书，（2008）民提字第51号。

③ 参见冯晓青：《著作权法》，法律出版社2010年版，第175～176页；吴汉东：《知识产权法》，法律出版社2021年版，第251页。

品以录音的方式使用,后位的录音制作者就可以不再取得作者授权,只要向作者支付作品使用费即可。不过使用他人已合法录制的音乐作品,不能将他人已录制的录音制品复制到自己的录音制品上。

2001 年修改《著作权法》(1990)时将法定许可的对象,从“使用他人已发表的作品制作录音制品”,修改为“使用他人已经合法录制为录音制品的音乐作品制作录音制品”。据此,录音制品的法定许可,需要满足如下条件:作品已被使用的方式仅限于合法录制,在报刊上发表、经现场表演等都不能作为法定许可的条件。

本项法定许可的法律要件,除《著作权法》(2020)第 42 条第 2 款条文之外,还包括《著作权法实施条例》(2013)第 21 条“不得影响该作品的正常使用,也不得不合理地损害著作权人的合法利益”的规定。本条理应适用于本项法定许可,应依照本条精神解释之。

第四节 典型案例:制作录音制品法定许可案例分析

一、“已经合法录制为录音制品的音乐作品”

只有当音乐作品表演已经首次合法录制为录音制品后,其他录音制作人才享受此项著作权例外。在北京市润亚影视传播有限公司诉中国唱片成都公司等侵犯著作权纠纷案中,法院认为《不》歌用作电视剧主题曲不是首次制作录音制品:“原告与他人联合摄制的《野》剧中,将《不》歌作为该剧主题歌曲使用,此举系行使《不》歌首次表演权、以《不》歌作为《野》剧主题歌曲使用的复制权、发行权等著作权之行为。因原告将《不》歌作为《野》剧主题歌曲使用之行为并不属于将《不》歌录制成为录音制品之范畴,故原告仍独家享有首次将《不》歌录制成为录音制品之著作权。……被告在明知《不》歌并未经合法录制为录音制品的情况下,使用《不》歌录制录音制品,不属于《著作权法》(2001)第 39 条第 3 款所规定的法定许可之范畴……已侵犯了原告作为独家被许可使用人所享有的首次将《不》歌录制为录音制品的著作权。"①

二、"制作"录音制品

虽然《著作权法》(2020)第42条第2款(同《著作权法》(2001)第39条第3款)仅规定录音制作者使用他人已经合法录制为录音制品的音乐作品"制作"录音制品，可以不经著作权人许可，但本条没有明确可否继而发行所制作的录音制品。显然，如果法定许可只调整制作行为，录音制品制成之后还必须经著作权人同意方可发行，如此则此项法定许可没有任何意义。在王某成等诉三峡公司等侵犯著作权纠纷案中，法院认为，此项法定许可延伸到制成录音制品的发行："《著作权法》(2001)第39条第3款设定了限制音乐作品著作权人权利的法定许可制度……该规定虽然只是规定使用他人已合法录制为录音制品的音乐作品制作录音制品可以不经著作权人许可，但该规定的本意是为了便于和促进音乐作品的传播，对使用此类音乐作品制作的录音制品进行复制、发行，同样应适用《著作权法》(2001)第39条第3款法定许可的规定，而不应适用第41条第2款的规定。经著作权人许可制作的音乐作品的录音制品已经公开，其他人再使用该音乐作品另行制作录音制品并复制、发行，不需要经过音乐作品的著作权人许可，但应依法向著作权人支付报酬。"②

三、制作"录音制品"

只有使用他人音乐作品制作"录音制品"才可能援引《著作权法》(2020)第42条第2款规定的法定许可。使用他人音乐作品制作"录像制品"，未经许可则属于侵权行为。在中国音乐著作权协会诉北京市新华书店王府井书店等侵犯著作财产权纠纷案中，法院认为："涉案出版物系DVD专辑，收录的不仅是歌曲的声音，还包括影像。而消费者购买涉案出版物，既可以欣赏伴有音乐的画面，也可以进行卡拉OK的演唱。故涉案出版物属于录像制品，被告的抗辩意见不能成立……录音录像制作者使用他人作品制作录音录像制品，应当取得著作权人许可，并支付报酬。"③在北京天语同声信息技术有限公司诉新科电子集团有限公司等著作权纠纷案中，法院认为："录音制品是指任何对表演的声音和其他声音的录制品；录像制品是指电影作品和以类似摄制电影的方法创作

① 北京市海淀区人民法院民事判决书，(2006)海民初字第8822号。

② 最高人民法院民事判决书，(2008)民提字第57号。

③ 北京市东城区人民法院民事判决书，(2010)东民初字第04395号。

的作品以外的任何有伴音或者无伴音的连续相关形象、图像的录制品。……依据《著作权法》(2001)的有关规定,录音录像制作者使用他人作品制作录音录像制品,应当取得著作权人许可,并支付报酬。”①

使用他人音乐作品制作录像制品尚且不符合制作录音制品的法定许可,那么使用他人音乐作品摄制影视作品就更不符合了。在罗某诉广东飞乐影视制品有限公司著作权侵权纠纷案中,法院认为:“飞乐公司将涉案曲目的伴奏音乐、歌手演唱与自然流动交替变换的风光画面融合在一起,形成风光版卡拉OK……该风光版卡拉OK凝聚了演唱者、摄影、剪接等人的创造性劳动,是视听结合的一种艺术形式,符合作品的构成要件,应属于以类似摄制电影的方法创作的作品。……罗林是涉案6首歌曲的词曲作者,对其音乐作品享有摄制权,即以摄制电影或者以类似摄制电影的方法将其作品固定在载体上的权利。飞乐公司以制作卡拉OK形式使用涉案音乐作品,将其固定在《刀郎 卡拉OK》VCD上,应当征得词曲作者罗林的许可,并支付报酬。”②

四、“著作权人声明不许使用”

《著作权法实施条例》(2013)第31条规定:“著作权人依照著作权法第四十条第三款声明不得对其作品制作录音制品的,应当在该作品合法录制为录音制品时声明。”③对这种声明,简称“禁录制声明”。

禁录制声明只有音乐作品的著作权人作出才有法律约束力;录音制品制作人或发行人所为声明,没有《著作权法》(2020)第42条第2款规定的法律效力。在老孙文化公司诉毛宁等侵犯著作权纠纷案中,法院认为:“首先,老孙文化公司主张权利的歌曲《传奇》在涉案专辑《十二种毛宁》制作前已经由刘冰、李健授权他人在先合法录制、出版。其次,刘冰、李健作为歌曲《传奇》的词曲著作权人并未在该歌曲发表时作出不得使用的声明,虽然老孙文化公司提交的《似水流年》专辑上显示有‘版权所有 翻录必究’字样,但从上述内容的文义来看,应理解为系禁止他人擅自翻录录音制品的声明,而不能视为词曲作者刘冰、李健作出的不得使用歌曲《传奇》词、曲的声明。”④

录音制品所载“版权所有 翻录必究”的声明,是针对录音制品而不是针对录音制

---

① 北京市第二中级人民法院民事判决书,(2006)二中民初字第16659号。

② 北京市朝阳区人民法院民事判决书,(2005)朝民初字第3250号。

③ 吴高盛主编:《〈中华人民共和国著作权法〉释义及实用指南》,中国民主法制出版社2015年版,第375页。

④ 北京市朝阳区人民法院民事判决书,(2013)朝民初字第32575号。

品所载音乐作品的禁录制声明。在新会佩斯光电有限公司与许巍侵犯著作权纠纷上诉案中,法院认为:“许巍在已经公开的录音制品《每一刻都是崭新的》《时光漫步》中虽然有版权所有、翻录必究的声明,但这是对整个录音制品邻接权所作的声明,并非针对录音制品中词曲音乐作品的著作权而言,长城艺术中心、泰一公司使用上述音乐作品制作并复制、发行《反转许巍》录音制品,不是简单的翻录,而是对作品的演唱形式、表现风格进行了相应处理,进行了再创作,故长城艺术中心、泰一公司的制作并复制、发行《反转许巍》录音制品,符合《著作权法》(2001)第39条第3款法定许可的规定,不构成侵权。”①

受让取得音乐作品著作权财产权的权利人在表明自己的著作权人身份后,作出不得利用该音乐作品制作录音制品的禁录制声明也有效。在茂名市(水东)佳和科技发展有限公司与北京太合麦田音乐文化发展有限公司侵犯著作权及邻接权纠纷上诉案中,涉案《李宇春　皇后与梦想》CD专辑载有如下声明,法院认为其属于有效声明:“本专辑内音乐作品之录音、词曲版权为北京太合麦田音乐文化发展有限公司全权所有,未经许可,禁止任何单位或个人用作翻唱、复制、演出、网络传播以及其他商业性用途。”②类似于转载报刊作品的法定许可,获得著作权专有许可的被许可人也可以有效地作出此类声明。③

对著作权人应如何作出禁录制声明,我国缺少细致规范。司法实践中,法院既不要求此种声明在“全国性出版物”上作出④,也不要求著作权人在音乐作品首次制成录音制品之后,其后每次出版发行复制件都必须载有禁录制声明。例如,在广东美美音像有限公司与佛山市顺德区孔雀廊娱乐唱片有限公司侵犯著作权纠纷上诉案中,法院认为:“美美公司虽然提交了没有版权声明的《凤凰传奇》音像制品,但并不能够证明该音像制品出版发行的时间,即不能证明其在2006年制作、发行被控侵权的《岳薇　菊花台》音像制品时孔雀廊公司出版、发行了未作声明的该音像制品,对其上诉主张关于其行为属法定许可的理由本院不予采纳。”⑤

但是,将制作录音制品界定为相对性法定许可,制度运行成本过高。要将他人已经合法录制成录音制品的音乐作品再另请表演者制作成其他录音制品,制作人须调查音

① 广东省高级人民法院民事判决书,(2009)粤高法民三终字第416号。

② 北京市第二中级人民法院民事判决书,(2009)二中民终字第4295号。

③ 参见北京市昌平区人民法院民事判决书,(2010)昌民初字第8022号。

④ 参见广东省广州市中级人民法院民事判决书,(2008)穗中法民三终字第117号。

⑤ 广东省广州市中级人民法院民事判决书,(2008)穗中法民三终字第117号。

乐作品的著作权人是否已经作出禁录制声明。然而,我国并没有开设统一的平台,便利音乐作品的著作人向公众作出禁录制声明,帮助录音制作者快速查询此类声明。既然录音制品的制作人可以向中国音乐著作权协会缴纳法定许可费,由该集体管理组织构建录制声明的统一平台,可以有效地降低现行制度的运行成本。

五、法定许可的报酬支付

针对“教科书法定许可”“报刊转载法定许可”“制作录音制品法定许可”三类法定许可中著作权人获得报酬权问题,《著作权法实施条例》(2013)第22条规定:“依照著作权法第二十三条、第三十三条第二款、第四十条第三款的规定使用作品的付酬标准,由国务院著作权行政管理部门会同国务院价格主管部门制定、公布”①;第32条规定:“依照著作权法第二十三条、第三十三条第二款、第四十条第三款的规定,使用他人作品的,应当自使用该作品之日起2个月内向著作权人支付报酬。”②

《著作权法实施条例》(2013)第32条规定,依照《著作权法》(2010)第40条第3款使用他人作品的,“应当自使用该作品之日起2个月内向著作权人支付报酬”。同时,根据《著作权集体管理条例》(2005)第47条规定,未照此支付报酬的,应当将使用费连同邮资以及使用作品的有关情况送交管理相关权利的著作权集体管理组织,由该著作权集体管理组织将使用费转付给权利人。

我国现行法律之下,可以先使用而后交费。具体付酬标准主要依据1993年8月国家版权局发布的《录音法定许可付酬标准暂行规定》以及国家版权局1994年10月7日颁行的《关于〈录音法定许可付酬标准暂行规定〉的补充通知》。例如,在广东大圣文化传播有限公司与王某成等侵犯著作权纠纷再审案中,最高人民法院审理认为:“《著作权法》第27条规定,‘使用作品的付酬标准可以由当事人约定,也可以按照国务院著作权行政管理部门会同有关部门制定的付酬标准支付报酬。当事人约定不明确的,按照国务院著作权行政管理部门会同有关部门制定的付酬标准支付报酬’。鉴于1993年8月国家版权局发布的《录音法定许可付酬标准暂行规定》目前仍为各有关单位及著作权集体管理组织参照执行的依据,故审理此类案件,在当事人没有约定的情况下,可以按照该规定确定付酬标准。如前所述,大圣公司、广州音像出版社、三峡公司、联盛公司及南

---

① 吴高盛主编:《〈中华人民共和国著作权法〉释义及实用指南》,中国民主法制出版社2015年版,第374页。
② 吴高盛主编:《〈中华人民共和国著作权法〉释义及实用指南》,中国民主法制出版社2015年版,第375页。

昌百货大楼不构成侵犯涉案音乐作品著作权人王海成等的复制、发行权，但应依法向其支付报酬。本案因涉及多个音乐作品使用人，以谁的名义向著作权人支付报酬必须在使用作品之前，因而作品使用人在不损害著作权人获得报酬权的前提下，‘先使用后付款’不违反法律规定。”①

本质上，录音制品制作人怠于缴纳法定许可费时侵犯著作权人获得报酬的权利，这属于债权侵权。然而，准许“先使用后付款”可能纵容录音制品制作人不履行债务。对于合理期限未向著作权人或中国音乐著作权协会缴纳法定许可费的，应施加适当惩罚，比如加收同期银行固定存款的两倍利息。

六、录音制品制作法定许可的未来

制作录音制品的法定许可正面临被废除的命运。这未必是坏事。原因在于，此项法定许可本质上鼓励后来的录制者跟风“搭便车”——在先的唱片公司花费巨资打造歌手、推广歌曲才使歌曲录音流行起来，后来者则无须负担这些市场成本。②

第五节

立法展望：存在问题及修改建议

一、存在问题：“但书”条款应当删除

著作权限制制度的法定性表明，由法律规定的限制应该具有绝对权威。著作权限制本质上是对著作权权利内容所控制作品使用方式的限制，他人在著作权制度框架下使用权利客体，不构成侵权。著作权限制制度所庇护的利益高于著作权利益：著作权限制的目的在于保障与权利相对的社会公众的言论与创作自由，促进作品广泛传播。著作权限制制度不应该允许权利人排除适用；如果允许著作权人排除，则意味着限制制度所欲达到的目标将无法实现。实际上，著作权限制制度只要符合国际条约所确立的三

---

① 最高人民法院民事判决书，(2008)民提字第57号。

② 参见孙秋宁：《论音乐作品的法定许可录音——以新著作权法第39条第三款为中心》，载《北大法律评论》2002年第5卷第1辑，第207页。

步检验法,就表明国内《著作权法》所确立的著作权限制符合国际条约义务。《著作权法》(2020)所规定的著作权限制制度中,有多处允许权利人通过事先声明的方式排除限制制度的适用的规定,这不符合制作权限制制度的不可排除性原则。具体表现为:第24条合理使用制度中的第1款第4项转载转播时事性文章、第1款第5项公众集会上讲话的刊登与播放;法定许可使用制度的第35条报刊转载摘编法定许可、第42条制作录音制品法定许可。

《著作权法》(2020)所允许的"但书"事先声明条款中所规定的合理使用或法定许可,主要是为了促进信息与知识的传播(第24条第1款第4项、第5项,第35条),或是为了防止垄断与促进文化产品的多样化(第42条)。允许权利人通过"但书"事先声明排除著作权限制制度的限制,实际上表明权利人的意志超越了法律的强制性规定,最为要紧的是会导致为教育目的、促进信息与知识传播、防止垄断以及促进文化产品多样化的权利限制制度的功能无法实现。立法引导权利人通过"但书"事先声明予以排除,导致国家版权管理部门引导权利人在实践中排除限制制度的适用。为实现著作权限制制度促进知识与信息传播、防止垄断与促进文化产品的多样化,必须删除著作权限制制度中权利人可以通过"但书"事先声明以排除限制的规定。①

《著作权法》在规定"制作录音制品法定许可"时,增加了一条但书:"著作权人声明不许使用的不得使用。"这与大多数国家的规定不同。如果允许著作权人声明他人未经许可,不得使用音乐作品,这种制度安排无异于取消了法定许可制度。也就是说,只要唱片公司与著作权人约定,在著作权人在其发表的音乐作品上作出不许他人录制的声明,法定许可制度就无法适用了。

一些国家规定这种法定许可的目的在于防止唱片公司通过与音乐著作权人签订独家许可协议而垄断唱片市场、提高唱片价格。而允许音乐著作权人作出保留声明无异于使这一法定许可丧失了意义。因为那些希望垄断市场的唱片公司必然会在与音乐著作人签订独家许可协议时要求其作出保留声明,以排斥竞争对手根据"法定许可"使用同样的音乐作品制作录音制品。这样,防止市场垄断的目的就难以达到了。未来修订《著作权法》关于"制作录音制品法定许可"的规定时,去掉"但书"规定,是很有可能的。

我国《著作权法》规定"制作录音制品法定许可"时,并没有时间限制,因而首家获得音乐作品的录音制作者利用该音乐作品制作录音制品后,其他录音制作者马上就可

① 参见刘铁光:《录音制品二次使用的法律问题研究》,厦门大学出版社2011年版,第172~173页。

以利用该音乐作品制作竞争性的录音制品，这对首家获得授权的录音制作者非常不利。在首家录音制作者先期投入大量广告费进行了市场宣传的情况下，在后竞争性的录音制作者明显会“搭便车”，从而导致首家录音制作者难以收回投资。在首家录音制作者难以收回投资、音乐作品著作权人又与其协议按照录音制品销售额收取许可费的情况下，音乐作品著作权人的利益也将受损。

为了解决上述问题，一些国家的著作权法就该法定许可（日本称为裁定许可）的时间和其他方面进行了限制。《日本著作权法》第69条和《韩国著作权法》第52条规定，只有在首家录音制品制作者制作的录音制品在国内首次销售之日起满3年，其他录音制作者在与音乐作品著作权人协商无果并且向音乐著作权人支付或者交存了补偿金的情况下，其他录音制作者才能利用该音乐作品制作竞争性录音制品。

总结日本、韩国相应规定可以发现，制作录音制品法定许可应具备如下要件：首家录音制品制作者录制的录音制品已经销售满一定期限；其他录音制作者与音乐作品著作权人协商无果；事先支付或者交存音乐作品补偿金。这几个要件既保证了首家录音制作者的利益，也尊重了音乐作品著作权人意愿，既确保了音乐作品著作权人的经济利益，又可使公众欣赏到音乐作品的不同表现，兼顾了首家录音制作者、竞争性录音制品制作者、音乐作品著作权人和社会公众的利益。这值得《著作权法》修改时借鉴。[①]

二、修改建议

未来《著作权法》第42条第2款可以修改为：“录音制作者使用他人已经合法录制为录音制品的音乐作品制作录音制品，可以不经著作权人许可，但应当按照规定支付报酬。”

---

① 参见李扬：《著作权法基本原理》，知识产权出版社2019年版，第273~274页。

第八章　邻接财产权法定许可（六）：广播电台、电视台播放作品

第一节
他山之石：广播组织播放作品的国际立法借鉴

《伯尔尼公约》确认缔约国有权为广播权设置例外条款，行使广播权的条件由缔约国的法律自行规定，但在任何情况下，这些条件均不应有损于作者的精神权利和获取报酬的权利。在国际上，有两种不同的立法例：法国、英国主张维护广播权的著作权，不设专门的法定许可；澳大利亚、新西兰则认为为保护文化和社会利益的需要，有必要设定广播权限制。

播放已发表作品法定许可，即广播电台、电视台播放他人已发表的作品和已经出版的录音制品，属于法定许可。

在是否允许广播组织播放他人已经发表作品和录音制品适用法定许可问题上，国际社会存在不同意见。法国、英国支持对广播权的一体保护，不设专门的法定许可；澳大利亚和新西兰则支持可以为保护文化、社会利益而设定权利限制。《伯尔尼公约》第11条之二“广播和相关权利”第2款“责任许可”规定：“行使前项所指的权利（广播权）的条件由本联盟各成员国的法律规定，但这些条件的效力严格限于对此作出规定的国家。在任何情况下，这些条件均不应有损于作者的精神权利，也不应有损于作者获得合理报酬的权利，该报酬在没有协议情况下应由主管当局规定。”[①]《世界知识产权组织版权条约》（WCT）草案第6条规定，在批准或加入本条约3年之内，缔约各方对于广播某作品不得再依《伯尔尼公约》第11条之二第2款规定非自愿许可。但由于各方未取得一致赞同或反对意见，于是就该草案第6条的规定进行投票表决，结果是大多数代表团

① 张大伟主编：《世界版权条约》，东方出版中心2019年版，第34~35页。

都反对在 WCT 中设置该条款。① 其后的 WCT 第 8 条议定申明第 2 句指出，公共传输权的任何内容不得理解为阻止缔约方适用《伯尔尼公约》第 11 条之二第 2 款。这表明国际社会再次认可有关国家有权为广播权设立例外条款。②

美国 1998 年通过的《音乐公平许可法》(Fairness in Music Licensing Act)即规定对一定营业面积之下的娱乐场所适用对音乐作品表演权的例外，也即这些娱乐场所无须经过许可就可以打开收音机或电视机接收、播放被广播电台、电视台播出的音乐作品。《日本著作权法》规定，只要没有向听众或观众收费，商场就可以这样做。《美国版权法》中的表演权范围大于我国《著作权法》中的表演权范围，可以控制广播行为。我国《著作权法》在这方面的规定过于简单，在修改中有完善的必要。③

对于广播电视台播放节目，我国著作权法规定有绝对性法定许可，即“广播电台、电视台播放作品的法定许可”。该项法定许可使用是对著作权人的广播权所作的限制。关于该法定许可使用，著作权法未赋予著作权法人以保留权。

第二节 立法沿革：《著作权法》四个版本立法变革

一、《著作权法》(1990)的规定

《著作权法》(1990)第40 条第2 款规定：“广播电台、电视台使用他人已发表的作品制作广播、电视节目，可以不经著作权人许可，但著作权人声明不许使用的不得使用；并且除本法规定可以不支付报酬的以外，应当按照规定支付报酬。”该规定属于相对性法定许可即准法定许可。

二、《著作权法》(2001)的规定

《著作权法》(2001)第 42 条第 1 款规定：“广播电台、电视台播放他人未发表的作

① 参见[匈]米哈依·菲彻尔：《版权法与因特网》(上)，郭寿康等译，中国大百科全书出版社 2009 年版，第 108 ~ 109 页。

② 参见梅术文：《著作权法：原理、规范和实例》，知识产权出版社 2014 年版，第 273 页。

③ 参见王迁：《知识产权法教程》(第 6 版)，中国人民大学出版社 2019 年版，第 231 ~232 页。

品,应当取得著作权人许可,并支付报酬。”该规定属于“许可使用”,不在此讨论。

与《著作权法》(1990)第40条第2款相比,《著作权法》(2001)第42条第2款作了重大修改:修改了一处、删除了四处、调整了序号。将“使用”修改为“播放”;删除“制作广播、电视节目”“著作权人声明不许使用的不得使用”“并且除本法规定可以不支付报酬的以外”“按照规定”四处。将本条规定由第40条调整为第42条。由“相对性法定许可”调整为“绝对性法定许可”。

《著作权法》(2001)第42条第2款规定:“广播电台、电视台播放他人已发表的作品,可以不经著作权人许可,但应当支付报酬。”①

三、《著作权法》(2010)的规定

与《著作权法》(2001)第42条第2款相比,《著作权法》(2010)第43条第2款仅调整了序号,即将原第42条调整为第43条,内容未作任何变化。《著作权法》(2010)第43条第2款规定:“广播电台、电视台播放他人已发表的作品,可以不经著作权人许可,但应当支付报酬。”

四、《著作权法》(2020)的规定

与《著作权法》(2010)第43条第2款相比,《著作权法》(2020)第46条第2款增加了一处,即增加了“按照规定”一词;调整了序号,由原来的第43条调整为第46条。《著作权法》(2020)第46条第2款规定:“广播电台、电视台播放他人已发表的作品,可以不经著作权人许可,但应当按照规定支付报酬。”该规定构成了广播组织播放作品的法定许可条款。

中国《著作权法》四个版本关于“广播电台、电视台播放作品法定许可”条文对比,如表5-8-1所示。

---

① 并非广播电台、电视台播放他人已发表的所有作品,都属于法定许可。因为《著作权法》(2001)第45条还规定,电视台播放他人的电影作品和以类似摄制电影的方法创作的作品、录像制品,应当取得制片者或者录像制作者许可,并支付报酬;播放他人的录像制品,还应当取得著作权人许可,并支付报酬。可见,电视台对电影作品和以类似摄制电影的方法创作的作品、录像制品,并不享有法定许可权。

表5-8-1 《著作权法》四个版本关于“广播电台、电视台播放作品法定许可”条文对比

类型	《著作权法》 （1990）第40条	《著作权法》 （2001）第42条	《著作权法》 （2010）第43条	《著作权法》 （2020）第46条
授权许可	第1款：广播电台、电视台使用他人未发表的作品制作广播、电视节目，应当取得著作权人的许可，并支付报酬。 （授权许可使用）	第1款：广播电台、电视台播放他人未发表的作品，应当取得著作权人许可，并支付报酬。 （授权许可使用）	第1款：广播电台、电视台播放他人未发表的作品，应当取得著作权人许可，并支付报酬。 （授权许可使用）	第1款：广播电台、电视台播放他人未发表的作品，应当取得著作权人许可，并支付报酬。 （授权许可使用）
默示许可转法定	第2款：广播电台、电视台使用他人已发表的作品~~制作广播、电视节目~~，可以不经著作权人许可，但~~著作权人声明不许使用的不得使用；并且除本法规定可以不支付报酬的以外~~，应当~~按照规定~~支付报酬。 （默示许可使用）	第2款：广播电台、电视台**播放**他人已发表的作品，可以不经著作权人许可，**但应当支付报酬**。（法定许可使用）	第2款：广播电台、电视台播放他人已发表的作品，可以不经著作权人许可，但应当支付报酬。 （法定许可使用）	第2款：广播电台、电视台播放他人已发表的作品，可以不经著作权人许可，但应当**按照规定**支付报酬。 （法定许可使用）
法定许可	第3款：广播电台、电视台使用改编、翻译、注释、整理已有作品而产生的作品制作广播、电视节目，应当向改编、翻译、注释、整理作品的著作权人和原作品的著作权人支付报酬。 （法定许可使用）	—	—	—

第三节
构成要件：不侵权抗辩理由分析

我国《著作权法》关于播放作品和录音制品的法定许可条款，符合《伯尔尼公约》精神，其立法要点如下：

1. 许可使用对象免责。法定许可的客体，须是已发表的作品，不包括未发表作品、视听作品和录像制品。播放作品的法定许可不适用于未发表作品，因《著作权法》

(2020)第43条第1款规定:“广播电台、电视台播放他人未发表的作品,应当取得著作权人许可,并支付报酬。”“播放作品的法定许可”不适用于电视台播放视听作品。《著作权法》(2020)第48条明确规定:“电视台播放他人的视听作品、录像制品,应当取得视听作品著作权人或者录像制作者许可,并支付报酬;播放他人的录像制品,还应当取得著作权人许可,并支付报酬。”“播放作品的法定许可”也不适用于播放已经录制于录音制品中的作品,以及电视台播放已经录制为录像制品中的作品。对于前者应适用《著作权法》(2020)第45条“播放录音制品的法定许可”的特别规定;对于后者适用《著作权法》(2020)第48条的特别规定,电视台“播放他人的录像制品,还应当取得著作权人许可,并支付报酬。”假如一位诗人发表了他创作的100首诗歌,电视台可以不经这为诗人的许可,在“诗词鉴赏”栏目让播音员朗诵这些诗歌并播出。但如果这位诗人对这10首诗歌的朗诵被一家音乐公司制成了DVD(录像制品)发行,购买了这张DVD的电视台就不能未经诗人许可而播出该DVD。同时,电视台也不能未经制作DVD者许可而播出该DVD。

2. 被许可主体免责。其主体限于广播电台、电视台,而不能包括网络服务提供者,如数字广播电视、从事网播的网络服务提供者、网络媒体、手机媒体和其他公共营业机构。广播电台和电视台播放他人的作品需要法定许可,因为广播电台和电视台播放的作品数量很大,而且决定播放的节目离播放时间很紧,如果都需要事前取得著作权人的许可,签订合同,那就会严重影响播放工作,实际上是行不通的。《伯尔尼公约》也准许以强制许可制度代替作者的专有权。① 所以我国《著作权法》规定,可以不经许可即允许播放,但当事人另有约定的除外。

3. 播放行为免责。播放行为不仅包括初始广播,而且指向转播,即包括电台、电视台以无线或者有线方式进行的首播、重播和转播。《广播电台电视台播放录音制品支付报酬暂行办法》第3条对此明确规定:“本办法所称播放,是指广播电台、电视台以无线或者有线的方式进行的首播、重播和转播。”现场演唱并现场伴奏并不属于直接播放,不属于《著作权法》规定的允许广播电台、电视台可以不经权利人许可播放已经发表的作品或录音制品,因该种法定许可的适用范围仅限于播放,即播放权利人已经发表的作品或者录音制品。故现场演唱并现场伴奏不属于法定许可的范围。②

① 参见《伯尔尼公约》第11条之二。

② 参见彼岸天(北京)文化有限公司与上海东方娱乐传媒集团有限公司等著作权权属、侵权纠纷案。

4. 适当改动免责。法定许可允许对原作进行改动，但改动应当是为了满足广播电台播放要求、适应播放特点的适当改动，而且改动不应增加已有作品中没有的内容而产生新的作品；署名是法定许可的应有之义，是法定许可的构成要件之一。①

5. 支付报酬免责。著作权人在发表作品时虽声明未经其许可，不得转载和使用，但依照《著作权法》（2020）第46条第2款之规定，广播电台、电视台播放他人已发表的作品，可以不经著作权人许可，但应当支付报酬。② 未支付报酬的，侵犯他人著作权，应承担赔偿损失的民事责任。在法定许可情形下，广播电台、电视台的使用属合法使用，不应判决停止播放/使用。③ 在执行过程中，应当坚持向著作权人支付合理的报酬，否则会遭到著作权人的反对。当事人如果不能就报酬的数额达成协议，应由主管部门决定。

6. 保护权益免责。上述《著作权法》条文虽然没有明确规定，但是，使用他人作品不能损害作者的人身权，是《著作权法》的基本原则。因此，广播电台和电视台播放作品不能损害著作权人享有的作者人身权；在播放时，只要有可能，就应注明作者姓名、作品名称和出处。

第四节
典型案例：播放作品法定许可案例分析

播放广播电视节目的法定许可属于绝对性法定许可，规范相对简单明确，故而较少发生纠纷。本项法定许可局限于著作财产权，广播电台、电视台不当使用他人已经发表的作品如果侵犯著作人身权，仍须承担民事责任。例如，在罗某与株洲广播电视总台侵犯著作权纠纷上诉案中，株洲广播电视总台在使用罗某拍摄的《神农公园鸟瞰图》时，对照片内容进行了部分修改，未署罗某姓名，也未支付报酬。湖南省高级人民法院审理认

① 参见北京市东城区人民法院民事判决书，（2014）东民初字第01501号；北京知识产权法院民事判决书，（2015）京知民终字第122号。

② 参见湖南省株洲市中级人民法院民事调解书，（2008）株中法民三初字第8号；湖南省高级人民法院民事判决书，（2008）湘高法民三终字第45号。

③ 参见安徽省合肥高新技术产业开发区人民法院民事判决书，（2017）皖0191民初136号；合肥市中级人民法院民事判决书，（2017）皖01民终6895号。

为:“涉案作品已经公开发表,株洲广播电视总台可以不经著作权人罗某的许可使用涉案作品,但应当支付报酬,而株洲广播电视总台没有支付报酬。被上诉人株洲广播电视总台的行为侵犯了上诉人罗某对涉案作品享有的获得报酬的权利。同时被上诉人株洲广播电视总台在使用涉案作品时未经权利人同意对涉案作品进行了部分修改,且没有署作者姓名,其行为侵犯了罗某对涉案作品享有的署名权、修改权,依法应当承担相应的民事责任。”①

本项法定许可涉及广播电台、电视台“播放”节目。因为信息网络的普遍使用,对于“播放”的边界出现争议。本项法定许可创设于20世纪90年代,彼时“播放”节目仅指无线方式广播。现今,通过网络播放节目已然十分流行,本项法定许可是否可延伸到网络播放节目,值得商榷。由于网络提供的播放服务是按需提供,如果此项法定许可涵盖网络播放节目,会对作品正常使用造成比传统广播方式更大的影响。《著作权法实施条例》(2013)第21条规定:“依照著作权法有关规定,使用可以不经著作权人许可的已经发表的作品的,不得影响该作品的正常使用,也不得不合理地损害著作权人的合法利益。”②本条理应适用于本项法定许可。同时,我国是WTO/TRIPs成员,应当遵守TRIPs第13条,即著作权限制不得损害作品的正常使用,也不得不合理地损害著作权人的合法利益。为此,本项法定许可应作限缩性解释,法院应该对“播放”作狭义解释。

第五节 立法展望:播放作品法定许可的修改建议

根据《著作权法》规定,广播电台、电视台播放已经发表的作品,应向著作权人支付报酬。但是,现实情况是很少有广播电台或电视台履行付酬义务。这不仅与国务院尚未根据《著作权法》出台付酬标准有关,还在于缺乏著作权集体管理组织的有效管理。我国目前代表著作权人发放“小权利”许可和代收报酬的集体管理组织有中国音乐著作权协会。此外,中国文字著作权协会于2008年10月24日成立。文字作品著作权人很

① 湖南省高级人民法院民事判决书,(2008)湘高法民三终字第45号。
② 吴高盛主编:《〈中华人民共和国著作权法〉释义及实用指南》,中国民主法制出版社2015年版,第374页。

难依靠个人的力量追索报酬，因此可以依靠这一文字作品集体管理组织。而中国音乐著作权协会至今基本未开展代理音乐作品著作权人管理广播权，向广播电台、电视台收取音乐作品使用费的业务。著作权人根据法定许可获得报酬的权利实际上无法实现。因此，尽快颁布广播电台、电视台支付法定许可报酬的标准，成立文字集体管理组织，以及加强集体管理组织的管理范围，就成为《著作权法》修改的重要方向。

第九章　邻接财产权法定许可（七）：广播电台、电视台播放录音制品

第一节 他山之石：广播组织播放录音制品的国际立法

《伯尔尼公约》第 11 条之二规定，作者对其作品享有播放权，行使权利的条件由成员国法律规定，但在任何情况下，这些条件均不应有损作者获得合理报酬的权利。

《罗马公约》第 12 条规定："如果某种为商业目的发行的录音制品或此类唱片的复制品直接用于广播或任何向公众传播，使用者则应当付一笔总的合理的报酬给表演者或录音制作者，或给二者。如有关各方之间没有协议，国内法律可以提出分享这些报酬的条件。"同时第 16 条规定，任何国家可以在任何时候声明，它将不执行或在某一方面不执行第 12 条的规定。

TRIPs 第 13 条规定："全体成员均应将专有权的限制和例外局限于一定特例中，该特例应不与作品的正常利用冲突，也不应不合理地损害权利持有人的合法利益。"第 14 条规定了表演者、录音制品制作者权利后，规定任何成员均可以在《罗马公约》允许的范围内，对该权利规定条件、限制、例外及保留。

从上述规定看，国际公约允许对著作权人的权利加以限制。允许对表演者、录音制品制作者播放录音制品的权利作出保留。

第二节 溯本清源：广播组织播放录音制品的法定许可

《著作权法》(1990)第43条规定："广播电台、电视台非营利性播放已经出版的录音制品，可以不经著作权人、表演者、录音制作者许可，不向其支付报酬。"①这是一条非营利性播放的合理使用制度。这就是著作权学界时常谈及的著名的"第43条问题"。当时，电台和电视台被视为政府宣传、教育工具，不是商业机构。它们普遍未经许可使用他人的录音制品，不能一下子适应很强的著作权保护。而这些机构在中国社会具有巨大的影响力，因此立法者为它们开绿灯。

是否保留该条规定或者如何进行修改，是2001年《著作权法》修改过程中的焦点。它成为一个焦点问题，实际上反映了有关各方面利益的冲突与趋避，反映了《著作权法》要调整错综复杂的利益关系的内在特点。《著作权法》(1990)第43条的规定，在以前存在一定的合理性，随着国内市场保护外国作品越来越多，随着对外国作品保护逐步突破该条而向《伯尔尼公约》看齐，特别是随着对境外港澳台的作品也将达到与外国作品一样的保护水平，原第43条规定的不合理性日渐突出。并且，与国际公约相对照，该条明显违背了《伯尔尼公约》和TRIPs的规定。从及时效果看，它对于作者的创作积极性特别是音乐作品作者的创作积极性反而有消极作用。这也正是广大作者特别是音乐作者强烈呼吁废除此条的一个重要原因。

《著作权法》(2001)与《著作权法》(1990)相比，主要是第43条的规定有了根本性的变化，而这被认为是《著作权法》(2001)修改中最重要的特点之一。在2001年修改《著作权法》时，第43条如何修改曾引起了激烈的争论。彼时电视台和电台的营利属性已经很明显，同时著作权人的努力争取也发挥了作用。经综合听取各方面意见，反复研究，最终决定对此条内容进行如下修改：将原法规定的非营利性播放的合理使用制度，修改为法定许可制度，即《著作权法》(2001)第43条规定："广播电台、电视台播放已经出版的录音制品，可以不经著作权人许可，但应当支付报酬。当事人另有约定的除外。

① 全国人大常委会法制工作委员会民法室编：《〈中华人民共和国著作权法〉修改立法资料选》，法律出版社2002年版，第98页。

具体办法由国务院规定。”[①]立法者确认了电台有支付报酬的义务，并授权国务院制定报酬标准(这无疑是一项艰巨的任务，直到2009年《广播电台电视台播放录音制品支付报酬暂行办法》才出台，2010年1月1日开始施行)。对于中国著作权人而言，这一条来之不易。

2001年修改《著作权法》时，将无偿播放改为法定许可和有偿播放，并分为两条规定：一条是广播电台和电视台播放他人已发表的作品，可以不经著作权人许可，但应支付报酬；另外一条涉及对邻接权的限制。

如此修改，一是为了履行我国的对外承诺，即修改应当符合国际公约的规定。二是为有利于作品的传播以及党和政府宣传任务的完成，即修改应从我国实际出发。目前，我国著作权集体管理组织制度尚不健全，广播电台、电视台播放作品都要取得著作权人许可尚有一定困难。同时，广播电台经费比较紧张，使用录音制品要对表演者、录音制作者付酬，对广播电台的压力比较大。《著作权法》修改已按照TRIPs的要求补充完善了对表演者、录音制作者权利的规定，暂时不赋予表演者、录音制作者播放权符合国际公约规定，也切合我国实际情况。2010年修改《著作权法》时延续了这一规定。

对于这项法定许可需要强调以下问题：第一，对该法定许可使用，《著作权法》未赋予著作权人以保留权。第二，广播电台、电视台播放已经出版的录音制品应当向著作权人支付报酬，双方约定不支付报酬的，可从其约定。第三，由于表演者和录音制作者不享有播放录音制品的权利，因此不存在向其支付报酬的问题。第四，对于录音制品，享有报酬请求权的是所录制作品的著作权人，而非录制者(邻接权人)。需要注意的是，《著作权法》(2010)第46条将电影作品和录像制品排除在外。

根据《著作权法》(2010)第44条的规定，广播电台、电视台播放录音制品应当向著作权人支付报酬，双方约定不支付报酬的，也可以按照约定执行。这实际上确立了播放录音制品的法定许可制度。从国外的立法和司法实践来看，这一制度具有重要意义。该制度对于降低著作权交易成本、促进作品的传播、保障公众获得信息的权利、促进广播电视业的健康发展等，具有非常重要的意义。我国作为一个发展中国家，制定《著作权法》应当符合中国的国情，不应该超出国情过分提高著作权的保护水平。广播电台、电视台播放录音作品的法定许可制度是一种为保护社会公益而设定的制度，非常有利于促进发展中国家的文化发展。

---

① 全国人大常委会法制工作委员会民法室编：《〈中华人民共和国著作权法〉修改立法资料选》，法律出版社2002年版，第98页。

第三节
立法沿革：《著作权法》四个版本立法变革

一、《著作权法》(1990)的规定

《著作权法》(1990)第43条规定："广播电台、电视台非营利性播放已经出版的录音制品，可以不经著作权人、表演者、录音制作者许可，不向其支付报酬。"这是一条非营利性播放的合理使用制度。

二、《著作权法》(2001)的规定

与《著作权法》(1990)第43条相比，《著作权法》(2001)第43条删除了两处，即删除了"非营业性""表演者、录音制作者"两处；修改了一处，即将"不向其"修改为"但应当"；增加了两处，即增加了"当事人另有约定的除外""具体办法由国务院规定"。

《著作权法》(2001)第43条规定："广播电台、电视台播放已经出版的录音制品，可以不经著作权人许可，但应当支付报酬。当事人另有约定的除外。具体办法由国务院规定。"将原非营利性播放的合理使用制度，修改为法定许可制度。

三、《著作权法》(2010)的规定

与《著作权法》(2001)第43条相比，《著作权法》(2010)第44条仅调整了序号，即由原第43条调整为第44条，内容没有任何变化。《著作权法》(2010)第44条规定："广播电台、电视台播放已经出版的录音制品，可以不经著作权人许可，但应当支付报酬。当事人另有约定的除外。具体办法由国务院规定。"该条即广播电台、电视台播放录音制品的法定许可。

四、《著作权法》(2020)的规定

《著作权法》(2020)第45条规定："将录音制品用于有线或者无线公开传播，或者通过传送声音的技术设备向公众公开播送的，应当向录音制作者支付报酬。"

中国《著作权法》四个版本关于"广播电台、电视台播放录音制品法定许可"条文对

比，如表5－9－1所示。

表5－9－1 《著作权法》四个版本关于“广播电台、电视台播放录音制品法定许可”条文对比

名称	《著作权法》(1990)	《著作权法》(2001)	《著作权法》(2010)	《著作权法》(2020)
条款	第43条：广播电台、电视台~~非营业性~~播放已经出版的录音制品，可以不经著作权人、~~表演者、录音制作者~~许可，不向其支付报酬	第43条：**广播电台、电视台播放已经出版的录音制品，可以不经著作权人许可，但应当支付报酬。当事人另有约定的除外。具体办法由国务院规定**	第44条：广播电台、电视台播放已经出版的录音制品，可以不经著作权人许可，但应当支付报酬。当事人另有约定的除外。具体办法由国务院规定	第45条：将录音制品用于**有线或者无线公开传播**，或者**通过传送声音的技术设备向公众公开播送**的，应当向**录音制作者**支付报酬
类型	合理使用	法定许可使用	法定许可使用	法定许可使用

播放录音制品法定许可允许广播电台、电视台不经音乐著作权人的许可而播放已经出版的录音制品。《著作权法》(2001)修改成“广播电台、电视台播放已经出版的录音制品，可以不经著作权人许可”，并没有规定“可以不经表演者、录音制作者许可”，这是因为，《著作权法》并未赋予表演者和录音制品制作者对其表演和录音制品的广播权，广播电台、电视台播放录音制品时当然无须经过他们的许可。《著作权法》(1990)第43条可以不经“表演者、录音制作者许可”的规定是画蛇添足，完全没有必要。2001年修改时予以删除，合情合理。

第四节
构成要件：不侵权抗辩理由分析

播放录音制品的法定许可制度具有如下构成要件：

1. 行使主体免责。行使主体限于广播电台、电视台，而不能包括网络服务提供者，如数字广播电视、从事网播的网络服务提供者、网络媒体、手机媒体和其他公共营业机构。

2. 播放对象免责。对象必须是已经出版的录音制品。如果是未出版的录音制品，则必须依据《著作权法》(2001)第43条之规定取得著作权人的许可。“播放录音制品的法定许可”允许广播电台、电视台不经音乐著作权人的许可而播放已录制于录音制品中的作品。广播电台、电视台播放已经出版的录音制品，可以不经著作权人许可，是指不经录音制品中作品的著作权人许可。由于《著作权法》没有给表演者和录音制作者规定针对已录制的表演和录音制品的广播权，广播电台、电视台播放录音制品，本来就不需要经过表演者和录制者许可。

《著作权法》(2020)第48条规定："电视台播放他人的视听作品、录像制品，应当取得视听作品著作权人或者录像制作者许可，并支付报酬；播放他人的录像制品，还应当取得著作权人许可，并支付报酬。"也就是说，上述播放行为不能适用法定许可的规定。所以电视台能按照法定许可播放的作品为数不多。实际上能适用法定许可播放的主要是音乐作品的录音制品，此外还有戏剧、电影的录音制品等，这对于广播电台是有利的。

3. 播放行为免责。播放行为不仅包括初始广播，而且指向转播，即包括电台、电视台以无线或者有线方式进行的首播、重播和转播。《广播电台电视台播放录音制品支付报酬暂行办法》第3条对此明确规定："本办法所称播放，是指广播电台、电视台以无线或者有线的方式进行的首播、重播和转播。"电视台播出其参与制作的综艺节目中使用录音制品中音乐作为背景音乐的情形，并非《著作权法》(2020)第46条所指电视台直接播出录音制品的情形，该使用行为不适用法定许可。①

4. 另有约定免责。也就是允许录音作品的著作权人和广播电台、电视台就相关作品的使用问题进行具体协商。这主要是指作者可以就相关作品的播放使用问题作出保留声明。如果广播电台、电视台违反此类声明或约定，录音作品的著作权人可以根据合同法有关规定，要求其承担违约责任。根据权威解释，"当事人另有约定"是考虑到以下两种情形：一种情形是著作人与广播组织双方约定不支付报酬的，可以按照约定执行。另一种情形是，虽然表演者、录制者不享有播放录音制品的权利，不存在取得报酬的问题，但表演者、录制者毕竟对制作完成录音制品付出了创造性劳动，因此他可以通过合同约定的形式保护自己的权益。比如在许可他人使用自己表演或使用自己录制的录音品时，明确约定不得用于广播组织的播放，被许可人违反约定的，可以根据合同法有关规定，要求其承担违约责任。②

5. 支付报酬免责。可以不经许可，但需要支付报酬。由于播放已出版的录音作品没有经过著作权人的许可，著作权人对付酬问题不可能事先提出要求。可参照《著作权

① 参见北京互联网法院民事判决书，(2019)京0491民初21891号。

② 参见姚红主编：《中华人民共和国著作权法释解》，群众出版社2001年版，第257页。

法》第30条之规定。《著作权法》(2020)第30条规定:“使用作品的付酬标准可以由当事人约定,也可以按照国务院著作权行政管理部门会同有关部门制定的付酬标准支付报酬。当事人约定不明确的,按照国务院著作权行政管理部门会同有关部门制定的付酬标准支付报酬。”①广播电台和电视台按照法定许可播放作品的付酬办法有两种,即播放录音制品是按照国务院制定的办法付酬,播放其他作品是按照国家版权局会同有关部门制定的办法付酬。

第五节 付酬方式:《广播电台电视台播放录音制品支付报酬暂行办法》

2009年11月10日,国务院颁布的《广播电台电视台播放录音制品支付报酬暂行办法》规定,自2010年1月1日起,广播电台、电视台未经著作权人许可播放已经出版的录音制品,需向著作权人支付报酬。该办法依据此精神,确立了广播电台、电视台的具体付费办法,是我国广播权法定许可制度建设中一个具有重要意义的事件。

《广播电台电视台播放录音制品支付报酬暂行办法》在确立报酬标准上,有以下特点:一是确定付酬水平要从我国实际情况出发,与我国的经济社会发展水平相适应,既保障著作权人的合法权益,又有利于优秀作品的传播,满足人民群众日益增长的精神文化需求。二是以广播电台、电视台实际使用录音制品的多少为基础确定付酬标准,多播多付、少播少付。三是具有可操作性,考虑到广播电台与电视台之间,不同地方的广播电台、电视台之间在播放录音制品时间、广告收入等方面的差异,付酬标准要具体清晰,对中西部地区以及全国专门对少儿、少数民族、农村地区等播出的专业频道(频率)要实行必要的减免。四是尊重当事人意愿,为当事人协商解决付酬问题留下了充分的余地。

在具体的付酬方式和付酬标准上,《广播电台电视台播放录音制品支付报酬暂行办法》第4条规定,广播电台、电视台播放录音制品,可以与管理相关权利的著作权集体管

① 吴高盛主编:《〈中华人民共和国著作权法〉释义及实用指南》,中国民主法制出版社2015年版,第11页。

理组织约定每年向著作权人支付固定数额的报酬；没有就固定数额进行约定或者约定不成的，广播电台、电视台与管理相关权利的著作权集体管理组织可以以下列方式之一为基础，协商向著作权人支付报酬：(1)以本台或者本台各频道(频率)本年度广告收入扣除15%成本费用后的余额，乘以本办法第5条或者第6条规定的付酬标准，计算支付报酬的数额；(2)以本台本年度播放录音制品的时间总量，乘以本办法第7条规定的单位时间付酬标准①，计算支付报酬的数额。②

此后，2011年国务院修订《广播电台电视台播放录音制品支付报酬暂行办法》，也明确由广播电台、电视台与相关著作权集体管理组织约定具体的付酬方式和付酬标准；如果没有约定或者约定不明，则以一定方式为基础，协商向著作权人支付报酬。③

录音制品出版意味着其承载的音乐作品已经发表，《著作权法》(2020)第46条不过是肯定广播电台、电视台播放音乐作品可以不经过音乐作品的著作权人的许可。虽然本项法定许可对著作权限制明显——既无作品使用目的的限制，也无作品使用限度的规定——但其肯定了著作权人获得报酬的权利，这对中国著作权人而言，已经是来之不易的。《著作权法》(1991)第43条规定："广播电台、电视台非营业性播放已经出版的录音制品，可以不经著作权人、表演者、录音制作者许可，不向其支付报酬。"④当时，广播电台和电视台是为政府宣传、教育服务。《著作权法》(2011)修正时，经过长期改革开放，电视台和广播电台的营利属性已经很明显，其继续无偿使用作品已然没有正当性。但历史具有惯性，我国对广播电视节目制作和播放进行严格管制，直到2009年《广播电台电视台播放录音制品支付报酬暂行办法》才出台，2010年1月1日才开始施行，2011年重新修订。以下是本办法的核心条款：

> 第四条　广播电台、电视台播放录音制品，可以与管理相关权利的著作权集体管理组织约定每年向著作权人支付固定数额的报酬；没有就固定数额进行约定或者约定不成的，广播电台、电视台与管理相关权利的著作权集体管理组织可以以下列方式之一为基础，协商向著作权人支付报酬：

---

① 广播电台为每分钟0.3元；电视台自颁发施行之日起5年内为每分钟1.5元，满5年后每分钟2元。

② 参见梅术文：《著作权法：原理、规范和实例》，知识产权出版社2014年版，第274~275页。

③ 参见吴汉东：《知识产权法》，法律出版社2021年版，第251页。

④ 全国人大常委会法制工作委员会民法室编：《〈中华人民共和国著作权法〉修改立法资料选》，法律出版社2002年版，第98页。

(一)以本台或者本台各频道(频率)本年度广告收入扣除15%成本费用后的余额,乘以本办法第五条或者第六条规定的付酬标准,计算支付报酬的数额;

(二)以本台本年度播放录音制品的时间总量,乘以本办法第七条规定的单位时间付酬标准,计算支付报酬的数额。

第五条　以本办法第四条第(一)项规定方式确定向著作权人支付报酬的数额的,自本办法施行之日起5年内,按照下列付酬标准协商支付报酬的数额:

(一)播放录音制品的时间占本台或者本频道(频率)播放节目总时间的比例(以下称播放时间比例)不足1%的,付酬标准为0.01%;

(二)播放时间比例为1%以上不足3%的,付酬标准为0.02%;

……

(八)播放时间比例为80%以上的,付酬标准为0.8%。

第六条　以本办法第四条第(一)项规定方式确定向著作权人支付报酬的数额的,自本办法施行届满5年之日起,按照下列付酬标准协商支付报酬的数额:

(一)播放时间比例不足1%的,付酬标准为0.02%;

(二)播放时间比例为1%以上不足3%的,付酬标准为0.03%;

……

(八)播放时间比例为80%以上的,付酬标准为0.9%。

第七条　以本办法第四条第(二)项规定的方式确定向著作权人支付报酬的数额的,按照下列付酬标准协商支付报酬的数额:

(一)广播电台的单位时间付酬标准为每分钟0.30元;

(二)电视台的单位时间付酬标准自本办法施行之日起5年内为每分钟1.50元,自本办法施行届满5年之日起为每分钟2元。

第十条　中部地区的广播电台、电视台依照本办法规定方式向著作权人支付报酬的数额,自本办法施行之日起5年内,按照依据本办法规定计算出的数额的50%计算。

西部地区的广播电台、电视台以及全国专门对少年儿童、少数民族和农村地区等播出的专业频道(频率),依照本办法规定方式向著作权人支付报酬的数额,自本办法施行之日起5年内,按照依据本办法规定计算出的数额的10%计算;自本办法施行届满5年之日起,按照依据本办法规定计算出的数额的50%计算。

第十章　邻接财产权法定许可（八）：表演者营业性演出法定许可

《著作权法》(1990)第35条第2款规定了表演者营利性演出的法定许可,该条规定的营利性演出与第22条中所规定的"免费表演"相互对应。

第一节 立法沿革:《著作权法》立法变革

中国《著作权法》四个版本关于"表演者营业性演出法定许可"条文对比,如表5-10-1所示。

表5-10-1　《著作权法》四个版本关于"表演者营业性演出法定许可"条文对比

名称	《著作权法》(1990)第35条	《著作权法》(2001)第36条	《著作权法》(2010)第37条	《著作权法》(2020)第38条
授权许可使用	第1款:表演者(演员、演出单位)使用他人未发表的作品演出,应当取得著作权人许可,并支付报酬。 (授权许可使用)	第1款:**使用他人作品演出**,表演者(演员、演出单位)应当取得著作权人许可,并支付报酬。**演出组织者组织演出,由该组织者取得著作权人许可,并支付报酬。** (授权许可使用)	第1款:使用他人作品演出,表演者(演员、演出单位)应当取得著作权人许可,并支付报酬。演出组织者组织演出,由该组织者取得著作权人许可,并支付报酬。 (授权许可使用)	使用他人作品演出,表演者应当取得著作权人许可,并支付报酬。演出组织者组织演出,由该组织者取得著作权人许可,并支付报酬。 (授权许可使用)

续表

名称	《著作权法》(1990)第35条	《著作权法》(2001)第36条	《著作权法》(2010)第37条	《著作权法》(2020)第38条
默示许可使用	第2款:表演者使用他人已发表的作品进行营利性演出,可以不经著作权人许可,但应当按照规定支付报酬;著作权人声明不许使用的不得使用。 (默示许可使用)	—	—	—
法定许可改授权许可	第3款:表演者使用改编、翻译、注释、整理已有作品而产生的作品进行营业性演出,应当按照规定向改编、翻译、注释、整理作品的著作权人和原作品的著作权人支付报酬。 (法定许可使用)	第2款:使用改编、翻译、注释、整理已有作品而产生的作品进行演出,应当取得改编、翻译、注释、整理作品的著作权人和原作品的著作权人**许可,并**支付报酬。 (授权许可使用)	第2款:使用改编、翻译、注释、整理已有作品而产生的作品进行演出,应当取得改编、翻译、注释、整理作品的著作权人和原作品的著作权人许可,并支付报酬。 (授权许可使用)	—
	第4款:表演者为制作录音录像和广播、电视节目进行表演使用他人作品的,使用本法第37条、第40条的规定	—	—	—

第二节 刨根问底:表演者营业性演出修订为授权许可的理由

《著作权法》(1990)第35条区分被表演作品的发表与否,进而规定了表演者同作品著作权人之间存在不同的权利义务关系。第1款规定对于未发表作品,表演者应当授权许可使用;第2款规定对于已发表作品,表演者可以准法定许可使用,即默示许可使用;第3款规定对于演绎作品,表演者可以法定许可使用。

《著作权法》(2001)第36条的修改最大限度地保护了作品作者的利益,因此不再作作品是否发表的区分,即无论作品是否发表,表演者使用他人作品进行演出的,都必须取得著作权人许可,并支付报酬。这一修改也更符合《著作权法》(2001)第2条的规定,即作品不论发表与否,依照本法享有著作权。

《著作权法》(2001)修订时也注意到演绎作品著作权人与原作作品的著作权人都享有完整的著作权,故使用演绎作品进行表演,必须取得原作著作权人及演绎作品著作权人的双重许可。因此,《著作权法》(2001)第36条将《著作权法》(1990)第35条规定中的准法定许可、法定许可全部修改为授权许可使用。[①]

---

① 参见李祖明:《互联网上的版权保护与限制》,经济日报出版社2003年版,第247页。

第六篇 著作财产权和邻接财产权权能限制之三：强制许可使用

第一章 强制许可使用：特别准许而支付报酬的使用

第一节 强制许可使用制度的立法理由

强制许可制度的设计，从很大程度上来说是为了通过对著作权人独占性权利的一定限制，而使作品能够很好地被公众所认知和利用，从而促进整个社会的文化、科技、经济的发展。强制许可制度的设计也在很大程度上促进了著作权贸易的发展。不仅世界各国都对强制许可制度作出了明文规定，一些国际条约也规定了强制许可制度。

首先，合理使用对权利人影响最大，因此构成要件也非常严格，各国著作权法对合理使用的限制也很严格。但在科技快速发展、作品手段快速更新的情况下，合理使用由于缺乏弹性而不能满足公众需要。而法定许可，如我国《著作权法》规定作者可以声明保留权利以排除法定许可的适用，而且由于法定许可由法律直接向符合条件的使用者授权，由他们自己来判断是否具备法定条件，没有任何机构和程序对用户的条件进行审核，这可能会导致权利滥用。如果实践中出现不符合合理使用、法定许可的情形，但是使用者无法找到著作权人或者合理条件得不到合法授权，那么用户将无法利用作品，这与《著作权法》促进知识产权的立法宗旨相悖。因此强制许可制度有独立存在的必要，与合理使用、法定许可各有优势，在平衡利益中发挥不同作用。

其次，随着科技、社会的发展，著作权的文化特征被弱化，显现出工业性、实用性特征，并逐步出现了产业化发展趋势。专利法中的强制许可制度是最主要的权利限制制度，因为专利的利用可以产生巨大的经济效益，各种利益主体基于市场和利益的考虑有可能会达成不利于社会公共利益的关于专利使用和转让的契约，亦可能垄断专利技术或方法而不投放市场，最终妨害公共利益。正是基于这个前提，国家才有必要设立强制许可使用制度加以协调。从著作权领域来看，各种利益主体亦可能基于市场和利益的考虑而达成不利于社会公共利益的关于作品使用和转让的契约。因此除了市场主体之间的自由契约作为主要的贸易方式外，还需要国家强制力在一定范围内规划，以确保公平、合理和良性的贸易秩序。著作权强制许可的引入正是著作权商品化和产业化的需要。

最后，我国作为发展中国家，文化产业与发达国家相比有很大差距，需要花更多成本来获取他国的知识产品，而相关国际公约就涉外作品对发展中国家作了强制许可的优惠待遇，我们可以充分运用这些规定，提高知识产权的利用效率并降低成本。为防止著作权人滥用权利，许多国家对以教育科学为目的使用作品，规定了强制许可制度。

第二节
强制许可使用的概念、特征与功能

一、强制许可使用制度的概念

强制许可是指在著作权人拒绝授权的情况下，出于教育或科学研究的目的，由政府强制授权并颁发许可证来使用他人已经出版的作品。①

所谓强制许可使用，是指“著作权人无正当理由而拒绝他人以合理条件与之达成使用其作品的协议的情况下，他人可以向著作权行政主管部门提出使用申请，经申请后可使用著作权人的作品，并应当向著作权人支付报酬的制度”。②

与“法定许可使用”相比较，强制许可使用只是多了向行政机关的使用申请与审批环节，其法定性质或者非出于著作权自愿许可的性质丝毫未改。王清认为，法定许可使

---

① 参见沈仁干、钟颖科：《著作权法概论》（修订本），商务印书馆2003年版，第101页。

② 参见余能斌主编：《民法学》，中国人民公安大学出版社、人民法院出版社2003年版，第225～226页。

用包括著作权理论中所说的“强制许可使用”。[①]

张晓秦、杨帆认为,强制许可是指在无法得到著作权人许可等特定条件下,著作权主管机关授予申请使用人强制许可证,许可使用但要对著作权人支付报酬的制度。由于授予使用人强制许可证,因此也称作“强制许可证”(Compulsory License)制度。[②]

吴汉东认为,强制许可使用,是在特定条件下,由著作权主管机关根据情况,将对已发表作品进行特殊使用的权利授予申请获得此项权利使用人的制度。[③] 在国际著作权公约中,强制许可使用又被称为“强制许可证”,属于“非自愿许可”的情形。[④]

冯晓青认为,所谓强制许可,是指作品的使用人出于某种正当理由要求著作权人授权以一定方式使用其已发表的作品,遭到拒绝后,可向政府主管部门申请强制许可使用,政府主管部门经过一定的程序,可以将使用著作权作品的许可证授予申请人,使用者则依规定向权利人支付一定的报酬。[⑤]

曹新明认为,强制许可,是指著作权行政主管机关在特殊情形下,根据申请人的申请而以强制方式使用他人已发表作品的制度。国际上称为“强制许可证”,是典型的“非自愿许可”。[⑥]

杨红军认为,强制许可制度是授权许可制度和法定许可制度以外的另一种许可制度模式。它是指在特定条件下,他人通过履行申请、通知、备案、交存或者其他程序获得的对已经发表的并享有版权保护的作品进行非专有性使用的权利。[⑦]

刘春田认为,强制许可使用,是指在法律规定的条件下,由著作权主管机关根据具体情况,将对已发表作品进行特殊使用的权利,授予申请获得此项权利的使用人的著作权限制制度。[⑧]

梅术文认为,强制许可,是指在著作权人无正当理由而拒绝与使用者达成使用作品协议的情况下,使用者经向著作权行政管理部门申请并获授权而使用该作品。强制许可不必征得权利人同意,但应向其支付报酬。在国际著作权公约中,又被称为“强制许

---

① 参见王清:《著作权限制制度比较研究》,人民出版社 2007 年版,第 25、26 页。

② 参见张晓秦、杨帆:《著作权法概论》,苏州大学出版社 2007 年版,第 234 页。

③ 参见吴汉东:《著作权合理使用制度研究》,中国政法大学出版社 2005 年版,第 157、158 页。吴汉东等:《西方诸国著作权制度研究》,中国政法大学出版社 1998 年版,第 195 ~196 页。

④ 参见吴汉东:《知识产权法》,法律出版社 2021 年版,第 252 页。

⑤ 参见冯晓青:《著作权法》,法律出版社 2010 年版,第 177 页。

⑥ 参见曹新明主编:《知识产权法学》(第 2 版),中国人民大学出版社 2011 年版,第 77 页。

⑦ 参见杨红军:《版权许可制度论》,知识产权出版社 2013 年版,第 217 页。

⑧ 参见刘春田主编:《知识产权法学》,高等教育出版社 2019 年版,第 81 页。

可证”，属于“非自愿许可”的情形。①

彭辉认为，强制许可是指通过法律规定，为了某种需要，在符合某些条件的情况下，经使用者提出申请，可以由国家主管机关发放不经版权所有者许可而使用作品的非独占性许可证。强制使用作品，须按规定向版权所有者支付报酬。②

强制许可，一般理解为在对作品进行特定种类使用的特殊条件下，大多由主管当局（或另通过作者组织）强制给予一种特殊形式的允许。与法定许可依法直接授权而无须事先申请或通知不同，强制许可需要事先申请和正式授予许可，或至少事先通知著作权所有人。两个主要的多边著作权公约也准许授予这种许可：《伯尔尼公约》规定了对作者已授予录制的音乐作品的录制品进行制作的强制许可，或就播放作品采用强制许可的可能性；《世界版权公约》规定了文字作品首次出版 7 年后以本国通用语言翻译该文字作品的强制许可，只要这样一种译作在该期间未曾出版过。上述两个公约均规定了有利于发展中国家的特别强制许可，使它们能够通过适宜的声明来援用这些便利。这种许可可以在某些期间届满后并在符合其他某些条件的情况下授予。这些国家可以准许出于教学、治学和研究目的，以本国通用语言的翻译出版形式，或为与系统教学活动相关的用途，以复制形式使用印刷的外国作品。强制许可应授予非专有权，这种权利应不可转移，其效力仅限于授予国。作者或其他著作权人的合理报酬同样也是形成各种强制许可的一个条件；在某种情况下，这种报酬依照法律确定。③

二、强制许可使用制度的条件

根据国际公约和国外立法例的规定，强制许可使用主要有以下要件。（1）使用客体要件：只能针对已发表的作品。（2）使用目的要件：出于文化教育或科研目的，曾请求著作权人授权出版或以其他方式传播其作品。（3）拒绝授权要件：著作权人无正当理由拒绝授权，即作品使用人事先以合理的使用费为条件向著作权人申请作品的使用权而未获得许可，或者无法与著作权人商谈作品的许可使用。（4）主动申请要件：使用人必须向著作权主管机关提出强制许可使用的申请。（5）获得许可要件：政府主管部门允许出版或以其他方式传播其作品。（6）使用方式要件：使用方式主要是翻译、复制。（7）支

---

① 参见梅术文：《著作权法：原理、规范和实例》，知识产权出版社 2014 年版，第 278 页。

② 参见彭辉：《知识产权制度比较研究》，法律出版社 2015 年版，第 262 页。

③ 参见世界知识产权组织编：《著作权与邻接权法律术语汇编（中英法对照）》，刘波林译，北京大学出版社 2007 年版，第 248 页。

付报酬要件:作品使用人必须按照规定向著作权人支付报酬。(8)维护权益要件:使用人在使用作品时不得侵犯著作权人的其他合法权益。①

对于表演者经济权利的强制许可使用的构成要件主要有以下5个。(1)使用客体要件:强制许可使用的对象是受保护的表演;(2)拒绝授权要件:使用人不能从表演者那里获得许可使用;(3)主动申请要件:使用人必须向主管机关提出申请;(4)获得许可要件:由主管机关根据情况来颁发强制许可证;(5)支付报酬要件:获得许可证的使用人必须向表演者支付报酬。②

三、强制许可使用制度的特征

强制许可使用制度的特征可以归纳为以下几个方面。(1)前提条件:强制许可必须有合理正当的理由;(2)使用客体:强制许可只能针对已经发表的作品;(3)主动申请:强制许可要由申请人主动提出申请;(4)批准使用:强制许可证由著作权主管部门批准并颁发;(5)非自愿性:强制许可具有非自愿性,违背了著作权人意志;(6)非专有性:强制许可获得的权利没有独占性,也不能转让;(7)支付报酬:强制许可使用者根据规定向著作权人支付报酬;(8)期限限制:强制许可只是普通许可,有一定的期限限制。③

四、强制许可使用制度的功能

强制许可使用制度的功能,在于借助强制许可证的方式,限制著作权人的专有权利,满足公众接触作品、使用作品的需要,以促进社会的信息交流和文化传播。具言之,它以维系著作权人的获取报酬权为对价,以换取使用人利用作品的被许可权。在未实行法定许可制度的国家如美国、日本等,强制许可使用具有制度替代作用,即在立法中规定合理使用和强制许可使用两种非自愿许可,而无其他。④ 强制许可使用制度的功能旨在通过对著作权人的权利加以限制,来确保公众接触和使用作品的权利,以促进科学文化事业的繁荣。

---

① 参见《知识产权法学》编写组:《知识产权法学》,高等教育出版社2019年版,第81页;冯晓青:《著作权法》,法律出版社2010年版,第177页。

② 参见原晓爽:《表演者权利研究》,法律出版社2010年版,第196页。

③ 参见冯晓青:《著作权法》,法律出版社2010年版,第177页。

④ 参见吴汉东:《知识产权法》,法律出版社2021年版,第253页。

第三节 强制许可使用的适用范围与分类

一、强制许可的适用范围

强制许可主要适用于：印刷作品，如翻译已出版的文学作品，翻印已出版的文学作品；音像录制，如录制已经授权录音的音乐作品；广播，如播放已发表的音乐作品，包括使用唱片。从权利限制的类型看，最常见的是针对翻译权与复制权而规定的。这种许可并非独占性的，也不能转让，而且只能在颁发许可证的国家才有效。

目前在国际间被承认的著作权强制许可种类大致有3种，即翻译权的强制许可、复制权的强制许可、对音乐作品的强制许可。音乐作品的强制许可与国家或地区的发展程度无关，而是在于音乐作品的特殊性，其一旦被录制成商业录音制品后，其相关权利通常即被相关唱片企业操作，从而大大限缩了其他人对该音乐作品的使用可能性。①

为促进作品的使用与传播，多数国家都有对强制许可的规定。只是由于各国立法不同，对强制许可规定的程度与范围不一。如《美国版权法》第118条规定，出于非商业目的广播受保护的作品，都可以依照版税裁判庭规定的程序，取得强制许可证。我国过去政府有关部门也有对作品翻译与改编的强制许可的规定。我国《著作权法》则没有规定强制许可制度。这主要考虑到，通过“合理使用”和“法定许可”两种限制，已能基本满足对作品的正常需要，对于强制许可中普遍规定的对翻译权的限制，在现实中不许可他人翻译自己作品的情况极少，在实践中意义也不大。不过，根据我国参加的两个主要的著作权国际公约的规定，我国作为发展中国家，仍然可以适用关于强制许可的规定。

二、强制许可的分类

根据使用领域的不同，强制许可分为三种主要类型，即关于印刷品的强制许可、关于录音录像的强制许可以及关于无线广播的强制许可。②

根据获得方式的不同，强制许可制度可分为三种类型：通过履行通知、备案等法定程序获得的强制许可；通过向主管机关申请获得的强制许可；通过司法程序获得的强制

① 参见彭辉：《知识产权制度比较研究》，法律出版社2015年版，第262页。

② 参见联合国教科文组织：《版权基本知识》，中国对外翻译出版公司1984年版，第36页。

许可。其中通过向主管机关申请获得的强制许可是实践中采用最为普遍的一种强制许可制度。但无论是通过哪种方式获得的强制许可都具有两个共同特征,即都是针对已经发表的作品、使用人都需要向版权人支付报酬。换言之,强制许可是在尊重版权人精神权利基础上的一种版权有偿许可方式,而不是对版权人权利的无偿剥夺。

著作权人以外的第三人要想使用作品,主要通过许可制度获得。最主要的许可方式是授权许可,即由权利人自由决定是否许可、许可的内容和方式等。一些国家规定了法定许可,即由法律明文规定在一些具体条件下可以不经著作权人许可就使用作品。最后就是通过强制许可来使用作品。强制许可也是对著作权人行使权利的一种限制,它可以避免著作权人无理拒绝他人有正当理由使用其作品的情况。但作品使用人取得强制许可证后,应按照规定支付报酬,指明作者姓名、作品名称和出处,并尊重著作权人依法享有的其他各项权利。

强制许可使用制度采用之初,仅适用于对音乐作品录制唱片之情形,即唱片制作人经主管部门批准,以支付使用费为对价,得以录制他人的音乐作品而该著作权人不得拒绝,以后才渐次延及其他领域。① 在立法例上,《美国版权法》(1909)率先以成文法的形式规定了这一制度,1976 年修订时又对此作了系统性规定。这一制度从英美法系国家逐渐扩展至大陆法系国家,现已成为多数国家著作权法的通行制度。各国法虽大抵规定了强制许可制度,但使用范围和使用条件不尽相同。强制许可使用制度现为世界各国普遍采用,《伯尔尼公约》和《世界版权公约》都含有该制度的相关条款。关于著作权强制许可,从各国国内法及主要的国际公约来看,分为以下几种情形:②

第一,录音制品制作者、非商业性广播组织等专门从事作品传播的机构按照规定向版权人发出作品使用意向通知、向版权管理机构交存财务报表等后即可以使用作品,而不再需要获得版权人的授权,但应当按照法定的标准或者与版权人达成的使用费协议向版权人支付报酬。③ 这类著作权强制许可制度较早出现在美国,在《美国版权法》中有详细规定。我国《著作权法》的法定许可制度和这类强制许可非常相似,因此没有必要将这些情形归属于强制许可。

第二,在具体的案件审理过程中,著作权人拒绝许可,如果法院认为这种行为已经

---

① 参见张静:《著作权法评析》,台湾水牛图书出版事业有限公司 1983 年版,第 230 页。

② 参见曾琳:《著作权法第三次修正下的"限制与例外"制度应用研究》,中国政法大学出版社 2016 年版,第 233～235 页。

③ 参见联合国教科文组织:《版权基本知识》,中国对外翻译出版公司 1984 年版,第 36 页。

触犯反垄断法或反不正当竞争法，可以通过司法程序对个案要求强制许可。例如，1995年，比利时法院针对两家版权集体管理协会拒绝授权两家有线发行商通过有线形式在比利时传播来自 Geman Cable SATI 的节目的行为作出了版权强制许可的判决，以支持这两家有线发行商。又如，著名的爱尔兰广播公司、英国广播公司、英国独立电视公司诉委员会案，这是第一个欧洲法院适用《欧盟竞争法》第 82 条判定知识产权拒绝许可是滥用支配地位的案件，此案建立的“三原则”在某种情况下（垄断或影响公平竞争）可以对知识产权要求强制许可。这类强制许可与权利人滥用市场支配地位影响公平竞争紧密相关，法官主要运用反垄断法和反不正当竞争法来判断拒绝许可的非合理性，在确定对公平竞争有损害的前提下，通过强制许可的方式解决纠纷。这类强制许可主要与竞争法紧密相关，以竞争法的构成要件来确定，不需由著作权法规定，只是司法实践中解决纠纷的方式，没有必要在著作权法中作为强制许可的制度。

第三，在特定条件下，如对发展中国家的优惠待遇，权利人拒绝，没法与权利人取得联系等情况，由版权主管机关颁发强制许可证给申请人，申请人得以利用他人的作品。在著作权法中规定强制许可制度主要是指这种向著作权主管机关申请的情形。在著作权法中增设的强制许可制度是经著作权主管机关同意，依照法定条件和程序直接授权申请者对已发表的作品进行利用的法律制度。

第四节
三种著作权权能限制制度的比较分析

著作权法的宗旨是既要保护权利人的利益，又要促进文化的传播和发展。为了达到这个目的，法律设计了一些相关制度来达到权利人投入回报和公众接触作品的平衡，其中重要的制度就是权利限制制度。在权利行使的限制中，主要涉及合理使用、法定许可和强制许可制度，以此避免片面追求著作权保护，导致广大社会公众接近受著作权保护的知识的权利受到侵害。

一、合理使用与法定许可使用

同属著作权限制制度的合理使用制度与法定许可使用制度既有共性又有区别。

两者的共性体现在：第一，立法宗旨相同。无论是合理使用还是法定许可使用，都是以鼓励和促进作品的传播和利用为目的，这样既可以满足社会公众对作品使用的需求，也有利于提高全社会的科学文化素质。第二，使用对象相同。两者针对的对象均为著作权人已发表的作品。在著作权人行使发表权、作品进入市场流通后，以此为基础进一步挖掘作品价值，才符合法律设定该两种制度的立法精神。第三，使用手续相同。两种制度都无须事先得到著作权人许可便可以直接使用他人作品。两者都简化了作品使用的法律手续，为使用者自由使用作品提供了保障。

两种制度的区别具体表现为：第一，主体范围不同。合理使用的主体概括为自然人、法人或者非法人组织，可视为没有主体范围限制。法定许可使用的主体则多为表演者、唱片制作者、广播组织者等，主体范围有直接限制。第二，适用作品类型不同。合理使用原则上适用所有作品类型，并无作品类型的限制。法定许可使用通常只限于特定类型，须是法律明文规定的少数作品和录音作品。第三，使用作品的性质和目的不同。合理使用的目的多为个人学习与欣赏，不得因商业营利而使用作品。法定许可则带有浓厚的商业使用的目的和性质。第四，是否需要支付报酬不同。合理使用无须支付报酬，法定许可必须按规定支付报酬。①

二、合理使用与强制许可使用

强制许可使用与合理使用是两种不同的限制著作权制度，具有以下区别：(1)使用权利来源不同。合理使用是一种法律规定的自由使用和直接使用，无须取得著作权人许可，也无必要经主管部门批准；在强制许可使用情形中，著作权人须承认其必要的“授权”来自主管部门的批准，其许可使用由此成立。(2)使用目的不同。合理使用无须向著作权人支付报酬，因此使用人不得以商业性目的使用作品，以损害著作权人的作品市场利益；强制许可使用，虽然限制了著作权人的许可权，但维系了其获得报酬的权利，因此被许可使用人是否进行营利性使用，法律不加限制。(3)适用条件不同。各国法律在合理使用作品的方式及数量等方面有严格限定，而对于强制许可使用，各国法律虽在适用范围方面规定不一，但对使用数量不作限制性规定。②

---

① 参见冯晓青主编：《知识产权法》(第2版)，中国政法大学出版社2010年版，第172页。

② 参见吴汉东：《知识产权法》，法律出版社2021年版，第253页。

三、强制许可使用与法定许可使用

强制许可与法定许可的共同特征是：强行使用他人已经发表的作品，不管著作权人是否愿意他人使用，且使用者须按政府主管机关规定的付酬标准或国际上通行的标准，向著作权人支付报酬。

法定许可使用与强制许可使用的区别主要表现为：第一，使用者不同。法定许可使用无特定的范围，任何人都可以行使；强制许可使用面向特定使用者，即只有申请并获批准的人才可以行使。第二，权利来源不同。法定许可使用由法律直接授权；强制许可使用由特定的著作权管理机关授权。第三，许可程序不同。法定许可使用一般无须事先申请或通知，凡符合条件者即可自行使用；强制许可使用则须履行申请批准的程序。第四，使用形式不同。法定许可使用的形式主要涉及转载、录制、表演、广播等；强制许可使用的形式表现为翻译、录制、改编等。[①] 第五，取得方式不同。法定许可使用依法直接取得；强制许可使用既要依法取得，还要得到有关主管机关的批准才能够取得。第六，取得手续不同。法定许可无须履行任何手续，是一种对使用权的自然取得；强制许可必须由政府主管部门颁发许可证，并且要履行一定的审批手续。第七，立法的侧重点不同。法定许可侧重于简化授权程序，降低获权成本；强制许可的侧重点在于防止著作权人滥用权利以垄断市场，确保作品得到充分利用，以期维护社会公众利益。

此外，法定许可不必事先征求著作权人的同意，也不必向政府提出申请；强制许可使用者则应事先征求著作权人意见，遭到著作权人拒绝后，方可向政府提出强制使用的申请，经政府批准后方可使用已经发表的作品。

四、合理使用、法定许可使用、强制许可使用三种制度的区别

1. 设立的目的不同。法定许可使用、强制许可使用设立的目的不同于合理使用。合理使用的设立完全是从教育、信息和文化方面的考虑出发；法定许可使用和强制许可使用设立的目的是使人们能够适当地获得使用作品的机会。[②]

2. 使用功能不同。强制许可使用的功能在于借助强制许可证的方式限制著作权人的专有权利，确保公众接触作品、使用作品的可能性，以促进整个社会经济、政治、

① 参见吴汉东：《知识产权法》，法律出版社 2021 年版，第 253 页。

② 参见［西］德利娅·利普希克：《著作权与邻接权》，中国对外翻译出版公司 2000 年版，第 168 页。

科学和文化的进步。在西方国家的著作权法中,合理使用对作品的使用人规定有严格的限制条件,使用人能够利用的作品数量极为有限,且著作权人无法从这种传播中收取任何利益。而强制许可使用虽与合理使用同为非自愿许可,但有自己特殊的功用,它在维系著作权人获酬权的条件下,保证了使用人对作品利用的数量与方式的需要。在一些国家,作者的专有使用权与公众利用作品的需求之间的矛盾往往通过法定许可制来缓解。但对于未实行法定许可制的国家(如美国、日本等),解决这一问题则借助于强制许可使用方式。强制许可使用具有法定许可使用的替代功能,它均衡了著作权人与使用人两者的利益,实现了保护作者权利与促进科学、文化事业发展的立法目的。

3. 设计理念不同。这三种制度在制度设计的理念上有区别。合理使用主要是满足非商业目的,又不会对原作品的市场造成负面影响,出于公共利益利用作品。这对权利人的权利限制最大,既不需要权利人许可,也不需要向其支付报酬,因此判断标准也最严格、最复杂,出于公共利益的考虑,合理使用范围也最广。法定许可使用主要是满足促进知识传播的需要,因此主要涉及媒体的利用,由于要向权利人支付报酬,对权利人的利益影响比较小,判断标准主要由法律明文规定。强制许可使用的价值在于知识财产可以被私人享有,可被人们以付出合理报酬为对价而自由利用,对权利人的利益影响最小。但是政府授权代替私人授权,破坏了权利人自愿自由行使权力的私法精神,因此条件比较严格,要符合正当理由,即有强制许可的必要,并且适用也是个案适用、非普适性的。

此外,三大制度在具体方式上有如下区别:

1. 权利来源不同。合理使用是法律直接规定的,而强制许可使用必须由著作权管理机关授予。法定许可使用是由法律直接规定允许使用作品的方式,凡符合条件的均可自行使用,使用人并无特定的范围。强制许可使用则须经使用人事先申请,由主管机关批准后方可使用,并须向著作权人支付报酬;未获批准的不得使用。

2. 适用程度不同。强制许可使用有严格的程序限制,必须是在经合理请求,著作权人拒绝许可或在穷尽办法仍不能联系到权利人的情况下,向主管机关申请并获得授权。而合理使用、法定许可使用只要符合条件,即自动享有。

3. 是否支付报酬不同。强制许可使用的使用人应按照法律规定向著作权人支付报酬,而且此报酬应与自愿许可情况下作品的使用费一样是使用作品的对价。而合理使用是不需要支付费用的。法定许可使用虽然需要支付费用,但因其使用的范围广泛,使用人亦较普遍,在一定程度上著作权人很难真正实现费用的收取。

4. 使用主体范围不同。强制许可使用的使用人范围很小,面向特定的使用者,只限于经著作权管理机关授权获得强制许可证的人,强制许可使用的获取人和著作权人是一对一的。而合理使用和法定许可使用的使用人则为符合法定条件的一切人,对象很广泛,没有特定性,其使用人与著作权人是多对一的。

这三项制度各有特点,所起的作用也有差别,三大制度相辅相成,构成了统一、合理的著作权权利行使限制制度。著作权权能限制三大制度对比如表 6－1－1 所示。

表 6－1－1　著作权权能限制三大制度对比分析

制度	合理使用	法定许可使用	强制许可使用
权利来源	法律直接规定	法律直接规定	著作权管理机关授予
适用程度	自动享有	自动享有	申请、授权
支付报酬	不需要支付	需要支付	需要支付
使用人范围	多对一,广泛	多对一,广泛	一对一,特定

第二章　国际条约关于著作权强制许可制度的规定

早在《伯尔尼公约》(1886)及《世界版权公约》中已有关于强制许可的规定,即关于广播权的强制许可和关于音乐作品录制权的强制许可。到了20世纪60年代后,一些新独立的发展中国家发展高等教育急需引进发达国家的图书,但这些书的著作权又控制在发达国家出版商手中,因此,在1967年斯德哥尔摩修订《伯尔尼公约》时,发展中国家就迫切要求该公约提供特别许可权,尤其是出于教育目的而复制和翻译作品的权利。在发展中国家的强大压力下,几个主要发达国家作出了让步,并将上述建议写进了斯德哥尔摩议定书。1971年,在巴黎修订《伯尔尼公约》和《世界版权公约》时,均增加了适用于发展中国家但附加条件颇多的强制许可条款,发展中国家终于得到了特别许可。①

第一节　《伯尔尼公约》(1971)

《伯尔尼公约》的强制许可主要体现在第11条之二第2款对广播权的强制许可及第13条第1款对录音制品规定的强制许可。强制许可相对于其他条款中绝对例外而言,要符合一定的条件才能实施。在广播权的强制许可例外情形下,《伯尔尼公约》允许成员国用强制许可替代作者的专有权,条件是不损害作者的精神权利,并需要向作者支付合理的报酬。根据《伯尔尼公约》第13条对音乐作品录制的强制许可,授予强制许可的条件是音乐作品的作者已经同意对音乐作品进行录制(如果配词另有作者,要同时取

① 参见吴汉东、曹新明等:《西方诸国著作权制度研究》,中国政法大学出版社1998年版,第199页。

得两者的授权）。[①]

关于广播权的强制许可。《伯尔尼公约》第11条之二“广播和相关权利”第1款规定：“文学艺术作品的作者享有下列专有权利：(1)授权广播其作品或以任何其他无线传送符号、声音或图像的方法向公众传播其作品；(2)授权由原广播机构以外的另一机构通过有线传播或转播的方式向公众传播广播的作品；(3)授权通过扩音器或其他任何传送符号、声音或图像的类似工具向公众传播广播的作品。”[②]该条第2款“责任许可”规定了强制许可制度：“行使前项所指的权利的条件由本联盟成员国的法律规定，但这些条件的效力严格限于对此作出规定的国家。在任何情况下，这些条件均不应有损于作者的精神权利，也不应有损于作者获得合理报酬的权利，该报酬在没有协议情况下应由主管当局规定。”[③]后一款规定允许成员国用强制许可证制度取到作者的专有权利。

关于音乐作品录制权的强制许可。《伯尔尼公约》第13条第1款也作了类似规定：“本联盟每一成员国，可就其本国情况对乐曲作者及允许其歌词与乐曲一道录音的歌词作者，授权对上述乐曲以及乐曲连同歌词进行录音的专有权利规定保留及条件；但这类保留及条件之效力严格限于对此作出规定的国家，而且在任何情况下均不得损害作者获得在没有协议情况下由主管当局规定的公正报酬的权利。”为了保护作者权利，该公约规定，在任何情况下，这些条件均不应有损于作者的精神权利，也不应有损于作者获得公正报酬的权利，该项报酬在没有协议的情况下应由主管当局规定。《世界版权公约》也有类似规定。这两种许可证的规定使发展中国家有可能较快地、较迅速地获得他们所需要的作品。

1971年7月在巴黎重新修订《伯尔尼公约》时，发达国家与发展中国家对作者的翻译权和复制权产生了较大分歧，发展中国家为了发展本国教育、科研，要求对作者的翻译和复制权进行限制，使本国国民能够接触非本国语文的其他成员国的作品。而发达国家主张否定一切形式的未经作者授权许可的侵权行为。后经协商，将翻译权和复制权的强制许可规定在了该公约的附件里，作为发展中国家的优惠待遇。主要规定在附件第2条和第3条：“任何声明利用本条规定的优惠的国家，就有关以印刷形式或其他任何类似的复制形式出版的作品而言，均有权以主管当局根据附件第四条在下款所述情况下发给非专有和不可转让的许可证的制度来代替第八条规定的专有翻译权……任

① 参见徐红菊：《国际知识产权法学：条文释义、理论与案例》，知识产权出版社2021年版，第176页。
② 张大伟主编：《世界版权条约》，东方出版中心2019年版，第41页。
③ 张大伟主编：《世界版权条约》，东方出版中心2019年版，第41页。

何声明利用本条规定的优惠的国家，均有权以主管当局在下述条件下并根据附件第四条发给的非专有和不可转让的许可证制度来代替第九条规定的专有复制权。”[①]同时附件第4条、第5条对强制许可的适用作了非常多的限制。《伯尔尼公约》关于强制许可的规定主要包括以下几个方面：

1. 强制许可的特定事由：(1)当一部作品自其初次出版起算3年或有关国家本国法规定的更长期限届满，尚未以该国通行文字由翻译权所有者或在其授权下出版译本时，即对象至少首次出版满3年。(2)只限于学校、大学教育或研究之用，不能基于商业目的的要求强制许可。(3)申请人按有关国家的现行规定，证明已向权利所有者视不同情况提出翻译和出版译本，或复制和出版版本的要求，而又未能得到批准，或经过相当努力仍未能找到权利所有者。在向权利所有者提出这一申请的同时，申请人还必须把这一申请通知下面第2点提及的国内或国际情报中心。

2. 申请的程序：(1)想获得优惠待遇的国家必须要声明，但是如果有关国家已经按照该公约第5条第4款C项作出了相反声明，就不得援用强制许可的规定。(2)行政当局收到申请后不得马上同意颁发许可证，必须经过相应的补充期。如果经过3年才能取得，则需要再过6个月才能发给；如果经过1年才能取得，则需要再过9个月才能发给。并且如果在6个月或9个月的期限内，由翻译权所有者或经其授权用申请使用的文字将译本出版，则不得根据附件第2条发给任何许可证。

3. 具体内容的限制：(1)在根据附件第2条和第3条发给的许可证出版的译本或复制本的所有印刷件上都应列出作者姓名。在所有印刷件上应有作品名称。如系译本，原著作名称在任何情况下都应列于所有印制件上。(2)如某一作品的某版的印制件以该国同类著作的通行价格相似的价格，为满足广大公众或学校及大学教学需要，而在附件第3条第1款所指的国内由复制权所有者或经其授权出售，而该版本的文字和基本内容又同根据许可证批准出版的版本的文字和内容相同，则应撤销根据附件第3条发给的任何许可证。(3)许可证规定根据不同情况向翻译权或复制权所有者支付公平的报酬，其数额相当于两国有关方面在通过谈判给予许可证情况下正常支付的版税费率，而且要保证这笔报酬的支付和转汇。如果存在国家对外汇的管制，则主管当局将求助于国际机构，以便尽一切努力保证这笔报酬转换为国际上可兑换的货币或其等价物。[②]

① 参见《伯尔尼公约》(1971年巴黎版本)附件第2、3条。

② 参见《伯尔尼公约》(1971年巴黎版本)附件第2、3、4、5条。

第二节 《世界版权公约》（1971）

1971 年 7 月在巴黎修订的《世界版权公约》规定了翻译权的强制许可，即“任何缔约国根据其国内法可以对文字作品的翻译权利加以限制”。《世界版权公约》第 5 条规定，如果一部作品首次出版满 7 年之后，该书还未以通用语文在成员国翻译出版，则该国的有关当局可在某些情况下发送翻译许可证。但也规定了非常多的限制，主要包括：

1. 使用主体。根据联合国大会惯例被视为发展中国家的任何缔约国。国家的身份不是由该国自行决定的，而是依据联合国大会的管理，依该国的经济文化生活水平加以确定的。

2. 申请事由。(1) 如果一部文字作品自首次出版算起 7 年期满而翻译权所有者或在其授权下尚未以该缔约国通用语文出版译本，该缔约国任何国民都可从主管当局得到用该国通用语文翻译该作品并出版译本的非专有许可证；(2) 该国民须按照有关国家的现行规定，证明他根据不同情况已向翻译权所有者提出翻译和出版译本的要求，而又未能得到授权，或经过相当努力仍未能找到权利所有者；(3) 只限于教学、学习或研究之用。

3. 内容。(1) 许可证之发给应给予一笔合理的报酬，此种报酬应符合有关两国个人之间自由谈判的许可证通常支付版税的标准；(2) 凡经出版的译本复制品，均应刊印原著名称及作者姓名。许可证只适用于在申请许可证的该缔约国领土内出版译本。许可证不得由被许可人转让。①

第三节 《罗马公约》

强制许可使用制度已被国际公约所认可，我国已经加入的《伯尔尼公约》和《世界版

① 参见《世界版权公约》(1971 年巴黎版本) 第 5 条到第 5 条之四。

权公约》都承认强制许可使用制度,从而形成对发展中国家使用作品的优惠条款。①

《罗马公约》第15条规定了允许的例外情况,其中第2款专门规定了与版权相同的限制,涉及了强制许可使用的问题。克劳德·马索耶(Claude Masouye)在《罗马公约指南》中指出,实施公约第7条第1款所列举的行为,必须经过表演者的同意。因此,强制许可制度的建立将与《罗马公约》相违背,理由是在强制许可制度之下,表演者不能阻止且不得不容忍有关行为。此外,如果强制许可使用制度被用来作为对版权的限制,那么该制度也可能被视为第15条第2款所提及的情形,②即对表演者以及其他邻接权人的权利规定与版权同样的强制许可使用制度。显然,《罗马公约》并没有直接规定强制许可使用制度,只是对各国国内法的规定给予认可,并将强制许可使用制度的使用范围严格规定在《罗马公约》的范围之内。③

第四节 TRIPs和WPPT

TRIPs第一至第四部分之所有规定,均不得有损于成员之间依照《巴黎公约》、《伯尔尼公约》(1971)、《罗马公约》及《关于集成电路的知识产权条约》已经承担的义务。在第二部分第一节"版权和相关权利"中专门订立了第9条"与《伯尔尼公约》的关系",要求全体成员均应遵守《伯尔尼公约》(1971)第1条至第21条及其附录的规定。TRIPs涉及著作权贸易中的强制许可的条文主要是第13条:"各成员对专有权作出的任何限制或例外规定仅限于某些特殊情况,且与作品的正常利用不相冲突,也不得无理损害权利持有人的合法权益。"

虽然TRIPs没有明确规定著作权的强制许可制度,但从此限制和例外以及遵守《伯尔尼公约》(1971)的规定来看,成员可以根据自身实际情况规定强制许可制度,只要不影响作品的正常利用和权利人的合法权益。

① 参见吴汉东:《著作权合理使用制度研究》,中国政法大学出版社2005年版,第160页。

② 参见《罗马公约指南》,载《罗马公约和录音制品公约指南》,刘波林译,中国人民大学出版社2002年版,第48、173页。

③ 参见原晓爽:《表演者权利研究》,法律出版社2010年版,第197页。

TRIPs 和 WPPT 限制和例外条款中都没有专门规定强制许可使用制度。显然,关于表演者权利的强制许可使用制度,各国内立法的规定非常重要。

第五节 对国际公约中强制许可制度的分析

对著作权国际公约的强制许可证优惠条款分析如下。

关于强制许可使用制度,《伯尔尼公约》和《世界版权公约》都予以确认,并形成对发展中国家使用作品的优惠条款。其主要内容是:(1)关于设定的目的。出于教学、学习、研究活动和公众需要的目的,需要使用外国作品的使用人,在无从得到外国著作权人的许可时,可以通过一定的程序,从本国著作权管理机关获得强制许可证,即无须取得著作权人的许可,便可以特定方式使用有关外国作品,但仍需向著作权人支付报酬。(2)关于许可使用的对象。颁发强制许可证的客体,仅限于外国作品中的印刷出版物以及仅为系统教学用的视听作品。与此相应,许可使用的类型仅为翻译许可、翻译广播许可、复制许可。强制许可证不适用于其他作品,也不得采用其他内容的许可。(3)关于强制许可的条件。在规定期限内,作者本人没有,也没有授权他人将其已出版的作品在该国一般国民中销售。关于期限规定,视作品的类别或其他使用方式而异,翻译权强制许可须为 1 年,复制权强制许可须为 5 年。但有关外国作品属于科学制品的,则由 5 年缩短到 3 年;如属于文学艺术作品,则由 5 年延长为 7 年。著作权国际公约对强制许可证优惠条款作了严格限制,这些限制包括:有权发放强制许可的国家,须是联合国大会所确认的发展中国家,且该国又是《伯尔尼公约》《世界版权公约》的成员国。享受优惠条款的国家必须在批准参加公约时或以后,向公约的管理机关、世界知识产权组织与联合国教科文组织递交要求享受优惠待遇的"通知声明"。使用人在申请强制许可证时,须证明自己无法找到著作权人,或者虽与著作权人取得联系但未能取得授权。如果外国作品的作者行使了"作品收回权",即停止其作品在市场的发行,则不得再发放强制许可证。强制许可使用是非独占性的,一旦发现著作权人自己使用或授权他人使用,则被强制许可人享有的使用权即行停止。①

强制许可制度主要由《伯尔尼公约》和《世界版权公约》具体规定，TRIPs 主要重申了遵守《伯尔尼公约》。这两个主要国际著作权公约（《伯尔尼公约》和《世界版权公约》）1971 年巴黎修订文本都规定，一个根据联合国大会惯例确认为发展中的国家，如果在它被批准或加入《伯尔尼公约》或《世界版权公约》时，宣布它将利用优待发展中国家的规定，出于教学、学习或科学研究的目的，通过申请，可以从本国主管当局获得非独占性的强制许可证。

《伯尔尼公约》附件第 1 条和《世界版权公约》第 5 条之二规定了发放强制许可证的基本条件：如果某成员国依照联合国大会确认的惯例被视为发展中国家，而该国又是两公约的成员国，那么该国就有权利用翻译和复制许可证制度中的权利，且这些国家必须是由于其经济情况及社会和文化需要，自认为不能在当前作出安排以确保对此公约文本规定的全部权利进行保护的国家。符合上述标准又希望享受优惠待遇的成员国，必须在参加两公约之时或参加后，通知两公约各自的受托人本国将援用规定的部分或全部权利，必须交存通知书，注明自己希望援用哪种权利。②

发放翻译许可证的条件是：出于教学、学习或研究目的，才可按两公约有关规定发放许可证。依照《世界版权公约》的规定，许可证只包括书面作品，在大多数情况下，"书面作品"指文字作品，不包括音乐、戏剧、电影作品、绘画、雕刻和雕塑。《伯尔尼公约》则指出，翻译许可证的范围包括所有以印刷形式或类似形式复制的作品。如果作者收回其作品不再发行，则不能再发放该作品的许可证。这类许可证也可发给总部设在该公约成员国中的发展中国家的广播组织。至于发放许可的时间，该公约规定，如果一部作品自首次出版起 3 年或根据本国法律规定更长的期限已满，而翻译权所有者或其授权者尚未以该国通用文字出版译本，那么，参加《伯尔尼公约》巴黎文本或《世界版权公约》修订本的国家的任何公民均可申请翻译许可证。翻译权所有者或者授权者已经以有关语言出版，但所有版本在《伯尔尼公约》的第 32 条和第 34 条所指的期限内均已售完的情况下也可发放许可证。如果译文不是一个或几个发达国家通用的语言，则许可证可在作品首次出版满 1 年后获得。③

发放复制许可证的条件是：复制许可证的发放应限于系统教学方面。该许可证只

① 参见吴汉东：《知识产权法》，法律出版社 2021 年版，第 254 页。

② 参见吴汉东等：《西方诸国著作权制度研究》，中国政法大学出版社 1998 年版，第 199 ~200 页。

③ 参见吴汉东等：《西方诸国著作权制度研究》，中国政法大学出版社 1998 年版，第 200 页。

适用于以印刷形式或其他类似的复制形式发表的作品。但是，如果一部作品的译文是在下列情况下出版，则不能发放复制许可证：(1)译文的出版未经翻译权所有者授权；(2)译文不是以许可证申请人所在国的通用语言出版的。复制许可证也适用于音像制品。按照《伯尔尼公约》附件第3条和《世界版权公约》第5条之四第1款的一般规定，5年期限届满之后，即可获得强制复制许可证，除非国内法律确定了更长的期限；该期限自原作的首次出版之日算起。发放许可证的情况有：(1)复制权所有者(或其授权者)未在有关国家以该国同类作品的一般售价相当的合理价格销售一部作品的某个版本；(2)已授权的某一版本复制本，自上述期满之日起在有关国家已绝版6个月。①

发放强制许可证的程序如下：申请人必须证明，为了翻译出版或复制一部作品，他确实已努力设法与版权所有者取得联系以取得授权。同时，申请人还必须将其申请通知国内和国际情报中心。只有在他未找到版权所有者或版权所有者拒绝其申请的情况下，才能发放强制许可证。此外，经过3年期限可以获得的许可证，需经过6个月的补充期限才能颁发。经过1年可获得的许可证，则需经过9个月的补充期限。②

根据上述两公约的有关规定，为了翻译权或复制权所有者的利益，发放许可证时，应付给上述版权所有者一笔公平、合理的报酬。各成员国应制定条例，保证将报酬传递给著作权人。

根据上述两公约的有关规定，翻译权或复制权所有者可以终止已经发放的许可证。其条件如下：如果翻译权所有者或经其授权出版的译本的价格同有关国家的同类作品的通行价格相似，该译本的语言和内容又同根据许可证出版的译本的语言和内容相同，则可终止许可证。如果复制权所有者或其授权者将作品的某一版本的复制件向该国一般公众或出于系统教学活动之目的出售，其销售价格与该国同类作品的一般售价相当。其文字与根据许可证出版的版本相同，内容基本一致，则可终止许可证；但许可证终止前已出版的复制本可继续发行至售完为止。③

强制许可证的实行，反映了发达国家和发展中国家在解决著作权贸易冲突中的合作精神，客观上促进了发展中国家的发展。但是，“依赖强制许可证制度是不可取的……滥用强制许可证，至少会影响国内的创作力，导致出版商不是鼓励和培养国内作

① 参见吴汉东等：《西方诸国著作权制度研究》，中国政法大学出版社1998年版，第200~201页。

② 参见吴汉东等：《西方诸国著作权制度研究》，中国政法大学出版社1998年版，第201页。

③ 参见吴汉东等：《西方诸国著作权制度研究》，中国政法大学出版社1998年版，第201页。

者和创作活动，而轻易获得外国作品的翻译权和复制权”。[①] 此外，由于实施强制许可证的条件过于严苛，实践中也很少采用。

总的来讲，国际公约规定的著作权强制许可主要是给予发展中国家优惠待遇，但实际上按照公约规定，限制非常多，程序也非常复杂，要获得对外国作品的强制许可绝非易事。至今为止，不到10个国家申请了强制许可制度。首先，国际公约重点强调强制许可只能是用于教学、科研等非营利目的，涉及的主要是翻译权和复制权两个权利。其次，在一定期限内没有销售，申请人必须证明自己无法找到著作权人，或虽与著作权人取得联系但未能取得授权。最后，如果外国作品的作者行使回收权，或者已经授权给其他人，就不得发给强制许可了。由于申请的时间相当长，而且手续非常复杂，同时还要以国际可兑换的货币支付报酬，发展中国家实际上难以享受这种优惠待遇。郑成思认为：“对于强制使用，与其说协议规定了权利限制，不如说是规定了对权利限制的限制。”[②]

发展中国家为了发展本国文化教育事业，在著作权法中制定和修改了强制许可的相关条款，但是发展中国家立法中所确立的版权强制许可制度在发达国家所施加的压力面前不得不经常被修改甚至废除。例如，国际知识产权联盟在2007年发布的有关版权强制许可的制度安排是与国际法背道而驰的。印度尼西亚已经废除了不符合《伯尔尼公约》要求的翻译权和复制权版权强制许可制度，菲律宾也已废除了与公约要求不符的版权强制许可制度。

严格的条件限制以及发达国家的不断施压实际上已在不同程度上架空了《伯尔尼公约》《世界版权公约》中所谓的优惠待遇，发展中国家愈来愈表示出对这种现状的不满。《知识接触条约》(Access to Knowledge Treaty，以下简称A2K)草案第3－12条指出，需要制定一个新的有关版权强制许可的议定书，使发展中国家能够以更加简易的程序、更加低廉的成本获得与教育、科学、技术和文化有关的资料。该公约草案还建议“适当扩大作品的范围和作品使用的范围，包括在互联网上和远程教育中发行和传播的作品，以及允许把获得版权强制许可的复制品出口到其他对同一作品授予版权强制许可的发展中国家”。[③]

---

① 斯拉迈阿赫：《强制许可证在发展中国家的实际应用》。转引自翟一我、陈绍宽编：《版权讲座——国际版权纵横谈》，东方出版社1991年版，第237页。

② 郑成思：《世界贸易组织与贸易有关的知识产权》，中国人民大学出版社1996年版，第200页。

③ 杨红军：《版权强制许可制度论》，载《知识产权》2008年第4期；杨红军：《版权许可制度论》，知识产权出版社2013年版，第222～223页。

第三章　相关国家关于著作财产权强制许可的规定

世界上有许多国家规定了著作权强制许可制度，由于各国发展的不同，发达国家和发展中国家对强制许可的规定差异很大，呈现不同特点。由于诸多国家经济、政治、文化等因素的差异，它们有关强制许可使用的规定不尽一致。以下择其要而分述之。

第一节 发达国家著作权强制许可制度

一、美国

美国于 1901 年最早在版权法中规定了强制许可证制度。1909 年《美国版权法》首次以成文法的形式规定了针对录音制品的强制许可，1976 年修订时对强制许可作了详细规定。《美国版权法》从第 111 条至第 118 条详细规定了强制许可使用的范围。美国的强制许可制以音乐作品为主要使用对象，其利用方式则涉及广播与录制。强制许可使用的范围包括：通过有线广播系统的二次播送（第 111 条）；制作和传播非戏剧的音乐作品的录音制品（第 115 条）；通过自动点唱机公开演奏非戏剧的音乐作品（第 116 条）；使用某些与非商业性广播有关的作品（第 118 条）。[①] 同时还规定了强制许可使用费的计算标准、征收及分配方法，法官可以根据情况对版权使用费进行适当的调整。《美国版权法》中设立了版权使用费仲裁法庭。1993 年，国会通过法律将常设的法庭改为了临时性的版权使用费仲裁专家组。[②] 2004 年，专家组又被版权使用费法

① 参见吴汉东：《著作权合理使用制度研究》，中国政法大学出版社 2005 年版，第 159 页；吴汉东：《知识产权法》，法律出版社 2021 年版，第 253 页；吴汉东等：《西方诸国著作权制度研究》，中国政法大学出版社 1998 年版，第 286 页。

② 参见李明德：《美国知识产权法》，法律出版社 2003 年版，第 189 页。

官制度所替代。同时强制许可的获得还伴随着法定的通知、备案及交存等手续的履行。1995 年通过的《录音制品的数字化表演权法》将制作录音制品的强制许可延伸到数字化的传输中。

《美国版权法》第 115 条规定："(a)取得强制许可证与强制许可证的范围:(1)凡一部非戏剧音乐作品的录音制品,经版权所有者授权已在美国向公众发行,任何遵守本条规定的其他人均可获得制作与发行该作品录音制品的强制许可证。只有其制作录音制品的基本目的是将录音制品向公众发行供私人使用的人,方可获得强制许可证。除下列情况外,不得制作这样的录音制品,即复制他人录制的录音作品而取得使用该作品的强制许可证:(i)此录音作品是合法录制的;而且(ii)制作该录音制品是经该录音作品的版权所有者授权,或者如果该录音作品在 1972 年 2 月 15 日之前录音是经过依据该音乐作品版权所有者的明示许可或依据在录音制品中使用该作品的有效的强制许可证而录音的人授权的。(2)强制许可证包括对该作品进行音乐上必要的改编,使之符合演出中的演奏风格和手法。但改编不应改编基本旋律或该作品的基本特色,且非经版权所有者明示同意,这种改编不应作为演绎作品而受到保护。"通过自动点唱机进行公开演奏的非戏剧音乐作品也可获得强制许可证。[①]

二、英国

《英国版权法》第七章"版权许可"中就强制许可证的颁发条件和程序作了详细的规定。其中第 117 条规定,强制许可适用于由许可组织实施之有关一个以上作者创作之文学、戏剧、音乐或艺术作品或影片(或与影片相伴之影片声规)之版权的许可方案,关系到:(1)复制作品,公开表演、播放或放映作品,或者广播作品或将其收入电缆节目服务;(2)一切有关录音(与影片相伴之影片声轨除外)、广播或电缆节目、版本之版面安排之版权的许可方案;(3)一切有关录音、影片或计算机程序之版权且关系到许可向公众出租复制件的许可方案。同时第 118 ~ 144 条详细规定了申请程序及颁发条件。强制许可申请主要向版权仲裁庭提出。

英国《1988 年版权、外观设计和专利权法》规定了比较详细的表演者权利的强制许可使用制度,包括:(1)在经过合理的调查之后仍无法确定相关权利人的身份或者住址的情况下,版权审判庭(the Copyright Tribual)有权代表表演者权利的所有人作出许可;

① 参见《美国版权法》第 115 条。张晓秦、杨帆:《著作权法概论》,苏州大学出版社 2007 年版,第 234 页。

(2)当垄断和合并委员会认为表演者的权利的形式违反公共利益时，国务卿有权颁发表演者权利的强制许可证；(3)国务卿有权发布命令，规定在特殊情况下向公众出借电影或者录音制品的复制品，可以被认为是经过相关表演者权利的所有人许可的，只是需要向权利人支付合理的版税或者其他报酬等。[①]

三、加拿大

《加拿大版权法》关于权利的限制设定有合理使用、法定许可使用、强制许可使用多种形式。因此，有关强制许可制规定的条文比较简单，其适用范围主要涉及复制权与表演权。申请强制许可证的事由是：已故作者的作品的著作权所有人拒绝重印或者不允许公开演出该作品（第 13 条）；对有著作权的书籍，著作权所有人不能在加拿大印制此书或使之印刷，或者不能提供加拿大人对该书的合理需要数量（第 14 条）；此外，对于系列性的出版物也可授予类似的许可证（第 15 条）。[②]《加拿大版权法》对有关强制许可证的申请、缴纳版税、适用条件等程序都有着具体规定。

关于录音制品。直到 1988 年修订法为止，人们在加拿大可通过机械复制方法将声音复制在唱片或者其他发明物上，而不构成对音乐作品、文学作品或戏剧作品著作权的侵犯。但要符合以下条件：其一，经著作权人同意或者认可，事先已制作出了这种发明物；其二，行为人已根据规定作了通告并支付版税（每一播放面付 2% 的版税）。如果不严格遵守这些规定就构成侵权。1988 年修订法废除了这种强制许可。过渡条款允许人们制作并销售唱片，直到 1988 年 12 月 8 日为止。依据强制许可制作的唱片在 1988 年 6 月 8 日前是有效的。[③]

《加拿大版权法》第 7 条规定，在已出版作品的作者死亡后 25 年，任何人都可以通过发布通告，对该作品进行复制而销售，并按出版价的 10% 支付版税。第 13 条规定，在作者死亡后，如果著作权人没有出版或者公开表演文学、戏剧或音乐作品并因此使作品被收回，主管部门可按其认为合理的条件发放出版或者表演该作品的强制许可。[④]

---

① 参见原晓爽：《表演者权利研究》，法律出版社 2010 年版，第 197 页。

② 参见吴汉东：《著作权合理使用制度研究》，中国政法大学出版社 2005 年版，第 159 页；曾琳：《著作权法第三次修正下的“限制与例外”制度应用研究》，中国政法大学出版社 2016 年版，第 244 页。

③ 参见吴汉东等：《西方诸国著作权制度研究》，中国政法大学出版社 1998 年版，第 309 ~310 页。

④ 参见吴汉东等：《西方诸国著作权制度研究》，中国政法大学出版社 1998 年版，第 310 页。

四、德国

《德国著作权法》的强制许可使用主要涉及录音、翻译、改编等。具体规定为：音乐作品或乐谱作为商业目的授权他人制作或销售该作品的录音制品的，则该作者或专有许可证持有人也应向其他录制人授予同样的许可证（第61条）。根据使用目的的需要，允许对作品进行翻译、摘录或者对乐曲进行改编，同时根据复制方式的需要也可以对艺术作品和照片继续进行修改（第62条）。如果是以出版或公开传播的方式利用作品，则必须清楚注明作品的来源，包括作者的姓名。在一定情况下，如果作品中对出版人或广播组织已有注明，则利用作品时亦应予以注明。如果对作品进行删节或删改，也应注明作品的名称（第63条）。[①]

《德国著作权法》在第61条规定了"制作音响载体的强制许可证"：如果音响载体制作者被授予出于营业目的将音乐作品转移到音响载体上并将载体复制与传播的用益权，著作权人在作品出版后有义务向该法适用范围内拥有主公司或住所的任何其他音响载体制作者，以适当条件授予同样内容的用益权。该项条款不适用于下列情况：（1）上述用益权经允许已由一家实施机构实施；（2）该作品不符合作者信念而不能要求继续使用，并由作者收回现有的收益权；（3）为制作电影而要求再次发给许可证。《德国著作权法》较日本相关法律设定了一个更为狭小的强制许可使用范围，其许可证的对象仅限于音乐作品，使用方式则表现为录制。[②]《德国版权法》第61条针对将音乐作品制作成音像制品所规定的强制许可，在2003年的修改中此条已被废止了。

五、法国

《法国知识产权法典》（法律部分）第一部分"文学和艺术产权"第一卷"著作权"第二编"作者权利"第一章"精神权利"第L. 121－3条规定："L. 121－2条中所指已故作者的代表人明显滥用或无故不行使发表权的，大审法院可采取一切适当之措施。代表人意见不一，或没有已故权利所有人，或无人继承，或继承人放弃继承时亦同。负责文化的部长尤其可以诉请法院采取措施。"[③]

---

① 参见吴汉东：《著作权合理使用制度研究》，中国政法大学出版社2005年版，第159页。吴汉东：《知识产权法》，法律出版社2021年版，第253页。

② 参见吴汉东等：《西方诸国著作权制度研究》，中国政法大学出版社1998年版，第197～198页。

③ 《十二国著作权法》，《十二国著作权法》翻译组译，清华大学出版社2011年版，第67页。

六、意大利

《意大利版权法》第51～58条规定了有关强制许可的情形，主要包括：广播组织有权不经作者同意播放来自剧院、音乐厅或其他公共场所的智力作品，但对于新作品或首次公开演出的作品，不论基于何种理由，均须经作者同意才能广播；广播组织也有暂时录制的权利。在两种情形下，使用人都应向著作权人支付法定报酬；在公共场所通过装有扩音器的无线电接收器播放广播作品者，应付作者合理报酬。不能确定的，由司法当局裁决。①

《意大利版权法》规定，公共场所以附扬声器的收音机收播节目的，应付给作者合理报酬。报酬数额由意大利版权组织和主管行业协会的代表定期商定。②

七、西班牙

《西班牙版权法》第40条规定："如果作者自然死亡或者被宣告死亡，其有权行使作品发表权的继承人不发表该作品的行为违背宪法，在国家主管部门、地方团体、公共文化机构或其他利害关系人的请求下，法院可下达命令令其发表。"③

八、匈牙利

《匈牙利版权法》第24条规定："如果作者的版权继承人无理禁止进一步使用已经发表的作品，则在不违反版权国际公约的前提下，法院可以从公共利益出发，判决许可使用该作品，但用户应该向版权人付酬。"④

九、日本

《日本著作权法》第67条至第74条详细列举了强制许可证的范围、程序及付费方法等。《日本著作权法》第二章"作者的权利"第八节规定了"根据裁定对作品的使用"，

---

① 参见高兰英：《国际视野下的著作权强制许可制度探析》，载《知识产权》2012年第3期。转引自曾琳：《著作权法第三次修正下的"限制与例外"制度应用研究》，中国政法大学出版社2016年版，第245页。

② 参见张晓秦、杨帆：《著作权法概论》，苏州大学出版社2007年版，第234页。

③ 谢海燕：《论著作权的强制许可使用》，湘潭大学2008年硕士学位论文。转引自曾琳：《著作权法第三次修正下的"限制与例外"制度应用研究》，中国政法大学出版社2016年版，第245页。

④ 郑成思：《私权、知识产权与物权的权利限制》，载《法学》2004年第9期。转引自曾琳：《著作权法第三次修正下的"限制与例外"制度应用研究》，中国政法大学出版社2016年版，第247页。

从其条款表述实质含义来看应属强制许可使用范畴。强制许可证可用于:著作权所有人姓名不详的作品,对已发表作品进行广播或通过有线装置进行传播,在某些场合下录制已经发行的唱片或磁带。[①] 第67条、第68条、第69条分别就“著作权人不明等情况下作品的使用”“作品的播放”“在商业录音制品上的录音”等情形作出了版权强制许可的规定。当发生以下情况时,可在得到文化厅长官的裁定、支付了文化厅长官所决定的补偿金的条件下利用作品,包括三个方面:一是著作权人不明或经努力仍不能与其取得联系时(第67条第1款);二是对作品的广播,与著作权人未能达成协议或无法进行协议时(第68条第1款);三是对于将过去已经录制在商业用唱片上的音乐作品录制成其他商业用唱片,与著作权人未能达成协议或无法与之协议时(第69条)。可以向文化厅长官提出申请,经文化厅长官裁决同意使用并向著作权人支付文化厅长官规定的相当于经常使用费数额的补偿金后,就可对作品进行使用。为了保证裁决的公平和透明,《日本著作权法》还在第70~74条就裁决的程序和标准以及补偿金的数额、补偿金数额的异议、补偿金等的寄存等事项作出了详细规定。[②]

《日本著作权法》第67条“著作权人不明等情况下作品的使用”第1款规定:“已经发表的作品或者经过一定期间提供或者提示给公众的事实明显的作品,由于著作权人不明或者其他类似原因,根据政令规定付出相当的努力仍然无法和著作权人取得联系的情况下,经过文化厅长官裁定并为著作权人寄存了文化厅长官规定的相当于通常使用费的补偿金时,可以采用裁定的方法加以使用。”第2款规定:“获得前款规定裁定的人,必须向文化厅长官提交记载作品使用方法和其他政令规定事项的申请书、著作权人无法取得联系的说明资料以及政令规定的其他资料。”第3款规定:“在根据第一款规定制作的作品复制品上,必须注明是根据同款裁定制作的复制件以及裁定的年月日。”[③]此即“匿名作品的强制许可”。

《日本著作权法》第68条“作品的播放”第1款规定:“希望播放已经发表的作品的播放组织,请求与著作权人达成播放许可协议,但未达成协议或者无法进行协议时,经文化厅长官裁定,并且向著作权人支付文化厅长官规定的、相当于一般使用费的补偿金时,可以播放该作品。”第2款规定:“按照前款规定播放的作品,可以进行有线播放、专

① 参见吴汉东:《知识产权法》,法律出版社2021年版,第253~254页。

② 参见杨红军:《版权强制许可制度论》,载《知识产权》2008年第4期;杨红军:《版权许可制度论》,知识产权出版社2013年版,第220~221页。

③ 《十二国著作权法》,《十二国著作权法》翻译组译,清华大学出版社2011年版,第393页。

门以该播放服务地域范围内接受为目的的自动公众传播(包括在连接至供公众使用的电信线路上的自动公众传播服务器中上载信息的传播的可能性),或者使用接收装置进行公开传达。在这种情况下,从事该有线播放、自动公众传播或者传达的人,除了第38条第2款和第3款规定的情况外,必须向著作权人支付相当于一般使用费的补偿金。”[①]此即“播放作品的强制许可”。

《日本著作权法》第69条“在商业录音制品上的录音等”规定:“商业录音制品首次在国内销售并自首次销售日开始经过了3年的情况下,希望得到该商业录音制品中的著作权人许可将该商业录音制品中已经录音的音乐作品进行录音以制作其他商业录音制品的人,在请求与著作权人达成录音并通过转让该录音向公众提供的协议,但未达成协议或者无法进行协议时,经过文化厅长官裁定,并且向著作权人支付了文化厅长官规定的、相当于一般使用费的补偿金时,可以对该音乐作品进行录音并通过转让该录音向公众提供。”[②]此即“制作录音制品的强制许可”。

《日本著作权法》第33条规定,出于教育目的,可在教科用书上登载已发表的作品,但应将此意通知著作权人并按文化厅长官每年规定的数额向著作权人支付补偿金。有观点认为该类情形属于强制许可使用。[③] 但从该条款的编排体例以及表述的内容来看,“教科用书等的登载”应属于法定许可使用的范畴,或少有的因合理使用而适当付酬的条款。[④]

第二节
发展中国家著作权强制许可制度

一、印度

《印度著作权法》(1957)第六章“许可”第31条“关于公众无法获得的作品的强制

① 《十二国著作权法》,《十二国著作权法》翻译组译,清华大学出版社2011年版,第394页。
② 《十二国著作权法》,《十二国著作权法》翻译组译,清华大学出版社2011年版,第394页。
③ 参见世界知识产权组织编:《世界各国版权法概论》,中国政法大学出版社1990年版,第3页。
④ 参见吴汉东等:《西方诸国著作权制度研究》,中国政法大学出版社1998年版,第197页。

许可”第1款规定:“对于已发表或公开表演的任何印度作品,在其著作权保护期限内的任何时间,如果有人就作品著作权所有人的以下行为向著作权委员会投诉——(a)拒绝再版或不允许再版该作品,或者不允许公开表演该作品,并且由于此种拒绝,致使公众无法获得该作品,或(b)在投诉人认为合理的条件下,不允许通过广播向公众传播该作品,或就录音而言,不允许通过广播向公众传播被录制在该录音中的作品,则著作权委员会在给予作品著作权所有人合理的陈述机会并且进行其认为必要的调查之后,如果确信该拒绝无正当理由,可以指示著作权登记官授予投诉人许可,以再版、公开表演或通过广播向公众传播该作品(视具体情况而定),但应向著作权所有人支付由著作权委员会确定的报酬,并遵守由该委员会确定的其他条件;在符合前述条件下,著作权登记官应根据著作权委员会的指示授予投诉人许可。”①《印度著作权法》(1957)第六章“许可”第31A条“关于未发表的印度作品的强制许可”规定:“(1)对于第2条第1项第(iii)目中提到的印度作品,在作者死亡或不详或难以寻找,或者无法找到该作品著作权所有人的情况下,任何人均可以向著作权委员会申请许可,以出版该作品或出版该作品任何语言的翻译作品。(2)在根据第(1)款的规定提出申请之前,申请人应在全国大部分地区发行的某一期英文日报上公布其申请;如果申请出版任何语言的翻译作品,还应在某一期该种语言的日报上公布其申请。(3)任何此种申请均应以规定的方式提出,并且附有一份依据第(2)款的规定公布的广告复制品并交纳规定的费用。(4)在根据本条的规定向著作权委员会提出申请的情况下,著作权委员会在按照规定进行调查之后,可以指示著作权登记官授予申请人许可,以出版该作品或者出版申请中提到的语言的翻译作品,但应支付由著作权委员会确定的版税,并遵守由该委员会确定的其他条件;关于出版上述作品,著作权登记官应根据著作权委员会的指示授予申请人许可。”②

二、菲律宾

《菲律宾著作权法》规定,菲律宾公民即居住者使用国内及国外著作物时可由政府给予强制许可权,包括以下情形:(1)在菲律宾使用某作品的价格与菲律宾国民收入的比例高出原作所在国相应比例时;(2)对作品的需求没有充分的畅销理由,在合适的程度上及合理的条件下不满足著作权人的条件时;(3)因著作权人拒绝给予在合理条件下

① 《十二国著作权法》,《十二国著作权法》翻译组译,清华大学出版社2011年版,第234~235页。

② 《十二国著作权法》,《十二国著作权法》翻译组译,清华大学出版社2011年版,第235页。

的使用许可权，或由于使用许可权的购买、租金及使用要求的条件，使作品所衍生的新技术、新信息在菲律宾不能有效地普及时。该法同时还规定了国立图书馆馆长（菲律宾著作权行政管理长官）在对强制许可的审查、许可中，与有关当事人协商不能取得一致意见时，可采取的有关措施。①

三、印度尼西亚

1989年，印度尼西亚出台了有关著作权强制许可的条例，规定有关教育、科学及技术开发等方面的作品，发表3年内没有用印度尼西亚文翻译，或没有在印度尼西亚国内复制的外国作品，可作为强制许可实施的对象。②

四、缅甸

《缅甸版权法》第4条规定了版权的强制许可：在已经被出版或公开表演的文学、戏剧或音乐作品的作者死亡之后的任何时间，该作品的版权所有人拒绝再版该作品或拒绝公开表演该作品，由于该拒绝而使得作品从公众中被撤出的，可以命令该版权所有人授权复制该作品或公开表演该作品。③

五、埃及

《埃及版权法》第23条规定："如果作者的继承人拒绝正常行使有关版权，则埃及教育部长有权从公共利益出发代其行使（但要从开罗一审法院院长处取得代为行使的执行令）。"④

六、乌拉圭

《乌拉圭版权法》第41条规定："国家或地方政府均可以从公共利益出发，征用某些作品的版权。"⑤

---

① 曾琳：《著作权法第三次修正下的"限制与例外"制度应用研究》，中国政法大学出版社2016年版，第246页。

② 参见傅迎春：《论著作权法中的强制许可制度》，江西财经大学2006年硕士学位论文。转引自曾琳：《著作权法第三次修正下的"限制与例外"制度应用研究》，中国政法大学出版社2016年版，第246~247页。

③ 参见冯寿波：《中国－东盟自由贸易区版权法比较研究》，气象出版社2014年版，第95页。

④ 曾琳：《著作权法第三次修正下的"限制与例外"制度应用研究》，中国政法大学出版社2016年版，第247页。

⑤ 郑成思：《私权、知识产权与物权的权利限制》，载《法学》2004年第9期。转引自曾琳：《著作权法第三次修正下的"限制与例外"制度应用研究》，中国政法大学出版社2016年版，第247页。

七、保加利亚

《保加利亚版权法》第23条规定:“只要对公共利益有重大影响,法院即有权(在版权人禁止使用的情况下)判决许可使用任何已经发表的作品。”①

八、其他发展中国家

发展中国家出于发展本国文化教育事业,改善在国际著作权贸易中地位的迫切需要,也逐步在其著作权法中制定和修改了强制许可使用有著作权作品的法律条款。例如,阿尔及利亚“广播已经合法出版的作品”;巴巴多斯“对一部已经作者同意录了音的音乐作品的再录音”;塞浦路斯“广播已经出版的作品和对已经录过音的音乐作品的再录音”;厄瓜多尔“在公开演出的场合使用唱片;在作者死后15年以后允许重新出版或者翻译其作品”;马里“广播已经合法出版的作品;公共图书馆对作品的复制”;菲律宾“对教育、科学或者文化方面的材料都给予总的强制许可证”;斯里兰卡“对已录音的音乐作品的再录音;作品的广播”;苏丹“对作品的广播以及在公共场所的表演”。② 概言之,发展中国家实行强制许可证的范围,主要涉及印刷品复制、音像作品复制、作品翻译及广播等方面。

第三节 强制许可使用制度类型及立法分析

一、强制许可使用制度类型分析

从目前规定强制许可的立法例上看,它主要有两种类型:

第一种类型出现在美国、日本、韩国等国家,由于这些国家著作权法中没有规定法

① 世界知识产权组织编:《世界各国版权法概论》,中国政法大学出版社1990年版,第145页。转引自曾琳:《著作权法第三次修正下的“限制与例外”制度应用研究》,中国政法大学出版社2016年版,第247页。

② 吴汉东:《著作权合理使用制度研究》,中国政法大学出版社2005年版,第161页。吴汉东:《知识产权法》,法律出版社2021年版,第254页。

定许可制度，强制许可成为可替代法定许可的制度安排。实际上，这些国家的强制许可虽然与我国的法定许可之间存在一些差异，但是在本质上具有一致性。从立法意旨上看，日本法中制作录音制品的强制许可规则与我国法规定的制作录音制品法定许可规则具有相同的立法目的，可以达到相同的法律效果。同时，法定许可和补偿费用等都不具有可诉性，不论是否借助集体管理组织转付，各国在费用收取的标准确定上并无实质不同，亦即由行政机构制定付费标准。但在具体制度要求上，二者存在一定差异。一般来说，强制许可中通常要求使用者和权利人先行进行谈判，同时还可能要求使用者必须履行一定的备案程序，而在法定许可下并不要求先行谈判和履行备案、审查程序。

第二种类型是在《伯尔尼公约》和《世界版权公约》中规定的著作权强制许可。根据规定，发展中国家著作权主管机关享有为申请人颁发翻译或复制外国作品的强制许可证的权力。由于程序过于复杂，条件过于严格，向这两个公约的主管机构——世界知识产权组织和联合国教科文组织，递交通知书，宣布要求享有此种优惠的国家并不多见。仅有墨西哥、几内亚、突尼斯和少数几个国家要求享有此种优惠制度。我国著作权法没有规定强制许可制度，但是由于我国已经加入《伯尔尼公约》和《世界版权公约》，故公约中有关强制许可的规定也可引用。在此语境下，强制许可须具备几个条件：(1)出于文化教育或科研目的，在满足复制和翻译条件的情形下向著作权人请求授权，但是著作权人无正当理由拒绝授权。(2)使用者为发展中国家成员，被使用的作品为外国作品。(3)使用者向著作权主管机关提出申请。政府主管部门经过审查后认为使用者符合相应条件的，作出强制许可的裁定。(4)使用者享有非专有使用权，应该按照裁定的内容向著作权人支付报酬。①

二、强制许可使用制度各国立法分析

很多国家的著作权法都有强制许可制度，但是由于各国的法律传统、经济发展和国家政策需求的不同，呈现各种差异。

两大法系著作权立法对强制许可使用制度有不同的取向。美国等英美法系国家因为没有或者很少规定法定许可制度，强制许可制占有重要地位，强制许可制度的规定比较详细，其作品适用范围较为广泛，利用权项种类比较多样。主要是关于广播、录音制品等的强制许可，这些在许多大陆法系国家和我国都是作为法定许可制度规定的。在

① 参见梅术文：《著作权法：原理、规范和实例》，知识产权出版社2014年版，第278～280页。

大陆法系国家,合理使用、法定许可和强制许可都有规定,一般同时采用法定许可制与强制许可制,多以一制为主,一制辅之。有些采取并行使用,一般以法定许可为主,强制许可作为补充,以调整创作者、传播者、使用者三者之间关于利用作品的关系。

尽管存在上述差异,各国的强制许可使用制度也具有以下共同之处:(1)强制许可证是针对已发表的作品而言,对于未发表作品不能颁发强制许可证;(2)强制许可证面向特定的申请者或使用者,即只有申请并获批准的人才可以行使;(3)强制许可证有特定的程序,其权源来自主管机关或特定机构或组织,而不是法律的直接授予;(4)获得强制许可的人应该向权利人支付报酬。①

强制许可的适用条件在不同国家是不同的,如日本明确提出当版权人不明时对作品进行强制许可;法国、加拿大、西班牙、匈牙利、保加利亚规定,当作者去世后作者的继承人或代理人无正当理由不授权他人使用时,基于公共利益可以强制许可;菲律宾、印度尼西亚涉及对外国作品的强制许可等。颁发强制许可证的机构主要包括司法机构,如法院、法庭和著作权行政管理机关。

西方发达国家与发展中国家对待强制许可使用的态度也不尽一致,这种差异主要表现在如何处理本国国民使用外国作品的问题上。《伯尔尼公约》和《世界版权公约》都作出了有关强制许可使用的规定,这是发达国家和发展中国家既相互合作、又相互斗争的结果。

除国内著作权立法外,发展中国家出于教学和科研目的,为了缩小与发达国家经济上的差距,依国际著作权条约的所谓优惠条款,希望能以自己可负担的价格得到发达国家有著作权的作品,争取获得对发达国家已出版作品所颁发的翻译权和复制权强制许可证。但是,由于申请获得许可证的时间相当长,而且手续非常复杂,同时还要以国际可兑换的货币支付报酬,发展中国家实际上难以享受这种优惠待遇。至今,只有少数国家提出享受强制许可证优惠待遇的要求。尽管发达国家对此也抱同情态度,却反对削弱著作权而将经济负担转嫁到自己头上。双方在长期斗争中逐步达成一系列谅解,促成了 1971 年在巴黎对《伯尔尼公约》和《世界版权公约》的修订,制定了有利于发展中国家翻译和复制作品的强制许可证特别条款。

① 参见吴汉东等:《西方诸国著作权制度研究》,中国政法大学出版社 1998 年版,第 198 页。

第四章　中国著作财产权强制许可制度的构建刍议

中国《著作权法》并没有规定狭义的强制许可制度。如果不符合合理使用或法定许可的要件，公众一般不能使用特定的版权作品。公众不能向政府提出申请要求政府颁发强制许可以使用特定作品。著作权立法之初，的确有人主张参考专利法引入强制许可制度，不过，多数人反对这一做法。[①] 典型意见认为，一项专利发明被无理搁置会阻碍社会生产力发展，但是一项文学艺术作品被搁置，似乎不会。

依据反垄断法，如果著作权人滥用自己的著作权，对市场竞争造成实质性损害，则竞争对手可能获得反垄断法上的救济。强制许可是可能的选择方案之一。在文学艺术领域，这类案件几乎没有，因为大多数文学艺术作品都具有很强的替代性，也没有很高的兼容性要求。可能的强制许可案例似乎应发生在计算机软件领域。计算机软件具有明显的功能性和网络效应，其兼容性的要求常常使竞争对手的选择变得非常有限，因此在极端情况下反垄断法的干预变得有必要。

中国加入《伯尔尼公约》和《世界版权公约》时，同时声明享有依据两公约发放强制许可的权利。[②] 依据《伯尔尼公约》附件第2～3条的规定，发展中国家因系统教学和科学研究的目的，可以强制许可翻译和复制外国作品。因此，法律上讲，中国保留对外国作品发放强制许可的权利。在实际中，中国并没有实际行使过这一权利。

我国著作权法没有强制许可的条文，但根据全国人大常委会关于加入《伯尔尼公约》和《世界版权公约》的决定，我国政府可以援引上述两个公约的规定，对外国作品实行复制和翻译强制许可证制度。1992年7月1日通过的《全国人民代表大会常务委员会关于我国加入〈伯尔尼保护文学和艺术作品公约〉的决定》指出："第七届全国人民代表大会常务委员会第二十六次会议决定：中华人民共和国加入《伯尔尼保护文学和艺术作品公约》，同时声明，中华人民共和国根据《伯尔尼保护文学和艺术作品公约》附件第

---

① 参见江平：《著作权立法的意义》，载江平、沈仁干等主讲：《中华人民共和国著作权法讲析》，中国国际广播出版社1991年版，第18页。

② 参见《全国人民代表大会常务委员会关于我国加入〈伯尔尼保护文学和艺术作品公约〉的决定》（1992年7月1日通过）；《全国人民代表大会常务委员会关于我国加入〈世界版权公约〉的决定》（1992年7月1日通过）。

一条的规定，享有附件第二条和第三条规定的权利。”同一天通过的《全国人民代表大会常务委员会关于我国加入〈世界版权公约〉的决定》指出：“第七届全国人民代表大会常务委员会第二十六次会议决定：中华人民共和国加入《世界版权公约》，同时声明，中华人民共和国根据《世界版权公约》第五条之二的规定，享有该公约第五条之三、之四规定的权利。”根据《伯尔尼公约》附件第1条的规定，享有附件第2条、第3条规定的权利，与根据《世界版权公约》第5条之二的规定，享有该公约第5条之三、之四的权利，内容是一样的，即允许发展中国家出于系统教学和科学研究的目的，对翻译和复制外国作品实行强制许可。

我国《著作权法》没有规定强制许可使用，但是我国已经参加上述两个著作权国际公约，因此可以适用公约关于强制许可使用的规定。

第一节 强制许可使用制度的原则

我国现行《著作权法》及其实施条例都没有规定强制许可制度。但是我国分别在1992年10月15日和10月30日加入了《伯尔尼公约》和《世界版权公约》。在向世界知识产权组织递交加入书时声明将援用《伯尔尼公约》附件第2条和第3条关于发展中国家的优惠规定，在向联合国教科文组织递交《世界版权公约》的加入书时也声明将援用该公约第5条关于发展中国家的优惠条款，都没有声明保留。因此我国可以适用公约关于强制许可的规定。1990年制定的《著作权法》没有规定强制许可制度，为适应我国加入上述公约的著作权保护新情况，国务院于1992年9月25日发布了《实施国际著作权条约的规定》，按照这个规定，我国应适用国际条约中有关强制许可的规定，由国家版权局负责实施。但目前由于缺少具体的实施办法，没有利用公约给予发展中国家的优惠，因此并没有达到预期的效果。

根据对各国强制许可的考察，多数英美法系国家将法定许可纳入强制许可中，作了详细规定，多数的大陆法系国家将合理使用、法定许可、强制许可进行并列规定。中国《著作权法》已经明确规定了合理使用和法定许可制度，为保证法律的稳定性，我国更适合采取制定强制许可作为著作权限制制度的补充这种方式。

为了准确定位强制许可制度在著作权法中的地位，我们应该考察该制度适用的基本原则：

第一，尊重作者权利，对原作品的使用不造成影响原则。著作权法的一个核心价值就是要保护作者的权利，以促进科学文化事业的发展繁荣。因此保护权利是主要目的，同时考虑到公共利益，在权利行使上有所限制，强制许可可以行政授予的方式改变私法领域的意思自治的自愿许可，对作者权利造成影响，但是必须以尊重作者权利和对原作品的使用不造成影响为限，否则权利的保护便没有意义。

第二，权利限制的补充性原则。从目前著作权许可方式来看，自愿许可还是著作权许可贸易的主流，也符合私法自治的法律精神。著作权作为私法权利存在，而强制许可又带有浓厚的行政色彩，因此，这种许可方式在著作权法中并不会占据主流许可方式的地位，一般来讲著作权人有权根据自己的意愿，决定是否公布自己的作品以及如何使用自己的作品，决定是否参与利用作品的法律关系，除法律另有规定外，任何人不得干涉这一关系。

因此强制许可在适用中处于补充性的角色，只是在交易无法达成的情况下，影响公共利益时，才需要以中间力量的介入，使公众能够接触作品。在著作权限制制度中，合理使用即法定许可制度已经充分考虑到公共利益了，强制许可只是处于备用和补充的地位。只有当合理使用、法定许可都不适用而又确实影响到公共利益时，才有规定强制许可的必要。因此，强制许可在权利限制制度中是合理使用、法定许可制度的有效补充。

第二节 强制许可使用制度的内容

一、适用条件

强制许可制度的设立，就是为了维护公共利益。因为著作权制度赋予著作权人对作品的专有使用权，在一定程度上限制了广大公众接触、使用受著作权法保护作品的机会，阻碍社会经济、政治和文化的发展。尤其是发展中国家社会经济发展水平低下，公众难以承担高昂的作品价格,无法接触大量受著作权保护的优秀作品,将严重影响国家文化教育水平的提高。由于强制许可制度以保护公权利为目的,以某种程度上牺牲私权利为代价,其适用必须控制在公共利益遭受损害或面临损害威胁时。① 因此国际公约和各国著作权法都将公共利益的需要作为强制许可制度的基本前提条件,只是对公共利益的解释各有不同。

我国作为发展中国家,在版权贸易中处于文化进口的地位,可以将公共利益解释得宽一些,如民族文化、地方文化的保护和传播以及文化相关行业发展的需要,本国需要发展某一文化产品进驻国际市场,获得市场竞争优势,或者为了促进充分就业和提供低价优质的信息、知识传播服务,以及非商业性使用教学、科研等公共利益。

结合国际公约以及其他国家的规定,新时代我国著作权强制许可制度具体适用应该包括以下情形:

1. 利用国际公约对发展中国家的优惠待遇,规定出于教育、科研目的使用外国作品的强制许可。这可以根据国际公约的具体要求对授予的条件、范围和程序进行详细规定。

2. 借鉴日本的做法。当使用人以合理的条件要求获得许可,著作权人无正当理由拒绝,以及著作权人不明,或竭尽合理途径无法和著作权人取得联系,如果不许可会阻碍作品的传播,使公众对有关作品的合理需求无法得到满足,导致公共利益受到损害时,可以适用强制许可。比如对于孤儿作品的使用权问题。

3. 借鉴法国、加拿大等国的做法。当作者去世后,作者的继承人或代理人无正当理由不授予他人使用时,影响公共利益的情况下,可以适用强制许可。

强制许可和合理使用、法定许可的立法目的是一致的,都是对私权的限制,从而平衡公众权利,因此必须考察是否有强制许可的必要性。②

二、适用范围

1. 作品的范围。首先,为了保护作者发表权的精神权利,强制许可仅适用于已经发表的作品。其次,对于已发表的作品,范围也不宜过广。国际公约和多国著作权法都将强制许可的作品局限于一种或几种作品类型。由于我国是《伯尔尼公约》和《世界版权

① 参见黄丽萍:《论著作权强制许可的使用范围和条件》,载《华南师范大学学报(社会科学版)》2010 年第 2 期。

② 参见曾琳:《著作权法第三次修正下的"限制与例外"制度应用研究》,中国政法大学出版社 2016 年版,第 251 页。

公约》的成员国，同时又是发展中国家，可以借鉴公约的规定，即将作品的范围限定于以印刷或其他类似形式复制出版的作品，以及以视听形式合法制作的视听录制品。具体而言，至少包括我国《著作权法》规定的9类作品中的文字作品、音乐作品、戏剧类作品、电影类作品和计算机软件。这样规定对外国作品和本国作品就能一视同仁。

2. 利用权项的范围。首先，强制许可作为权利的限制不能及于权利人的精神权利，而应该尊重作者的精神权利，在使用作品时必须注明作者的姓名以及作品的名称、作品出处。其次，能够适用著作权强制许可的权项范围不宜放得过宽。综观国际公约和各国立法，均将强制许可范围严格限制在少量权项上，主要包括复制权、翻译权、改编权、汇编权、发行权、网络信息传播权，这样限制的目的是保证将强制许可控制在必要范围内，使其对著作权人利益的损害降到最低程度。

第三节
强制许可使用制度的程序

在程序方面，著作权的强制许可与专利的强制许可有相似之处，我们可以借鉴专利的强制许可制度的规定，因为不论是立法还是实践，专利法在这方面都是比较成熟的。如我国《专利法》第六章明确规定了专利实施的强制许可，而且制定了《专利实施强制许可办法》。因此我们可以参考《专利法》的规定构建著作权强制许可的申请程序。

1. 主管机关。从国外立法和国际公约来看，有法院判决授权和行政主管机关授权两种方式。根据我国实际情况，应按照《实施国际著作权条约的规定》，由国家版权局负责实施，法院作为解决行政纠纷的最终手段。

2. 申请。申请人请求给予强制许可时，应向国家版权局递交强制许可申请书，就像《专利实施强制许可办法》规定的一样，并注明下列内容：(1)请求人的姓名或者名称、地址；(2)请求人的国籍或者其总部所在的国家；(3)被请求强制许可的作品或者作品衍生物的名称；(4)被请求强制许可的作品或者作品衍生物的著作权所有人的姓名或者名称；(5)请求给予强制许可的理由和事实；(6)请求人的签字或者盖章；(7)其他需要注明的事项。申请人应当自提出强制许可请求之日起一个月内缴纳强制许可请求费。逾期未缴纳或者未缴足的，该请求视为未提出。

3. 受理与调查。对符合强制许可条件的,国家版权局应当于收到申请书后1个月内将申请书副本送交著作权人。著作权人应当在收到申请书副本后10日内陈述意见。期满未答复的,不影响国家版权局决定的作出。国家版权局认为申请人陈述的理由和递交的有关证明文件不充分或不真实的,在作出驳回强制许可请求的决定前应当通知申请人,给予其陈述意见的机会。申请人或著作权人要求听证的,由国家版权局组织听证。国家版权局应当在举行听证7日前通知申请人、著作权人和利害关系人。①

4. 颁发。对符合强制许可条件的,国家版权局给予颁发;不符合条件的,给予驳回。请求人对驳回强制许可请求的决定不服的,著作权人对给予强制许可的决定不服的,可于收到通知之日起3个月内向人民法院提起诉讼。②

第四节 强制许可使用制度的效力

一、强制许可的非排他性,且不可转让

强制许可应当是非排他性的,且不可转让。这意味着批准了强制许可,著作权人仍然有权使用其作品,著作权法人仍然有权利与强制许可的受益人以外的其他单位和个人签订著作权贸易许可协议。强制许可的这种非排他性,还意味着批准了强制许可并不排除其他国家进一步批准强制许可。由于著作权人并不因为被实施了强制许可就丧失了著作权,所以强制许可的受益人不能将该著作权再授予其他人,这也是防止知识产权进一步被侵犯的体现,也和通过正常协商许可途径获得著作权后可以继续转让该著作权有明显的差别。

二、强制许可应及时终止

强制许可是在特殊的紧急情况下,根据社会经济发展或公共利益的需要采取的紧

① 参见谢函余、孙婉清:《论著作权强制许可使用制度》,载《云南科技管理》2008年第4期。
② 参见曾琳:《著作权法第三次修正下的"限制与例外"制度应用研究》,中国政法大学出版社2016年版,第254~255页。

急措施，所以应当适当，应将负面损害控制在最小的程度和范围。因此，在充分保护权利人及被许可人的合法权益的前提下，当导致强制许可的事由不复存在或不可能再次出现时，应当终止强制许可。应权利人的请求，应当审查这些情形是否继续存在，任何有关颁发和继续强制许可及有关补偿的决定都应当接受司法审查。[①]

第五节 强制许可使用制度的补偿标准

著作权强制许可使用是有偿的，即取得强制许可证的单位或个人应当向著作权人支付合理的使用费。这种使用费与自愿许可的使用费在本质上是一样的，都是因使用他人的作品而支付的对价，因此补偿额应符合自愿许可时通常支付版税的标准。版税的计算方法可以包括：(1)根据许可证出版的复制本的生产价格的百分比；(2)销售总额的百分比或根据许可证出版的复制本的净收入的百分比；(3)一笔一次总付或分期支付的报酬。

当然，使用费的具体数额由著作权人和作品使用权人协商确定。双方不能达成协议的，由国家版权局裁定。双方当事人对国家版权局的裁定不服的，可以自收到通知之日起3个月内向人民法院起诉。国家版权局在自由裁量的时候，应该考虑自愿状态下的版税标准，当然每个案件的具体情况不同，不能有一个统一的标准，而应结合具体案件中所涉及的作品的商业价值、使用人可能获得的收益、著作权人应得的合理回报以及保障公众能够以合理可承担的价格获得作品等因素综合考虑。[②]

① 参见林秀芹：《TRIPs体制下的专利强制许可制度研究》，法律出版社2006年版，第178～179页。

② 参见曾琳：《著作权法第三次修正下的“限制与例外”制度应用研究》，中国政法大学出版社2016年版，第256页。

第五章　著作财产权强制许可：孤儿作品的强制许可问题

孤儿作品(orphan works)指可能仍然具有著作权，但是著作权人不明或著作权人虽然确定但是很难联系以洽商著作权利用事宜的作品。对于具有著作权的作品，如果不能获得授权，就不能利用。但如果孤儿作品必须授权以后才能利用，既不能出版，也不能改编，社会公众就不能接触到很多很有文化价值的孤儿作品，许多想要根据孤儿作品进行演绎创作的行为也不能进行，不利于科技文化的进步和繁荣。

对于这种孤儿作品利用上的困境，现行的著作权制度难以解决。一些国家包括加拿大、韩国、英国和日本等国的著作权法都规定了利用孤儿作品问题的解决方案。如英国版权法规定，对于孤儿作品，如果经过合理努力仍无法找到著作权法，也不能确定著作权保护期是否届满，则径行利用孤儿作品的行为不构成著作权侵权行为。加拿大和韩国的著作权法则通过特别许可制度解决孤儿作品的利用问题。

我国也应当建立特别许可制度。这种制度的要旨是：当作品利用人经过合理努力，仍不知其著作权人或者虽然著作权人明确却无法取得联系而获得授权时，经过著作权主管机关的特别许可，在支付使用费后，可以利用该孤儿作品。将来著作权人提起侵权之诉的，可以借此免除其侵权赔偿责任。著作权人不同意继续利用作品的，作品使用人应立即停止使用。总体上看，特别许可制度可以在有效保护著作权的同时，兼顾公共利益的要求。

参考文献

一、中文著作

[1]《中外版权法规汇编》编写组编:《中外版权法规汇编》,北京师范大学出版社1993年版。

[2]郑成思:《版权法》(修订本),中国人民大学出版社1997年版。

[3]吴汉东等:《西方诸国著作权制度研究》,中国政法大学出版社1998年版。

[4]曾彤:《中美知识产权保护比较》,天地出版社2000年版。

[5]胡康生主编:《中华人民共和国著作权法释义》,法律出版社2002年版。

[6]李顺德、周详:《中华人民共和国著作权法修改导读》,知识产权出版社2002年版。

[7]全国人大常委会法制工作委员会民法室编:《〈中华人民共和国著作权法〉修改立法资料选》,法律出版社2002年版。

[8]古祖雪:《国际知识产权法》,法律出版社2002年版。

[9]沈仁干、钟颖科:《著作权法概论》(修订本),商务印书馆2003年版。

[10]李祖明:《互联网上的版权保护与限制》,经济日报出版社2003年版。

[11]汤宗舜:《著作权法原理》,知识产权出版社2005年版。

[12]吴汉东等:《知识产权基本问题研究》,中国人民大学出版社2005年版。

[13]吴汉东:《著作权合理使用制度研究》,中国政法大学出版社2005年版。

[14]张革新:《现代著作权法》,中国法制出版社2006年版。

[15]李雨峰、王迁、刘有东编著:《著作权法》,厦门大学出版社2006年版。

[16]孔祥俊、武建英、刘泽宇编著:《WTO规则与中国知识产权法》,清华大学出版社2006年版。

[17]张丽娜主编:《WTO与中国知识产权法律制度研究》,中国民主法制出版社2006年版。

[18]张晓秦、杨帆:《著作权法概论》,苏州大学出版社2007年版。

[19]王清:《著作权限制制度比较研究》,人民出版社2007年版。

[20]冯军、黄宝忠主编:《版权保护法制的完善与发展:基于欧盟经验与中国实践的

视角》,社会科学文献出版社 2008 年版。

[21]杨德明:《中国区际知识产权制度比较与协调》,知识产权出版社 2008 年版。

[22]刘春田主编:《案说著作权法》,知识产权出版社 2008 年版。

[23]张今:《版权法中私人复制问题研究:从印刷机到互联网》,中国政法大学出版社 2009 年版。

[24]冯晓青:《著作权法》,法律出版社 2010 年版。

[25]原晓爽:《表演者权利研究》,法律出版社 2010 年版。

[26]徐康平等:《图书期刊著作权的法律保护》,学苑出版社 2010 年版。

[27]李明德等:《欧盟知识产权法》,法律出版社 2010 年版。

[28]本书汇编组编:《中国百年著作权法律集成》,中国人民大学出版社 2010 年版。

[29]杨东锴、朱严政:《著作权集体管理》,北京师范学院出版社 2010 年版。

[30]刘铁光:《录音制品二次使用的法律问题研究》,厦门大学出版社 2011 年版。

[31]胡开忠、陈娜、相靖:《广播组织权保护研究》,华中科技大学出版社 2011 年版。

[32]宋海燕:《中国版权新问题——网络侵权责任、Google 图书馆案、比赛转播权》,商务印书馆 2011 年版。

[33]《十二国著作权法》,《十二国著作权法》翻译组译,清华大学出版社 2011 年版。

[34]中国人民大学知识产权教学与研究中心、中国人民大学知识产权学院编:《知识产权国际条约集成》,清华大学出版社 2011 年版。

[35]杨士虎编译:《加拿大版权法概要》,甘肃人民出版社 2012 年版。

[36]王利民主编:《境外影视作品版权二元保护论》,法律出版社 2012 年版。

[37]李明德、管育鹰、唐广良:《〈著作权法〉专家建议稿说明》,法律出版社 2012 年版。

[38]刘殿双、沈传禹编:《图书作品信息网络传播权理论与实务》,中国法制出版社 2013 年版。

[39]刘洁:《邻接权归宿论》,知识产权出版社 2013 年版。

[40]詹启智:《著作权论》,中国政法大学出版社 2014 年版。

[41]梅术文:《著作权法:原理、规范和实例》,知识产权出版社 2014 年版。

[42]李明德:《美国知识产权法》,法律出版社 2014 年版。

[43]孟祥娟:《俄罗斯著作权法》,法律出版社 2014 年版。

[44]冯寿波:《中国－东盟自由贸易区版权法比较研究》,气象出版社 2014 年版。

[45]李雨峰:《中国著作权法:原理与材料》,华中科技大学出版社 2014 年版。

[46]崔国斌:《著作权法:原理与案例》,北京大学出版社 2014 年版。

[47]《菲律宾知识产权法典》,杨涛、杨斌译,知识产权出版社 2014 年版。

[48]彭辉:《知识产权制度比较研究》,法律出版社 2015 年版。

[49]金福海主编:《版权法改革理论与实践》,北京大学出版社 2015 年版。

[50]王迁:《著作权法》,中国人民大学出版社 2015 年版。

[51]冯晓青主编:《知识产权法》(第 3 版),中国政法大学出版社 2015 年版。

[52]吴高盛主编:《〈中华人民共和国著作权法〉释义及实用指南》,中国民主法制出版社 2015 年版。

[53]陈杰:《论著作权的正当性》,知识产权出版社 2016 年版。

[54]赵双阁:《三网融合背景下中国广播组织权制度的反思与重构》,社会科学文献出版社 2016 年版。

[55]曾琳:《著作权法第三次修正下的"限制与例外"制度应用研究》,中国政法大学出版社 2016 年版。

[56]何怀文:《中国著作权法:判例综述与规范解释》,北京大学出版社 2016 年版。

[57]胡云红:《中日著作权法比较》,人民法院出版社 2017 年版。

[58]丁汉青:《传媒版权管理研究》,中国人民大学出版社 2017 年版。

[59]《加拿大版权法》,易建雄译,知识产权出版社 2017 年版。

[60]邹忭、孙彦主编:《案说计算机软件保护条例》,知识产权出版社 2017 年版。

[61]孙昊亮:《网络环境下著作权的边界问题研究》,法律出版社 2017 年版。

[62]杨延超:《版权战争》,知识产权出版社 2017 年版。

[63]王迁:《版权法对技术措施的保护与规制研究》,中国人民大学出版社 2018 年版。

[64]张乃根主编:《与贸易有关的知识产权协定》,北京大学出版社 2018 年版。

[65]华鹰主编:《数字出版版权保护法律制度研究》,科学出版社 2018 年版。

[66]王坤、王展:《著作权法体系化研究》,中国政法大学出版社 2018 年版。

[67]张今:《著作权法》,北京大学出版社 2018 年版。

[68]国务院法制办公室编:《中华人民共和国知识产权法典》(第 4 版),中国法制出版社 2018 年版。

[69]王迁:《知识产权法教程》(第 6 版),中国人民大学出版社 2019 年版。

[70]李扬:《著作权法基本原理》,知识产权出版社 2019 年版。

[71]付继存:《著作权法的价值构造研究》,知识产权出版社 2019 年版。

[72]李秀芹主编:《"一带一路"著作权法律制度研究》,知识产权出版社 2019 年版。

[73]曹阳:《中国著作权制度的规范解读与原理阐释》,法律出版社 2019 年版。

[74]《知识产权法学》编写组编:《知识产权法学》,高等教育出版社 2019 年版。

[75]柴广成、黄阳、顾立平:《中国与英国知识产权转移近况》,科学技术文献出版社 2019 年版。

[76]张大伟主编,王智丽、杨丽娟编:《世界版权条约》,东方出版中心 2019 年版。

[77]李明德、闫文军:《日本知识产权法》,法律出版社 2020 年版。

[78]陈卫佐译注:《德国民法典》(第 5 版),法律出版社 2020 年版。

[79]吴汉东:《知识产权法》,法律出版社 2021 年版。

[80]李林启、康东书、郭玲:《计算机软件著作权保护制度研究》,光明日报出版社 2021 年版。

[81]徐红菊:《国际知识产权法学:条文释义、理论与案例》,知识产权出版社 2021 年版。

[82]杨源哲、杨振洪:《著作权法理论新探索》(下册),法律出版社 2022 年版。

二、外文翻译著作

[1]世界知识产权组织国际局:《国际版权保护》(1982 年 5 月);翟一我、陈绍宽编:《版权讲座——国际版权纵横谈》,东方出版社 1991 年版。

[2]世界知识产权组织编著:《知识产权纵横谈》,张寅虎等译,世界知识出版社 1992 年版。

[3][西]德利娅·利普希克:《著作权与邻接权》,中国对外翻译出版公司 2000 年版。

[4][德]M. 雷炳德:《著作权法》,张恩民译,法律出版社 2005 年版。

[5]世界知识产权组织编:《著作权与邻接权法律术语汇编(中英法对照)》,刘波林译,北京大学出版社 2007 年版。

[6][德]约格·莱茵伯格、[德]西尔克·冯·莱温斯基:《WIPO 因特网条约评注》,万勇、相靖译,中国人民大学出版社 2008 年版。

[7][匈]米哈依·菲彻尔:《版权法与因特网》,郭寿康、万勇、相靖译,中国大百科全书出版社 2009 年版。

[8][日]田村善之:《日本知识产权法》,周超、李雨峰、李希同译,知识产权出版社2011年版。

[9][美]朱莉·E.科恩、[美]莉蒂亚·P.劳伦等:《全球信息经济下的美国版权法》(下),王迁、侍孝祥、贺炯译,商务印书馆2016年版。

[10][澳]山姆·里基森、[美]简·金斯伯格:《国际版权与邻接权——伯尔尼公约及公约以外的新发展》,郭寿康、刘波林等译,中国人民大学出版社2016年版。

[11][德]西尔克·冯·莱温斯基:《国际版权法律与政策》,万勇译,知识产权出版社2017年版。

三、期刊论文

[1]冯晓青:《试论著作权限制之正当性》,载《湘潭大学学报(哲学社会科学版)》2007年第3期。

[2]冯晓青:《论著作权限制的合理性及其在著作权制度价值构造中的意义》,载《湖南社会科学》2011年第5期。

[3]吴汉东:《〈著作权法〉第三次修改的背景、体例和重点》,载《法商研究》2012年第4期。

[4]梅术文:《从消费性使用视角看"微博转发"中的著作权限制》,载《法学》2015年第12期。

[5]熊琦:《著作权合理使用司法认定标准释疑》,载《法学》2018年第1期。

[6]许辉猛:《摘要作品著作权限制研究——以文献检索现代化为视角》,载《图书馆论坛》2018年第4期。

[7]杨利华:《〈马拉喀什条约〉与我国著作权限制制度之完善》,载《中国出版》2021年第23期。

四、硕博论文

[1]王瑞:《视障者利用作品之著作权限制研究》,中南财经政法大学2019年博士学位论文。

[2]汤晶晶:《视障者利用作品的著作权限制研究》,中南财经政法大学2020年硕士学位论文。

主要规范名称及译语缩略语

一、国际条约(Treaties)

通过时间 生效时间	地点	国际条约规范名称	管理机构
1886.9.9 1887.12.5	伯尔尼	《伯尔尼保护文学和艺术作品公约》*/《伯尔尼公约》(1886) Berne Convention for the Protection of Literary and Artistic Works (Berne Convention)	WIPO
1971.7.24 1979.9.28	巴黎	《保护文学艺术作品伯尔尼公约》(1971年巴黎文本) Berne Convention for the Protection of Literary and Artistic Works Paris Act of July 24,1971,as amended on September 28,1979	WIPO
1952.9.6 1955.9.16	日内瓦	《世界版权公约》/《万国版权公约》 Universal Copyright Convention,UCC	UNESCO
1961.10.26 1964.5.18	罗马	《保护表演者、录音制品制作者和广播组织罗马公约》/《罗马公约》(1961) Rome Convention for the Protection of Performers, Producers of Phonograms and Broadcasting Organizations, done at Rome on October 26,1961	WIPO
1967.7.14 1970.4.26	斯德哥尔摩	《建立世界知识产权组织公约》/《WIPO 公约》(1967) Convention Establishing the World Intellectual Property Organization, signed at Stockholm on July 14,1967 and as amended on September 28,1976	WIPO
1979.10.2 —			WIPO
1971.10.29 1973.4.18	日内瓦	《保护录音制品制作者防止未经许可复制其录音制品公约》/《保护录制者公约》/《日内瓦公约》/《录音制品公约》 Geneva Convention on the Protection of Producers of Phonograms against Unauthorized Duplication of Their Phonograms of October 29,1971	WIPO
1973 —	维也纳	《印刷字体的保护及其国际保存维也纳协定》/《维也纳协定》 Vienna Agreement for the Protection of Type Faces and their International Deposit	WIPO

续表

通过时间 生效时间	地点	国际条约规范名称	管理机构
1974.5.21 1979.8.25	布鲁塞尔	《关于播送由人造卫星传播载有节目的信号的公约》/《布鲁塞尔公约》/《卫星公约》(1974) Brussels Convention Relating to the Distribution of Programme-carrying Signals Transmitted by Satellite, done at Brusels on May 21,1974	WIPO
1979.12.13 —	马德里	《避免对版权使用费双重征税的多边公约》(1979)/《避免双重征收版税马德里多边条约》/《马德里条约》(1979) Madrid Multilateral Convention on the Avoidance of Double Taxation of Copyright Royalties	UNESCO, WIPO
1989.4.18 1989.4.18	日内瓦	《视听作品国际登记条约》/《视听作品国际注册条约》 Geneva Treaty on the International Recording of Audiovisual Work	WIPO
1993.12.15 1994.4.15	马拉喀什	《与贸易有关的知识产权协议》(1994) Agreement on Trade-Related Aspects of Intellectual Property Rights, TRIPs	WTO
1995.12.22	日内瓦	《世界知识产权组织和世界贸易组织协定》 Agreement between the World Intellectual Property Organization and the Word Trade Organization, concluded in Geneva on December 22,1995	WIPO
1996.12.20 2002.3.6	日内瓦	《世界知识产权组织版权条约》/《因特网条约》 World Intellectual Property Organization(WIPO) Copyright Treaty, adopted in Geneva on December 20,1996,WCT(1996)	WIPO
1996.12.20 2002.5.20	日内瓦	《世界知识产权组织表演和录音制品公约》/《因特网条约》 World Intellectual Property Organization (WIPO) Performance and Phonograms Treaty, adopted in Geneva on December 20, 1996, WPPT(1996)	WIPO
2006.12.13 2008.5.3	联合国 大会	《身心障碍者权利公约》/《残疾人权利国际公约》 The Convention on the Rights of Persons with Disabilities, CRPD (2008)	联合国 大会
2012.6.24 2020.4.28	北京	《视听表演北京条约》/《北京条约》(2012) Beijing Treaty on Audiovisual Performances, BTAP(2012)	WIPO
2013.6.27 2016.9.30	马拉喀什	《关于为盲人、视力障碍者或其他印刷品阅读障碍者获得已出版作品提供便利的马拉喀什条约》/《马拉喀什条约》/《国际视障者接触著作条约》 The Marrakesh Treaty to Facilitate Access to Published Works for Persons who are Blind, Visually Impaired, or otherwise Print Disabled, Marrakesh Treaty	WIPO

续表

通过时间 生效时间	地点	国际条约规范名称	管理机构
2014.4.14	—	《图书馆和档案馆例外与限制条约》	WIPO
2014.5.23	日内瓦	《关于教育、教学和研究机构及其他残疾人限制与例外条约》	WIPO

* 《伯尔尼保护文学和艺术作品公约》1886年9月9日签订,1896年5月4日在巴黎补充完备,1908年11月13日在柏林修订,1914年3月20日在伯尔尼补充完备,1928年6月2日在罗马修订,1948年6月26日在布鲁塞尔修订,1967年7月14日在斯德哥尔摩修订,1971年7月24日在巴黎修订,1979年9月28日更改。

二、欧盟指令(Directives)

通过时间 生效日期	指令具体名称	制定部门	指令简称
1986.12.16 1987.11.7	欧共体理事会1986年12月16日第87/54/EEC号《半导体产品拓扑图法律保护指令》/《半导体产品布图法律保护指令》 Council Directive 87/54/EEC of 16 December 1986 on the Legal Protection of Topographies of Semiconductor Products	欧共体理事会	第87/54/EEC号指令
1991.5.14 1993.1.1	欧共体理事会1991年5月14日第91/250/EEC号《关于计算机软件法律保护指令》/《计算机程序法律保护指令》 Council Directive 91/250/EEC of 14 May 1991 on the Legal Protection of Computer Programs	欧共体理事会	第91/250/EEC号指令/《计算机软件指令》(1991)/《软件指令》(1991)
2009.4.23 —	欧洲议会与欧盟理事会2009年4月23日第2009/04/23/EC号《关于计算机软件法律保护的指令》 Directive 2009/24/EC of the European and of the European Parliament and of the Council of 23 April 2009 on the Legal Protection of Computer Programs (condified version)	欧盟议会与欧盟理事会	第2009/04/23/EC号指令/《新软件指令》(2009)
1992.11.19 1994.7.1	欧共体理事会1992年11月19日第92/100/EEC号《关于知识产权领域中出租权、出借权和某些相关权的指令》/《与版权有关的租赁权及某些权利保护指令》 Council Directive No. 92/100/EEC of 19 November 1992 on Rental Right and Lending Right and on Certain Rights Related to Copyright in the Field of Intellectual Property	欧共体理事会	第92/100/EEC号指令/《租借指令》(1992)

续表

通过时间 生效日期	指令具体名称	制定部门	指令简称
2006.12.12 —	欧洲议会与欧盟理事会第2006/115/EC号《涉及知识产权领域的租赁权和出借权以及与版权有关的某些权利指令》 Council Directive 2006/115/EC on Rental Right and Lending Right and on Certain Rights Related to Copyright in the Field of Intellectual Property	欧洲议会与欧盟理事会	第2006/115/EC号指令/《新租借指令》(2006)
1993.9.27 1995.1.1	欧共体理事会1993年9月27日第93/83/EEC号《关于适用于卫星广播和电缆传输的一些著作权和与著作权相关的权利规则的协调》 Council Directive 93/83/EEC of 27 September 1993 on the Coordination of Certain Rules Concerning Copyright and Rights Related to Copyright Applicable to Satellite Broadcasting and Cable Retransmission	欧共体理事会	第93/83/EEC号指令/《卫星广播与有线转播指令》/《卫星指令》(1993)
1993.10.29 1995.7.1	欧洲议会与欧盟理事会1993年10月29日93/98/EEC号《关于统一版权及一些相关权利的术语指令》/《协调著作权和某些邻接权保护期的指令》 Council Directive 93/98/EEC of 29 October 1993 Harmonizing the Term of Protection of Copyright and Certain Related Rights	欧洲议会与欧盟理事会	第93/98/EEC号指令/《保护期指令》(1993)
1995.10.24 —	欧洲议会与欧盟理事会1995年10月24日第95/46/EC号《有关处理个人数据和这些数据自由流动中对个人加以保护的指令》 Directive 95/46/EC on the Protection of Individuals with Regard to the Processing of Personal Data and on the Free Movement of Such Data	欧洲议会与欧盟理事会	第95/46/EC号指令/《个人数据保护指令》
1996.3.11 —	欧洲议会与欧盟理事会1996年3月11日第96/9/EC号《关于保护数据库的法律指令》 Directive 96/9/EC of the European Parliament and of the Council of 11 March 1996 on the Legal Protection of Databases	欧洲议会与欧盟理事会	第96/9/EC号指令/《数据库保护指令》(1996)
1998.11 —	《有关附条件取得信息服务的法律保护指令》 Directive on the Legal Protection of Services Based on or Consisting of Conditional Access	欧盟理事会	《有条件获取服务指令》

续表

通过时间 生效日期	指令具体名称	制定部门	指令简称
12000.6.8 —	欧洲议会与欧盟理事会 2000 年 6 月 8 日第 2000/31/EC 号《关于共同体内部市场的信息社会服务，尤其是电子商务的若干法律方面的指令》 Directive 2000/31/EC of the European Parliament and of the Council of 8 June 2000 on Certain Legal Aspects of Information Society Services, in Particular Electronic Commerce, in the Internal Market(Directive on Electronic Commerce)	欧洲议会与欧盟理事会	第 2000/31/EC 号指令
2001.5.22 2002.12.22	欧洲议会与欧盟理事会 2001 年 5 月 22 日第 2001/29/EC 号《关于协调信息社会版权和相关权若干方面的指令》 Directive 2001/29/EC of the European Parliament and of the Council of 22 May 2001 on the Harmonization of Certain Aspects of Copyright and Related Rights in the Information Society(EUCD)	欧洲议会与欧盟理事会	第 2001/29/EC 号指令/《信息社会版权指令》(2001)/EUCD(2001)
2001.9.27 —	欧洲议会与欧盟理事会 2001 年 9 月 27 日第 2001/84/EC 号《关于为了原创作者的利益再转让权指令》/《基于原始艺术作品作者利益的转售权指令》/《关于美术作品原件作者利益的转售权指令》 Directive 2001/84/EC of the European Parliament and of the Council of 27 September 2001 on the Resale Right for the Benefit of the Author of an Original Work of Art	欧洲议会与欧盟理事会	第 2001/84/EC 号指令/《艺术作品再转让指令》/《追续权指令》(2001)
2004.4.29 —	欧洲议会与欧盟理事会 2004 年 4 月 29 日第 2004/48/EC 号《关于知识产权执法指令》 Directive 2004/48/EC of the European Parliament and of the Council of 29 April 2004 on the Enforcement of Intellectual Property Right	欧洲议会与欧盟理事会	第 2004/48/EC 号指令/《知识产权执法指令》(2004)
2005.3.18 —	《关于合法在线音乐服务著作权及邻接权的跨边境集体管理的建议》 Commission Recommendation of 18 May 2005 on Collective Cross-border Management of Copyright and Related Rights for Legitimate Online Music Services	欧盟理事会	

续表

通过时间 生效日期	指令具体名称	制定部门	指令简称
2006.12.12 —	欧洲议会与欧盟理事会 2006 年 12 月 12 日第 2006/115/EC 号《在知识产权领域与出租权和出借权和与版权的某些相关权利有关的指令》 Directive 2006/115/EC of the European Parliament and of the Council of 12 December 2006 on Rental Right and Lending Right and on Certain Rights Related to Copyright in the Field of Intellectual Property(Codified Version)	欧洲议会与欧盟理事会	第 2006/115/EC 号指令/《租借权指令》(2006)
2006.12.12 —	欧洲议会与欧盟理事会 2006 年 12 月 12 日第 2006/116/EC 号《关于版权和与版权相关的某些权利的保护期指令》 Directive 2006/116/EC of the European Parliament and of the Council of 12 December 2006 on the term of Protection of Copyright and Certain Related Rights(Codified Version)	欧洲议会与欧盟理事会	第 2006/116/EC 号指令/《版权与邻接权保护期指令》(2006)/《保护期指令》(2006)
2011.11.27 —	欧洲议会与欧盟理事会 2011 年 11 月 27 日第 2011/77/EU 号《关于版权和与版权相关的某些权利的保护期指令》 Directive 2011/77/EU of the European Parliament and of the Council of 27 November 2011 on the term of Protection of Copyright and Certain Related Rights(Codified Version)	欧洲议会与欧盟理事会	第 2011/77/EU 号指令/《保护期指令》(2011)
2012.10.25 —	欧洲议会与欧盟理事会 2012 年 10 月 25 日第 2012/28/EU 号《关于孤儿作品利用的指令》 Directive 2012/28/EU of the European Parliament and of the Council of 25 October 2012 on Certain Permitted Uses of Orphan Works	欧洲议会与欧盟理事会	第 2012/28/EU 号指令/《孤儿作品指令》(2012)
2014.2.26 —	欧洲议会与欧盟理事会 2014 年 2 月 26 日第 2014/26/EU 号《关于著作权和邻接权以及内部市场音乐作品线上使用的跨国权利许可指令》 Directive 2014/26/EU of the European Parliament and of the Council of 26 February 2014 on Collective Management of Copyright and Related rights and Multi-territorial Licensing of Rights in Musical Works for Online use in the Internal Market	欧洲议会与欧盟理事会	第 2014/26/EU 号指令/《版权集体管理指令》(2014)

三、域外国内法

通过时间 生效时间	国别	法律法规具体名称
1709、1710	英国	《为鼓励知识创作授予作者及购买者就其已印刷成册的图书在一定时期内之权利的法令》/《安娜法》 An Act for the Encouragement of Learning, by Vesting the Copies of printed Books in the Authors or Purchasers of such Copies, during the Times therein Mentioned
1734、1766	英国	《雕版印刷品版权法》Copyright Law of Woodblock Printing Products
1734	英国	《雕刻版权法》/《雕刻法案》Sculpture Copyright Law
1777	英国	《图片版权法》Image Copyright Law
1798	英国	《雕塑法案》Sculpture Act
1814	英国	《雕塑版权法》Sculpture Copyright Law
1833	英国	《戏剧版权法》/《戏剧法案》Drama Copyright Law
1835	英国	《演讲版权法》Speech Copyright Law
1842	英国	《文学版权法》Literary Copyright Law
1862	英国	《美术作品版权法》Copyright Law for Artworks
1893	英国	《戏剧版权法》Drama Copyright Law
1902	英国	《音乐版权法》Music Copyright Law
1949	英国	《外观设计注册法》Appearance Design Registration Law
1968	英国	《外观设计版权法》Appearance Design Copyright Law
1958、1963	英国	《表演者保护法》Performer Protection Law
1988	英国	《1988 年版权、外观设计和专利权法》 Amendment of the Copyrights, Designs and Patents Act 1988, CDPA
1997	英国	《1997 年版权和数据库权利条例》/《数据库版权与权利条例》 the Copyright and Rights in Databases Regulations 1997
1998	英国	《数据保护法》Data Protection Law
2003	英国	《隐私和电子通信条例》Privacy and Electronic Communications Regulations
2003	英国	《通信法》Britain Communication Act
2010	英国	《2010 年数字经济法令》The Digital Economy ACT
2017	英国	《数字经济法》Digital Economy Law

续表

通过时间 生效时间	国别	法律法规具体名称
1791	法国	《表演权法》Loi sur le droit d'exécution
1793	法国	《作者权法》Loi sur le droit d'auteur
1793	法国	《1793 年复制权法》Loi de 1793 sur le droit de reproduction
1957	法国	《文学、艺术产权法》/《关于保护文学和艺术作品所有权法》 Droit de la propriété littéraire et artistique/Sur la protection de la propriété des œuvres littéraires et artistiques
1985	法国	《关于作者权和表演者、音像制品制作者、视听传播企业的权利的法律》/《作者、表演者、录音录像制作者及视听传播企业权法》 Loi sur le droit d'auteur et les droits des artistes interprètes ou exécutants, des producteurs de phonogrammes, des entreprises de communication audiovisuelle/Droit des auteurs, des artistes interprètes ou exécutants, des producteurs de phonogrammes et de vidéogrammes et des entreprises de communication audiovisuelle
1992	法国	《知识产权法典》(法律部分)之《文学和艺术产权》部分 Code de la propriété intellectuelle
1998	法国	《数据库制作者法》Loi sur les producteurs de bases de données
2006	法国	《信息社会中的著作权与相邻权法》Droit d'auteur et droit voisin dans la société de l'information
2009	法国	《促进互联网创造保护及传播法》(简称《HADOPI 法案》)Promotion de la loi sur la protection et la diffusion de la création sur Internet
2009	法国	《文学和艺术产权刑事保护》Protection pénale de la propriété littéraire et artistique
1790	美国	《美国版权法》(1790)(Copyright Law of the United States),第一部版权法
1909	美国	《美国版权法》(1909)(Copyright Law of the United States),第二部版权法
1976	美国	《美国版权法》(1976)(Copyright Law of the United States),第三部版权法
1990	美国	《建筑作品版权保护法》Copyright Protection Law for Architectural Works
1990	美国	《视觉艺术家权利法》Visual Artists Rights Act
1992.10	美国	《家庭录音法》(Audio Home Recording Act)
1998	美国	《数字千年版权法》/《数字化时代版权法》 The Digital Millennium Copyright Act of 1998,DMCA
1998	美国	《索尼博纳版权期限延长法案》/《松尼·波诺版权期限延长法案》 Sonny Bono Copyright Term Extension Act,CTEA

续表

通过时间 生效时间	国别	法律法规具体名称
2004	美国	《版权版税分配改革法案》Copyright Royalty Distribution Reform Act
2004	美国	《残疾人教育促进法案》/《身心障碍者法案》 the Individual with Disabilities Education Act of 2004, IDEA
2005	美国	《家庭娱乐与版权法案》Family Entertainment and Copyright Act
1976	突尼斯	《突尼斯版权示范法》Tunisian Copyright Model Law

四、中国法律法规

公布日期	施行日期	法律法规名称	制定机关	法律性质
2020.11.11	2021.6.1	《中华人民共和国著作权法》(2020)	全国人大常委会	法律
2013.1.30	2013.1.30	《中华人民共和国著作权法实施条例》(2013)	国务院	行政法规
2013.1.30	2013.1.30	《计算机软件保护条例》(2013)	国务院	行政法规
2020.11.29	2020.11.29	《实施国际著作权条约的规定》(2020)	国务院	行政法规
2020.11.29	2020.11.29	《广播电视管理条例》(2020)	国务院	行政法规
2016.2.6	2016.2.6	《中华人民共和国电信条例》(2016)	国务院	行政法规
2020.11.29	2020.11.29	《出版管理条例》(2020)	国务院	行政法规
2001.12.25	2002.2.1	《电影管理条例》(2001)	国务院	行政法规
2020.11.29	2020.11.29	《音像制品管理条例》(2020)	国务院	行政法规
2018.3.19	2018.3.19	《中华人民共和国知识产权海关保护条例》(2018)	国务院	行政法规
2013.12.7	2013.12.7	《著作权集体管理条例》(2013)	国务院	行政法规
2013.1.30	2013.1.30	《信息网络传播权保护条例》(2013)	国务院	行政法规
2011.1.8	2011.1.8	《广播电台电视台播放录音制品支付报酬暂行办法》(2011)	国务院	行政法规
2011.1.8	2011.1.8	《互联网信息服务管理办法》(2011)	国务院	行政法规

五、中国最高人民法院司法解释

公布日期	施行日期	解释名称	制定机关	法律性质
1998.12.17	1998.12.23	《关于审理非法出版物刑事案件具体应用法律若干问题的解释》	最高人民法院	司法解释
2020.12.29	2021.1.1	《关于审理涉及计算机网络域名民事纠纷案件适用法律若干问题的解释》(2020)	最高人民法院	司法解释
2020.12.29	2021.1.1	《关于审理著作权民事纠纷案件适用法律若干问题的解释》(2020)	最高人民法院	司法解释
2004.12.8	2004.12.22	《关于办理侵犯知识产权刑事案件具体应用法律若干问题的解释》(2004)	最高人民法院、最高人民检察院	司法解释
2007.4.5	2007.4.5	《关于办理侵犯知识产权刑事案件具体应用法律若干问题的解释(二)》(2007)	最高人民法院、最高人民检察院	司法解释
2020.9.12	2020.9.14	《关于办理侵犯知识产权刑事案件具体应用法律若干问题的解释(三)》(2020)	最高人民法院、最高人民检察院	司法解释
2005.10.13	2005.10.18	《关于办理侵犯著作权刑事案件中涉及录音录像制品有关问题的批复》	最高人民法院、最高人民检察院	司法解释
2020.12.29	2021.1.1	《关于审理侵害信息网络传播权民事纠纷案件适用法律若干问题的规定》(2020)	最高人民法院	司法解释
2020.12.29	2021.1.1	《关于审理利用信息网络侵害人身权益民事纠纷案件适用法律若干问题的规定》(2020)	最高人民法院	司法解释
2020.12.29	2021.1.1	《关于北京、上海、广州知识产权法院案件管辖的规定》(2020)	最高人民法院	司法解释
2018.12.12	2019.1.1	《关于审查知识产权纠纷行为保全案件适用法律若干问题的规定》	最高人民法院	司法解释
2023.10.21	2023.11.1	《关于知识产权法庭若干问题的规定》(2023)	最高人民法院	司法解释
2019.3.18	2019.5.1	《关于技术调查官参与知识产权案件诉讼活动的若干规定》	最高人民法院	司法解释
2019.10.21	2019.11.1	《关于办理非法利用信息网络、帮助信息网络犯罪活动等刑事案件适用法律若干问题的解释》	最高人民法院、最高人民检察院	司法解释
2020.9.12	2020.9.14	《关于涉网络知识产权侵权纠纷几个法律适用问题的批复》	最高人民法院	司法解释

续表

公布日期	施行日期	解释名称	制定机关	法律性质
2021.3.2	2021.3.3	《关于审理侵害知识产权民事案件适用惩罚性赔偿的解释》	最高人民法院	司法解释
2021.6.3	2021.6.3	《关于知识产权侵权诉讼中被告以原告滥用权利为由请求赔偿合理开支问题的批复》	最高人民法院	司法解释
2022.4.20	2022.5.1	《关于第一审知识产权民事、行政案件管辖的若干规定》	最高人民法院	司法解释

六、中国部门规章

发布日期	施行日期	规章名称	制定部门	说明
1993.8.1	1993.8.1	《录音法定许可付酬标准暂行规定》	国家版权局	付酬标准
1995.1.15	1995.2.1	《关于对出版境外音像制品合同进行登记的通知》	国家版权局	版权登记
1994.12.31	1995.1.1	《作品自愿登记试行办法》	国家版权局	版权登记
1999.6.8	1999.6.8	《国家版权局关于出版境外音像制品著作权合同登记工作有关问题的通知》	国家版权局	版权登记
2002.2.20	2002.2.20	《计算机软件著作权登记办法》	国家版权局	版权登记
2009.3.3	2009.7.1	《关于〈中华人民共和国知识产权海关保护条例〉的实施办法》(2009)	海关总署	实施办法
2005.4.29	2005.5.30	《互联网著作权行政保护办法》	国家版权局、信息产业部	保护办法
2009.5.7	2009.6.15	《著作权行政处罚实施办法》(2009)	国家版权局	实施办法
2006.3.26	2006.3.26	《关于在打击侵犯著作权违法犯罪工作中加强衔接配合的暂行规定》	公安部、国家版权局	打击犯罪
2009.5.6	2010.1.1	《广播电台电视台播放录音制品支付报酬暂行办法》	国家版权局	付酬标准
2010.11.25	2011.1.1	《著作权质权登记办法》	国家版权局	版权登记
2013.10.22	2013.12.1	《教科书法定许可使用作品支付报酬办法》	国家版权局 国家发改委	付酬标准
2014.9.29	2014.11.1	《使用文字作品支付报酬办法》(2014)	国家版权局 国家发改委	付酬标准

七、国际组织

成立日期 生效日期	汉语名称	英语名称	总部
1886.9.9 1887.12.5	伯尔尼公约委员会	The Executive Committee for the Berne Convention	瑞士日内瓦
1945.11.16 1945.11.16	联合国教科文组织	United Nations Educational, Scientific and Cultural Organization, UNESCO	法国巴黎
1947.10.30 1948.1.1	关税及贸易总协定	General Agreement on Tariffs and Trade, GATT	瑞士日内瓦
1948.4.7 1948.4.7	联合国世界卫生组织/ 世界卫生组织	World Health Organization, WHO	瑞士日内瓦
1952.9.6 1955.9.16	世界版权公约政府间组织委员会	The Intergovernmental Committee of the Universal Copyright Convention	瑞士日内瓦
1967.7.14 1970.4.26	世界知识产权组织	World Intellectual Property Organization, WIPO	瑞士日内瓦
1984.10.26 1984.10.26	世界盲人联盟/ 全球视障者联盟	World Blind Union	加拿大多伦多 (2021)
1995.1.1 1995.1.1	世界贸易组织	World Trade Organization, WTO Organisation mondiale du commerce Всемирная торговая организация Welthandelsorganisation Organización Mundial del comercio	瑞士日内瓦
1967.7.1 1967.7.1	欧洲共同体/欧共体	European Communities, EC	比利时布鲁塞尔
1974.12 1975	欧洲理事会	The European Council	比利时布鲁塞尔
1993.11.1 1993.11.1	欧洲联盟	European Union, EU Europäische Union Union européenne	比利时布鲁塞尔
1993.11.8 1993.11.8	欧洲联盟理事会/ 欧盟理事会	Council of the European Union, EC	比利时布鲁塞尔

八、著作权集体管理组织

成立时间	国家/地区	汉语名称	外文名称
1777	法国	法国戏剧作家和作曲家协会	The Societe des Auteurs et Compositeurs Dramatiques, SACD Society of Authors and Composers of Dramatic Works, SACD
1850	法国	法国作词家、作曲家和音乐出版商协会	Société des Auteurs Compositeurs et éditeurs de Musique, SACEM Society of Authors, Compoers and Publishes of Music, SACEM
1935	法国	机械复制权管理协会	The Société pour L'administration du Droit de Reproduction Mécanique, SDRM
1955	法国	艺术家和音乐演奏家权利管理协会	The Société pour L'Administration des Droits des Artistes et Musiciens Interprètes, ADAMI
1959	法国	音乐、舞蹈艺术家表演权报酬收取及分配协会	The Société de Perception et de Distribution des Droits des Artistes Interprètes de la Musique et de la Danse, SPEDIDAM
1964	法国	电影公开放映权的收费和分配协会	The Société Civile Pour la Perception et la Pépartition des droits de Représentation Publique des films Cinématographiques, PROCIREP
1981	法国	全国视听作品管理协会	Association Nationale de Gestion des Œuvres Audiovisuelles, ANGOA
1985	法国	录音制品制作者民间协会	The Société Civile des Producteurs de Phonogrammes, SCPP
1987	法国	法国录音制品制作者协会	The Société des Producteurs de Phonogrammes en France, SPPF
1871	德国	德国戏剧作者和作曲者协会	Deutsche Genossenschaft dramatischer Autoren und Komponisten
1903	德国	德国作曲者协会	Gesellschaft Deutscher Tonsetzer, GDT
1903	德国	音乐表演权协会	Anstalt für musikalisches Aufführungsrecht, AFMA
1909	德国	音乐机械复制权机构	Anstalt für mechanish-musikalische Rechte, AMMRE
1915	德国	音乐表演权集体管理协会	Gesesellschaft zur Verwertung musikalischer Aufführungsrecht, GEMA

续表

成立时间	国家/地区	汉语名称	外文名称
1930	德国	德国音乐表演权保护协会	Verband zum Schutze musikalischer Aufführungsrechte für Deutschland
1933	德国	音乐作者权利管理协会	Staatlich genehmigte Gesellschaft zur Verwertung musikalischer Urheberrechte, STAGMA
2004	德国	广告和音乐协会	VG Werbung und Musik mbH
2008	德国	广告电影信托公司	Treuhandgesellschaft Werbefilm mbH, TWF
1881	英国	音乐出版商协会有限公司	The Music Publishers' Association Ltd, PMA
1910	英国	机械复制权保护协会有限公司	The Mechanical Copyright Protection Society Ltd, MCPS
1914	英国	表演权协会有限公司	The Performing Right Society Ltd, PRS
1934	英国	唱片表演有限公司	Phonographic Performance Ltd, PPL
1982	英国	版权许可代理有限公司	The Copyright Licensing Agency Ltd, CLA
2006	英国	艺术家集体管理协会	The Artists' Collecting Society, ACS
1914	美国	美国作曲家、作词家和出版商协会	The American Society of Composers, Authors, and Publishers, ASCAP
1930	美国	欧洲作词者和作曲者协会(美)	Society of European Stage Authors and Composers, SESAC
1939	美国	广播音乐公司	Broadcasting Music, Inc. , BMI
1952	美国	美国唱片工业协会	Recording Industry Association of America, RIAA
1984	美国	(美国)国际知识产权联盟	International Intellectual Property Alliance, IIPA
2013	美国	全球音乐版权组织(美)	Global Music Copyright Organization, GMR

续表

成立时间	国家/地区	汉语名称	外文名称
1982	加拿大	魁北克作家联盟	The Union des écrivains et écrivaines du Québec, UNEQ
1989	加拿大	音像许可代理公司	Audio-Video Licensing Agcency Inc. , AVLA
1985	加拿大	加拿大作家、作曲家、出版者复制权协会	Société du droit de Reproduction des auteurs, Compositeurs et éditeurs au Canada, SODRAC
1926	澳大利亚	澳大利亚表演权协会	Australian Performing Rights Association, APRA
1926	国际组织	国际作者和作曲者协会联合会	International Confederation of Society of Authors and Composers, CISAC
1929	国际组织	国际影画乐曲复制权协理联会	Bureau International del' Enregistrement Mecanique, BIEM
1933	国际组织	国际唱片工业联盟(苏黎世)	International Federation of the Phonographic Industry, IFPI
1988	国际组织	商业软件联盟	Business Software Alliance, BSA
1917	巴西	巴西戏剧作者协会	Sociedade Brasileira de Autores Teatrais, SBAT
1928	巴西	巴西音乐协会	Associação Brasileira de Música, ABRAMUS
1942	巴西	巴西作曲家联盟	União Brasileira de Compositores, UBC
1946	巴西	巴西作者、作曲者和出版商协会	Sociedade Brasileira de Autores, Compositores e Editores, SBACEM
1956	巴西	巴西音乐表演权协会	Sociedade Arrecadadora de Direitos de Execucões Musicais no Brasil, SADEMBRA
1958	巴西	保护作者权利协会	Associação Defensora de Direitos Autorasis, ADDAF
1960	巴西	作曲家和音乐作者独立协会	Sociedade Independente de Compositores e Autores Musicais, SICAM
1962	巴西	巴西知识产权管理和保护协会	Sociedade Brasileira de Administracão e Protecão de Direitos Intelectuais, SOCINPRO

续表

成立时间	国家/地区	汉语名称	外文名称
1973	巴西	国家著作权使用费收取和分配办公司	Escritório Central de Arrecadacão e Distribuicão, ECAD
1980	巴西	音乐家、编曲者和制作者协会	Associação de músicos, Arranjadores e Regentes, AMAR
1992	巴西	巴西复印权协会	Associação Brasileira de Direitos Reprográficos, ABDR
1936	阿根廷	阿根廷音乐作者、作曲者协会	Sociedad Argentina de Autores y Compositores de Música, SADAIC
1973	阿根廷	阿根廷作者总会	Sociedad General de Autores de la Argentina, ARGENTORES
2002	阿根廷	复印权管理中心	Centro de Administracion de Derechos Reprograficos, CADRA
1945	墨西哥	音乐作者和作曲家协会	Sociedad de Autores y Compositores de Música, SACM
1976	墨西哥	墨西哥作者总会	Sociedad General de México, SOGEM
1998	墨西哥	墨西哥编舞者协会	Sociedad Mexicana de Coreógrafos, SOMEC
1998	墨西哥	墨西哥造型艺术作者协会	Sociedad Mexicana de Autores de las Artes Plásticos, SOMAAP
1998	墨西哥	墨西哥音像作品导演协会	Associación Nacional de Directores Realizadores de Obras audiovisuales, DIRECTORES
1998	墨西哥	墨西哥版权发展与保护中心	Centro Mexicano de Protección y Fomento a los Derechos de Autor, CEMPRO
1999	墨西哥	伊比利亚美洲漫画家联盟	Unión Ibero Americana de Humoristas Gráficos
2001	墨西哥	墨西哥唱片、录像和多媒体制作者协会	Sociedad Mexicana de Productores de Fonogramas, Videogramas y Multimedia
2002	墨西哥	墨西哥音乐表演者协会	Sociedad Mexicana de Ejecutantes de Musica, SOMEM

续表

成立时间	国家/地区	汉语名称	外文名称
2002	墨西哥	视觉作品作者协—第三千禧年影像	Sociedad de Autores de Obras Visuales Imágen del Tercer Milenio
2004	墨西哥	国家翻译者协会	Associación Nacional de Interpretes
1952.2.20	秘鲁	秘鲁作者和作曲家协会	Associación Peruana de Autores y Compositores, APDAYC
1996	秘鲁	秘鲁视觉艺术协会	Associación Peruana de Artistas Visuales, APSAV
1995	委内瑞拉	委内瑞拉作者和作曲者协会	Sociedad de Autores y Compositores de Venezuela, SACVEN
1951	乌拉圭	乌拉圭表演艺术家协会	Sociedad Uruguaya de Artistas y Interpretes, SUDEI
2005	乌拉圭	乌拉圭保护复印权协会	Associación Uruguay para la Tutela Organizada de los Derechos Reprográficos, AUTOR
1995	智利	国家戏剧、电影和视听作品作者协会	Sociedad de Artores Nacionales de Teatro, Cine y Audiovisuales, ATN
1996	智利	智利作者同业公会	Corporacion de Actores de Chile, CHILEACTORES
1998	智利	智利表演者协会	Sociedad Chilena de Intérpretes, SCI
2003	智利	文字作品协会	Sociedad de Derechos Literarios, SADEL
1990	哥斯达黎加	哥斯达黎加音乐作者和作曲家协会	Associación de los Compositores y Autores Músicales de Costa Rica, ACAM
1993	哥斯达黎加	哥斯达黎加词曲作者协会	Compositores y Atuores Musicales de Costa Rica, Sociedad Anonima, SACAM
1939	日本	日本作词家、作曲家和出版商协会	Japanese Society for Rights of Authors, Composers and Publishers, JASRAC
1992.9.15	中国	中国音乐著作权协会/音著协	Music Copyright Society of China, MCSC

续表

成立时间	国家/地区	汉语名称	外文名称
1994.4.29	中国	中国音像协会	China Audio-Visual Association
2013.3	中国	中国音像与数字出版协会	China Audio-video and Digital Publishing Association, CADPA
2010.12.21	中国	中国工业软件产业发展联盟/工业软件联盟	China Industrial Software Promotion Association, CISPA
2008.5.28	中国	中国音像著作权集体管理协会/音集协	China Audio-Video Copyright Association, CAVCA
2008.10.24	中国	中国文字著作权协会/文著协	China Written Works Copyright Society, CWWCS
2008.11.21	中国	中国摄影著作权协会/中摄权协	Images Copyright Society of China, ICSC
2010.4.16	中国	中国电影著作权协会/影著协	China Film Copyright Association, CFCA
1998.9	中国	中国版权保护中心	China Copyright Protection Center, CPCC
2001.5.25	中国	中国互联网协会	Internet Society of China, ISC
1977	中国(香港特区)	香港作曲家及作词家协会	Composers and Authors Society of Hong Kong Limited, CASH
2009.1	中国(澳门特区)	澳门作曲家、作家及出版社协会	Macau Composers, Authors and Publishers Association, MACA

注:1.“八、著作权集体管理组织”部分根据书籍:

[加]丹尼尔·热尔韦编著:《著作权和相关权的集体管理》,马继超、郑向荣、张松译,商务印书馆2018年版。精心校对,择要补充。以求完善。成立时间、汉语名称、外文名称一切以本书为准。

2.“二、欧盟指令(Directives)”部分根据图书:

孟祥娟:《俄罗斯著作权法》,法律出版社2014年版,参考文献之“国际公约及欧盟指令”部分(第287~289页)进行润色。将“欧洲议会和欧盟理事会”修改为“欧洲议会与欧盟理事会”。

欧盟于1993年11月1日正式成立,故此前为欧共体理事会(Council of the European Community),此后为欧盟理事会(Council of the European Union)。

理事会是立法机关,委员会是执行机关。因此取“理事会”而非“委员会”。

跋

“为天地立心、为生民立命、为往圣继绝学，为万世开太平。”北宋张载的“横渠四句”言简易宏，传颂万古。其中的大儒精神永远激励着我们。

1710年颁布的《安妮法》是英国第一部版权法，也是世界第一部现代意义的版权法。1710年至今300多年国际版权公约和各国版权法风起云涌、蔚然大观。中国从1910年清政府颁布第一部中国著作权法《大清著作权律》开始，也有100多年了。尤其是自1990年新中国颁布了第一部《著作权法》以来的30多年，《著作权法》已经有四个不同版本。每十年一修订，几乎成为惯例。在可以预见的未来，修改《著作权法》以适应经济社会的快速发展，是必然的。

由单一的著作权法到综合性的知识产权法典，进而融会贯通形成《民法典》，这几乎成为世界各国著作权法发展的几个必然阶段。我国著作权法的成文法颁布较晚，遵循国际版权公约，借鉴其他国家的立法例成为我国《著作权法》修订的路径之一。另一条路径就是从实践中不断摸索，总结提炼，形成经验，上升为理论。理论联系实际，两方面都不可偏废。

北京知岸律师事务所聚焦于知识产权领域，坚持理论研究和法律实务相结合，注重法律实务，不忽视理论研究。北京知岸律师事务所有专门的图书馆，图书馆专注于知识产权领域，尤其是著作权领域的图书收集，其中图书、期刊有早期的、最新的、国内的、国外的、理论的、案例的。这为开展研究提供了巨大便利。

“北京知岸律师事务所著作权理论与实务丛书”定位于“著作权理论与实务”，我们将著作权法细化为“著作权客体”“著作权主体”“著作人身权”“著作财产权”“著作邻接权”“著作权利用”“著作权限制”“著作权保护”“集体管理组织”“计算机软件”等十个部分。《著作权理论与实务》(限制卷)是“北京知岸律师事务所著作权理论与实务丛书”系列图书之一种。

《著作权理论与实务》(限制卷)分为《著作权理论与实务》(限制卷 · 理论)和《著作权理论与实务》(限制卷 · 案例)。《著作权理论与实务》(限制卷 · 理论)由单体禹和宋振东合著。

“文章千古事，得失寸心知。”一本书的出版需要大量的时间和精力，需要经过反复切磋琢磨,如切如磋,如琢如磨,才能逐渐成为珍品。由于学识有限,本书肯定有很多缺点和不足。敬请诸位法官、检察官、律师、学者、专家、研究者、学习者提出宝贵的意见,以便我们再版时予以修改。

北京知岸律师事务所

2023 年 12 月 22 日